Volker Gummelt

Lex et Evangelium

Arbeiten zur Kirchengeschichte

Begründet von

Karl Holl † und Hans Lietzmann †

Herausgegeben von

Kurt Aland, Joachim Mehlhausen
und Gerhard Müller

Band 62

Walter de Gruyter · Berlin · New York
1994

Volker Gummelt

Lex et Evangelium

Untersuchungen zur Jesajavorlesung von
Johannes Bugenhagen

Walter de Gruyter · Berlin · New York
1994

⊚ Gedruckt auf säurefreiem Papier, das die
US-ANSI-Norm über Haltbarkeit erfüllt.

Die Deutsche Bibliothek — CIP-Einheitsaufnahme

Gummelt, Volker:
Lex et Evangelium : Untersuchungen zur Jesajavorlesung von
Johannes Bugenhagen / Volker Gummelt. — Berlin ; New York :
de Gruyter, 1994
    (Arbeiten zur Kirchengeschichte ; Bd. 62)
    Zugl.: Greifswald, Univ., Diss., 1992
    ISBN 3-11-014204-X
NE: GT

Printed in Germany
Druck: Arthur Collignon GmbH, Berlin
Buchbinderische Verarbeitung: Lüderitz & Bauer GmbH, Berlin

Vorwort

Grundlage der vorliegenden Untersuchungen ist eine im November 1992 von der Theologischen Fakultät der Ernst-Moritz-Arndt-Universität Greifswald angenommene Dissertation. Für den Druck wurde diese leicht überarbeitet.

Herzlich danke ich vor allem Herrn Professor Dr. Hans-Günter Leder, der meine Arbeit kritisch unterstützt und freundlich begleitet hat.

Für die Aufnahme meiner Dissertation in den Arbeiten zur Kirchengeschichte danke ich dem Herausgeberkreis, den Herren Professoren Kurt Aland, Joachim Mehlhausen und Gerhard Müller.

Greifswald, im Januar 1994   Volker Gummelt

Inhaltsverzeichnis

Einleitung

1. Forschungsstand[1]

"Bugenhagen der Exeget blieb in der reformationsgeschichtlichen Forschung ein Unbekannter."[2] Diese ernüchternde Feststellung mußte Hans Hermann Holfelder in der Einleitung zu seiner im Jahre 1974 erschienenen Dissertation zum Psalmenkommentar von Johannes Bugenhagen treffen. Überblickt man die Bugenhagenliteratur der letzten einhundert Jahre bis zu diesem Zeitpunkt, ist es in der Tat auffallend, daß das exegetische Schaffen des Pomeranus kaum untersucht wurde.

Im Jahre 1887 veröffentlichte Otto Vogt einen Aufsatz, der sich u.a. mit der Jonasauslegung, dem letzten erschienenen Kommen-

---

1   Der in diesem Abschnitt skizzierte Forschungsstand bezieht sich nur auf Bugenhagen als Bibelausleger. Einen allgemeinen und breiten Überblick über den Stand und die Aufgaben der gesamten Bugenhagenforschung bietet: Hans-Günter Leder: Zum Stand und zur Kritik der Bugenhagenforschung. In: HerChr 11, Berlin 1978, S. 65-100; Ders.: Zum gegenwärtigen Stand der Bugenhagenforschung. In: De Kennung 8, 1985, S. 21-42; Ders.: Zwischenbilanz der Bugenhagen-Forschung. In: Jahrbuch für Regionalgeschichte 15, Weimar 1988, S. 275-282. Zur neueren Forschung sei ebenfalls auf Hans-Günter Leder: Aspekte, Probleme und Ergebnisse der Bugenhagenbiographie. In: De Kennung 13, H. 2, 1990, S. 5-28 sowie auf Wolf-Dieter Hauschild: Zur Edition der reformatorischen Schriften Johannes Bugenhagens. In: De Kennung 13, H. 2, S. 29-36 verwiesen.

2   Hans Hermann Holfelder: Tentatio et consolatio. Studien zu Bugenhagens "Interpretatio in librum Psalmorum", AKG 45, Berlin-New York 1974, S. 2. Im folgenden als "Tentatio" zitiert.

tarwerk Bugenhagens, beschäftigt.[3] Durch die 1908 von Georg
Geisenhof herausgegebene "Bibliographie der Druckschriften Bugenhagens"[4] wurde es der Forschung erstmalig möglich, sich einen
genauen Überblick über das umfangreiche, im Druck erschienene
exegetische Werk dieses Reformators zu verschaffen. Als aufschlußreich erwiesen sich dabei auch Geisenhofs Einleitungen, die
er den einzelnen Schriften Bugenhagens voranstellte. Darin wertete Geisenhof Informationen zur Entstehungsgeschichte der Kommentare aus, die er aus Vorreden und Erscheinungsdaten entnahm
oder ableitete.

Erst im Jahre 1964, also über ein halbes Jahrhundert später,
wurde eine erste speziellere Untersuchung zur Schriftauslegung
Bugenhagens vorgelegt. In seiner Dissertation zu Luthers Jesajavorlesung stellte Dietrich Thyen in einem Anhang Bugenhagens
Auslegung von Jes 6 vor.[5] Weitere zehn Jahre danach war es dann
Holfelder, der mit seiner bereits oben erwähnten Arbeit zu Bugenhagens "Interpretatio in librum psalmorum" die erste Monographie
zu einem exegetischen Werk Bugenhagens veröffentlichte. Dieser

---

3   Otto Vogt: Melanchthon's und Bugenhagen's Stellung zum Interim und
    die Rechtfertigung des letzteren in seinem Jonascommentar. In: JPTh 13,
    1887, S. 1-38. Vogt geht in diesem Aufsatz nur beiläufig auf die eigentli-
    che Jonasexegese ein (ab S. 21ff.). Vor allem untersucht er in dieser Ver-
    öffentlichung Bugenhagens umfangreiche Traktate über die wahre Buße
    und die "Historia certa, ex probatis Scriptoribus, diligentia (et) iudicio
    collecta, quemadmodum post defunctum hac uita Johannem Euangeli-
    stam, coeperint defectio(n)es a fide, doctrinae daemoniorum sub specie
    uerbi Dei, prohibitiones nuptiaru(m) (et) ciboru(m), uota coelibatus,
    pulchrae ordinationes (et) spiritualitates, quae uocabantur perfectiones Ec-
    clesiae, quae adhuc regant, (et) solae faciunt Spirituales sine Spiritu
    sancto, per Spiritum nouum (et) Paracletum Montanistarum (et)c.", die
    zwischen der Auslegung von Jonas 3 und 4 eingefügt sind.
4   Georg Geisenhof: Bibliotheca Bugenhagiana. Bibliographie der Druck-
    schriften des D. Joh. Bugenhagen, QDGR 6, Leipzig 1908; Ndr. Nie-
    uwkoop 1963. Im folgenden als "Geisenhof" zitiert.
5   Dietrich Thyen: Luthers Jesajavorlesung. Diss. Theol. (masch.), Heidel-
    berg 1964. Thyen untersuchte nur Bugenhagens Auslegung von Jes 6,
    entgegen der Angabe bei Leder: Zum Stand und zur Kritik der Bugenha-
    genforschung (vgl. Anm. 1 auf S. 1), S. 75, daß Thyen Bugenhagens
    Jesajakolleg untersucht habe.

grundlegenden Studie folgte dann ebenfalls von Holfelder eine gleichermaßen bedeutende Untersuchung zu Bugenhagens Paulus-exegese von 1522/23 und 1525, die im Jahre 1981 erschien.[6] So konnte Hans-Günter Leder einige Zeit später zu Recht feststellen: "Erst mit H. H. Holfelders Arbeiten zur Psalmeninterpretation wie zur Paulinen-Auslegung Bugenhagens ist der Anfang wissenschaft-licher Bemühung um das theologisch-exegetische Werk des Pome-ranus bezeichnet."[7]

Leider waren unter den zahlreichen Publikationen anläßlich des 500. Geburtstages Bugenhagens im Jahre 1985 nur zwei Arbeiten speziell dem Bibelausleger Bugenhagen gewidmet. Neben der nochmaligen Herausgabe der Auslegung von Jes 6 durch Thyen, der diese um eine deutsche Übersetzung erweiterte,[8] veröffentlich-te Anneliese Bieber einen Aufsatz zu Bugenhagens Passions- und Auferstehungsharmonie.[9]

Anneliese Bieber war es auch, die mit ihrer 1993 publizierten Dissertation zum Matthäuskommentar, nach den beiden Arbeiten

---

6   Hans Hermann Holfelder: Solus Christus. Die Ausbildung von Bugenha-
    gens Rechtfertigungslehre in der Paulusauslegung (1524/25) und ihre
    Bedeutung für die theologische Argumentation im Sendbrief "Von dem
    christlichen Glauben" (1526). Eine Untersuchung zur Genese von Bugen-
    hagens Theologie. BHTh 63, Tübingen 1981. Im folgenden als "Solus
    Christus" zitiert. Holfelder ging bei dieser Untersuchung von einer fal-
    schen Datierung der Paulusvorlesung 1522/23 aus. Vgl. dazu S. 18f.
    dieser Arbeit. Holfelder korrigierte diese Datierung in seinem Aufsatz:
    Bugenhagens Theologie - Anfänge, Entwicklungen und Ausbildungen bis
    zum Römerbriefkolleg 1525. In: Luther 57, 1986, S. 65-80, insbesondere
    S. 73.
7   Hans-Günter Leder: Zum gegenwärtigen Stand der Bugenhagenforschung
    (vgl. Anm.1 auf S. 1), S. 27.
8   Dietrich Thyen: Johann Bugenhagen. Die Auslegung zu Jesaja 6. Histo-
    rische Mobilität und Normenwandel (Hi Mo N)-Diskussionsbeiträge 43,
    Siegen 1985.
9   Anneliese Bieber: Gottes Wort und Erbauung der Christen. Bugenhagens
    Harmonie der Passions- und Auferstehungsgeschichte. In: Karlheinz Stoll
    (Hg.): Kirchenreform als Gottesdienst, Hannover 1985, S. 92-104.

Holfelders, die dritte Monographie zur Entwicklung der Theologie Bugenhagens anhand seiner Schriftauslegung vorlegte.[10]

Dieses doch insgesamt dürftige Interesse der reformationsgeschichtlichen Forschung an dem Exegeten Bugenhagen ist wohl zuallererst auf eine Weiterwirkung des Gelehrtenurteils des 19. Jahrhunderts zurückzuführen, das in dem Pomeranus nur einen "minder bedeutenden Gehülfen" Luthers sah.[11] Dagegen zeigte schon Geisenhofs Druckverzeichnis, welch großes Interessse an den exegetischen Arbeiten Bugenhagens in der Reformationszeit bestand. Neben der ansehlichen Zahl der autorisierten Veröffentlichungen beweist dies auch das Erscheinen von zahlreichen Raubdrucken, z.B. der Hiob- oder der Paulusauslegung.[12] Zudem erlebten einige Kommentare wie die Psalmeninterpretation mehrere Auflagen,[13] und viele der in Latein von Bugenhagen verfaßten Kommentare wurden von anderen ins Deutsche übersetzt und herausgegeben.[14] Weiter ist zu beachten, daß neben den bei Geisenhof erwähnten zahlreichen Auslegungen noch eine Fülle von nur in Mit- oder Reinschriften überlieferten Vorlesungen Bugenhagens erhalten ist, die in der Forschung z.T. bis jetzt noch nicht beachtet wurden.[15]

---

10 Anneliese Bieber: Johannes Bugenhagen zwischen Reform und Reformation. Die Entwicklung seiner frühen Theologie anhand des Matthäuskommentars und der Passions- und Auferstehungsharmonie. FKDG 51, Göttingen 1993.

11 Hermann Hering: Doktor Pomeranus. Johannes Bugenhagen. Ein Lebensbild aus der Reformation. SVRG 22, Halle 1888, S. 30.

12 Zur Hiobauslegung vgl. Geisenhof: S. 223-225, insbesondere Anm. 3 auf S. 223 (Nr. 192), sowie Holfelder: Solus Christus, S. 14f.; zur Paulinenauslegung vgl. Geisenhof: S. 77-79.

13 Vgl. Geisenhof: S. 3-41 (Nr. 3-19).

14 Vgl. Geisenhof: S. 30-37 (Nr. 13-17); S. 85-91 (Nr. 59-61); S. 99-101 (Nr. 66).

15 Den größten bisher bekannten Teil der Auslegungen Bugenhagens, die nur in Handschriften erhalten sind, bewahrt die Ratsschulbibliothek Zwickau auf (vgl. Übersicht im Literaturverzeichnis). Weiter finden sich in der Staatsbibliothek zu Berlin-Preußischer Kulturbesitz, in der Bibliothek der Universität Greifswald (vgl. zum Bestand dieser beiden Bibliotheken unten Kapitel 3.1, S. 35f. und 3.3, S. 55f.) und in der Anhaltini-

Welchen bedeutenden Rang die Bibelauslegung im Leben Bugenhagens einnahm, zeigt in beeindruckender Weise bereits ein kurzer Blick auf seine Biographie.[16] Schon als Treptower Schulrektor (seit 1504) verband Bugenhagen den von ihm gegebenen Sprachunterricht mit biblischer Exegese.[17] Dieser Unterricht gewann großes Ansehen, so daß Bugenhagen 1517 auch mit dem neu eingerichteten biblischen Lektorat im nahegelegenen Prämonstratenserkonvent Belbuck betraut wurde, in dessen Rahmen er Vorlesungen u.a. zum Psalter und zum Matthäusevangelium vortrug.

Bereits einige Monate nach seiner Übersiedlung nach Wittenberg im März 1521 hielt Bugenhagen dort eine - wenngleich auch

---

schen Landesbücherei Dessau (zum Bestand in dieser Bibliothek vgl. Ernst Koch: Handschriftliche Überlieferungen aus der Reformationszeit in der Stadtbibliothek Dessau, ARG 78, 1987, S. 321-345), sowie in der Stendaler Marienbibliothek Manuskripte von Vorlesungen Bugenhagens. Zum Stendaler Material vgl. Hermann Alberts: Zwei Bugenhagenfunde aus zwei alten Büchereien, ThStKr 106, 1934/35, S. 61-72, sowie Anneliese Bieber: Johannes Bugenhagen zwischen Reform und Reformation (vgl. Anm. 10 auf S. 4), S. 15f.

16 Da gegenwärtig kein dem heutigen Wissenstand entsprechendes Lebensbild des Pomeranus vorliegt, sei neben dem teilweise durch neuere Forschungen veralteten TRE-Artikel von Holfelder, Bd. 7, Berlin-New York 1981, S. 354-362, vor allem auf Hans-Günter Leder: Johannes Bugenhagen Pomeranus - Leben und Wirken. In: Ders. (Hg.): Johannes Bugenhagen - Gestalt und Wirkung, Berlin 1984, S. 8-37 verwiesen. Auch sei weiter auf das Lebensbild in: H.-G. Leder/ Nobert Buske: Reform und Ordnung aus dem Wort. Johannes Bugenhagen und die Reformation im Herzogtum Pommern, Berlin 1985, S. 9-45, das ebenfalls H.-G. Leder verfaßte, hingewiesen. Ausführlichere Biographien, wenn auch mit einer Fülle von Fehlern behaftet, stammen von Karl August Traugott Vogt: Johannes Bugenhagen Pomeranus. Leben und ausgewählte Schriften. LASLK 4, Elberfeld 1867 und Hermann Hering: Doktor Pomeranus, Johannes Bugenhagen (vgl. Anm. 11 auf S. 4).

17 Neben Hans-Günter Leder: Johannes Bugenhagen Pomeranus (vgl. Anm. 16), S. 10 sei besonders auf Wolf-Dieter Hauschild: Johannes Bugenhagens Auseinandersetzung mit dem Katholizismus 1511-1521. In: Ostdeutsche Geschichts und Kulturlandschaften, Teil III, Pommern, hg. von H. Rothe, Köln-Wien 1988, S. 85-110, insbesondere S. 87 und Anm. 7 verwiesen.

nur private - Vorlesung zum Psalter. Aufgrund des starken Inter-
esses unter den Wittenberger Studenten wurde er jedoch gebeten,
seine Auslegung öffentlich an der Universität vorzutragen. Bugenhagen begann mit diesem Kolleg etwa im November 1521.[18]
Damit war er nach etwas über einen halben Jahr nach seiner
Ankunft in Wittenberg schon in den Lehrbetrieb der "Leurorea"
einbezogen. Die folgenden Jahre, insbesondere von 1522 bis 1524,
wurden dann für Bugenhagen auf dem Gebiet der Bibelauslegung
die produktivsten. Das veranschaulichen allein bereits die zahlreichen veröffentlichten Kommentarwerke, denen stets Vorlesungen
zugrunde lagen.[19]

Auch nachdem Bugenhagen Ende 1523 mit dem Wittenberger
Stadtpfarramt betraut worden war[20] und sich in den nachfolgenden
Jahren mehr dem kirchenordnenden Werk der Reformation widmete, war er bemüht, auch weiterhin Vorlesungen zu halten. Des
öfteren wurden diese aber durch seine Reisen unter- oder sogar
abgebrochen. Selbst als siebzigjähriger Greis stand Bugenhagen
noch auf dem Katheder der Universität Wittenberg.[21]

Zu Lebzeiten fand Bugenhagens exegetisches Schaffen vielfälti-
ge anerkennende Erwähnung von den bedeutensten Auslegern
seiner Zeit, wie Erasmus,[22] Faber Stapulensis,[23] Oekolampad.[24]

---

18 Zur Psalmenvorlesung vgl. S. 13f.
19 Vgl. Geisenhof: S. 3-7, 57, 77-79.
20 Vgl. dazu Hans-Günter Leder: Die Berufung Johannes Bugenhagens in
    das Wittenberger Stadtpfarramt, ThLZ 114, 1989, Sp. 481-504.
21 Vgl. Geisenhof: S. 173.
22 Beispielsweise schrieb Erasmus auf eine Anfrage des Basler Rates zur
    Druckerlaubnis von Schriften reformatorischer Theologen: "De Lutheranis
    dogmatis nescio quid statueritis. Quae si nolletis excudi, nec aliorum
    multorum excuderentur commentarii, qui talia passim admiscent, veluti
    Pomeranus et Oecolampadius; atque ita periret aliorum plurimorum
    utilitas." Opus Epistolorum Desiderii Erasmi Roterodami, hg. von Percy
    Stafford und Helen Mary Allen, Bd. VI, Nr. 1539, Oxford 1926.
23 Faber Stapulensis schrieb in einen Brief an Farel in Basel am 6. Juli
    1524: "Accepti et Epistolas et Psalterium Pomerani, donum profecto
    magnificium Hygaldi, fratris charissimi. ... Si citius venisset in manus
    meas, non curassem emitti ex officina Psalterium cum brevibus argumen-
    tis et quadam auxesi ex Hebraeo et Chaldaeo...". abgedruckt in: Briefe

Luther lobte schon im September 1522 seinen Freund als den "zweiten Professor in urbe et orbe nächst Philippus".[25]

2. Begründung, Methode und Gang der Untersuchung

Vier Gründe sprechen vor allem für eine Untersuchung der Jesaja-vorlesung Bugenhagens:
1. Die Vorlesung zum Propheten Jesaja ist nach der bereits von Holfelder analysierten Psalmenauslegung das zweite großangelegte Kolleg, das Bugenhagen an der Universität Wittenberg gehalten hat. Diese beiden Vorlesungen sind in ihrem Umfang nur noch mit der 1. Korintherbriefvorlesung aus den dreißiger Jahren[26] und mit

---

und Akten zum Leben Oekolampads. Bd.I, hg. von Ernst Staehelin, QFRG 10, Leipzig 1927, S. 292, Anm. 20.

24 Oekolampad schrieb in dem Widmungsbrief zu seinem Jesajakommentar: "Dicitur hoc ipso anno (et) Iohannes Bugenhagius Pomeranus Vuitte(n)bergae in eodem statio cucurrisse, hunc inqua(m), p(ro)pheta(m) praelegisse: qui si tale(m) se gessit, id quod mihi polliceor, quale(m) in enarratio(n)e uel psalmorum, uel epistolaru(m), Deuteronomij, (et) alioru(m) sacroru(m) libroru(m), fatebor ingenue superuacanea(m) meam lucubratione(m). Et certe illi(us) donis no(n) inuideo, usq(ue)deo, ut lucru(m) censeam a multis talibus uinici". Johannes Oekolampad: IN IESAIAM // Prophetam Hypomnematωn, Basel 1525, fo. a 2v.

25 WA.B 2, S. 598 (Brief Luthers an Georg Spalatin vom 20. September 1522).

26 Zu dieser Vorlesung vgl. Gustav Kawerau: Über eine unveröffentlicht gebliebene Schrift Bugenhagens, ThStKr 49, 1906, S. 614-647. Teile von Bugenhagens überarbeitetem Vorlesungsmanuskript bewahrt die Staatsbibliothek Berlin-Preußischer Kulturbesitz unter den Signaturen Ms. theol. oct. 40 und 42 auf. Im Band Ms. theol. oct. 40 beginnt die Handschrift mitten in der Auslegung von Kapitel 7 auf fo. 2r und bricht in der Exegese des 11. Kapitels auf fo. 201v ab. Die Erklärung wird in Ms. theol. oct. 42 auf fo. 72r fortgesetzt und endet auf fo. 223v. Eine studentische Mitschrift des Korintherbriefkollegs, die von Georg Helt angefertigt wurde, befindet sich in der Anhaltinischen Landesbücherei Dessau unter der Signatur Georg Hs. 93 auf den S. 1-214 und 239-389.

dem 1546 erschienenen großen Jeremiakommentar vergleichbar.[27]
Damit hebt sich die Jesajaauslegung schon aufgrund ihrer breiten
Anlage von den übrigen Bibelauslegungen Bugenhagens ab.
2. Die Jesajaexegese gehört zudem zu den umfänglichsten der
nicht im Druck erschienenen Vorlesungen Bugenhagens. Obgleich
Bugenhagen zunächst eine Veröffentlichung dieser Auslegung
plante, nahm er höchstwahrscheinlich im Frühjahr 1525 davon
Abstand.[28] Daher ist die Exegese zu Jesaja nur handschriftlich
überliefert. Ermöglichten die genannten Arbeiten Thyens zu Jes 6
nur einen beschränkten Einblick in die Vorlesung, so ist es durch
die Erschließung des gesamten handschriftlichen Materials möglich, die ganze Auslegung zu betrachten.
3. Der Zeitraum, in dem die Jesajavorlesung gehalten wurde (Ende
1522 bis Anfang 1524), umfaßt eine breite und entscheidene
Zeitspanne innerhalb der ersten Wittenberger Jahre Bugenhagens.
Wie Holfelder zutreffend feststellte, war dies die Zeit, in der sich
Bugenhagen durch seine Schriftauslegung die theologischen
Grundlagen für sein späteres Wirken erarbeitete.[29]
4. Mit seiner Vorlesung zu Jesaja schuf Bugenhagen die erste
reformatorische Exegese dieses Propheten. Somit beschritt er bei
der Ausarbeitung seines Kollegs für die evangelische Theologie
"Neuland". Etwas später als Bugenhagen setzte im Frühjahr 1523
der Baseler Reformator Oekolampad mit einer Jesajavorlesung ein.
Diese bildete die Grundlage für den 1525 veröffentlichten Kommentar zu diesem Propheten.[30] In Wittenberg legte Luther den
Propheten Jesaja erst wieder in den Jahren 1528 bis 1530 aus.[31]

Um die herausragende Stellung des Jesajakollegs im exegetischen
Schaffen Bugenhagens zu verdeutlichen, beginnen die Untersuchungen mit einem Überblick über die Vorlesungstätigkeit Bugenhagens von 1521, dem Ankunftsjahr des Pomeranus in Witten-

---

27 Vgl. Geisenhof: S. 387-390 (Nr. 33).
28 Vgl. dazu die Einleitung zum 3. Kapitel, S. 34f.
29 Vgl. Holfelder: Solus Christus, S. 103.
30 Vgl. zum Jesajakommentar Oekolampads Thyen: Luthers Jesajavorlesung
    (vgl. Anm. 5 auf S. 2), S. 105f.
31 Vgl. Thyen: Luthers Jesajavorlesung (vgl. Anm. 5 auf S. 2), S. 59-76.

berg, bis 1524, da er seine Jesajavorlesung abschloß. Bereits Holfelder hatte mit der von ihm erstmalig erstellten Chronologie der Vorlesungen von 1521 bis 1525 gezeigt, daß Bugenhagen in seiner akademischen Tätigkeit in diesen Jahren eine große Produktivität entfaltete.[32] Durch die Einbeziehung von bis jetzt noch nicht beachteten Handschriften kann Holfelders Übersicht, insbesondere für den Zeitraum der Jesajavorlesung, berichtigt und beträchtlich erweitert werden.

Während Holfelder sich bei seinen Studien auf von Bugenhagen autorisierte und im Druck erschienene Texte stützen konnte, war es zur Untersuchung der Jesajavorlesung erforderlich, die Exegese aus den handschriftlichen Quellen zu rekonstruieren. Da eine Veröffentlichung des Vorlesungstextes im Rahmen dieser Arbeit nicht möglich ist, soll in einen Kapitel - zum besseren Verständnis der Vorlesung - deren Aufbau sowie Bugenhagens Auslegungsweise beschrieben werden. In einem dritten Kapitel werden dann die drei Manuskripte, die die Jesajavorlesung überliefern, genauer betrachtet.

Um einen tieferen Einblick in Bugenhagens exegetische Arbeit zu gewinnen, werden in einem weiteren Kapitel die von ihm in der Jesajavorlesung genannten Autoren und Hilfsmittel vorgestellt und Bugenhagens Abhängigkeit von diesen untersucht. Nachweislich hat Bugenhagen auch Autoren und Hilfsmittel benutzt, die er nicht näher in seiner Auslegung benannt hat. Diese werden, soweit erkennbar, in die Analyse einbezogen.

Ebenso wie bei Holfelders Studien zur "Interpretatio in librum psalmorum" ist es auch bei den Untersuchungen zur Jesajaauslegung naheliegend, zum einen nach der Bedeutung des Urtextes für die Exegese, nach Bugenhagens Hebräischkenntnissen und seinen philologischen Quellen zu fragen, zum anderen die theologisch-systematischen Grundgedanken der Vorlesung vorzustellen. Daher

---

32 Vgl. Holfelder: Solus Christus, S. 7-16.

sind die letzten beiden Kapitel der Arbeit diesen Themenbereichen gewidmet.[33]

---

33 Holfelders Studien zur Psalmeninterpretation gliedern sich in zwei große Hauptteile. Der erste Teil ist der "Hermeneutik des Hebräischen" (S. 11-107), der zweite Teil den theologischen Hauptlinien des Kommentars (S. 108-198) gewidmet.

1. Bugenhagens Vorlesungstätigkeit vor und während der Jesajavorlesung in den Jahren 1521 bis 1524

In seiner Studie zu Bugenhagens Paulusauslegung unternahm Holfelder erstmalig den Versuch, einen chronologischen Rahmen für die Vorlesungstätigkeit Bugenhagens in den Jahren von 1521 bis 1525 zu rekonstruieren.[1] Bei der Datierung der acht von ihm aufgeführten Vorlesungen[2] stützte er sich vor allem auf zeitliche Angaben in den Vorreden Bugenhagens zu den veröffentlichten Kommentaren sowie auf die bei Geisenhof angegebenen Erscheinungsdaten der Drucke. Weiter wertete Holfelder Wittenberger Studentenbriefe und Berichte der dortigen Universität aus.

Bei der Zusammenstellung seiner Vorlesungsübersicht war Holfelder der handschriftliche Nachlaß des Zwickauer Rats- und Stadtschreibers Stephan Roth (1492-1546)[3] offenbar nicht in seinem vollem Umfang bekannt. Wohl durch Thyens Arbeit zu Jes 6 vermittelt,[4] erwähnte Holfelder lediglich Roths Handschrift der Jesajaauslegung.[5] Eine Untersuchung des umfänglichen in der Ratsschulbibliothek Zwickau aufbewahrten Schriftgutes Roths ergab, daß sich in diesem nicht weniger als siebzehn Bibelexege-

---

1 Vgl. Holfelder: Solus Christus, S. 7-16.

2 Holfelder stellte die erste Psalmenvorlesung, das Jesajakolleg, die Vorlesung zum Deuteronomium und zu den Samuelisbüchern, die Vorlesung zu den kleinen Paulusbriefen, die zweite Psalmenvorlesung, die Vorlesung zu den beiden Königsbüchern von 1524/25, die zweite Hiobvorlesung von 1524(?)/25, sowie das große Römerkolleg von 1525 vor.

3 Zur Biographie von Stephan Roth vgl. unten unter 3.2.1, S. 45f., ausführlicher bei Georg Müller: Mag. Stephan Roth. In: BSKG 1, Leipzig 1882, S. 43-98.

4 Vgl. Thyen: Luthers Jesajavorlesung (vgl. Anm. 5 auf S. 2), S. 98.

5 Vgl. Holfelder: Solus Christus, S. 9f., insbesondere Anm. 16.

sen des Pomeranus finden, die in Ab- oder Reinschriften oder als
direkte Kollegmitschrift überliefert sind.

Die in Ab- oder Reinschriften erhaltenen Vorlesungen dürften
vor Roths Wittenbergaufenthalt (1523/24 bis 1527)[6] gehalten
worden sein. Wie schon ein Brief von Matthias Philippi an Roth
vom 21. Januar 1521 beweist, war Roth lange vor seinen Wittenberger Studien an Mitschriften von Vorlesungen dortiger Theologen interessiert. In jenem Brief bittet Philippi um die baldige
Rücksendung seines Manuskriptes von Melanchthons Matthäuskol-
leg (1519/20). Von dieser Auslegung fertigte Roth eine Reinschrift
an, die sich ebenfalls in seinem Nachlaß befindet.[7] Die in Reinschriften von Roth überlieferten und relativ sicher zu datierenden
Vorlesungen wurden von Bugenhagen in den Jahren 1522 bis
1523 gehalten bzw. begonnen.[8] Diese Abschriften entstanden
sicher bald nach Beendigung der Vorlesungen, denn nur so ist es
erklärlich, daß in Roths Nachlaß beispielsweise neben einer Reinschrift der Samuelisauslegung, die von Bugenhagen Ende 1523/
Anfang 1524 vorgetragen wurde,[9] auch der Druck dieser Exegese
vom September 1524 erhalten ist.[10]

---

6   Vgl. dazu unter 3.2.1, S. 46.
7   Der Brief ist abgedruckt bei Georg Buchwald: Zur Wittenberger Stadt-
    und Universitätsgeschichte in der Reformationszeit, Leipzig 1883, S. 1.
    Roths Reinschrift von "In Evangelium Matthaei scholia" Melanchthons
    befindet sich im Sammelband XL auf fo. 294r-368v in der Ratsschul-
    bibliothek Zwickau.
8   Bei diesen Exegetica Bugenhagens handelt es sich im einzelnen um: eine
    Auslegung zum Buch der Weisheit von 1522 unter der Signatur XXXIV
    auf fo. 218r-227v; die erste Hiobauslegung von 1522 unter der Signatur
    XXXIV auf fo. 228r-251r, die kleine Paulinenauslegung von Ende 1522
    bis Frühjahr 1523 unter der Signatur XL auf fo. 5r-161v, die Jesaja-
    auslegung vom November 1522 bis Anfang 1524 unter der Signatur XLI
    auf fo. 5r-284r, die Deuteronomiumauslegung von Ende 1523 unter der
    Signatur XLI auf fo.284v-381r. Zur Reinschrift der Auslegung des 1. und
    2. Samuelisbuches setzte Roth die bald im Anschluß daran von Bugen-
    hagen gehaltene Auslegung zu den beiden Königsbüchern, so daß sich
    die Reinschrift der Auslegungen zu diesen vier Büchern unter der Signa-
    tur XXXIX auf fo. 5r-202v befinden.
9   Zur Datierung dieses Kollegs vgl. S. 22.
10 Vgl. Geisenhof: S. 57-59.

In Roths Kollegheften finden sich sodann Vorlesungen Bugen-hagens, die dieser erst 1524 oder in den darauffolgenden Jahren begann. Daher kann die Überlieferung der Auslegungen durch Roth für bisher unbekannte Vorlesungen des Pomeranus als ein Indiz zur Datierung gelten.[11]

1.1 Die erste Psalmenvorlesung

Etwa Ende März 1521 traf Bugenhagen in Wittenberg ein.[12] Er kam - fast sechsunddreißigjährig - mit der festen Absicht, dort Theologie zu studieren. So ließ er sich am 29. April 1521 an der Universität immatrikulieren. Aber schon ungefähr ein halbes Jahr später, im Spätsommer oder Frühherbst 1521, hielt Bugenhagen selbst eine Vorlesung. In seinem Zimmer in Melanchthons Haus und eigentlich nur für die in Wittenberg studierenden Pommern gedacht, legte er den Psalter aus. Wie Bugenhagen in der "Prae-fatio" zu der 1524 veröffentlichten Psalmeninterpretation berich-tet,[13] fand jenes Kolleg bald großes Interesse auch unter den anderen Wittenberger Studenten. Daher wurde er von Melanchthon

---

11 In Roths Kollegheften mit der Signatur H 1, H 3 und H 6 sind ebenfalls große Teile von Luthers Auslegung der kleinen Propheten aus den Jahren 1524-1526 erhalten. Vgl. dazu die Einleitung von Gustav Koffmane in WA 13, der dort eine kurze Beschreibung dieser Hefte gibt (S. XIII-XVI).

12 Vgl. Hans-Günter Leder: Johannes Bugenhagen Pomeranus - Leben und Wirken (vgl. Anm. 16 auf S. 5), S. 14.

13 Bugenhagen gibt in dem Widmungsschreiben an den Kurfürsten Friedrich den Weisen zu seiner "Interpretatio in librum psalmorum", Basel 1524, auf fo.2r/v einen Bericht zur Entstehung dieser Auslegung. "Verum no(n) ad psalmum decimumsextu(m) perueneram, quando ita me ex tua schola numerus obruit auditorum, ut habitatio mea eos no caperet (et) ut ego legere iam non possem. Rogabar igitur paßim a multis, ut publice lege-rem.... Lego igitur, deo uolente, non in uacuo auditorio: rursum a primo Psal. incipiens." Aus diesen Angaben ergibt sich die wohl sichere Annah-me, daß Bugenhagen etwa im Spätsommer/Frühherbst 1521 mit dem Privatkolleg zum Psalter begonnen hatte.

gebeten, seine Auslegung öffentlich an der Universität vorzutragen. Bugenhagen begann mit dieser seiner ersten akademischen Vorlesung, wieder mit Ps 1 einsetzend, zu Beginn des Wintersemesters um den 3. November.[14]

Das Ende dieses Kollegs ist nicht genau festzustellen. Noch ein Jahr später belegt eine Notiz Spalatins die Psalmenvorlesung Bugenhagens.[15] Da aber in dem Bericht der Universität vom 19. März 1523 das Psalmenkolleg Bugenhagens nicht mehr angeführt wird,[16] ist anzunehmen, daß sich diese Vorlesung bis Ende 1522 oder Anfang 1523 erstreckte.

Im Laufe des Jahres 1523 überarbeitete Bugenhagen diese Auslegung für die Drucklegung, wie der auf den 30. Dezember 1523 datierte Widmungsbrief belegt.[17] Im März 1524 erschien dann die "Interpretatio in librum psalmorum" mit einer höchstrühmenden Vorrede Luthers zum erstenmal in Basel.[18]

---

14 Gemäß den Statuten der Universität begann das Studienjahr stets am 3. November eines jeden Jahres. Vgl. dazu Urkundenbuch der Universität Wittenberg, bearb. von W. Friedensburg, Teil I, Magdeburg 1926, S. 31.

15 "Hoc anno Philippus Melanchthon Euangelium Joannis, Johannes Pomeranus ut plerosque Pauli Epistolas et Psalterium, ita Esaiam, Andr. Bodensteynius Carlostadius Hieremiam, Jo. Dolschius Feldkirchius Lucam praelegerunt in Academia Wittenbergensi ..." , zitiert aus den Annalen des Georg Spalatin, abgedruckt in: Scriptores rerum Germanicarum, praecipue Saxinocarum... ed. Jo. Burchardis Menckenius, Tomus II, Lipsiae MDCCXXVIII, Sp. 617.

16 "In theologia were gnug zcwu lectiones in collegio zu leßen, eine vor und die ander noch mittag. Do zu mochte man weitter, bedenken haben. wie wol itzund mehr lectiones geleßen werden. Dan Johann von Pommern liest den Esaiam, der Franzos minores prophetas, doctor Veltkirchen Lucam, doctor Carolstadt Zachariam. Des probst lectio, der Paulum ad Romanos, und Philippi lectio, der Johannem geleßßen, seind itzo auß." zitiert aus dem Bericht der Universität an den Kurfürsten vom 19. März 1523, abgedruckt in: Der Briefwechsel des Justus Jonas, gesammelt und bearb. von Georg Kawerau, Halle 1884, Ndr. 1964, S. 85 Anm. 1.

17 Vgl. Geisenhof: S. 5.

18 Vgl. Geisenhof: S. 5 und WA 15 I, S. 8.

1.2 Die Vorlesung zum "Liber sapientiae"

Neben der großen Psalmenvorlesung arbeitete Bugenhagen gleichzeitig noch an weiteren Auslegungen.

So begann er allem Anschein nach noch 1521, aber gewiß zu Beginn des Jahres 1522, mit einer Vorlesung zum apokryphen Buch der Weisheit.[19] Obwohl diese Exegese nur in einer später angefertigten Reinschrift erhalten ist, die keine direkte Angabe zur Datierung der Vorlesung bietet, kann doch mit großer Sicherheit davon ausgegangen werden, daß Bugenhagen diese Auslegung spätestens in der ersten Hälfte des Jahres 1522 vortrug. Dafür spricht der fast zu Beginn der Exegese gegebene Verweis auf das Diktat der 1. Korintherbriefvorlesung Melanchthons: "Repete quoq(ue) dicta Philip: in Corinth: ep(istul)a de dei (et) m(un)dj sapientia".[20] Sicher wird Bugenhagen dieses Kolleg, wie auch seine Zuhörer, besucht und mitgeschrieben haben, denn nur so wäre ein solcher Hinweis erklärlich.

Die Vorlesung zum 1.Korintherbrief hielt Melanchthon von April bis Oktober 1521.[21] Folglich muß Bugenhagens Kolleg zum "Liber sapientiae" in zeitlicher Nähe zu Melanchthons Vorlesung zum 1. Korintherbrief angesetzt werden.

Für diese Datierung spricht des weiteren die Beobachtung, daß sich bei Roth die Abschrift der Auslegung zum Buch der Weisheit unmittelbar vor der Exegese zum Hiobbuch findet,[22] mit der Bugenhagen sicherlich in der ersten Hälfte des Jahres 1522 beschäftigt war.[23] Da eine Vorlesung Bugenhagens zum "Liber sapientiae" nirgends erwähnt wird und sie zusammen mit der im privaten Kreis vorgetragenen Hiobauslegung überliefert ist, wird möglicherweise auch diese Vorlesung als Privatkolleg gehalten worden sein.

---

19 Diese Auslegung ist nur in einer Reinschrift Roths erhalten. Vgl. dazu Anm. 8 auf S. 12.
20 Fo. 218v im Band XXXIV der Zwickauer Ratsschulbibliothek.
21 Vgl. Wilhelm Maurer: Der junge Melanchthon. Zwischen Humanismus und Reformation. Bd. 2 (Der Theologe), Göttingen 1969, S. 127.
22 Vgl. Anm. 8 auf S. 12.
23 Vgl. dazu unter 1.4, S. 17f.

Aufgrund ihres Umfanges - nach einer ausführlichen Erklärung des 1. Kapitels folgen zumeist nur kurze Worterklärungen auf achtzehn Seiten im Quartformat - ist zu vermuten, daß die Vorlesung zum Buch der Weisheit im Vergleich zum Hiobkolleg (dessen Reinschrift 41 Seiten umfaßt) einen relativ kurzen Zeitraum einnahm.[24]

1.3 Die Vorlesung zur Passions- und Auferstehungsharmonie

Nach Bugenhagens eigenem Zeugnis beschäftigte er sich schon in seinen Treptower Jahren mit der Zusammenstellung einer Passions- und Auferstehungsharmonie.[25] Als Bugenhagen im Kloster Belbuck über das Matthäusevangelium las und zum Ende hin die Passions- und Ostergeschichten exegesierte, "nam er in Namen Gottes die erbeit an und zog aus den vier Evangelisten die Historien odder Geschicht des Leidens und Verklerung unsers Herrn Jhesu Christi ordentlich zusamen in ein Büchlein mit grossem vleis."[26] Eine unmittelbare Drucklegung dieses "Büchleins" erfolgte zu dieser Zeit noch nicht.[27]

Sicherlich nahm Bugenhagen sein Treptower Manuskript der Matthäusauslegung mit der sich anschließenden Passions- und Auferstehungsharmonie nach Wittenberg mit.[28] Schon Geisenhof vermutete, daß Bugenhagen auch dort relativ bald über die Pas-

---

24 Da Bugenhagen gleichzeitig mit der Erarbeitung seiner großen Psalmenvorlesung beschäftigt war, darf wohl vermutet werden, daß er die Vorlesungen zum "Liber sapientiae" und dann zum Hiobbuch nacheinander gehalten hat.

25 Vgl. dazu Geisenhof: S. 102-105, sowie Anneliese Bieber: Johannes Bugenhagen zwischen Reform und Reformation (vgl. Anm. 10 auf S. 4), S. 23.

26 Zitiert nach Geisenhof (S. 103f.), der dort aus Bugenhagens Einleitung zu "Das Leiden vnd Auferstehung vnsers HERRN Jhesu Christi ...", Wittenberg 1544 zitiert.

27 Zu den möglichen Gründen vgl. Anneliese Bieber: Johannes Bugenhagen zwischen Reform und Reformation (vgl. Anm. 10 auf S. 4), S. 16f.

28 Vgl.dazu ebd., S. 22.

sions- und Auferstehungsgeschichte gelesen haben muß, "denn nur
so erklärt sich, daß im März oder April 1524 die Auferstehungs-
und Himmelfahrtsgeschichte ohne Vorwissen Bugenhagens von
dem Nürnberger Drucker Joh. Petrejus gedruckt werden konnte.
Einer aus der Zuhörerschaft Bugenhagens wird seine Niederschrift
an den Drucker verkauft haben."[29]

Da sich in dem von Bugenhagen erhaltenen Manuskript der
Passionsharmonie eine von ihm stammende Korrektur vom Freitag
vor Lätare des Jahres 1522 findet, kann geschlußfolgert werden,
daß er in der Passionszeit 1522 an seiner Harmonie arbeitete und
sie wahrscheinlich auch einem breiteren Kreise vortrug.[30] Vermutlich war es jener Kreis von Klerikern, vor dem Bugenhagen
auch seine Hiobauslegung las.[31]

1.4 Die erste Vorlesung zum Buch Hiob

Bugenhagens erste in Wittenberg zum Hiobbuch gehaltene Vorlesung fand zweifelsfrei im Jahre 1522 statt. In der "Praefatio" zu
seinem Römerbriefkommentar - nachweislich 1526 geschrieben -[32]
erwähnt Bugenhagen einen Raubdruck dieser Hiobauslegung. Er
beklagt, daß es sich hierbei nicht um die Wiedergabe seiner letzten Vorlesung zu diesem Buch aus dem Jahre 1525 handle, sondern um eine ältere Exegese von 1522, die er "cum quibusdam
Monachis"[33] erarbeitet hätte. Sicherlich wird Bugenhagen diese

---

29 Geisenhof: S. 104.
30 Vgl. dazu Wolf-Dieter Hauschild: Johannes Bugenhagens Auseinanderse-
    tzung mit dem Katholizismus 1515-1521 (vgl. Anm. 17 auf S. 5), S. 97,
    insbesondere Anm. 51, bzw. Anneliese Bieber: Johannes Bugenhagen
    zwischen Reform und Reformation (vgl. Anm. 10 auf S. 4), S. 22.
31 Vgl. dazu Holfelder: Solus Christus, S. 14f., insbesondere Anm. 40, bzw.
    Bugenhagens Vorrede zu seinem Römerbriefkommentar von 1527 (Gei-
    senhof Nr. 215), fo. 1r.
32 Vgl. Geisenhof: S. 249.
33 Johannes Bugenhagen: In Epistolam Pauli ad Romanos (Geisenhof Nr.
    215), fo. 1r.

Hiobvorlesung spätestens im Herbst 1522 abgeschlossen haben,
denn eine Notiz Spalatins vom November diesen Jahres bezeugt
diese Vorlesung nicht, sondern die drei parallel laufenden Vorlesungen zum Psalter, Jesaja und den kleinen Paulusbriefen.[34]

1.5 Die Vorlesung zum Propheten Jesaja

Ein Jahr nachdem Bugenhagen seine erste großangelegte Vorlesung zum Psalter begonnen hatte, nahm er eine weitere, ebenso
breite Auslegung zum Propheten Jesaja in Angriff. Wie das Titelblatt einer in der Universitätsbibliothek Greifswald befindlichen
Vorlesungsmitschrift beweist, begann Bugenhagen am 13. November 1522 mit diesem Kolleg.[35] Erst am 1. März 1524, also fast ein
und ein halbes Jahr später, berichtete der damals in Wittenberg
studierende Felix Rayther in einem Brief, daß Bugenhagen zu
dieser Zeit seine Jesajavorlesung beendet habe.[36]

1.6 Die Vorlesung zu den kleinen Paulusbriefen und die erste
Galaterbriefvorlesung

Bei der von Spalatin in seiner Notiz vom November 1522 erwähnten Vorlesung Bugenhagens zu "den meisten der Briefe des Paulus"[37] handelt es sich um ein Kolleg zum Epheser-, Philipper-,
Kolosser-, 1. und 2. Thessalonicher-, 1. und 2. Timotheus-, Titus-,
Philemon- und Hebräerbrief, und, wie Bugenhagen in seiner

---

34 Zur Notiz Spalatins vgl. Anm. 15 auf S. 14.
35 Vgl. dazu weiter unter Kapitel 3.1, S. 35f.
36 "Pomernaus absolvit Esaiam prophetam nunc auspicaturus epistolam
    Pauli ad Galathas ..." Felix Rayther an Thomas Blarer (1. März 1524). In:
    Briefwechsel der Brüder Ambrosius und Thomas Blarer 1509-1548,
    bearb. von T. Schieß, Bd. I, Freiburg 1908, S. 96 (Nr. 68).
37 Zur Notiz Spalatins vgl. Anm. 15 auf S. 14.

Vorrede zu diesem im Druck erschienenen Kommentarwerk schrieb, abschließend um eine (kurze) Galaterbriefauslegung.[38]

Der Beginn dieser Vorlesung kann nur aufgrund eines Verweises aus der Exegese erschlossen werden. Bei der Auslegung von 1. Tim 4,1 gab Bugenhagen einen Hinweis auf seine Erklärung von Jes 2.[39] Da er mit seiner relativ breiten Jesajavorlesung erst im November 1522 begann und es sich bei der Paulusexegese nur um kurze Scholienauslegungen handelt, kann angenommen werden, daß Bugenhagen ebenfalls zu Beginn des Wintersemesters 1522 mit dieser Vorlesung eingesetzt hat. Dieses Kolleg dürfte sich höchstens bis Anfang März 1523 erstreckt haben, denn der Bericht der Universität vom 19. März 1523 führt diese Vorlesung - wie auch die zum Psalter - nicht mehr an.[40]

1.7 Die Vorlesung zum Matthäus- und Lukasevangelium

Wohl nach der Paulusauslegung, bald nach dem oben erwähnten Universitätsbericht vom 19. März 1523, wird Bugenhagen mit einem weiteren parallel zur Jesajavorlesung laufenden Kolleg begonnen haben. Dabei handelt es sich um eine Vorlesung zum Matthäus- und Lukasevangelium. Bugenhagen faßte dieses Kolleg offenbar als eine zusammenhängende Evangelienauslegung auf, denn bei der Lukasexegese beschränkte er sich zumeist nur auf die Texte des heute sogenannten lukanischen Sondergutes. Zudem

---

38 Vgl. Johannes Bugenhagen: Annotationes... in epistolas Pauli (Geisenhof Nr. 64), fo. a 2r und Geisenhof: S. 93.

39 "Quae vero sint noviβima tempora, ut vetus translatio habet, dixi Esaiae 2.", Annotationes... in epistolas Pauli, pag. 205.

40 Zum Bericht der Universität vgl. Anm. 16 auf S. 14. Timothy J. Wengert: Philipp Melanchthon's Annotationes in Johannem in Relation to its Predecessors and Contemporaries, Genf 1987, S. 38, weiß von dem Anfang des Kollegs im November 1522, setzt für den Abschluß dieser Vorlesung "the end of the Winter semester 1524" an. Möglicherweise ist er dabei noch von Holfelders falscher Annahme in: Solus Christus, S. 12 f. beeinflußt, den Wengert aber nicht anführt.

verwies Bugenhagen bei der Lukasauslegung dreimal auf seine Matthäusexegese.[41]

Auch diese Auslegungen sind wiederum ohne eine zeitliche Angabe nur in einer Reinschrift Roths überliefert. Daher kann eine Datierung ebenfalls nur anhand von indirekten Hinweisen erschlossen werden. Bezog sich Bugenhagen in der Paulusauslegung auf seine Erklärung von Jes 2, verweist er bei der Auslegung von Luk 1,25 auf seine Erklärung von Jes 4,1[42] und bei Luk 13,6 auf seine Auslegung des Weinberggliedes (Jes 5).[43] Da Bugenhagen die Jesajavorlesung sehr breit anlegte, konnte er frühestens zu Anfang des Jahres 1523 auf diese Stellen hinweisen. Demnach kann er erst von dieser Zeit ab über das Lukasevangelium gelesen haben. Somit ist diese Evangelienvorlesung in den Zeitraum Anfang bis Sommer (?) 1523 anzusetzen.

Die Vermutung, daß sich nach der Paulusexegese bald die Evangelienvorlesung anschloß, wird auch durch die Anordnung der Auslegungen in Roths Manuskript nahegelegt. Dort findet sich die Nachschrift des Matthäus- und Lukaskollegs gleich nach der Nachschrift der Paulusauslegung.[44]

1.8 Die Vorlesung zum Jacobus-, 1. und 2. Petrus- und 1. Johannesbrief sowie die erste Römerbriefvorlesung

Direkt auf der Rückseite des letzten Blattes von Roths Abschrift der Lukasvorlesung beginnt die Reinschrift einer nicht sehr um-

---

41 Vgl. fo. 191v; fo. 196v und fo. 201v des Bandes XL in der Ratsschulbibliothek Zwickau. Zu dieser Evangelienauslegung, insbesondere zur Lukasexegese vgl. die Diplomarbeit des Verfassers (masch.): Die Lukasauslegung von Johannes Bugenhagen, Greifswald 1989.
42 Vgl. fo. 189v des Bandes XL der Ratsschulbibliothek Zwickau.
43 Vgl. fo. 198v des Bandes XL der Ratsschulbibliothek Zwickau.
44 Die Paulusauslegung findet sich auf fo. 5r-161v des Bandes XL, die Evangelienauslegung auf fo. 163r-204r des gleichen Bandes.

fänglichen Auslegung Bugenhagens zum Jacobusbrief.[45] Dieser
Exegese folgen die Nachschriften der ebenso kurzen Erklärungen
zum 1. und 2. Petrusbrief sowie zum 1. Johannes- und zum Römerbrief.[46] Alle diese Auslegungen sind bis jetzt der Forschung
nicht bekannt.

Da sich an keiner Stelle in diesen Reinschriften ein Hinweis
findet, der eine sichere oder wenigstens ungefähre Datierung ermöglicht, darf lediglich vermutet werden, daß dieses Auslegungen
nach dem Evangelienkolleg von Bugenhagen gehalten wurden.
Höchstwahrscheinlich fanden diese Vorlesungen noch vor dem
Beginn des Aufenthaltes von Roth in Wittenberg (Ende 1523 oder
Anfang 1524)[47] statt, denn Kollegien, die sicher zu datieren sind
und zu Anfang des Jahres 1524 von Bugenhagen begonnen wurden, sind von Roth als direkte Mitschriften überliefert. Eine Ausnahme bezeichnet freilich die Vorlesung zum 1. und 2. Königsbuch von 1524, deren Reinschrift Roth wohl aus inhaltlichen
Gründen der zu den beiden Samuelisbüchern anschloß.[48]

1.9 Die Deuteronomiumvorlesung

Wie schon Holfelder in seiner Vorlesungsübersicht gezeigt hat, ist
Bugenhagens Vorlesung zum Deuteronomium in der zweiten
Hälfte des Jahres 1523 anzusetzen.[49]

Vier Rückverweise in der Auslegung zum 1. Samuelisbuch
(1 Sam 1; 8,9; 14,32 und 1 Sam 25)[50] auf die Deuteronomium-

---

45 Die Auslegung zum Jacobusbrief befindet sich auf fo. 204v-206v im
    Band XL.
46 Die Auslegungen zum 1. und 2. Petrus-, 1. Johannes- und Römerbrief
    befinden sich auf fo. 207r-230v.
47 Vgl. zu Roths Biographie Abschnitt 3.2.1, S. 45.
48 Vgl. Anm. 8 auf S. 12.
49 Vgl. Holfelder: Solus Christus, S.10f.
50 Holfelder war bei seiner Vorlesungsübersicht nur von einem Rückverweis
    Bugenhagens in der Samuelisvorlesung auf die Deuteronomiumauslegung
    ausgegangen. Vgl. Solus Christus, S.11, insbesondere Anm. 23. Die

exegese machen deutlich, daß wenigstens teilweise das Deuteronomiumkolleg dem zu den Samuelisbüchern vorangegangen sein
muß. Die Vorrede Bugenhagens zur Veröffentlichung der Deuteronomium - und Samuelisauslegung ist auf den 11. Mai 1524 datiert.[51] Somit ergibt sich für eine zeitliche Ansetzung der Deuteronomiumvorlesung der Zeitraum von Mitte 1523 bis ungefähr
Anfang 1524.

1.10 Die Vorlesung zum 1. und 2. Samuelisbuch

Die Samuelisauslegung wird zu Ende des Jahres 1523 bis zum
Anfang 1524 vorgetragen worden sein, denn bei der Erklärung
von 1 Sam 20,30 nimmt Bugenhagen Luthers Übersetzung gemäß
dessen Manuskript auf. Luthers deutsche Übertragung der Samue-
lisbücher war in der zweiten Hälfte des Jahres 1523 entstanden.[52]
   Zudem ergibt ein Vergleich der Rothschen Reinschrift dieser
Auslegung, der zweifelsfrei eine Vorlesungsmitschrift zu Grunde
liegt,[53] mit dem Druck von 1524,[54] daß Bugenhagen seine Auslegung für die Veröffentlichung kaum verändert hatte. So wird
sich die Vorlesung zum 2. Samuelis vermutlich bis kurz vor dem
Erscheinungsdatum erstreckt haben. Wie bereits erwähnt, stammt
Bugenhagens Widmungsbrief für die Erstausgabe vom 11. Mai
1524.[55]
   Holfelders Annahme, das Ende dieses Kollegs sei auf Februar
1524 anzusetzen, da in dem Brief Raythers vom 1. März 1524[56]
eine Samuelisvorlesung Bugenhagens nicht genannt werde,[57] ist

---

weiterer Rückverweise finden sich in den "Annotationes... in Deuteronomium" (Geisenhof Nr. 33) auf den pag. 187, 228 und 267.
51 Vgl. Geisenhof: S. 57.
52 Vgl. dazu bei Holfelder: Solus Christus, S. 11.
53 Vgl. zu dieser Handschrift Anm. 8 auf S. 12.
54 Vgl. Geisenhof: S. 57-59.
55 Vgl. Geisenhof: S. 57.
56 Vgl. dazu Anm. 36 auf S. 18.
57 Vgl. Holfelder: Solus Christus, S. 11.

nicht zwingend. Rayther berichtet in seinem Brief lediglich, daß Bugenhagen seine Jesajavorlesung beendet und nun ein Kolleg zum Galaterbrief angekündigt habe. Das schließt nicht aus, daß eine Samuelisvorlesung auch weiterhin stattgefunden haben kann. Der von Holfelder angenommen kurze Zeitraum für diese Samuelisvorlesung widerspricht zudem dem Umfang dieser Auslegung.

1.11 Die zweite Galaterbriefvorlesung

Das im Brief Raythers vom 1. März 1524 angekündigte Galaterkolleg hielt Holfelder für die im Rahmen der Paulusauslegung gehaltene Galaterexegese.[58] Roth bietet aber in seinen Kollegheftten neben der zusammen mit den anderen zehn Paulusbriefen in Reinschrift überlieferten Galaterauslegung eine weitere Exegese von Gal 3-5.[59] Da für die Zeit von Roths Aufenthalt in Wittenberg (1523/24-1527) kein weiteres Galaterkolleg Bugenhagens bekannt ist, wird diese direkte Mitschrift wahrscheinlich aus der für das Frühjahr 1524 angekündigten Galatervorlesung stammen. Folglich hielt Bugenhagen nach ungefähr einem Jahr abermals ein Kolleg zu diesem neben dem Römerbrief für die reformatorische Theologie so wichtigen Paulusbrief. Da für den Sommer 1524 nur Bugenhagens erneute Psalmenvorlesung belegt ist,[60] muß diese zweite Galaterauslegung nur einen kurzen Zeitraum im Frühjahr 1524 eingenommen haben.

---

58 Vgl. Holfelder: Solus Christus, S. 12f..
59 Die Kollegmitschrift Roths von Gal 3 bis 5 findet sich auf fo. 162v-169v unter der Signatur H 3 in der Ratsschulbibliothek Zwickau.
60 "Sed quid de Theologia? totine estis ethnici? Pomeranus episcopus noster, interpraetatur psalterim, et lectio quotidiana continuabitur. Praeterea ex sacris nihil amplius auditur." Felix Rayther an Thomas Blarer, Brief vom 24. Juni 1524. In: Briefwechsel der Brüder Ambrosius und Thomas Blarer 1509-1548 (vgl. Anm. 36 auf S. 18), S. 110 (Nr. 79).

1.12 Die zweite Psalmenvorlesung

In einem Kollegheft Roths findet sich unter der Überschrift "Pomerani Scholia in psalt: David(is)" eine bis zum Ps 50 reichende
Psalmenauslegung Bugenhagens.[61] Mit allergrößter Sicherheit
handelt es sich hierbei um die einzige erhaltene Mitschrift der
zweiten Psalmenvorlesung Bugenhagens in Wittenberg vom Sommer 1524.[62]

Der Überblick veranschaulicht, daß Bugenhagen in den Jahren
1521 bis 1524 neben den großen Vorlesungen zum Psalter und zu
Jesaja eine Fülle von weiteren kleineren Kollegs gehalten hat.
Besonders zur Zeit der Jesajavorlesung bewältigte Bugenhagen so
eine umfangreiche akademische Tätigkeit.

Weiter ist aus der Übersicht zu erkennen, daß Bugenhagen nach
seiner Wahl zum Wittenberger Stadtpfarrer im Oktober 1523
versuchte, diese Tätigkeit zielstrebig weiterzuführen. Vor allem
aufgrund der Arbeitsbelastung durch das Pfarramt war er nach der
Beendigung des Jesajakollegs jedoch gezwungen, seine Lehrtätig-
keit einzuschränken. Wie die "Wiederholung" der Galater- und
Psalmenvorlesung anzeigt, griff Bugenhagen von diesem Zeitpunkt
an auf von ihm schon ausgelegte biblische Schriften zurück.
Gewiß wird dabei aber auch der Wechsel der Studentengeneration
im Verlauf der Jahre eine Rolle gespielt haben.

Betrachtet man die ersten Wittenberger Jahre des Pomeranus in
ihrer Gesamtheit, so scheinen die Jahre bis zur Übernahme des
Stadtpfarramtes für Bugenhagen die produktivsten auf exegeti-
schem Gebiet gewesen zu sein. Diese Jahre waren für ihn die Zeit
der intensivsten Aneignung der reformatorischen Theologie im
Vollzug der Schriftauslegung.

---

61 Diese Psalmenvorlesung findet sich unter der Signatur H 1 auf fo.145r-
    208v in der Ratsschulbibliothek Zwickau.
62 Zur Datierung vgl. den in Anm. 60 auf S. 23 zitierten Brief Raythers
    vom 24. Juni 1524.

2. Beobachtungen zu Bugenhagens Vorlesungsstil

2.1 Die Anlage der Vorlesung

Der eigentlichen Exegese des Prophetentextes stellte Bugenhagen ein längeres Vorwort und eine ausführliche Inhaltsangabe über das gesamte Prophetenbuch voran.[1]

Zwei Dinge, wie es zu Beginn der Vorlesung heißt, soll die "Praefatio" enthalten. Zum einen wird darin über die Prophetie und die Propheten allgemein gesprochen werden, zum anderen über den Propheten Jesaja im besonderen.[2] Sieht man sich aber die Vorrede an, so fällt eine deutliche Disproportion der beabsichtigten Teile auf. Umfaßt der erste Abschnitt "a prophetia et prophetis" fünf Seiten in dem von Bugenhagen selbst verfaßten Manuskript, so beschränkt sich der Teil zur Person des Jesaja dagegen nur auf eine Seite. Dieser Teil beinhaltet eigentlich nur kurze Erläuterungen zur Wirkungszeit des Jesaja anhand der Königsliste von Jes 1,1.

Noch innerhalb der "Praefatio" folgt dann, zum besseren Verständnis der Botschaft, insbesondere für die "Jüngeren", ein Abriß

---

1 Im folgenden werden die Quellenangaben gemäß der in Berlin aufbewahrten Bugenhagen-Handschrift (vgl. dazu unter 3.3, S.55ff.) gegeben, soweit diese die Jesaja-Auslegung wiedergibt. Die Exegese, die nicht durch Bugenhagen selbst überliefert ist (Jes 40,4 bis Jes 66), wird nach dem Manuskript Roths nachgewiesen (vgl. unter 3.2, S.47ff.). Das Vorwort zur Jesajavorlesung findet sich auf fo. 118r-124r, die Inhaltsangabe auf fo.124r-127v (vgl. dazu die Textwiedergabe in der Anlage II).

2 "Duo in hac p(rae)fatione dica(m). Alteru(m) de p(ro)phetia et p(ro)phet(is). Alteru(m) de Esaia p(ro)pheta." fo. 118r.

der Geschichte Israels.[3] Dieser Exkurs von über fünf Seiten beginnt beim Auszug Israels aus Ägypten und endet bei der Lehre von den vier Reichen nach Dan 7. Die Bedeutung dieses Geschichtsüberblickes für die Vorlesung insgesamt darf nicht unterschätzt werden. Er ermöglichte es Bugenhagen, sich bei der eigentlichen Exegese nicht auf lange historische Erläuterungen einlassen zu müssen. Durch eine geschlossene und vorangestellte Darstellung der Geschichte Israels betonte er zudem die Wichtigkeit von deren Kenntnis für das Verstehen des Propheten. Für den heutigen Betrachter erscheinen Bugenhagens Erklärungen durch ihre strenge christologische Ausrichtung allerdings als wenig historisch begründet.

Bugenhagen beendete die "Praefatio" zum Propheten Jesaja mit einem Hinweis auf sein Psalmenkolleg. In diesem habe er schon "ad tropos scripturae" gesprochen.[4] An den daraufhin angeführten Beispielen ist zu erkennen, daß Bugenhagen damit Besonderheiten der hebräischen Ausdrucksweise, wie die "subita personae grammaticae mutatio" meinte.[5]

Dem Vorwort schließt sich eine Inhaltsübersicht an, die acht Seiten des von Bugenhagen verfaßten Manuskriptes umfaßt. Diese Inhaltsangabe nutzte er für grundlegende Bemerkungen zum Propheten Jesaja. So hebt er hervor, daß die Verkündigung dieses Propheten als eine Predigt von Gesetz und Evangelium zu verstehen sei. Davon ausgehend gliedert er das gesamte Prophetenbuch in Abschnitte, in denen je von "lex" oder vom "evangelium" geredet wird.

Der Inhaltsübersicht folgt die eigentliche Auslegung des Jesaja, die mit den Worten "Annotatio(ne)s et int(er)p(re)tiuncula / In

---

3   Bugenhagen leitet diesen historischen Abschnitt mit den Worten ein: "H(a)ec vt iuniores intelliga(n)t / quib(us) libenter s(er)uimus repetenda s(unt) nob(is) qu(a)eda(m) ex sacra historia" (fo. 121r).

4   "Qu(a)e vero ad tropos scriptur(a)e i(n) p(ri)mis p(ro)phetaru(m) attine(n)t hic volo accipi que(m)ad(modum) in psalmos p(rae)fati dixi(mus)" (fo. 123v).

5   Bugenhagen bringt als ein Beispiel für den "plötzlichen Wechsel der grammatischen Personen" ein Zitat aus Ps 3,9.

Esaiam p(ro)phetam"[6] überschrieben ist. Eine Ähnlichkeit mit den im November 1522 erschienenen "Annotationes" Melanchthons zum Römer-, 1. und 2. Korintherbrief[7] war dabei möglicherweise beabsichtigt, denn wie die übrigen Wittenberger Theologen wollte auch Bugenhagen nicht mehr einen "Kommentar" liefern. In deren scholastischen Vorbildern wurde eine Überfremdung des Bibeltextes gesehen. Mit den "Bemerkungen" sollte das Wort der Heiligen Schrift wieder in den Mittelpunkt gerückt werden.

Wie die Übersicht in der Anlage I veranschaulicht, legte Bugenhagen die einzelnen Kapitel des Jesaja in sehr unterschiedlicher Breite aus. So nimmt die Exegese von Jes 9 mit 32 Seiten den größten Umfang ein.[8] Mit nicht einmal anderthalb Seiten ist die Auslegung von Jes 39 die kürzeste innerhalb der Vorlesung.[9] Da vergleichsweise die ersten Kapitel umfangreicher exegesiert wurden, umfaßt das erste Drittel der gesamten Vorlesung die Auslegung bis Jes 12. Je ein weiteres Drittel beinhaltet die Exegese von Jes 13-39 bzw. 40-66.

Zu welchen Zeitpunkt in etwa Bugenhagen die jeweiligen Abschnitte im Kolleg vortrug, kann relativ sicher errechnet werden, da der Anfang der Vorlesung (13. November 1522) und deren Ende (Februar 1524) bekannt sind.[10] Freilich muß dabei auch die vorlesungsfreie Zeit gemäß den Statuten der Universität beachtet werden[11] und die Annahme gelten, daß Bugenhagen seine Auslegung in einem gleichmäßigen Duktus diktiert hat. Bei diesen Voraussetzungen ergibt sich folgende zeitliche Einteilung der Vorlesung: Bis Weihnachten 1522 war Bugenhagen bis etwa zur

---

6 Fo. 127v.
7 Vgl. Peter Barton: Einleitung zu Melanchthon-Studienausgabe, Bd. IV, Gütersloh 1963, S. 15.
8 Die Exegese von Jes 9 findet sich auf fo. 177v-193v.
9 Die Exegese von Jes 39 findet sich auf fo. 281r-281v.
10 Zur Datierung der Jesajavorlesung vgl. S.18.
11 Es muß angenommen werden, daß auch zur Zeit der Jesajavorlesung Bugenhagens noch die Statuten der Universität von 1508 ihre Gültigkeit hatten, in denen die vorlesungsfreie Zeit festgesetzt wurde. Abgedruckt in: Urkundenbuch der Universität Wittenberg, bearb. von W. Friedensburg, Teil I, S. 31.

Exegese von Jes 3 gekommen. Nach Epiphanias 1523 bis zum Palmsonntag, unterbrochen von anderthalb freien Wochen zur Fastenzeit, trug er dann die Auslegung bis Kapitel 10 vor. Nach Ostern (5.April) bis zur Sommerpause (ab 13.Juli), wiederum durch eine freie Woche nach Pfingsten unterbrochen, war Bugenhagen bis Jes 27 gelangt. Von Mariae Himmelfahrt (15. August) bis zur freien Zeit im Herbst (21. Oktober bis 3. November) legte er die Kapitel bis einschließlich Jes 40 aus. Ein Jahr nach dem Beginn des Jesajakollegs setzte Bugenhagen dann im November 1523 seine Auslegung des zweiten Teiles des Jesajabuches fort. Im Januar und Februar 1524, unterbrochen durch die anderthalb Wochen vom Sonntag Sextagesimae bis Aschermittwoch, wurden dann die letzten Kapitel des Propheten ausgelegt.

Zwar drückt die Seitenzahl der Auslegung der einzelnen Kapitel vergleichsweise zu den anderen Kapiteln die Dauer der Auslegung aus, doch veranschaulicht die Seitenzahl nicht allein die Intensität, mit der Bugenhagen die verschiedenen Kapitel exegesierte, da dabei die unterschiedliche Versanzahl eines jeden Kapitels nicht berücksichtigt ist. Deshalb wurde ebenfalls im Anhang I die Intensität der Auslegung graphisch dargestellt.

Durchschnittlich nimmt die Exegese eines Jesajaverses 40% einer Oktavseite ein. Weit über diesem Durchschnitt liegt die Intensität der Auslegung im ersten Drittel der Vorlesung. Neben dem Kapitel 4 ragt die Erklärung von Jes 9 deutlich heraus. Bugenhagen behandelte bei der Auslegung dieses Kapitels besonders ausführlich die Verse 2 bis 4 gemäß der Vulgatazählung. Auf elfeinhalb Seiten legte er diese drei Verse aus.[12] Aufgrund der Anspielung in Vers 3 auf die "dies Midian" wurde daran anschließend von ihm noch Jud 6-8 auf fünfeinhalb Seiten behandelt,[13] so daß dieser Abschnitt insgesamt siebzehn Seiten umfaßt.

Ungefähr von der Exegese des 13. Kapitels ab geht die Intensität der Auslegung deutlich zurück. Dabei fallen die kurzen Bemerkungen Bugenhagens zu den Geschichtserzählungen (Jes 36-39) besonders auf. Nur die etwas breitere Erklärung zum Danklied des

---

12 Diese Auslegung findet sich auf fo. 179v-185r.
13 Diese Auslegung findet sich auf fo. 185r-187v.

Hiskia in Kapitel 38, welches Bugenhagen als einen Psalm auf-faßt,[14] macht dabei eine Ausnahme.

Klar durch das Schriftbild abgehoben - Bugenhagen ließ in sei-nem Manuskript eine halbe Seite frei - werden die Auslegungen der beiden Teile des Jesajabuches, Jes 1-39 und Jes 40-66, vonein-ander getrennt. Zu Anfang der Erklärung von Jes 40 trug Bugen-hagen eine kurze Einleitung zum zweiten Teil vor, in der er wie-derum die Bedeutung des Propheten als "Meister des Gesetzes und des Evangelium" hervorhob.[15] Daran anschließend gab er noch-mals eine kurze Inhaltsangabe zu den Kapiteln 40-66. Sowohl die Einleitung als auch die Inhaltsübersicht waren offenbar deshalb notwendig geworden, da zu diesem Zeitpunkt ein Jahr vergangen war, seitdem Bugenhagen mit dem Kolleg zu Jesaja begonnen hatte, und wohl etliche neue Zuhörer die Vorlesung besuchten.

Die Kapitel 40 bis 66 wurden von Bugenhagen nicht mehr so breit und intensiv wie die vorhergehenden ausgelegt. Das ver-wundert, wenn man bedenkt, daß sich unter diesen Kapiteln bei-spielweise das für die christliche Auslegungstradition so bedeuten-de Kapitel 53 befindet. Dessen Exegese umfaßt lediglich fünf Sei-ten.[16] Zu dieser zügigeren Auslegungsweise war Bugenhagen wohl die veränderten Umstände veranlaßt. Die anderen Aufgaben, die er zubewältigen hatte, liessen eine baldige Beendung des Kolleg als wünschenswert erscheinen, doch sollten sämtliche Kapitel des Jesajabuches behandelt werden. Dabei kam ihm zugute, daß er in den Erklärungen zu den ersten Kapiteln seine Sicht zum Propheten Jesaja ausführlichst vorgestellt hatte und er zum Ende der Vorle-sung hin durch Rückverweise darauf Bezug nehmen konnte.

---

14 Bugenhagen sagt zu Jes 38,9: "Hic est titulus psalmi seque(n)t(is)" (fo. 278r).
15 Die Einleitung zum zweiten Teil des Prophetenbuches beginnt mit den Worten: "In p(ri)ori p(ar)te Esaias et leg(is) et euangeiij vates fuit sed ita eua(n)gelica(m) gratia(m) tantu(m) p(rae)dic(er)et" (fo. 282r).
16 Die Auslegung von Jes 53 findet sich auf fo.245v-248r in Roths Nach-schrift.

2.2 Zur Auslegungsmethode Bugenhagens

Der Exegese eines jeden Kapitels wird von Bugenhagen eine kurze Einleitung vorangestellt, in der er den Skopus des Kapitels umreißt. Zur eigentlichen Auslegung der Kapitel gliederte er diese dann in verschieden lange Perikopen auf, so beispielsweise Jes 3 in zwei größere Teile von Vers 1-15 und 16-25 oder Jes 6 in die drei kleineren Abschnitte der Verse 1-4, 5-9a und 9b-13.[17] Vor allem im Zuge der sehr breiten Auslegung von Jes 1 bis 12 wurden diese Perikopen nochmals von Bugenhagen untergliedert. Jedem dieser Abschnitte folgen kurze Worterklärungen.

Die Auslegung eines jeden Unterabschnittes beginnt mit einem Anfangszitat. Zu den Worterklärungen wird das Wort oder die betreffende Wortgruppe angeführt und durch "id est" oder zumeist durch "scilicet" mit der nachfolgenden Erklärung verbunden.

Im Gegensatz zu seinen exegetischen Quellen, Nikolaus von Lyra und Hieronymus, unterscheidet Bugenhagen in seiner Exegese des Jesaja nicht ausdrücklich eine historische und eine allegorische Deutung des Prophetentextes.[18] Klar überwiegt von beiden Auslegungsweisen bei Bugenhagen die historische Exegese. Ganz auf allegorische Deutungen konnte und wollte er jedoch offenbar nicht verzichten, und so findet sich in seiner Vorlesung auch keine Kritik an der Allegorie.[19]

---

17 Die Auslegung von Jes 3 beginnt auf fo. 143v, auf fo. 146v die Exegese von Jes 3,16. Auf fo. 147v endet die Erklärung von Jes 3.
   Die Auslegung von Jes 6,1-4 findet sich auf fo. 154r-157r, die Auslegung von Jes 6,5-9a auf fo. 157r-158r und die Auslegung von Jes 6, 9b-13 auf fo. 158r-159v.

18 Lyra gibt über seine "historische" Erklärung des Bibelwortes hinaus eine Auslegung, in der er den Text "moraliter" deutet. Hieronymus legt beispielsweise im 5. Buch seines Jesajakommentars die Kapitel 13 bis 23 "historisch", im 6. und 7. Buch dann allegorisch und tropologisch aus.

19 Holfelder stellte ausführlich in seinen Studien zur Psalmeninterpretation die - wie er meinte - in diesem Kommentar zu findende Kritik Bugenhagens zur Allegorese vor (vgl. Tentatio, S.153-173). Aufgrund von nur zwei Textstellen versuchte er dieses zu beweisen. Daß Bugenhagen sich aber auch in den Kommentaren, die nach der Psalmeninterpretation erschienen, noch nicht von der allegorischen Auslegungsweise getrennt

Um Bugenhagens Exegese gerecht zu beurteilen, darf diese nicht nur nach den altkirchlichen Auslegungsweisen eingeteilt werden, sondern muß vor allem von den beiden reformatorischen Prinzipien "solus Christus" und "sola scriptura" her verstanden werden. Unverkennbar tritt nämlich in der gesamten Auslegung Bugenhagens Absicht hervor, die Botschaft des Jesaja auf Christus hin zu deuten. Bugenhagen konnte sich dabei auf eine lange christliche Auslegungstradition zu diesem Propheten stützen. Für ihn legitimierte sich seine Auslegungsweise in erste Linie durch den Umgang der Apostel, Evangelisten und Jesu selbst mit dem Worten des Jesaja und des gesamten Alten Testaments.

Weiter ist für Bugenhagens Auslegung sein Bemühen bestimmend, sich durch Übersetzungsvergleiche und selbständige Übersetzungen aus dem Urtext dem urspünglichen Prophetenwort zu nähern.[20]

Auffallend selten werden in der Vorlesung zeitgenössische Vergleiche oder Beispiele vorgetragen. Oft sind diese sehr allgemein gehalten und werden zumeist aus der Gleichsetzung der von Jesaja angegriffenen "Heuchler" mit den "Papisten" entwickelt.

Nur an wenigen Stellen seiner Auslegung referiert Bugenhagen gegensätzliche Anschauungen, um sich danach mit diesen auseinandersetzen zu können. Bei diesen Äußerungen handelt es sich größtenteils um die "falsche Sicht" der Juden, die diese Texte nicht christologisch verstehen wollen.[21] Namen und Aussprüche von Kirchenvätern erwähnt Bugenhagen dagegen an mehreren

---

hatte, belegt beispielsweise die Beobachtung, daß im Deuteronomium- und Samueliskommentar (vgl. Geisenhof: Nr.33) gesonderte Abschnitte abgedruckt sind, in denen Bugenhagen das Bibelwort allegorisch deutet. So ist bei der Auslegung von Deut 19 ein Abschnitt mit dem Wort "Allegoria" überschrieben (pag. 108). Zur Exegese von 1 Sam 16 und 17 (pag. 232 bzw. pag. 236) finden sich ebenfalls jeweils Abschnitte, die ausdrücklich als allegorische Auslegungen gekennzeichnet sind.

20 Zu Bugenhagens Umgang mit dem Urtext vgl. Abschnitt 5.2 auf S. 92ff..

21 Beispielsweise bemerkt Bugenhagen bei der Exegese von Jes 1,26 u.a.: "H(a)ec eni(m) intellig(u)nt hebr(a)ei de restitua sion post captiuitate(m) Babylonis, Sed rect(ius) int(elligitur) de reliquijs sub Ch(rist)o saluat(is) et de spirituali h(ie)rusa)l(e)m et Sion" (fo. 136r).

Stellen. Diese Zitate dienen ihm einzig zur Betonung der Richtigkeit seiner Worte.[22]

Die Sprache der Vorlesung ist Latein. Auch die oft angeführte Septuagintalesart des Jesajatextes wird - abgesehen von einer Ausnahme -[23] ausschließlich in der lateinischen Übersetzung des Hieronymus zitiert. Nur sehr vereinzelt gebraucht Bugenhagen in seiner Exegese griechische Wörter. Einige Vokabeln wurden von ihm mit griechischen Buchstaben geschrieben, so fünfmal das Wort θεοδίδακτος,[24] je einmal ἀποσιώπησις[25] und συνχρόνος[26]. Desöfteren aber gibt Bugenhagen in seinem Manuskript auch griechische Wörter in lateinischen Buchstaben wieder, so beispielsweise "Pytonas" oder "Tautologia"[27]. Daß er die griechischen Wörter buchstabierend diktierte, ist nicht anzunehmen, da in einer erhaltenen Mitschrift der Vorlesung diese Wörter zum Teil sehr fehlerhaft oder sogar nur in lateinischen Buchstaben geschrieben sind.[28] Hebräische Schriftzeichen finden sich in keinem der Manuskripte, die die Jesajavorlesung überliefern. Auch der von Bugenhagen erwähnte hebräische Buchstabe ו ist mit "vau" wiedergegeben.[29] Das einzige angeführte hebräische Nomen עַלְמָה, wurde von Bugenhagen in lateinischer Umschrift geschrieben, so wie er es von Lyra bzw. von Hieronymus übernommen hatte.[30] An keiner Stelle der Vorlesung diktierte Bugenhagen ein deutsches Wort.

---

22 Vgl. dazu beispielsweise unter 4.1.5, S. 76f. und 4.1.7, S. 79.

23 Bei der Auslegung von Jes 6,6 zitiert Bugenhagen nach dem Hieronymuskommentar ausdrücklich die Septuaginta im griechischen Orginal "LXX ἄνθρακα" fo. 157v. Vgl. dazu Hieronymus: IN ESAIAM, PL 24, Sp. 96 = CChrSL LXXIII, S. 89.

24 Vgl. fo. 139r, 176r, 190v, 261r und 269v.

25 Fo. 152r.

26 Fo. 120v.

27 Fo. 175v und fo. 135r.

28 Vgl. dazu unter 3.1.4, S.43 und unter 3.2.3, S.51f..

29 Fo. 170r.

30 Vgl. fo. 165r, Hieronymus: IN ESAIAM, PL 24, Sp. 108 = CChrSL LXXIII, S. 103.

Seine Zuhörer sprach er in der 2. Person Singular an, so z.B. mit "vides" oder "leges".[31] Von sich sprach Bugenhagen zumeist in der 1.Person Plural.[32] Nur an den Stellen, an denen er seine eigene Übersetzung vorstellte oder seine Auslegung herausheben wollte, findet sich das persönliche "ich".[33] Kaum wurde von ihm ein communikatives "wir" gebraucht.[34]

Nur selten wird der gleichmäßige Vorlesungsduktus - etwa durch rhetorische Fragen - aufgelockert. Insgesamt erweist sich die Jesajaexegese als ein schriftlich ausgearbeiteter, dabei sehr sorgfältig formulierter Text, der im Kolleg diktiert wurde. Möglicherweise hat Bugenhagen die zu den Abschnitten der Auslegung am Ende gegebenen Worterklärungen teilweise frei von seinem Manuskript vorgetragen, denn bei diesen Passagen ist die Exegese durch die einzelnen Handschriften z.T. sehr unterschiedlich überliefert.[35] Im Vergleich etwa zu Luther, der seine Vorlesungen in einem oft sehr leidenschaftlichen Ton gehalten haben soll,[36] herrscht in Bugenhagens Kolleg ein eher ruhiger, sachlicher, fast kühl wirkender Ton vor.

---

31 Vgl. dazu beispielsweise fo. 118r.
32 Vgl. dazu beispielsweise fo. 119v.
33 Vgl. dazu beispielsweise fo. 156r.
34 Vgl. dazu beispielsweise fo. 155r.
35 Vgl. dazu unter 3.1.3, S. 41f.; unter 3.2.3, S. 52; unter 3.2.4, S. 53 und unter 3.3.2, S. 60f.
36 Vgl. dazu Thyen: Luthers Jesajavorlesung (vgl. Anm. 5 auf S. 2), S. 198-207.

3. Die Überlieferung der Jesajavorlesung

Bugenhagens Jesajaexegese ist in drei voneinander unabhängigen Handschriften überliefert. Eine von Bugenhagen beabsichtigte Veröffentlichung dieser Auslegung kam nicht zu stande.

Schon Thyen hatte in seiner Studie zu Bugenhagens Erklärung von Jes 6 aus dessen Brief vom 6. Oktober 1524 an den Baseler Theologen Oekolampad, der im April 1523 ebenfalls mit einem Jesajakolleg begonnen hatte, die vom Pomeranus geplante Herausgabe seines Jesajakommentares abgeleitet.[1] Bugenhagen schrieb darin: "Dominus sit tecum, ut quam primum tuum Esajam videamus. Ubi licuerit per Deum, forsitan fiet ut et nostrum tibi videre detur."[2] Thyens Schlußfolgerung, daß Bugenhagen hierbei eine im Druck vorliegende Auslegung meinte, ist zutreffend. Zu der Zeit, als Bugenhagen jenen Brief schrieb, war sein Kolleg zu diesem Propheten seit über einem halben Jahr beendet. Man wird daher mit Sicherheit vermuten können, daß er zum fraglichen Zeitpunkt mit der Überarbeitung seiner Auslegung für die Drucklegung beschäftigt war. Unbekannt war Thyen bei seiner Annahme, daß in einer von Bugenhagen selbst stammenden Handschrift der Jesajaauslegung diese überarbeitete Fassung seiner Vorlesung, wenn auch leider nur fragmentarisch erhalten geblieben ist.

Der schon im März 1525 gedruckt vorliegende Kommentar Oekolampads, der in vielfacher Hinsicht Bugenhagens Auslegung übertrifft,[3] und die oben erwähnten Arbeitsbelastungen werden Bu-

---

1   Vgl. Thyen: Luthers Jesajavorlesung (vgl. Anm. 5 auf S. 2), Anhang 5, S. 99*, sowie Thyen : Johann Bugenhagen, Die Auslegung zu Jes 6 (vgl. Anm. 8 auf S. 3), S. 7.

2   Otto Vogt (Hrg.): Dr. Johannes Bugenhagens Briefwechsel, Stettin 1888, Ndr. Hildesheim 1966, S. 20.

3   Beispielsweise fußt Oekolampads Kommentar auf einer wohl vom Hebraisten Pellikan mitverantworteten Übersetzung aus dem Urtext, die die Grundlage seiner Exegese bildet. Vgl. dazu Thyen: Luthers Jesajavor-

genhagen veranlaßt haben, seinen ursprünglichen Plan, die Jesajaauslegung zu veröffentlichen, fallen zu lassen.

Im folgenden werden die drei handschriftlichen Quellen der
Jesajaauslegung Bugenhagens in der zeitlichen Reihenfolge ihrer
Entstehung vorgestellt.

3.1 Die Greifswalder Kollegmitschrift

3.1.1 Die Provenienz und die äußere Beschreibung
der Handschrift

Unter der Signatur Ms 1053 (ehemals Mss theol. Q 59) findet sich
in der Universitätsbibliothek Greifswald ein dünner in Pappe ein-
gebundener Band im Quartformat. Die darin erhaltene Handschrift umfaßt 102 Seiten.

Das Titelblatt dieser Handschrift trägt die sorgfältig in gotischen
Lettern mit roter Tinte geschriebene Aufschrift: "In Hesaiam Prophetam / Co(m)mentarius Joannis Bu=/ genhagij pomerani Wit-
te(n)= / berge dictatus Anno a nato Christo. 1.5.2.2. 13. /
Noue(m)bris".

Im unteren Teil des Titelblattes ist eine längere handschriftliche
Notiz mit schwarzer Tinte eingetragen. Diese klein, aber deutlich
geschriebene Notiz stellt eine genaue Wiedergabe der Bemerkung
Spalatins vom November 1522 über die Vorlesungen an der Theologischen Fakultät der Universität Wittenberg zu jener Zeit dar.[4]
Wie die exakte Quellenangabe anzeigt, wurde die Spalatin-Notiz
aus "Jo. Burchardius Menckenius Scriptores rerum Germanicarum,
praecipue Saxonicarum... Tom. II, Lipsiae MDCCXXVIII, Sp.
617." entnommen. Demnach können diese Worte erst im 18.
Jahrhundert oder später in die Handschrift eingetragen worden
sein. Von derselben Hand wie die vorherige Notiz, ebenfalls mit

---

lesung (vgl. Anm. 5 auf S. 2), S. 106.

4   Diese Notiz Spalatins wurde bereits oben S. 14, Anm. 15 zitiert.

schwarzer Tinte geschrieben, stammt die auf dem unteren Teil des Titelblattes hinzugefügte Anmerkung: "Pertingit hoc Mst. usq(ue) ad C. IX, v.7. Esaiae."

Auf dem Titelblatt ist auf dem linken inneren Rand ein kleines Blatt eingeklebt. Bei diesem in sauberer deutscher Schrift geschriebenen Zettel handelt es sich um ein Angebot für den Verkauf dieser Handschrift, denn sowohl auf dem Zettel, als auch auf dem eigentlichen Titelblatt ist die Zahl 90 vermerkt. Das eingeklebte Blatt enthält neben den Angaben zum Manuskript gemäß dem Titelblatt, weiter die Bemerkung, daß diese Handschrift ein "Collegheft eines Zuhörers Bugenhagens" sei.

Nicht mehr festzustellen ist, wo die Greifswalder Bibliothek dieses Kollegheft angekauft hat. Das betreffende Verzeichnis ist nicht mehr erhalten. Lediglich das Jahr des Ankaufs kann nachgewiesen werden, denn die oben auf dem Titelblatt vermerkten Zahlen "1896.2199" bedeuten nach Auskunft der Bibliothek, daß dieser Band im Jahre 1896 als 2199. Buch des Jahres von der Universitätsbibliothek erworben wurde.

Sicher erst in deren Auftrag ist dann dieser Band vom Greifswalder Buchbinder und Papierhändler C. Gräff gebunden worden. Ein kleines Papierzeichen, das auf die letzte Innenseite geklebt wurde, weist dieses nach. Das Zeichen und das Äußere des Pappbandes lassen die Schlußfolgerung zu, daß das Einbinden um die letzte Jahrhundertwende geschehen ist.

Ebenfalls erst nach dem Ankauf der Handschrift durch die Greifswalder Bibliothek wurde die Seitenzählung mit Bleistift eingetragen, denn von derselben Hand stammt eine Verbesserung - auch mit Bleistift geschrieben - auf dem Angebotszettel zu Anfang der Handschrift. Dort wurde die Angabe über den Umfang der erhaltenen Auslegung von Kapitel 9, Vers 7 in Vers 12 korrigiert.

3.1.2 Die Greifswalder Handschrift - eine Kollegmitschrift

Bei der in Greifswald aufbewahrten Handschrift handelt es sich zweifelsfrei um eine direkte Vorlesungsmitschrift.[5] Schon bei oberflächlicher Betrachtung des Manuskriptes fällt das schlechte und oft wechselnde Schriftbild auf. Daß mit diesem Manuskript eine unmittelbare Kollegmitschrift vorliegt, beweisen vor allem aber folgende Beobachtungen: Neue Schreibansätze, die zumeist den Beginn einer neuen Vorlesungsstunde kennzeichnen, sind größtenteils erkennbar.[6] Weiter finden sich im Manuskript einige Stellen, an denen der Schreiber wenige Zeilen freiließ, um später ihm Fehlendes nachzutragen.[7] Möglicherweise kam er bei den betreffenden Lektionen etwas zu spät. Auf die Tatsache, daß diese Handschrift unmittelbar während des Kollegs entstand, weist sodann auch die unregelmäßige Interpunktion. Oft werden Wörter mitten im Satz groß geschrieben, einige Wörter zweimal oder das zu erläuternde Bibelwort wurde vergessen.[8]

Ein Vergleich der Greifswalder Handschrift mit den anderen Textzeugen der Jesajaauslegung zeigt, daß einige, vor allem kleine Wörter gar nicht, andere unvollständig wiedergegeben sind. Gera-

---

5   Trotz der im folgenden gegebenen Beweise für eine direkte Kollegmit-schrift könnte möglicherweise auf den ersten Seiten dieses Manuskriptes eine Reinschrift vorliegen, die sich der Schreiber nach dem sorgfältig und kunstvoll verfaßten Titelblatt angefertigt hat. Damit wäre erklärlich, daß sich auf den ersten Seiten dieser Handschrift - mitten im Text - Wörter finden, die mit roter Tinte geschrieben worden sind. Weiter wäre es so verständlich, daß die Sauberkeit des Schriftbildes nach den ersten Seiten gravierend abnimmt.

6   Beispielsweise bei den Worten "Diximus prophetas intelligere" auf S. 5 der Handschrift.

7   Vgl. dazu die unter 3.1.3 erwähnten Stellen auf S. 40f.

8   So ist auf der S. 70 der Handschrift zweimal "Abrecerunt (e)n(im) (et)c." geschrieben worden, wobei das letztere durchgestrichen wurde. Auf der S. 57 ist beispielsweise noch sichtbar, daß am Ende einer Zeile ein "A" angefangen wurde, dann aber zu Beginn der neuen Zeile das Wort "Adu-erte" geschrieben wurde. Auf S. 34, bei der Auslegung von Jes 1,27, vergaß der Mitschreiber, die auszulegenden Worte "Sion in iudicio" mitzuschreiben.

de beim Zitieren des auszulegenden Bibeltextes bricht die Greifswalder Mitschrift oft mitten im Wort ab.[9] Zu deuten wäre diese
Beobachtung damit, daß der Mitschreiber die nachfolgende Exegese nicht versäumen wollte. Weiter macht der Vergleich der Handschriften deutlich, daß im Greifswalder Manuskript eine Fülle von
Hörfehlern enthalten ist.[10] Zudem sind einige Bibelstellenangaben
falsch wiedergegeben.[11]

Auch die sehr unterschiedlichen Kapitelüberschriften weisen die
Greifswalder Handschrift unverkennbar als eine Kollegmitschrift
aus. Die Auslegung von Jes 1 ist überschrieben mit "In Caput
Hesai(a)e Primum".[12] Keine Überschriften haben die Erklärungen
der Kapitel 2 und 3. Mit den Worten "I(n) Caput Quartu(m)" beginnt das vierte Kapitel,[13] mit "In Quintum Caput" Jes 5.[14] Das
sechste Kapitel ist mit "Sextum Caput Sequitur" eingeleitet.[15]
Wiederum mit anderen Worten beginnt die Auslegung von Jes 7:
"Sum(m)a Capitis Septimi."[16]

Die Wiedergabe eines kurzen Textabschnittes nach dem Greifswalder Manuskript soll einige der oben genannten Argumente für
die Annahme, daß es sich bei dieser Handschrift um eine Kollegmitschrift handelt, beispielhaft verdeutlichen. Dabei wird ein Abschnitt aus der Inhaltsübersicht angeführt, in dem Bugenhagen
zusammenfassend zum 2. Teil des Jesajabuches sprach:[17]

In su(m)ma hic vides deum o(mn)ia noua fatiente(m)... Nouam
hierusalem / noua in gentib(us), nouu(m) dei p(opu)l(u)m. canti-

---

9   Für "Venite et arguite" (Jes 1,18) steht so nur "Venite (et) arg" (auf S. 30
    der Handschrift) oder bei Jes 9,12 findet sich "Syriam ab Or" anstelle
    von "oriente" (auf S. 101).
10 So wurde beispielsweise "edifitium" für "artificium" (auf S. 51) oder
    "tunc" anstelle von "tum" (auf S. 76) geschrieben.
11 So muß es z.B. Jes 7 und nicht Jes 27 auf S. 7 oder 1 Kor 11 und nicht
    1 Kor 10 auf S. 57 heißen.
12 Vgl. S. 19.
13 Vgl. S. 58.
14 Vgl. S. 64.
15 Vgl. S. 71.
16 Vgl. S. 81.
17 Vgl. S. 18.

cu(m) nouu(m). (et) laudem dei ab extremis terr(a)e (et) in ti-
tul(is)[18] longe posit(is), Iacob (et) hierusalem nouu(m),[19] nouu(m)
tempus,[20] (et) hiemh[21] salut(is) (et)[22] noua(m) sion, lege(m)
noua(m), pactu(m) sempiternu(m). nouu(m) gentib(us) p(rae)cepto-
re(m) sabbatum nouu(m). pactu(m) sempiternu(m).[23] (et) luce(m)
noua(m). q(uae) neq(ue) sol ne(que) luna sit. s(ed) d(omi)nus
deus. Carmen[24] (et) plantatio(nem) noua(m) / annu(m) placabi-
le(m)[25] (et) ciuitates nouas / Iustitiam[26] (et) laudem cora(m)
o(mn)ib(us)[27] gentibus / nomen nouu(m). Inductorem aliu(m)[28]

---

18 Hierbei handelt es sich eindeutig um einen Hörfehler, da Bugenhagen
    richtig "insulis" liest (vgl. dazu die Textwiedergabe im Anhang II). Der
    Mitschreiber war wohl wegen der langen Aufzählung nicht sicher, an
    welcher Stelle der Satz endet, so gebrauchte er die unterschiedlichen
    Zeichen (Virgil, Komma, Punkt).
19 Bugenhagen liest "Israel nouu(m)". Der Mitschreiber hat dieses nicht
    richtig aufgenommen und wiederholt daher das Wort "hierusalem", setzt
    dieses dann aber mit "nouum" - Bugenhagen Diktat entsprechend - und
    nicht mit "nouam" zusammen.
20 Bugenhagen hat die Wörter "tempus nouum" in dieser Reihenfolge. Wohl
    aufgrund des Diktats sind diese Wörter in der Greifswalder Handschrift
    in ihrer Stellung vertauscht.
21 Richtig muß es an dieser Stelle "diem" heißen. Möglicherweise handelt
    es sich um einen Hörfehler, der hier zu einem unverständlichen Wort im
    Text führte.
22 Bugenhagen hat dieses zweite "et" nicht. Offenbar ist die Doppelung
    wieder infolge des Diktats entstanden, bei dem die Wörter bzw. Wort-
    gruppen wiederholt wurden.
23 In der Greifswalder Mitschrift werden die Worte "Pactum sempiternu(m)"
    wiederholt, welche Bugenhagen eine Zeile vorher diktiert hatte. Richtig
    muß es aber "spiritum sempiternum" heißen.
24 Mit großer Sicherheit liegt an dieser Stelle wiederum ein Hörfehler vor,
    da Bugenhagen dafür das besser verständliche Wort "germen" liest.
25 Der Mitschreiber vergaß hier das Wort "domino" nach "placabilem" zu
    schreiben.
26 Durch die lange Aufzählung war der Mitschreiber offenbar verunsichert
    und schrieb deshalb das Wort "iustitiam" groß. Wahrscheinlich erwartete
    er den Beginn eines neuen Satzes.
27 Da Bugenhagen für "omnibus" das Wort "vniuersis" liest, liegt hier
    möglicherweise wieder ein Hörfehler vor. Die Abweichung könnte aber
    auch dadurch entstanden sein, daß der Schreiber keine Abbreviatur für

q(uam) Moißen / alium p(at)re(m) q(uam) Abraham, Noua q(uae) oculis no(n) vidit nec aur(is) audiuit, nec in cor ho(m)i(n)ijs ascendeteunt[29] / ..."

3.1.3 Zur Vollständigkeit der Überlieferung der Auslegung durch die Greifswalder Handschrift

Wie bereits erwähnt, finden sich auf dem Titelblatt bzw. auf dem eingeklebten Angebotszettel Angaben zum Umfang der in dem Greifswalder Manuskript überlieferten Auslegung. Ein Vergleich mit den anderen Textzeugen der Jesajaauslegung bestätigt die Notiz, daß die Greifswalder Handschrift bei der Exegese von Jes 9,12 endet, denn zu Anfang der Auslegung von Vers 13 bricht die Mitschrift ab. Demnach wäre durch diese Handschrift nicht einmal ein Drittel der gesamten Vorlesung überliefert. Zeitlich gesehen reicht diese Mitschrift dann nur bis März 1523.

Eine genaue Durchsicht des gesamten Manuskriptes gibt darüber hinaus zu erkennen, daß an einigen Stellen die Auslegung lückenhaft wiedergegeben ist. So wurde auf der Seite 61 der Handschrift ein Freiraum in der Mitte der Seite gelassen, um dort fehlende Zeilen der Auslegung von Jes 4,5 nachzutragen. Dabei handelt es sich um einen Abschnitt von etwa fünf Zeilen. Ebenso wurde auf der Seite 91 bei der Erklärung von Jes 7,19 die Mitte des Blattes für einen Nachtrag freigehalten. Hier fehlt ein Passus von ungefähr zwölf Zeilen.

"vniuersis" kannte und so, um alles weitere mitzuschreiben, die oftgebrauchte Abkürzung für "omnibus" dafür einsetzte.

28 Bugenhagen liest für "inductorem" nur "ductorem". Die andere Wortstellung (alium ductorem) ist wiederum aus dem Diktat erklärlich.

29 Bugenhagen nahm an dieser Stelle Worte aus 1 Kor 2,9 auf. Der Vers endet mit der Form "ascendit". Sicher erwartete dieses der Mitschreiber und schrieb daher auch ein "t". Bugenhagen dagegen hat in seinem Manuskript die Form "ascenderunt", die er sicher so auch im Kolleg diktiert hatte. Daher änderte der Schreiber der Greifswalder Handschrift die Endung. Um aber das Nachfolgende nicht zu verpassen, berichtigte er den Fehler nicht und so entstand eine nicht verständliche Form.

Nur einige Seiten später folgt dann die größte Lücke in der Überlieferung der Vorlesung überhaupt. Wenige Zeilen vor dem Ende der Auslegung von Jes 7 bricht die Mitschrift am Ende der Seite 94 ab. Die nächstfolgende Seite 95 setzt mit der Exegese von Jes 9,6 ein. Somit sind im Vergleich zum Manuskript Bugenhagens in der Greifswalder Handschrift etwa zwanzig Seiten nicht erhalten. Da bei der Seite 94 ein Papierbogen endet und ein neuer mit der Seite 95 beginnt, liegt die Vermutung nahe, daß die betreffenden Seiten verlorengegangen sind, zumal die Seitenzählung erst später in die Handschrift eingetragen wurde. Es könnte aber auch angenommen werden, daß die Auslegungen des 8. und des beginnenden 9. Kapitels nur sehr unvollständig mitgeschrieben wurden und deshalb nicht weiter überliefert worden sind oder - was sehr wahrscheinlich ist - , daß überhaupt keine Aufzeichnungen dazu angefertigt wurden. Diese Vermutung wird durch die Beobachtung gestützt, daß auf den letzten sieben Seiten der Greifswalder Handschrift (S. 95-102) wiederum gehäuft kurze Teile der Vorlesung fehlen.[30]

Die zum Ende der Handschrift immer stärker zunehmende Unvollständigkeit der Mitschrift der Vorlesung zeigt an, daß es sich bei der Greifswalder Kollegmitschrift nicht um eine erst durch ihre Überlieferung fragmentarisch gewordene, sondern um eine abgebrochene Mitschrift handelt. Zudem spricht für diese Annahme das deutlich zu erkennende Nachlassen der Sorgfalt bei der Niederschrift der Auslegung. Neben dem schlechter werdenden Schriftbild ist dies insbesondere an der Eintragung des auszulegenden Jesajatextes in der Handschrift erkennbar.

Der Mitschreiber fügte in die laufende Exegese Abschriften der einzelnen Kapitel nach der Vulgata ein. Diese Passagen wurden mit roter Tinte gegenüber der ansonsten braunen und schwarzen Tintenfarbe hervorgehoben.[31] Der Schreiber nutzte diese Abschrif-

---

30 Vgl. S. 97, 99, 101 und 102.

31 So ist die Mitschrift der Exegese von Jes 1,9 auf der S. 34 der Handschrift erst auf der S. 37 weitergeführt, denn die S. 35 und 36 sowie die erste Hälfte der S. 37 enthalten den Text von Jes 1. Auf der S. 41 findet sich der Wortlaut von Jes 2,1-15a, der die Auslegung von Jes 2,2 auf den S. 40 bzw. 42 unterbricht. Auf der S. 49 ist die Abschrift von Jes 2, 15b-

ten, um dort die kurzen Worterklärungen Bugenhagens einzutragen, die dieser nach den ausführlichen Erklärungen den einzelnen Abschnitten hinzufügte. Wohl erst während der Auslegung von Jes 1 entschied sich der Mitschreiber zu dieser Verfahrensweise, denn erst zum Ende der Abschrift von Jes 1 finden sich Eintragungen in den Text. Zuvor hatte er die Worterklärungen in die laufende Mitschrift eingefügt.

Auffälligerweise ist gerade auf der Seite 94 der Handschrift, also auf der Seite, auf der die Mitschrift der Auslegung von Jes 7 abbricht, ein Passus von Worterklärungen mit dem Wort "Textus" überschrieben. Dies war notwendig geworden, da die letzten Verse des 7. Kapitels nicht in einer Abschrift vorlagen. Auch zu den Erklärungen von Jes 9,6-12, die auf den letzten Seiten des Manuskriptes enthalten sind, wurde keine Abschrift des auszulegenden Jesajatextes mehr angefertigt. Wiederum wurden die Worterklärungen in die laufende Mitschrift eingefügt und mit dem Wort "Textus" von der übrigen Exegese abgehoben.[32]

Somit ist festzustellen, daß der Schreiber der Greifswalder Handschrift zwar um eine akkurate Wiedergabe des Kollegs bei den ersten Kapiteln der Auslegung bemüht war, dann aber insbesondere von der zweiten Hälfte der Exegese von Jes 7 ab die Mitschrift nicht mehr sorgfällig anfertigte. Das Manuskript wird zunehmend unvollständiger und bricht zum Ende der Auslegung von Jes 7 ab. Auch die nach einiger Zeit bei der Erklärung von Jes 9,6 wohl wiederaufgenommene Mitschrift der Vorlesung ist nicht mehr mit der vorhergehenden Sorgsamkeit weitergeführt

---

22 wiedergegeben. Dem Text von Jes 3 auf den S. 53-54 wurde nicht der Vers Jes 4,1 hinzugefügt, da Bugenhagen diesen zusammen mit dem 3. Kapitel auslegte. Weil aber für diese spätere Einfügung des Verses in der Abschrift der nötige Platz fehlte, wurde der letzte Teil des Verses als letzte Zeile der S. 54 geschrieben. Inmitten der Auslegung des Kapitel 4 ist dann auf der S. 59 der restliche Text von Jes 4 in die Vorlesungsmitschrift eingefügt worden. Die Wiedergabe von Jes 5 findet sich auf den S. 64 (die Verse 1-17a) und auf S. 69 (die Vers 17b-30). Die S. 76 enthält den Text von Jes 6 und auf der S. 83 ist dann als letzte Abschrift mit roter Tinte Jes 7,1-19 überliefert.

32 So findet sich beispielsweise am Rand der S. 100 die Bemerkung "Textus. 9. cap:".

worden. Die Handschrift überliefert nur lückenhaft die Auslegung, bis sie dann bei der Exegese von Jes 9,13 endgültig abbricht.

3.1.4 Bemerkungen zum Schreiber der Handschrift

Der Schreiber der Kollegmitschrift bleibt anonym. Aufgrund der Art und Weise seiner Mitschrift ist jedoch erkennbar, daß es sich bei ihm sicher nicht um einen im Studium der Theologie sehr Fortgeschrittenen gehandelt haben dürfte. Insbesondere zwei Beobachtungen sind für dieses Urteil ausschlaggebend.

Über die gesamte Handschrift verteilt finden sich einfache Erläuterungen, die Bugenhagen offenbar ad hoc während des Diktats als Erklärungen seinem vorbereiteten Vorlesungstext beifügte. Diese hielt der Mitschreiber der Greifswalder Handschrift für überlieferungswürdig.[33]

Weiterhin fällt die Unsicherheit des Schreibers bei der Wiedergabe von griechischen Wörtern auf. So bringt er für das Wort συνχρονοι die Schreibweise σινχρονιοι,[34] für αποσιώπησις bietet er αποσηωΗισισ.[35] Das von Bugenhagen in seinem Manuskript ebenfalls mit griechischen Buchstaben geschriebene Wort θεοδίδακτος gibt der Mitschreiber in lateinischen Buchstaben, aber mit griechischer Endung wieder.[36] Auffallend ist dagegen die Beobachtung, daß einige Wörter, die Bugenhagen mit lateinischen Buchstaben schrieb, vom Mitschreiber der Greifswalder Handschrift als ursprünglich griechische erkannt und deshalb auch mit griechischen Buchstaben und Endungen geschrieben werden.[37]

---

33 So steht beispielsweise auf der S. 9 hinter dem Namen "Hierobeam" in Klammern die Beifügung "impissimus ille homo".

34 Vgl. S. 7.

35 Vgl. S. 67.

36 S. 42 heißt es "theodidaκτοι".

37 So liest die Handschrift für "loci Philippi" "loci Φιλιππου" (S. 23) oder an Stelle von "tropos" Τροπουσ (S.12). Interessant ist auch die gemischte Schreibweise "paraboliκωσ" für "parabolice" (S. 22).

3.1.5 Zu den Marginalien in der Greifswalder Handschrift

In der Kollegmitschrift sind relativ wenige Randbemerkungen enthalten. Erst auf der Seite 10 der Handschrift steht die erste kleine Marginalie, die nächstfolgende findet sich auf der Seite 30. Auf den folgenden Seiten sind dann desöfteren am Rand kleine Notizen eingetragen. Alle diese sind, ebenso wie die übrige Handschrift, in Latein verfaßt. Nicht nur durch ihre Anordung am Rand, auch durch eine deutlich kleinere Schrift heben sich die Anmerkungen vom übrigen Text der Vorlesung ab.

Die Marginalien beinhalten zumeist nur kurze und einfache Erläuterungen, so zu einzelnen Begriffen oder gebrauchten Wendungen.[38] Die Randbemerkungen können aber auch sehr allgemeine oder weiterführende Gedanken enthalten.[39]

Alle Marginalien wurden gewiß erst nach dem Kolleg von Schreiber des Greifswalder Manuskriptes in die Handschrift eingetragen. Daß es sich hierbei um Bemerkungen Bugenhagens handelt, ist sehr unwahrscheinlich. Wie schon erwähnt, trug der Mitschreiber dieser Handschrift Bugenhagens mündlicher Erläuterungen, die dieser während der Vorlesung gab, in den laufenden Text ein. Auch zeigt beispielhaft die Marginalie auf der Seite 68 zu Jes 5,21 an, daß die Randbemerkungen nicht auf Bugenhagen selbst zurückgehen. Dort heißt es: "Contra eosd(em) pomeranus scripsit in psalmo".[40] Diese Randbemerkung kann erst in die Handschrift eingetragen worden sein, als Bugenhagens Psalmeninterpretation bereits im Druck vorlag (März 1524).

Obwohl die Greifswalder Handschrift nur die Auslegung bis Jes 9,12 und bis dahin auch z.T. sehr lückenhaft, wiedergibt, so be-

---

38 Am Rand zu Jes 1,22 steht auf S. 32 beispielsweise "Vinu(m) (enim) letificat cor ho(m)i(n)ijs (id est) v(erbu)m dei revocat ho(m)i(n)e(m)."

39 So ist z. B. auf S. 81 zu Beginn der Auslegung von Jes 7 am Rand notiert: "Nam virgo Maria erat de sanuine (et) sirpe dauid".

40 Diese Randbemerkung findet sich zu dem Text der Auslegung von Jes 5,21: "Sapientes sunt in oculis suis omnes q(ui) no(n) sapiu(n)t s(e-cun)d(u)m v(erbu)m dei." Aufgrund dieser sehr allgemeinen Bemerkung ist es schwer nachzuweisen, auf welche Stelle im Psalmenkommentar sich die Marginalie genau bezieht.

steht doch die besondere Bedeutung dieses Manuskriptes darin, daß sie die einzige direkte Mitschrift des Kollegs ist. Gerade im Vergleich zum Manuskript Bugenhagens beweist die Greifswalder Handschrift, wie genau das Diktat in der Vorlesung mit der später geplanten Publikation übereinstimmte. Bedeutungsvoll ist die Greifswalder Handschrift weiter dadurch, daß mit ihr die früheste überlieferte Mitschrift einer Vorlesung des Pomeranus überhaupt erhalten ist.

3.2 Die Reinschrift der Auslegung von Stephan Roth

Die einzige vollständig überlieferte Nachschrift der Jesajavorlesung Bugenhagens stammt von Stephan Roth und ist in dessen Nachlaß erhalten geblieben, den heute die Zwickauer Ratsschulbibliothek aufbewahrt.

3.2.1 Zur Biographie Stephan Roths[41]

Stephan Roth wurde im Jahre 1492 in Zwickau geboren. Sein Vater, Bartholomäus Roth, befand sich in "leidlichen Vermögensverhältnissen".[42] Seine Mutter Ursula, geb. Drechsel, entstammte einer angesehenen Zwickauer Familie. In Zwickau, vielleicht auch in Chemnitz, besuchte Roth die Schule, bis er im Jahre 1512 an der Universität zu Leipzig immatrikuliert wurde. Zu Ostern 1517 beendete er dort seine Studien mit dem Magistergrad.

Im Alter von fünfundzwanzig Jahren übernahm Roth dann das Amt des Schulrektors in seiner Heimatstadt Zwickau. Offenbar bewirkte der starke Einfluß des Humanismus, dem er während seines Studiums begegnet war, daß Roth in der Zwickauer Schule den

---

41 Zur Biographie von Stephan Roth sei auf das ausführliche Lebensbild von Georg Müller: Mag. Stephan Roth (vgl. Anm. 3 auf S. 11), hingewiesen.

42 Ebd., S. 45.

Griechischunterricht einführte. Im Jahre 1520 wechselte Roth nach Joachimsthal, um dort wiederum als Schulleiter tätig zu sein.

Gegen Ende des Jahre 1523, vielleicht aber auch erst Anfang 1524, kam Roth nach Wittenberg, um dort zu studieren. Unter den 75 Studenten, die "a Luce festo anno m. d. vigesimo tercio vsque ad festum Philippi et Jacobi anno vigesimo quarto" (= 18. Oktober 1523 bis 1. Mai 1524) eingeschrieben wurden, war Roth der Fünfzigste.[43] Die zahlreich erhaltenen Kolleghefte belegen, daß Roth fleißig Vorlesungen der dortigen Theologen besuchte.

Um sich seinen Lebensunterhalt zu verdienen, versuchte Roth im Schuldienst eine Anstellung zu finden, was aber erfolglos blieb. Durch die Heirat im Mai 1524 mit Ursula Krüger, der Schwägerin des Buchdruckers Rhaw, gewann Roth gute Kontakte zum Wittenberger Buchdruckergewerbe. Mit Übersetzungen von lateinischen Schriften der Wittenberger Reformatoren ins Deutsche sowie durch deren Herausgabe konnte Roth sich in den folgenden Jahren seine Existenz sichern. So veröffentlichte er z. B. eine von ihm stammende deutsche Übersetzung von Bugenhagens Auslegung der kleinen Paulusbriefe.[44] Bekannt wurde die von Roth zusammengestellte Festpostille Luthers.[45]

Wegen der Pestgefahr im Sommer 1527 floh Roth aus Wittenberg nach Zwickau. Dort wurde er zu Anfang des folgenden Jahres zum Stadt- und Ratsschreiber gewählt. Dieses angesehene Amt versah er fünfzehn Jahre.

Am 8. Juli 1546 starb Stephan Roth. Auf dem Sterbebett hatte er zuvor seine umfangreiche Bibliothek seiner Vaterstadt vermacht. In ihr sind mehrere "Editiones principes" von reformatorischen Schriften erhalten. Besonders wertvoll ist der handschriftliche Nachlaß Roths. Dieser umfaßt neben einer Fülle von Briefen, die zum größten Teil noch nicht von der Forschung erschlossen wurden,[46] auch eine große Anzahl von einmalig überlieferten Ab-

---

43 Carl Eduard Förstemann: Album Academiae Vitebergensis ab A. Chr. MDII usque ad A. MDLX. Ex autographo, Leipzig 1841, S. 120.
44 Vgl. Geisenhof: S. 99.
45 Vgl. WA 17 II.
46 Vgl. dazu G. Buchwalds Einleitung zu: Zur Wittenberger Stadt- und Universitätsgeschichte in der Reformationszeit, Leipzig 1893.

schriften oder direkten Mitschriften von Vorlesungen Luthers, Melanchthons, Bugenhagens und anderer Wittenberger Theologen.

3.2.2 Die Provenienz und die äußere Beschreibung der Handschrift

Unter der Signatur XLI findet sich in der Zwickauer Ratsschulbibliothek der Band, der die einzige vollständige Abschrift der Jesajavorlesung Bugenhagens enthält.

Dieser Band wurde sicher zu Lebzeiten Roths gebunden, denn der alte Einband im Quartformat trägt auf dem Buchrücken die von Roth selbst geschriebene Aufschrift "Pomeranus". Insgesamt umfaßt der Band XLI 391 Blätter und enthält, neben der Jesajaauslegung auf fo. 5r bis fo. 286v, nach der von Roth verfaßten Inhaltsübersicht noch folgende weitere Schriften:

Epistola Pomerani de quodam Monacho
In Deuteronomium Annotationes Pomerani
Reges Iuda et Israel
Leges civiles, Magistratus Ius gladii
Mose vidit se nudatum Exodi 32
Scripturae scopus de fide et operibus
De peccatrice muliere Lucae VII.
Quae in prophetis observanda
Am tage Trinitatis Lutheri quaedam admonitio
Vermanung die Deudsche Messe anzurichten

Diese von Thyen nach fo. 1r der Zwickauer Handschrift veröffentlichte Übersicht ist heute nicht mehr auffindbar.[47]
Unberücksichtigt in der Inhaltsübersicht blieben Abschriften Roths von Briefen Bugenhagens auf fo. 2r bis fo. 4v, die offenbar erst später von Roth in diesen Band eingefügt wurden. Otto Vogt gab diese Briefe als Nr. 7, Nr. 302 und 303 im Briefwechsel

---

47 Vgl. Thyen: Luthers Jesajavorlesung (vgl. Anm. 5 auf S. 2), Anhang 5, S. 98*, sowie Thyen: Johann Bugenhagen, Die Auslegung zu Jesaja 6 (vgl. Anm. 8 auf S. 3), S. 68.

Bugenhagens heraus. Vogt setzte den Brief Nr. 7 in zeitliche Nähe zum Jahre 1523, da in diesem Jahr Bugenhagen sein Jesajakolleg gehalten hatte.[48] Im Ergebnis intensiver Untersuchungen konnte Thyen diesen Brief sicher in das Jahr 1526 datieren.[49]

Da die Briefe nicht in das Inhaltsverzeichnis aufgenommen wurden, liegt die Vermutung nahe, daß Roth die Übersicht und den gesamten Band vor 1526 zusammengestellt hat. Auf diese Annahme weist auch die gleichfalls im Band XLI erhaltene Abschrift der Deuteronomiumvorlesung Bugenhagens. Diese Auslegung, im Herbst 1523 bis Anfang 1524 diktiert,[50] erschien schon im Mai des gleichen Jahres im Druck.[51] Da sich diese Veröffentlichung ebenfalls in Zwickau findet,[52] wird Roth gewiß die Abschrift der Auslegung vor deren Herausgabe als Druck angefertigt haben. Bei dem Manuskript Roths handelt es sich eindeutig um eine Reinschrift, die nicht mit dem veröffentlichten Kommentar identisch ist, sondern auf eine Vorlesungsmitschrift zurückgehen muß.

3.2.3 Das Manuskript Roths - Abschrift einer Vorlesungsmitschrift

Bei der Jesajaauslegung, wie auch bei den anderen im Band XLI enthaltenen Schriften, handelt es sich zweifellos um Abschriften. Daß Roths Handschrift der Jesajavorlesung Bugenhagens - wie Thyen meinte - eine direkte Mitschrift des Kollegs ist, erscheint schon aus biographischen Gründen nicht möglich.[53] Bugenhagen

---

48 Otto Vogt (Hrg.): Dr. Johannes Bugenhagens Briefwechsel, S. 18. "Wir setzen den Brief hierher, weil B. 1523 Vorlesungen über Jes. hielt."

49 Thyen: Luthers Jesajavorlesung, Anhang 5, S.98* f. datiert den Brief auf das Jahr 1525, dann aber in: Johann Bugenhagen, Die Auslegung zu Jesaja 6, S. 73 auf Anfang 1526.

50 Vgl. dazu oben unter Kapitel 1.9, S. 21f.

51 Vgl. Geisenhof: S. 57.

52 Vgl. Geisenhof: S. 59.

53 Vgl. Thyen: Luthers Jesajavorlesung, Anhang 5, S. 115* und Thyen: Johann Bugenhagen, Die Auslegung zu Jesaja 6, S. 69.

begann im November 1522 sein Kolleg zum Propheten Jesaja. Frühestens ein Jahr später kam Roth erst nach Wittenberg, so daß es allenfalls möglich wäre, daß von ihm der letzte Teil der Vorlesung mitgeschrieben wurde. Da die ganze Handschrift sicher von Roth stammt und kein gravierender Einschnitt in dem ansonsten deutlichen Schriftbild zu erkennen ist, kann Thyens Beurteilung dieses Manuskriptes nicht richtig sein.

Roths Handschrift zeigt besonders im Vergleich zum Greifswalder Manuskript viele Merkmale einer Abschrift. So sind Neuansätze von beginnenen Lektionen aus dem gleichmäßigen Schriftbild nicht erkennbar. Im gesamten Manuskript stechen die regelmäßig durch große und dicker geschriebene Buchstaben abgehobenen Kapitelüberschriften hervor. Dem Wort "caput" folgt, ebenfalls in Worten geschrieben, jeweils die Kapitelnummer. Ausnahmen sind innerhalb der 66 Kapitelüberschriften nur die von Jes 28 und 29, da Roth die Kapitelnummern hier in arabischen Ziffern schrieb,[54] und die Überschrift zur Auslegung des Kapitels 65, wo lateinische Ziffern gebraucht wurden.[55] Stets endet die jeweilige Kapitelauslegung mit der etwas vom übrigen Text abgehobenen Wendung: "Et tantum de capite ...". Den ersten Buchstaben einer jeden Kapitelauslegung schrieb Roth doppelt so groß wie den übrigen Text. Teilweise geschah dieses sehr kunstvoll.[56] Die auszulegenden Bibelworte wurden von Roth ebenfalls in größerer Schrift und wohl mit einer breiteren Feder vom Text der eigentlichen Exegese abgehoben. Bibelzitate, die zu Anfang eines umfangreicheren Abschnittes stehen, wurden größtenteils mittig gesetzt und mit dem Zeichen ":-" abgeschlossen. Einige dieser Bibelzitate schrieb Roth dabei mit roter Tinte.[57]

---

54 Vgl. fo. 164r bzw. fo. 170v der Handschrift Roths.
55 Vgl. fo. 208r der Handschrift Roths.
56 Ein Beispiel dafür ist bei der Auslegung von Jes 40 auf fo. 208r der Handschrift Roths zu finden.
57 So beispielsweise sind zur Exegese von Jes 8,20 auf fo. 72r die Worte "Matutina lux" mit roter Tinte geschrieben.

Sicher erst bei seiner Abschrift fügte Roth einige Zwischen-
überschriften in längere Abschnitte der Auslegung ein.[58] Einige
dieser Überschriften sind gleichfalls mit roter Tinte geschrieben.[59]
Auffallend besonders im Vergleich zur Greifswalder Kollegmitschrift ist die sinnvolle, sehr bedacht gewählte Interpunktion
und die nicht so häufige Verwendung von Abbreviaturen in Roths
Manuskript. Auch weisen mehrere Verbesserungen durch Rasur,
und nicht etwa durch einfaches Durchstreichen, darauf hin, daß
mit dieser Handschrift eine Reinschrift vorliegt.[60]

Zur Veranschaulichung werden im folgenden ein Abschnitt aus
der Greifswalder Handschrift und ein Abschnitt aus Roths Manuskript gegenübergestellt. Dabei handelt es sich um den Anfang der
Auslegung von Jes 6,5.[61]

Greifswalder Kollegmitschrift

Sancti viso d(omi)no se p(e)c(ca)tores Inueniu(n)t. (et) agnos-
cu(n)t. *no(n)* (enim) *Iustificat(ur) in (con)spectu* dei *omnis viuens.*
Sic (et) tres discip(u)li in monte Thabor circumdati nube. ad
vocem dei cadunt et timent valde (sed) (con)fortantur. tactu (et)
verbis chr(ist)i. dicent(is) *Nolite timere* Confortant(ur) q(ui)
trepidant. exc(a)ecantur q(ui) v(erbu)m d(omi)nj (con)temnu(n)t vt
hic vides. Sic (et) David. Audita p(er) Nathan s(e)n(tenti)a
d(omi)nj .dixit. *Peccaui.* (et) p(ro)tinus audit. *d(omi)nus q(uoque)*
transtulit p(e)c(ca)ta tua. Hesaias (ergo) hic p(e)c(ca)ta sua agnoscit. q(uod) ad t(em)pus iam tacuerit annuntiare p(opu)lo scelera
eorum.

---

58 So steht inmitten der breiten Ausführungen zu Jes 7,14 auf fo. 60v die
    Überschrift "De regno Dauidis (a)eterno".
59 So fügte Roth beispielsweise bei der Exegese von Jes 11,2 auf fo. 101v
    mit roter Tinte die Zwischenüberschrift "Appelationes septe(m) dono-
    rum:-" ein.
60 Roth verbesserte z.B. bei der Auslegung von Jes 6,6 das Wort "immissio-
    ne" auf fo. 51r durch Rasur.
61 Zitiert nach S. 76 der Greifswalder Handschrift bzw. nach fo. 50v der
    Handschrift Roths.

Roths Reinschrift

Sancti viso d(omi)no se p(e)c(ca)tores inueniu(n)t (et) agnoscunt. *Non* e(ni)m *iustificat(ur) in co(n)spectu* dei *om(n)is viue(n)s,* Sic (et) tres discipuli in monte Tabor circu(m)datj nube ad voce(m) dei cadu(n)t (et) time(n)t valde, (sed) confortant(ur) tactu (et) v(erb)is Christi dicent(is) *Nolite timere,* Confortant(ur) qui trepidant, excecant(ur) q(ui) v(erbu)m d(omi)ni co(n)tem(n)u(n)t, vt hic vides, Sic (et) David audita p(er) Nathan s(e)n(tenti)a d(omi)ni dixit *peccaui.* (et) p(ro)tin(us) audit, *d(omi)n(us) quoq(ue) transtulit p(e)c(ca)t(u)m tuum,* Esaias (ergo) hic p(e)c(ca)t(u)m suu(m) agnoscit, q(uod) ad temp(us) ia(m) tacuerit annu(n)ciare p(o)p(u)lo scelera eoru(m).

Da es sich bei dem Manuskript von Roth um eine Abschrift handelt, stellt sich die Frage nach der Beschaffenheit der Handschrift, die Roth dazu vorlag. Sicher hatte er eine Mitschrift des Kollegs von einem Zuhörer erhalten, sofern er nicht selbst die letzten Lektionen der Vorlesung mitgeschrieben hatte.

Diese Vorlage war für Roth wohl teilweise schlecht lesbar, denn z. B. schrieb er für "terreant" "teneant"[62] oder auch des öfteren "sit" an Stelle von "fit"[63]. Letztere Abweichung zu den anderen Textzeugen könnte schon durch einen Hörfehler des Mitschreibers entstanden sein, den Roth dann übernahm.

Der Schreiber des von Roth genutzten Manuskriptes hatte - ähnlich wie der Schreiber der Greifswalder Handschrift - Schwierigkeiten bei den von Bugenhagen diktierten griechischen Wörtern. So ist auch in Roths Manuskript das von Bugenhagen so häufig gebrauchte Wort θεοδίδακτος mit lateinischen Buchstaben geschrieben.[64] Roth, der über sichere Griechischkenntnisse verfügte, hätte dieses Wort bei einer eigenen Mitschrift gewiß mit griechischen Buchstaben geschrieben. Am deutlichsten sind die Schwierigkeiten des Mitschreibers der Rothschen Vorlage mit dem

---

62 Vgl. fo. 18r der Handschrift Roths.
63 Vgl. z.B. fo. 12r der Handschrift Roths.
64 Vgl. z.B. fo. 30v der Handschrift Roths.

Griechischen bei der Wiedergabe der Auslegung von Jes 8,19 zu erkennen. Bugenhagen diktierte dort u.a.: "Aduerte q(uod) graeci pytonas dicunt".[65] Roth übernahm aus seiner Vorlage den Satz: "Adverte quod Graeci βυτωνασ dicunt."[66] Infolge dieser Schreibweise war das Wort "pytonas" nicht mehr verständlich, so daß Roth erklärend am Rand vermerkte "Phythones alias"[67].

Alle Abweichungen der Handschrift Roths von den beiden anderen Textzeugen sind nicht nur aus der Beschaffenheit der Vorlage Roths zu erklären. Mit großer Wahrscheinlichkeit hat Roth selbst Korrekturen am Text vorgenommen. So setzte er zum besseren Verständnis am Ende von Bibelzitaten des öfteren ein "etc." hinzu. Auch schrieb Roth z.B. nicht nach dem Verb "cogitassent" - wie die Greifswalder Handschrift und auch Bugenhagen - die Verbform "fuisset", sondern er erkannte, daß richtigerweise eine Akkusativ cum infinitivo-Konstruktion folgen muß und verwendete daher die Form "fuisse".[68]

Wie ein Vergleich aller Textzeugen der Jesajaauslegung unmißverständlich zeigt, konnte Roth aus seiner Vorlage am ausführlichsten die von Bugenhagen vorgetragenen kurzen Worterklärungen entnehmen. In Roths Handschrift finden sich diese, nicht wie bei der Greifswalder Handschrift gesondert in einem abgeschriebenen Jesajatext, sondern gemäß ihrer Anordnung im Kolleg nach der Exegese der verschiedenen Abschnitte. Diese glossenartigen Zusätze heben sich im Schriftbild der Handschrift zudem von der übrigen Auslegung dadurch klar ab, daß Roth bei der Wiedergabe der Worterklärungen auf den breiten Rand zu beiden Seiten verzichtete.

---

65 Fo. 175v der Bugenhagen-Handschrift.
66 Fo. 71v der Handschrift Roths.
67 Ebd.
68 Vgl. dazu fo. 128r der Bugenhagen-Handschrift und S. 19 der Greifswalder Handschrift mit fo. 71r der Handschrift Roths.

3.2.4 Zu den Marginalien in Roths Handschrift

Das Zwickauer Manuskript enthält eine Fülle von Randbemerkungen, für deren Entstehung mehrere Etappen anzunehmen sind. Einige Worterklärungen, die Roth offenkundig seiner Vorlage entnahm, setzte er an den Rand. Fraglos wurden diese, wie die anderen kurzen Worterklärungen, die am Ende eines Abschnittes wiedergegeben wurden, von Bugenhagen im Kolleg vorgetragen, denn die Greifswalder Handschrift überliefert auch diese Erklärungen inmitten des abgeschriebenen Bibeltextes.[69] Auch einzelne Erläuterungen, die Bugenhagen während des Kollegs in das Diktat einfügte und die die Greifswalder Handschrift im laufenden Text bietet, sind bei Roth am Rand erhalten.[70] Vergleichsweise aber werden die auf Bugenhagen zurückgehenden Randbemerkungen gering sein.

Der größte Teil der Marginalien dürfte von Roth selbst stammen und beim späteren Durcharbeiten des Manuskriptes von ihm eingetragen worden sein. Darauf weist neben der unterschiedlichen Tintenfärbung im Haupttext und den Randbemerkungen vor allem der Inhalt der Marginalien.

Die Marginalien können inhaltlich in neun verschiedene Gruppen unterteilt werden. Hierbei handelt es sich um:
1. weitere *Worterklärungen,* so z.B. "Iherusalem id est ecclesia dei"[71]
2. *sprachliche Hinweise* zum Jesajatext, z.B. "Hier(usa)l(e)m no(n) (est) in hebr(a)eo" zu einem Zitat von Jes 60,1[72]

---

69 So gibt Roth beispielsweise am Rand eine Worterklärung zu Jes 2,4 wieder (vgl. fo. 31r dessen Handschrift), die sich in der Greifswalder Handschrift im Text der Auslegung des zweiten Kapitels findet (vgl. S. 41 dieses Manuskriptes).

70 Ein Beispiel dafür ist die Randbemerkung Roths zu einem Zitat Bugenhagens von Micha 4,7f. bei der Auslegung von Jes 2,3 auf fo. 29v.

71 Fo. 14v der Handschrift Roths.

72 Bei der Auslegung von Jes 59,20f. zitiert Bugenhagen Jes 60,1. Da die Vulgata dort "Hierusalem" liest, ist die Bemerkung Roths auf fo. 268r verständlich.

3. weitere *Bibelstellenhinweise*, z. B. "In Iob ca.3 et 40, Esa.27" zum Begriff "Leviathan"[73]

4. einige *deutsche Erläuterungen*, z.B. "der herr wird ein Landtag halten" zu Jes 2,11[74]

5. *ergänzende Zitate*, z.B."Aug(ustinus): Domine da, quod iubes et iube quod vis."[75]

6. *Hinweise auf Autoren*, die Bugenhagen bei seiner Auslegung benutzte, ohne sie jedoch zu erwähnen, so z.B. bei der Exegese von Jes 8,1 "Lyranus"[76]

7. *"theologische Schlußfolgerungen"* zu Bugenhagens Auslegung, z.B. "sicut hodie audiunt evangelium et non possunt intelligere excecati.-"[77]

8. *Hinweise auf wichtige Abschnitte* innerhalb der Auslegung, z. B. zu Beginn der Exegese von Jes 2, da Bugenhagen erstmalig zu einem Kapitel eine Inhaltsübersicht gibt: "summa summarum omnium quae dicta sunt.-"[78]

9. Selbstverfaßte *Summarien zur Auslegung*, z. B. zu Jes 2,22 "est ergo sententia: Christus regnat per Evangelium suum super omnia, quae sunt in orbe terrarum, et maiestates et religiones."[79]

Bei Durchsicht der Handschrift fallen die von Roth mit roter Tinte geschriebenen Marginalien auf. Sie finden sich sporadisch von der Auslegung von Jes 6 ab bis zur Exegese von Jes 39 (fo. 48v-207v). Hierbei handelt es sich um Bemerkungen Roths, in denen er den Inhalt der Exegese kurz zusammenfaßte oder bei denen er durch die rote Schrift einige Begriffe betonen wollte.[80]

---

73 Fo. 34v der Handschrift Roths.

74 Fo. 14r der Handschrift Roths.

75 Fo. 23v der Handschrift Roths. Das Augustin-Zitat entstammt den "Confessiones", liber 10, cap. 29.

76 Fo. 65r der Handschrift Roths.

77 Fo. 12v der Handschrift Roths.

78 Fo. 28v der Handschrift Roths.

79 Fo. 34v der Handschrift Roths.

80 Vgl. beispielsweise auf fo. 143v bei den Fremdvölkersprüchen die von Roth so hervorgehobenen Städte- bzw. Ländernamen.

Einige wenige Randbemerkungen, die mit deutlich dünnerer Feder geschrieben wurden, sind von Roth sicher erst bei einer weiteren späteren Durchsicht des Manuskriptes eingetragen worden. [81]

Die Bedeutung von Roths Handschrift besteht in erster Linie darin, daß sie als einzige die Jesajaauslegung Bugenhagens vollständig wiedergibt. Die Exegese der behandelten Jesajatexte auf den letzten 150 Seiten der insgesamt 562 Seiten umfassenden Reinschrift ist nur durch dieses Manuskript erhalten geblieben. Auch wenn diese Handschrift nur eine spätere Nachschrift darstellt, so ist doch beispielsweise in der Wiedergabe der Worterklärungen noch Ursprüngliches von der Auslegungsweise Bugenhagen mit überliefert worden.

3.3 Die Reinschrift Bugenhagens

3.3.1 Die Provenienz und die äußere Beschreibung der Handschrift

In der Staatsbibliothek zu Berlin-Preußischer Kulturbesitz ist unter der Signatur Ms. theol. oct. 41 (ehemals J 3) ein Oktavband aufbewahrt, der u.a. Bugenhagens Auslegung des Propheten Jesaja bis Kapitel 40,4 enthält. Dieser Band ist einer von "Quatuor libri scripti manu Joh. Bugenhagij Pomerani", den diese Bibliothek besitzt.[82]

---

81 So steht z.B. am Rand zur Auslegung von Jes 11,2 auf fo. 101r, in der Bugenhagen Gedanken Thomas von Aquins aufnimmt, der Vermerk: "Int(er)pres (est) B. Thomas".

82 Eine ausgezeichnete Übersicht über den Bestand des gesamten in Berlin befindlichen handschriftlichen Nachlasses Bugenhagens bietet Valentin Rose: Verzeichnis der lateinischen Handschriften der königlichen Bibliothek zu Berlin, Bd. II/3, Nachlässe von Gelehrten, Berlin 1905, Sp. 1359-1362. Im folgenden immer mit "Rose" zitiert. Mit dieser genauen Über-

Schon im ältesten Katalog der Berliner Bibliothek aus dem
Jahre 1668 sind diese vier Bände aufgeführt. Dabei handelt es sich
um "Collectanea" Bugenhagens, die aus dessen Nachlaß stammen.
Gebunden in Pappe und mit Pergament überzogen aus dem 17.
Jahrhundert, geht der Einband auf Martin Friedrich Seidel (1621-
1693)[83] zurück. Von ihm stammt auch wohl erst die Anordnung
und Zusammenstellung der einzelnen Bände.

Der Band 41 ist der zweite (nach der alten Signatur zu urteilen,
der ehemals dritte Band) der insgesamt vier Bände. Im ersten Teil
dieses Bandes - bis fo. 116v - sind mehrere kleinere, sehr unterschiedliche Arbeiten Bugenhagens aus verschiedenen Zeiten erhalten. So finden sich dort beispielsweise kurze Auszüge Bugenhagens aus Melanchthons Loci (fo. 45r-48v),[84] die Belbucker Klo-

---

sicht ist die von Gotthold Bauerfeind: Bugenhagens Manuskripte, In:
Festschrift zur fünfundzwanzigjährigen Stiftungsfeier des Bugenhagenschen Gymnasiums zu Treptow a.R., Colberg 1881, S. 37-46, gegebene
Beschreibung überholt. Bauerfeind hatte für die Erstellung seines Über-
blickes die Manuskripte Bugenhagens offenbar nicht selbst einsehen können, denn nur so ist es verständlich, daß seine Beschreibung eine Fülle
von Fehlern, Ungenauigkeiten und Ungereimtheiten enthält. Beispielsweise erwähnt er (S. 39), daß im Band 40 auf "Blatt 240 ff." Bugenhagens Auslegung zur Apostelgeschichte erhalten sei. Dazu bemerkt er:
"Der commentarius in acta apostolorum erschien Viteb. 1524" (ebd.).
Tatsächlich sind fo. 240r-255v des Bandes 40 nur eine Praefatio und
teilweise die Erklärungen zu Acta 1 (fo. 244r-247v) und Acta 7
(fo. 248v-255v) überliefert. (Vgl. dazu Rose: Sp. 1361). Geisenhof
konnte die Veröffentlichung eines Kommentars zur Apostelgeschichte
von Bugenhagen nicht nachweisen. Daß ein solcher Druck im Jahre 1524
in Wittenberg erschienen sein soll, wie Bauerfeind behauptet, muß als
sehr unwahrscheinlich gelten. Im gleichen Jahr und am gleichen Ort
wurde jedoch ein Actakommentar von Justus Jonas herausgegeben (vgl.
dazu Hans-Günter Leder: Art. Justus Jonas, TRE Bd.17, Berlin-New
York 1988, S. 235).

83 Zur Biographie Seidels vgl. ADB 33, Leipzig 1891, S. 623-627.

84 Die Aufzeichnungen gehören ursprünglich zu den Manuskripten in den
Bänden 40 und 42. Dort sind umfangreiche Nachschriften von Melanch-
thons "Loci communes" aus dem Jahre 1533 erhalten. Vgl. dazu Rose,
Sp. 1360f., den Abdruck in CR 21, Sp. 252-332 und Otto Vogt: Über
Melanchthons Loci. Aus Bugenhagens Handschriften. In: ThStKr 58,

sterpredigt von 1518/1519[85] sowie Bugenhagens Sendbrief an seine Treptower Schüler vom Frühjahr 1521[86]. Der weitaus größere zweite Teil des Bandes 41 beinhaltet die Auslegung des Propheten Jesaja. Klar ist diese Exegese von den vorhergehenden Schriften durch ein freies Blatt (fo. 117) abgehoben. Die erhaltene Auslegung bis zu Jes 40,4 erstreckt sich auf fo. 118r-284v. Mitten im Satz bricht am Ende von fo. 284v diese Handschrift ab. Den letzten beschriebenen Seiten folgen noch zwei leere Lagen am Ende des Bandes.

3.3.2 Bugenhagens Manuskript - die Reinschrift für die geplante Drucklegung

Zweifelsfrei ist mit dem in Berlin aufbewahrten Manuskript der Jesajaauslegung die Reinschrift Bugenhagens erhalten, die dieser für die Drucklegung seiner Exegese angefertigt hatte.

Dies zeigt bereits das saubere und ausgeglichene Schriftbild. Immer wieder gleichlautend überschrieb Bugenhagen die einzelnen Kapitelauslegungen. So folgt den Worten "sequitur Caput" stets die Kapitelnummer, die in römischen Ziffern geschrieben ist. Diese Kapitelüberschriften heben sich durch große und dicker geschriebene Buchstaben vom übrigen Text deutlich ab. Ebenfalls wurden von Bugenhagen die einzelnen Überschriften der Kapitelexegesen mit größeren Buchstaben - etwas dünner geschrieben als die Kapitelüberschriften - von der nachfolgenden Auslegung

1885, S. 747-749.

85 Diese Predigt findet sich auf fo. 58r-67v. Die erste und bis jetzt beste Edition dieser Predigt stammt von Carl Eduard Förstemann: Eine Predigt von Johannes Bugenhagen, im Kloster Belbuck gehalten. In: ZHTh 5, 1835, S. 229-247. Zum Problem der Datierung dieser Predigt vgl. Wolf-Dieter Hauschild: Johannes Bugenhagens Auseinandersetzung mit dem Katholizismus 1515-1521 (vgl. Anm. 17 auf S. 5), S. 91.

86 Dieser Sendbrief findet sich auf fo. 49r-55v des Bandes. Ediert wurde er ebenfalls von Carl Eduard Förstemann: Johannes Bugenhagens Sendbrief an die Schüler zu Treptow. In: ZHTh 7, 1837, S. 139-155. Dieses Manuskript stammt ausnahmsweise nicht von Bugenhagens eigener Hand, doch sind sicher einige Korrekturen von ihm darin vorgenommen worden.

abgesetzt. Die Anfangszitate eines Abschnittes setzte er zumeist in die Mitte der Zeile.

Auffallend sind in der gesamten Handschrift zudem die häufig unterstrichenen Wortgruppen oder Wörter. Hierbei handelt es sich immer um Jesajazitate, die im folgenden ausgelegt werden. Sicher sollten diese unterstrichenen Wörter dann im Druck vom übrigen Text abgehoben werden. Gewiß auch für die spätere Drucklegung waren die oft gesetzten Absatzzeichen (¶) gedacht, da sich in dem ansonsten enggeschriebenen Manuskript kaum Absätze finden.

Nicht nur die Untersuchung der Berliner Handschrift, sondern auch ein genauer Vergleich aller drei Textzeugen der Jesajaauslegung miteinander macht deutlich, daß mit dem Manuskript Bugenhagens nicht das von ihm in seinem Kolleg benutzte Manuskript erhalten ist, sondern daß hier eine später angefertigte, mehrmals überarbeitete Reinschrift der Jesajaexegese vorliegt. Ausschlaggebend für diese Annahme sind vor allem die gemeinsamen Abweichungen der Greifswalder und der Zwickauer Handschrift vom Manuskript Bugenhagens.

Freilich können einige wenige solcher Abweichungen auch durch ein ungenaues Diktieren entstanden sein. So wäre beispielsweise das Fehlen einiger kurzer Wörter und eine manchmal unterschiedliche Wortstellung erklärbar. Sehr wahrscheinlich ist hingegen, daß Bugenhagen erst bei der Überarbeitung seiner Exegese aus stilistischen Gründen Wörter einfügte oder auch Wortstellungen veränderte.[87]

Gehäuft treten Unterschiede in der Lesart der Handschrift Bugenhagens zu den anderen Manuskripten bei der Wiedergabe der vielen zur Auslegung herangezogenen Bibelzitate auf. Bugenhagen kontrollierte bei der Überarbeitung seiner Exegese den Wortlaut dieser Zitate offenbar am Vulgatatext, denn des öfteren sind die Bibelzitate zugunsten der Vulgalesart verbessert worden.[88] Auch

---

87 So vertauscht z.B. auf fo. 125v Bugenhagen die Wortstellung von "verbum dei", um das Wort "dei" zu betonen.

88 So liest beispielsweise die Greifswalder Handschrift (S. 34) und auf fo. 27v die Handschrift Roths bei einem Zitat von Deut 16,21 "lucos", dagegen steht bei Bugenhagen auf fo. 136v - wie auch in der Vulgata -

kürzte Bugenhagen oftmals den Wortlaut der Bibelzitate, um so die Exegese zu straffen.[89]

Selbstverständlich korrigierte Bugenhagen bei der Überarbeitung des Kollegs für die Drucklegung nicht nur die von ihm erwähnten Bibelverse, sondern er verbesserte sowohl stilistisch als auch grammatikalisch auch den übrigen Text der Auslegung.[90]

Beim Vergleich aller Textzeugen der Jesajaauslegung sind auch Einfügungen Bugenhagens erkennbar, die er während der Abschrift in seine Exegese einsetzte. Die Einfügungen beinhalten zumeist Verweise auf andere Stellen der Auslegung oder weitere Bibelstellenhinweise. Aufschlußreich für die Arbeitsweise Bugenhagens bei der Verbeserung der Exegese ist beispielhaft eine in den laufenden Text der Auslegung eingefügte Passage bei Jes 5,6, die dann nochmals durch eine am Rand stehende Erläuterung erweitert wurde.[91] Somit ist anzunehmen, daß Bugenhagen nach der Niederschrift seiner verbesserten Auslegung diese abermals überarbeitete.

Auf eine solche wiederholte Durchsicht des Manuskriptes weisen insbesondere einige Streichungen hin. Bugenhagen strich dabei einzelne Wörter durch, um Verbesserungen vornehmen zu können.[92] Bei dem weitaus größeren Teil der Streichungen in Bu-

---

"lucum".

89 Bei einem Zitat von Cant 4,7 fehlen so z.B. bei Bugenhagen auf fo. 136r seines Manuskriptes gegenüber der Greifswalder Handschrift sechs (vgl. dort S. 33), gegenüber dem Zwickauer Manuskript sogar acht Wörter (vgl. dort fo. 27r).

90 So diktierte er beispielsweise noch in der Vorlesung "commentaria" (vgl. die Greifswalder Handschrift, S. 44 und Roths Manuskript auf fo. 31v), in Bugenhagens Handschrift auf fo. 140v steht dann die grammatisch genauere Endung "commentarios".

91 Bugenhagen fügt in die laufende Erklärung die Bemerkung auf fo. 151v ein: "Clamor sc(ilicet) app(re)ssor(um) et quib(us) i(n)iuria fit." Durch ein Zeichen angedeutet, ergänzte er diese Erklärung mit den am Rand stehenden Worten: "Si(cut) Gen. iiij. clamat sa(n)gui Abel (et)c.".

92 So schrieb er z. B. auf der zweiten Seite seines Manuskriptes (fo. 119r) zuerst "sui", wie auch die anderen beiden Textzeugen an dieser Stelle, korrigierte dann aber dieses Wort, indem er es durchstrich und darüber "eius" setzte.

genhagens Handschrift handelt es sich jedoch um Abschreibfehler, die so von ihm berichtigt wurden.[93]

Längere Sätze oder sogar ganze Abschnitte, die Bugenhagen beim Abschreiben aus seinem Vorlesungsmanuskript vergessen hatte, sind von ihm - durch ein Zeichen angemerkt - an den Rand gesetzt. Diese Abschnitte sind höchstwahrscheinlich bei einer der Abschrift sofort nachfolgenden Kontrolle eingetragen worden, denn die gleiche Tintenfärbung der Nachträge und des übrigen Textes zeigt, daß dieses unmittelbar nacheinander geschehen sein muß.[94]

Dieser ersten Kontrolle der Reinschrift schloß sich dann später eine weitere an. Daraufhin weisen Einfügungen mit unterschiedlicher Tintenfärbung. Bei dieser zweiten Durchsicht der Handschrift nahm Bugenhagen abermals Korrekturen nach dem Vorlesungsmanuskript vor.[95] Größtenteils fügte er bei der wiederholten Durchsicht des Manuskriptes weitere Verweise[96] und Bibelstellenhinweise[97] ein.

Bugenhagen überarbeitete aber auch seine Auslegung indem er einige Erklärungen, die er in seiner Vorlesung geboten hatte, nicht in die verbesserte Exegese übernahm. Dieser "Wegfall" von einigen Sätzen tritt gehäuft bei den kurzen Worterklärungen auf. Der genaue Vergleich aller Handschriften zeigt, daß Bugenhagen bei

---

93 Beispielsweise schrieb Bugenhagen auf fo. 155r nach dem Wort "Seraphim" zuerst die Wörter "teg(u)nt alis facie(m) d(omi)ni et pedes, Ignarantur e(ni)m (a)et(er)na", strich diese Wörter durch und schrieb wie die anderen Textzeugen auch "stant" sup(ra) templu(m)" etc. Zwei Zeilen darauf schrieb er dann - gleichfalls wie die beiden anderen Handschriften - "teg(u)nt alis facie(m) d(omi)ni" etc..

94 Ein Beispiel einer derartigen Einfügung ist auf fo. 145r zu finden. Bugenhagen hatte dort acht Wörter vergessen, die er dann auf dem inneren Rand eintrug und mit einem Zeichen in den Text der Auslegung einfügte.

95 So verbesserte Bugenhagen beispielsweise in seiner Reinschrift auf fo. 155r das Wort "diximus" in "dixerimus", das sicher seiner Vorlage entsprach, da auch die Greifswalder Handschrift (S. 72) und Roths Manuskript (fo. 48r) an dieser Stelle "dixerimus" lesen.

96 Ein Beispiel dafür ist ein Hinweis auf Augustins "De civitate dei" auf fo. 179v.

97 Beispiel dafür ist der Randvermerk auf fo. 180v "Vide h(a)ec i.cor.xv."

der Überarbeitung gerade diese Erläuterungen sorgfältig auswählte. Wohl waren ihm einige der Erklärungen zu schlicht, als daß er diese im Druck erscheinen lassen wollte. Bugenhagens "Kürzungen" sind insbesondere bei der Exegese der heute sogenannten Völkersprüche (Jes 13-23) zu beobachten. Daher wurde bei der folgenden Wiedergabe ein Abschnitt der Auslegung aus einem dieser Kapitel ausgewählt. Der Text der Exegese von Jes 17,2-7 gemäß dem Manuskript ist dabei in normaler Schrift wiedergegeben, die Erklärungem die sich darüber hinaus in Roths Handschrift finden, werden in kursiv abgehoben.

Aroer puta(n)t esse regione(m) in Syria in qua plures sint ciuitates. cum alioqui Aroer sit oppidu(m) Moabitor(um). *Derelict(a)e g(re)gibus (id est) pastua er(u)nt no(n) amplius h(ab)itab(u)nt(us) ab ho(m)i(ni)b(us), (et)c.* hoc (est) Non erit qui exterreat. Tanta erit solitudo vt ne fur quide(m) aut p(rae)dator timeatur. *tam tuto er(u)nt pastua illic vt greges possint (ess)e sine pastore, Et cessebit (scilicet) destructa damasco (vel) Syria. solebat e(ni)m sperare in rege Syri(a)e. Occasione Syri(a)e p(ro)phetat con(tra) 10 tribus, q(uae) speraba(n)t in adnitorio Syri(a)e cu(m) in solo deo sperare debere(un)t. Et reliquie Syri(a)e (et)c.* sic Syri p(er)dent(ur) sic(ut) *Israelit(a)e, gloria vtri(us)q(ue) erit nihil, dicit d(omi)n(us) ex(er)cituu(m) (id est) d(omi)n(us) p(ro)fert t(a)le(m) s(e)n(tenti)a(m):- Attenuabit(us) (id est) ad nihilu(m) rediget(us), gl(or)ia, q(uae) nulla (est) Iacob. 10 tribuu(m), Pinguedo carnis (et)c. (id est) gl(or)ia(m) diuiti(a)e potentia, emarceset (id est) p(er)ibit, fragilis erit,* Et erit sicut aliquis qui congregat (et)c. paucitate(m) ho(m)i(num) mansura(m) (et) quosdam paup(er)es in terra Israel his s(im)ilitudinib(us) significat *Et erit sic(ut) (con)gregans (et)c. de hac re h(abit)et(ur) in sacr(is) l(itte)r(is). Levi:19 Erit (scilicet) Jacob Paup(er) (scilicet) aliqui, Restiterit (id est) q(uod) sup(er) (est) adhuc collect(is) frugib(us) (et)c. Vallis Raphaim:- Vbi (est) multitudo frugu(m) (et)c.* Vallis Raphaim est locus in Iudea ij. regu(m). v. *Querens spicas (scilicet) post colletas frugas remanentes. Ol(a)e(a)e (scilicet) ortor(is) rami (scilicet) qui remanent:-* In die illa sc(ilicet) deleta Damasco (et) Syria / ablatisq(ue) Israelit(is) de terra sua. Inclinabit(ur) h(om)o (id est) quicu(m)q(ue) residuua fuerit in Israel qui effugerit man(us) reg(is) Assyrioru(m) / Inclinabit(ur) inq(uam) ad factore(m) suu(m) agnoscendu(m) et colendu(m), id q(uod) factu(m) leg(is) ij. para. xxx. q(uod) quidam reuersi ad d(omi)n(u)m ieri(n)t in h(ie)r(usa)l(e)m ad phase / alij v(er)o irrideba(n)t n(u)ncios Eze-chi(a)e. Vt videas synechdochen figura(m) fere vbiq(ue) in scrip-tura Reliquias Israelitoru(m) dicit reu(er)suras ad deu(m) / et factu(m) est, no(n) tame(n) om(ne)s reu(er)s(a)e s(unt).[98]

Obwohl die Reinschrift seiner Jesajaexegese für die beabsichtigte Drucklegung von Bugenhagen nicht zu Ende geführt wurde, be-weist sie doch im Vergleich zu den anderen beiden handschrift-lichen Quellen der Auslegung deutlich, wie sehr er einerseits seine Kollegausarbeitung für das dann im Druck geplante Kommentar-werk zu Grunde legte, andererseits aber versuchte, durch Kürzun-gen, Wortverbesserungen oder Einfügungen bei mehrmaliger Durchsicht des Manuskriptes seine Exegese weiter zu vervoll-kommnen.

---

98 Fo. 122r/v der Handschrift Roths und fo. 217r der Handschrift Bugenha-
    gens.

4. Autoren und wissenschaftliche Hilfsmittel, die Bugenhagen zur Ausarbeitung der Jesajaauslegung benutzte

Eine Quellenuntersuchung in dem Maße für das gesamte Kolleg vorzulegen, wie sie Thyen exemplarisch für das 6. Kapitel der Jesajavorlesung Bugenhagens dokumentiert hat,[1] hätte den Rahmen dieser Studien schon aufgrund des zu analysierenden Textumfanges weit überschritten.

Thyen überforderte in seinen Untersuchungen den Inhalt und die Stellung der Exegese von Jes 6 im Hinblick auf die Auslegungsgeschichte des Propheten, da er neben den sicher von Bugenhagen genutzten Schriften auch weitere bedeutende Interpretationen der exegetischen Tradition anführte und diese dann mit Aussagen Bugenhagens verglich. Auf derartige Gegenüberstellungen muß bei der Analyse der gesamten Jesajaexegese verzichtet werden. Ebenso wurde Abstand genommen von einer intensiveren Untersuchung ausgewählter Teile der Vorlesung, da diese eine mögliche Überbewertung der angeführten Auslegung mit sich brächte und so die notwendige Sicht für das Ganze verloren gegangen wäre.

Ziel dieses Kapitels ist es, aufzuzeigen, welche Autoren und Hilfsmittel Bugenhagen für die Ausarbeitung seiner gesamten Vor-

---

1   Thyen veröffentlichte als Anhang Nr. 5 zu seiner Dissertation (vgl. Anm. 5 auf S. 2) eine vierzigseitige Untersuchung allein zu Bugenhagens Auslegung von Jes 6. Als Grundlage diente ihm die Handschrift Roths in Zwickau. Trotz einiger Fehler, die vor allem aus der Konzentration allein auf die Exegese von Jes 6 und nur auf diese ihm bekannte Handschrift entstanden sind, ist diese Studie auch weiterhin beachtenswert. Wertvoll ist besonders Thyens Vergleich der Auslegung Bugenhagens mit der Deutung dieses Kapitels, wie sie in dem später von Roth hinzugefügte Brief Bugenhagens überliefert ist.

lesung benutzt hat. Weitergehend wird versucht, die Bedeutung der Autoren und Hilfsmittel für die Auslegung zu charakterisieren.

Freilich darf aus einer Häufung bestimmter Namen nicht voreilig auch auf eine größere Abhängigkeit Bugenhagens von diesen Autoren geschlossen werden. Erst bei einem genaueren Vergleich der Jesajaexegese mit den erwähnten oder auch nur vermuteten Werken läßt sich der Stellenwert ermitteln, den die Schriften oder Ausleger im gesamten Kolleg einnahmen.

Mit den Autoren, die Bugenhagen selbst namentlich anführt, ist nur ein Teil der von ihm benutzten Schriften zu belegen. Für ihn, wie auch für die Exegeten seiner Zeit waren bestimmte Werke bei der Ausarbeitung einer Vorlesung derart selbstverständlich, daß auf diese nicht besonders verwiesen wurde. Daher war es nötig, auch weitere Quellen auf eine mögliche Abhängigkeit Bugenhagens von ihnen zu untersuchen. Insgesamt konnte so wenigstens der größere Teil der von Bugenhagen nicht genau belegten Zitate nachgewiesen werden.

Bewußt nicht in dieses Kapitel mitaufgenommen ist eine Untersuchung zur Bedeutung der Heiligen Schrift für die Exegese. Eine Übersicht der von Bugenhagen erwähnten Bibelzitate findet sich im Anhang III.

4.1 Die im Kolleg erwähnten Autoren und wissenschaftlichen Hilfsmittel

4.1.1 Hieronymus

Mit sechzehnmal ist Hieronymus (347 - 419/20) der am häufigsten in der Jesajavorlesung Genannte.[2]

---

2   Hieronymus wird bei der Auslegung von Jes 1,5; 1,12; 1,14; 2,22; 3,10; 5,1; 6, 10; 6,13; 10,20; 15, 7; 16,1 (zweimal); 26,19; 27,6; 43,14; und 46,8 erwähnt.

Den Jesajakommentar dieses Kirchenvaters, aus dem Bugenhagen ausschließlich zitierte, kannte er nicht nur durch die breiten
Auszüge, die er in Lyras Postilla[3] oder in der Glossa ordinaria[4]
vorfand. Zweifelsfrei lag ihm bei der Ausarbeitung der Vorlesung
eine vollständige Ausgabe des Werkes vor. Das zeigt allein schon
die Tatsache, daß Bugenhagen eine Fülle von Übersetzungen aus
diesem Kommentar anführt, die weder bei Lyra noch in der Glossa wiedergegeben sind.[5] Auch deutet die von Bugenhagen bei der
Auslegung von Jes 5,1 gebrauchte Wendung: "Sy(m)mach(us)
a(u)t(em) sicut refert Hiero(nymus) / legit, In cornu in medio
oliuar(um)"[6] darauf hin, daß ihm der Kommentar des Hieronymus
nicht nur durch sekundäre Quellen bekannt war.

Mit einer von Desiderius Erasmus besorgten Edition dieses
Werkes, welche im Jahre 1516 in Basel erschienen war,[7] stand
Bugenhagen eine für seine Zeit gute Hieronymus-Ausgabe zur
Verfügung. Da Bugenhagen intensive Verbindungen zu Basel
hatte, dürfte er mit größter Wahrscheinlichkeit diese Ausgabe
benutzt haben.[8]

Hieronymus bietet in seinem Kommentar eine fortlaufende
Auslegung des Jesajatextes, die in achtzehn Bücher unterteilt ist.
Als Grundlage seiner Exegese führt er sowohl eine lateinische
Übersetzung aus dem Hebräischen als auch eine ebenfalls in
Latein verfasste Septuagintaübertragung an. Gewöhnlich legte
Hieronymus zuerst die Übersetzung aus dem Urtext aus, dem
folgend die nicht minder im Ansehen stehende griechische Lesart

---

3 Vgl. dazu unter 4.1.3 auf S. 70-72.

4 Vgl. dazu unter 4.2.4 auf S. 85-87.

5 Beispiele dafür finden sich in der Auslegung von Jes 1,5; 1,12; 10,20;
   26,19; 48,14 und 57,1.

6 Fo. 115v der Bugenhagen-Handschrift.

7 Vgl. Thyen: Luthers Jesajavorlesung (vgl. Anm. 5 auf S. 2), S. 115.

8 Holfelder hatte in seiner Untersuchung der Psalmeninterpretation nachgewiesen, daß Bugenhagen bei dieser Auslegung jene Hieronymus-Ausgabe eingesehen hatte (vgl. Tentatio, S. 91). So ist es naheliegend, dies
   auch für die Jesajavorlesung anzunehmen, zumal Bugenhagen gute
   Beziehungen zu den Baseler Druckereien gehabt haben muß, denn seine
   ersten exegetischen Publikationen, die er in Wittenberg verfaßt hatte, sind
   dort erstmalig erschienen (vgl. Geisenhof Nr. 3, 4, 5 und Nr. 33 und 62).

des Jesajatextes. Zumeist werden von Hieronymus historische (literarische) Deutungen des Textes geboten, nicht selten bietet er aber auch tropologische oder allegorische Interpretationen. Bugenhagen schätzte diesen Kommentar wohl vor allem wegen der vielen darin enthaltenen sprachlichen Erläuterungen. Von den sechzehn Stellen, an denen Hieronymus ausdrücklich erwähnt wird, stehen dreizehn im Zusammenhang mit philologischen Problemen oder Übersetzungen. Bei keiner dieser dreizehn Stellen bewertete Bugenhagen die von ihm zitierte Übersetzung des Kirchenvaters negativ, im Gegenteil, sie werden als die Übersetzungen aus dem Urtext vorgestellt. Einmal hebt Bugenhagen die Übertragung des Hieronymus ausdrücklich als die bessere hervor.[9] Augenscheinlich erwähnte Bugenhagen Hieronymus mit der Absicht, die Autorität des großen altkirchlichen Auslegers für die von ihm vorgestellten Übersetzungen in Anspruch zu nehmen.

Dreimal nennt Bugenhagen Hieronymus ausdrücklich im Zusammenhang von Äußerungen zur eigentlichen Auslegung dieses Kirchenvaters. So stellt Bugenhagen bei der Exegese von Jes 16,1 lediglich fest, daß "fere omnes" der Deutung des Hieronymus folgen.[10] Mit "omnes" meinte Bugenhagen sicherlich die ihm neben dem Kommentar des Hieronymus vorliegenden Auslegungen in der Glossa ordinaria und des Nikolaus von Lyra.

Zur Auslegung von Jes 2,22 führte Bugenhagen aus: "Hiero(nymus) inepte detorsit ad Chr(istu)m cu(m) sent(e)ntia sit."[11] Interessant ist diese Äußerung Bugenhagens im Hinblick auf seine eigene Auslegung des gesamten Jesajatextes, denn dort findet sich gerade aus heutiger Sicht eine überbetont christologische Interpretation. Offenbar erschien Bugenhagen die von Hieronymus

---

9   Bei der Exegese von Jes 46,8 bemerkt Bugenhagen: "funda(m)ini poti(us) legendu(m), q(uem)admodu(m) legit hiero(nymus)" (fo.231r der Handschrift Roths).

10   "Fere om(n)es hiero(nymum) secuti hoc expon(u)nt q(uod) occasione de Moabit(is) accepta p(ro)pheta roget Christu(m) ve(n)turu(m) ex Ruth Moabitide." (fo. 215r der Bugenhagen-Handschrift). Vgl. dazu Hieronymus, PL XXIV, Sp. 234 = CChrSL LXXIII, S. 259.

11   Fo. 143r der Bugenhagen-Handschrift.

angebotene Deutung von Jes 2,22 doch zu vage, als daß er sie für sich übernehmen wollte.[12]

Bei der Exegese von Jes 6,10 wies Bugenhagen ebenfalls die Auslegung des Hieronymus zurück: "Quap(ro)pter nihil est q(uod) hiero(nymus) putat h(a)ec v(er)ba Exc(a)eca (et)c. e(ss)e p(ro)phet(a)e ad deum. cu(m) et ip(s)e contextus aliud oste(n)dat / et eua(n)gelist(a)e q(uoque) lega(n)t vt nos habem(us) Et sanem eu(m)".[13] Bugenhagens Bemerkung zu diesem Vers verdeutlicht, wie er mit Hilfe der von ihm gebrauchten innerbiblisch orientierten Auslegungsweise die Interpretation des sonst von ihm so gerühmten Kirchenvaters ablehnen konnte.

Sowohl die Äußerungen Bugenhagens zu Jes 2,22 als auch zu Jes 6,10 zeigen, daß er sich kritisch mit den im Kommentar angebotenen Erklärungen auseinandersetzte. Dabei versuchte er, die Nichtigkeit der betreffenden Deutungen des Kirchenvaters durch eigene Interpretationen zu beweisen.

Daß Bugenhagen in der Tat beträchlich abhängiger von der Auslegung des Hieronymus war, als es die sechzehn Erwähnungen veranschaulichen können, machen die 38 weiteren in der Exegese ermittelten Zitate der hebräischen Übersetzung aus dem Hieronymuskommentar deutlich. Zu keiner dieser Stellen gab Bugenhagen die Herkunft der von ihm gebrauchten Textvariante an.[14] Weiter sind dem vierzehn Stellen hinzuzurechnen, an denen Bugenhagen die Septuagintaübertragung des Hieronymus ausdrücklich erwähnt, und weitere dreizehn Stellen, bei denen er die Übersetzung der

---

12 Nach seiner Auffassung drückt dieser Vers folgendes aus: "Hic null(a)e human(a)e vires suppet(u)nr, nihil p(otes)t nos contra d(ominu)m defendere. Quia inquit excels(us) reputat(us) e(st) ipse" (fo. 143r der Bugenhagen-Handschrift).
13 Fo. 158v der Bugenhagen-Handschrift.
14 Bei den 38 Stellen handelt es sich um folgende: Jes 1,1; 1,19; 1,22; 3,10; 4,4 (zweimal); 6,2; 7,2; 7,14; 9,1; 10,32; 11,10; 13,2; 13,18; 14,29; 15,8; 16,4; 19,15; 21,4; 26,1; 26,2 (zweimal); 26,18; 28,29; 30,4; 32,5; 34,14; 38,10; 38,11; 40,24; 41,10; 48,14; 51,1; 52,1; 53,4; 59,4; 65,7; 65,16; 65,23; 66,19.

LXX aus jenem Kommentar benutzte ohne wiederum die Herkunft der Lesart zu benennen.[15]

Auch ein genauerer Vergleich der Auslegung Bugenhagens mit der des Hieronymus zeigt, daß Bugenhagen sich oftmals parallel zu der Auslegung des Hieronymus bewegte, ohne seine Quelle genau anzugeben. Letztlich ist die quantitative Bedeutung, die der Hieronymuskommentar für die Erarbeitung der Jesajaauslegung einnahm, jedoch nur sehr grob einzuschätzen, da auch in der von Bugenhagen genutzten Postilla Lyras und in der Glossa ordinaria - neben häufigen Zitaten aus diesem Werk - oft ähnliche Gedanken zu Hieronymus zu finden sind. Die angeführten Stellen machen aber deutlich, daß Bugenhagen den Jesajakommentar des Hieronymus in reichem Maße und durchgängig für die Ausarbeitung seiner Exegese nutzte.

4.1.2 Die Septuaginta

Daß Bugenhagen die Septuaginta in ihrem griechischen Orginal bei der Erarbeitung der Jesajaauslegung vorlag, ist nicht anzunehmen, obwohl er die LXX vierzehnmal als Quelle einer von ihm vorgestellten lateinischen Übersetzungsvariante angibt.[16] Wie bereits erwähnt, zitierte Bugenhagen an weiteren dreizehn Stellen in seiner Vorlesung die Septuagintaübertragung des Hieronymus, ohne dabei die Herkunft dieser Übersetzung zu erwähnen.[17] Bei keinem dieser Zitate aus der LXX ist ein Zeichen von eigener Arbeit mit dem griechischen Text festzustellen, denn Bugenhagen übernimmt diese Zitate ausnahmslos aus dem Kommentar des Hieronymus. Auch das einzige mit griechischen Buchstaben ge-

---

15   Die vierzehn Stellen, an denen Bugenhagen die Septuaginta als Quelle der von ihm vorgestellten Übersetzung angibt, sind folgende: Jes 2,2; 5,1; 6,6; 7,9; 27,6; 28,10; 28,16; 30,24; 33,4; 40,5; 40,22; 49,24; 55,3; 57,1. An folgenden dreizehn Stellen benutzt Bugenhagen die Septuagintaübersetzung des Hieronymus, gibt aber nicht seine Quelle an: Jes 3,10; 3,14; 13,21; 26,1; 38,15; 41,10; 49,16; 58,12; 59,4; 61,8; 62,8; 63,11; 63,19.

16   Vgl. dazu die Anm. 15.

17   Vgl. hierzu ebenfalls die Anm. 15.

schriebene Wort ἄνθρακα, welches Bugenhagen aus der Septuaginta anführt, konnte er dem Werk dieses Kirchenvaters entnehmen.[18]

Wie die angeführten Stellen zeigen, griff Bugenhagen in seiner Auslegung durchgehend auf die ihm dort gebotene lateinische Übersetzung zurück. Der Einfluß des Hieronymuskommentars scheint sogar noch bei der Einführung der LXX-Zitate spürbar, denn auch Bugenhagen gibt die Lesart der Septuaginta als eine mögliche, der Übersetzung aus dem Hebräischen gleichberechtigte wieder.

Vergleicht man Bugenhagens Umgang mit der Septuaginta in der Jesajaauslegung mit dem in seiner Psalmeninterpretation, so ist ein deutlicher Rückschritt zu konstatieren. Holfelder hatte bei seinen Studien zu diesem Kommentar nachgewiesen, daß Bugenhagen sogar mehrere Ausgaben des griechischen Textes synoptisch eingesehen hatte, um etwaige Editionsfehler von echten Übersetzungsfehlern unterscheiden zu können. Nach Holfelder verwies Bugenhagen circa 80mal in seiner Psalmenerklärung auf die Septuaginta.[19]

So stellt sich die Frage, warum Bugenhagen, der die griechische Sprache sicher beherrschte, die Septuaginta nicht auch bei der Ausarbeitung des Jesajakollegs gleichermaßen und ebenfalls im griechischen Orginaltext nutzte. Die Erklärung für dieses ungleiche Verfahren liegt vor allem wohl darin, daß Bugenhagen im Unterschied zur Psalmenvorlesung bei der Jesajaexegese darum bemüht war, selbstständig mit dem hebräischen Urtext zu arbeiten.[20] Somit war er nicht mehr in dem gleichen Maße auf einen umfangreichen Vergleich verschiedener Übertragungen angewiesen. Auch die im Laufe der Zeit auf ihn zukommenden Arbeitsbelastungen erlaubten ihm offenbar nicht mehr solche weitläufigen Textvergleiche, wie er sich noch zur Ausarbeitung seiner Psalmenvorlesung unternommen hatte.

---

18 Vgl. fo. 157r der Bugenhagenhandschrift und Hieronymus, PL XXIV, Sp. 96= CChrSL LXXIII, S. 89.
19 Vgl. Holfelder: Tentatio, S. 87f., dort insbesondere Anm. 12.
20 Vgl. hierzu S. 91-96.

4.1.3 Nikolaus von Lyra

Mit nur viermaliger Erwähnung (bei der Auslegung von Jes 6,13; 41,2; 51,12 und V.14) erscheint Lyras Name vergleichsweise selten in der Jesajaexegese Bugenhagens.

So führte Bugenhagen warnend u.a. zu Jes 6,13 aus: "Ne vero quis in bonu(m) int(er)p(re)tetur q(uod) legimus Et co(n)u(er)tetur (et)c. sicut putat Lyran(us)."[21] Gleichfalls konnte Bugenhagen dann auch Lyras Deutung von Jes 41,2 nicht übernehmen: "Preteritum sepe ponit(ur) p(ro) futuro / (sed) no(n) econ(tra), nisi sit male redd300(m), proinde no(n) moueat quod Lyran(us) hic ponit futuru(m) p(ro) p(e)c(ca)to poni Sustitabit ab oriente iustu(m):-".[22]

Demgegenüber hebt Bugenhagen Lyra im positiven Sinne unter denjenigen Auslegern von Jes 51,2 hervor, die den in diesem Vers erwähnten Bedränger als Antichristen verstehen.[23] Nur einige Zeilen später, bei der Auslegung von Jes 51,14, nimmt Bugenhagen gleichfalls positiv Gedanken Lyras auf.[24]

Die Postilla des Nikolaus von Lyra war 1498 in erster und dann 1507 in zweiter Auflage zusammen in dem Text der Vulgata, in dem auch abweichende Lesarten wiedergegeben sind, sowie mit der Glossa ordinaria und der Glossa interlinearis und mit den "Additiones" des Paulus von Burgos in fünf umfangreichen Foliantenbänden in Basel erschienen. Zweifelsfrei wird auch Bugenhagen ebenso wie die anderen Wittenberger Theologen eine dieser beiden Auflagen für die Vorbereitung seiner Exegese genutzt haben.

---

21 Fo. 159r der Bugenhagen-Handschrift.

22 Fo. 216v der Handschrift Roths.

23 Bugenhagen führt u.a. aus: "quid times q(uod) vanu(m) (est) qui h(ab)es protectore(m) eu(m) q(ui) in manu habet coelu(m) et terra(m), vtian(m) nec hodie scirem(us) q(uae) quida(m) int(er)p(re)tes int(er) quo Lyran(us) d(e) Antichristo interp(re)tari s(un)t no(n) male so regnu(m) int(er)gant (et) no(n) vnu(m) ho(m)in(e)m q(uod) regnu(m) adu(er)set(ur) Euangelio Christi:-" (fo. 242r der Handschrift Roths).

24 Dort bemerkt Bugenhagen: "Lyran(us) int(er)p(re)tat(ur) q(uod) Antichr(istus) no(n) moriet(ur) fame, sed int(er)ficit eum d(omi)n(us) Chr(ist)us sp(irit)u oris sui ".

Der Franziskaner Nikolaus von Lyra (ca.1270-1345) bietet in seiner Postilla eine weitestgehend "historische" Interpretation des Bibelwortes. Dieser buchstäblichen, sehr innerbiblisch orientierten Auslegung ist stets ein weitaus weniger umfangreicher Abschnitt hinzugefügt, in dem der Text "moraliter" gedeutet wird. Lyra bezieht in seine relativ knapp gehaltene Exegese des öfteren Gedanken aus dem Hieronymuskommentar, aber auch aus anderen Schriften weiterer Kirchenväter, so beispielsweise Augustins oder Gregors des Großen, ein. Auffallend häufig erwähnt Lyra zudem jüdische Auslegungen, so insbesondere die des Rabbi Salomon ben Isaak (1040-1105).

Mit Sicherheit ist anzunehmen, daß Bugenhagen während der gesamten Zeit der Vorbereitung seiner Jesajaexegese neben der Auslegung des Hieronymus auch Lyras Postilla vorlag. Allein die Fülle von Anlehnungen an die ihm dort gebotenen Übersetzungen sowie die häufige Aufnahme von Äußerungen zu philologischen Problemen, über die ganze Auslegung verteilt, beweisen dieses. Von Lyra übernommene Übersetzungen und sprachliche Erklärungen finden sich z. B. bei der Auslegung von Jes 5,2; 28,6; 32,12; 44,5; 58,9; 66,3. Auch zur Erklärung von Jes 21,2 zitiert Bugenhagen beispielsweise Worte Lyras. Hier gebraucht er die Wendung "Ex heb(raeo) sic leg(u)nt Conte(m)ne(n)s conte(m)-ner(is) deuasta(n)s deuastaber(is)",[25] ohne dabei zu erkennen zu geben, wen er mit diesem Plural meint. In Lyras Postilla findet sich ebenfalls diese Übersetzung, die Lyra von den Rabbinen übernommen hatte.[26]

Gleichfalls konnte Bugenhagen, sofern er nicht schon vom Anfang seiner Ausarbeitung an den Urtext einsah,[27] so doch aufgrund von Bemerkungen Lyras auf einige Besonderheiten des masoretischen Textes schließen. So betont Lyra zu Jes 4,2 nach der

---

25 Fo. 225v/226r der Bugenhagen-Handschrift.

26 So heißt es bei Lyra zu Jes 21,2: "In heb(raeo) habe(n)t: Contemne(n)s co(n)te(m)neris: vel decipiens dicipieris deuasta(n)s deuastaris." Textus biblice cum glosa ordinaria Nikolai de Lyra postilla moralitatibus eiusdem, Pauli Burgensis Additio(n)ibus, Quarta Pars, Basel 1507 (im folgenden als "Textus biblice" zitiert), fo. 42r.

27 Vgl. hierzu unter 5.4.1, S. 99-103.

Vulgatazählung, daß "in hebr(a)eo" erst bei diesem Vers ein neues Kapitel begänne.[28] Dementsprechend erwähnt auch Bugenhagen zu Beginn der Exegese von Jes 4,2 diese Tatsache, nachdem er zuvor den Vers 1 des Kapitels noch unter der Auslegung des 3. Kapitels behandelt hatte.[29]

Damit ist - ähnlich wie zum Hieronymuskommentar - auch bei einem Vergleich der Postilla Lyras mit der Jesajaauslegung festzustellen, daß Bugenhagen auch bei diesem Werk ein besonderes Augenmerk auf die darin enthaltenen sprachlichen Äußerungen und Übersetzungen gelegt hat. Verhältnismäßig selten übernimmt er dagegen Deutungen Lyras oder von ihm erwähnte Interpretationen.[30]

4.1.4 Flavius Josephus

Ein weiterer von Bugenhagen in seinem Jesajakolleg oft genannter Autor ist Flavius Josephus (37 - nach 100 n.Chr.). Nach Roths Manuskript, das Bugenhagens Auslegung vollständig wiedergibt, erwähnte dieser den jüdischen Geschichtsschreiber in der Vorlesung insgesamt zehnmal (bei der Auslegung von Jes 1,7, in der Einleitung zum 3.Kapitel, zur Exegese von Jes 3,16; 9,3 <zweimal>; 10,9; 19,19; in der Einleitung zu Jers 63 und zur Auslegung von Jes 63,3). In der von Bugenhagen überarbeiteten Fassung der Auslegung fehlt im Gegensatz zur Handschrift Roths der Passus bei Jes 10,9, da in dem Kolleg Worte des Titus Vespasianus nach Josephus zitiert wurden. Bugenhagen verzichtete wohl darauf, diese Passage in sein für die Drucklegung verfaßtes Manuskript zu übernehmen, da sonst eine Doppelung mit dem ebenso zu Jes 63,3 erwähnten Ausspruch aufgetreten wäre.

---

28 Textus biblice, fo. 13r.
29 Vgl. fo. 147v der Bugenhagen-Handschrift.
30 So stellt Bugenhagen lediglich zu Jes 9 etwas ausführlicher eine von Lyra übernommene jüdische Auslegung des Texte vor. Vgl. fo. 182v-183r der Bugenhagen-Handschrift.

Sowohl von Hieronymus als auch von Lyra und der Glossa ordinaria konnte Bugenhagen mehrere Hinweise auf Josephus übernehmen.[31]

Außer zur Auslegung von Jes 19,19 und Jes 10,9 bzw. 63,3 gibt Bugenhagen zu den oben genannten Stellen nur sehr allgemeine Hinweise auf Josephus, zumeist mit der Wendung "Lege historiam Iosephi". Eine spezielle Schrift des Historikers führt er dabei in seinem Manuskript nicht an. Möglicherweise gab Bugenhagen jedoch in der Vorlesung genauere Hinweise, denn zu Jes 1,7 findet sich in der Greifswalder Handschrift die Notiz: "de bello Iudaico".[32] Am Rand zur Einleitung des 63. Kapitels hat Roth gleichfalls den Titel dieses Werkes vermerkt.[33] Inhaltlich nimmt Bugenhagen bei allen Erwähnungen des Jospehus gerade auf diese Schrift Bezug, so daß angenommen werden kann, daß Bugenhagen bei seinen Verweisen stets dieses Werk vor Augen gehabt hatte.

In "De bello iudaico" wird eine ausführliche Geschichte Iudäas in römischer Zeit von etwa 174 v.Chr. bis 73 n.Chr. gegeben, als deren Höhepunkt die Zerstörung Jerusalems und seines Tempels im Jahre 70 n.Chr. durch Titus erscheint. Die ganze Schrift unterteilt sich in sieben Bücher. Beachtet man diese Aufteilung, so überrascht Bugenhagens Quellenangabe bei der Exegese von Jes 19,19: "Ioseph(us) li.xij. c.xiij. scribit Oniam sac(er)dote(m) voluisse implere ha(n)c p(ro)phetia(m) / et iccirco p(er)suasisse regi Aegypti, et edificasse te(m)plu(m) in heliopoli."[34] Demnach muß sich Bugenhagen hier auf eine Stelle aus dem weitaus umfangreicheren Werk des Josephus, den "Antiquitates iudaicae" beziehen. Die von Bugenhagen erwähnte Begebenheit wird dort im "liber xij", aber zu Ende des 9. Kapitels angedeutet,[35] dann

---

31 So wird bei Lyra zu Jes 9,3 (vgl. Textus biblice, fo. 24v), bei Hieronymus (vgl. PL XXIV, Sp. 257 = CChrSL LXXIII, S. 285) und in der Glossa ordinaria (vgl. Textus biblice, fo. 40v) zu Jes 19,19 und ebenfalls in der Glossa (vgl. ebd., fo. 101v) zu Jes 63 auf Josephus verwiesen.
32 S. 29 der Greifswalder Handschrift.
33 Vgl. fo. 275v der Handschrift Roths.
34 Fo. 221v der Bugenhagen-Handschrift.
35 Vgl. Flavius Josephus: Opera, Volumen primum, Paris MDCCCLXL, S. 471f.

aber erst im 13. Buch, 3. Kapitel, im Abschnitt 1-3 ausführlich beschrieben.[36]

Schon Hieronymus nennt bei seiner Exegese von Jes 19,19 den
Priester Onia und verweist dabei auf Josephus.[37] Bei der Glossa
ordinaria ist, möglicherweise von Hieronymus beeinflußt, am
Rand "Josephus liber 12 et 13" vermerkt.[38] Sicher hat Bugenhagen
von dort die Notiz - wenn auch falsch - übernommen. Hierbei
handelt es sich nicht erst um einen Abschreibfehler, der bei der
Überarbeitung des Vorlesungsmanuskriptes entstanden ist, sondern
Bugenhagen wird diese falsche Quellenangabe so auch in seinem
Kolleg diktiert haben. Das beweist die Handschrift Roths, in der
diese Notiz ebenso überliefert ist.[39] Diese Beobachtung macht
deutlich, daß Bugenhagen trotz der mehrfachen Durchsicht seines
Manuskriptes den übernommenen Hinweis aus der Glossa nicht im
Orginal nachprüfte.

Da Bugenhagen zur Auslegung von Jes 10,9 und dann auch zu
Jes 63,3 Worte Titus Vespasianus "vt scribit Iosephus" zitiert,
könnte vermutet werden, daß er zu diesen Stellen bei Josephus
nachgelesen hatte. Bei Jes 10,9 heißt es: "Titus: vt scribit Jo-
seph(us): cum videret mutua crede cadere in ciuitate ho(m)i(n)es,
manib(us) (et) oc(u)lis in celu(m) sublat(is) inq(ui)t. Testificor
cora(m) te de(us) coeli, quod no(n) mea manu pugno sed tua
(etc.)"[40] Zur Auslegung von Jes 63,3 wird dann weitaus kürzer gesagt: "No(ta) q(uae) dixit Titus Vespa(sianus): Testor manu(m) dei
(ess)e no(n) mea(m), vt dicit Josephus (et)c."[41] Die Stelle, auf die
sich Bugenhagen sowohl bei Jes 10,9 als auch bei Jes 63,3 bezieht, findet sich in "De bello iudaico", Buch 5, Kapitel 12, zu Beginn des Abschnittes 4 und lautet in einer lateinischen Übersetzung: "Has vero quum titus circuiret, ubi oppletas cadaveribus

---

36 Josephus hatte von Onia und seinem Plan bereits in dem früher entstan-
   denen Werk "De bello iudaico" im Buch 7, Kapitel 10, Abschnitt 1-4
   ebenso breit erzählt.
37 Vgl. Hieronymus, PL XXIV, Sp. 257 = CChrSL LXXIII, S. 285.
38 Textus biblice, fo. 40v.
39 Vgl. fo. 129v der Handschrift Roths.
40 Fo. 93r der Handschrift Roths.
41 Fo. 276v der Handschrift Roths.

vidit, altamque saniem putrefactis corporibus diffluentem, inge-
muit, sublatisque in coelum manibus Deum testatus est, facius
illud suum non esse."[42] Der Vergleich der Worte aus der Jesajavorlesung mit denen bei Josephus zeigt, daß Bugenhagen hier
wohl eher aus dem Gedächtnis als direkt aus dem Werk zitierte.

Demnach ist anzunehmen, daß Bugenhagen bei der Ausarbeitung der Exegese auf seine guten Kenntnisse der "opera Iosephi"
zurückgriff, ohne jedoch diese nochmals - auch bei der Überarbeitung der Auslegung - nachzuprüfen. Daß er mit den Schriften des
Josephus vertraut war, beweist die Tatsache, daß er an einigen
Stellen seiner Exegese, an denen er Josephus nicht ausdrücklich
erwähnt, zweifellos Bemerkungen von ihm aufnimmt. Beispielsweise erläutert Bugenhagen in der "Praefatio": "Ha(n)c Sama-
ria(m) Herodes Sebasten (id est) Augusta(m) p(ro)pt(er) Augu-
stu(m) C(a)esare(m) appellari fecit."[43] Bei Josephus findet sich
über die Stadt Samaria die Notiz, daß Herodes eine große Stadt-
mauer um Samaria bauen ließ, Leute ansiedelte und "in loci condi-
ti meditullio templum Caesari exstruxit maximum, et circa illud
area sesquistadii relicta, urbem Sebasten (Augustam) nominavit."[44]

Die Absicht, die Bugenhagen mit allen Hinweisen auf den jüdischen Geschichtsschreiber verfolgt, tritt besonders deutlich in der
Einleitung zu Jes 3 hervor, wo er u.a. erklärt: "intelliges si le-
ger(is) Iosephi historia(m) vbi videb(is) completa q(uae) hic
p(rae)dic(u)ntur."[45]

Der häufige Bezug auf Josephus in der Jesajaexegese unter-
streicht, welche Bedeutung Bugenhagen auch der Kenntnis der
außerbiblischen Historie für die Schriftauslegung beimaß.

---

42 Zitiert nach der lateinischen Übersetzung von Guilelmus Dindorfius. In:
   Flavii Josephi: Opera, Volumen secundum, Paris MDCCCLXIV, S. 266.
43 Vgl. 122r/v der Bugenhagen-Handschrift.
44 Zitiert nach der lateinischen Übersetzung von Dindorf (vgl. Anm. 42), De
   bello iudaico, Liber I, Cap. XXI, 2, S. 51.
45 Fo. 143v der Bugenhagen-Handschrift.

4.1.5 Augustinus

Erstmalig erscheint der Name Augustinus im Manuskript Bugenhagens am Rand zur Auslegung von Jes 9,2. "Vides idola ge(n)-
t(iu)m in Aug(ustini) de ciuitate dei. idolatria(m) Iud(a)eoru(m) in
histo(ria) sac(ra)."[46] Dieser allgemeine Verweis ist nur in dieser
Handschrift erhalten und wie die unterschiedliche Tintenfärbung
klar anzeigt, erst bei einer späteren Durchsicht in die überarbeitete
Exegese eingefügt. Diese Ergänzung drückt Bugenhagens Bemühen aus, die eigene Auslegung durch einen Verweis auf ein Werk
eines großen Theologen zu vervollkommnen. Möglicherweise
bemerkte Bugenhagen bei der Nacharbeitung seines Jesajakollegs,
daß er nur im letzten Drittel der Vorlesung ausdrücklich Worte
dieses Kirchenvaters erwähnt hatte. Mittels dieses Zusatzes versuchte er vielleicht, die Disproportion auszugleichen.

Dreimal hatte Bugenhagen in der Vorlesung Augustinus namentlich angeführt. So heißt es bei der Exegese von Jes 40,10: "vt
Aug(ustinus) inquit. Deus coronat in nob(is) sua dona",[47] bei
Jes 45,9 "Recte Augustin(us) dixit. Ille deo placet cui deus placet"[48]. Ähnlich dem Zitat bei Jes 40,10 führt Bugenhagen bei Jes
62,12 aus: "ip(s)e coronat op(er)a tua vt Augustinus inq(ui)t, non
merito tuo".[49] Mit diesen Zitaten ist Augustinus - wie auch schon
im Psalmenkommentar -[50] nach Hieronymus der am häufigsten
von Bugenhagen in seiner Auslegung genannte Kirchenvater.

Zu keinem der drei Augustinzitate wird von Bugenhagen ein
Werk genannt, aus dem er diese Ausprüche entnommen hat. Da er
während des Jesajakollegs mit der Überarbeitung seiner Psalmenauslegung für die Drucklegung beschäftigt war[51] und dazu nachweislich Augustins "Enarrationes in psalmos" benutzte,[52] liegt die

---

46 Fo. 179v der Bugenhagen-Handschrift.
47 Fo. 213v der Handschrift Roths.
48 Fo. 228v der Handschrift Roths.
49 Fo. 275v der Handschrift Roths.
50 Vgl. dazu Holfelder: Tentatio, S. 170f., insbesondere Anm. 208 und
    S. 90.
51 Vgl. dazu S. 14.
52 Vgl. Holfelder: Tentatio, S. 170f., Anm. 208.

Vermutung nahe, daß Bugenhagen zuallererst auch bei der Jesajaauslegung auf diesen Kommentar zurückgriff. So findet sich auch bei Augustins Erklärung von Ps 32,1, der von Bugenhagen bei seiner Exegese von Jes 45,9 erwähnte Ausspruch: "Ille placet deo, cui placet Deus".[53]

Mit Sicherheit wird bei den Zitaten Bugenhagens zu Jes 40,10 und 62,12 ein und dasselbe Augustinwort zugrunde liegen.[54] Es ist anzunehmen, daß Bugenhagen dabei Augustins Auslegung von Ps 102,7 aufgenommen hat, in der es heißt: "Ergo coronat te, quia dona sua coronat, non merita tua".[55] Weil bei dem Zitat zu Jes 40,10 im Gegensatz zu Jes 62,12 noch ein "in nobis" eingefügt ist, könnte Bugenhagen auch Worte Augustins aus dessen Erklärung zu Joh 1,10 benutzt haben, denn dort sagt der Kirchenvater ähnlich wie zu Psalm 102,7: "Dona sua coronat, non merita tua ... coronat autem in nobis Deus dona misericordiae suae".[56]

Wie schon bei den Zitaten aus Hieronymus beobachtet, fügt Bugenhagen auch alle Augustinworte zustimmend, als Bestätigung aus der kirchlichen Tradition für seine Interpretation ein.

---

53 Augustinus: Enarrationes in Psalmos, PL 36, Sp. 227 = CChrSL XXXVIII, S. 247.

54 Aus dem Zusammenhang der Auslegung von Jes 62,12 ist es erklärbar, daß Bugenhagen dort nicht wie zu Jes 40,10 "dona", sondern "opera" diktierte, denn in diesem Abschnitt sprach er über die Werkgerechtigkeit. Zudem handelt es sich bei der Wiedergabe von "opera tua" anstelle von "opera sua" bei Jes 62,12 möglicherweise um einen Abschreibfehler Roths, der diesen Abschnitt der Auslegung als einziger überliefert. Der Fehler könnte aufgrund der Tatsache entstanden sein, daß Bugenhagen vor und nach dem Augustinzitat bei Jes 62,12 oft die Worte "tua" und "sua" wechselt. Ferner könnte die Ähnlichkeit der Schreibweise von "sua" und "tua" die Ursache für diese Abweichung sein. Auch aus dem Zusammenhang wäre es nur allzuverständlich, bei Jes 62,12 nicht "opera tua", sondern "opera sua" zu lesen.

55 Augustinus: Enarrationes in psalmos, PL 37, Sp. 1321 = CChrSL XL, S. 1457.

56 Augustinus: In Iohannis Evangelium, PL 35, Sp. 1401 = CChrSL XXXVI, S. 25.

4.1.6 Philipp Melanchthon

Als einziger Zeitgenosse und reformatorischer Theologe ist Philipp Melanchthon von Bugenhagen in seiner Jesajaauslegung namentlich angeführt worden.

Zweimal erwähnt Bugenhagen Melanchthon bei allgemeinen Verweisen auf dessen "Loci communes" von 1521 (bei Jes 1,19 und Jes 9,4). Ein drittes Mal taucht Melanchthons Name am Schluß der Exegese von Jes 10,23 auf: "Interp(re)tatione(m) mea(m) Philippus n(oste)r approbat cu(m) co(n)tuli (et)c."[57] Da es sich hierbei um eine mündliche Mitteilung Melanchthons gehandelt haben wird, kann daraus geschlossen werden, daß Melanchthon Bugenhagen - wie auch schon bei der Psalmenexegese geschehen -[58] wenigstens während des ersten Drittels des Jesajakollegs hilfreich zur Seite gestanden hat.

Aus dem Vergleich aller drei Textzeugen der Jesajaauslegung konnte eine weitere Stelle nachgewiesen werden, an der Bugenhagen zweifellos einen Hinweis Melanchthons aufnahm. Zur Auslegung von Jes 2,3 zitiert Bugenhagen Worte aus Micha 4,7f.. Auffallend ist dabei, daß er abweichend von der Vulgata nicht "Veniet potestas primum regnum", sondern "veniet potestas su(m)ma regnu(m)" liest.[59] Die Greifswalder Handschrift bemerkt, nach dem Zitat in Klammern gesetzt, dazu: "no(n) p(ri)ma stare deb(emus)".[60] In Roths Manuskript findet sich diese Bemerkung nicht, dafür aber stehen am Rand die Worte: "prima habet antiqua translatio, Philippus summa vertit."[61]

---

57 Fo. 199v der Bugenhagenhandschrift. Aufgrund der Abweichungen, die Bugenhagen zwischen dem von ihm aus der Vulgata angeführten Jesajawort und dem Zitat des Verses in Röm 9,27 vorfand, hatte er zuvor erklärt, daß Paulus im Römerbrief die Lesart der Septuaginta zitiere. Daraufhin hatte Bugenhagen Jes 10,22 mit Hilfe der Römerbriefstelle gedeutet.

58 Vgl. Holfelder: Tentatio, S. 106f.

59 Fo. 138v der Bugenhagen-Handschrift.

60 S. 39 der Greifswalder Handschrift.

61 Fo. 29v der Handschrift Roths. Möglich ist, daß Bugenhagens verändertes Zitat von Micha 4,7f .von Melanchthons Auslegung zu diesem Propheten beeinflußt ist. Ebenfalls durch Stephan Roth ist eine Auslegung

4.1.7 Lactantius

Bei der Erklärung von Jes 44,19 heißt es u.a.: "Pri(mus) d(ictus) sapi(entia)e (est) nosse quid sit no(n) iustitia (et)c. Ita Lac(tantius inq(uit):-"[62] Bugenhagen gab diese Worte sicher nur aus dem Gedächtnis wieder, denn hier liegt offenkundig keine genaue Wiedergabe eines bei Laktanz nachweisbaren Zitat vor. Wahrscheinlich dachte Bugenhagne hier an einen Satz aus dem Hauptwerk dieses Kirchenvaters, den "Divinae institutiones", Buch 5 "de iustitia", in der 16. Abteilung. Dort bemerkt Lactantius: "ita ergo iustitiam cum duas partes diuisisset, alteram ciuilem esse dicens, alteram naturalem, utramque subuertit, quod illa ciuilis sapientia sit quidem, sed iustitia non sit, naturalis autem illa iustitia sit quidem, sed non sit sapientia."[63]

So ist auch bei diesem Zitat, wie schon bei den Augustinworten, zu erkennen, daß Bugenhagen hier seine gute Kenntnis der Väterliteratur benutzte.[64]

Melanchthons zu Micha 4 und 5 in einer Reinschrift unter der Signatur XXXVII in der Ratsschulbibliothek Zwickau überliefert. Diese trägt die Überschrift "Explicatio quarti et qui(n)ti capi. Miche(a)e proph(eta)e". Falsch dagegen ist die Angabe bei Peter Barton: Die exegetische Arbeit des jungen Melanchthon 1518/19 bis 1528/29. ARG 54, 1963, S. 86 und in seiner Einleitung zu Band IV der Melanchthon-Studienausgabe, S. 12, daß in Zwickau Melanchthons Auslegungen von Micha 5 und 6 aufbewahrt seien. Das veränderte Michazitat in Bugenhagens Auslegung von Jes 2,3 wäre damit ein Anhaltspunkt für eine etwaige Datierung der Michavorlesung Melanchthons in die zweite Hälfte des Jahres 1522 und ein möglicher Hinweis darauf, daß Bugenhagen dieses Kolleg besucht hat.

Auf die Bedeutung, die Melanchthon und seine "Loci communes" für die Exegese Bugenhagens besaßen, wird unter 5.3, S. 96-98 und unter 6.3.2, S. 124-127 ausführlicher eingegangen.

62 Fo. 226r der Handschrift Roths.

63 Lactantius: Diuinarum Institutionum, CSEL Vol. XIX, S. 451.

64 Schon in dem Brief Bugenhagens vom 23. April 1512 an Johannes Murmellius hatte er zu zwei Stellen aus Laktanz' "De opificio Dei" angefragt und einige Zeilen später, in einer Reihe ihm wichtiger Kirchenväter neben Hieronymus, Ambrosius, Augustinus auch Lactantius genannt. Vgl. Otto Vogt (Hrg.): Dr. Johannes Bugenhagens Briefwechsel (vgl. S. 34,

4.1.8 Symmachus

Wie unter 4.1.1 erwähnt, führte Bugenhagen zur Erklärung von Jes 5,1 auch eine Übersetzung des Symmachus zu diesem Vers an.[65]

Im Jesajakommentar des Hieronymus sind an mehreren Stellen der Auslegung auch Hinweise auf die von der Septuaginta abweichenden Übersetzungen des Symmanchus, Aquila und Theodotion gegeben. Teilweise werden sie in griechischer, teilweise in einer lateinischen Übersetzung zitiert. Da an keiner weiteren Stelle in der Jesajaauslegung eine dieser Lesarten angeführt ist, kann angenommen werden, daß Bugenhagen in Bezug auf diese Übertragungen keine eigenen Quellenstudien getrieben hat und so - wie er es selbst angibt - diese Übersetzung aus dem Hieronymuskommentar entnommen hatte. Das bestätigt die schon zur Septuaginta getroffene Feststellung, daß Bugenhagen im Gegensatz zur Psalmeninterpretation bei der Jesajavorlesung auf weiterreichende Vergleiche von verschiedenen Übersetzungen verzichtete.[66]

4.1.9 "Vita Antonii"

Zur Erklärung des Wortes "Pilosi" bei Jes 13,21 diktierte Bugenhagen im Kolleg: "int(elli)git satyros pilosus".[67] Dazu gab er den Hinweis "In historia divi Anthonij satyroru(m) me(n)t(i)o(nem) habes."[68] Möglicherweise fügte Bugenhagen letztere Bemerkung frei von seinem Manuskript in die Auslegung ein, denn in der von ihm überarbeiteten Fassung seiner Exegese fehlt dieser Verweis. Gewiß war der Hinweis besonders für seine studentischen Zuhörer gedacht, für eine Veröffentlichung im Druck hielt Bugenhagen diese Bemerkung offenbar nicht angemessen.

Anm. 2), S. 3.
65 Vgl. S. 65.
66 Vgl. S. 69.
67 Fo. 211v der Bugenhagen-Handschrift.
68 Fo. 112v der Handschrift Roths.

4.1.10 "Scholastici"

Zweimal griff Bugenhagen in seiner Jesajavorlesung expressis verbis die scholastischen Theologen an.

Bei der Auslegung von Jes 11,2f. richtet sich seine Bemerkung gegen deren Schriftdeutung. "Ex hoc loco septe(m) dona spiritus fecer(un)t / et ociosi ho(m)i(n)es etia(m) sufficie(n)tia(m) vt voca(n)t huc addider(un)t necessar(iu)m oste(n)dentes vt no(n) sint vel plura vel pauciora ... Quid/ si etaim hic septe(m) no(n) s(unt) in hebr(a)eo? no(n)ne doleb(u)nt Thom(a)e sufficie(n)tia(m) perijsse? ... Adu(er)te q(uod) ex hebr(a)eo sic legitur. Spiritus sci(en)ti(a)e et timor(is) dei et spirare faciet cu(m) in timore dei, ex quo vides hic t(antu)m esse sex sp(irit)us appellationes."[69]

Mit Sicherheit spielt Bugenhagen hierbei auf die breite Auslegung der Zahl "Sieben" als Zahl der Vollkommenheit an, die er bei dem Spätscholastiker Lyra und insbesondere in den dazugehörigen "Additiones" des Paulus von Burgos vorfand.[70] Da in jenem Abschnitt u. a. auch die Auslegung von Thomas von Aquin zu den "spiritus septem" zitiert wird, ist es offensichtlich, daß Bugenhagen darauf Bezug nahm und nicht etwa irgendein weiteres Werk der Scholastik dazu einsah.

Ebenso wird dies für die Exegese von Jes 41,9 gelten können, in der Bugenhagen ausführt: "Iacob que(m) elegi Ecce no(n) dat nob(is) p(rae)p(ar)at(i)o(nem) ad gr(ati)a(m) vt nuga(n)t(ur) scholostici Vocat(i)o(n)e dei veni(mus) ad deu(m) no(n) n(ost)ro studio:-".[71] Ausschlaggebend für diese Äußerung war sicher Lyras Deutung, die dieser im Abschnitt vorträgt, in dem er den Vers "moraliter" auslegt. "Que(m) elegi. p(ro)moue(n)do ad pr(a)elationem."[72]

Durch Bugenhagens Worte zu Jes 41,9 wird eindeutig geklärt, wen er in der Auslegung von Jes 40,2 meinte, in der er erstmalig

---

69 Fo. 202r/v,203r der Bugenhagen-Handschrift.
70 Letztere beginnen mit dem bei Bugenhagen anklingenden Satz: "Sufficientia donoru(m) s(an)cti sp(irit)us qua(m) posti(lla) hic po(n)it / e(st) vera (et) p(ro)p(he)ta." Textus biblice, fo. 30r.
71 Fo. 217r der Handschrift Roths.
72 Textus biblice, fo. 30r.

die Lehre von der "Bereitung zur Gnade" tadelte. Dort hieß es: "H(a)ec est f(o)elix vicissitudo p(ro) o(mn)ib(us) p(e)c(ca)t(is) n(ost)ris / vt nihil meriti nob(is) arrogem(us) aut vt ai(u)nt p(rae)paratio(n)is ad gratia(m) (et)c."[73]

Somit zeigen die Stellen in der Jesajaauslegung, an denen Bugenhagen gegen die Scholastik zu Felde zieht, nur allgemeine Angriffe des ganz von der paulinischen Theologie bestimmten Reformators auf die mittelalterlichen Lehren. Die quellenmäßigen Bezüge machen deutlich, daß Bugenhagen in den ersten Jahren seines Wittenbergaufenthaltes offenbar keine intensiveren Textstudien zur Scholastik betrieben hat, sondern sich dem Urteil anderer Reformatoren anschloß, bzw. seine schon in Treptow bekundete Kritik an der scholastischen Theologie in reformatorischem Gewande erneuerte.[74]

---

73 Fo. 284r der Bugenhagen-Handschrift.

74 Im Unterschied gerade zu Luther war Bugenhagen während seiner Universitätsausbildung (1502-1504 in Greifswald) nicht mit der scholastischen Theologie bekannt geworden (vgl. Hans-Günter Leder: Bugenhagen und die "aurora doctrinarum". Zum Studium Bugenhagens in Greifswald. In: Ders. (Hrg.): Johannes Bugenhagen - Gestalt und Wirkung. Berlin 1984, S. 38-86.). Aus dem schon auf S. 79 erwähnten Brief Bugenhagens an Murmellius vom 23. April 1512 - zu dieser Zeit war Bugenhagen Treptower Schulrektor - ist zu entnehmen, daß ihm Schriften von Albertus Magnus und Bonaventura bekannt waren. Doch der kritische Ton in der dort zu findenden Notiz dokumentiert Bugenhagens "völliges Desinteresse an der mitteralterlich theologischen Schultradition, zu deren komplizierter Materie ihm ja in der Tat der akademisch geschulte Zugang fehlte" (Holfelder: Tentatio, S. 115). So schloß Hans-Günter Leder aus Bugenhagens Brief vom 23. April 1512 zu Recht, daß Bugenhagen eine gewisse Bekanntschaft mit der scholastischen Tradition gemacht hatte, "die aber offenbar nicht über episodenhafte Bedeutung hinausgelangt zu sein scheint." (H.-G. Leder: Johannes Bugenhagen Pomeranus, S. 11). Auch in den wenigen Schriften Bugenhagens, die aus dem Brief nachfolgenden Jahren erhalten sind, findet sich keine Spur von Auseinandersetzung mit der Scholastik. So wird im Psalmenkommentar - wiederum von Lyra abgesehen - kein scholastischer Theologe zitiert. (Vgl. Holfelder: Tentatio, S. 171, Anm. 211.)

4.2 Die aus dem Text der Auslegung erschlossenen wissenschaftlichen Hilfsmittel und Autoren

4.2.1 Die Biblia hebraica

Nicht exakt nachweisbar ist, ob Bugenhagen schon von Beginn seiner Jesajaauslegung an den Urtext eingesehen hat.[75] Spätestens vom zweiten Drittel der Exegese ab ist dies jedoch belegbar. Welche Ausgabe des masoretischen Textes ihm dazu vorlag, kann nur vermutet werden.

Wahrscheinlich ist, daß Bugenhagen für die Ausarbeitung seiner Exegese jene Biblia hebraica vorlag, die 1511 bzw. 1518 in Venedig bei Daniel Bomberg erschienen war.[76] Wohl nicht anzunehmen ist, daß Bugenhagen die erste sogenannte Rabbinerbibel, herausgegeben von Felix von Prato und 1516/17 ebenfalls in Venedig bei Bomberg erschienen, für seine Arbeit nutzte.[77] Zum Lesen dieses Werkes hätte es guter Hebräischkenntnisse bedurft, die Bugenhagen zur Zeit der Jesajavorlesung noch nicht hatte. Melanchthon hatte sich bald nach seiner Ankunft in Wittenberg sowohl diese Biblia hebraica als auch die Rabbinerbibel aus Leipzig beschafft.[78] Da Bugenhagen während der Erarbeitung seiner Jesajaauslegung noch in Melanchthons Haus wohnte,[79] hatte er die Möglichkeit, jene Bibelausgaben einzusehen.

---

75 Vgl. dazu S. 100f..

76 Vgl. dazu Siegfried Raeder: Die Benutzung des masoretischen Textes bei Luther in der Zeit zwischen der ersten und zweiten Psalmenvorlesung, BHTh 38, Tübingen 1967, S. 92

77 Vgl. ebd.

78 Vgl. ebd.

79 Bugenhagen lebte seit seiner Ankunft in Wittenberg (März 1521 bis zu seiner Wahl in das dortige Stadtpfarramt (Herbst 1523) in Melanchthons Haus. Vgl. Hans-Günter Leder: Johannes Bugenhagen Pomeranus (vgl. Anm. 16 auf S. 5), S. 14.

4.2.2 Reuchlin: "De rudimentis hebraicis"

Um aus dem Urtext eigene Übersetzungen anfertigen zu können, benutzte Bugenhagen das bedeutendste Hilfsmittel zum Studium der hebräischen Sprache seiner Zeit, Reuchlins "De rudimentis hebraicis".[80]

Im Jahre 1506 war dieses Hauptwerk des großen Hebraisten erstmalig in Pforzheim erschienen. Reuchlin gab darin grundlegende und ausführliche grammatische Erläuterungen. Zudem behandelte er in einem umfangreichen lexikalischen Teil nahezu alle hebräischen Stammwörter des Alten Testaments in alphabetischer Reihenfolge. Zumeist werden von ihm mehrer Bedeutungen für ein Grundwort angeboten und des öfteren Übersetzungen ganzer Versabschnitte vorgegeben, in denen das betreffende Wort auftritt.

4.2.3 Matthäus Aurogallus

Im Gegensatz zur Psalmeninterpretation erwähnt Bugenhagen in seiner Jesajaauslegung den Wittenberger Hebraisten Aurogallus (ca. 1490-1543) nicht.[81] Dieser war ihm bei seinem ersten großen Kolleg ein wichtiger Gehilfe im Bezug auf das Hebräische gewesen.[82]

Nur aus einer Randnotiz im Manuskript von Roth geht hervor, daß Aurogallus auch bei der Jesajaexegese Bugenhagen hilfreich zu Seite stand. Bei der Auslegung von Jes 27,6 führt Bugenhagen mehrere Übersetzungen an. "Qui egredientur ex radice Iacob. Hieronym(us) sic legit Qui egrediuntur ex radice Iacob. Septuagi(n)ta. Qui veni(u)nt filij Iacob. Alij sic. Venientib(us) dabit

---

80   Vgl. dazu unter 5.4.1 und 5.4.2 (S. 102-110).
81   Ein relativ ausführliches Lebensbild veröffentlichte Holfelder über Aurogallus in der ZKG 85, 1974, S. 383-388. Alle biographischen Angaben zu Aurogallus, die in dieser Arbeit erwähnt werden, wurden daraus entnommen.
82   Vgl. Holfelder: Tentatio, S. 104f.

radice(m) Iacob."[83] Aus der Handschrift Bugenhagens ist nicht zu entnehmen, wer sich hinter den "alij" verbirgt. Roth dagegen bemerkt am Rand zu dieser Übersetzung: "Sic Aurigall(us)".[84] Demnach ist anzunehmen, daß Bugenhagen diese Übersetzungsvariante vom Wittenberger Hebraisten erfahren hatte. Sicher wird Bugenhagen den Namen Aurogallus im Kolleg erwähnt haben, denn nur so wird erklärlich, daß Roth diese Notiz (freilich von seiner Vorlage übernommen) überliefert hat.[85]

4.2.4 Die Glossa ordinaria und die "Additiones" des Paulus von Burgos

Wie bereits zu Lyras Postilla erwähnt,[86] war diese in den von den Wittenbergern genutzten Ausgaben zusammen mit den dazu verfaßten "Additiones" des Bischof Paulus von Burgos (ca. 1351-1435) und der Glossa ordinaria erschienen. Jene Glossa, eine in Interlinear- und Marginalglosse unterteile Auslegung, wird Anselm von Laon (1050-1117) zugeschrieben. Findet sich in den damaligen Auflagen stets die Deutung Lyras auf der rechten Seite des Blattes, so ist demgegenüber, in einer linken Spalte die Glossa marginalis veröffentlicht. Dazwischen ist, mit größeren Buchstaben vom übrigen Text deutlich abgehoben, der ausgelegte Bibeltext gemäß der Vulgata abgedruckt. In dessen Zwischenräumen wurde mit kleiner Schrift die Glossa interlinearis eingefügt. Die "Additiones" des Paulus von Burgos stehen jeweils am Ende einer jeden Kapitelauslegung. Zumeist sind diese Abschnitte mehrmals unterteilt.

---

83 Fo. 246r der Bugenhagen-Handschrift.
84 Fo. 162r der Handschrift Roths.
85 Eine Abhängigkeit Bugenhagens zu dem 32 Seiten im Oktavformat umfassenden "Compendium hebraeae grammatices" des Aurogallus, das zur Zeit des Jesajakollegs im Oktober 1523 in Wittenberg erschienen war, konnte nicht festgestellt werden. Vgl. zu dieser Grammatik die sehr gute Beschreibung von Otto Eißfeld: Des Matthäus Aurogallus Hebräische Grammatik von 1523, in: WZ(H).GS 7, 1957/58, S. 885-889.
86 Vgl. S. 70.

Da Bugenhagen nachweislich Lyras Postilla für seine Exegese nutzte, erscheint es naheliegend, daß er gleichfalls die Glossen sowie die "Additiones" einsah. Schon unter 4.1.10 wurde beispielhaft gezeigt, wie Bugenhagen sich mit den in den "Additiones" gegebenen Äußerungen auseinandersetzte.[87]

Aller Wahrscheinlichkeit nach benutzte Bugenhagen auch den in jenen Ausgaben mitabgedruckten Bibeltext als Grundlage für seine Auslegung, denn an vier Stellen seiner Exegese (Jes 32,12; 40,24; 65,16 und V.23) verwirft er die dort gegebene Lesart und bietet dafür entweder eine eigene oder eine Übertragung des Hieronymus aus dem Hebräischen an.

Schon Thyen wies in seiner Studie zur Auslegung von Jes 6 nach, daß Bugenhagen, freilich ohne jemals seine Quellen zu benennen, auch die ihm in der Glossa marginalis und interlinearis aufgezeigten Interpretationen in seine Exegese einfügte.[88]

Mit der Glossa marginalis war Bugenhagen die Möglichkeit gegeben, sich einen relativ breiten Überblick über die Auslegungstradition des Jesajatextes zu verschaffen. So bietet die Glossa neben häufigen und sehr breiten Auszügen aus dem Kommentar des Hieronymus auch Ausführungen anderer Kirchenväter, wie Augustinus, Ambrosius, Chrysostomus, Eusebius, Gregor der Große und Tertullian. Weiter gibt die Glossa in lateinischer Übersetzung oft abweichende Lesarten der Septuaginta zur Vulgata wieder. Ebenfalls finden sich dort zahlreiche Bemerkungen zum hebräischen Urtext.

Betrachtet man die gesamte Jesajavorlesung, so ist festzustellen, daß Bugenhagen relativ selten auf die ihm in der Glossa ordinaria begegnenden Auslegungsvarianten Bezug nahm. Die dort gebotene Fülle von Interpretationen machte er sich nicht für seine Auslegung zunutze. So nimmt die Glossa gegenüber dem Hieronymus-

---

87 Vgl. S. 81.
88 So griff Bugenhagen beispielsweise bei der Erklärung von Jes 6,11 im Zusammenhang mit der von ihm gebrauchten Wendung "allii intelligunt" Deutungen aus der Glossa auf. Vgl. Thyen: Johann Bugenhagen, Die Auslegung von Jes 6, Historische Mobilität und Normenwandel (HiMoN) 43, Siegen 1985, S. 26, 54 und 79 sowie fo. 159r der Bugenhagen-Handschrift.

kommentar und der Postilla Lyras unter den von ihm für die Ausarbeitung des Kollegs gebrauchten Werken nur eine untergeordnete Stellung ein.

4.2.5 Boëthius

Zur Auslegung von Jes 6,2 führte Bugenhagen u.a. aus: "In medijs igitur siue in op(er)ib(us) creatio(nis) siue in op(er)ib(us) recreatio(nis) volatur et orbi i(n)notescit pat(er)na in nos pietas, In (a)eternis vero quiescitur, vt quida(m) dixit Stabilisq(ue) mane(n)s das cu(n)cta moueri."[89]

In seinem Manuskript deutet Bugenhagen nicht an, wer sich hinter "quidam" verbirgt. Interessanterweise aber haben Roth am Rand und die Greifswalder Handschrift über dem Wort "quidam" den Namen "Boëthius" vermerkt.[90] Möglich ist, daß Bugenhagen diesen Kirchenvater vielleicht zu einem etwas späteren Zeitpunkt in seinem Kolleg genannt hat. Da es sich hierbei um einen relativ bekannten Ausspruch handelt, können sowohl der Mitschreiber der Greifswalder Handschrift als auch der Schreiber von Roths Vorlage bzw. Roth selbst gewußt haben, wen Bugenhagen hier zitiert. Die Wahrscheinlichkeit spricht für die erste Vermutung.

Sowohl die sehr ungenaue Quellenangabe als auch die Kürze des Zitates sprechen für die Annahme, daß Bugenhagen das Boëthiuswort aus "De consolatione philosophicae", Liber III, metrum IX, Vers 3[91] dem Gedächnis nach zitierte.

Wie die kurzen Augustinzitate und das Laktanzwort dient Bugenhagen dieser Ausspruch eines Kirchenvaters als Illustration seiner Auslegung. Bugenhagen fügt auch dieses Zitat ohne eine weitere erläuternde Bemerkung in seine Exegese ein.

---

89 Fo. 155r der Bugenhagen-Handschrift.
90 Vgl. fo. 48r der Handschrift Roths bzw. S. 72 der Greifswalder Handschrift.
91 Boëthius: De consolatione philosophicae, PL LXIII, Sp. 758 = CSEL Vol. LXVII, S. 63.

4.2.6 Martin Luther

Bemerkenswert ist, daß Bugenhagen an keiner Stelle seiner Jesajaauslegung Martin Luther erwähnt. Bei intensiver Untersuchung des Textes konnte lediglich eine Anspielung auf einen bekannten Begriff aus der Theologie Luthers festgestellt werden: Bei der Auslegung von Jes 40,2 zitiert Bugenhagen den Ausdruck "f(o)elix vicissitudo".[92] Dabei handelt es sich um die genaue Übersetzung des aus der deutschen Fassung von Luthers Freiheitstraktat so berühmten Begriffes vom "fro(e)lich wechßel".[93] Außerdem kann nachgewiesen werden, daß Bugenhagen bei der Exegese von Jes 40,26, wo er "ex hebraeo" Deut 4,19 zitiert, sehr wahrscheinlich seine Aufzeichnungen aus Luthers Deuteronomiumkolleg von 1523 zu Hilfe nahm.[94]

4.3 Zusammenfassung

Bei der Ausarbeitung seiner Jesajavorlesung lag Bugenhagen eine breite Auswahl von Übersetzungen und Interpretationen des Prophetentextes vor. So konnte er, durch Lyra vermittelt, rabbinische Auslegungen oder aus der Glossa marginalis Deutungen der verschiedenen Kirchenväter in seine Exegese aufnehmen. Mit dem Kommentar des Hieronymus zum Propheten Jesaja stand ihm eine umfangreiche und tiefgehende Exegese zur Verfügung. Allen

---

92 Fo. 284r der Bugenhagen-Handschrift.

93 Vgl. WA 7,25 = Luther-Studienausgabe (StA), Bd. 2, Berlin 1982, S. 277. Luther selbst verwendete dafür im Lateinischen das Wort "mutuum" oder aus der Tradition übernommen den Begriff "commercium". Vgl. dazu Alfred Adam: Lehrbuch der Dogmengeschichte, Bd. 2, Gütersloh 1986⁵, S. 209f.. In der Bugenhagen-Forschung wird bis heute die von Ernst Kähler 1958 erneuerte These vertreten, daß Bugenhagen kurz vor seiner Abreise nach Wittenberg von Luther selbst ein Exemplar von "De libertate christiana" zugeschickt bekam. Vgl. Ernst Kähler: Bugenhagen und Luther, in: Werner Rautenberg (Hg.): Johann Bugenhagen, Beiträge zu seinem 400.Todestag, Berlin 1958, S. 113. Dieses Exemplar bewahrt die Universitätsbibliothek Greifswald auf.

94 Vgl. dazu ausführlicher S. 110f.

diesen von ihm genutzten Auslegungen entnahm Bugenhagen in unterschiedlichem Maße Übersetzungen oder dort gegebene philologische Bemerkungen. Zur eigentlichen Deutung des Propheten griff er vor allem auf Aussagen zurück, die er bei Hieronymus und bei Lyra vorfand.

Auch wenn in der gesamten Vorlesung eine Reihe von Kirchenvätern, so Augustinus, Lactantius oder Boëthius zitiert wird, so täuscht dies nicht über einen gewissen Mangel der Exegese Bugenhagens hinweg: Mit weiteren Erklärungen - beispielsweise aus der Glossa marginalis - hat er sich offenbar nicht beschäftigt. Abgesehen von Lyras Postilla sah Bugenhagen keine scholastische Erklärung zum Jesaja ein, um sich etwa mit dieser kritisch auseinanderzusetzen. Der aus dem Bibelhumanismus kommende Pomeranus hielt auch bei der Erarbeitung der Jesajaexegese eine Auseinandersetzung mit der mittelalterliche Theologie für nicht mehr notwendig.

Eindeutig erscheint, daß Bugenhagen mit seiner Jesajaauslegung keinen "Gelehrtenkommentar" vorlegen wollte. Wichtiger als Deutungen anderer großer Theologen waren ihm Hilfen zur Exegese und Aussagen, die er nach seiner Auffassung in dem Propheten selber und in der gesamten Heiligen Schrift vorfand. Von den beiden reformatorischen Prinzipien "sola scriptura" und "solus Christus" getrieben, wollte er eine Auslegung des großen alttestamentlichen Propheten im Lichte der wiederentdeckten paulinischen Rechtfertigungslehre vortragen. Da die exegetische Literatur zu Jesaja vor Bugenhagen diese Sicht so betont nicht enthielt, waren ihm deutliche theologische Grenzen in der Benutzbarkeit und Aufnahme von Gedanken aus den ihm vorliegenden Kommentaren gesetzt.

5. Bugenhagens Hebraistik in der Jesajaauslegung

5.1 Zu Bugenhagens Hebraistik in der Psalmeninterpretation

Wie bereits Holfelder in seinen Studien zum Psalmenkommentar ausführlich dargestellt hat, betrachtete Bugenhagen die Beschäftigung mit dem Urtext als unverzichtbare Grundlage für seine Exegese. "Nach Bugenhagens Aussagen (im Vorwort zur Psalmeninterpretation) ist die sententia psalmorum im ständigen Hinblick auf das Hebräische zu erheben, da sie als Auslegung wesentlich Auslegung des authentischen Wortlautes des in den Psalmen redenden Propheten ist. Insofern das authentische Wort des Propheten (als propheta hebraeus) ursprünglich hebräisches Wort ist, ist notwendig dieses hebräische Wort Gegenstand der Auslegung, wenn diese sich nicht verfehlen soll."[1]

Erstaunlicherweise kam Holfelder dann aber bei seiner breiten und detaillierten Untersuchung zum Umgang Bugenhagens mit dem Urtext zu dem Schluß: "Bugenhagens Hebraistik ist vorreuchlinisch- bzw. lateinisch-mittelalterlich."[2] Holfelder bewies, daß Bugenhagen bei den textlich-grammtischen Problemen, die ihm bei der Arbeit am Psalmentext begegneten, nicht auf die von Reuchlin erarbeiteten Erkenntnisse zurückgriff. "Das grammatische Lexikon des Pforzheimer Hebraisten blieb ihm verschlossen, ebenso der hebräische Text der Psalmen, der ihm nur 'ex hebraeo' und d.h. über eine lateinische Übersetzung des Urtextes zugänglich war."[3] Somit war Bugenhagen völlig auf sekundäre Hilfe angewiesen, die er sich aber vielfältig zunutze machte.

---

1 Holfelder: Tentatio, S. 14.
2 Holfelder: Tentatio, S. 84.
3 Holfelder: Tentatio, S. 84.

Für die Erarbeitung des Psalmenkollegs standen Bugenhagen im Gegensatz zur späteren Jesajavorlesung weitaus mehr bedeutende Kommentare zur Verfügung, die durchweg auf fundierter Arbeit mit dem Urtext basieren. Neben den Auslegungen des Hieronymus und Lyras konnte er auch Luthers "Operationes in psalmos" und Felix von Pratos "Psalterium ex Hebraeo" nutzen.[4] Nachweislich sah Bugenhagen die Septuaginta in ihrem griechischen Orginal ein. Als äußerst hilfreich für die Klärung einzelner exegetischer Probleme erwiesen sich für ihn zudem die Gespräche, die er mit seinen Wittenberger Kollegen, dem Hebraisten Aurogallus und Philipp Melanchthon, geführt hatte.[5]

Insgesamt blieb Bugenhagen damit jedoch in der exegetischen Praxis weit hinter seinem oben erwähnten hermeneutischen Anspruch des "sententia psalmorum ex hebraeo dicere" zurück.

5.2 Zum Umfang der Beschäftigung Bugenhagens mit dem Hebräischen in der Jesajaauslegung

Im Gegensatz zum Psalmenkommentar erwähnt Bugenhagen in der Einleitung zur Jesajaauslegung die Bedeutung der Kenntnis des Hebräischen und des Umganges mit dem Urtext für die Exegese nicht.[6] Lediglich zum Ende der "Praefatio" verweist er auf schon im Psalmenkolleg gegebene sprachliche Erläuterungen.[7] So könnte der Eindruck entstehen, die in der Jesajavorlesung von ihm vorgetragenen Bemerkungen zum Hebräischen gingen weder

---

4   Vgl. Holfelder: Tentatio, S. 90-104.

5   Vgl. Holfelder: Tentatio, S. 104-107.

6   In seinem Widmungsbrief zur Psalmeninterpretation äußerte sich Bugenhagen in einem längeren Abschnitt zum Problem des Hebräischen für die Psalmenauslegung. Eine genaue Analyse dieser Passage bietet Holfelder: Tentatio, S. 14-53. Ein solcher Widmungsbrief ist für die Jesajaexegese von Bugenhagen sicher nie geschrieben worden, da er seine Vorarbeiten für die Drucklegung dieser Auslegung nicht beendete. Vgl. dazu insbesondere S. 34f.

7   Vgl. fo. 123v/124r der Bugenhagen-Handschrift.

im Wissensstand noch in ihrem Umfang über das in der Psalmeninterpretation Gebotene hinaus. Die genaue Analyse der gesamten
Prophetenauslegung bestätigt diese Vermutung nicht. Immerhin
werden zu über 200 Versen der insgesamt 1293 des Jesajabuches
philologische Erklärungen gegeben, Wortvarianten vorgeschlagen
oder weitere Übersetzungen von einzelnen Wörtern bis hin zu
ganzen Versen und Abschnitten angeführt.

Um den Umfang von Bugenhagens eigener Arbeit mit dem
Urtext annähernd einschätzen zu können, müssen von den 200
Stellen zunächst jene abgezogen werden, bei den er auf Sekundär-
literatur zurückgriff. Dann verbleiben noch 114 Verse. Darüber
hinaus ist davon nochmals ein Dutzend Stellen abzuziehen, an
denen Bugenhagen Erklärungen gab, für die er nicht notwendiger-
weise den Urtext benutzt haben mußte. Der Großteil dieser Erläuterungen beinhaltet allgemeine Äußerungen zum Stil des Hebräischen oder zur Redeweise des Propheten.[8] Auch an vier weiteren
Stellen, zur Exegese von Jes 3,10; 11,4; 19,7 und 26,2, muß
Bugenhagen den masoretischen Text nicht unbedingt benutzt
haben, denn zu diesen Versen schlug er jeweils eine Änderung der
Vulgatalesart vor, die er aus dem Textzusammenhang begründete
oder als Glättung der lateinischen Übersetzung verstand. Da keiner
dieser Vorschläge dem hebräischen Text entspricht, kann mit
einiger Sicherheit auch bei der Auslegung dieser Verse angenom-

---

8   So bemerkt Bugenhagen beispielsweise in der Auslegung von Jes 4,1:
    "Hoc e(st) q(uod) septe(m) mulieres (id est) mult(a)e s(ecundum) tro-
    pu(m) hebraicu(m)." (fo. 147r der Bugenhagen-Handschrift). Eine ge-
    nauere Erklärung gab er - außer einem Verweis auf Ps 11,6 (purgatum
    septuplum) - nicht. Ebenso war offenbar auch für die zu Jes 7,20 vor-
    getragene Bemerkung nur eine lateinische Übersetzung nötig, da er sagt:
    "qu(a)e hic dicit caput / pilos pedu(m) / et barba(m) vniu(er)sam. Et radet
    o(mn)ia in noualula co(n)ducta (et)c. Ter idem dicit vt exponat metapho-
    ras quib(us) ludit, et hebraismj s(unt) hic" (fo.167r/v der Bugenhagen-
    Handschrift). Weitere derartige Äußerungen finden sich in den Auslegun-
    gen von Jes 2,9; 5,1; 8,8 und 21; 52,11 und 58,7.

men werden, daß Bugenhagen dazu den Urtext nicht eingesehen hat.[9]

Nach dem Abzug sowohl der Stellen, bei denen Bugenhagen höchstwahrscheinlich auf Sekundärquellen zurückgriff, als auch der Stellen, zu denen er allgemeine sprachliche Erklärungen vortrug, ohne dabei den Urtext einzusehen, ergibt sich nachfolgende Übersicht der Verse, zu denen er offenbar eigene Übersetzungen oder sprachliche Äußerungen zum Text bot. Bei allen diesen Stellen ist sicher eine Einsichtnahme in den Urtext vorauszusetzen.

Jes 2,22	Jes 22,17;22,18
Jes 4,4	Jes 23,13
Jes 5,27	Jes 25,4
Jes 8,2; 8,3; 8,12; 8,16; 8,19	Jes 26,1; 26,3; 26,4; 26,7;
Jes 10,16	26,10
Jes 11,2; 11,3; 11,9; 11,10;	Jes 27,3; 27,11
11,14	Jes 28,1; 28,29
Jes 12,1	Jes 30,6; 30,24
Jes 13,14	Jes 32,6; 32,7; 32,16
Jes 16,1; 16,4; 16,7	Jes 34,7; 34,8; 34,14
Jes 18,2	Jes 38,10; 38,11; 38,14; 38,15
Jes 19,19	38,16; 38,17
Jes 21,4	Jes 40,2

---

9 Als ein Beispiel dafür sei die von ihm vorgeschlagene Lesart von Jes 3,10 genauer betrachtet. "Dicite iusto / bene, ab(u)ndat eni(m) latinis quonia(m) / q(ua)n(do) legi(mus) quonia(m) bene" (fo.145r der Bugenhagen-Handschrift). Hieronymus und die Vulgata haben als genaue Übertragung der in diesem Vers enthaltenen hebräischen Partikel כי beide Male das lateinische "quoniam" verwendet. "Dicite iusto quoniam bene quoniam fructum adinventionem suarum comederunt." (Hieronymus, PL XXIV, Sp.66 = CChrSL LXXIII, S. 51) Ist ersteres כי als Einleitung zur indirekten Rede zu verstehen, so ist das zweite כי in seiner Hauptbedeutung als begründendes "da, denn" aufzufassen. Sicher war für Bugenhagen das Zusammentreffen dieser so unterschiedlichen Bedeutungen des lateinischen Pendants "quoniam" der Grund dafür, hier von einer Überladung zu sprechen, zumal der Gebrauch von "quoniam" als Einleitung zur indirekten Rede im Lateinischen äußerst ungewöhnlich ist.

Jes 41,10	Jes 57,2; 57,4; 57,11; 57,12;
Jes 43,22	57,16; 57,17
Jes 44,5; 44,7; 44,14; 44,23	Jes 58,1; 58,2; 58,9; 58,12
Jes 45,8; 45,24	Jes 59,16; 59,20; 59,21
Jes 46,1; 46,11	Jes 61,3
Jes 48,8	Jes 62,4; 62,10
Jes 49,9	Jes 63,5; 63,19
Jes 51,14; 51,20	Jes 64,9; 64,10
Jes 52,11	Jes 65,7; 65,13; 65,16
Jes 53,7; 53,8; 53,10	Jes 66,7; 66,8; 66,12; 66,17;
Jes 55,2	66,18; 66,20; 66,24

Allein schon die Zahl der in dieser Übersicht angeführten Verse veranschaulicht, daß sich Bugenhagen zur Jesajaauslegung wesentlich intensiver als bei der Psalmeninterpretation mit dem Urtext beschäftigt hat. Weiter ist aus der Übersicht eine stete Zunahme des Umganges mit dem hebräischen Text im Verlauf der Vorlesung zu erkennen. Finden sich in den ausführlichen Exegesen der ersten Jesajakapitel nur sehr vereinzelt Anzeichen einer eigenständigen Arbeit mit dem Urtext, so ist zum Ende des Kollegs ein immer regelmäßiger werdender Umgang mit dem masoretischen Text festzustellen.[10]

Bei der genauen Betrachtung der angeführten Stellenübersicht fällt weiter auf, daß Bugenhagen in einigen Kapitelauslegungen zu

---

10 Vermutlich bemerkte Bugenhagens selbst bei der Überarbeitung seiner Auslegung diesen Mangel und fügte deshalb beispielsweise nach den Worten seiner Exegese von Jes 8,12a "Non dicat(is). co(n)iuratio. O(mn)ia e(ni)m q(uae) loquitur p(o)p(u)lus Iuda co(n)iuratio est" - durch ein Zeichen vermerkt - in den Text die Bemerkung "vel co(n)iurationes ex heb(raeo)" ein (fo. 173r der Bugenhagen-Handschrift). Höchstwahrscheinlich wurde er bei diesem Plural von der Septuagintaübersetzung des Hieronymus beeinflußt: "ne forte dicant, durum est. Omnia enim quae loquitur populus iste, dura sint." (vgl. Hieronymus, PL XXIV, Sp. 118 = CChrSL LXXIII, S. 115). Im Urtext steht entgegen Bugenhagens Behauptung an dieser Stelle ein Singular, wenngleich es sich hierbei um eine nicht häufig belegte Pausaform handelt (קָשֶׁר).

bestimmten Versen gedrängt Übersetzungen oder sprachliche Erläuterungen gibt, so in der Exegese der Jesajakapitel 11; 38; 57
und 66. Ob an diesen Stellen wirklich immer Bugenhagens selb-
ständiger Umgang mit dem Urtext vorauszusetzen ist oder ob ihm
gerade bei diesen Stellen Wittenberger Hebraisten behilflich waren, ist auch nach genaueren Untersuchungen nicht bei allen
Stellen eindeutig nachweisbar. Es ist jedoch als Möglichkeit in
Betracht zu ziehen, zumal Melanchthon und Aurogallus ihm auch
in der Jesajaexegese sprachliche Hinweise gaben.[11]

Unverkennbar deutet die Stellenübersicht an, daß Bugenhagen
im Jesajakolleg seinem im Vorwort zur Psalmeninterpretation
vorgetragenen Anspruch, daß die "sententia" eines Bibeltextes nur
aus dem steten Blick auf den Urtext zu erheben sei, näher gekommen war. So konnte er, nicht nur durch Übersetzungen "ex hebraeo" vermittelt, sondern auch aus dem eigenen Umgang mit dem
Hebräischen eigene exegetische Schlußfolgerungen ziehen. Zwar
geschah dies noch in einem recht bescheidenen Maße, denn Bugenhagen begann erst während der Ausarbeitung des Jesajakollegs,
sich das Hebräische und die zu dessen Verständnis notwendigen
Hilfsmittel zu erschließen. Die Intention jedoch, die für den aus
dem Bibelhumanismus stammenden Bugenhagen bei der Beschäftigung mit dem Urtext ausschlaggebend war, ist bei fast allen
Äußerungen zum Urtext spürbar und so indirekt zu erschließen.[12]

---

11 Vgl. dazu S. 78 bzw. S.84f..
12 Ein Beispiel soll dieses pars pro toto verdeutlichen. Alle Worte von
    Jes 8,2f., auch wenn sie sich als Worte des Propheten darstellen, faßt Bu-
    genhagen als "verba dei" auf, die an Jesaja gerichtet sind. Dabei wird
    Vers 3 betont "sprirtualiter" interpretiert und die dort genannte Prophetin
    mit der "Jungfrau" aus der Emmanuelperikope (Jes 7,14) gleichgesetzt.
    Gott ist es, der es möglich macht, daß der Prophet das zukünftige große
    Wunder "in spiritu" sehen kann, wie er gleichfalls alle Propheten dazu
    befähigt, das Zukünftige zu sehen. "Deinde exponam(us) q(uoque) vt sint
    v(er)ba d(o)m(ini) ad p(ro)pheta(m) sicut et p(rae)cedentia / Neq(ue) hic
    putab(is) obesse ne sint v(er)ba d(o)m(ini) ad p(ro)pheta(m) q(uod)
    rursu(m) post h(a)ec v(er)ba addit(ur) Et dixit d(omi)n(u)s ad me. (a)eque
    d(o)m(i)n(um) dixisse ad p(ro)pheta(m) sicut et p(rae)cedentia. Pr(a)e-
    t(er)ea vbi legi(mus) Et adhibui (et)c. Et accessi (et)c. si quid referre
    putas ad ha(n)c sente(n)tia(m) vt manea(n)t dei v(er)ba cu(m) p(rae)ce-

5.3 Zur möglichlichen Vermittlung von Reuchlins "De rudimentis hebraicis" und weiterem hebräischen Wissen an Bugenhagen
durch Melanchthon und Aurogallus

Holfelder hatte bei seinen Untersuchungen zum Psalmenkommentars Bugenhagens nur **einen** direkten Bezug auf Reuchlins "De
rudimentis hebraicis" nachweisen können und aufgrund der singu-
lären Stelle zu Recht gemeint, daß daraus auf keine generelle
Benutzung dieses Werkes für die gesamte Auslegung zu schließen
sei.[13]

Die genaue Analyse der Jesajaauslegung zeigte dagegen deutlich, daß Bugenhagen es schon vom Beginn der Ausarbeitung
dieser Vorlesung an recht gut verstand, sowohl mit Reuchlins
Grammatik als auch mit dessen Lexikon zu arbeiten. Wie unten an
mehreren Beispielen veranschaulicht wird,[14] ist innerhalb der
Exegese eine immer intensiver werdende Benutzung dieses Werkes erkennbar. Um dies zu erreichen, bedurfte es jedoch eingehen-
der Studien, die gewiß nur unter Anleitung möglich waren.

Man geht sicher nicht fehl in der Annahme, daß Bugenhagen
hierbei vor allem Melanchthon zur Seite stand. Dieser hatte schon
lange vor Bugenhagens Aufenthalt in Wittenberg die dortige

---

dentib(us), co(n)i(u)nctio potest omitti, Na(m) hic l(itte)ra vau in he-
br(a)eo no(n) copulat sed mutat t(a)m(en) in illis duob(us) v(er)b(is)
futur(um) te(m)p(us) in p(rae)teritu(m)." (fo. 170r der Bugenhagen-Handschrift). Sicher war Lyras Deutung, der diese Verse gleichfalls "spirituali-
ter" auffaßte und die dortigen Verben in das Futur setzen wollte (vgl.
Textus biblice, fo.21v/22r), der Anlaß für Bugenhagen, die weitergehende
Erklärung zum Bedeutungsunterschied des Waw copulativum und des
Waw consecutivum zu erwähnen. Durch das so von ihm in die Auslegung eingefügte grammatische Wissen gelang es ihm, die Exegese
dieser beiden Verse im Hinblick auf eine christologische Deutung des
ganzen Abschnittes zu verstärken. Klar tritt an diesem Beispiel hervor,
wie auch bei Bugenhagen die philologische Arbeit ganz im Dienst der
Exegese zu stehen hat.

13 Vgl. Holfelder: Tentatio, S. 82. Bugenhagen gibt bei der Auslegung von
Ps 22,10 eine Transskription für das Wort "Phene" gemäß Reuchlin
wieder.

14 Vgl. S. 102-110.

hebräische Lektur vom Herbst 1518 bis einschließlich Sommer 1519 übernommen.[15] Bekannt ist, daß Melanchthon dabei seinen Unterricht mit der Lektüre des Psalters verband.[16] Wohl auch für diesen Unterricht ist Melanchthons kurze hebräische Grammatik entstanden.[17] Sicherlich war für ihm bei seinen Lektionen auch das Hauptwerk seines Oheims und Förderers Johannes Reuchlin,[18] grundlegend. Zeugnis dafür, wie eingehend sich der Wittenberger

---

15 Wilhelm Maurer: Der junge Melanchthon (vgl. Anm. 21 auf S. 15), Bd. 2, S. 42.

16 Peter Barton: Die exegetische Arbeit des jungen Melanchthon, ARG 54, 1963, S. 64f. schloß daraus fälschlicherweise auf eine Psalmenvorlesung Melanchthons.

17 Diese Grammatik ist nur in einer Reinschrift erhalten, die in der Landes- und Forschungsbibliothek Gotha unter dem Titel "Εισαγωγη in grammaticam Hebraicam Philippi Mel." unter der Signatur Phil.4° 305/5 (4) aufbewahrt wird. Ein Hinweis auf dieses bisher von der Forschung nicht untersuchte Manuskript findet sich schon in CR XIII, pag. 760. Vgl. auch Hansjörg Stick: Melanchthon als Ausleger des Alten Testaments. BGBH 2, Tübingen 1959, S. 3. Die Grammatik ist in einem Einband aus dem 19. Jahrhundert erhalten, in dem sich insgesamt vier Schriften befinden. Nach dem Schnitt scheinen die letzten beiden Manuskripte (vor Melanchons Grammatik findet sich die von Johann Böschenstein, Wittenberg 1518) zusammen überliefert gewesen zu sein. Als Besitzer weist sich 1587 auf dem letzten Blatt der Reinschrift der Melanchthon-Grammatik ein "Casparus Reinhart" aus. Weiterhin findet sich am Schluß des Textes die Eintragung: "Lewenberg Ihn Lewesen" (?). Sonst gibt es keinerlei Hinweise auf den Schreiber oder die Herkunft dieses Manuskriptes. Sicher ist aber, daß diese Reinschrift nicht von Melanchthon selbst geschrieben wurde.
Da Melanchthon nach Böschenstein in Wittenberg den Hebräischunterricht übernahm (vgl. dazu Hans-Jürgen Zobel: Die Hebraisten an der Universität Halle-Wittenberg (1502-1817). In: WZ(H).GS 7, 1958, Sp. 1173-1185, insbesondere. Sp. 1174, wiederabgedruckt in: Ders.: Altes Testament - Literatursammlung und Heilige Schrift, BZAW 212, Berlin-New York 1993, S. 201-227), ist anzunehmen, daß Melanchthon diese Grundregeln der hebräischen Sprache während seines Unterrichtes 1518/19 diktiert hat. Eine genauere Anaylse dieser 14 Blätter umfassenden Grammatik steht noch aus.

18 Reuchlin war nicht ein Bruder der Großmutter Melanchthons (vgl. dazu Heinz Scheible: Melanchthon, Philipp, TRE Bd. 22, S. 371).

Griechischprofessor mit den "Rudimenta" beschäftigte, ist die
Ausgabe des Werkes, das die Universitätsbibliothek Rostock
aufbewahrt. In dieser Ausgabe ist eine Fülle von handschriftlichen
Randbemerkungen enthalten, die größtenteils von Melanchthon
stammen.[19]

Da Bugenhagen seit seiner Ankunft in Wittenberg im März
1521 bis zu seiner Wahl ins dortige Stadtpfarramt im Herbst 1523
in Melanchthons Haus wohnte,[20] demnach noch zur Zeit der Jesajavorlesung in engem Kontakt zu Melanchthon stand, wird er
sicher in erster Linie von "Bruder Philippus" eine Einführung in
das Hebräische und eine Hinführung zu den "Rudimenta" erhalten
haben.

Als weiterer Wittenberger Gelehrter, den Bugenhagen bei seinen
Hebräischstudien möglicherweise zu Rate gezogen hat, ist Matthäus Aurogallus in Betracht zu ziehen. Der aus Böhmen stammende Aurogallus war schon im Jahre 1519 nach Wittenberg
gekommen,[21] doch erst im Juni/Juli 1521 auf den dortigen Lehr-
stuhl für hebräische Sprache berufen worden. Mit großer Anerken-
nung und Erfolg versah er diese Aufgabe bis zu seinem Tode im
Jahre 1543. Einige wenige erhaltene Publikationen zeigen den

---

19 Auf dieses Exemplar hatte schon Heinrich Stoll: Ein kostbares Neues
    Testament, ARG 31, 1934, S. 222, Anm. 2 verwiesen, dazu aber gemeint,
    daß die Notizen Melanchthons unbedeutend seien. Stoll war dabei ent-
    gangen, daß Melanchthons Randbemerkungen sich vor allem auf Stellen
    zu den Proverbia und einige wenige auf Psalterverse beziehen. Peter
    Barton: Die exegetische Arbeit des jungen Melanchthon, ARG 54, 1963,
    S. 59f., konnte aufzeigen, daß Melanchthon gemäß zweier Briefnotizen
    vom September 1518 zu jener Zeit bemüht war, "eine 'Synpose' der
    hebräischen, griechischen und lateinischen Version (diese in eigener
    Übersetzung) der Sprüche Salomonis zusammen mit kurzen Scholien" zu
    erstellen. Doch bald müssen ihm die Schwierigkeiten dieses weitgesteck-
    ten Planes klargeworden sein. Eine derartige Edition erschien nicht. So
    sind sehr wahrscheinlich mit den Notizen in dem Rostocker Exemplar
    von Reuchlins "Rudimenta" die einzigen Zeugnisse dieser Studien erhal-
    ten geblieben.
20 Vgl. dazu Anm. 79 auf S. 83.
21 Zu biographischen Angaben über Aurogallus vgl. Holfelder: Matthäus
    Aurogallus, ZKG 85, 1974, S. 383-388.

hohen Stand seiner Hebraistik. Auch scheint es, daß Aurogallus für Luther bei dessen Übersetzung des Alten Testaments eine unverzichtbare Hilfe war.[22]

In der Psalmeninterpretation erwähnte Bugenhagen den hebräischen Lektor fünfmal mit der vertraulichen Formel: "Aurogallus noster".[23] Daß Bugenhagen die Hilfe von Aurogallus auch bei der Jesajaexegese in Anspruch genommen hat, konnte bereits bei der Analyse der Auslegung von Jes 27,6 belegt werden.[24]

5.4 Bugenhagens Hebräischkenntnisse in der Jesajavorlesung

Nicht möglich ist es im Rahmen dieser Studien alle unter 5.2 erwähnten Stellen, zu denen Bugenhagen höchstwahrscheinlich eigene philologische Erkenntnisse oder Übersetzungen vortrug, zu zitieren und auf seinen Wissenstand hin zu untersuchen. Bei der Auswahl der im folgenden angeführten Beispiele wurde versucht, möglichst viele markante Stellen aufzuzeigen, so daß ein relativ umfangreiches Bild von Bugenhagens Kenntnissen des Hebräischen im Jesajakolleg entsteht.

5.4.1 Bugenhagens Hebräischkenntnisse im ersten Drittel der Jesajavorlesung

Da Bugenhagen etwa das letzte Drittel des Psalmenkollegs parallel zum ersten Drittel der Jesajavorlesung gehalten hat,[25] sollen die in diesem Teil der Vorlesung zu findenden sprachlichen Äußerungen

---

22 Bekannt ist dabei vor allem Luthers Schilderung im "Sendbrief vom Dolmetschen" aus dem Jahre 1530: "In Hiob erbeiten wir also / M. Philips / Aurogallus vnd ich / das wir yn vier tagen zu weilen kaum drey zeilen kundten fertigen." (WA 30 II, S. 636 = Luther-Studienausgabe Bd. 3, S. 485).
23 Vgl. Holfelder: Tentatio, S. 104 Anm. 81.
24 Vgl. S. 84f.
25 Vgl. S. 14 und S.18.

und Übersetzungen Bugenhagens gesondert vorgestellt und mit dem von Holfelder aus der Psalmeninterpretation postulierten Wissenstand verglichen werden.

Holfelder hatte bei seinen Studien zum Psalmenkommentar nachgewiesen, daß Bugenhagen für diese Auslegung nicht den hebräischen Text eingesehen hat.[26] Sieht man sich die von Bugenhagen im ersten Drittel der Jesajavorlesung gebotenen Übersetzungen "ex hebraeo" genauer an, so wird deutlich, daß er erst nach diesem Drittel des Kollegs - also zeitlich gesehen ungefähr nach der Beendigung der Psaltervorlesung - mit intensiveren Hebräischstudien begann und wohl auch erst von dieser Zeit ab eine Biblia hebraica für die Ausarbeitung seiner Exegese zu Rate zog.

So konnte Bugenhagen das hebräische Wort בָּמֶה, welches für seine offenbar erste eigene Übersetzung bei Jes 2,22 nötig war, dem Hieronymuskommentar entnehmen.[27] Auch bei der Auslegung von Jes 3,10 wird deutlich, daß Bugenhagen hier noch nicht der Urtext vorlag, da er bemerkt: "adu(er)te q(uod) hoc nostr(is) biblijs legitur / q(uonia)m fructu(m) adi(n)ue(n)tionu(m) suaru(m) comedet / corruptu(m) est / v(er)bu(m) e(ni)m plurale est / quod hiero(nymus) legit Comeder(un)t".[28] Im Hebräischen steht an dieser Stelle eindeutig ein Singular. Auch scheint der masoretische Text bei dem betreffenden Wort nicht verdorben zu sein. Daher kann angenommen werden, daß Bugenhagen zu dieser Äußerung nur die hebräische Übersetzung des Hieronymus mit der Vulgata verglichen hat.

Gewiß war aber spätestens bei Bugenhagens erster längeren Übersetzung von Jes 11,2f. der Gebrauch einer Biblia hebraica unumgänglich geworden.[29] Einige Kapitel später, bei der Exegese von Jes 16,1 führte Bugenhagen dann fast selbstverständlich unter den von ihn zur Auslegung benutzten Werken auch den Urtext an. "T(ra)nstulit hieronymus que(m)ad(modum) nos legi(mus) /

---

26 Vgl. Holfelder: Tentatio, S. 83f.
27 Vgl. Hieronymus, PL XXIV, Sp. 55 = CChr SL LXXIII, S. 39.
28 Fo. 145v der Bugenhagen-Handschrift.
29 Vgl. dazu S. 104f.

qua(m)qua(m) in vulgat(is) codicib(us) sup(er) flue addatur dictio
domine / q(uae) no(n) est in hebr(a)eo neq(ue) in tra(n)slatione
hieronymi."[30]
Da Bugenhagen somit wohl erst nach der Beendigung der Psalmenvorlesung eine hebräische Bibel einsah und dadurch seine
Sprachstudien erst dann auf ein höheres Niveau stellte, ist es nur
allzu verständlich, daß in der Psalmeninterpretation und im ersten
Drittel der Jesajaauslegung mehrere ähnliche oder sogar gleiche
Bemerkungen zum Hebräischen vorkommen. Beispielsweise führte
Bugenhagen zu Jes 8,21 u.a. aus: " Et tra(n)sibit per ea(m) (et)c.
vbi hoc p(rimum) adu(er)te q(uod) more et idiomate hebraico
subito mutatur numer(us), Cu(m) e(ni)m dixisset No(n) erit eis (id
est) qui no(n) sic responderi(n)t hoc est lege(m) et testi(m)o(nium)
adijcie(n)tibus incredulis matuti(n)a lux. Latinis recte add(er)etur
Et tra(n)sib(u)nt."[31] Holfelder konnte belegen, daß Bugenhagen
die im Psalmenkommentar ebenfalls getroffene Feststellung, daß
ein plötzlicher Numeruswechsel eine Eigenart der hebräischen
Sprache sein, von Felix von Prato übernommen hat.[32] Die in der
Jesajaauslegung wieder aufgenommene Bemerkung macht deutlich, daß Bugenhagen sich durch die zur Psalmenexegese genutzten Werke einige Kenntnisse zum Hebräischen angeeignet hatte,
die er dann an anderen Stellen seiner Auslegungen einbeziehen
konnte.
Der genauere Vergleich der Übersetzungen Bugenhagens "ex
hebraeo" im ersten Drittel der Jesajaexegese mit denen im Psalmenkommentar ergab, daß Bugenhagen im betreffenden Teil der
Prophetenvorlesung ein weitaus breiteres Wissen zur hebräischen
Sprache vortrug, als aus der Psalmeninterpretation zu entnehmen
ist.
Beispielhaft kann dies an der Wiedergabe der Partikel בְּ veranschaulicht werden. Bugenhagen führte u.a. zur Erklärung von
Ps 1,5 aus: "Ideo non resurgent impii in iudicio, id est, per iudici-

---

30 Fo. 215v der Bugenhagen-Handschrift.
31 Fo. 176v der Bugenhagen-Handschrift.
32 Vgl. Holfelder: Tentatio, S. 72.

um, ut agnoscamus hic Hebraismum".[33] Zum nachfolgenden Ps 2
bemerkte er dann: "In ira, in furore, in virga ferrea Hebraismi sunt
frequentes in sacris literis".[34] Nur aus diesen beiden Stellen im
Anfang des Psalmenkommentars schloß Holfelder, im Vergleich
zu Äußerungen bei Reuchlin und Luther, daß bei Bugenhagen eine
Simplifizierung des Übersetzungsproblems vorliege. Er begründete
dies damit, daß bei Bugenhagen die von Reuchlin zur Partikel ב
erwähnte instrumentale, komitative und lokale Bedeutung nicht in
ihrer Breite zu finden sei. Weiter folgerte Holfelder aus den Worten Bugenhagens zu Ps 1,5 und Ps 2, daß diesem die Bedeutungs-
unterschiede von ב nicht bekannt waren und er deshalb davon
ausging, "daß der Hebraismus nur in der instrumentalen Interpretation der lateinischen Präposition 'in' zu sehen ist."[35]

Da Bugenhagen bei der Exegese von Jes 4,4 die Worte "si
abluerit spiritu iudicii et spiritu ardoris" in seiner Übersetzung mit
"si abluerit per spiritu(m) Iudicij et spiritu(m) ardor(is)"[36] wiedergibt und somit die Partikel ב auch betont instrumental versteht,
scheint sich Holfelders Feststellung in der Jesajaauslegung zu
bewahrheiten. Doch hatte Bugenhagen im Jesajakolleg schon vor
dieser Stelle, zur Exegese von Jes 2,22, eine Übersetzung von ב
erwähnt, zu der er offenkundig die "Rudimenta" von Reuchlin
eingesehen hatte. Da dort als Übersetzungsvariante von ב "in" und
"cum" vorgeschlagen werden,[37] übersetze er den letzten Teil von
Jes 2,22 wie folgt: "Quia in q(uo) reputat(us) e(st) ip(s)e? Vel /
quia cu(m) quo reputat(ur) ip(s)e?"[38] Jene Übersetzung findet sich
in allen drei Handschriften, die die Jesajaexegese überliefern.
Daher kann davon ausgegangen werden, daß es sich hierbei nicht
um einen späteren Zusatz handelt, sondern daß Bugenhagen diese
Worte auch im Kolleg so diktiert hatte. Die Übersetzung von

---

33 Bugenhagen: Interpretatio in librum psalmorum (Geisenhof: Nr.6), fo. 4r.
34 Bugenhagen: Interpretatio in librum psalmorum, fo. 6v.
35 Holfelder: Tentatio, S. 68.
36 Fo. 149r der Bugenhagen-Handschrift.
37 Johannes Reuchlin: De rudimentis hebraicis, Pforzheim 1506, pag. 73. Im
    folgenden immer mit "Reuchlin" zitiert.
38 Fo. 143r der Bugenhagen-Handschrift.

Jes 2,22b beweist, daß Bugenhagen schon von Beginn der Ausarbeitung der Jesajaexegese Reuchlins "De rudimentis hebraicis"
benutzte.

Bei der genauen Betrachtung aller im ersten Drittel der Jesajavorlesung vorgetragenen Übersetzungen Bugenhagens ist auffallend, daß dabei von ihm bestenfalls nur zwei Wörter gegenüber
der gebräuchlichen Vulgatalesart verändert werden. Dies ist auch
bei Jes 8,19 der Fall, obwohl Bugenhagen dazu einen längeren
Halbvers zitiert. "Nu(m)q(ui)d no(n) p(o)p(u)lus ad deu(m) suu(m)
requiret? Pro viuis ad mortuos?"[39] Die Vulgata, Hieronymus und
Lyra haben die Lesart "a deo suo" und "a mortuis".[40] Demgegenüber übersetzte Bugenhagen zweimal die Präposition אֶל mit
"ad". Mit einiger Sicherheit wird er für diese Übersetzung die
"Rudimenta" eingesehen haben, denn auch Reuchlin gibt als erste
Bedeutung für אֶל "ad" an.[41]

Bugenhagen nutzte für seine Übersetzungen aus dem Urtext
aber nicht nur die ihm von Reuchlin angebotene Lexik, sondern er
griff - wenn auch vergleichsweise selten - auf Erklärungen aus
den Auslegungen des Hieronymus und Lyras zurück. So erläuterte
er beispielsweise Jes 5,27 mit den Worten: "Non est inquit aliquis
deficie(n)s aut infirm(us) p(rae) lassitudi(n)e."[42] Bei Reuchlin wird
das Wort עָיֵף mit "lassus, deficiens" übertragen.[43] Als Bedeutung des Wortes bei Jes 5,27 schlägt er - wie die Vulgatalesart -
"deficiens" vor.[44] Möglicherweise ist Bugenhagen bei seiner Erklärung nicht von Reuchlins erstem Übersetzungsvorschlag beeinflußt worden, sondern er nahm dabei auch die Erklärung Lyras
auf, der formulierte: "sic tollitur impedimentu lassitudine".[45]

---

39 Fo. 176r der Bugenhagen-Handschrift.
40 Vgl. Hieronymus, PL XXIV, Sp.122 = CChrSL LXXIII, S. 119 und
    Textus biblice, fo. 23v.
41 Vgl. Reuchlin, pag. 55.
42 Fo.154r der Bugenhagen-Handschrift.
43 Reuchlin, pag. 388.
44 Reuchlin, pag. 388.
45 Textus biblice, fo. 15r.

5.4.2 Bugenhagens Hebräischkenntnisse in den letzten beiden Dritteln der Jesajavorlesung

Einen deutlichen Einschnitt in Bugenhagens Beschäftigung mit dem Urtext markiert der Anfang der Auslegung von Jes 11. Dort trägt Bugenhagen seine erste, offenbar eigene, sowohl längere als auch grammatisch schwierigere Übersetzung vor. Bieten Hieronymus und die Vulgata bei Jes 11,2 und 3a die Worte: "spiritus scientiae et pietatis et replebit eum spiritus timoris domini"[46], so übersetzte Bugenhagen diese Versteile sehr dem Urtext entsprechend mit: "Spiritus sci(entia)e et timor(is) dei et spirare faciet eu(m) in timore dei"[47].

Die zu dieser Übersetzung verwendete Lexik stammt durchweg aus Reuchlins "De rudimentis hebraicis". Las Bugenhagen mit der Vulgata zu Beginn auch die Worte "Spiritus scientiae", so gab er davon abweichend יִרְאַת nicht mit "pietatis", sondern mit "timoris" wieder. Dazu hatte er erkannt, daß יִרְאַת von der Wurzel יָרֵא abstammt, wofür Reuchlin die Bedeutung "timuit" vorschlägt.[48] Wiederum im Gegensatz zur Vulgata fügte Bugenhagen, dem Urtext entsprechend, nach "timoris" das Wort "dei" ein. Interessanterweise übersetzte er dabei יהוה nicht, wie sonst üblich, mit "dominus", sondern mit "deus". Bei der nachfolgenden Form הֲרִיחוֹ handelt es sich um die 3. Person, Singular, Hiphil der Wurzel רוח mit dem Suffix der 3. Person, Singular. Schon in der Psalmeninterpretation (zur Auslegung von Ps 3,6) hatte Bugenhagen eine dort auftretende Hiphilform richtig erkannt und deshalb an Stelle von "exurrexi" mit "feci exurgere" übersetzt.[49] Um nun auch bei Jes 11,3 den Kausativ- bzw. Faktivstamm Hiphil gleich-

---

46 Hieronymus, PL XIV, Sp. 144 = CChr SL LXXIII, S. 147.
47 Fo. 203r der Bugenhagen-Handschrift.
48 Reuchlin, pag. 224.
49 Vgl. dazu Bugenhagen: Interpretatio in librum psalmorum, fo. 9v und Holfelder: Tentatio, S. 60-62. Zu dieser Übersetzung vermutete Holfelder, daß Bugenhagen dabei eine ihm von Aurogallus gegebene Erklärung aufgenommen habe.

falls genau auszudrücken, gebrauchte Bugenhagen auch hier das Wort "facere" und übersetzte mit "spirare faciet". Dem Hebräischen genau entsprechend, wird sodann die Partikel בּ mit "in" wiedergegeben. Aus der Vulgata konnte Bugenhagen dann wiederum das Wort "timoris" übernehmen. Freilich setzte er dieses in den Ablativ und fügte wiederum nicht "domini", sondern auch hier das Wort "dei" an.

Die Übersetzung von Jes 11,2f. veranschaulicht, daß Bugenhagen im Gegensatz zu den im ersten Drittel der Vorlesung gebotenen eigenen Übersetzungen im weiteren Verlauf der Auslegung auch weitaus schwierigere Formen übersetzte. Dabei blieb er dem Urtext noch geradezu sklavisch verhaftet. Auch an anderen Stellen der nachfolgenden Exegese trug Bugenhagen Übersetzungen vor, zu denen er, um sich die Reuchlinschen Wortbedeutungen ableiten zu können, ein erheblich breiteres grammatikalisches Wissen als im ersten Drittel des Kollegs aufwenden mußte. So gibt er z. B. bei Jes 19,19 als Übersetzung für "titulus" das Wort "statua" an.[50] Für eine solche Übersetzung war es nötig zu erkennen, daß es sich bei der Form מַצֵּבָה um ein Nomen handelt, das aus dem Partizip des schwachen Verbums נצב gebildet ist. Aus den "Rudimenta" konnte Bugenhagen für diese Wurzel die Erklärung "statuit" entnehmen.[51]

Da Reuchlin zumeist mehrere Übersetzungsvarianten für eine Wurzel vorschlug, besaß Bugenhagen auch eine breitere Auswahl an Übersetzungsmöglichkeiten. Teilweise nutzte er dies und stellte so auch mehrere Übersetzungen aus dem Urtext gleichwertig nebeneinander.

Beispielsweise führt Bugenhagen bei der Exegese von Jes 26,3 aus: "Adu(er)te q(uod) vbi legim(us) Vetus error abijt, ex heb(raeo) sic legi p(otes)t Desyderiu(m) co(n)i(u)nctu(m) est / vel desyderio adi(u)ncto vt sic co(n)i(u)ngas."[52] Schon ein rein äußerlicher Vergleich der Worte in der Vulgata mit dem Hebräischen

---

50 Fo. 221v der Bugenhagen-Handschrift.
51 Reuchlin, pag. 331.
52 Fo. 239v der Bugenhagen-Handschrift.

(סָמוּךְ יֵצֶר) zeigt, daß die Vulgata keine genaue Übersetzung aus dem Urtext bietet. Bei Reuchlin konnte Bugenhagen unter יצר die Erklärung "Cogitatio vel potius desyderium atque cupiditas"[53] finden. Ebenfalls aus den "Rudimenta" konnte Bugenhagen erfahren, daß סָמוּךְ von der Wurzel סמכ abgeleitet, die Bedeutung "Coniuxit, adi(u)nxit, apposuit, appodiauit, immixus est"[54] besitzt. Für seinen ersten Übersetzungsvorschlag übernahm Bugenhagen die von Reuchlin bevorzugte Deutung von יצר mit "desyderium". Dem Partizip Passiv entsprechend, übersetzte er סָמוּךְ mit "coniunctum est". Dabei nutzte er die bei Reuchlin zuerst angeführte Worterklärung. Als eine weitere Übersetzungsmöglichkeit, wohl um beide Wörter besser in den Zusammenhang mit dem übrigen Versteil zu bringen, setzte Bugenhagen diese in den Ablativus absolutus. Bei dieser zweiten Übersetzungsvariante verwendete er die ebenfalls zweite Bedeutung von סמכ, die er in den "Rudimenta" vorfand. Offenbar um den Verszusammenhang noch besser herzustellen, bot Bugenhagen eine dritte Übersetzung an. An Stelle des Partizps setzte er die Verbform in die 2. Person Singular, da das nachfolgende Verb תצֹר ebenfalls in dieser Person steht.

Zeigten die bisher vorgestellten Beispiele in erster Linie die Abhängigkeit Bugenhagens von der bei Reuchlin angebotenen Lexik, so veranschaulicht das folgende Beispiel, wie Bugenhagen neben den "Rudimenta" auch andere philologische Quellen (Hieronymus, Lyra) für seine Übersetzungsarbeit zu Rate zog. Wie die vorhergehenden verdeutlicht auch dieses Beispiel Bugenhagens Bemühungen um eine genau dem Urtext entsprechende Übersetzung.

Zur Auslegung von Jes 16,4 bemerkte Bugenhagen u.a.: "Adu(er)te q(uod) vbi legi(mus) Finitus est e(ni)m (et)c. ex hebr(raeo) sic legi(tur). Q(uonia)m finis est emu(n)ctor(is) [(id est) Assyrij qui tributa exigebat] co(n)su(m)mat(us) est vastator,

---

53 Reuchlin, pag. 222.
54 Reuchlin, pag. 358.

defeder(un)t co(n)culcatores de terra (et)c."[55] Die Vulgata und Hieronymus lesen diesen Halbvers wie folgt: "finitus est enim pulvis
consummatus est miser, defecit qui conculcabat terram". Hieronymus bemerkt zu dieser Übersetzung: "Pro misero in Hebraico
legitur sod, quod potest et vastator intelligi."[56] Die Vulgata gibt
das erste Wort von Jes 16,4c mit "enim" wieder, stellt dieses aber
dem folgenden Verb nach. Bugenhagen hat wie Reuchlin für כִּי
das Wort "quoniam", welches er dem Urtext entsprechend an den
Anfang seiner Übersetzung setzt. Die sich in den "Rudimenta"
findende Bedeutung für die Wurzel אָפֵס übernahm Bugenhagen
nicht,[57] sondern liest, wohl von der Hieronymusübersetzung beeinflußt, "finis est". Bei Reuchlin fand Bugenhagen für das folgende
Wort מֵץ die Erklärung "Expressor, emunctor, provocator".[58] Von
dort übernahm Bugenhagen die zweite Wortbedeutung. Das Wort
"emunctor" mußte er in den Genitiv setzen, da er zuvor "finis est"
übertragen hatte. Möglich wäre es, daß er damit die Determinie-
rung des Nomens ausdrücken wollte. Wieder der Hieronymusübersetzung und der Vulgata folgend, liest Bugenhagen "consummatus est" im Gegensatz zu Reuchlin, der als Übersetzung für
כלה "Cessauit, defecit, finiuit" vorschlägt.[59] Durch Hieronymus
war Bugenhagen für das Wort שֹׁד die Bedeutung "vastator" vorgegeben, die er übernahm. Die nachfolgende Verbform übersetzte
er gemäß dem Hebräischen im Plural. Hieronymus und die Vulgata lesen an dieser Stelle einen Singular, da das nachstehende Partizip ebenfalls im Singular steht. Dieses wird in deren Übersetzung
als Relativsatz aufgelöst. Bugenhagen substantivierte dieses Partizip, mußte dann aber, dem Urtext nicht entsprechend, das Wort
"conculcator" in den Plural setzen. Abschließend übertrug Bugenhagen מִן הָאָרֶץ genau mit "de terra".

---

55 Fo. 216v der Bugenhagen-Handschrift.
56 Hieronymus: PL XXIV, Sp. 171 = CChrSL LXXIII, S. 180.
57 Zu dieser Wurzel gibt Reuchlin die Bedeutung "dessit, deficiet, consum-
    matum est" an (vgl. dort pag. 64).
58 Reuchlin, pag. 284.
59 Reuchlin, pag. 244.

Ein weiteres Beispiel verdeutlicht, wie Bugenhagen versuchte, sich bei seinen Übersetzungen "ex hebraeo" nicht nur an die ihm durch Reuchlin und Hieronymus vorgegebene Lexik zu halten, sondern, wie er bemüht war, auch passende Wortbedeutungen einzufügen, die entweder von ihm selbst stammten, oder die er durch mündliche Auskünfte von Kollegen erfahren hatte.

Wiederum ausdrücklich aus dem Hebräischen übersetzte Bugenhagen Jes 16,7 mit den Worten: "Sup(er) muros latericios loque(n)tur etia(m) dolentes".[60] Die Vulgata gibt diesen Halbvers mit "super muros cocti lateris loquimini plagas suas" wieder. Von dieser Übersetzung übernahm Bugenhagen nur die ersten beiden Wörter. Sicher hatte er dazu nicht bei Reuchlin nachgesehen, denn dieser liest für das Wort אֲשִׁישֵׁי "fundamentes" und verweist dabei "vt Isai(a)e xvi".[61] Bei den nachfolgenden Wörtern קִיר bzw. חֲרֶשֶׂת hat Reuchlin ebenso wie Hieronymus und die Vulgata die Übersetzung "cocti lateris".[62] Bugenhagen liest dafür das Wort "latericios". Das entspricht seiner vor dieser Übersetzung stehenden Erklärung: "sup(er) muros cocti lateris (id est) latericios".[63] Daher ist anzunehmen, daß die Wortwahl "latericios" von Bugenhagen selbst stammt. An Stelle der Form תֶּהְגּוּ (2. Person, Plural Imperfekt, Qal von הגה) übersetzte Bugenhagen "loque(n)tur". Diese Lesart entspricht dem durch die Targume überlieferten Text. Holfelder konnte bei seinen Untersuchungen zum Psalmenkommentar nachweisen, daß Bugenhagen dort zweimal, durch Prato vermittelt, einmal wohl aufgrund einer Information von Aurogallus, auf die Targume zurückgriff.[64] Möglich wäre, daß Bugenhagen auch zur Übersetzung von Jes 16,7 den Wittenberger Hebraisten befragt hatte. Dies wäre ein weiteres Indiz dafür, daß nicht alle auf ihn weisenden Übersetzungen "ex hebraeo" auch wirklich von ihm selbst stammen. Daß Bugenhagen seinerseits die

---

60 Fo.216v der Bugenhagen-Handschrift.
61 Reuchlin, pag. 69.
62 Reuchlin, pag. 468 und pag. 49.
63 Fo.216v der Bugenhagen-Handschrift.
64 Vgl. Holfelder: Tentatio, S. 89.

aramäischen Texte in der Rabbinerbibel gelesen hat, muß angesichts seiner nicht sehr tiefen Hebräischkenntnisse als sehr unwahrscheinlich gelten. Dem Urtext und der Übertragung Reuchlins folgend, gibt Bugenhagen das hebräische אַךְ mit "etiam" wieder.[65] Das nächstfolgende Wort נְכָאִים stammt von der Wurzel נכא und ist nur einmal im Niphal belegt. Da sich die Wurzel נכא nicht bei Reuchlin findet, mußte Bugenhagen wissen, daß dafür ursprünglich נכה gelesen wurde.[66] Auch hierzu wäre denkbar, daß ihm Aurogallus bzw. Melanchthon einen entsprechenden Hinweis gegeben hatten. Unter נכה konnte Bugenhagen bei Reuchlin die Bedeutung "Percussit" entnehmen.[67] Um das Passiv der Niphalform deutlich zu machen, übersetzte Bugenhagen nicht "percussi sunt", sondern "dolentes".

Um ein relativ vollständiges Bild von Bugenhagens Arbeit mit dem Urtext in seiner Jesajaexegese zu zeichnen, sind letzlich noch jene beiden Stellen in der Auslegung genauer zu betrachten, an denen er nicht eine Übersetzung aus dem Propheten anführt, sondern je einen Vers aus dem Psalter und aus dem Deuteronomium ausdrücklich "ex hebraeo" zitiert.

Zur Deutung von Jes 40,3 führt Bugenhagen Ps 67,5 an. Auffallenderweise folgt er dabei, wie er selbst angibt, exakt einer Übertragung aus dem Hebräischen: "Iter facite ei qui ascendit per deserta."[68] Schon in seiner Psalmeninterpretation hatte Bugenhagen auf mehrere Übersetzungen dieses Versteiles verwiesen.[69] Demnach war er mit dem Übersetzungsproblem bei Ps 67,5 durch Vergleiche mit anderen Übertragungen vertraut. Sogar das hebräische Wort עֲרָבוֹת, wenngleich nur in lateinischer Umschrift,

---

65 Reuchlin, pag. 62.
66 Wilhelm Gesenius: Hebräisches und Aramäisches Handwörterbuch über das Alte Testament, Berlin 1962 (Ndr. der 17. Auflage von 1915), Sp. 503 f.
67 Reuchlin, pag. 323.
68 Fo. 284v der Bugenhagen-Handschrift.
69 "Felix, praeparate semitam insidenti haraboth, id est, solitudinibus. D. Martinus. pergenti in haraboth, id est, in solitudinibus vel heremo." Interpretatio in librum psalmorum, fo. 171v.

war ihm durch seine Studien zum Psalter bekannt. Wie er einerseits bei der Exegese von Ps 67,5 auf Jes 40,3 verwiesen hatte, so
führte Bugenhagen aufgrund der Stichworte "in deserto" und "in
solitudine" bei der Erklärung von Jes 40,3 nun auch Ps 67,5 an.[70]
In der Jesajaauslegung wiederholte Bugenhagen keine der von ihm
im Psalterkolleg angeführten Übersetzungen, sondern zitierte die
Übersetzung des Hieronymus von Ps 67,5. Unter der Wurzel ערב
erwähnt Reuchlin diese Übersetzungsvariante.[71] Somit kann angenommen werden, daß Bugenhagen schon seit seiner Psalmenexegese vom Übersetzungsproblem bei Ps 67,5 wußte, in seiner
Jesajaauslegung aber mit Hilfe Reuchlins eine weitere Übertragung "ex hebraeo" vortrug, die sich bestens in seine Deutung von
Jes 40,3 einfügte.

Zur Exegese von Jes 40,26 führt Bugenhagen eine Übersetzung,
wiederum ausdrücklich aus dem Hebräischen, aus Deut 4,19 an:
"ne eleuat(is) oc(u)l(is) ad coelu(m) vides sole(m) et luna(m), astra
(et) om(n)e(m) militia(m) celj (et)c."[72] Bei dieser exakten Übersetzung aus dem Urtext ist im Vergleich zur Vulgatalesart auffallend, daß das Wort צָבָא mit "militia" wiedergegeben wird.
Schon zur Erklärung von Jes 40,2 hatte Bugenhagen bemerkt:
"Ver(um) q(uo)d hic legit(ur) Malicia i(nfra) militia le(gitur) ex
eode(m) feri vo(cabulo) hebr(a)eo / vt verisi(mi)le sit hic t(ra)nsla-
tu(m) fuisse."[73] Bei dieser Äußerung nahm Bugenhagen zweifellos
Reuchlins Bemerkung auf, der zur Wurzel צבא u.a. erklärt: Mili-
tauit in exercitu ... In militia."[74]

Es ergibt sich die Frage, wie Bugenhagen gerade bei der Exegese von Jes 40,26 auf die nur im hebräischen Text zu bemer-
kende Parallele zu Deut 4,19 gestoßen ist. In erster Linie wird
dabei auf seine Beschäftigung mit dem Deuteronomium im Zuge
der von ihm ungefähr ab Herbst 1523 gehaltenen Vorlesung zu

---

70 Vgl. Holfelder: Tentatio, S. 77 Anm. 103.
71 Reuchlin, pag. 407.
72 Fo. 214v der Handschrift Roths.
73 Fo. 283r der Bugenhagen-Handschrift.
74 Reuchlin, pag. 244.

verweisen sein.[75] Es ist durchaus möglich, daß Bugenhagen die Auslegungen zu Jes 40 und Deut 4 etwa gleichzeitig erarbeitet hat.[76] Weiterhin ist bekannt, daß Bugenhagen zumindest im Anfang dieser Exegese zum Deuteronomium sehr von Luthers Vorlesung zu diesem Buch abhängig war.[77] Luther hatte seit Februar 1523, also zur Zeit von Bugenhagens Jesajavorlesung, mit diesem privaten Kolleg begonnen, das sich wahrscheinlich bis in das Jahr 1524 erstreckt haben dürfte.[78] Anzunehmen ist, daß zu dem kleinen Kreis der Zuhörer auch Bugenhagen gehörte.[79]

Luther gab in seiner Erklärung von Deut 4,19 folgende sprachliche Erläuterung: "Cum omni ornatu, in Hebraeo: cum omni exercitu. Omnem militiam vel exercitum transferri debuit."[80] Bugenhagen nahm diese Bemerkung offenbar auf. In seiner Exegese zu diesem Vers übersetzte er: "Et omnia astra Heb. Et astra et omnem militiam coeli."[81] Aus diesen beiden Erklärungen kann mit großer Wahrscheinlichkeit erschlossen werden, daß Luthers Exegese zu Deut 4,19 über den Umweg von Bugenhagens Deuteronomiumauslegung dessen Jesajaexegese beeinflußt hat.

---

75 Vgl. S. 21f.
76 Vgl. Anhang I.
77 Der Herausgeber von Luthers Deuteromiumauslegung für die Weimaraner Ausgabe, Gustav Koffmane, konnte dieses an mehreren Beispielen nachweisen. Vgl. dazu WA 14, S. 489f.
78 Zur Datierung dieser Vorlesung Luthers vgl. WA 14, S. 489f. und 494f. sowie Martin Brecht: Martin Luther, Ordnung und Abgrenzung der Reformation 1521-1532, Stuttgart 1986 = Berlin 1989, S. 240f.
79 In seinem Nachlaß, den die Staatsbibliothek Berlin- Preußischer Kulturbesitz aufbewahrt, findet sich unter der Signatur Ms. theol. oct. 40 auf fo. 226v-231v, 213r-220v und 202r-205v ein von Bugenhagen selbst angefertigtes Manuskript, das die Überschrift "In deuteronomium excepta a d. Martino" trägt. Durch das Binden ist sowohl die falsche Reihenfolge als auch der gestörte Zusammenhang der Handschrift entstanden. Dieses Manuskript reicht bis zur Luthers Erklärung von Deut 4,31. Zur Beschreibung der Handschrift sei neben V. Rose: Verzeichnis der lateinischen Handschriften der königlichen Bibliothek zu Berlin, Sp. 1360 auch auf WA 14, S. 745-753 verwiesen.
80 WA 14, S. 594.
81 Annotationes... in Deuteronomium, pag. 23.

Die in der Jesajavorlesung angeführten Übersetzungen von Ps 67,5 und Deut 4,19 sind somit Zeugnisse dafür, wie auch weitere Exegesen Bugenhagens Arbeit mit dem Urtext vertieften.

Exkurs: Bugenhagens Hebraistik in seiner Auslegung zum Deuteromomium sowie zum 1. und 2. Samuelisbuch

Da Bugenhagen parallel etwa zum letzten Drittel der Jesajavorlesung ein Kolleg zum Deuteronomium und möglicherweise auch zum 1. Samuelisbuch gehalten hat, werden auch diese Auslegungen im Blick auf Bugenhagens Umgang mit dem Urtext kurz betrachtet, um so ein möglichst umfassendes Bild vom Stand der Hebraistik Bugenhagens in der Zeit bis 1523/24 zu gewinnen.

Die Auslegungen zum Deuteronomium sowie zum 1. und 2. Samuelis haben vergleichsweise zur Jesajaexegese einen geringen Umfang. Auf nur 361 Oktavseiten ist die gesamte Auslegung dieser drei Bücher veröffentlicht. So ist es nur allzu verständlich, daß dem Vergleich mit dem hebräischen Urtext kein breiter Raum gelassen wurde. In der Deuteromiumauslegung finden sich 47 Übersetzungen "ex hebraeo" oder auch nur sprachliche Erläuterungen. In der Auslegung zum 1. Samuelis sind es zehn und zum 2. Samuelis sechzehn Übersetzungen, die von Bugenhagen ausdrücklich als Übertragungen aus dem Hebräischen hervorgehoben werden.

Nur zur Exegese von Deut 33,29 führt Bugenhagen namentlich eine Quelle für seine philologische Arbeit in dieser Auslegung an. "Lyranus quoq(ue) legit. Inimici tui me(n)tuntur tibi."[82] Der genaue Vergleich von Lyras Postilla und Bugenhagens Deuteromomiumexegese zeigt jedoch, daß Bugenhagen lediglich an zwei weiteren Stellen (Deut 6,7 und 16,3)[83] Übersetzungen Lyras aufnahm.

---

82 Annotationes... in Deuteromium, pag. 176. Vgl. Textus biblice, Prima Pars, Basel 1506, fo. 376r.
83 Vgl. Annotationes... in Deuteronomium, pag. 33 und 87.

Eine wichtigere Quelle für Bugenhagens Umgang mit dem Urtext scheint in dieser Vorlesung sein Manuskript von Luthers Deuteronomiumvorlesung gewesen zu sein. So wird Bugenhagen beispielsweise bei seinen Übersetzungen zu Deut 4,1 bzw. dann wiederholend bei Deut 4,6 sicherlich auf Luthers breite Erklärung zu diesen Versen zurückgegriffen haben. Luther gab in seiner Vorlesung ausführliche Erläuterungen zu den verschiedenen Begriffen von Gesetz und Gebot im Alten Testament. So schlug er zum Wort "Hucka" aus Deut 4,1 die Bedeutungen "statuta, articuli, decreta, ceremonias, constitutiones" vor.[84] Bugenhagen schrieb bei seiner Auslegung von Deut 4,1 u.a.: "Pr(a)ecepta (et) iudica Heb. statuta (et) iura."[85]

Da die von Bugenhagen erhaltene Handschrift dieser Luther-Vorlesung nur bis Deut 4,31 reicht und nicht geklärt ist, ob Luther in dieser Vorlesung das gesamte Deuteronomium ausgelegt hat,[86] konnte dieses Kolleg für Bugenhagen als Quelle für seine Auslegung nur begrenzt nutzbar werden.

Ab Sommer 1523 lag jedoch Luthers Übersetzung des Alten Testamentes ins Deutsche in einem ersten Teil (Gen-Deut) vor.[87] Diese Übersetzung war offenbar Bugenhagens bedeutendste Quelle bei seiner Arbeit mit dem Urtext in dieser Exegese. Aus dem genauen Vergleich mit Bugenhagens Übersetzungen kann geschlußfolgert werden, daß er dazu Luthers Übertragung des 5. Mosebuches mit der Vulgata verglichen hat und bei Abweichungen einfach Luthers deutsche Übersetzung ins Lateinische übertrug.

---

84 WA 14, S. 582.
85 Annotationes... in Deuteronomium, pag. 16.
86 Von dieser Vorlesung ist neben Bugenhagens Reinschrift auch ein Reinschrift von Stephan Roth, die bis Deut 7,6 reicht erhalten. Roths Handschrift findet sich in der Zwickauer Ratsschulbibliothek unter der Signatur XXIV auf fo. 199r-217v. In WA 14 auf den Seiten 545-625 wurde diese Handschrift abgedruckt. Da Roths Manuskript nur bis Deut 7,6 reicht, fragte Gustav Koffmane wohl zu Recht, ob Luther in dieser Vorlesung das gesamte Deuteronomium ausgelegt hatte. Vgl. dazu WA 14, S. 489f.
87 Vgl. WA DB 8, S. XXI und WA DB 1, S. XIII.

So wäre beispielsweise seine längere Übersetzung zu Deut 2,34 erklärlich: "Et anathematizavimus omnes ciuitates (et) tam viros qua(m) mulieres et paruulos."[88] Im Urtext findet sich demgegenüber zu den Worten "tam" bzw. "quam" kein Pendant. Luther hatte aber in seiner Übersetzung ("wyr ... verbannten alle stedte, beyde menner, weyber vnd kinder")[89] das Wort "beyde" eingefügt. Ähnlich wie die Übersetzung von Deut 2,34 wird auch die Übertragung von Deut 10,6 entstanden sein. Dort liest Bugenhagen: "In Moseram vel uersus Moseram".[90] Der hebräische Text bietet weder für "in" noch für "uersus" eine Entsprechung. Nur aus dem Zusammenhang ist die Vulgataübersetzung mit "in" und Luthers Übertragung mit "gen"[91] verständlich. Deutlich nimmt Bugenhagen auch Luthers deutsche Übersetzung von Deut 17,8b auf, indem er bemerkt: "Legendum erg(o) Inter plagam et plagam".[92] Luther hatte diese Worte mit "zwisschen plage und plage"[93] übersetzt.

Daß Bugenhagen nicht nur Luthers Übersetzung mit der Vulgata verglichen hat, sondern hier auch den hebräischen Text einsah, ist angesichts der Worte zu Deut 18,3 zu vermuten. "Adverte q(uod) hic ex Heb(raeo) deest latinis, Duas maxillas".[94]

Da Bugenhagen selbst bei seinen Auslegungen von 1 Sam 19,24 und 2 Sam 23,8 auf Luthers Übersetzung dieser Verse verweist,[95] liegt die Annahme nahe, daß auch für die wenigen Übersetzungen "ex hebraeo" in diesen Exegesen Luthers Arbeit die Grundlage bot.

---

88 Annotationes... in Deuteronomium, pag. 13.
89 WA DB 8, S. 564.
90 Annotationes... in Deuteronomium, pag. 51.
91 WA DB 8, S. 592.
92 Annotationes... in Deuteronomium, pag. 93f.
93 WA DB 8, S. 612.
94 Annotationes... in Deuteronomium, pag. 100.
95 Bugenhagen schreibt in: Annotationes... in Deuteronomium, pag. 247 zu 1.Sam 19,24: " ...vestimentis scilicet superioribus, Vide annotationes D. Martini." Zu 2 Sam 23,8 gibt Bugenhagen eine Übersetzung dieses Verses und bemerkt dazu: "Reliqua vide in translationes D. Martini" (vgl. ebd., pag. 357).

So wird z.B. bei der Übersetzung von 1 Sam 7,2 "Requievit. Heb. Flevit"[96] Luthers Übersetzung mit "weynete"[97] ausschlaggebend gewesen sein. Besonders ins Auge fällt Bugenhagens Abhängigkeit von Luthers Übertragungen bei längeren Übersetzungen, Liest die Vulgata bei 1 Sam 2,36: "futurum est autem ut quicumque remanserit in domo tua veniat ut oretur pro eo et offerat nummum argenteum et tortam panis", so hat Bugenhagen dafür "ex hebraeo" die Übersetzung: "Qui residuus fuerit de domo tuo, veniet (et) adorabit illum propter argenteum denariu(m) et crustram panis (et)c."[98] Luther übersetzte diese Worte mit: "wer ubrig ist von deynem hauße, der wirt komen und jhenen anbeten vmb eyn sylbern pfennig vnd stuck brods.[99]

Deutlich ist Bugenhagens Bindung an Luther bei seiner Übertragung von 1 Sam 20,30 erkennbar. Gibt die Vulgata diesen Vers sehr dem Urtext entsprechend mit: "fili mulieris virum ultro rapientis" wieder, steht im Druck der Lutherübersetzung dafür "du schalck und bube".[100] In Luthers Manuskript finden sich dafür die Worte "du schalck und boßwicht".[101] Bugenhagen bemerkt bei seiner Auslegung zu diesem Vers: "Fili mulieris (et)c. Heb. Nequam et maligne".[102] Nach dieser Übersetzung zu urteilen, könnte Bugenhagen von Luther dessen Handschrift für die Ausarbeitung der Samuelisvorlesung erhalten haben, wenn er nicht sogar schon im Jahre 1523 an Luthers Bibelübersetzung beteiligt gewesen war.

Auch bei der Samuelisexegese ist anzunehmen, daß Bugenhagen dazu den Urtext eingesehen hat, denn zu 1 Sam 31,7 bemerkt er: "Trans uallem... hebraice autem Emeck."[103] Mit dem Wort "Emeck" bietet Bugenhagen eine Umschrift für עֵמֶק an.

Insgesamt ist zum Umgang Bugenhagens mit dem Urtext in den Auslegungen zum Deuteronomium und zu den Samuelisbüchern

---

96   Annotationes... in Deuteronomium, pag. 203.
97   WA DB 1, S. 46 und WA DB9/1, S. 204.
98   Annotationes... in Deuteronomium, pag. 193.
99   WA DB 1, S. 40 und WA DB 9/1, S. 192.
100   WA DB 9/1, S. 258.
101   WA DB 1, S. 74.
102   Annotationes... in Deuteronomium, pag. 249.
103   Annotationes... in Deuteronomium, pag. 285.

festzustellen, daß dabei die Lesart der Vulgata weithin die Grundlage für seine Exegese blieb. Die von ihm erwähnten Übersetzungen "ex hebraeo" basieren nahezu ausnahmslos auf Luthers deutscher Übersetzung dieser biblischen Schriften. Ähnlich wie zur Psalmeninterpretation stützte sich Bugenhagen damit auch bei diesen Auslegungen fast ausschließlich nur auf Sekundärquellen. Der Umgang mit dem Hebräischen in diesen Auslegungen macht deutlich, daß die eigentliche Beschäftigung mit dem masoretischen Text für Bugenhagen auch in den Jahren 1523/24 noch nicht selbstverständlich war.

5.5 Zusammenfassung

Fügte der Baseler Theologe Oekolampad seiner ab April 1523 vorgetragenen Jesajaauslegung eine vom dortigen Hebraisten Pellikan mitverantwortete Übersetzung des gesamten Propheten bei,[104] so blieb bei Bugenhagen der Vulgatatext noch der eigentliche Ausgangspunkt seiner Interpretation.

Die Kritik Bugenhagens an der Vulgatalesart ist im Verlauf der Vorlesung nicht immer mit gleicher Intensität durchgeführt worden. Oft entspringen Bugenhagens Äußerungen zum Urtext nur dem vergleichenden Blick auf die ihm vorliegenden Übersetzungen aus dem Hebräischen und dem masoretischen Text. Bugenhagen blieb demzufolge noch weit hinter dem Stand der Hebraistik seiner Zeit zurück, wie ihn etwa dem von Luther erreicht hatte.

Alle unter 5.4 vorgestellten Beispiele belegen aber, welche beträchtlichen Fortschritte Bugenhagen im Vergleich zur Psalmeninterpretation im Umgang mit dem Hebräischen im Laufe der Jesajaauslegung gemacht hatte.

Um mit dem grundlegenden Hilfsmittel, Reuchlins "De rudimentis hebraicis", gewinnbringend arbeiten zu können, eignete

---

104   Eine genaue Untersuchung dieser Jesajaauslegung liegt bis jetzt noch nicht vor. Daher sei auf die kurze Vorstellung des Kommentares bei Thyen: Luthers Jesajavorlesung, S. 105-109 verwiesen. Dort finden sich auch genauere Angaben zur Datierung der Vorlesung und des späteren Druckes.

sich Bugenhagen zur Zeit der Ausarbeitung seiner Jesajaexegese ein fundiertes grammatisches Wissen zur hebräischen Sprache an. Der Umfang der dabei von den Wittenberger Hebraisten geleisteten Hilfe ist nur schwer einzuschätzen, da Bugenhagen selbst dazu keine Auskunft gegeben hat. Mit dem in der Jesajavorlesung erreichten Stand seiner Hebraistik war Bugenhagen befähigt, sich eigene und neue Auslegungsmöglichkeiten des Bibeltextes zu erschließen. Bei den parallel zur Jesajaexegese gehaltenen Kollegs zum Deuteronomium und zum 1. Samuelisbuch hat er diese Möglichkeiten, aus welchen Gründen auch immer, offenkundig jedoch nicht genutzt.

6. Theologische Hauptlinien in der Jesaja-auslegung Bugenhagens

6.1. Vorbemerkungen

In diesem Kapitel werden nur jene theologischen Grundgedanken vorgestellt, die in der gesamten Jesajavorlesung erkennbar sind. Etliches spricht dagegen, aus dieser Vorlesung eine bestimmte Theologie Bugenhagens - womöglich eine gegenüber den anderen Reformatoren eigenständige - herauszuarbeiten, wie dies z. B. Holfelder mit der Ableitung einer "Anfechtungstheologie" Bugenhagens in seinen Studien zum Psalmenkommentar getan hat.[1]

Gegen ein solches Vorhaben spricht bereits die Anlage der Jesajaauslegung als Vorlesung. Die darin enthaltenen Äußerungen zu einzelnen theologischen Themen sind streng mit dem auszulegenden Bibeltext verknüpft. So werden in dieser Exegese einige Loci, wie beispielsweise "de ecclesia" nur kurz gestreift und erscheinen deshalb nur einseitig interpretiert. Anderes dagegen wird wiederholt und sehr ausführlich behandelt, so z.B. Gottes Gericht über die Menschen.

Gegen die Absicht, eine "selbständige" Theologie des Pomeranus aus dessen Jesajaauslegung abzuleiten, spricht sodann insbesondere Bugenhagens eigenes Interesse, in seiner Auslegung gerade den Konsens mit den anderen Wittenberger Theologen zu betonen. Das dokumentieren vor allem die Verweise auf Melanchthons "Loci communes", auf die Bugenhagen zur Vertiefung

---

1 Vgl. dazu Holfelder: Tentatio, S. 9 und vor allem S. 179-185. In gleicher Weise meinte Holfelder, wohl durch den Einfluß der Erasmus-Forschung, auch eine "Theologie der Heiligkeit" aus Bugenhagens Belbucker Predigt feststellen zu können. Vgl. hierzu ebenfalls: Tentatio, S. 121-127.

seiner Gedanken hinweist.[2] Vereinzelte Abweichungen von den anderen Reformatoren, die sicherlich auch in dieser Exegese zu finden wären, dürfen keineswegs, so wie es bei Holfelder in seinen Untersuchungen zu anderen Auslegungen Bugenhagens geschehen ist, in ihrer Bedeutung überschätzt werden. Um eine Theologie dieses Reformators schreiben zu können, bedarf es weiterer intensiver Erforschung auch der anderen exegetischen Arbeiten und Schriften Bugenhagens, vor allem aus den Jahren 1521 bis 1525. Das Folgende kann daher nur als eine weitere Vorarbeit auf diesem Wege angesehen werden.

Bei der Darstellung der Gedanken Bugenhagens wurde versucht, möglichst nahe an den Worten des Reformators zu bleiben und daran nicht moderne theologisch-systematische Gesichtspunkte als Maßstab der Bewertung anzulegen. Bugenhagen war ein praxisorientierter reformatorischer Bibelausleger, nicht ein Dogmatiker im neuzeitlichen Sinne!

6.2 Jesaja - ein Prediger des Gesetzes und des Evangeliums - Bugenhagens Schlüssel zum Verstehen des Propheten

Nachdem Bugenhagen sich zu Beginn seiner Vorlesung in einer allgemeinen Einleitung zur Prophetie, zur Wirkungszeit des Jesaja und zur Geschichte Israels geäußert hatte, ging er in dem Abschnitt "Argumentum" erstmalig im Kolleg unmittelbar auf die Botschaft des Propheten ein. Diese Inhaltsangabe leitete er mit den kurzen und thesenhaft formulierten Sätzen ein, in denen er die theologische Grundthematik seiner Auslegung ansprach: "Tota scriptura legem nob(is) p(rae)dicat et eua(ngelium). Lex co(n)fundit et da(m)nat, Eua(ngelium) consolatur et saluat. Illa e(st) cognitio p(e)c(ca)ti / hoc v(er)o p(e)c(ca)ti remissio, Neut(rum) efficit

---

2   Vgl. dazu S. 78.

aliquid in te nisi credas v(er)bo dei, h(a)ec duo insigniter p(rae)dicat Esaias."[3]

Betrachtet man weiter Bugenhagens inhaltliche Übersicht zum Jesajabuch und die darauf folgende Exegese, so tritt auch dort immer wieder deutlich hervor, wie sehr er die gesamte Verkündigung dieses Propheten unter der Dialektik von Gesetz und Evangelium gesehen und verstanden hat.

So faßt er ganze Abschnitte des Buches als Gesetzespredigt auf, wie z.B. die sogenannten Fremdvölkersprüche in den Kapiteln 13 bis 24. Andere Passagen versteht er dagegen als Verkündigung des Evangeliums, so die messianischen Weissagungen zu Anfang des Propheten oder die Botschaft der heute als Deutero- und Tritojesaja bezeichneten Kapitel. Den Gegensatz von "lex" und "evangelium" kann Bugenhagen aber auch bis in kleinere Einheiten hinein, so in einzelnen Versen entdecken. Beispielsweise erklärt er bei Jes 28,10, zu den von Jesaja zitierten Worten der falschen Propheten, die von der Vulgata mit: "manda remanda, expecta reexpecta" wiedergegeben werden: "contemu(n)t dei lege(m) qu(a)e p(rae)dicatur dicu(n)t Ma(n)da rema(n)da, et no(n) credu(n)t p(ro)missionib(us) grati(a)e In Chr(ist)o ia(m) dic(u)nt Expecta reexpecta."[4]

Mit der Unterscheidung von Gesetz und Evangelium nimmt Bugenhagen eine für die reformatorische Schriftauslegung wichtige, wenn nicht sogar die für die Exegese des Alten Testamentes bestimmende Größe auf. Bekanntlich sah Luther im Alten Testament nicht nur das Gesetz verkündigt, sondern für ihn bildeten die unmittelbaren Weisagungen auf Christus hin den Grund, auch vom Evangelium in diesem Teil der Bibel zu sprechen. Jene Stellen verstand er als Quellen, von denen aus das Evangelium das ganze alttestamentliche Land durchdringt.[5] Daher war es naheliegend, daß auch Bugenhagen diese Sicht in den Mittelpunkt gerade seiner Jesajaauslegung rückte. Gelang es ihm doch so, die Botschaft

---

3 Fo. 124r der Bugenhagen-Handschrift. Zu Bugenhagens Einleitung in seine Vorlesung vgl. die Textwiedergabe im Anhang II.

4 Fo. 249r der Bugenhagen-Handschrift.

5 Vgl. hierzu Heinrich Bornkamm: Gesetz und Evangelium in Luthers Auslegung des Alten Testaments, ZSTh 20, 1943, S. 68 = Luther und das Alte Testament, Tübingen 1948, S. 103.

dieses großen Propheten mit den für seine Zeit neuen reformatorischen Erkenntnissen zusammenzuschließen.

6.3 Der unmittelbare Einfluß von Schriften Luthers und Melanchthons für die Ausarbeitung der Jesajavorlesung

6.3.1 Martin Luther

Obgleich sich Bugenhagen bei der Ausarbeitung seiner Vorlesung über den Propheten Jesaja nicht wie zur Psalmeninterpretation auf ein Kommentarwerk Luthers stützen konnte, so lag ihm doch von diesem wenigstens eine beispielhafte Exegese eines Abschnittes aus dem Propheten vor.

Die Weihnachtspostille, von Luther auf der Wartburg ausgearbeitet und im Jahre 1522 veröffentlicht, enthält ausführliche predigtartige Auslegungen der Episteln und Evangelien für die Zeit vom Heiligen Abend bis zum Epiphaniasfest. Als Epistel für den Drei-Königs-Tag wird von Luther Jes 60,1-6 behandelt.[6]

Daß Bugenhagen diese Postille gut kannte und schätzte, belegen die vier Verweise auf dieses Werk in seiner Vorlesung zu den kleinen Paulusbriefen (Ende 1522/Anfang 1523). Dabei nutzte er alle sich ihm bietenden Berührungspunkte zwischen seinen und den von Luther ausgelegten Texten.[7] Da die Vorlesung zu den Paulinen etwa zeitgleich mit dem ersten Drittel des Jesajakollegs gehalten wurde, kann vermutet werden, daß Luthers Ausführungen zu Jes 60 Bugenhagen bei der Erarbeitung seiner Exegese zu diesen Propheten gegenwärtig waren.

Ein genauer Vergleich beider Auslegungen läßt die Vermutung zu, daß Luthers Erklärung Bugenhagen beeinflußt hat, als er mit der Ausarbeitung seiner Vorlesung begann. Wie auch bei Bugen-

---

6   Vgl. dazu Martin Brecht: Martin Luther: Ordnung und Abgrenzung der Reformation 1521-1532, Stuttgart 1986 = Berlin 1989, S. 25.

7   Vgl. zu den genauen Nachweisen der Worte Luthers, auf die sich Bugenhagen in dieser Auslegung bezieht, Holfelder: Solus Christus, S. 109f.

hagen dominiert in Luthers einleitenden Worten zu Jes 60 der Gedanke von Gesetz und Evangelium.[8] Wahrscheinlicher ist jedoch, wie noch zu zeigen sein wird, daß Bugenhagen in dieser Hinsicht von Melanchthons "Loci communes" angeregt wurde.

Die Gegenüberstellung speziell der beiden Auslegungen zu Jes 60 belegt eindeutig, daß Bugenhagen bei der späteren Erarbeitung seiner Exegese nicht Luthers Postille benutzt hat. Offenbar war ihm diese nicht mehr vor Augen, als er ungefähr am Ende des Jahres 1523 die Erklärung zu Jes 60 im Kolleg vortrug. Ein Verweis auf Luther hätte durchaus nahegelegen, weil dessen Erläuterungen im Vergleich zu denen Bugenhagens viel ausführlicher und zudem theologisch tiefer angelegt sind. Umfaßt Bugenhagens Abschnitt zu Jes 60,1-6 nach der Handschrift Roths nur anderthalb Seiten, so füllt Luthers Deutung dieser Verse 36 Seiten in der Weimaraner Ausgabe seiner Werke.

Ein Beispiel soll die Unabhängigkeit beider Auslegungen voneinander belegen. Bugenhagen erklärt das erste Wort von Jes 60,1 "surge" wie folgt: "surge o Iacob cum iveo foedus de sp(irit)u meo et verb(is) meis, vel o Zion ciuitas s(an)cta cui venit redemptor vt s(upra) dictum, Surge q(ui) hacten(us) iacuisti i(n) morte".[9]

---

8   Luther schrieb: "Es ist eyn klare, leychte prophecey, drumb darff sie nit viel außlegens. Das er aber das Euangelium nennet eyn liecht, klarheyt, glantz und auffgang des herren, gibt er tzuuorstehen eyn unterscheyt unter dißem liecht des Euangeli und des gesetzs, wilcher unterscheyd gar wol tzu mercken ist, das man nit Euangeli und gesetz ynn eynander menge, und das eyn Euangeli heyß, das gesetz ist, odder widderumb; denn ym aduent und ynn vorigen Episteln haben wyr gehort, wie das Euangelium ist eyn wort des lebens, eyn lere der gnaden, eyn liecht der freud, das da tzusagt, bringt und gibt Christum mit allen seynen guttern. Aber das gesetz ist eyn wort des todts, eyn lere des tzorns, eyn liecht der betrübniß, das die sund offenbart und foddert die gerechtickeytt von uns, wilche wyr nitt vormugen, damit das gewissen sich erkennet und fulet als des ewigen tods und tzornß schuldig, dauon es muß betrubt und unrugig seyn. Und eynem solchen gewissen kompt und wirt diße fröhliche prophecey Isaie gesungen, das es widder erfrewet, lebendig und ledig werd von gesetz und sunden" (WA 10 I, S. 520f.).
9   Fo. 268r der Handschrift Roths.

Luther dagegen gibt nur für dieses Wort folgende breite Auslegung: "Das auffstehen ist gesagt on zweyffel zu dem, der nit auffgestanden ist, das ist: der do ligt und schlefft oder ist todt; denn mich dunckt, das ditz der spruch sey, den S. Paulus meynett und ruret, da er sagt Ephe. 5: darumb ist gesagt: Stand uff, der du schleffist, und erstehe von den todten, ßo wirt dich Christus erleuchten. Christus ist on zweyffell ditz liecht, dauon auch hie Isaias sagt, der durch das Euangelium leuchtet ynn alle welt und erleucht alle, die da auffstehen und seyn begeren. Das aber hie wirt Hierusalem genennet und nitt ynn S. Paulo, da ligt nichts an. Im text Isaie steht keyn Hierusalem, ist von andern ynn die Epistel gesetzt, daraumb das doch Hierusalem odder das volck von Israel durch den propheten wirt angesprochen. Wer sind nu diße schleffer und todten? On zweyffel alle, die unter dem gesetz sind; denn die sind alle tod durch die sund, ßonderlich sind aber die todten, die das gesetz nitt achten, frey und offentlich ubell leben. Aber die werckheyligen sind die schleffer, die nit fulen, woran es yhn gepricht. Diße beyde achten nit viel das Euangelium, schlaffen und sterben ymer eynhynn; drumb muß sie der geyst auffwecken, das sie sehen und erkennen ditz liecht. Die dritten aber, die sind gnaddurstig unnd sufftzen nach dem Euangelio, die das gesetz fulen unnd yhr gewissen sie beysset, die sind gnaddurstig unnd sufftzen nach dem Euangelio, die machen auch, das es kompt unnd geben wirt, auch vorkundigen sie es; der eyner ist Isaias, auff das die schleffer und todten auch auffwachen und empfahen das liecht."[10]

Beide Zitate zeigen deutliche Unterschiede in der Auslegung. Bietet Bugenhagen nur drei kurze Varianten an, wer mit dem "surge" angesprochen sei, so stellt Luther seine Äußerungen mit Hilfe von Eph 5,14 und Überlegungen zu Gesetz und Evangelium in einen größeren Rahmen. Im Gegensatz zu Bugenhagen erwähnt Luther zudem sich ihm auftuende textkritische Probleme, die aus dem Vergleich des hebräischen Textes mit der Vulgata und Eph 5,14 entstanden waren.

---

10 WA 10 I, S. 521f.

Abgesehen von der theologischen Grundthematik von Gesetz und Evangelium, die Bugenhagen zum Beginn seiner Jesajaauslegung als hermeneutischen Schlüssel für deren Verständnis von Luther übernommen haben könnte, ist sonst kein nennenswerter Einfluß von Luthers Postilla auf die Jesajaexegese erkennbar.

6.3.2 Philipp Melanchthon

Bereits Holfelder konnte in seinen Studien zu Bugenhagens Schriftauslegungen den Nachweis erbringen, daß Bugenhagen neben wichtigen Positionen Luthers insbesondere auch Gedanken Melanchthons in seinen Vorlesungen aufnahm.[11] Diese gedankliche Verbundenheit Bugenhagens mit dem Wittenberger Gräzisten ist in erster Linie aus der engen Lebens- und Arbeitsgemeinschaft erklärlich, die beide gerade in den ersten Jahren des Wittenbergaufenthaltes des Pomeranus verband.

Wie aus einer späteren Notiz Bugenhagens zu erschließen ist, besuchte er die von Melanchthon im April 1521 begonnene Vorlesung zum 1. Korintherbrief.[12] Ebenso war er wohl auch bei der kursorischen Lektüre des griechischen Textes des Römerbriefes in Melanchthons Privatkolleg im Frühjahr 1521 zugegen.[13] Die aus dieser Übung entstandene Textausgabe, die noch im selben Jahr erschien, widmete Melanchthon seinem neuen aus Pommern kommenden Freund.[14]

Melanchthon war es dann auch, der Bugenhagen bat, sein im Spätsommer oder Herbst 1521 begonnenes privates Psalmenkolleg

---

11 Vgl. dazu vor allem Holfelder: Tentatio, S. 185, Anm. 269, sowie: Solus Christus, S. 17f., 32 und 76.
12 Zur Datierung dieser Vorlesung vgl. Wilhelm Maurer: Der junge Melanchthon (vgl. Anm. 21 auf S. 15), Bd. 2, S. 127. Zu dem in Bugenhagens Auslegung zum Buch der Weisheit enthaltenen Hinweis auf das Melanchthon Kolleg vgl. S. 15.
13 Diese Vermutung stellte Maurer: Der junge Melanchthon, Bd. 2, S. 72 auf.
14 Abgedruckt ist dieses Widmungsschreiben bei Otto Vogt: Dr. Johannes Bugenhagens Briefwechsel, S. 8f. sowie MBW T1, S. 292f.

öffentlich an der Universität vorzutragen. Mit dieser Vorlesung ermöglichte er Bugenhagen den raschen Einstieg in die akademische Tätigkeit in Wittenberg. Wie Bugenhagen im Widmungsbrief zur Herausgabe seiner Psalmeninterpretation berichtet, besuchte Melanchthon selbst seine Vorlesung.[15] Holfelder wies bei der Untersuchung dieses Kommentares nach, daß es sich bei den beiden in dieser Auslegung zu findenden Erwähnungen Melanchthons um mündliche Mitteilungen handelt, die Bugenhagen in seine Exegese einarbeitete.[16]

Bei einer derartigen engen Zusammenarbeit ist es nur allzu verständlich, daß Bugenhagen sich vor allem auch dem theologischen Hauptwerk Melanchthons, den "Loci communes rerum theologicarum seu Hypotyposes theologicae" verpflichtet fühlte, zumal dieses Werk zu der Zeit entstand, als er in Melanchthons Haus wohnte und sich unter dessen Anleitung die neuen theologischen Erkenntnisse der Reformation erarbeitete.[17]

Holfelder konnte in seinen Studien zur Psalmeninterpretation ausführlich aufzeigen, daß Bugenhagen schon in diesem Kommentar Gedanken aus den "Loci" aufgenommen hatte.[18] Für die Auslegung der Paulusbriefe stellte Holfelder ebenfalls eine deutliche Abhängigkeit Bugenhagens von diesem Werk fest, was allein die sechsmaligen Verweise darauf in jener nicht sehr umfänglichen Exegese anzeigen.[19]

Da das Pauluskolleg etwa zeitgleich mit der Jesajavorlesung begann und Bugenhagen auch in dieser Auslegung zwei Hinweise

---

15 "Quin (et) PHILIPPUS noster subinde me sua praesentia, honoris gratia, et simul ut sciret q(ui)d efficere(m), dignabatur: ut uel sic (et) me (et) meos auditores [quae sua est in hanc scholam beneuolentiua] in officio co(n)tineret." Interpretatio in librum psalmorum, fo. 2v.

16 Vgl. Holfelder: Tentatio, S. 106f. Für das Jesajakolleg ist ebenfalls ein Gedankenaustausch zwischen beiden Reformatoren anzunehmen, denn - wie bereits erwähnt - bemerkte Bugenhagen zur Erklärung von Jes 10,23, die Zustimmung Melanchthons zu seiner dort vorgetragenenen Auslegung. Vgl. S. 78.

17 Vgl. Leder: Johannes Bugenhagen Pomeranus (vgl. Anm. 16 auf S. 5), S. 15.

18 Vgl. dazu Holfelder: Tentatio, S. 185 Anm. 269.

19 Vgl. dazu Holfelder: Solus Christus, S. 108.

auf die "Loci Philippi" gab,[20] ist auch bei der Jesajaexegese ein
Einfluß dieses Werkes anzunehmen. Betrachtet man die "Loci"
unter dem von Bugenhagen in seiner Prophetenauslegung so
betonten Gesichtspukt von "lex" und "evangelium", so erscheinen
sie nachgerade wie eine "Vorarbeit" für diese Exegese.[21] Eine Gegenüberstellung der einleitenden Worte Bugenhagens aus dem
"Argumentum" zu Jesaja und Ausführungen Melanchthons aus
dessen "Loci" macht die Abhängigkeit Bugenhagens von diesem
Werk deutlich sichtbar:

Bugenhagen

Tota scriptura legem nob(is) p(rae)dicat et eua(ngelium).
Lex co(n)fundit et da(m)nat,
Euan(gelium) consolatur et saluat.
Illa e(st) cognitio p(e)c(ca)ti, hoc est v(er)o p(e)c(ca)ti remissio.[22]

Melanchthon

Tota scriptura alias lex alias evangelium.[23]
Lex damnat.[24]
Evangelium consolatur.[25]
Sicut lex peccati cognitio est, ita evangelium promissio gratiae et
iustitiae.[26]

---

20 Vgl. Fo.134v und 180v der Bugenhagen-Handschrift.
21 Wie Wilhelm Maurer in seinem Aufsatz zur Komposition der Loci,
    LuJ XXV, 1958, S. 152, gezeigt hat, ist für den Gesamtaufriß der Loci
    von 1521 die Gegenüberstellung von Gesetz und Evangelium bestim-
    mend. Nach Maurer ringt Melanchthon sich in den "loci" allmählich zu
    immer größerer Klarheit über diese beiden Größen und ihr gegenseitiges
    Verhältnis durch.
22 Fo. 124r der Bugenhagen-Handschrift.
23 Melanchthon-Studienausgabe Bd.II/ 1, Gütersloh 1952, S. 69.
24 Ebd. S. 73.
25 Ebd. S. 83.
26 Ebd. S. 85.

Die Worte Bugenhagens erinnern gleichfalls an Aussagen Melanchthons, die dieser an exponierter Stelle in seinen "Loci", in dem einleitenden Abschnitt "De evangelio", vorträgt: "Duae in universum scripturae partes sunt, lex et evangelium. Lex peccatum ostendit, evangelium gratiam."[27] Nur einige Zeilen später hebt Melanchthon hervor, daß das Evangelium nicht nur auf die Evangelien und das Gesetz nicht nur auf das mosaische Gesetzeswerk beschränkt seien, wie auch die Offenbarung von Gesetz und Evangelium nicht zeitlich zu unterscheiden sei.[28] Speziell auf die alttestamentlichen Propheten eingehend, führt Melanchthon daraus folgernd aus: "Prophetae legem dicent, cum insectantur hypocrisin, cum impietatem, securitatem et hoc genus alia. Nam obscuravitia seu hypocrisin potissimum reprehendant; evangelium quoque denunciant, quoties illis suis vivacissimis promissionibus de Christo erigunt labefactatas conscientias, animant ita implent."[29]

Sicher wird man die Ausführungen Melanchthons in ihrem Einfluß auf Bugenhagen nicht überbewerten dürfen. Sie vermittelten ihm jedoch eine zutiefst reformatorische Sicht der Propheten, die er in seiner Jesajaexegese nur noch in extenso auszuführen brauchte. Durch Melanchthons Gedanken war ihm so gewissermaßen das Programm seiner Vorlesung vorgegeben. Er konnte daher vom sicheren Boden reformatorischer Theologie aus das für die Reformation noch exegetische Neuland, den Propheten Jesaja, bearbeiten.

---

27 Ebd. S. 66.
28 Vgl. dazu ebd. S. 66.
29 Ebd. S. 70.

Exkurs (I.Teil): "Lex" und "evangelium" im Sendbrief an die
Treptower Schüler

Auch wenn Wolf-Dieter Hauschild gezeigt hat,[30] daß Bugenhagens
Sendbrief an seine Treptower Schüler vom Frühjahr 1521[31] nicht
mehr als das "erste Dokument der gewandelten Theologie Bugenhagens" (E.Kähler)[32] angesehen werden kann, so ist diese Schrift
doch weiterhin als ein erstes Summarium der gewandelten Theologie des Pomeranus zu verstehen und somit in seiner theologischen
Entwicklung eine wichtige Station.

Von der Formel "Christus verax et salvator" ausgehend, erörtert
Bugenhagen im ersten Teil des Sendbriefes unter dem Stichwort
"credere Christum veracem" das Gewißheitsproblem, anschließend,
unter dem Stichwort "credere Christum salvatorem", die Exklusivi-
tät des Heilshandelns Christi.[33]

Im letzten Abschnitt, in dem Bugenhagen auch über das Gesetz
spricht, sind Spuren einer Auseinandersetzung mit dem theolo-
gischem Problem von Gesetz und Evangelium, wenn auch noch
nicht unter den Begriffen "lex" und "evangelium", so doch "lex"
und "salvator Christus" festzustellen.

Als Inbegriff des Gesetzes führt Bugenhagen hier Matt 22,37-
39, das Doppelgebot der Liebe, an. Bei der nachfolgenden Erklärung betont er den Gedanken der "perfectio": "Neque evades
dicendo: Perfectis ista dicuntur. Verum est, perfecti dicuntur
Christinani, quibus dicitur: Estote perfecti etc. non quod re vera
sint, sed omnes eo niti debeant."[34] Die zentrale Aufgabe des Ge-

---

30 Vgl. hierzu Wolf-Dieter Hauschild: Johannes Bugenhagens Auseinander-
    setzung mit dem Katholizismus (vgl. Anm. 17 auf S. 5), S. 96-103.
31 Zur Datierung vgl. W.-D. Hauschild: Johannes Bugenhagens Ausein-
    andersetzung mit dem Katholizismus (vgl. Anm. 17 auf S. 5), S. 100.
32 Ernst Kähler: Bugenhagen und Luther. In: Werner Rautenberg (Hg.):
    Johann Bugenhagen. Beiträge zu seinem 400. Todestag, Berlin 1958,
    S. 113.
33 Eine gute Analyse des Sendbriefes bietet neben W.-D. Hauschild (vgl.
    Anm. 17 auf S. 5) vor allem Holfelder: Tentatio, S. 127-132.
34 Zitiert, wie auch die folgenden Zitate nach Carl Eduard Förstemann: Jo-
    hannes Bugenhagens Sendbrief an die Schüler zu Treptow, ZHTh 7,
    1837, S. 146f.

setzes sieht Bugenhagen in der Sündenerkenntnis. "Lex praeceptorum data est, ut cognoscas, quid Deo debeas." Zudem bringt das Gesetz den Menschen dazu, nach der Befreiung von der erkannten Schuld zu suchen. Mit Röm 7,24 ("Infelix ego homo, quis me liberabit de corpore hoc mortis?") fragt Bugenhagen und beantwortet dies mit den Worten: "Jesus Christus... solus liberat". Daraufhin werden die scheinbar nicht zu verbindenden Begriffe "lex" und "salvator Christus" zueinander in Beziehung gesetzt. "Itaque lex, quae praecipitur, cogit ad quaerendam gratiam, quae sola salvat per Jesum Christum." Zusammenfassend erklärt Bugenhagen: "Christus ergo solus salvator, in quo solo per fidem dives es, sine quo, quibuscunque rebus praesumpseris, pauper es et conscientia tua numquam quiete fruetur."

Die Zitate aus dem Sendbrief an die Treptower Schüler belegen, daß darin der Unterschied und der Zuammenhang von "lex" und "evangelium" noch nicht ausdrücklich und klar ausgesprochen werden. Der Sache nach klingt die Unterscheidung aber schon an. Wohl aufgrund des inhaltlichen Zusammenhangs des Schreibens wird Bugenhagen diese Probematik nicht ausführlicher entfalten haben. Möglich wäre aber auch, daß er sich selbst zur Zeit der Abfassung des Briefes (Frühjahr 1521) noch nicht vollkommen über den Zusammenhang und Unterschied der Begriffe im klaren war, so daß er auf dedaillierte Ausführungen dazu tunlichst verzichtete.

6.4 Das Rechtfertigungsgeschehen in der Dialektik von Gesetz und Evangelium

In der gesamten Jesajavorlesung ist unmißverständlich zu erkennen, daß Bugenhagen versucht hat, das Gesetz und das Evangelium, die er aus dem Prophetenwort abgeleitete, in seine Sicht der Rechtfertigung einzuordnen. Als Anknüpfungsbegriffe für die Entfaltung rechtfertigungstheologischer Gesichtspunkte dienten ihm bei Jesaja auch "fides" und "spiritus (sanctus)". Beide Begriffe bezeichnen für Bugenhagen Grundpositionen des Rechtfertigungsgeschehens. Daher werden im folgenden die theologisch-systematischen Grundgedanken Bugenhagens, wie sie aus seiner Jesajaexegese zu entnehmen sind, an Hand dieser vier Begriffe ausführlicher dargestellt.

6.4.1 Das Gesetz

Gleich zu Beginn der Vorlesung erklärt Bugenhagen: "p(ro)phetia non solu(m) est (. vt vulgo putatur .) p(rae)dictio futuroru(m) sed etia(m) leg(is) diuin(a)e et scriptur(a)e sanct(a)e interp(re)tatio."[35] Dementsprechend kann er, ebenfalls noch in der Einleitung, zur Aufgabe des Propheten bemerken: "Igitur du(m) p(rae)dica(n)t siue p(ro)pheta(n)t interp(re)tantes lege(m) d(omi)ni et docentes ne vana spe et fiducia oper(um) leg(is) in hypocrisi contra leg(is) volu(ntatem) p(er)eant."[36] Wie bereits in diesen Worten anklingend, hebt Bugenhagen dann auch in der eigentlichen Jesajaauslegung bei Äußerungen zum Gesetz immer wieder die rechte Unterscheidung zwischen der "lex dei" und den "leges hypocrisis" hervor.

Ebenso wie im Treptower Sendbrief wird auch in der Jesajaexegese als Inbegriff des Gesetzes das Doppelgebot der Liebe zitiert. Dieses Gesetz überfordert die menschlichen Kräfte. Die Erfüllung des Gesetzes kann somit nicht vom Menschen gewährleistet werden. Daher muß er sich als Sünder begreifen.[37] So besteht auch in der Jesajaauslegung entsprechend Röm 3,20 die zentrale Funktion des Gesetzes in der "cognitio peccati".[38]

---

35 Fo. 118r der Bugenhagen-Handschrift.

36 Fo. 118v der Bugenhagen-Handschrift.

37 "Su(m)ma a(u)t(em) leg(is) erat, Diliges d(omi)n(u)m deu(m) tuu(m) ex tote corde (et)c. et p(ro)xi(mum) tuu(m) sicut te ip(su)m qu(a)e lex o(mne)s ho(m)i(n)es da(m)nat / ad qua(m) nulle vires hu(m)an(a)e suppet(u)nt" (fo.131v der Bugenhagen-Handschrift).

38 "Lex erat data vt agnosce(re)tur p(e)c(ca)t(u)m Ro vij vt viso p(e)c(ca)to ho(m)i(n)es de se despera(n)tes disc(er)ent timere deu(m) et fid(er)e dei p(ro)missio(n)ib(us) / q(uod) no(n) v(ir)ib(us) suis sed sola dei m(iseri)cordi)a possent iustificari et liberari a p(e)c(ca)to" (fo.131v der Bugenhagen-Handschrift).

Aufgrund der "lex dei", des von Gott gegebenen Gesetzes, zweifelt der Mensch an sich und lernt Gott fürchten. Er wird dazu getrieben, nach Gott zu trachten und seine Barmherzigkeit zu suchen. Zwar kann die "lex dei" den Menschen nicht von den durch sie erkannten Sünden befreien, sie rechtfertigt selbst nicht, aber das Gesetz weist auf Christus hin und wird somit nach Gal 3,24 zum "paedagogus ad Christum".[39]

Der "lex dei" steht nach Bugenhagen ein doppeltes Mißverständnis beim Menschen gegenüber. "Bis ergo impij peccabant/ P(rimum) q(uod) lege(m) qua(m) deus exigit suis se virib(us) putabant posse implere, id quod est defic(er)e a deo et o(mn)i impietate co(mun)i(o)quinari Deinde q(uod) p(ro) vera lege dei qua(m) de(us) req(ui)rebant c(er)emonias et externas leg(is) obs(er)va(n)tias amplexati / ijs(dem) iusticia(m) stulte tribuebant."[40]

Diese "externae leges", auch "leges hypocrisis" von Bugenhagen genannt, sind Gesetze, die sich der Mensch selbst gegeben hat. Als Beispiele dafür führt Bugenhagen die Fastengebote, lange Bittgebete zu sprechen und das Zelebrieren von Festen an. Die "leges externae" treiben zum Unglauben und zur Heuchelei. Sie suchen nicht Gottes Willen, sondern nur den der Menschen. Obwohl der Mensch mit der Erfüllung jener Gesetze Gott gefällig sein will, verfällt er durch sie in Werkgerechtigkeit. Die "leges hypocrisis" werden somit zur "iusticia scribar(um) et pharis(a)eor(um)".[41] In seiner starken, allgemein von den Reformatoren geübten Kritik an dem Glauben an die "externae leges" fühlt sich Bugenhagen von den Worten Jesajas zutiefst bestätigt.[42]

Dem falschen Verständnis des Gesetzes stellt er betont das richtige Verständnis gegenüber, das letztlich die Erkenntnis bein-

---

39 "Lex no(n) iustificabat sed adigebat ad qu(a)erenda(m) et roganda(m) a deo mi(sericordi)a(m), sicut Gal. iij. di(citur) Lex pedagogus n(oste)r fuit ad Chr(istu)m." fo. 132r der Bugenhagen-Handschrift.
40 Fo. 131v der Bugenhagen-Handschrift.
41 Fo. 126v der Bugenhagen-Handschrift.
42 So beispielsweise bei seiner Erklärung von Jes 1, 10-17, der heute sog. "prophetischen Opferbelehrung oder Opherthora" (Kaiser). Vgl. dazu fo. 131r-134r der Bugenhagen-Handschrift, sowie Otto Kaiser: Der Prophet Jesaja, Kapitel 1-12, ATD 17, Berlin 1981, S. 19.

haltet, daß nur die "lex dei" zur "cognitio peccati" führen kann
und sich somit als "paedagogus ad Christum" erweist. Diese rechte
Unterscheidung von "lex dei" und den "leges hypocrisis" wird
aber nur durch die "fides", eine Gabe Gottes, ermöglicht.

6.4.2 "Fides" und "Spiritus sanctus"

Ist das Gesetz eine notwendige Voraussetzung zur Rechtfertigung,
denn diese ist die "liberatio de potentia legis",[43] so versteht Bugenhagen den Glauben und den Heiligen Geist als Grundlagen
dafür, durch welche das Geschehen der Rechtfertigung am Menschen wirksam wird.

Daher betont Bugenhagen in seiner Jesajaauslegung immer
wieder die fundamentale Bedeutung des "per fidem" für die Annahme der Rechtfertigung und kann mit Röm 1,17 und Röm 3,33
zusammenfassend sagen: "iusticia dei revelata per fide(m) Jesu
Chr(ist)i".[44] Pointiert drückt Bugenhagen bei der Exegese von
Jes 1,18 seine Hochschätzung des Glaubens für die Rechtfertigung
aus: "credider(is), iustificar(is)".[45]

Der Glaube erweist sich als die rettende Kraft, im Gegensatz
zum Unglauben, der zur Verdammnis führt.[46] Daher beruft sich
Bugenhagen oft auf die Worte aus Joh 3,18 "Qui non credit, iam
iudicatus est", sowie auf das in Röm 1,17 angeführte Zitat aus
Hab 2,4 "iustus autem ex fide vivat".[47] Mehrmals betont er, daß
die "fides" letztlich ein "opus dei" ist. Diese Ansicht dient ihm als
entscheidendes Argument gegen jeglichen Verdienstgedanken. Der
Glaube ist "opus dei, ne quid tibi arroges, vt h(omin)es".[48]

Auch in der Jesajaauslegung sticht der schon von Holfelder in
seinen Studien zur Paulusexegese Bugenhagens herausgearbeitete

---

43 Fo. 181v der Bugenhagen-Handschrift.
44 Fo. 179v der Bugenhagen-Handschrift.
45 Fo. 134v der Bugenhagen-Handschrift.
46 "Sicut e(ni)m sola fides saluat / ita sola infidelas da(m)nat." fo. 129r der
    Bugenhagen-Handschrift.
47 Vgl. dazu Anhang III.
48 Fo. 213r der Handschrift Roths.

enge Zusammenhang von "fides" und "charitas" hervor.[49] Bugenhagen vertritt dabei die grundlegende Auffassung Luthers von der
Unumkehrbarkeit der Reihenfolge von Glauben und Liebe und
grenzt sich somit - wie Luther - gegen schwärmerische Ansichten
und gegen radikale Gruppen der Reformation ab.[50] Der Glaube als
der wahre "cultus dei", bringt erst die Liebe zum Nächsten hervor.
Nach Gal 5,6 gilt nur der Glaube, der durch die Liebe wirkt,
etwas in Christo, dagegen ist alles andere nichts, auch das größte
der Gesetze.[51] Die "charitas" kann daher nur als Werk und Frucht
der "fides" angesehen werden.

Eine besondere Betonung legt Bugenhagen in seiner Jesajaauslegung auf den Heiligen Geist. Nicht nur bei den Versen, in
denen das Wort "spiritus" vorkommt, sondern auch an anderen
Stellen der Auslegung findet er unter Zuhilfenahme von allegorischen Deutungen Aussagen über den Heiligen Geist.[52] Bugenhagen
versteht den "spiritus sanctus" wie auch die "fides" als "donationes
dei". Beide stehen in einer engen Beziehung zueinander. So wird
nur dem Gläubigen der Geist gegeben und wiederum schenkt Gott
seinen Geist nur nach dem Maß des Glaubens.[53] Wohl durch
Melanchthon vermittelt, der die Gabe des Geistes auch als Verdienst Christi ansieht,[54] kann Bugenhagen gleichfalls sagen:

---

49 Vgl. Holfelder: Solus Christus, S. 42-55.
50 Vgl. dazu besonders Holfelder: Solus Christus, S. 42-44.
51 "H(a)ec fides (est) cult(us) dei ver(us) / q(ua)e p(ro)ducit charitate(m) in
    p(ro)ximu(m), q(uem)admodu(m) Paul(us) dicit Ga: 5 fides q(uae) p(er)
    charitate(m) op(er)at(ur) (est) aliquid in Chr(ist)o, reliqua om(n)ia ni(hi)l
    s(u)nt etia(m) maxi(m)a leg(is)". fo. 213r der Handschrift Roths.
52 So interpretiert Bugenhagen beispielsweise in der Exegese von Jes 4,5:
    "H(a)ec colu(m)na est sp(irit)us sanctus / sicut i(nfra) c. lxiij. Des-
    ce(n)dens sp(irit)us d(omi)ni ductor ei(us) fuit. Ignem e(ni)m esse sp(iri-
    tu)m s(an)c(tu)m s(upra) dixi(mus). Nube(m) v(er)o et Paul(us) in-
    t(er)p(re)ta(tur) j.cor.x. Om(ne)s in Mosen baptizati s(unt) in nube et mari
    (id est) q(uod) Chr(istu)s dicit aqua et sp(irit)u sancto." fo. 149v der
    Bugenhagen-Handschrift.
53 Auf fo. 180v seines Manuskriptes bemerkt Bugenhagen: "Credentib(us)
    e(ni)m sp(irit)us donatur" und auf fo. 202r "sp(irit)us... datur... s(e)c(un)-
    d(u)m fide(m)."
54 Vgl. dazu Holfelder: Solus Christus, S. 32, insbesondere dort Anm. 53.

"Chr(istu)s emeruit nob(is) e(u)ndem sp(iritu)m quo sim(us) et ipsi filij dei et clamem(us) Abba p(ate)r."[55]

Der "spiritus sanctus" erfüllt nach Bugenhagen verschiedene Aufgaben an dem Gläubigen. Zum einen führt er zu dem, was Gott will, im Gegensatz zum menschlichen Geist, der nur wieder zum Menschen zurückführt.[56] Desweiteren lehrt und predigt der Heilige Geist Christum.[57] Letztlich stärkt und stützt er den Gläubigen im Gericht Gottes, so daß die Sünde sofort verdammt und auf Christus vertraut wird.[58]

Auf diese Weise bindet Bugenhagen, sowohl den "spiritus sanctus" als auch die "fides" eng in das Rechtfertigungsgeschehen ein. Zugleich verknüpft er beide mit dem Zusammenhang von "lex" und "evangelium". Die Gabe des Glaubens erhält der Mensch durch die Gabe des Heiligen Geistes, und diese bringen ihn dazu, daß er durch das Gesetz seine Sünde erkennt. Von dieser Sünde wird er durch das Evangelium Christi befreit. Dieses Geschehen nimmt der Mensch aber nur durch den Glauben wahr, den er durch den Heiligen Geist empfangen hat.

---

55 Fo. 202r der Bugenhagen-Handschrift. Vgl. auch die Auslegung zu Jes 40,10, zu der Bugenhagen u.a. bemerkt: "Deus nob(is) dedit vt hoc fiam(us) p(er) sp(iritu)m, que(m) emeruit nob(is) Chr(istu)s" (fo. 213r/v der Handschrift Roths).

56 "Donet spiritu(m) quo ductus h(a)ec o(mn)ia facias q(uae) deus vult / alioqui tuo spiritu duct(us) no(n) potes nisi carne(m) sequi (id est) tua qu(a)er(er)e no(n) qu(a)e dei s(unt)" (fo.133r der Bugenhagen-Handschrift).

57 Beispielsweise erklärt Bugenhagen zu Jes 40,5: "Videbit significat sp(i-rit)u (id est) intelligit Chr(istu)m (et) credet in eum" (fo. 212r der Handschrift Roths).

58 "Credentib(us) e(ni)m sp(irit)us donatur qui sua sponte facit lege(m) / et quicquid p(ro)pt(er) carne(m) adhuc peccatur in lege(m) / p(ro)pt(er) Chr(istu)m no(n) imputatur/ sp(irit)u iugiter p(e)c(ca)t(u)m da(m)na(n)te et Chr(ist)o solo confidente qui legi p(ro) nob(is) satisfecit" (fo. 180v der Bugenhagen-Handschrift).

6.4.3 Das Evangelium

Bugenhagen versteht das Evangelium als die "promissio gratiae" oder auch als die "remissio peccatorum".[59] Dieses Evangelium ist für ihn weitestgehend mit Christus identisch. Deshalb nimmt die Interpretation des Prophetenwortes auf Christus hin in der gesamten Jesajaauslegung einen ungemein breiten Raum ein. So werden neben den Messiasweissagungen auch weitere Aussagen Jesajas christologisch gedeutet.[60]

Christus ist für Bugenhagen die Tür, die das Allerheiligste der Schriften eröffnet.[61] Dementsprechend zitiert er in seiner Exegese eine Fülle von Jesusworten, die ihm zur Bestätigung seiner Auslegung dienen.[62]

Sowohl bei der Erklärung von Jes 7 als auch von Jes 9, den messianischen Weissagungen, bezieht sich Bugenhagen auf den Grundgedanken der altkirchlichen Christologie vom "verus homo et verus deus"[63] und macht dabei deutlich, daß er diesen ohne Abstriche übernimmt. Im Vordergrund seiner christologischen Überlegungen in der Jesajavorlesung steht - wie in der gesamten reformatorischen Theologie überhaupt - jedoch nicht das Wesen Christi, sondern viel mehr seine Funktion.

Bei der Betrachtung der Aussagen zu den "officia Christi" fällt auf, daß Christus dort vor allem als Lehrer (doctor) bezeichnet wird. So führt Bugenhagen schon zu Beginn der Vorlesung, in der einleitenden Inhaltsangabe zu den Kapiteln 55 bis 66 aus: "Chr(istu)s no(n) Iudex sed ma(n)suetus p(ro)ponitus et doctor

---

59 Fo. 133r der Bugenhagen-Handschrift.
60 Beispielsweise sieht Bugenhagen den Namen des Prophetensohnes in Jes 8,3 "Adcelera spolia detrahere Festina praedari" als Gegensatz zum "emmanuhel" von Jes 7,14 an und faßt beide als Christusnamen auf. Vgl.168v/169r der Bugenhagen-Handschrift. Auch Jes 2,2; 4,2-6 oder Jes 8,19-23 werden von Bugenhagen als "verba christi" ausgelegt.
61 "Christus ostiu(m) est p(er) que(m) nunc o(mn)ia scriptuar(um) adyta patesc(u)nt nob(is)" (fo. 119v der Bugenhagen-Handschrift).
62 Vgl. Anhang III.
63 Vgl. fo. 164v und fo. 188r der Bugenhagen-Handschrift.

ge(n)tiu(m)."[64] Als "doctor gentium" unterweist er nicht "traditio(ne)s hu(m)a(n)as aut a(n)i(m)ale(m) sapi(enti)a(m)",[65] sondern gemäß Jes 2,3 predigt er seinen Weg. "Christus docuit sua(m) eccl(esi)a(m) lex et v(er)bu(m) d(o)m(ini)."[66] Das eigentliche Ziel dieser Unterweisung Christi besteht darin, "vt sint om(ne)s θεοδιδάκτους".[67] Als θεοδίδακτοι werden die Jünger, alle Gläubigen angesehen, die durch den Geist Gottes belehrt werden. So sind sie gegen Anfechtungen geschützt, können Glauben und Unglauben, sowie Gottes Weisheit und die Weisheit der Welt unterscheiden.

Sechsmal insgesamt gebraucht Bugenhagen in der Jesajavorlesung den Ausdruck θεοδίδακτος.[68] Viermal hatte er dieses griechische Wort bereits in seiner Psalmeninterpretation verwendet. Da Bugenhagen θεοδίδακτος dort immer im Zusammenhang der Anfechtung erwähnt, schlußfolgerte Holfelder, daß Bugenhagen damit "den in der Anfechtung coram deo stehenden Menschen, also den tentatus" meinte.[69] Sowohl diese Interpretation des Begriffes als auch Holfelders Herleitung, Bugenhagen habe das Wort θεοδίδακτος aus 1 Thess 4,9 entnommen,[70] erscheinen als nicht zutreffend. Freilich kommt das Wort θεοδίδακτος nur an dieser Stelle in den kanonischen Schriften vor und ist auch sonst selten bei den Kirchenvätern belegt,[71] jedoch hätte ihm auffallen müssen, daß der Begriff gar nicht in dem von ihm postulierten Zusammenhang der Anfechtung von Paulus verwendet wird. Der Apostel schreibt: Περὶ δὲ τῆς φιλαδελφίας οὐ χρείαν ἔχετε γράφειν ὑμῖν, αὐτοὶ ὑμεῖς θεοδίδακτοί ἐστε εἰς τὸ ἀγαπᾶν ἀλλήλους. Wahrscheinlicher ist es, daß Bugenhagen das θεοδίδακτος aus Melanchthons

---

64   Fo. 127r der Bugenhagen-Handschrift.
65   Fo. 139r der Bugenhagen-Handschrift.
66   Fo. 139v der Bugenhagen-Handschrift.
67   Fo. 139r der Bugenhagen-Handschrift.
68   Vgl. fo. 139r, 176r, 190v, 261r und 269v der Bugenhagen-Handschrift, sowie fo. 236r der Handschrift Roths.
69   Holfelder: Tentatio, S. 152, vgl. insbesondere Anm. 137.
70   Vgl. Holfelder: Tentatio, S. 152.
71   Vgl. Walter Bauer: Griechisch-Deutsches Wörterbuch zu den Schriften des Neuen Testaments und der übrigen urchristlichen Literatur, Berlin-New York 1971[5], Sp. 704.

"Loci communes" übernommen hat. In diesem Werk des Griechischprofessors finden sich des öfteren griechische Begriffe in dem ansonsten lateinischen Text. An exponierter Stelle, am Ende des Abschnittes "De gratia", verwendet Melanchthon θεοδίδακτος in einem ähnlichen Zusammenhang, wie Bugenhagen. Melanchthon schreibt: "Est enim verbum spiritus, quod doceri nisi per spiritum non potest, id quod Esaias ait: omnes esse θεοδιδάκτους"[72] Möglich ist aber auch, daß Bugenhagen den Begriff von Erasmus übernommen hat, der ihn in seiner "Ratio seu Compendium verae theologiae" ebenfalls betont verwendet.[73]

Bugenhagen beschreibt in seiner Jesajavorlesung Christus neben seinem Amt als "doctor", auch als "rex, sacerdos et mediator noster".[74] Die drei Titel bringen für Bugenhagen die Stellung Christi im Rechtfertigungsgeschehen zum Ausdruck. Sie sagen aus, daß die "iustificatio" nicht unser Verdienst ist, sondern "voluntas domini manu eius dirigetur" (Jes 53,10).[75]

"Rex" wird Christus genannt, weil er die Menschen durch Gottes Macht "e regno Sathanae" weggerissen hat und daraufhin "fortium dividet spolia" (Jes 53,12).[76] Zu diesem königlichen Amt wurde Christus nach Jes 61,1 durch den Geist gesalbt, gleichwie er auch durch diese Salbung zum "sacerdos" eingesetzt wurde.[77] Beide "officia", das Königtum und das Priestertum Christi, werden von Bugenhagen eng zusammengesehen. "Sceptru(m) in hic regno (est) Euangeliu(m), Et sac(er)dot(iu)m Eua(n)gelij p(rae)dicatio et p(e)c(ca)toru(m) remissio."[78] Christus ist "sacerdos noster", weil er unsere Sünden trug und sich in den Tod mit Wegelagerern und Übeltätern am Kreuz preisgab. Weil er nun für unsere Übertretun-

---

72 Melanchthon-Studienausgabe Bd.II/1, S. 86.
73 Vgl. Erasmus von Rotterdam: Ausgewählte Schriften, Bd. 3, Darmstadt 1967, S. 124f.
74 Fo. 247r der Handschrift Roths.
75 Vgl. fo. 247r der Handschrift Roths.
76 Fo. 247v der Handschrift Roths.
77 Vgl. fo. 217r der Handschrift Roths.
78 Fo. 271v der Handschrift Roths.

gen im Angesicht des Vaters eintritt, wird er zum "mediator inter deum et hominem".[79]

In seinen Untersuchungen zur Paulusauslegung Bugenhagens konnte Holfelder aufzeigen, daß Bugenhagen besonders in der Exegese des Hebräerbriefes Christus als den "mediator" zwischen Gott und dem Menschen hervorhob.[80] Nach Holfelder ist Christus in dieser Auslegung als "sacerdos" oder "pontifex" "nur Interpretament für Bugenhagens Vorstellung von der Mittlerschaft Christi coram dei."[81]

Vergleicht man Bugenhagens Aussagen in seiner Paulusexegese mit den Äußerungen in der Jesajavorlesung, so ist deutlich erkennbar, daß in der Prophetenerklärung neben dem betonten Priestertum Christi auch sein Königtum hervorgehoben wird. Beide, von Bugenhagen eng zusammengedacht, erscheinen als Interpretamenta für Christus als den Mittler zwischen Gott und dem Menschen.

Exkurs (II.Teil): "Lex" und "evangelium" in den Widmungsschreiben zur Deuteronomium- und Samuelisauslegung (1524)
sowie zur 1. Korintherbriefexegese (1543)

In der Einleitung zu seinen Studien zur Paulusauslegung hatte bereits Holfelder auf Bugenhagens Widmungsschreiben zu dessen Deuteronomium-, 1. und 2. Samueliskommentar vom Mai 1524 hingewiesen und behauptet, daß Bugenhagen darin "den theologischen Rahmen seiner exegetischen Arbeit zu dieser Zeit" angebe.[82] Aus der Sicht der Jesajaauslegung ist dieses Schreiben insofern interessant, als Bugenhagen darin den Versuch macht, seine parallel zu der großen Jesajavorlesung gehaltenen kleineren Kollegs gleichfalls in das Schema von "lex" und "evangelium" hineinzupressen. So heißt es in der Widmung an den Wittenberger

---

79 Ebd.
80 Vgl. Holfelder: Solus Christus, S. 58-69.
81 Ebd., S. 63.
82 Ebd., S. 2.

Juristen Benedikt Pauli: "Quae hic publice praelegimus,... emittimus, tibi frater Benedicte duximus dedicanda. Primu(m), Deuteronomium, in quo uidere licet, quid lex exigat. Deinde Samuele(m). i. duos libros Regu(m), ubi apparet qua(m) seruata sit lex et q(uam) non seruata, et exemplis declaratur lege(m) nostris uiribus praestari no(n) posse. Tertio co(n)ciliata(m) per nos ex Euangelistis historia(m) Christi passi ex mox glorificati, hic uides Christu(m) dei iustitiam quae per fide(m) nostra est, qua(m) iustitia(m) lex exigere potuit, praestare no(n) potuit. Postremo decem epistolas Pauli cu(m) ea quae ad Hebraeos scripta est, in quibus declaratur ut ista dei iustitia quae Christus est toti mu(n)do praedicatione Euangelij innotuerit."[83]

Holfelders Annahme, daß Bugenhagen hier den theologischen Rahmen seiner gesamten exegetischen Arbeit jener Jahre anspricht, muß im Blick auf die in Kapitel 1 dieser Arbeit aufgezeigte rege Vorlesungstätigkeit Bugenhagens eingeschränkt werden. Bugenhagen nennt in dieser Widmung seine zu dieser Zeit im Druck erschienenen Kommentare. Daß es sich hierbei eher um eine nachträgliche Konstruktion als um einen bewußten theologischen Rahmen der exegetischen Arbeit handelt, zeigt die Anordnung der Schriften, die chronologisch nicht nach ihrer Entstehung noch nach ihrer Herausgabe von Bugenhagen erwähnt werden.

Eine der wichtigsten erhaltenen Äußerungen Bugenhagens Thema zum Gesetz und Evangelium ist der Widmungsbrief für die beabsichtigte Herausgabe seiner vollständigen Auslegung des 1.Korintherbriefes.

Nachdem Bugenhagen in der Pestzeit des Jahres 1527/28 nur die ersten vier Kapitel dieses Briefes ausgelegt und dann 1530 veröffentlicht hatte,[84] führte er diese Exegese in den folgenden Jahren weiter und plante 1543 deren Publikation. Dieses Vorhaben wurde nie verwirklicht. Wie Korrekturen in dem dazu von Bugenhagen verfaßten Widmungsschreiben und in dem Kommentar von 1530 beweisen, versuchte Bugenhagen 1551 abermals, seine Korintherexegese für die Veröffentlichung zu bearbeiten. Sein

---

83 Annotationes... in Deuteronomium, fo.a 1v.
84 Vgl. Geisenhof, S. 301-303.

140   Theologische Hauptlinien in der Jesajaauslegung

Widmungsbrief sowie der von ihm überarbeitete Kommentar
wurden erst um die letzte Jahrhundertwende in der damaligen
Königlichen Universitätsbibliothek zu Breslau wiederentdeckt und
im Jahre 1906 von Georg Kawerau herausgegeben.[85]
   Dieser Widmungsbrief, gerichtet an die Anhaltinischen Fürsten,
ist gleichsam ein kleiner Traktat zum Thema "lex" und "evangelium" und als ein mit apologetischen Akzenten ausgestatteter später
Reflex des Wittenberger Stadtpfarrers und Universitätslehrers auf
den Antinomerstreit aufzufassen. So sagt Bugenhagen zum Ende
dieses Schreibens von sich: "Ego postquam Dei clementia coepi
intelligere sacram scripturam et vocatus sum ad sacrum docendi
munus, amavi synceram sententiam scripturae. Scripsi et docui in
Scholis et multis Ecclesiis, quo sancte mittebar, legem et Euangelium ... et certis scripturis confutavi adversariorum errores et falsa
dogmata. Simplicissime et bona fide cum fiducia, quam dedit mihi
Deus, trado et tracto verbum Dei, odi maxime cavillos, Sophistica-
tiones, depravationes, calumnias, ut doctrina sana, quam Christus
iam suae Ecclesiae per alios egregios spiritu Christi doctos viros
reddidit, posteritati usque ad diem novissimum et laetissimum
Christi adventum conservetur."[86]
   Der Widmungsbrief hat einen relativ klaren Aufbau. Nach der
Anrede führt Bugenhagen seine Ausführungen zum Gesetz und
Evangelium mit den Worten ein: "Tractanti sacras scripturas primum et ante omnia necessarium est, scire quid sit lex et quid
Euangelium."[87] Davon ausgehend erklärt er in einem längeren
Abschnitt, was unter dem Gesetz zu verstehen sei und sodann in
einem weitaus kürzeren Abschnitt, was das Evangelium beinhaltet.
Daran anschließend handelt Bugenhagen in breit angelegten Ausführungen von der Befreiung vom Gesetz durch Jesus Christus
und hebt zum Schluß hin abermals hervor: "Sanctus itaque Doctor,
praedicator et Episcopus Ecclesiae Christi est, qui hoc discrimen
legis et Euangelii bene novit et ex scripturis sanctis et propria
experientia confirmare potest ... Qui autem hic discrimen ignorant

---

85 Georg Kawerau: Über eine unveröffentlich gebliebene Schrift Bugenha-
    gens, ThStKr 79, 1906, S. 614-627.
86 Ebd. S. 622.
87 Ebd. S. 617.

et tamen volunt esse legis doctores, nihil intelligunt sacris litteris."[88] Diesen Worten folgen die oben zitierte Verteidigung Bugenhagens und abschließend die eigentliche Widmung.

Bei der naheliegenden Gegenüberstellung der Aussagen Bugenhagens in seiner Jesajaauslegung mit denen in dem zwanzig Jahre später geschriebenen Widmungsbrief[89] sind sowohl die unterschiedliche Form als auch der Anlaß beider Schriften zu beachten. Mußte sich Bugenhagen in der Vorlesung in strenger Bindung an den auszulegenden Prophetentext äußern, so konnte er im Widmungsbrief sowohl allgemeinere Gedanken als auch prinzipiellere Aussagen zur Problematik von "lex" und "evangelium" vortragen.

Gleich zu Beginn des Widmungsschreiben gibt Bugenhagen, ähnlich wie in seiner Jesajavorlesung, jeweils kurze Erklärungen zum Gesetz und Evangelium. So wird für die Verächter und Hochmütigen das Gesetz gepredigt, "qua cognoscitur peccatum, et poetentibus Euangelium, quo cognoscitur remissio peccatorum."[90] Wie in der Prophetenauslegung wiederholt Bugenhagen auch im Widmungsbrief die grundlegende Feststellung: "Est enim tota sacra scriptura aut lex aut Euangelium."[91]

Schon im Treptower Sendbrief und im Jesajakolleg hatte er als Inbegriff des Gesetzes Matt 22,37-39, das Doppelgebot der Liebe, zitiert. Weit hinaus über das in der Vorlesung Gebotene geht dann aber seine Aussage im Widmungsbrief zur Herkunft des Gesetzes: "Hanc obedientiam, haec opera et cordis puritatem sive imaginem Dei, quae Dei homini primo dederat, quando lege praedicante et exigente rationem de acceptis bonis homo in se non invenit, quia sunt amissa per peccatum primi parentis Adae, agnoscit suum peccatum, siquidem nullum est peccatum nisi transgressio legis Dei, et videt se sub ira Dei traditum in potestatem Satanae ad ignem aeternum, et horrenda blasphemia desperat. Ideoque omnes homines, post lapsum Adae, per naturam sunt sub lege et ira Dei, per

---

88 Ebd. S. 621.
89 Bugenhagen beendete den Widmungsbrief mit der Angabe: "Ex Wittenberge Mdxliij die Martis post Oculi". Diese Datumsangabe wurde später von ihm durchgestrichen. Vgl. ebd., S. 616.
90 Ebd. S. 617.
91 Ebd.

legem damnati ad mortem aeternam."[92] Darum ist es für den Menschen unmöglich, mit eigenen Kräften und Werken das Gesetz zu erfüllen. Keine Kreatur kann sich davon befreien. Der Zorn Gottes bleibt über ihr. Mit Worten aus 2 Kor 3,7 bezeichnet Bugenhagen die Predigt des Gesetzes als das "ministerium mortis".[93]

Verhältnismäßig kurz ist dagegen die eigentliche Erklärung des Evangeliums gehalten. "Euangelium autem, quia non exigit nostra opera, non requirit nostra merita et dignitatem, sed promittit male meritis et desperatis peccatoribus Christum, et in Christo consolationem, iusticiam et vitam aeternam."[94] Wiederum unter Aufnahme von 2 Kor 3 aufnehmend ist die Predigt des Evangeliums dann das "ministerium iusticiae et vitae aeternae".[95]

Die weiteren Aussagen zum Evangelium weisen vergleichsweise zu den Äußerungen zum Gesetz nicht mehr eine solche Klarheit aus. Bugenhagens Gedanken kreisen dabei wiederholt um den dreimal, wenn auch immer in etwas abgewandelter Form, herangezogenen Paulussatz: "Non enim estis sub lege sed sub gratia" (Röm 6,14). Etwas breiter behandelt Bugenhagen in diesem Zusammenhang die Frage, wie unsere unvollkommenen und unreinen Werke Gott gefällig sein können und beantwortet diese u.a. damit, daß Gott uns als seine Söhne "propter Jesum Christum" liebt, "in quem creditis, ipse suscipiet vestra bona opera licet imperfectissima ut perfecta, ipsi ita placebit vestra inchoata obedientia, ut imputet vobis perfectionem."[96] Zum Abschluß dieses Abschnittes betont Bugenhagen mehrmals die Zuversicht auf die durch Christus ermöglichte Sündenvergebung.[97]

---

92 Ebd. S. 617f.
93 Ebd. S. 618.
94 Ebd.
95 Ebd. S. 619.
96 Ebd. S. 620.
97 "Si quid peccat, tamen hoc non imputatur ei, habet enim perpetuo remissionem peccatorum per Christum, quemadmodum Johannes ait: Advocatum habemus apud patrem Jesusm Christum iustum etc. et Ps: non delinquent omnes, qui sperant in eum." Ebd. S. 621.

Der Vergleich der Grundgedanken aus dem Widmungsbrief von 1543 mit denen aus der Jesajaexegese verdeutlicht, daß Bugenhagen im Laufe der Zeit zum einen tiefer in die Problematik von "lex" und "evangelium" eingedrungen war. Zum anderen ist auffallend, daß einige noch in der Vorlesung stark betonte Motive, so der "spiritus sanctus", im Widmungsschreiben keine hervorgehobene Rolle mehr spielen. Insgesamt ist aber ein deutliches Continuum von Aussagen Bugenhagens zum Gesetz und Evangelium erkennbar, so daß seine oben zitierte Verteidigung als durchaus begründet erscheint.

6.5 Zusammenfassung

In den theologisch-sytematischen Gedanken Bugenhagens, wie sie seiner Jesajavorlesung zu entnehmen sind, werden vor allem drei Einflüsse spürbar, die auf den Reformator gewirkt haben. Zum einen ist dies die christliche Auslegungstradition, die Bugenhagen bei der Jesajaexegese insbesondere durch den Kommentar des Hieronymus zu diesem Propheten und Lyras Postilla vermittelt wurde. Andererseits übte der Gedankenaustausch mit den anderen Wittenberger Theologen eine bedeutende Wirkung auf Bugenhagen aus, und zum dritten darf der Einfluß seiner parallel zum Jesajakolleg gehaltenen eigenen Vorlesungen für die Entwicklung seines theologischen Denkens nicht unterschätzt werden. Obwohl diese drei Größen einerseits auf Bugenhagens gewirkt haben, so ist er andererseits bei der Ausarbeitung der Vorlesung doch gleichsam unabhängig von ihnen geblieben. Unabhängig erweist er sich darin, wie er diese Quellen bei der Exegese verbindet und ausschöpft. Dabei geht er einige Wege und gelangt gelegentlich zu eigenständig wirkender Ausprägung theologischer Gedanken, dies aber immer in wesentlicher Übereinstimmung mit Grundpositionen der Wittenberger Theologie.

Aus der Tradition der christlichen Auslegungsgeschichte übernahm Bugenhagen für die Jesajaexegese die betont christozentrische Deutung des Propheten. Darin fühlte er sich aufgrund der von ihm so hervorgehobenen lutherischen Rechtfertigungslehre mit der zentralen Bedeutung Christi bestätigt und so verstärkte er - manchmal sogar in übertrieben wirkender Weise - diese Interpretation des Jesaja.

Offenbar durch Melanchthon vermittelt, dürfte Bugenhagen seine Überlegungen zu "lex" und "evangelium" vertieft haben. Ebenso ist der Einfluß Melanchthons bei Bugenhagens deutlicher Betonung des Heiligen Geistes als Grundlage der Rechtfertigung unverkennbar. Dabei wird die Lektüre der "Loci communes" gebührend in Rechnung zu stellen sein.

Selbständige theologische Gedanken entwickelte Bugenhagen in der Jesajavorlesung vor allem im Rahmen von christologischen Aussagen. Dazu hatte er in den "Loci Philippi" nur wenig Hilfe und Anregung gefunden.[98] Umso mehr konnte er hier auf seine eigenen umfangreichen Paulus- und Evangelienstudien zurückgreifen, deren Ergebnisse er neben dem Jesajakolleg in weiteren Vorlesungen vortrug. Daher wird man die Bedeutung des Jesajakollegs für die Entwicklung des theologischen Denkens Bugenhagens in engem Zusammenhang mit jenen anderen Auslegungen sehen müssen.

Die Jesajavorlesung ist ein eindrückliches Beispiel dafür, wie Bugenhagen sich im Vollzug der Schriftauslegung theologische Gedanken aneignete und selbst entwickelte. Die dabei gewonnenen Erkenntnisse stellen dann - wie beispielhaft im Exkurs (II.Teil) veranschaulicht werden konnte - eine der Grundlagen für sein späteres Denken dar.

---

98 Vgl. dazu beispielsweise Ernst Bizer: Theologie der Verheißung, Studien zur Theologie des jungen Melanchthon, Neukirchen Vluyn 1964, S. 67: "Eine Schwäche des Buches bleibt ferner, daß es Melanchthon nicht gelungen ist, die Verheißungen in ein klares Verhältnis zu Person und Werk Christi zu bringen."

Rückblick

Die erste reformatorische Exegese des Jesaja erlebte keine spürbare Nachwirkung. Der Hauptgrund hierfür liegt gewiß darin, daß die von Bugenhagen beabsichtigte Veröffentlichung dieser Auslegung nicht zustande kam. So bewahrt die Universitätsbibliothek Greifswald eine Kollegmitschrift auf, die nur etwa das erste Drittel der Vorlesung wiedergibt. In der Ratsschulbibliothek Zwickau findet sich eine spätere Reinschrift, die als einzige Handschrift die gesamte Auslegung überliefert. In der von Bugenhagen stammenden, in Berlin befindlichen fragmentarischen Handschrift seiner Jesajaexegese ist nicht das Vorlesungsmanuskript erhalten, sondern die mehrfache Überarbeitung der Auslegung für die geplante Drucklegung. Diese Quellenlage führte dazu, daß sich die bisherige Forschung dieser Auslegung nicht intensiver annahm.

Die Jesajavorlesung Bugenhagens kann allein bereits aufgrund ihrer breiten Anlage zu den bedeutendsten Auslegungen dieses Reformators gezählt werden. Neben dem großen Psalmenkolleg von 1521 bis 1523 ist die Jesajaexegese die umfangreichste Auslegung, die Bugenhagen in den ersten Jahren seines Wittenbergaufenthaltes an der dortigen Universität vortrug. Um die Bedeutung und die Qualität dieser Vorlesung zutreffend einschätzen zu können, muß beachtet werden, daß Bugenhagen gerade in jenen Jahren eine umfangreiche Vorlesungstätigkeit entfaltete.

Die Untersuchung der Jesajaauslegung vermittelt aufschlußreiche Einblicke in Bugenhagens exegetische Arbeitsweise. So ist deutlich, daß Bugenhagen sich bei der Ausarbeitung dieser Exegese vor allem auf den Kommentar des Hieronymus sowie auf die Postilla des Nikolaus von Lyra stützte. Verschiedene Kirchenväter, die er des öfteren erwähnte, zitierte er nur aus dem Gedächtnis. Dies gilt auch für den relativ oft angeführten jüdischen Historiker Josephus. Eine breite Auseinandersetzung mit der scholastischen Deutung des Jesaja vermißt man bei dieser ganz von der reforma-

torischen Theologie geprägten Auslegung. Die Hauptquelle der
Exegese Bugenhagens stellt die Heilige Schrift dar. Sie ist - re-
präsentiert insbesondere durch die Worte Jesu aus den Evangelien
und durch Zitate aus den Paulusbriefen - für ihn **der** Interpret des
Jesaja.

Erstmalig in der exegetischen Arbeit Bugenhagens konnte bei
der Auslegung von Jes 11,2 die Benutzung des hebräischen Textes
für eine eigene längere Übersetzung nachgewiesen werden. Mit
der Exegese dieses Kapitels beginnend ist bis zum Ende der
Vorlesung eine relativ durchgängige Bezugnahme auf den Urtext
belegbar. Obwohl auch weiterhin die Vulgatalesart die Grundlage
seiner Auslegung bildete, so stellte Bugenhagen doch damit seine
Jesajaexegese gegenüber der Psalmeninterpretation auf ein höheres
Niveau. Für die dazu notwendigen Hebräischstudien, bei denen
ihm vermutlich Melanchthon und der Wittenberger Hebraist Aurogallus hilfreich zur Seite standen, stützte sich Bugenhagen in
erster Linie auf Reuchlins "De rudimentis hebraicis".

Mit dem Verständnis des Propheten Jesaja als Prediger von Gesetz und Evangelium trug Bugenhagen eine für die exegetische
Tradition dieses Propheten neue Sichtweise vor. Bei der Heraus-
bildung dieser für ihn so grundlegenden Position wurde er, neben
Luther, vor allem von Melanchthon und seinen "Loci communes"
beeinflußt. In der gesamten Jesajavorlesung ist Bugenhagens
Bemühen unverkennbar, das von ihm aus den Worten des Propheten abgeleitete Thema von "lex" und "evangelium" mit der reformatorischen Rechtfertigungslehre in Verbindung zu bringen. Darin
liegt, trotz mancher Schwächen, die Bugenhagens Auslegung insgesamt anhaften, die besondere Bedeutung dieser ersten reformatorischen Jesajaexegese.

Anhang I: Graphische Darstellung der Intensität und des Umfanges der Auslegung der einzelnen Kapitel sowie deren zeitliche Einordnung

In diesem Anhang wird graphisch dargestellt, mit welcher Intensität sich Bugenhagen der Auslegung eines jedem Kapitels des Jesajabuches gewidmet hat. Ebenso zeigt diese Übersicht, zu welchen Zeitpunkt Bugenhagen in etwa die Auslegung der einzelnen Kapitel in der Vorlesung vorgetragen hat.

Das Blockdiagramm (oben) und die Zeitachse (unten) wurden aus Platzgründen auf drei Seiten verteilt. Die horizontale Achse des Blockdiagramms gibt die Seitenanzahl gemäß der Handschrift Roths wieder. (Nur dieses Manuskript konnte als Grundlage für die Berechnungen genutzt werden, da es als einzige der drei Textzeugen vollständig die Exegese Bugenhagens wiedergibt.) Auf der vertikalen Achse ist die Auslegungsintensität aufgetragen. Diese ergibt sich aus dem Quotienten der Anzahl der Seiten eines jeden Kapitels in Roths Handschrift und der jeweiligen Versanzahl.

Der jedem Kapitel entsprechende Streifen ist das Maß der Intensität, mit der Bugenhagen das jeweilige Kapitel ausgelegt hat. Die Gerade mit dem Kennzeichen "....." markiert die durchschnittliche Auslegungsintensität in der gesamten Vorlesung. Die Geraden mit den Kennzeichnungen "-.-.-", "----", "--.--" zeigen die Intensität der Auslegungen im 1., 2. und letzten Drittel der Vorlesung an.

Die Beschriftung der einzelnen Kapitel wurde aus Gründen der Übersichtlichkeit nicht direkt in jeden Streifen des Blockdiagramms eingetragen, sondern innerhalb eines Intervalls auf einer Geraden zwischen Blockdiagramm und Zeitachse vorgenommen.

Wie schon auf den Seiten 27 und 28 erwähnt, kann relativ sicher errechnet werden, wann in etwa Bugenhagen welche Kapitelauslegung in seiner Jesajavorlesung vortrug, da von diesem

Kolleg auch zeitlich der Beginn und das Ende bekannt sind. Gemäß dem Statuten der Universität Wittenberg von 1508 waren längere vorlesungsfreie Zeiten zu Weihnachten (21. Dezember bis 6. Januar), in der Fastenzeit (anderthalb Wochen), im Sommer (13. Juli bis 15. August) und im Herbst (21. Oktober bis 3. November).[1] Zieht man diese vorlesungsfreie Zeit von der Zeitspanne vom 13. November 1522 bis zum 1. März 1524 ab, so kann angenommen werden, daß Bugenhagen für das Vortragen seiner Jesajaauslegung fünfzigeinhalb Wochen zur Verfügung standen. Die Handschrift Roths der Exegese Bugenhagen erstreckt sich auf 564 Seiten. Bezogen auf diese Werte dürfte Bugenhagen durchschnittliche 11,2 Seiten pro Woche diktiert haben.

Aufgrund dieses Durchschnittswertes und unter Beachtung der oben genannten längeren vorlesungsfreien Zeiten an der Wittenberger Universität kann errechnet werden, zu welchen Zeitpunkt ungefähr Bugenhagen welche Kapitelauslegung in seinem Kolleg diktierte.

---

1   Vgl. Urkundenbuch der Universität Wittenberg, Teil I., Hg. von der Historischen Kommission für die Provinz Sachsen und für Anhalt. Bearbeitet von Wilhelm Friedensburg, Magdeburg 1926, S. 31.

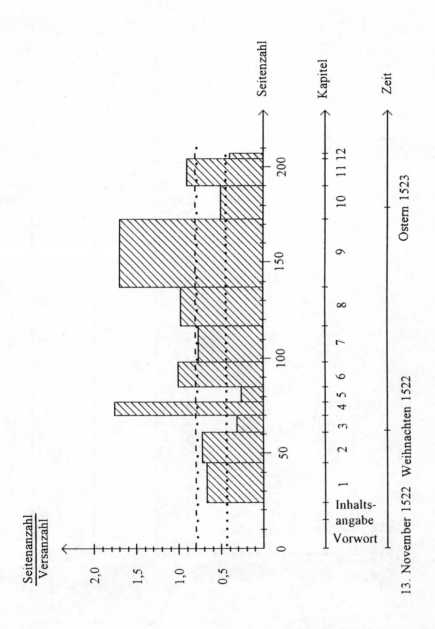

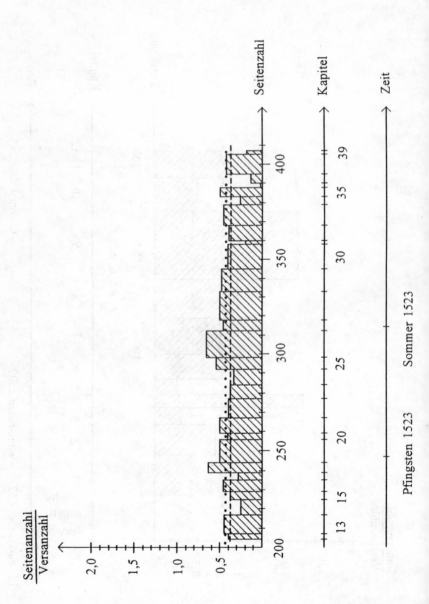

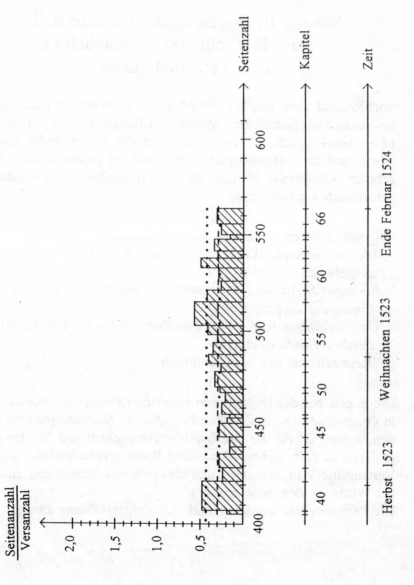

Anhang II: Bugenhagens Vorwort und Inhaltsübersicht zum Jesajabuch - eine Textwiedergabe

Nachfolgend wird die "Praefatio" und die Inhaltsübersicht über das Jesajabuch gemäß dem Manuskript Bugenhagens (fo.118r bis 127v) wiedergegeben. Andere Lesarten der Greifswalder Handschrift und des Manuskriptes Roths sind als Anmerkungen dargeboten. Gleichfalls werden die von Bugenhagen verwendeten Schriftzitate nachgewiesen.

Folgende Zeichen werden in den Anmerkungen verwendet:
° Das nachfolgende Wort wird in einer/ in beiden Handschriften ausgelassen.
ˈ An dieser Stelle wird von einer/ von beiden Handschriften eine Einfügung vorgenommen.
ˈ Das nachfolgende Wort wird in einer/ in beiden Handschriften durch ein anderes ersetzt.
// Kennzeichnet den Seitenumbruch.

Die gegenüber der Bugenhagen-Handschrift anderen Lesarten der in Greifswald bzw. in Zwickau befindlichen Manuskripte sind mit den Siglen "G" für die Greifswalder Handschrift und "Z" für das in Zwickau aufbewahrte Manuskript Roths unterschieden.
Vertauschte Wortstellungen und abweichende Schreibung einzelner Worte werden nicht erwähnt.
Die Psalmenzitate werden gemäß der Vulgatazählung zitiert.

In Esaia(m)[1] [2]p(ro)phetam[3]:-

Duo in hac p(rae)fatione dica(m). Alteru(m) de p(ro)phetia et p(ro)phet(is). Alteru(m) de Esaia p(ro)pheta.
Primu(m). p(ro)phetia non solu(m) est (.vt vulgo putatur.) p(rae)dicatio futuroru(m) sed etia(m) legis diuin(a)e et scriptur(a)e sanct(a)e int(er)p(re)tatio qua(m) n(u)nc expositione(m) et p(rae)dicatio(nem) vocam(us), et p(ro)pheta p(rae)diator et scriptur(a)e sanct(a)e i(n)t(er)p(re)s, vt h(a)ec clare vides j.cor.xiiij. Qui inquit p(ro)phetat ho(min)ib(us) loquitur ad edifica(tionem) et exhorta-(tionem) et consolatio(nem) et qui p(ro)phetat ecclesia(m) edificat,[4] qua p(ro)phetia infideli ho(min)i cordis occulta manifesta fi(u)nt[5] vt cadens in [6]facie(m) adoret d(omi)n(u)m. H(a)ec p(ro)phetia inter dona sp(irit)us sancti numeratur / ne hoc sibi arroget cui datu(m) non [7]sit / neue cui datu(m) [8]sit vel abuta(tur) ad sua qu(a)erenda vel no(n) vtatur vt infidelis ille seru(us), q(ua)n(do)quide(m) dei donu(m) est tibi ad vtilitate(m) datu(m) eccl(esia)e. T(u)nc recte p(ro)phetab(is) [9](id est) cu(m) fructu / cu(m) fuer(is) a deo p(ro)pheta electus siue manifesta reuelatio(n)e siue alia te vrgente occasio(n)e du(m) v(er)bi gl(ori)a(m) no(n) tua(m) qu(a)er(is). T(u)nc / quia dei n(u)ncius es / tantu(m) intellige(n)ti(a)e scripturar(um) / tantu(m) v(er)bi diuini / tantu(m) fiduci(a)e ad p(rae)dicandu(m) et docendu(m) tibi spiritus dei suggeret q(ua)ntu(m) sat fuerit pro salute illor(um) qui credituri s(unt), N(u)nqua(m) er(is) sine v(er)bo dei vt maxi(m)e atramento et litera caruer(is). Hi(n)c vides no(n) (a)equale(m) in o(mn)ibus p(ro)phet(is) illu(m)i(n)a(tionem), diuidit e(ni)m sp(iritu)s singulis p(ro)ut vult ad eccl(esia)e vtilitate(m). Alij quide(m) alijs clarius

---

1   ' Z prefatio Jo: Pomerani:-
2   ° Z
3   ' G Joannis pomerani, Prefatio
4   1. Kor 14,3+4b
5   1. Kor 14,25a
6   ' Z t(er)ra(m)
7   ' G Z est
8   ' G Z est
9   ° Z

vider(u)nt, sed om(ne)s certi era(n)t hoc v(er)bu(m) esse dei
q(uod) loquebant(ur) Ideoq(ue) tam s(a)epe dic(u)nt H(a)ec dicit
d(omi)n(u)s deus (et)c.[10] Iccirco p(ro)phet(a)e videntes appellati
s(unt) et p(ro)phetia visio [11]di(citur) Intellig(u)nt e(ni)m et c(er)to
sci(u)nt ea de quib(us) p(ro)pheta(n)t, q(ui)ppe docti reue//latio(n)e
dei[12], id quod Daniel. [13]c. x. sic [14]dicit Intellige(n)tia op(us) est in
visio(n)e[15],[16] Non nego visiones q(uoque) dici illas imagines futur-
or(um) significationes quas q(ua)n(do)q(ue) vider(un)t / sicut
vid(er)e est in Daniele et i(n) o(mn)ib(us) fere p(ro)phet(is). sed
scriptura(m) [17]sic vti vocabulis visio et videntes vel i(n)it(iu)m
Es(aiae) testa(tur) Visio inquit Esaie, filij Amos quam vidit (et)c.[18]
et ap(er)te sat(is) j.reg. ix sic di(citur). Qui p(ro)pheta d(icitur)
hodie vocaba(tur) olim vide(n)s [19](et)c.[20] Ita et tu nisi videas (id
est) certo intelligas et c(re)das hoc [21]esse dei v(er)bu(m) et dei te
e(ss)e n(u)nciu(m) / p(ro)pheta no(n) es. Nescies e(ni)m de quibus
affirmas et v(er)bu(m) tuu(m) erit i(n)utile vel et(aim) nociuu(m).
Oportet e(ni)m nos hoc scire vt ait Petrus q(uod) p(ro)phetica
scriptura p(ro)pria int(er)p(re)tatio(n)e no(n) fit / Non e(ni)m
inquit volu(n)tate hu(m)a(na) allata est aliq(ua)n(do) p(ro)phetia
sed sp(irit)u sancto inspirati locuti s(unt) sancti dei ho(m)i(n)es.[22]
Talibus p(ro)phet(is) et dei nu(n)cijs si opus fuerit etia(m) reuelantur m(u)lta occulta / reuelantur et m(u)lta futura / quor(um) pleni
s(unt) libri p(ro)phetaru(m) / quia erat adhuc te(m)pus noct(is) (id
est) no(n) du(m) reuelat(a)e grati(a)e qua(m) oportebat p(rae)dici
sicut plenissi(m)e videbi(mus) in Esaia, oportebat q(uoque)

---

10 Vgl. z.B. Jes 7,7; 22,15.
11 ⌐ G dicta (est)
12 ⌐ Z (et)c.
13 ° Z
14 ⌐ G ait
15 ⌐ G (et)c.
16 Dan 10,1b
17 Anstelle von "sic vti" liest Z "sequuti".
18 Jes 1,1
19 ° Z
20 1 Sam 9,9
21 ⌐ Z (et)
22 2 Petr 1,20f.

p(rae)dici i(n)teritu(m) increduloru(m) / ne fortuitu o(mn)ia sic
fieri causarentur v(er)bi dei conte(m)ptores, sicut exprobrat Hie-
remias c. xxxvij. Vbi i(n)quit s(unt) p(ro)phet(a)e vestri qui
p(ro)phetaba(n)t vob(is) et diceba(n)t No(n) veniet rex Babylo(n)is
sup(er) vos et sup(er) t(er)ra(m) ha(n)c,[23] Igitur du(m) p(rae)di-
ca(n)t siue p(ro)pheta(n)t interp(re)tantes lege(m) d(omi)ni et
docentes ne vana spe et fiducia oper(um) leg(is) in hypocrisi
contra leg(is) vol(u)n(tatem) p(er)eant sicut vides c.j. Esai(a)e /
subi(n)de // etia(m) futura p(rae)dic(u)nt / ia(m) co(m)minati
p(er)ditione(m) v(er)bi dei neglectorib(us) et co(n)temptorib(us) /
ia(m) m(u)lta co(n)solatio(n)is dulcedi(n)e afflictas reficie(n)tes
co(n)scie(n)tias, quo factu(m) est vt no(n) solu(m) t(em)p(or)ales
liberationes ab hostib(us) t(u)nc illi p(o)p(u)lo p(rae)dixerint /
veru(m) etia(m) toti orbi[24] gr(ati)a(m) illa(m) dei patr(is) i(n)effa-
bile(m) et vniu(er)sa Chr(ist)i sacrame(n)ta / virg(in)is co(n)ceptio-
ne(m) / miracula Chr(ist)i / morte(m) / sepultura(m) / resurrec-
tio(nem) / regnu(m) / iudic(iu)m. Hoc e(ni)m ad p(ro)phetia(m)[25]
(id est) p(rae)dica(tionem) siue leg(is) int(er)p(re)ta(tionem)
[26]eor(um) p(er)ti(n)ebat / vt docerent lege(m) tantu(m) esse co-
gnitione(m) p(e)c(ca)ti / Chr(istu)m a(u)t(e)m legis impletione(m)
et n(ost)ra(m) sapi(ent)ia(m) / iusticia(m) / sanctifica(tionem) / re-
de(m)p(tionem) / satisfactione(m) / m(od)o cred(er)em(us) in
eu(m). Christus aut(em) de quo o(mne)s p(ro)phetauera(n)t /
[27]q(uia) et ip(s)e qua(m)qua(m) d(omi)n(u)s p(ro)phetaru(m)
p(ro)pheta(m) agebat / certius cu(m) suis ap(osto)lis q(uae) adhuc
restaba(n)t subi(n)de p(rae)dixit / sc(ilicet) de suo regno in creden-
tib(us) p(er) totu(m) m(un)du(m) dilatando / de pseudoap(osto)lis
/. pseudop(ro)phet(is) et pseudoChrist(is) siue AntiChrist(is) (id
est) euangelij glori(a)e magni dei si fieri possit vastatorib(us) /
quor(um) error eua(n)gelio rursus p(rae)dicato (id est) vt paul(us)
dicit spiritu or(is) Christi esset interime(n)dus et illustratio(n)e
adue(n)tus[28] [29]ei(us) abolendus. H(a)ec o(mn)ia / leg(is) diuin(a)e

---

23 Jer 37,18
24 ᵀ G Z terrau(m)
25 ᵀ G Z eorum
26 ° G Z
27 ⸠ G qui
28 Vgl. 2 Thess 2,8.

sc(ilicet) int(er)p(re)ta(tionem) et Christi mysteria / i(m)pij quia
no(n) cred(u)nt no(n) intellig(u)nt, sed dic(u)nt Manda rema(n)da[30]
[31](et)c. Esa. xxviij.[32] [33]Vn(de) dicitur c(apite) seq(ue)nti Obstupescite et a(d)miramini (et)c.[34] Et in ep(istula) ij. petri. Venie(n)t
in nouiss(im)is diebus in deceptio(n)e illusores iux(ta) p(ro)p(ri)as
co(n)cupisce(n)tias ambula(ntes) dice(ntes). vbi est p(ro)missio aut
adue(n)t(us) eius? Ex quo e(ni)m p(at)res dormier(un)t o(mn)ia sic
p(er)seuera(n)t ab i(n)itio creatur(a)e. (et)c.[35] //
Dixi(mus) p(ro)phetas intellig(er)e v(er)bu(m) q(uod) p(rae)di-
ca(n)t. Iam et hoc addendu(m) est q(uod) Paulus dicit j.cor. xiiij.
q(uod) sp(irit)us p(ro)phetaru(m) p(ro)phet(is) subiecti s(unt) / ne
qui de(us) pac(is) est deus videat(ur) dissensionis[36] si cogat
dic(er)e h(u)nc vbi et(iam) alij reuelauerit vt dicat / sicut illic
vides. Alioqui qu(omod)o possent s(er)uare p(ro)phet(a)e q(uo)d
audier(un)t a Chr(ist)o. Nolite sanctu(m) dare canib(us) et margari-
tas p(ro)ijc(er)e porc(is) [37](et)c.[38] Poss(u)nt ergo dispe(n)sare
v(er)bu(m) vbi et q(ua)n(do) volu(n)t pro sp(irit)us iudicio.
Pret(er)ea [39]neq(ue) hoc negligendu(m) q(uod) sicut sp(irit)us
sanct(us) diuidit singulis p(ro)ut vult / ita et(iam) q(ua)n(do) vult,
Non ergo s(em)p(er) reuelat abscondita p(ro)phet(is) / sicut dicit
Helise(us) iiij reg. iiij. D(omi)n(u)s celauit a me et no(n) i(n)di-
ca(vit) mihi.[40] Et Paul(us) [41]Act(is). xx. Et n(u)nc ecce ego al-
ligatus sp(irit)u p(ro)ficiscor hierosolyma(m) q(uae) in ea[42]
obue(n)tura [43]sint [44]mihi ignora(n)s / nisi q(uod) sp(irit)us sanctus

---

29 ⌐ G Z sui
30 ⌐ G expecta reexpecta / modicu(m) ibi (et) modicu(m) ibi
31 ° Z
32 Jes 28,10
33 ⌐ Z Cum
34 Jes 29,9
35 2 Petr 3,3f.
36 1 Kor 14,32f.
37 ° G
38 Matth 7,6
39 ⌐ Z nec
40 2 Kön 4,27
41 ⌐ G actoru(m)
42 ⌐ G mihi
43 ⌐ Z s(un)t

p(er) singulas ciuitates testificatur dice(n)s q(uod) vi(n)cula et afflictio(ne)s me mane(n)t.⁴⁵ Ita et scripturaru(m) qu(a)eda(m) abscondita reuelat qu(a)eda(m) abscondit. Atq(ue) hic debem(us) esse conte(n)ti n(ost)ra sorte / certo scie(n)tes in n(ost)ra(m) vtilitate(m) alia nob(is) reuelari alia ⁴⁶v(er)o abscondi, O(mn)ia v(er)o reuelat nob(is) sp(irit)us qu(a)e opus fuerit scire / m(od)o i(n)uocem(us) p(at)re(m) qui dat spiritu(m) bonu(m) petentib(us) se. H(a)ec dico ne ⁴⁷putes hodie q(uoque) no(n) reuelari multa p(ro)phet(is) dei / An tu co(n)te(m)nendu(m) duxer(is) q(uod) n(u)nc rursu(m) p(o)p(u)lus ge(n)t(iu)m qui ⁴⁸a(m)bulabat in t(en)ebr(is) videt luce(m) magna(m)⁴⁹ reddito nob(is) Chr(ist)o p(er) eua(n)geliu(m)? Christ(us) ostiu(m) est p(er) que(m) n(u)nc o(mn)ia scripturar(um) ⁵⁰adyta patesc(u)nt nob(is) // qui in illis fide(m) docem(ur) in quib(us) p(ro)phet(a)e Baal et papistic(us) ordo nihil aliud qu(aer)ebant / ⁵¹si tame(n) qu(aer)eba(n)t / q(ua)m suar(um) traditionu(m) co(n)firmationem, quor(um) ⁵²quida(m) qui no(n)du(m) resipisc(er)e poss(u)nt ita c(a)eci s(unt). vt insania(n)t p(rae) c(a)ecitate et me(n)t(is) stupore q(ua)n(do) audi(u)nt Ex sola nos in Chr(istu)m fide iustificari / adeo nihil vide(n)t in p(ro)phet(is) et eua(n)gelio dei, Ia(m) rursu(m) p(ro)phetas au-dim(us) a deo ill(u)m(in)atos v(er)bu(m) nob(is) nu(n)ciare dei / qui hacte(nus) traditio(n)ib(us) et so(m)nijs ho(m)i(n)um aberrau-im(us) vero conte(m)pto pastore Chr(ist)o.
Cu(m) vero de p(rae)dictio(n)e futuror(um) hic dixeri(mus). no(n) inutiliter qu(a)eritur quare qu(a)eda(m) no(n) facta si(n)t q(ua)n(do)q(ue) / q(uae) d(omi)n(u)s p(rae)dixerat futura, Non displicet q(uod) hic r(espo)nd(er)e solent, ne(m)pe aliqua(m) p(ro)phetia(m) esse s(ecundum) p(rae)scientia(m) dei / qua(m)

---

44 ° G
45 Apg 20,22f.
46 ° G
47 ⌐ Z putet(is)
48 ⌐ G ambulauit
49 Jes 9,2
50 ⌐ Z abdita
51 ° Z si tamen quaerebant
52 ⌐ Z quide(m)

adeo nec(ess)e est impleri vt ne iota quide(m) aut apex
p(rae)t(er)eat / vt est Ecce v(ir)go co(n)cipiet[53] (et)c.[54] Ipse vulne-
rat(us) e(st) p(ro)pter i(n)iquita(te)s n(ost)ras (et)c.[55] Aliqua(m)
vero e(ss)e p(ro)phetia(m) co(m)minatio(nis) vel s(ecundum)
co(m)minatione(m) / in qua s(em)p(er) intelligi oportet, nisi
p(o)enite(n)tia(m) egerit gens illa contra qua(m) p(ro)phetatur, vt
illa Ion(a)e iij. Adhuc xl dies et Niniue subuertet(ur),[56] [57] vbi ad-
di(tur) Vidit de(us) op(er)a eor(um) quia co(n)u(er)si s(unt) de via
sua mala et misertus est sup(er) malicia(m) qua(m) locut(us) fuerat
vt faceret eis et non fecit.[58] [59] Lege h(a)ec hiere. xviij. Ad h(a)ec
[60]ho(m)i(n)es ociosi i(n)uestigare vol(u)nt qu(omod)o deus reuelauerit futura in cordib(us) p(ro)phetaru(m), cu(m) tame(n)
q(ua)n(do) de(us) nos aliquo i(n)tellectu illuminat ignorem(us)
qu(omod)o ill(um)(in)et / sed f(er)e fit vt q(uas)i e so(m)no
exp(er)gefacti admiremur luc(is) circu(m)fus(a)e gloria(m) /
qua(m) venie(n)te(m) q(uia) dormiebam(us) vid(er)e no(n) po-
tuim(us). Sat ergo nob(is) // fuerit q(uod) Petrus dicit. Sp(irit)u
sancto inspirati locuti s(unt) sancti dei ho(m)i(n)es,[61] vt certo sci-
am(us) e(ss)e dei v(er)bu(m) q(uod) p(ro)phet(a)e nob(is) lo-
qu(iu)ntur, id q(uod) fieri no(n) poterit nisi et nob(is) reuelauerit
in corde de(us), alioqui frustra o(mn)e(m) audiem(us) p(ro)phe-
tia(m) sicut et illi con(tra) q(uo)s p(ro)phet(a)e s(a)epe lo-
qu(iu)ntur, Post h(a)ec o(mn)ia ia(m) facile vid(er)e est qui si(n)t
pseudop(ro)phet(a)e et pseudoap(osto)li / ne(m)pe qui vol(u)nt
e(ss)e doctores et p(rae)dicatores et no(n) s(unt) missi a deo ⅃ et
iccirco nesci(u)nt de quib(us) affirma(n)t, quia no(n) s(unt)
sp(irit)u ill(um)(in)ati p(er) v(er)bu(m) dei vt possint loqui cu(m)
fiducia que(m)ad(modum) oporteat sed sua q(uae)r(u)nt nihil

---

53 ꓔ G (et) p(ar)iet
54 Jes 7,14
55 Jes 53,5
56 ꓔ G (etc.)
57 Jona 3,4
58 ꓔ Z (et)c.
59 Jona 3,10
60 ꓩ Z om(n)es
61 2 Petr 1,21

cura(n)tes siue honoret(ur) et fructificet v(er)bu(m) siue conculce-
tur et pereat supp(re)ssu(m) a porc(is), Immo tales f(er)e s(unt) vt
sui co(m)pendij gr(ati)a contraria v(er)bo dei docea(n)t et doc(er)e
p(er)mitta(n)t, vt s(unt) om(ne)s operu(m) p(rae)dicatores / plus
da(m)nandi. q(ua)m illi pseudap(osto)li qui in fiducia(m) oper(um)
leg(is) diuin(a)e p(o)p(u)l(u)m Chr(ist)i deturbare nitebantur vt
vides in Paulo vbiq(ue), de quib(us) Chr(istu)s et ap(osto)li
p(rae)dixer(un)t, de quib(us) lege hiere. xxiij. Eze. xiij et xxxiiij.
Hacten(us) de p(ro)phet(is).[62]

Restat ia(m) alteru(m) q(uod) p(ro)misim(us) / ne(m)pe vt p(ro)pi-
us accedentes ad id q(uod) instituimus dicam(us) de Esaia
p(ro)pheta. H(u)nc esse p(ro)phetam [63]d(omi)ni a deo electu(m) et
missu(m) testatur caput .vj. Quo v(er)o t(em)p(or)e p(ro)phetauerit
i(n)dicat p(ri)ncip(iu)m libri eius. In diebus inquit Ozi(a)e / Io-
athan/ Achas et Ezechi(a)e regu(m) Juda,[64] vn(de) cognosc(u)ntur
Oseas, Micheas, et Amos fuisse συνχρονοι Esai(a)e / id q(uod)
vides ex titulis ip(s)or(um) libr(is) p(rae)script(is). qui s(unt) ex
illis p(ro)phet(is) de quibus dicit(ur) iiij reg. xvij. Et testificat(us)
e(st) // d(omi)n(u)s in Israel et in Iuda[65] p(er) manu(m)
o(mn)i(um) p(ro)phetar(u)m et vide(n)tiu(m) dice(n)s (et)c.[66] Et
contra Manassen c. xxj. Locut(us) e(st) d(omi)n(u)s in manu
s(er)uor(um) suor(um) p(ro)phetar(um) dice(n)s (et)c.[67] A quo
Manasse dic(u)nt Hebr(a)ei Esaia(m) seria sectu(m) / q(uod) in
n(ost)ris historijs no(n) est, ver(um) ibide(m) sic di(citur) Insup(er)
et sa(n)guine(m) i(n)nox(iu)m fudit Manasses m(u)ltu(m) n(im)is
don(ec) impleret(ur) h(ie)r(usa)l(e)m vsq(ue) ad os.[68] De Ozia qui
et Azarias di(citur) Lege iiij regu(m) xiiij et xv. et ij p(ar)a: xxvj.
de Ioathan / Achas et Ezechia Lege q(uae) in ijs(dem) historijs se-
qu(u)ntur, Et p(rae)t(er)ea de Achas q(uoque) et Ezechia in Esa.

---

62 ᵀ G Altera pars Prefationis
63 ° Z
64 Jes 1,1
65 ᵀ Z q(uia)
66 2 Kön 17,13
67 2 Kön 21,10
68 2 Kön 21,16

c.[69]vij. et xxxvj. P(ro)phetauit a(u)t(em) Esaias licet non co(n)tinue q(uod) puto vltra lx a(n)nos Na(m) Ioathan regnauit xvj a(n)nis / Achas ite(m) xvj. Ezechias xxix. vt interi(m) no(n) dica(m) de a(n)nis an(te) Ioathan / q(uia) cu(m) Osias[70] regnauerit lj a(n)nis[71] nescitur quo ei(us) Anno [72]Esaias p(ro)phetare c(o)eperit / vtq(ue) no(n) dica(m) de [73]t(em)p(or)e Manassjs impijssimi reg(is) sed tande(m) venia(m) consecuti sub quo dicitur Esaias occisus, Vnde vides Esai(m) adhuc iuuene(m) c(o)episse p(ro)phetare. Ante-q(uam) a(u)t(em) Israel abduc(er)etur In Assyria(m) sicut vides in historijs s(upra) citat(is) p(ro)phetauit contra Iuda(m) et h(ie)r(u-sa)l(e)m p(rae)dice(n)s Iuda(m) q(uoque) in captiuitate(m) p(ro)p-ter scelera / q(uod) no(n) [74]audiuer(u)nt voce(m) d(omi)ni / ad-duce(n)du(m) :-

[75]H(a)ec vt iuniores intelliga(n)t / quib(us) libenter s(er)uimus / repetenda s(unt) nob(is) qu(a)eda(m) ex sacra historia, P(o)p(u)lus Israeliticus qui solu(m) t(u)nc p(o)p(u)l(us) dei [76]c(e)nsebat(ur) vt n(u)nc Christiani / eductus horrendis dei miraculis ex seruitute Aegyptior(um) per mare rubru(m) / v(er)bo dei semp(er) fuit incredulus / ad stulticia(m) hu(m)an(a)e ratio(n)is semper relapsus / at(que) adeo i(n)fra hu(m)a(nam) ratione(m), sicut fit illis qui suu(m) sensu(m) v(er)bo dei p(er)fer(u)nt vt tradantur in re-p(ro)ba(m) mente(m), Iccirco p(rae)t(er) relijq(ua)s plagas // da(m)nauit eos d(omi)n(u)s ne aliquis eoru(m) q(ui) numerati fuera(n)t ingred(er)etur in t(er)ra(m) p(ro)missa(m) p(rae)ter duos Iosue et Caleph et p(rae)ter illos qui no(n)du(m) assecuti fuera(n)t [77]vicesi(mum) a(nn)u(m) qui et(iam) numerati no(n) erant [78]vt

---

69 ⌐ G 27
70 ⊤ G Z ante Joathan
71 ⊤ Z (et) Asarias
72 ° Z
73 ⌐ G templo
74 ⌐ Z audierit
75 ⊤ G Pro Intellectu p(ro)phetaru(m) Juuenibus quedam generatia subjj cie(mus)
76 ° G
77 ⌐ Z vigesimu(m)
78 ° Z

h(a)ec vides Nu. xiiij. Era(n)t a(u)t(em) numerati ex filijs Israel
[79]viri a vicesi(m)o a(nno) et sup(ra) vicesimu(m) qui possu(n)t ad
bella proceo(er)e sexce(n)tatria milia et qui(n)gentiqui(n)quaginta
/ p(rae)ter Levitas qui ab vno me(n)se numerati s(unt) et
i(n)ue(n)ti vigi(n)tiduo milia, Horre(n)du(m) hoc sat(is) e(st)
iudiciu(m) q(uod) e tanta m(u)ltitudi(n)e viror(um) bellator(um)
duo tantu(m) seruati s(unt) / vt videas hodie no(n) val(er)e argu-
me(n)tu(m) a m(u)ltitudi(n)e vbi de fide agitur in co(n)spectu dei.
In qua historia vides [80]Israelis vix reliquias saluatas, que(m)ad(modum) Esaias c.j. / de reliquijs rursu(m) loquitur, Q(ua)m infide-
lit(er) vero deinceps egeri(n)t no(n) crede(ntes) v(er)bo dei reli-
quu(m) illic in historijs declarat / quousq(ue) petieri(n)t rege(m)
abiecto d(omi)no / sicut d(omi)n(u)s dicit ad Samuele(m) j. reg.
viij. Audi inquit voce(m) p(o)p(u)li in o(mn)ib(us) q(uae) lo-
qu(u)ntur tibi. No(n) e(ni)m te abiecer(u)nt sed me ne regne(m)
sup(er) eos. Iux(ta) o(mn)ia op(er)a qu(a)e fecer(un)t a die qua
eduxi eos ex Aegypto vsq(ue) ad die(m) ha(n)c, Sicut d(er)eli-
quer(un)t me et s(er)uier(u)nt dijs alienis / sic faci(u)nt et(iam) tibi
N(u)nc ergo voce(m) eor(um) audi [81](et)c.[82] Saul ergo p(rimum)
rex factus est j.reg. x. quo rep(ro)bato cu(m) tota posteritate, dauid
electus a deo subrogat(us) e(st) / cui(us) regnu(m) in Chr(ist)o
dauidis filio co(n)firmatu(m) est in (a)eternu(m) / de quo s(a)epe
p(ro)phet(a)e loqu(n)tur / vt et vides Esa.ix. ver(um) hoc Christi
regnu(m) / q(uia) (a)et(er)nu(m) describitur / no(n) carnale est sed
sp(irit)uale / hoc est / sicut ip(s)e dicit / no(n) de hoc m(un)do,[83]
Carnale vero dauidis regnu(m) ad impietate(m) v(er)su(m) est[84] /
ideo deletu(m) [85]est / sicut p(rae)dictu(m) [86]est ij. p(ar)a. vij.

---

79 Für "viri a vicesi(m)o a(nno) et sup(ra) videsimu(m)" liest Z "a vigenti".
80 ⌜ Z Isr(ae)l
81 ° G
82 1 Sam 8,7-9
83 Joh 18,36
84 ⌜ G (: nam Salomon Impi(us) fact(us) (et) Infatual(us) (est):)
85 ° Z
86 ⌜ G Z erat

frustra ergo hoc [87]rursu(m) expectant[88] // exc(a)ecati Iud(a)ei / deceptj ex quibus(dam) p(ro)phetar(um) loc(is) no(n) i(n)tellect(is). Post morte(m) vero Salomonis filij dauid / q(uia) Salomonis mens au(er)sa erat a d(omi)no / sicut leg(is) iij. reg. xj. regnu(m) Israelitaru(m) hacten(us) vnu(m) scissu(m) est in duo / Na(m) tribus Iuda cu(m) tribu Be(n)jamin ma(n)sit cu(m) domo dauid et vocatu(m) e(st) regnu(m) Iuda. In p(ro)phet(is) q(ua)n(do)q(ue) Iudas di(citur)[89] / q(ua)n(do)q(ue) Be(n)jamin / q(ua)n(do)q(ue) domus Dauid / q(ua)n(do)q(ue) h(ie)r(usa)l(e)m / q(ua)n(do)q(ue) p(ro)p(ri)e Iud(a)ea Reliqu(a)e vero dece(m) tribus sibi al(iu)m rege(m) d(er)elicti a deo constituer(un)t / et vocat(a)e s(unt) regnu(m) Israel / p(o)p(u)lus Iacob / cu(m) tame(n) om(ne)s essent ex vno p(at)re Iacob qui et Israel dictus est / sicut et(iam) scriptura no(n)nu(m)q(uam) o(mne)s Hebr(a)eos vocat vt in ps(almo) Qui a(d)n(u)nciat v(er)bu(m)[90] [91](et)c.[92] Vocat(a)e q(uoque) s(unt) in scriptur(is) Ephraim / Ioseph / q(uia) hic p(ate)r / ille filius fuerat et eor(um) progenies illic sorte(m) acceperat, et in sorte [93]Be(n)jamin erat Silo vbi aliqua(m)diu erat arca et tabernaculu(m) d(omi)ni. Iosue xviij. Ite(m) ex ea tribu erat Saul rep(ro)batus a deo. Ite(m) illic regnauit Hieroboa(m)[94] in monte Ephraim vt (dicitur) iij.reg. xij. Videntur ergo sic appella(r)i app(ro)brij causa [95]vt in ps(almo) lxxvij.[96] Et repulit tabernaculu(m) Silo [97](et)c.[98] Ite(m) Et repulit tabernaculu(m) Ioseph et tribu(m) Ephraim no(n) elegit. Sed [99]elegit[100] [101](et)c.[102] Item vocat(a)e s(unt) dece(m) tribus

---

87 ° Z
88 ⊤ G Impij (et)
89 ⊤ G (hoc regnu(m) Israel(is).)
90 ⊤ Z suum Jacob ⊤ G suum Iacob Iustitias (et) iuditia sua Israel
91 ° G
92 Ps 147,19
93 ⌜ G Z Ephraim
94 G (: impijssim(us) ille homo:)
95 ⌜ Z q(uod)
96 ⊤ Z leg(is)
97 ° G
98 Ps 77,60
99 ⌜ G tribum Juda
100 ⊤ Z tribu(m) Juda, monte(m) Syon quem dilexit
101 ° G Z

Iezrael q(uae) erat illic metropolis. Ite(m) Bethel (id est) dom(us) dei p(ro)pt(er) tabernaculu(m) / et Bethauen (id est) dom(us) Idoli p(ro)pt(er) Idololatria(m) regu(m) Israel et p(o)p(u)li eor(um) qu(a)e c(o)epit a Hieroboa(m) p(ri)mo rege cui(us) p(e)c(ca)t(u)m detestat(ur) scriptura q(uod) fecerat duos vitulos aureos ado-ra(n)dos ne p(o)p(u)l(us) ei(us) iret in h(ie)r(usa)l(e)m s(ecundum) lege(m) d(o)m(ini) iij. reg. xij. Ite(m) dict(a)e s(unt) Samaria / ab vrbe qu(a)e illic caput erat vt videas Esa. vij. eratq(ue) altera metropolis regni Israel, Na(m) altera(m) dixi(mus) s(upra) Iezrael In qua habitabat Naboth iux(ta) palariu(m) Achab reg(is) Sama-ri(a)e iij reg. xxj. Ha(n)c Samaria(m) Herodes Sebasten [103](id est) // Augusta(m) p(ro)pt(er) Augustu(m) C(a)esare(m) appellari fecit, Diuiso itaq(ue) regno vt dixi(mus) post morte(m) Salomonis reges Israel om(ne)s p(e)c(ca)to hieroboa(m) adh(a)eser(u)nt p(rae)t(er) reliq(ua)s i(m)pieta(tes). Vn(de) irat(us) d(omi)n(us) sicut co(m)minat(us) erat, deut. xxviij et xxix. abstulit p(rimum) eos qui habitaba(n)t t(ra)ns Iordane(m) In Assyrios iiij. reg. xv / et deinde totu(m) regnu(m) Israel, q(uia) p(ro)phet(is) missis a deo no(n) credider(un)t vt reu(er)tere(n)tur a via sua mala / q(ua) de re Lege. iiij. reg. xvij. Isti nu(m)q(uam) s(unt) reducti in t(er)ra(m) sua(m), sed ad incolenda(m) t(er)ra(m) missi s(unt) ge(n)tiles ex Babylone et alijs ciuitatib(us) q(ui) a Samaria postea dicti s(unt) Samaritani [104]vt ibide(m) leg(is) quor(um) me(m)i(n)er(u)nt eua(ngelistae). Ante ha(n)c [105]captiuitate(m) p(ro)phetauit Esaias p(rae)dice(n)s quoq(ue) tribui Iud(a)e [106]aliq(ua)n(do) venturu(m) hoc malu(m), Nam et Iudas recessit a deo co(n)sentiens i(m)pijs regibus Achas et Manassi / vn(de) p(rae)dicit [107]iiij reg. xxj. horre(n)dam regni Iud(a)e abolitione(m) / tame(n) reliquias se s(er)uaturu(m) p(ro)mittit / de quib(us) Esa. c.j. Nisi d(omi)n(us) sabaoth [108](et)c.[109] licet illic longi(us) respexerit p(ro)pheta vt vides [110]Ro.

---

102   Ps 77,67f.
103   ᴦ G (et)
104   G Es fehlen die Wörter "vt ibide(m) leg(is)".
105   ᴛ Z eoru(m)
106   ° G
107   ᴛ G Z d(omi)n(us)
108   ᴛ Z reliquiss(et)
109   Jes 1,9

ix. Misit ergo d(omi)n(us) Assyrios et traduxit Iuda(m) in Babylo-
ne(m) iiij reg. xxiiij et xxv. relict(is) in t(er)ra pauperib(us) vinito-
rib(us) et agricolis sicut p(rae)dixerat Esa.c.vij. Vides igitur hor-
rendam ob infidelitate(m) eiectione(m) e t(er)ra tantis miraculis et
potentia dei per deu(m) olim acquisita. Vbi non tam op(us) eiec-
tionis intueri debem(us) q(ua)m ipsa(m) causa(m), qua(m) c.vij.
Esa. sic exp(re)ssit Nisi inquit crediderit(is) no(n) p(er)mane-
bit(is).[111] [112] At q(uia) ex Iud(a)eis s(er)uandu(m) erat s(ecundum)
dei p(ro)missione(m) regnu(m) dauidis q(uod) in Chr(ist)o est
(a)et(er)nu(m) / p(rae)dicitur a hieremia / qui ha(n)c captiuitate(m)
et vidit et fleuit[113] / reductio p(o)p(u)li Iud(a)e post lxx a(n)nos.
Hiere. xxix. Reu(er)si [114]ergo s(unt) p(ost) lxx a(n)nos sub Cyro
rege Persar(um) m(u)lti p(ri)ncipes patr(um) de Iuda et Be(n)jamin
// et sac(er)dotes et leuit(a)e et o(mne)s quor(um) deus suscitauerat
spiritu(m), vt h(a)ec leg(is) j. Esdr(a)e j. [115](et)c. Rursu(m) igit(ur)
m(u)ltiplicati s(unt) q(uam)uis m(u)lt(is) malis [116]p(re)ssi vt
om(n)em t(er)ram duor(um) regnor(um) [117]repleueri(n)t quin et
f(er)e in o(mn)ib(us) vicinis ge(n)t(iu)m regionib(us) rep(er)ti
si(n)t et habitaueri(n)t Iud(a)ei p(rae)dica(n)tibus ap(osto)lis vt
vides in Act(is) ap(osto)lor(um) et in [118]ap(osto)lor(um) ep(istu)lis,
[119]qui rursu(m) quia Chr(istu)m no(n) susceper(un)t per Romanos
deletj s(u)nt, et per om(n)em t(er)ra(m) mis(er)ri(m)e disp(er)si ita
vt neq(ue) c(o)elu(m) neq(ue) t(er)ra(m) habea(n)t sicut co(m)-
minat(us) erat per Moise(m) d(omi)n(u)s / deut. xxviij. vbi ad-
dit(ur) Percutiat te d(omi)n(u)s ame(n)tia et [120]c(a)ecitate ac furore
me(n)t(is) et palpes in meridie sicut palpare solet c(a)ec(us) in

---

110   ᵀ Z ad
111   ᵀ Z (et)c.
112   Jes 7,9
113   ᵀ Z ip(s)e
114   ᶦ G ig(itur)
115   ° Z
116   ᶦ Z opp(re)ssi
117   ᶦ G impleuerint
118   ᵀ G (omn)b(us)
119   ᶦ G Quin
120   Z si derelinq(ue)r(is) d(omi)n(u)m:

tenebr(is) et no(n) d(ir)igas vias tuas, o(mn)iq(ue) t(em)p(or)e[121]
[122]calu(m)nia(m) sustineas et opp(ri)mar(is) violentia nec habeas
qui lib(er)et te (et)c.[123] Ita inqua(m) deleti s(unt) (id est) abiecti a
deo vt vix reliqui(a)e apostoloru(m) et alior(um) (discipu)lor(um)
salu(a)e fact(a)e si(n)t. Qui ad Chr(istu)m co(n)u(er)t(u)ntur ex
[124]his reliquijs s(unt) de quib(us) p(ro)phet(a)e dic(u)nt C(a)eteri
hodie viuu(n)t in mera desperatione vide(n)tes se om(n)em
p(ro)phetia(m) frustra expectasse. H(a)ec est historia qua(m)
requirit lectio p(ro)phetar(um), [125]Pr(a)eterea Assyrij siue Chal-
d(a)ei qui et a ciuitate Babylonij dic(u)ntur / quor(um) s(a)epe
scriptura meminit / s(unt) qui p(ri)mi habuer(un)t reg(num) et
o(mn)i(um) regnor(um) monarchia(m) sibi vi(n)dicare voluer(u)nt
quor(um) regnu(m) ablatu(m) est p(er) M(a)edos et Persas sicut
p(rae)dixerat hiere. c. l. et lj. et Esa. c. xiij et xiiij. Successer(un)t
ergo in regno Pers(a)e et M(a)edi sub quib(us) gr(ati)a(m) i(n)ue-
nientes Iud(a)e reducti s(unt) vt (supra) dixi(mus) vt leg(is) in
fi(n)e p(ar)ali. et in libre Esdr(a)e. Percusso vero Dario rege
persaru(m) c(o)epit ter(iu)m regnu(m) q(uo)d erat gr(a)ecor(um)
sub Alexandro Magno / vt h(abet) i(n)itiu(m) p(ri)mi libri Macha.
Quartu(m) regnu(m) erat Romanor(um) q(uo)d t(em)p(or)e
Chr(ist)i et // ap(ost)olor(um) p(ri)orib(us) regnis longe po-
te(n)ti(us) d(omi)nabatur De his quatuor regnis lege Dan. vij.
H(a)ec o(mn)ia p(ro)pter illos dixi(mus) quib(us) no(n) sat(is)
cognit(a)e s(unt) histori(a)e vn(de) fit vt ignorata historia con-
te(m)nam(us) qu(a)e no(n) intelligi(mus) aut n(ost)ra so(m)nia
adducam(us) / sicut multi interp(re)tes in psalmis fecer(unt). Vt
vero finia(m) In o(mn)i scriptura nihil aliud vides q(ua)m deu(m)
suis iudicijs fouere et s(er)uare quibuscu(m)q(ue) tande(m) iac-
te(n)tur casib(us) fidelis / da(m)nare vero impietate(m) siue infide-
litate(m) in p(ri)mis hypocrisim, Na(m) ap(er)ta flagitia etia(m)
da(m)nat m(un)dus q(uae) et lex dei co(m)mittit gladio iudi-
ca(n)da, cu(m) hypocrisi vero res est spiritui dei in scriptur(is),

---

121   ͭ G miseria(m) (et)
122   ͬ G calamitatem
123   Deut 28,28f.
124   Für "his reliquijs" liest G "Israelit(is).
125   ͭ G Nunc de Quattuor Regnis ͭ Z Sequit(ur) de (quatu)or regnis

q(uod) qui no(n) intellexer(un)t meras traditiones ho(m)i(num) ex
sc(ri)ptur(is) et p(rae)t(er)ea nihil aliud q(uae)sier(un)t sicut
s(upra) dixi(mus), q(uae) tanta(m) est iusticia scribar(um) et pha-
ris(a)eor(um) sicut docet Chr(istu)s Matt. v. et Esaias egregie
i(n)cipit contra oper(um) hypocrisim dice(n)s. Quo mihi m(u)lti(tu-
dinem) victi(m)ar(um)[126] (et)c.[127] [128] II Dixi(mus) hacten(us) de
p(ro)phetia et p(ro)phet(is) deinde paucula de Esaia p(ro)pheta,
quib(us) addidi(mus) ea q(uae) historijs nec(ess)aria duxi(mus) ad
cognosce(n)da ea q(uae) p(ro)phet(a)e p(rae)dixer(un)t. Qu(a)e
vero ad [129]tropos scriptur(a)e i(n) p(ri)mis p(ro)phetaru(m) atti-
ne(n)t hic volo accipi que(m)ad(modum) in psalmos p(rae)fati
dixi(mus), ne(m)pe q(uod) temp(us) po(nitur) p(ro) t(em)p(or)e vt
[130]Et exulta(vit) sp(iritu)s meus (et)c.[131] p(ro) exultat, [132]Modus
p(ro) m(od)o, vt d(omi)ne labia mea aperies [133] [134] [135](id est) aperi
[136](et)c. Ite(m) q(uod) [137]fit subita p(er)son(a)e gra(mmaticae) mu-
ta(tio), vt d(omi)ni est salus et sup(er)[138] [139](et)c.[140] Fere om(ne)s
gra(m)maticoru(m) tropos qui ad sensu(m) or(ati)o(nis) p(er)ti-
ne(n)t recipit scriptura et metaphor(is) // ludit f(o)elicissi(m)e.
Talia et pl(a)eraq(ue) alia suis loc(is) melius cognoscem(us). Iam
restat vt argume(n)tu(m) libri Esai(a)e exprimam(us).

---

126   ·ᵀ Z v(est)raru(m)
127   Jes 1,11
128   ᵀ G Nunc de Tropis. (et) Figur(is) quibus frelicissmi(us) Ludit scrip-
       tura
129   ᴦ Z tropu(m)
130   ᵀ G Z (est) illud
131   Luk 1,47
132   ᵀ G dixit d(omi)nus d(omi)ne meo p(ro)dociet. Aderunt pedes meos
       (et) manus meas, p(ro) fodient.
133   ᵀ G (etc.)
134   Ps 50,17
135   Für "(id est)" lesen G und Z "p(ro)".
136   ° G
137   ᴦ Z sit
138   ᵀ G Z p(opu)lu(m) tuu(m) benedictio tua / Et reliqua,
139   ° G Z
140   Ps 3,9

[141]Argumentum[142] :-

Tota scriptura legem nob(is) p(rae)dicat et eua(ngelium). Lex
co(n)fundit et da(m)nat, Eua(ngelium) consolatur et saluat, Illa
e(st) cognitio p(e)c(ca)ti / [143]hoc v(er)o p(e)c(ca)ti remissio, Neu-
tr(um) efficit aliquid in te nisi credas v(er)bo dei. H(a)ec duo
insignit(er) p(rae)dicat Esais. Cu(m) e(ni)m duo si(n)t impior(um)
genera / alter(um) manifeste i(m)p(iu)m iudicio etia(m) ho(m)i-
(num) / vt [144]tum era(n)t Iud(a)ei pala(m) idolatr(a)e / et impi(a)e
p(er) orbe(m) gentes, vt et hodie mali Christiani ge(n)tib(us) non
meli(us) viue(n)tes qui sca(n)dalo s(unt) eua(ngelio) dei, Alter(um)
no(n) manifeste quide(m) imp(iu)m sed tame(n) maiori p(er)iculo
/ obstinatia et c(a)ecitate / vt tum era(n)t iusticiarij Iud(a)ei / qui
iudicio ho(m)i(num) et suo boni viri hypocrisi et leg(is) simula-
tio(n)e videbantur / et no(n) habeba(n)t corda deo co(n)secrata,
i(m)mo ipsi era(n)t qui p(rae) sua iusticia et sanctitate tume(n)tes
v(er)bu(m) dei ex p(ro)phet(is) audire noleba(n)t sed p(rae)cones
dei co(n)te(m)nebant / co(n)tumelia et morte afficieba(n)t, quib(us)
di(citur) Esa. vj. Audite audie(n)tes et nolite intellig(er)e (et)c.[145]
quales q(uoque) s(unt) hodie qui eua(ngelium) audire
co(n)te(m)n(u)nt quia eor(um) iusticia eua(ngelio) co(n)demnatur
Contra q(uo)s si recte intelligis o(mn)is scriptura destinata est /
qu(a)e ap(er)ta illa scelera (id est) fruct(us) impietat(is)
int(er)n(a)e etia(m) ho(m)i(num) iudicio et gladio co(m)mittit,
hypocrisim vero et infidelitate(m) nulli(us) iudicio ho(min)is
p(er)mittit, sed ip(s)a p(er) sese / q(uia) dei v(er)bu(m) est /
da(m)nat et diiudicat / vt qui credideri(n)t v(er)bo agnosca(n)t
errore(m) et q(uae)ra(n)t mi(sericordi)a(m) sua no(n) a(m)pli(us)
fisi iusticia. Ab o(mn)i hypocrisi ne(m)o o(mn)ino liber est nisi
qui de ea s(em)p(er) venia(m) a deo exoptat, Cum inqua(m) h(a)ec
duo sint i(m)pioru(m) genera qu(a)e oporteat[146] lege et iudicio dei

---

141   ᵀ Z Sequit(ur)
142   ᵀ G In Hesaiam prophetam ᵀ Z In Esaiam
143   ⌐ Z h(a)ec
144   ⌐ G du(m)
145   Jes 6,9
146   ᵀ G in conscientis terreni

[147]i(n) co(n)scie(n)tiis t(er)reri // Esaias gen(us) illud quod secretiori atq(ue)adeo periculosiori morbo infidelitat(is) laborat / ne(m)pe hypocritas iusticiarios p(rimum) i(n)uadens / graue eis suscita scandalu(m) et intolerabile(m) vt hodie voca(n)t H(aer)esim / nulla ratione tam sancto p(o)p(u)lo qui se dei esse iactitabat sustine(m)da(m). Incipit e(ni)m c. j. et i(n)uocat contra eos c(a)elu(m) et t(er)ra(m), et simul o(mn)e(m) iusticia(m) leg(is) da(m)nat et p(ro)ijcit, id quod illi contra deu(m) e(ss)e no(n) potera(n)t no(n) iudicare, da(m)nare e(ni)m videba(tur) q(uo)d deus ma(n)dauerat. In quo n(u)nc n(ost)ri adhuc s(unt) mag(is) c(a)eci Iud(a)eis q(uod) pro legib(us) et so(m)nijs hu(m)a(n)is q(uas)i ad iusti(ciam) nec(ess)arijs depugna(n)t cu(m) illi p(ro) lege diuina pugnare visa si(n)t. [148]Si ergo illoru(m) fuit horre(n)da c(a)ecitas certe n(ost)ror(um) mag(is) horre(n)da est / [149]qui adhuc luce(m) eua(ngelicam) ta(m) clara(m) vt iustifice(n)tur vid(er)e no(n) p(ossu)nt, Talibus horre(n)du(m) interitu(m) nisi resipisca(n)t minatur et abolitione(m) / ita vt vix reliqui(a)e salue(n)tur, quib(us) reliquijs ne videat(ur) eua(n)gelij oblitus subi(n)de vaticina(tur) de iusticia futura c.j. de doctri(n)a eua(ngelica) ex Sion p(ro)ditura c.ij. de sp(irit)u quo exur(u)ntur p(e)c(ca)ta c. iiij de emanuele ex v(ir)gine nascit(ur)o qui liberatur(us) sit p(o)p(u)l(u)m suu(m) c.vij. viij. et ix. de flore radic(is) Iesse c.xj. et de aquis saluator(is) c.xij. qu(a)e o(mn)ia Chr(istu)m e(ss)e no(n) dubitam(us), Ha(n)c horrenda(m) co(m)minatione(m) et interitu(m) cu(m) p(er)mixta p(rae)dicatione futur(a)e grati(a)e vt dixi(mus) describit vsq(ue) ad xiij c. II A quo loco sp(irit)us ille dei in p(ro)pheta vsq(ue) ad c. xxv. quasi furore agitatur in impias [150]ge(n)tes o(mne)s qu(a)e p(o)p(u)l(u)m dei licet peccante(m) p(er)secut(a)e s(unt) a(ut) salte(m) ad vasta(tionem) ei(us) l(a)etat(a)e s(unt) :- quibus grauia vastatio(nis) et da(m)nationis onera imponit. vt s(unt) Babylonij / Philist(a)ei/ Moabit(a)e/ Damasceni siue Syri/ Aegyptij/ Aethiopes/ Edom(a)ei [151] / Agareni

---

147   Die Wörter "in conscientiis terreri" fehlen in G. Vgl. Anm. 146.
148   ⌐ G Cum
149   ⌐ G q(uia)
150   ° G
151   ⊤ Z siue Idumei

siue Saraceni / Tyrij, Nec interi(m) obliniscitur i(m)pior(um)
Iud(a)eor(um) // No(n) e(ni)m min(us) s(unt) ge(n)tes et mag(is)
p(er) eos blasphema(tur) nome(n) dei in ge(n)tibus qui se
p(o)p(u)l(u)m dei gloriantur vt hodie [152]mali Chr(ist)iani / [153]et
v(er)bu(m) dei co(n)te(m)nu(n)t / p(er)sequ(u)ntur /co(n)culcant
q(ua)cu(m)q(ue) / id tande(m) sanctitat(is) specie facia(n)t vn(de)
c. xxij p(ro)phetat contra valle(m) visionis (id est) h(ie)r(usa)l(e)m
et Iuda(m) et c. xxiiij g(e)n(er)alit(er) contra o(mn)e(m)
o(mn)i(um) in t(er)ra ho(m)i(num) impietate(m), [154]Du(m) vero sic
tumultuatur calore diuino sp(irit)us in p(ro)pheta et o(mn)ia
vbiq(ue) mis(er)ri(m)e vastat / no(n) oblitus se esse paracletu(m)
/ no(n) n(u)nq(uam) sed q(uas)i p(er) tra(n)senna(m) ostendit
gratia(m) Chr(ist)i ve(n)tura(m) [155]et ge(n)tib(us) et Iud(a)eis, vt
q(ua)n(do) c. xvj dicit de agno d(omi)natore t(er)r(a)e et de mi(se)-
ricordi)a et veritate solij Dauidis, et c. xix. vbi dicit In die illa
er(u)nt qui(n)q(ue) ciuita(tes) (et)c.[156] Et xxij de Eliachim resti-
tue(n)do sub figura vt [157]puto sacerdotij Chr(ist)i. Sed h(a)ec inte-
ri(m) subobscur(a)e. In capite aut(em) xxv et duob(us) se-
q(ue)ntib(us) p(ro)pheta cantat d(omi)no misericordia(m) et iu-
dic(iu)m / Misericordia(m) de saluatis reliquijs, Iudiciu(m) de
delet(is) impijs siue de deleta impietate / de p(rae)cipitata in
sempiternu(m) morte / de superato leuiathan (id est) diabolo et
regno inferoru(m) II Sed quia Iud(a)eis p(rae)dicat et cu(m) ipsis
ei res est rursu(m) a xxviij c. vsq(ue) ad xxxiiij i(n)uadit ebrios
Ephraim, exc(a)ecatos Iuda / sacerdotes et p(ro)phetas ignora(n)tes
iudic(iu)m et o(mn)ia(m) replentes vomitu[158] (id est) f(o)edis
doctr(in)is et traditio(n)ib(us) hu(m)a(n)is abiecto dei v(er)bo / qui
loqu(u)ntur tantu(m) place(n)tia id quod i(m)pi(us) populus requirit / quos [159]d(omi)n(u)s appellat peccatores et hypocritas in Sion

---

152   ' Z no(n)nulli
153   ' Z qui
154   ' G Cum ' Z Tum
155   ° Z
156   Jes 19,18
157   ' Z pote
158   ᵀ G (: vt p(rae)dicatores op(era)u(um):)
159   ° Z

/ et sperantes in brachio Aygypti (id est) [160]auxilio hu(m)a(no)
(et)c. Hic v(er)o p(ro)pheta no(n) solu(m) in p(rae)sente(m) t(u)nc
exc(a)eca(tionem) respexit sed et(iam) et multo a(m)pli(us) i(n)
exc(a)ecatio(nem) nouissi(m)a(m) qua Chr(ist)i v(er)bu(m) sus-
cip(er)e noluer(un)t / in quor(um) n(omi)no co(m)p(re)hensi s(unt)
o(mne)s illi qui hodie q(uoque) Christianos // (id est) p(o)-
p(u)l(u)m dei se iacta(n)t vt t(u)nc Iud(a)ei / et Christi eua(ngelium) traditionib(us) hu(m)a(n)is exc(a)ecati videre no(n) p(ossu)nt
/ qui lega(n)t id q(uod) hic scribitur c. xxix. Obstupescite et am-
miramini (et)c.[161] At neq(ue) hic omittit n(u)nciare gr(ati)a(m)
credentib(us) p(rae)dicator a deo missus / du(m) petra(m)
Chr(istu)m in f(u)ndame(n)t(is) Sion[162] (id est) eccl(aesia)e collo-
cat c. xxviij / [163] [164]du(m) p(rae)dicit fore vt surdi [165]audiant
v(er)bu(m) dei / c(a)eci videa(n)t luce(m) eua(n)gelica(m) / mites
et paup(er)es gaudeant in sancto Israel / conculcat(is) et co(n)fusis
illis qui con(tra) dei v(er)bu(m) doceba(n)t et [166]veritate(m)[167]
audire noluer(un)t c. xxix[168] / [169]du(m) p(ro)mittit mi(sericordi)a(m) expecta(n)tib(us) dei auxil(iu)m / vbi de futoro q(uoque)
doctore a deo dando ne erret rursu(m) p(o)p(u)lus / [170]et de eiece-
tio(n)e simulachror(um) post audita doctor(is) v(er)ba et de
ill(u)m(ina)tio(n)e cord(iu)m longe q(ua)m sol est et luna [171]illu-
striore et adu(er)sarior(um) supp(re)ssione p(rae)dicit / c. xxx,
[172]du(m) liberatio(nem) p(ro)mittit ad Assyrio c. xxxj et xxxiij. vbi
interi(m) q(uoque) vides c. xxxij et xxxiij iusticia(m) regni
Chr(ist)i et pri(n)cipu(m) v(er)bi eua(n)gelici / pace(m) et securita-

---

160 ⌐ G brachio
161 Jes 29,9
162 Jes 28,16
163 ⌐ Z Ecce ego mitta(m) lapidem angelarem (et)c.
164 ⌐ Z Tum
165 Für "audiant verbum" liest Z "aures habeant".
166 ⌐ Z v(ir)tute(m)
167 ⌐ G dei
168 ⌐ Z Et audient in die illa surdi verba libri (etc).
169 ⌐ G Tunc⌐ Z Tum
170 ° G
171 ⌐ Z illustriore
172 ⌐ Z Tum

te(m) sempiterna(m) / fide(m) et ti(m)ore(m) d(omi)ni / rege(m)
Christu(m) in decore suo et ap(osto)los dei sapi(enti)a(m) no(n) in
p(er)suasibilibus hu(m)a(na)e sapi(entia)e v(er)b(is) loque(n)tes /
hierusale(m) noua(m) et tabernaculu(m) dei q(uod) in sempiter-
nu(m) neq(ue) t(ra)nsferri neq(ue) dissolui poterit, II Inde c. xxxiiij Inducit glad(iu)m d(omi)ni sup(er) om(ne)s habitatores t(er)r(a)e
qui conte(m)pser(u)nt d(omi)n(u)m siue ge(n)tes sint siue Iud(a)ei
/ quos om(ne)s abijcie(n)dos dicit a regno dei ita vt nihil remaneat
in eis nisi meru(m) regnu(m) pri(n)cipis t(en)ebraru(m) et bestia-
ru(m) regni inferor(um) / Hic scriptura vastat(is) o(mn)ib(us)
o(mn)ia co(n)cludit sub p(e)c(ca)to / addens q(uod) o(mn)ia ista
s(unt) p(rae)dicta in lege et p(ro)phet(is), Requ(ir)ite inquit dili-
ge(n)ter[173] (et)c.[174] Sic ergo desolato [175]orbi t(er)rar(um) / in //
p(ri)mis derelict(a)e a deo ge(n)tilitati / p(e)c(ca)torib(us) / mi-
ser(is) et afflict(is) co(n)scie(n)tijs et o(mn)ib(us) qui de se despe-
ra(n)tes sat(is) adhuc fid(er)e deo no(n) poss(u)nt (id est) ijs qui
pusillo s(unt) a(n)i(m)o / cantat p(ro)pheta misericordia(m) et
ill(u)m(in)atione(m) Christi ve(n)tura(m) dice(n)s La(e)tabitur
deserta [176]et [177]i(n)uia (et)c.[178] Atq(ue) hic p(ro)pheta [179]quasi a
vastatio(n)e orb(is) fessus gr(ati)a(m) ventura(m) q(uas)i a limine
saluta(n)s quiescit / [180]du(m) videt ho(m)i(num) male affector(um)
futur(um) remediu(m). Na(m) qu(a)e sequ(u)ntur vsq(ue) ad c.
[181]xl. historia(m) habe(n)t Ezechi(a)e reg(is) Iuda egreg(iu)m fidei
exe(m)plu(m) et misericordi(a)e diuin(a)e / q(uod) de(us)
n(u)nq(uam) d(er)elinquit spera(n)tes in se et q(uod) tandem
egregie [182]vlciscitur impia(m) et ge(n)tile(m) blasphemiam qu(a)e

---

173   ⌐ G Z in libro d(omi)nj
174   Jes 34,16
175   ⌐ Z orbe
176   In Z fehlen die Worte "et inuia".
177   ⌐ G Juda
178   Jes 35,1
179   ⌐ Z tanq(uam)
180   ⌐ Z Tum
181   ⌐ G 42
182   ° Z

iactatur contra p(o)p(u)l(u)m qui fidit [183]deo atq(ue)adeo contra
deu(m). Nec min(us) ex(emplu)m habes q(uod) et sancti pecca(n)t
et(iam) grauiter, vt vides in vana illa Ezechi(a)e ostentatio(n)e tam
grauit(er) a deo da(m)nata :- Atq(ue) h(a)ec interi(m) esto p(ri)ma
p(ar)s Esai(a)e p(ro)phet(a)e -[184]
II A quadragesimo capite plenius et multo ap(er)ti(us) gr(ati)am
dei per Christu(m) et gentib(us) Iud(a)eis credentibus ventura(m)
p(rae)dicit / Atq(ue) hic [185]videbis Iacob aut Israele(m) aut semen
Abra(a)e no(n) s(ecundum) carne(m) / id q(uod) carnalis ille
p(o)p(u)lus arbitrabat(ur) / [186]eligi / sed s(ecundum) spiritu(m) / (id
est) q(uo)tquot credideri(n)t deo / vt Abraa(m) credidit / siue sint
s(ecundum) carne(m) Iud(a)ei siue ge(n)tes Ro. iiij. et ix. Gal iij.
Nam c(a)ecos Iud(a)eos et quotquot hodie se gloria(n)tur esse dei
p(o)p(u)l(u)m vt t(u)nc Iud(a)ei nec gl(ori)am dei agnosc(u)nt in
se i(n)uenientes vn(de) glorie(n)tur (id est) iusti sint / eijcit e suo
regno (id est) e regno luc(is) in t(en)ebras exteriores, sicut
Chr(istu)s dicit.[187] Filij a(u)t(em) regni eiicientur in t(en)ebras
exteriores [188](et)c.[189] De nulli(us) c(a)eci(tate) mag(is) querit(ur)
de(us) q(ua)m illi(us) qui vult videri q(uas)i ser//uiat deo. Esa. c.
xlij. Quis c(a)ec(us) nisi seru(us) me(us)[190] / et surdus nisi ad
que(m) misi [191]n(u)ncios meos? Quis c(a)ec(us) nisi qui ven(u)n-
dat(us) est? Et quis c(a)ec(us) nisi s(er)u(us) d(omi)ni? Qui vides
m(u)lta no(n)ne custodies? Qui ap(er)tas habes aures no(n)ne
audies?[192] Et c. seq(ue)nti de filijs Abra(a)e ver(is) (id est)
o(mn)ib(us) p(er) orbe(m) credentib(us) et de filijs Abra(a)e falsis
(id est) infidelib(us) Iud(a)eis tantu(m) de carne et leg(is) hypocri-

---

183   ° G
184   ᵀ G (etc).
185   ᴵ Z videt(is)
186   ᴵ Z erigi
187   ᵀ G Math: (Multi ab oriente (et) occidente venturi sunt (et) ac-
       cu(m)bent cu(m) arbraa(m).cu(m)bent cu(m) abraa(m).
188   ° G
189   Matth 8,12
190   ᵀ G ((id est) qui se putat)
191   ᴵ G (ser)uos
192   Jes 42,19f.

si gloria(n)tib(us) qu(a)e e(st) iusticia scribar(um) et pha-
ris(a)er(um) / sic dicit. Et n(u)nc h(a)ec dicit d(omi)n(u)s crea(n)s
te Iacob et forma(n)s te Israel Noli tim(er)e q(uia) [193]redemi te
(et)c.[194] Ab orie(n)te adduca(m) semen tuu(m) et ab occidente
congregabo te [195](et)c.[196] Et om(n)em qui i(n)uocat nome(n)
meu(m) in gl(ori)a(m) mea(m) creui eu(m). Educ foras p(o)-
p(u)l(u)m c(a)ecu(m) et oculos habente(m)[197] / surdu(m) et aures
ei s(unt).[198] H(a)ec dici(mus) i(n)teri(m) et s(a)epe videbi(mus) in
Esaia / vt co(n)firme(n)tur qui no(n)du(m) s(unt) assueti scrip-
tur(is) / quor(um) animi solent dubitare num   v(er)e et recte
etia(m) ad nos / modo [199]credam(us), p(er)tineat, quod scriptu(m)
legi(mus) de salute se(min)is [200]Abraa(m) / Israelis / Iacob / Sion
/ h(ie)r(usa)l(e)m / regni dauid / Iud(a)e (et)c. II Igitur p(ro)pheta
postq(uam) co(n)clusit o(mn)ia sub p(e)c(ca)to et totu(m)
m(un)dum ob infidelitate(m) da(m)nauit / tame(n) interi(m) q(uod)
p(ro)phet(a)e e(st) offic(iu)m i(n)dicato eua(n)gelio que(m)ad(modum) dixi(mus) / intuitus in t(em)p(or)a aduenient(is) Christi
consolatio(n)e magna [201]nu(n)ciat demissam esse hierusale(m)
i(n)iquitate(m) Audit e(ni)m voce(m) p(rae)cursor(is) Ioa(n)nis
clamante(m) in desert(is) Iud(a)e(a)e, Parate via(m) d(omi)ni[202]
[203](et)c.[204] Hic Ioha(n)nes adesse n(u)nciat regnu(m) dei in
Chr(ist)o pastore / et i(n)cre//pat genimina viperar(um),[205] [206] Mox
c.xlj. inducit [207]p(ro)pheta deu(m) loque(n)te(m) fere s(em)p(er)

---

193   Für "redemi te (et)c." liest Z "tea(m) su(m)".
194   Jes 43,1
195   ° G
196   Jes 43,5
197   ⊤ G (: q(uia) legem (habet) (et) t(ame)n no(n) credit :)
198   Jes 43,7f.
199   ⌐ G credentes
200   ⌐ Z Abrah(a)e
201   ° G
202   ⊤ G (id est) printentia(m) agite
203   ° G
204   Jes 40,3 = Mk 1,3
205   ⊤ Z (etc).
206   Luk 3,7
207   ° G

vsq(ue) ad fine(m) libri, excepto q(uod) int(er)ea no(n)n(u)n-
q(uam) p(ro)pheta int(er)loquitur vt c. liij[208] Quis [209]credidit auditui
n(ost)ro[210] [211](et)c.[212] q(ua)n(do)q(ue) p(o)p(u)l(us) vt c.lxiij [213]At-
tende de c(a)elo[214] [215] et q(uod) se(quitur) Vtina(m) di-
ru(m)p(er)es[216] [217](et)c.[218] q(ua)n(do)q(ue) Chr(istu)s vt [219]xlix.
Audite i(n)sul(a)e (et)c.[220] et lxj Sp(irit)us d(omi)ni sup(er) me
[221](et)c.[222] Atq(ue) hac p(er)sonas sp(irit)us dei in p(ro)pheta pro-
ducit absq(ue) confusione adeo ap(er)te vt lector sacr(is) l(ite)ris
assuetus no(n) opus habeat admoneri qu(a)e v(er)ba ex quor(um)
p(er)sona dicantur, ipsa e(ni)m v(er)ba se prod(u)nt et loque(n)t(is)
persona(m) i(n)dica(n)t. Interi(m) vero in his o(mn)ib(us) vides
iudic(iu)m et mi(sericordi)a(m). [223]Exc(a)ecati eni(m) abijci(u)ntur
a regno c(a)eolor(um), Agnoscentes aut(em) dei v(er)bu(m) et sua
co(n)fitentes p(e)c(ca)ta quicu(m)q(ue) tande(m) sint siue Iud(a)ei
siue ge(n)tes e regno t(en)ebrar(um) in regnu(m) lucis filij dei
tra(n)sfer(u)ntur nullo meritor(um) nisi Christi respectu: Hic
v(er)bo dei destruu(n)tur idola et dij alieni / quos sequ(u)ntur et
col(u)nt om(ne)s qui a vero deo defici(u)nt[224] / vt maxi(m)e
ext(er)na idola no(n) adore(n)t. vt adorasse leg(u)n(tur) more
ge(n)tiu(m) et(iam) i(m)pij Iud(a)ei, Hic v(er)bo dei co(n)solatio-

---

208   ┬ G d(omi)no ┬ Z d(omin)e
209   ┌ G credit
210   ┬ G (id est) (ser)uanti
211   ° G Z
212   Jes 53,1
213   Für "Attende de" liest G "Attendite".
214   ┬ Z (etc).
215   Jes 63,15
216   ┬ G Z c(o)elos
217   ° G
218   Jes 64,1
219   ┬ Z ca
220   Jes 49,1
221   ° Z
222   Jes 61,1
223   Für "Excaecati enim" liest Z "excecatij(ta)tem".
224   ┬ G (: ad op(er)a :)

ne(m) accipiu(n)t p(e)c(ca)tores et ge(n)tes,[225] Chr(istu)s no(n)
Iudex sed ma(n)suetus p(ro)ponitur et doctor ge(n)tiu(m) et
co(n)solator o(mn)i(um) luge(n)t(iu)m Sion, quin et in formis
cruc(is) oste(n)ditur saluator et iustificator o(mn)i(um) [226]cre-
de(n)t(iu)m, No(n)n(u)nq(uam) confortantur pusillanimes con(tra)
AntiChristi regnu(m) ne vereantur opp(ro)br(iu)m ferre cruc(is) /
ne timeant mor(ta)lem ho(m)i(n)em qui deu(m) in c(uius) manu
s(unt) o(mn)ia h(abent) protectore(m). Hic vides filios dej adduci
ex toto orbe terraru(m). In su(m)ma hic vides deu(m) o(mn)ia
noua facie(n)tem / [227]ad qu(a)e illa a(n)tiqua carnali olim
p(o)p(u)lo visibili gloria et b(e)n(e)ficio facta nihil si(n)t /
noua(m) h(ie)r(usa)l(e)m / noua // in ge(n)tib(us) / nouu(m) dei
p(o)p(u)l(u)m / canticu(m) nouu(m) et laude(m) dei ad extremis
t(er)r(a)e et [228]insulis longe posit(is) / iacob et Israele(m) nouu(m)
/ temp(us) nouu(m) et [229]die(m) salut(is) / noua(m) Sion / lege(m)
noua(m) / pactu(m) sempiternu(m) / nouu(m) ge(n)tibus p(rae)cep-
tore(m) / sabbatu(m) nouu(m) / [230]spiritu(m) sempit(er)nu(m) et lu-
ce(m) noua(m) q(uae) neq(ue) sol neq(ue) luna sit sed d(omi)n(u)s
de(us) / [231]germe(n) et plantatione(m) noua(m) / ann(um) placabi-
le(m) [232]d(omi)no et ciuitates nouas / iusticia(m) et laude(m)
cora(m) [233]vniuersis ge(n)tib(us) / nome(n) nouu(m) al(iu)m ducto-
re(m) q(uam) Moisen/ aliu(m) p(at)re(m) q(uam) Abraam / noua
q(uae) ocul(us) no(n) vidit nec aur(is) audiuit nec in cor ho(minis)
ascender(un)t / sacerdot(iu)m [234]nouu(m) / templu(m) in quo
habitet de(us) nouu(m), c(a)elos nouos / terra(m) noua(m) /
nouu(m) m(u)ndu(m) / et vt semel dica(m) plane regnu(m)
c(a)eloru(m) sub nouo rege et ill(u)m(in)atore Christo, Itaq(ue) qui

---

225   ᴵ G Z Hic
226   ᴵ G gentiu(m)
227   Für "ad qu(a)e" liest G "Atq(ue)".
228   ᴵ G in titul(is)
229   ᴵ G hiemh
230   ᴵ G pactu(m)
231   ᴵ G germen
232   ° G
233   ᴵ G o(mn)ib(us)
234   ° G

orb(is) vastator videbatur q(ua)n(do) detestabatur hypocrisim et
m(un)di impietate(m) / n(u)nc maxi(m)e optand(us) i(n)uentur
i(n)staurator / ita vt optanda et maxi(m)o eme(n)da fuerit illa
p(ro)phet(a)e vastatio. Atq(ue) hoc est veri p(ro)phet(a)e of-
fic(iu)m vt norit co(n)fundere co(n)scie(n)tias et confusas erigere
in spem salut(is) (a)etern(a)e. cui(us) egreg(iu)m exe(m)plu(m) est
Esaias et leg(is) et eua(ngelii) p(rae)dicator insignis. Vana est
p(rae)dicatio ex qua dei timore(m) et dilectione(m) no(n) concipis.
Sed Iam audiam(us) ipsu(m) p(ro)pheta(m) :-

Anhang III: Verzeichnis der von Bugenhagen in der Jesajavorlesung erwähnten Bibelworte und deren Abhängigkeit von den von ihm benutzten Auslegungen

Die nachfolgende Übersicht veranschaulicht die bibelorientierte Auslegungsweise Bugenhagens. Von dem auch in der Jesajavorlesung zitierten Grundsatz ausgehend, daß die "scriptura sacra sui ipsius interpres" ist,[1] war für Bugenhagen die Heilige Schrift selbst die eigentliche Quelle seiner Auslegung.

Obwohl in diesem Verzeichnis nicht die vielen Verweise auf weitere Bibelstellen, die häufigen Anklänge an insbesondere neutestamentliche Worte und ebenso nicht die von ihm in der Einleitung zum Propheten verwendeten Bibelzitate aufgeführt sind, so zeigt doch schon der nachfolgende Überblick den Umfang, den die Arbeit mit dem Bibelwort in seiner Exegese einnahm. Bugenhagen war ein Bibelausleger im wahrsten Sinne des Wortes.

Durch Gedanken Luthers und Melanchthons waren Bugenhagen die Richtlinien zur reformatorischen Auslegung des alttestamentlichen Propheten vorgegeben. Am Beispiel des Propheten Jesaja konnte er diese Grundaussagen mit Hilfe seiner umfangreichen Bibelkenntnis veranschaulichen und vor allem beweisen.

Ein genauer Vergleich der von Bugenhagen bei der Ausarbeitung benutzten Werke mit der Jesajaauslegung gab zu erkennen, daß Bugenhagen bei dem Umgang mit dem Bibelwort weitestgehend unabhängig von seinen Vorlagen vorging. Hier ist seine eigene theologische Arbeit am deutlichsten sichtbar.

Die in dem Verzeichnis angegebenen Bibelzitate sind nach der allgemeinen Reihenfolge der biblischen Schriften geordnet. Hinter

---

1   Fo. 182v der Bugenhagen-Handschrift.

der Angabe des Zitates wurde in Klammer die Jesajastelle gesetzt, in deren Exegese das Bibelwort genannt wird. Wenn Zitate in der Einleitung zu einem Kapitel auftreten, wurde anstelle der Verszahl ein "E" vermerkt. Nach der in Klammern stehenden Jesajastelle wurde, wiederum mit Inintialen abgekürzt, diejenige Schrift erwähnt, die zur Deutung des gleichen Verses dasselbe Bibelwort zitiert. So steht "H" für Hieronymus, "L" für Lyra und "G" für die Glossa marginalis.

Die Psalmenzitate wurde, wie stets in dieser Arbeit, gemäß der Vulgatazählung angeführt.

Genesis

3,9 (39,3)	22,17 (51,E)
3,14 (65,25)	22,18 (40,5)
3,19 (2,4)	25,23 (6,10)
6,3 (7,4)	28,20 (38,3)
8,21 (1,16)	37,35 (38,10)
12,3 (51.E)	45,5 (23,13)
15,16 (40,2)	48,5 (4,1)
21,12 (51,3)	48,16 (4,1)
21,20+21 (51,3)	49,1 (2,E) G H
22,2 (22,1)	49,10 (2,E) (7,14) (10,24)
22,12 (22,1)	

Exodus

4,21 (6,10)	20,2 (48,3)
4,22 (14,30)	32,4-6 (57,5)
7,22 (58,6)	32,10 (64,7)
9,16 (33,13)	33,13 (6,4)
14,14 (7,4) (30,15)	33,15 (63,9)
15,1 (12,6) G	33,18 (6,4)
19,4 (1,2) (63,11)	33,19 (6,4)
19,6 (61,6)	33,20 (6,4) H

Levitikus

6,12 (31,9)   26,8 (2,8) (30,17)
10,1+2 (50,11)   26,17 (30,17)
19,27 (15,2)   26,36 (30,17)
26,7+8 (7,2)

Numeri

12,8 (6,4)   14,22 (7,13)

Deuteronomium

1,26+27 (7,2)   19,14 (5,6)
1,27 (26,9)   19,15 (8,1)
3,22 (7,2)   20,1 (7,2) (7,14)
4,19 (40,26)   20,3+4 (7,2)
4,24 (33,14) G   20,4 (7,14)
6,1 (7,13)   22,10 (32,20)
6,5 (1,9) (1,16) (1,19)   25,7 (29,21)
6,13 (1,29)   27,17 (5,7)
6,16 (7,11)   28,28 (8,3) (32,14)
6,20 (30,33)   29,2 (2,5)
7,17-19 (7,2)   29,4 (2,5)
7,21 (7,2)   32,1 (1,2) G H
8,3 (1,2) (40,11)   32,5+6 (1,2)
9,3 (10,16) (33,14)   32,12 (46,1) (63,9)
9,14 (30,18)   32,30 (30,17)
13,56 (1,16)   32,39 (57,18)
16,21+22 (1,29) (8,18)   32,40 (34,5)

Richter

4,14 (2,22)   6,13 (9,6)
6,12 (9,6)   8,23 (9,6)

1. Samuel

2,1 (60,5)
2,6 (57,18)
3,11 (10,23)

7,13 (1,29)
12,22 (63,11)
15,22 (7,12)

2. Samuel

12,13 (6,5)

1. Könige

12,28 (57,5)

12,31 (57,5)

2. Könige

3,4 (16,1)
6,23 (2,4)
17,13 (8,2)

18,7+8 (14,29) H
19,35 (10,16)
24,7 (20,E)

2. Chronik

20,12 (37,E)
24,20 (8,2)
36,15 (8,2)

36,17 (7,17)
36,21 (7,17)

Nehemia

2,14 (7,3)

Ester

1,5 (11,11)

Hiob

1,21 (45,7)	31,28 (3,12)
1,26 (57,10)	39,13 (58,5)
19,21 (38,14)	40,20 (27,1)
21,13 (22,13)	41,25 (27,1)
26, 7 (40,21)	41,29 (27,1)

Psalmen

1,2 (1,19) (26,3)	18,5 (2,3) (11,12) (12,6) (19,18)
1,3 (44,4)	20,10 (10,16)
2,4 (57,4)	21,8 (58,5)
2,8 (7,14) (54,3)	21,18 (25,6)
2,13 (10,16) (30,18)	23,3 (57,13)
3,3 (38,10)	23,9 (3,10)
3,8 (53,8)	24,3 (28,16)
3,9 (26,4)	26,5 (4,6)
4,2 (60,5)	26,14 (8,18) (26,8) (30,18)
4,6 (2,5)	27,3 (5,11)
4,7 (2,5) (19,19) (25,6)	28,5 (2,13) (13,13)
4,9 (57,2)	29,6 (54,7)
7,7-9 (33,5)	30,20 (4,6)
8,4 (51,16)	31,8 (2,5) (60,1)
9,15 (1,8)	31,9 (2,5)
10,7 (10,16) (17,14)	32,1 (9,3)
11,7 (1,21) G (4,1)	32,15 (29,16)
11,8 (38,12)	33,7 (33,6)
12,4 (2,5)	33,10 (14,30) (33,6)
13,1 (32,5)	33,11 (14,30)
14,1 (33,15) (57,13)	34,2 (9,5)
14,3 (33,15)	34,3 (9,5)
14,23 (33,15)	34,13 (20,E) (58,5) H
15,4 (11,11)	34,18 (25,3)
17,3 (5,1)	34,21 (57,4)
17,9 (10,16)	36,3 (58,8)
17,10+11 (19,E)	36,6 (58,8)
17,17+18 (8,6)	36,14 (26,14)
17,27 (25,4)	36,16 (30,20)
17,42 (1,15) (56,7) (57,13)	36,18 (30,25)
17,46 (1,4) H	36,19 (38,11)
18,2 (24,16) (51,16)	37,4 (58,11)

38,6 (24,10)
39,5 (59,4)
40,5 (6,1)
42,1 (11,3)
43,4 (48,15)
44,4 (11,4) (27,1) (49,2)
44,5 (33,17)
44,6 (49,2) H
44,8 (61,1)
44,13 (1,8) (23,18)
44,17 (32,1)
45,8-12 (7,14)
46,4 (41.E) (54,3)
47,3 (14,4) (22,1)
47,8 (2,16)
49,14 (61,8)
50,6 (1,5) (46,1)
50,9 (1,18)
50,15 (59,21)
50,19 (66,2)
52,1 (59.E)
53,3 (26,13)
54,6 (13,13)
56,11 (6,1)
57,2 (33,15)
57,10+11 (10,16)
60,4 (33,16)
62,3 (35,7)
64,10 (30,25) (35,2)
64,12 (61,2)
66,6+7 (35,2)
67,3 (10,27)
67,4 (9,3)
67,5 (40,4)
67,11 (30,25) (65,10)
67,16+17 (60,8)
67,35 (60,8)
68,1 (65,21)
68,2 (8,6)
68,23 (28,7)
68,29 (4,3)
68,34 (59,21)
71,4 (11,3)

71,7 (9,6) H
71,8 (9,6)
71,9 (49,22)
71,11 (2,3) (9,6)
71,12 (9,6)
71,13+14 (9,6)
71,17 (9,6)
72,27 (1,21)
72,28 (1,8) (1,21)
74,9 (51,17)
77,19+20 (7,13)
77,48 (19,18)
77,54 (8,8)
79,9 (5,1) H
80,13 (50,11)
82,6 (57,8)
82,7 (21,13) H (57,8)
82,15+16 (10,16)
83,2 (4,6)
84,12+13 (45,8)
86,1 (65,9)
86,3 (65,9)
86,4 (23,18) (60,11)
86,6 (4,3) (51,66)
88,11 (51,9)
88,27+28 (8,4)
88,47 (10,16)
88,50 (63,12)
90,1 (4,6) (43,E)
90,12 (28,16)
90,13 (11,8)
91,3 (26,9)
93,19 (65,6)
94.11 (5,9)
95,12 (44,23)
97,1 (9,3) (52,10)
99,13 (44,21) (45,9)
101,29 (59,21)
102,2 (63,7)
103,2 (40,22)
104,15 (45,1) (61,1)
104,34+35 (33,4)
104,37 (33,24)

105,20 (57,5)
106,18 (8,21)
106,33 (29,17)
107,4+5 (9,7)
108,2 (2,9)
108,31 (50,5)
109,1 (22,14)(41,2)
109,5 (63,1)
111,4 (63,1)
112,5+6 (57,14)
112,9 (35,2)
113,7 (10,27)
113,25 (38,19)
114,3 (13,13)
115,12 (63,7)
117,12 (10,16)
117,19 (3,10) (13,2) (57,14)
117,22 (28,16) G (58,12)
117,23 (28,16) G
118,23 (35,6)
118,32 (35,6)
118,105 (29,14)
118,135 (2,5)
118,137 (13,E)
118,140 (6,6)

118,161 (52,4)
118,164 (11,2)
118,165 (54,13)
120,1+2 (2,3)
120,6 (4,6)
122,1+2 (2,3)
124,2 (22,1)
125,2 (4,2)
125,6 (9,2)
129,3 (64,5)
131,9 (61,10)
131,10 (37,35)
136,1 (15,7)
136,7 (21,11)
136,8 (1,8) (13,16) (47,1)
142,2 (6,5) (38,3) (39,E) (64,5)
145,2-4 (51,12)
145,4 (5,24)
146,4 (40,26)
146,11 (45,9) (62,5)
147,13 (60,11)
147,15 (6,6) (60,22)
147,16 (6,6)
147,18 (49,2)

Proverbia

1,21 (29,21)
1,24 (1,15) (65,2)
1,26 (57,4) (57,11) (65,12)
1,28 (57,13)
1,31 (3,10)
1,33 (3,10)
2,22 (24.E) (38,11) (57,13) (60,21)
3,12 (26,9)
9,5 (1,21) (28,1)

11,4 (3,6)
15,8 (1,9)
17,22 (58,11) (60,5)
18,3 (3,9)
21,18 (53,9)
21,30 (9,10) (13,7) (19,E)
22,28 (5,7)
24,16 (11,2)
31,32 (29,21)

Hohelied

1,4 (1,8)   4,7 (1,26)
2,15 (58,12)   6,11 (66,15)
3,6 (40,4)

Jesaja

1,1 (6,8)   7,20 (10,5)
1,2 (25,2) (40,1)   7,22 (6,12)
1,4 (40,1)   8,3 (9,6)
1,15 (4,4) H   8,7 (10,5) (33,9)
1,16 (4,4) H   8,9 (33,9)
1,26 (3,6)   8,10 (7,14)
1,30 (6,13)   8,13-16 (7,14)
1,31 (1,29) (10,27)   8,14 (7,14) (9,5) (28,16)
1,31 (1,29) (10,17)   8,20 (21,12) (65,4)
2,3 (11,E) (51,4)   8,22 (21,12)
2,4 (11,E)   9,2 (7,14) (35,2) (60,1)
2,11 (5,16)   9,4 (8,1) (25,4)
2.19 (59,19)   9,6 (2,4) (7,1) (7,14) (8,1)
2,20 (1,29) (41,1) (57,13)   (8,21) (65,16)
3,14 (5,1)   9,7 (2,4) (7,1) (7,14) (11,E)
4,1 (13,12)   9,11 (10,5)
4.2 (2,5) (3,E)   9,18 (10,17)
4,4 (1,16) (3,16)   10,15 (7,20) (9,6)
5,4 (1,24)   10,16 (9,5)
5,6 (3,1) (60,8)   10,24 (9,6)
5,20 (59,4)   10,26 (9,6)
5,25 (10,27)   10,27 (9,6) (19,19)
5,26 (10,5)   10,33 (9,6)
6,11 (9,1) (10,22)   11,4 (27,1) (30,29)
6,13 (10,22) (10,23)   11,6 (2,4)
7,2 (8,12)   11,9 (65,25)
7,4 (9,6)   11,12 (12,6)
7,8 (8,4)   11,14 (14,2)
7,13 (9,7)   12,1+3 (11,11)
7,14 (8,18) (9,6) (9,7) (11,1) H   12,3 (41,17) (55,1) (58,11)
7,15 (11,2)   13,2 (26,2) (57,14)
7,16 (8,4)   13,3 (10,5)
7,17 (10,5)   13,5 (10,14)

13,11 (10,14)
13,13 (5,25)
13,17 (10,24)
13,19 (10,14)
13,21 (14,23)
16,11 (15,5)
16,14 (15,E)
16,33 (2,4)
19,11 (24,20)
19,13 (3,5)
19,14 (3,5) (8,18) (57,17)
19,16 (3,5)
19,18 (18,1)
24,16 (25,E)
25,1 (28,29)
25,8 (35,9) (60,20) (65,18)
26,12 (40,5)
28,7 (19,14)
28,10 (22,E) (30,27)
28,13 (5,19)
28,15 (22,E) (29,16)
28,16 (8,18) (26,8)
28,19 (26,9)
29,9 (28,11) (31,9)
29,10 (51,17)
29,11 (8,16)
29,13 (57,11)
29,14 (33,18)
29,18 (8,16) (35,5) (42,16)
30,7 (9,10)
30,7-9 (8,2)
30,10 (22,E)
30,13 (8,2)
30,15 (2,8) (7,2)
30,16 (2,8) (7,2) (7,4)
32,3 (35,5)
32,4 (35,6)
32,15 (29,17)
32,17 (2,4)
32,18 (2,4) (4,6) (33,20)
33,1 (10,E) (37,22)
34,6 (29,1)
34,8 (61,2)

34,10 (38,12)
35,1 (29,17) (40,3)
35,6 (41,17)
36,2 (7,3)
37,8 (36,2)
37,35 (10,24)
37,36 (10,16)
38,6 (39,8)
40,2 (60,15) (61,3)
40,4 (64,1)
40,7 (57,16) (66,8)
40,8 (44,25)
40,9 (27,13) (58,1) G
40,9-11 (9,6)
40,26 (34,4)
41,8 (42,E)
41,17 (35,7)
42,1 (51,4)
43,16 (65,16)
43,25 (1,19)
46,3 (40,11)
47,9 (51,19)
48,1 (63,8)
48,22 (2,4)
49,1 (11,11)
49,2 (51,16)
49,6 (7,14) (42,6)
49,8 (34,E) (55,6) (61,2)
49,13 (60,15)
49,14 (1,27)
50,1 (52,3)
50,10 (51,1)
51,5 (11,11)
51,7 (54,14)
51,12 (54,14)
51,16 (65,16)
51,21 (28,1)
52,4 (13.E)
52,7 (40,9) (60,8)
52,12 (63,9)
53,1 (40,10)
53,2 (11,10)
53,4+5 (9,6)

53,6 (9,6) (55,7)
53,7 (1,7)
53,8 (9,6) (38,11)
54,1 (29,17)
54,13+14 (2,4)
55,1 (8,21)
55,4 (8,2)
55,11 (45,23)
56,11 (57,16)
57,21 (59,7)
58,3 (57,13) (59,E)
58,11 (66,14)
58,12 (61,4)
59,1 (1,15)
59,20 (60,1)
60,1 (24,23) (59,21) (62,7)
60,7 (61,6)
60,14 (54,15)
60,15 (61,6)
60,17 (2,4) (61,6)

60,18 (2,4)
60,19 (24,23)
61,1 (40,1)
61,2 (34,8) (40,2) (63,E)
61,3 (40,2)
61,7 (40,2)
62,1+2 (9,6)
63,4 (61,2)
63,8 (8,2) (34,E)
63,9 (8,2)
63,14 (4,6)
64,1 (63,7)
64,4 (25,6)
65,1 (52,15)
65,15 (62,2)
65,19 (2,4)
66,1 (6,1)
66,10 (40,1)
66,24 (34,1)

Jeremia

1,17 (50,7)
3,3 (3,9)
3,14+15 (1,26)
4,22 (5,21)
5,3 (9,21)
6,10 (6,5)
6,17 (1,2)
7,4 (66,1)
17,5 (9,10) (44,4)
17,8 (58,11)
17,9 (29,15) (39,E)
17,13 (4,3)

17,16 (4,6)
23,5 (11,11)
23,7 (11,11)
25,5 (38,12)
26,20 (8,2)
31,3 (51,7)
33,15+16 (29,11)
48,7 (16,6)
48,14 (16,6)
48,26 (16,6)
48.37 (15,2) H
48,42 (16,6)

Klagelieder

1,8 (3,10)
3,41 (1,15)

3,54 (8,6)

Ezechiel

1,11 (6,4)   9,6 (24,10)
1,24 (6,4)   10,3 (6,4)
2,6 (50,7)   10,20 (6,4)
3,8 (50,7)   16,3 (1,18)
9,1 (52,11)

Daniel

2,34+35 (2,3)   9,24 (40,2)
9,2 (8,14)

Hosea

1,4 (7,4) (8,E)   2,23 (62,2)
1,6 (8,E)   2,24 (60,10) (62,2) (65,15)
1,9 (8,E) (10,23)   13,11 (3,2)
2,7 (57,12)   14,3 (39,20
2,19 (1,21)

Joel

2,28 (31,16) (33,21)   2,32 (1,27) (4,6) (43,E)

Amos

8,11 (3,1)   8,14 (8,21)

Micha

4,3+4 (2,4)   7,7 (14,32)
4,7+8 (2,3)

Nahum

2,10 (13,7)

Habakuk

2,3 (28,10)   3,2 (38,16)
2,20 (41,1)

Haggai

2,7+8 (2,2)   2,10 (2,2)

Sacharja

2,13 (23,2)   12,10 (11,2)
4,10 (11,2)

Maleachi

3,1 (40,3)   3,14 (35,6)

Jesus Sirach

24,17 (2,13)   36,6+7 (33,7)

1. Makkabäer

1,16 (42,19)

Sapientia

5,18 (13,13)

Matthäus

1,21-23 (7,14)
1,25 (22,14)
2,1 (7,1)
3,2 (40,4)
3,9 (27,13) (35,E)
3,10 (29,17)
3,11 (4,4)
3,17 (11,2)
4,2 (8,20)
4,10 (1,29)
4,13 (9,1)
4,15+16 (9,1)
5,3 (11,4)
5,3 (2,4)
5,5 (57,19)
5,6 (8,21) (35,9) (41,7) (44,3)
   (55,1)
5,9 (2,4)
5,11+12 (2,4)
5,15 (2,3)
5,19 (32,5)
5,25 (2,4)
5,39+40 (2,4)
6,6 (26,20)
6,9 (19,21)
6,10 (5,11) (56,2) (58,13)
6,24 (28,20) (57,8)
6,30 (40,7)
6,33 (1,19)
7,20 (1,3)
7,29 (20,2)
8,11 (30,19) (41,25) (43,5)
8,12 (30,19) (43,8)
8,29 (24,22)
9,38 (49,2)

10,5 (32,20)
10,16 (60,18)
11,5 (40,1) (61,1)
11,21 (9,1)
11,23 (9,1)
11,27 (6,4)
11,28 (35,2) (40,29) (55,E)
11,29 (9,6)
12,4+5 (11,2)
12,29 (52,11)
12,30 (34,E)
12,39 (7,14)
13,13 (11,11)
13,14 (29,9)
13,15 (6,10)
15,9 (29,13)
15,17 (29,11)
15,24 (32,20)
16,16 (38,10)
16,18 (38,10) (41,15)
16,27 (40,10)
17,7 (6,5)
18,10 (63,9)
19,19 (1,9) (1,19)
21,13 (61,8)
21,31 (11,10)
21,41 (27,8)
21,42 (58,12)
21,43 (6,13) (11,10) (35,E)
   (65,13)
23,14 (3,12)
23,32 (29,10) (40,2) (42,3)
23,35 (1,15) (8,2)
23,38 (1,7) (3,16) (6,4)
   (25,2) (30,19)

24,2 (1,7) (4,3)
24,22 (7,4)
24,35 (51,6) H
25,8 (29,8)

25,41 (30,33)
26,39 (38,11)
27,45 (10,44)
28,19 (32,20)

Markus

1,15 (9,1)
9,22 (40,29)
9,23 (7,12)

12,30 (1,9) (1,16)
13,2 (25,2)

Lukas

1,23 (7,1)
1,32 (2,3) (7,14) (9,6) (9,7)
1,35 (7,14) (8,3) L
1,37 (7,14)
1,39 (22,1)
1,46 (8,1)
1,49 (4,2)
1,51 (40,10)
1,52 (26,14) (33,39)
1,53 (41,20) (55,1)
1,68 (9,6)
1,71 (9,6)
1,76+77 (40,3)
1,77-49 (9,6)
2,2 (2,4) (10,12)
2,14 (48,11) (58,13)
2.15 (10,23)
2,27 (8,4)
2,34 (7,14)
2,40 (7,15)
2,48 (8,4)
2,52 (7,15) G H
6,26 (57,1)
8,11 (1,7)

8,15 (38,3)
10,20 (4,3) (44,5) (62,2)
10,24 (38,11)
11,21 (33,24) (49,25) (53,9)
11,22 (52,11)
11,33 (54,10)
11,49 (29,9)
12,5 (66,24)
12,8 (63,8)
13,3 (1,19) (9,7) (13,5)
13,27 (57,12)
15,38 (32,14) H
16,16 (62,E)
18,11 (38,3)
19,42 (22,13)
19,43 (1,7)
19,44 (3,16)
21,11 (5,17)
21,20 (1,7)
21,22 (1,7)
21,23+24 (1,7)
21,26+28 (34,4)
23,30 (2,11) H

Johannes

1,4 (8,20)
1,5 (2,5)
1,9 (9,2)
1,11 (53,10)
1,12 (8,18)
1,18 (6,4)
1,33 (11,2)
3,5 (4,6)
3,18 (2,6) (4,3) (8,3) (24,E)
    (28,22) (34,5) (42,3)
3,34 (11,2)
4,14 (12,4) (33,16)
4,21 (66,1)
4,23 (19,19) (56,7)
4,48 (7,11)
5,23 (6,1)
5,25 (26,19)
6,29 (5,11) (40,10)
6,59 (4,6)
6,64 (4,6)
7,37 (8,21) (33,16)
8,2 (50,11)
8,12 (9,2)
8,24 (59,9)
8,34 (9,4)
8,44 (1,18) (57,3)
8,46 (50,8)

9,40 (22,1)
10,3 (62,2)
10,25 (8,18)
10,28-30 (9,6)
10,35 (6,9)
11,47+48 (29,9)
12,31 (24,16) (27,1)
12,39 (6,1) (6,9)
12,40 (6,9) (6,10)
12,41 (6,1) G H
12,48 (22,1)
14,6 (6,4) (9,4)
14,7 (6,4)
14,9 (6,4)
14,21 (6,4)
15,4+5 (1,16)
15,5 (53,10)
16,8 (2,4)
16,21 (40,11)
16,22 (9,3)
16,33 (51,11)
17,11 (8,18)
17,12 (51,14)
17,25 (8,18)
18,36 (9,6)
21,17 (32,14)

Acta apostolorum

1,7 (2.E)
2,21 (1,27)
2,24 (38,10)
7,51 (63,9)

15,9 (52,11)
17,15 (1,1)
28,25 (6,9)

Römerbrief

1,3 (7,14)
1,16 (11,4) (27,1) (28,16)
1,17 (4,3) (26,19) (57,10)
1,18 (2,4) (11,4) (27,1)
    (61,2)
1,21 (57,5)
1,23 (57,5)
1,26 (6,4)
1,28 (13,17) (19,E) (19,1) (24,E)
    (24,5) (42,19) (45,7) (50,1)
    (50,11) (56,9) (63,18)
2,4 (5,18)
2,6 (40,16)
2,11 (9,7)
2,12 (42,20)
2,17 (33,18)
3,23 (4,2) (26,15) (30,18) (40,5)
    (54,1)
3,26 (1,4)
3,28 (26,10)
4,2 (42,8)
4,17 (26,19)
5,1 (2,4) (30,19) (48,7) (54,9)
    (58,11) (59,7) (64,3)
5,2 (58,11)
5,3 (2,4) (41,3)
5,4 (51,7)
5,6 (54,5)
7,9 (57, 11)
7,14 (42,19)

8,1 (4,6)
8,2 (33,22)
8,9 (7,14)
8,14 (5,11) (7,14)
8,15 (11,2) H (56,5)
8,16 (9,19)
8,19 (65,16)
8,23+24 (64,16)
8,28 (25,E)
8,29 (4,2)
8,31 (7,14) (9,5) (54,14)
8,32 (7,14)
8,38+39 (24,22)
9,6+7 (63,8)
9,18 (6,16)
9,28 (10,23)
9,30 (65,1)
10,10 (1,19)
10,11 (1,27) (4,6) (26,13)
10,17 (33,24)
10,18 (2,3)
11,8 (6,10)
11,25 (6,13)
11,34 (6,10)
11,39 (40,12)
13,12 (50,4)
14,23 (1,9) (25,1) (28,16)
    (43,22) (59,4)
15,12 (11,10)
15,18 (32,20)

1.Korintherbrief

1,22 (7,11)
1,23 (53,E)
1,30 (54,14)
2,9 (2,4)
2,14 (5,21) (40,5)

2,15 (11,2) (30,25) (59,4)
3,11 (51,7) (54,14)
3,17 (2,3) (11,2)
3,19 (5,21)
4,3 (4,6)

4,8 (55,1)
7,40 (11,2)
8,1-3 (22,1)
8,5 (7,14)
10,2 (4,6)
10,4 (12,6)
10,6 (9,7)
10,11 (1,29)

11,6 (3,17)
11,15 (3,17)
13,12 (6,4)
14,24 (55,5) (61,9)
14,25 (55,5)
15,5+6 (9,4)
15,54+55 (9,4)
15,57 (9,4)

2. Korinther

1,9 (51,7)
1,21+22 (19,19)
2,15 (11,2)
3,7 (6,1)
4,17 (26,20)
6,2 (55,6)

6,16 (60,13) G
6,17 (52,11)
10,4 (11,4) (41,E)
11,2 (1,21)
12,9 (54,16)

Galater

3,2 (33,18)
3,24 (1,10)
3,28 (1,27) (2,2) (56,3)
4,4 (2,3)

4,30 (56,4)
4,31 (56,E)
5,6 (40,10)
5,15 (9,12) (24,5)

Epheser

1,4 (40,5) (42,E)
1,19 (40,10)
1,20 (6,1)
2,1 (9,2)
2,6 (26,6)
2,13+14 (57,19)
4,13 (8,20) (58,10) (65,20)
4,14 (8,20)
4,23 (58,10)

4,28 (2,4)
4,30 (19,19)
5,8 (9,2)
5,12 (29,15)
5,25 (26,19)
5,26 (57,3)
5,32 (1,21)
6,11 (52,11) H
6,17 (11,4) (27,1)

Philipper

2,6 (7,15)   2,13 (1,19)
2,7 (9,6)

Kolosser

1,13 (9,2)   2,20 (55,12)
1,26 (2,3)   3,4+5 (45,14)
2,9 (45,14)

1. Thessalonicher

2,16 (33,1) (40,2)

2.Thessalonicher

1,10 (9,6)   2,10+11 (56,9)

1.Timotheus

2,19 (4,3)   4,3 (45,16)
4,1 (48,3)

2. Timotheus

2,19 (19,19)   4,3 (9,6) (30,9)
3,3 (28,17)   4,4 (30,9)

Titus

1,15 (52,11) (54,14)   1,16 (40,29)

1.Petrus

2,4 (28,16)   2,8 (28,E)
2,7 (53,8)   4,12 (26,21)

2.Petrus

2,4 (24,22)   3,13 (65,16)
2,19 (9,4)

1. Johannes

2,16 (10,22)   3,9 (1,7)
2,18 (2,E) H L   3,15 (1,15)
3,2 (65,16)

2. Johannes

V.7 (53,4)

Hebräer

1,1 (62,E)   9,9+10 (1,10)
1,2 (9,6)   10,1 (1,10)
2,5 (65,16)   11,8 (9,6)
4,2 (7,9)   13,10 (19,19)
4,12 (13,13)   13,15+16 (19,21)
4,16 (6,4)

Apokalypse

1,16 (11,4)   3,7 (22,22)
1,17 (41,4) H   3,9 (63,8)
2,2 (34,E) (63,8)   4,3 (6,4)

5,6 (11,2)   22,11 (26,14)
21,2 (65,16

In der Übersicht sticht eine überaus reiche Fülle an Zitaten aus
dem Psalter hervor. Sicher aus der intensiven Beschäftigung Bugenhagens gerade mit diesem biblischen Buch vor und während
des Jesajakollegs kann dieses erklärt werden.

Die sich aufgrund ihrer Anzahl ebenfalls abhebende Menge von
Jesajazitaten veranschaulicht Bugenhagens Bemühen, den Propheten aus seiner eigenen Verkündigung her zu verstehen.

Auffallend, vor allem für den heutigen Leser der Jesajaauslegung, ist die häufige Verwendung von Zitaten aus dem Neuen
Testament. So erscheinen die von Bugenhagen erwähnten "verba
Christi" als Hilfen zum richtigen Verständnis der Botschaft des Jesaja. Sie illustrieren die von Jesaja geschilderten Gerichtsvisionen,[2]
dienen zur Bekräftigung seiner von der reformatorischen Theologie bestimmten Auslegung.[3] In erster Linie aber führt Bugenhagen
Zitate aus den Evangelien an, um so christologische Aussagen zu
verstärken. Auch der Großteil der von Bugenhagen zitierten Pau-
lusworte dienen diesem Zweck. Häufig finden sich aber auch
Zitate aus den Paulusbriefen in den Abschnitten der Vorlesung, in
denen Bugenhagen versucht, die Verkündigung des Jesaja mit der
Rechtfertigungslehre zu verbinden.[4]

---

2   So wird beispielsweise Mt 24,2 bei der Auslegung von Jes 1,7 und 4,3
    gebraucht.
3   Beispielsweise erwähnt er Luk 1,32 zur Exegese von Jes 2,3; 7,14 und
    zur Auslegung der Messiasweisagung von Jes 9.
4   So führt Bugenhagen in der Auslegung von Jes 9,2 gemäß der Vulgata-
    zählung aus (fo. 181r/v der Bugenhagen-Handschrift): "Qua(n)doquidem
    s(ecundum) om(n)es scripturas sola in deu(m) fide p(er) Iesu(m)
    Chr(istu)m iustficamur (id est) liberam(ur) a regno mort(is) Ephe. ij. Vos
    cu(m) esset(is) mortui p(er) delicta (et)c. et c. v. Erat(is) aliqua(n)do
    tenebr(a)e / n(u)nc a(u)t(em) lux in d(omi)no vt filij lucis a(m)bulate. Et
    col.j. Qui eripuit nos de p(otes)tate te(ne)brar(um) (et)c."

Literaturverzeichnis

I. Handschriften

I.1. Staatsbibliothek Berlin - Preußischer Kulturbesitz

I.1.1 Signatur Ms. theol. oct. 40

- fo. 2r-201v: Bugenhagens Auslegung von 1 Kor 7 bis 11.
- fo. 202r-205v, fo. 213r-220v und fo.226v-231v: Bugenhagens Nachschrift der Deuteronomiumvorlesung Martin Luthers (1523/1524) bis zur Exegese von Deut 4,31.
- fo. 240r-255v: Bugenhagens Einleitung zu der Erklärung der Apostelgeschichte, Teile der Auslegung von Acta 1 und 7.

I.1.2 Signatur Ms. theol. oct. 41

- fo. 45r-48v: Bugenhagens Nachschrift von Melanchthons Loci, Abschnitt. "de littera et spiritu".
- fo. 49r-55v: Bugenhagens Sendbrief an seine Treptower Schüler von 1521.
- fo. 58r-67r: Bugenhagens Klosterpredigt von 1518/19.
- fo. 118r-281v: Bugenhagens Jesajaauslegung bis zur Exegese von Jes 40,4.

I.1.3 Signatur Ms. theol. oct. 42

fo.72r-223v: Bugenhagens Auslegung von 1 Kor 11-16.

I.2 Anhaltinische Landesbücherei Dessau

Signatur Georg Hs. 93

- S.1-214 und S.239-389: Mitschrift Georg Helts von Bugenhagens Vorlesung zum ersten Korintherbrief.

I.3 Forschungs- und Landesbibliothek Gotha

Signatur Phil. 4° 305/5 (4) Rara

- Reinschrift von Philipp Melanchthons hebräischer Grammatik
  (1518/1519)

I.4 Universitätbibliothek Greifswald

Signatur Ms. 1053

- Kollegmitschrift von Bugenhagens Jesajavorlesung bis zur Exegese von Jes 9,12.

I.5 Ratsschulbibliothek Zwickau

Signatur XXXVII

- fo. 29r-32r: Philipp Melanchthons: Explicatio quarti et qui(n)ti
  capi. Miche(a)e proph(eta)e.

Signatur XL

- fo.294r-368v: Philipp Melanchthons Auslegung zum Matthäus-evangelium.

Übersicht der in der Ratsschulbibliothek Zwickau befindlichen Nachschriften Stephan Roths von Vorlesungen Bugenhagens

Eine derartige Übersicht hat bereits G. Buchwald in: Zur Witten-berger Stadt- und Universitätsgeschichte in der Reformationszeit, S. 18 veröffentlicht. Leider ist diese Übersicht unvollständig und teilweise nicht richtig. Daher sei hier eine solche Übersicht noch-mals gegeben.

1. Unter der Signatur H 1, fo. 145r-208v, befindet sich eine *Aus-legung zu den Psalmen*, die bis zur Exegese von Ps 50 reicht. Vgl. dazu S.23.
2. Unter der Signatur H 3, fo. 97v-161v, befindet sich eine *Ausle-gung zum Römerbrief*. Hierbei könnte es sich um eine direkte Mitschrift Roths von der im Druck vorliegenden Auslegung handeln. (Vgl. dazu Geisenhof Nr. 31.)
3. Ebenfalls unter der Signatur H 3, fo. 170r-215v, befindet sich eine *Auslegung zum Hiobbuch*. Da diese Exegese nicht mit dem Druck übereinstimmt (vgl. Geisenhof Nr. 192), könnte es sich hierbei um eine Mitschrift der Vorlesung von 1525 handeln. (Vgl. Holfelder: Solus Christus, S. 14f..)
4. Unter der Signatur H 6, fo. 61r-95r, befindet sich eine *Aus-legung zu 1. Korinther 4-15*.
5. Ebenfalls unter der Signatur H 6, fo. 95v-96r, befindet sich eine Einführung und eine *Auslegung von Kolosser 1*.
6. Ebenfalls unter der Signatur H 6, fo.101r-102v, befindet sich eine *Auslegung zum 2. und 3. Johannesbrief*.
7. Ebenfalls unter der Signatur H 6, fo. 109r-124r befindet sich eine *Auslegung zu 2. Korither 1-4*.
8. Ebenfalls unter der Signatur H 6, fo. 157r-206v, befindet sich eine *Auslegung zu Johannes 1-10*.

9. Unter der Signatur XXXIV, fo. 218r-227v, befindet sich eine *Auslegung zum Buch der Weisheit.* Vgl. dazu S. 14.

10. Ebenfalls unter der Signatur XXXIV, fo.228r-251r, befindet sich eine *Auslegung zum Hiobbuch.* Vgl. dazu S.16.

11. Unter der Signatur XXXIX, fo. 52-202v, befindet sich eine *Auslegung zum 1. und 2. Samuelis- und zum 1. und 2. Königsbuch.* Vgl. dazu S.21f..

12. Unter der Sigantur XL, fo. 5r-161v, befindet sich eine *Auslegung zum Galater-, Epheser-, Philipper-, Kolosser-, 1. und 2. Thessalonicher-, 1. und 2. Timotheus-, Titus-, Philemon- und Hebräerbrief.* Vgl. dazu S. 17f..

13. Ebenfalls unter der Signatur XL, fo. 163r-204r, befindet sich eine *Auslegung zu Matthäus und Lukas.* Vgl. dazu S.18f..

14. Ebenfalls unter der Signatur XL, fo. 204v-221r, befindet sich eine *Auslegung zum Jacobus-, 1. und 2. Petrus- und 1. Johannesbrief.* Vgl. dazu S. 19f..

15. Ebenfalls unter der Signatur XL, fo. 221v-230v, befindet sich eine *Auslegung zum Römerbrief.* Vgl. dazu S. 19f..

16. Unter der Signatur XLI, fo. 5r-284r, befindet sich eine *Auslegung zum Propheten Jesaja.*

17. Ebenfalls unter der Signatur XLI, fo. 284v-381r, befindet sich eine *Auslegung zum Deuteronomium.*

II. Gedruckte Quellen / Texte

- **Album** Academiae Vitebergensis ab A. Chr. MDII usque ad A.MDLX. Ex autographo edidit Carl Eduard Foerstemann, Leipzig 1841.
- **Augustinus**: Enarrationes in Psalmos, PL 36 und 37 = CChrSL XXXVIII-XL.
- -: In Iohannis Evangelium, PL 35 = CChrSL XXXVI.
- **Biblia**: Textus biblice cum glosa ordinaria Nicolai de Lyra postilla illa, moralitatibus eiusdem, Pauli Burgensis additionibus, Prima Pars, Basel 1506 und Quarta Pars, Basel 1507.

- **Blarer, Ambrosius und Thomas**: Briefwechsel der Brüder Ambrosius und Thomas Blarer 1509-1548, bearbeitet von T. Schieß, Bd. I (1509-1538), Freiburg 1908.
- **Boëthius**: De consolatione philosophicae, PL LXIII = CSEL Vol. LXVII.
- **Bugenhagen, Johannes**: In librum psalmorum interpretatio, (Geisenhof Nr. 4).
- -: Annotationes ab ipso iam emissae. In Deuteronomium. In Samuelem prophetam, id est duos libros Regum. (Geisenhof Nr. 33).
- -: Annotationes... in decem epistolas Pauli (Geisenhof Nr. 57).
- -: In Epistolam Pauli ad Romanos interpretatio (Geisenhof Nr. 216)
- -: Dr. Johannes Bugenhagens Briefwechsel, gesammelt und hg. von Otto Vogt, Stettin 1888, Ndr. Hildesheim 1966.
- -: Förstemann, Carl Eduard: Eine Predigt von Johannes Bugenhagens, im Kolster Belbuck gehalten. ZHTh 5, 1835, S. 229-247.
- -: Förstemann, Carl Eduard: Johannes Bugenhagens Sendbrief an die Schüler in Treptow. ZHTh 7, 1837, S. 139-155.
- -: Kawerau, Gustav: Über eine unveröffentlicht gebliebene Schrift Bugenhagens, ThStKr 79, 1906, S. 614-627.
- **Erasmus, Desiderius**: Opus epistolorum Desiderii Erasmi Roterodamni, hg. von Percy Stafford und Helen Mary Allen, Bd. VI, Oxford 1926.
- -: Ratio seu Compendium verae theologiae. In: Ausgewählte Schriften, Bd. 3, Darmstadt 1967.
- **Hieronymus**: IN ESAIAM, PL 24 = CChrSL LXXIII.
- **Jonas, Justus**: Der Briefwechel des Justus Jonas, gesammelt und bearbeitet von Gustav Kawerau, Halle 1884, Nrd. 1964.
- **Josephus, Flavius**: Opera. Graece et Latine. Recognavit Guilelmus Dindorfius. Volumen primum, Paris 1865, Volumen secundum, Paris 1864.
- **Lactantius**: Divinae institutiones, CSEL Vol. XIX.
- **Luther, Martin**: Von der Freiheit eines Christenmenschen, WA 7, S. 20-38 = Luther-Studienausgabe, Bd. 2, S.265-305.
- -: Tractatus de libertate christiana, WA 7, S. 49-73 = Luther-Studienausgabe, Bd. 2, S. 264-309.

- -: Weihnachtspostille 1522, WA 10 I.
- -: Vorlesung über das Deuteronomium, WA 14, S. 545-645, 745-753.
- -: Vorrede zu Bugenhagens "Interpretatio in librum psalmorum", WA 15 I, S. 8.
- -: Ein Sendbrief D. M. Luthers. Vom Dolmetschen und Fürbitte der Heiligen, WA 30 II, S. 632-646, Luther- Studienausgabe Bd.3, S. 480-496.
- -: Briefwechsel, WA.B 2.
- -: Deutsche Übersetzung von 1 Sam, WA.DB 1; WA.DB 9 I.
- -: Deutsche Übersetzung vom Deut, WA.DB 8.
- **Melanchthon, Philipp**: Loci communes von 1521, Melanchthon-Studienausgabe, Bd. II/1, Gütersloh 1952.
- -: Melanchthons Briefwechsel, Band T 1, Stuttgart- Bad Cannstatt 1991.
- **Oekolampad, Johannes**: IN IESAIAM // Prophetam Hypomnematon, Basel 1525.
- -: Briefe und Akten zum Leben Oekolampads. Bd. I, hg. von Ernst Staehelin, QFRG 10, Leipzig 1927.
- **Reuchlin, Johannes**: De rudimentis hebraicis, libris tres, Pforzheim 1506.
- **Scriptores** rerum Germanicarum, praecipue Saxonicarum..., ed. Jo. Burchardius Menckenius, Tomus II, Leipzig 1728.
- **Wittenberg**: Urkundenbuch der Universität Wittenberg, berarbeitet von Wilhelm Friedensburg, Teil I, Magdeburg 1926.
- -: Georg Buchwald: Zur Wittenberger Stadt- und Universitätsgeschichte in der Reformationszeit, Leipzig 1893.

III. Sekundärliteratur

- Adam, Alfred: Lehrbuch der Dogmengeschichte, Bd. 2 Gütersloh 1986[5].
- Alberts, Hermann: Zwei Bugenhagenfunde aus zwei alten Büchereien, ThStKr 106, 1934/35, S. 61-72.
- Barton, Peter: Die exegetische Arbeit des jungen Melanchthon 1518/19 bis 1528/29, ARG 54, 1963, 52-89.

- : Einleitung zu Bd. IV der Melanchthon-Studienausgabe, Gütersloh 1963, S. 9-13.
- Bauer, Walter: Griechisch-Deutsches Wörterbuch zu den Schriften des Neuen Testaments und der übrigen urchristlichen Literatur, Berlin - New York 1971[5].
- Bauerfeind, Gotthold: Bugenhagens Manuskripte. In: Festschrift zur fünfundzwanzigjährigen Stiftungsfeier des Bugenhagenschen Gymnasiums zu Treptow a.R., Colberg 1881, S.37-46.
- Bieber, Anneliese: Gottes Wort und Erbauung der Christen. Bugenhagens Harmonie der Passions- und Auferstehungschichte. In: Karlheinz Stoll (Hg.): Kirchenreform als Gottesdienst, Hannover 1985, S. 92-104.
- : Johannes Bugenhagen zwischen Reform und Reformation. Die Entwicklung seiner frühen Theologie anhand des Matthäuskommentars und der Passions- und Auferstehungsharmonie. FKDG 51, Göttingen 1993.
- Bizer, Ernst: Theologie der Verheißung, Studien zur Theologie des jungen Melanchthon, Neukirchen Vluyn 1964.
- Bornkamm, Heinrich: Gesetz und Evangelium in Luthers Auslegung des Alten Testaments. In: ZSTh 20, 1943, S. 68-122.
- : Luther und das Alte Testament, Tübingen 1948.
- Brecht, Martin: Martin Luther, Ordnung und Abgrenzung der Reformation 1521-1532, Stuttgart 1986 = Berlin 1989.
- Eißfeldt, Otto: Des Matthäus Aurogallus Hebräische Grammatik von 1523. In: WZ(H):GS 7, 1957/58, S. 885-889.
- Geisenhof, Georg: Bibliotheca Bugenhagiana. Bibliographie der Druckschriften des D. Joh. Bugenhagen, QDGR 6, Leipzig 1908, Ndr. Nieuwkoop 1963.
- Gesenius, Wilhelm: Hebräisches und aramäisches Handwörterbuch über das Alte Testament, Unveränderter Ndr. der 1915 erschienen 17. Auflg., Berlin 1962.
- Gummelt, Volker: Die Lukasauslegung von Johannes Bugenhagen (masch.), Greifswald 1989.
- Hauschild, Wolf-Dieter: Johannes Bugenhagens Auseinandersetzung mit dem Katholizismus 1515-21. In: Ostdeutsche Geschichts- und Kulturlandschaften, Teil III, Pommern, hg. von Hans Rothe, Köln/Wien 1988, S. 85-110.

-: Zur Edition der reformatorischen Schriften Johannes Bugenha-
    gens. De Kennung 13, Heft 2, 1990, S. 29-36.
- Holfelder, Hans Hermann: Tentatio et consolatio. Studien zu
    Bugenhagens "Interpretatio in librum psalmorum", AKG 45,
    Berlin-New York 1974.
-: Matthäus Aurogallus (ca. 1490-1543). In: ZKG 85, 1974, S.
    383-388.
-: Solus Christus. Die Ausbildung von Bugenhagens Rechtferti-
    gungslehre in der Paulusauslegung (1524/25) und ihre
    Bedeutung für die theologische Argumentation im Sendbrief
    "Von dem christlichen Glauben" (1526). Eine Untersuchung
    zur Genese von Bugenhagens Theologie. BHTh 63, Tübin-
    gen 1981.
-: Artikel: Bugenhagen, Johannes, TRE Bd.7, Berlin-New York
    1981, S. 354-362.
-: Bugenhagens Theologie - Anfänge, Entwicklungen und Aus-
    bildungen bis zum Römerbriefkolleg 1525. In: Luther 57,
    1986, S. 65-80.
- Hering, Hermann: Doktor Pomeranus. Johannes Bugenhagen. Ein
    Lebensbild aus der Reformation, SVRG 22, Halle 1888.
- Kähler, Ernst: Bugenhagen und Luther. In: Werner Rautenberg
    (Hg.): Johann Bugenhagen. Beiträge zu seinem 400. Todes-
    tag, Berlin 1958, S. 108-122.
- Kaiser, Otto: Der Prophet Jesaja, Kapitel 1-12, ATD 17, Berlin
    1981.
- Koch, Ernst: Handschriftliche Überlieferungen aus der Reforma-
    tionszeit in der Stadtbibliothek Dessau. In: ARG 78, 1987,
    S.321-345.
- Koffmane, Gustav: Einleitung zu WA 13, S.VII-XXXVI.
- Leder, Hans-Günter: Zum Stand und zur Kritik der Bugenhagen-
    forschung. In: HerChr 11, Berlin 1978, S. 65-100.
-: Johannes Bugenhagen Pomeranus - Leben und Wirken. In:
    Ders. (Hg.): Johannes Bugenhagen - Gestalt und Wirkung,
    Berlin 1984, S. 8-37.
-: Bugenhagen und die "aurora doctrinarum". Zum Studium Bu-
    genhagens in Greifswald. In: Ders. (Hg.): Johannes Bugen-
    hagen - Gestalt und Wikung, Berlin 1984, S. 38-86.

-: Leben und Werk des Reformators Johannes Bugenhagen. In: Ders./ Nobert Buske: Reform und Ordnung aus dem Wort, Johannes Bugenhagen und die Reformation im Herzogtum Pommern, Berlin 1985, S. 9-45.

-: Zum gegenwärtigen Stand der Bugenhagenforschung. In: De Kennung 8, 1985, S. 21-42.

-: Zwischenbilanz der Bugenhagen-Forschung. In: Jahrbuch für Regionalgeschichte 15, Weimar 1988, S. 275-282.

-: Artikel: Jonas, Justus, TRE Bd.17, Berlin-New York 1988, S. 235-238.

-: Die Berufung Johannes Bugenhagens in das Wittenberger Stadtpfarramt, ThLZ 114, 1989, Sp. 481-504.

-: Aspekte, Probleme und Ergebnisse der Bugenhagenbiographie. In: De Kennung 13, H.2, 1990, S.5-28.

- Maurer, Wilhelm: Der junge Melanchthon. Zwischen Humanismus und Reformation, Bd.2 (Der Theologe), Göttingen 1969, S. 127.

-: Zur Komposition der Loci Melanchthons von 1521. Ein Beitrag zur Frage Melanchthon und Luther. In: LuJ XXV, 1958, S. 146-180.

- Müller, Georg: Mag. Stephan Roth. In: BSKG 1, Leipzig, S.43-98.

- Pietsch, P./ Thiele, E.: Einleitung zu WA DB 1, S. XIII-XXIII.

- Pöhle, H.: Artikel: Seidel, Martin Friedrich, ADB Bd.33, Leipzig 1891, S. 623-625.

- Raeder, Siegfried: Die Benutzung des masoretischen Textes bei Luther in der Zeit zwischen der ersten und zweiten Psalmenvorlesung, BHTh 38, Tübingen 1967.

- Rose, Valentin: Verzeichnis der lateinischen Handschriften der königlichen Bibliothek zu Berlin, Bd. II/3. Nachlässe von Gelehrten, Berlin 1905, Sp. 1359-1362.

- Scheible, Heinz: Artikel: Melanchthon, Philipp; TRE Bd.22, Berlin- New York 1992, S. 371-410.

- Stick, Hansjörg: Melanchthon als Ausleger des Alten Testaments. BGBH 2, Tübingen 1959.

- Stoll, Heinrich: Ein kostbares Neues Testament. In: ARG 31, 1934, S. 219-227.

- Thyen, Dietrich: Luthers Jesajavorlesung. Diss. Theol. (masch.), Heidelberg 1964.

-: Johann Bugenhagen. Die Auslegung zu Jesaja 6. Historische Mobilität und Normenwandel (Hi Mo N)- Diskussionsbeiträge 43, Siegen 1985.

- Vogt, Karl August Traugott: Johannes Bugenhagen Pomeranus - Leben und ausgewählte Schriften. LASLK 4, Elberfeld 1867.

- Vogt, Otto: Melanchthon's und Bugenhagen's Stellung zum Interim und die Rechtfertigung des letzteren in seinem Jonascommentar. In: JPTh 13, 1887, S. 1-38.

-: Über Melanchthons Loci. Aus Bugenhagens Handschriften. In: ThStKr 58, 1885, S. 747-749.

- Wengert, Timothy J.: Philipp Melanchthon's Annotationes in Johannes in Relation to its Predecessors ans Contemporaies, Genf 1987.

- Zobel, Hans-Jürgen: Die Hebraisten an der Universität Wittenberg (1502-1817). In: WZ(H). GS 7, 1958, Sp.1173-1185, wiederabgedruckt in: Ders.: Altes Testament - Literatursammlung und Heilige Schrift, BZAW 212, Berlin - New York 1993, S. 201-227.

Personenregister

ARBEITEN ZUR PRAKTISCHEN THEOLOGIE
Groß-Oktav · Ganzleinen

ECKART NASE

Oskar Pfisters analytische Seelsorge
Theorie und Praxis des ersten Pastoralpsychologen,
dargestellt an zwei Fallstudien

Erste umfassende Darstellung des Pioniers der Pastoralpsychologie. Im Mittelpunkt steht
die Analyse zweier Fallgeschichten. Für diesen empirischen Zugang werden biographische
(psychoanalytische Biographik), wissenschafts-theoretische (Hermeneutik) sowie theo-
logiegeschichtliche (liberale Theologie) Voraussetzungen erarbeitet. − Skizzen zu Leben
und Werk sowie die Gesamtbibliographie Oskars Pfisters runden das Werk ab.

XVIII, 622 Seiten. 1993. Mit einem Frontispiz und 6 Abbildungen
ISBN 3-11-013235-4 (Band 3)

Weitere, bereits erschienene Bände der Reihe:

Gib mir ein Zeichen
Zur Bedeutung der Semiotik für theologische Praxis- und Denkmodelle
Herausgegeben von Wilfried Engemann und Rainer Volp
XII, 264 Seiten. 1992. ISBN 3-11-013618-X (Band 1)

MICHAEL-MEYER BLANCK

Wort und Antwort
Geschichte und Gestaltung der Konfirmation am Beispiel
der Ev.-luth. Landeskirche Hannovers
XII, 338 Seiten. 1992. ISBN 3-11-013258-3 (Band 2)

Leben, Leib und Liturgie
Die Praktische Theologie Wilhelm Stählins
XIV, 465 Seiten. 1994. ISBN 3-11-014364-X (Band 6)

GOTTFRIED SIMPFENDÖRFER

„Jesu, ach so komm zu mir"
Johann Sebastian Bachs Frömmigkeit im Spiegel seiner Kantaten
IX, 305 Seiten. 1994. ISBN 3-11-013772-0 (Band 5)

Walter de Gruyter Berlin · New York

An die Freunde

Vertrauliche d. i. nicht für die Öffentlichkeit bestimmte Mitteilungen (1903–1934)

Nachdruck mit einer Einleitung von Christoph Schwöbel

Quart. XXIV, 618 Seiten. 16 Beilagen. 1993. Ganzleinen. ISBN 3-11-013675-9

Die 1903 gegründete „Vereinigung der Freunde der Christlichen Welt" scharte sich um die gleichnamige Zeitschrift „Die Christliche Welt" und war eines der wichtigsten theologischen und kirchenpolitischen Diskussionsforen der Kaiserzeit und der Weimarer Republik. Alles, was im deutschen liberalen Protestantismus Rang und Namen hatte, wie etwa Adolf von Harnack, Ernst Troeltsch, Friedrich Naumann und Martin Rade, gehörte dazu. Die Vertraulichen Mitteilungen „An die Freunde" dienten dem internen Dialog dieses Kreises und stellen ein einzigartiges kirchen- und theologiegeschichtliches Dokument dar, das bislang nur in Form eines einzigen, komplett erhalten gebliebenen Exemplares existierte.

PAUL TILLICH
Frühe Predigten (1909–1918)

Herausgegeben von Erdmann Sturm

Oktav. XII, 686 Seiten. 1994. Gebunden. ISBN 3-11-014083-7

(Ergänzungs- und Nachlaßbände zu den Gesammelten Werken, Band VII)

Erstedition von insgesamt 173 Predigten, die der junge Theologe und Philosoph Paul Tillich in den Jahren 1909–1914 in Kirchengemeinden in Berlin und Umgebung sowie als Feldprediger während des ganzen 1. Weltkrieges an der Westfront (1914–1918) gehalten hat. Ihr Grundthema ist das spannungsreiche Verhältnis von Gott, Seele und Welt.

Christianity and Modern Politics

Edited by Louisa S. Hulett

1993. Large-octavo. IX, 453 pages. Cloth ISBN 3-11-013462-4
Paperback ISBN 3-11-013461-6

Anthology of writings on Religion and Politics in the United States of America

Sample contents: Definitions of Christianity, Civil Religion, and Politics · Separation of Church and State in America · Religious Freedom and the Supreme Court · The Rise of Christian Fundamentalism · Fundamentalism versus Secular Humanism · Just War Doctrine · Pacifism and Nuclear Ethics · Liberation Theology

Walter de Gruyter   **Berlin · New York**

Between Fear and Freedom

Oudtestamentische Studiën

Old Testament Studies
published on behalf of the Societies for
Old Testament Studies in the Netherlands and
Belgium, South Africa, and United Kingdom
and Ireland

Editor

J.C. de Moor
Kampen

Editorial Board

H.G.M. Williamson
Oxford

H.F. Van Rooy
Potchefstroom

M. Vervenne
Leuven

VOLUME 51

Between Fear and Freedom

Essays on the Interpretation of
Jeremiah 30–31

by

Bob Becking

BRILL
LEIDEN • BOSTON
2004

This book is printed on acid-free paper.

Library of Congress Cataloging-in-Publication Data

Becking, Bob.
   Between fear and freedom : essays on the interpretation of Jeremiah 30–31 /
by Bob Becking.
    p. cm.—(Oudtestamentische studiën = Old Testament studies,
ISSN 0169-7226; d. 51)
   Includes bibliographical references and index.
   ISBN 90-04-14118-9 (alk. paper)
    1. Bible. O.T. Jeremiah XXX–XXXI—Criticism, interpretation, etc.
I. Title. II. Oudtestamentische studiën; d. 51.

BS1525.52.B43 2004
224'.206—dc22   2004054639

BS
1525.52
.B43
2004

ISSN   0169-7226
ISBN   90 04 14118 9

PRINTED IN THE NETHERLANDS

CONTENTS

ACKNOWLEDGMENTS

This book could have been written earlier. My first essay on the interpretation of Jeremiah 30–31 appeared back in 1989. By then I had the idea that this book could have been finished within five years or so. A few things came between, unfortunately. Two editions of the *Dictionary of Deities and Demons in the Bible* and a series of illnesses delayed the completion of my manuscript. Delay, however, is not always a disadvantage. I was given the opportunity to rethink and reevaluate the ideas I am expressing in this book. During this process, I learned quite a lot during discussions with my colleagues in the Utrecht research group for Old Testament studies. I would like to thank Panc Beentjes, Meindert Dijkstra, Harm van Grol, Marjo Korpel, Karel Vriezen and Jan Wagenaar for their remarks and support over the years. Thanks to the Socrates exchange programme, I was invited to lecture about Jeremiah 30–31 at the universities of Durham, Lund, Helsinki and Nottingham. These interactions have improved the quality of my work and I would like to thank students and colleagues for their hospitality and openmindedness. Several years ago, Johannes de Moor suggested me to publish my insights in the Book of Consolation in the *Oud Testamentische Studiën*. I would like to thank him for this gesture and his patience.

During the final stages of the preparation of my manuscript, Teunis van Leeuwen, my father in law, died unexpectedly. It is to the memory of this fine person who was lifelong impressed that God is the One who 'gives the sun as a light by day and who adjusts the moon and the stars as a light for the night who bawls against the sea so that its waves roar (Jer. 31:35)' that I dedicate this volume.

CHAPTER ONE

A DISSONANT VOICE OF HOPE:
AN INTRODUCTION TO THE INTERPRETATION
OF JEREMIAH 30–31[1]

1.1 Introduction

The aim of this book is to offer its readers a coherent set of essays
on the interpretation of Jer. 30–31. This opening line introduces two
ideas that need to be explained:

(1) What is interpretation?
(2) What is meant by Jer. 30–31?

These questions will be discussed in the following paragraphs.

1.2 The Art and the Act of Interpretation

Biblical criticism did not reach a crisis, as has been suggested by
Brevard Childs,[2] but is in a state of confusion. The patient might
be ill, but the wound is not incurable. One of the main symptoms
of the illness can be depicted under the heading 'absence of a generally accepted method'. The present state of the discipline 'Interpretation of the Hebrew Bible' resembles a mall with a variety of
shops: a butcher is next door to a vegetarian restaurant and both
have a different clientele.[3] A confusing multitude of arrangements
for reading a text is available. Some of these approaches accept that
the present text emerges from a different culture and time. Others
take the text as it stands and read it in its final form. Next to that

---

[1] The title for this introductory chapter has been taken over from a remark by
L. Stulman, *Order amid Chaos: Jeremiah as Symbolic Tapestry* (BiSe, 57), Sheffield 1998, 13.
[2] See B.S. Childs, *Biblical Theology in Crisis*, London 1970; for a critical reflection
on Childs' position see M.G. Brett, *Biblical Criticism in Crisis? The Impact of the Canonical
Approach on Old Testament Studies*, Cambridge 1991.
[3] I owe this metaphor to Mark S. Smith.

many scholars accept that all interpretation is reader oriented[4] and present a variety of readings from different perspectives.

It is neither my purpose to display here everything that is available at the market of method, nor is it my aim to develop a new methodological approach that might claim general acceptance. In line with Barton[5] and Talstra,[6] I would like to opt for methodical clearness. This implies that attention should be payed to Barton's plea for 'literary competence' as the basis for interpreting texts.[7] With this idea, borrowed from structuralism, it is expressed that a reader needs the ability to recognize the communicative patterns of a given text before any meaning can be given to that text. When it comes to the interpretation of texts from the Hebrew Bible, we need to apprentice the ability to recognize the patterns underlying these ancient texts. Since they stem from a remote culture we have to look for ways to grasp the social code of that society. This can only be done in an approach in which attention is paid to modes of expression known from the Ancient Near East. On a practical level, this implies that I will pay attention to expressions from the *canon* of the Ancient Near East that stand parallel to phrases in Jer. 30–31.

Talstra has developed a strategy of reading that covers the entire road form text to theology. Although he appreciates text-critical and redaction-historical studies, the emphasis in his work is on three features:

(1) Syntactical analysis of a given textual unit in order to detect the inner dynamics of that text;
(2) A step by step approach that forbids the mingling of different methods;
(3) An ongoing sub-dialogue of readers, ancient and modern.

This third element expresses the basic idea that any reader should be aware of the fact that he or she is not the first reader of a given

---

[4] On reader response criticism see, e.g., U. Eco, *The Role of the Reader: Explorations in the Semiotics of Texts*, Bloomington 1979; E.V. McKnight, *Post-Modern Use of the Bible: The Emergence of Reader-Oriented Criticism*, Nashville 1988; J. Barton, *Reading the Old Testament: Method in Biblical Study*, London [2]1996, 198–219.

[5] Barton, *Reading the Old Testament*.

[6] E. Talstra, *Oude en nieuwe lezers: Een inleiding in de methoden van uitleg van het Oude Testament*, Kampen 2002.

[7] Barton, *Reading the Old Testament*, 8–19.

text. But, while others probably have read the text better than I will do, I cannot hide myself behind their scholarship. In other words: Although arguments based on the status of the scholar uttering it, are not prima facie true, I have to accept that I need to be in constant exchange with other readers.[8]

In my interpretation of Jer. 30–31, I would like to combine Barton's plea for literary competence with Talstra's approach. There are, however, two important aspects of interpretation that might be overlooked when stressing interpretation as an act, or art of reading:

(1) Before entering into the process of interpretation, the limits of the textual unit under consideration needs to be discussed. Marjo Korpel has developed, in cooperation with Johannes de Moor, a method to establish the unit delimitation by using hints and signs in ancient manuscripts.[9]

(2) Texts are connected to a context, be it a historical, a societal or a mental context.[10] This context is *by definition* different from ours.

In my interpretation of Jer. 30–31, I would like to build these two elements into the model of Barton and Talstra. First, I have to clarify what I mean with Jer. 30–31.

1.3   *The Book of Consolation*

1.3.1   *Introduction*

Already a superficial reading of the Book of Jeremiah as a whole makes clear that Jer. 30–31 contains a 'Dissonant Voice of Hope'. Many contrasts between these two chapters and the rest of the Book of Jeremiah can be observed. To mention a few:

– Whereas the Book of Jeremiah is written in the mode of doom and suffering, Jer. 30–31 contains lyrical language of hope.

---

[8] See also A. Wijzenbroek, *De kunst van het begrijpen: Een structuralistisch-hermeneutische analyse van literair proza*, Muiderberg 1987.

[9] M.C.A. Korpel, 'Introduction to the Series Pericope', in: M.C.A. Korpel, J. Oesch (eds), *Delimitation Criticism: A New Tool in Biblical Scholarship* (Pericope, 1), Assen 2000, 1–50; idem, *The Structure of the Book of Ruth* (Pericope, 2), Assen 2001.

[10] See esp. F.E. Deist, *The Material Culture of the Bible: An Introduction* (BiSe, 70), Sheffield 2000.

– Whereas the Book of Jeremiah implies a negative anthropology, i.e., man is a sinner, Jer. 30–31 is coloured by an optimistic view.[11]
– The Book of Jeremiah is offering a prophecy of judgement and exile, while Jer. 30–31 is a sign of hope for return and restoration.

Despite these and other thematic differences, there are many similarities at the level of concrete language, i.e., many words and expressions that occur in Jer. 30–31 have their counterpart in the rest of the Book of Jeremiah. The embedded dilemma has been phrased be Keown, Scalise and Smothers as follows: 'The Book of Consolation stands as a refuge amid the storm of wrath that blows through the rest of the book of Jeremiah. Yet these two chapters are thoroughly integrated with the message and ministry of the book in its canonical form'.[12] These two factors, thematic dissimilarities and linguistic similarities, yield a problem when it comes to an analysis of the emergence of the Book of Jeremiah and its various parts. Is the dissonant voice a different voice or the same voice speaking in a different context? A third possibility would be to accept that the more original parts of Jer. 30–31 stem from the same voice, but that over time other sounds and voices were incorporated, leading to a dissonant symphony.

In critical scholarship, starting from the nineteenth century CE, various answers to these questions have been given. It is not my aim to display and analyse the history of research into Jer. 30–31. First, this has been done already and far better than I could do.[13] Second, many details will be referred to in a more organic way when discussing various exegetical problems within Jer. 30–31 below. Third, I would like to focus on some main issues in the ongoing debate on the authenticity and coherence, or the lack of them, of Jer. 30–31.

---

[11] See D.A. Knight, 'Jeremiah and the Dimensions of the Moral Life', in: J.L. Crenshaw, S. Sandmel (eds.), *The Divine Helmsman: Studies on God's Control of Human Events Presented to Lou H. Silberman*, New York 1980, 102.

[12] G.L. Keown *et al.*, *Jeremiah 26–52* (WBC, 27), Dallas 1995, 83.

[13] See, e.g., S. Böhmer, *Heimkehr und neuer Bund: Studien zu Jeremia 30–31* (GTA, 5), Göttingen 1976, 11–20; T. Odashima, *Heilsworte im Jeremiabuch: Untersuchungen zu ihrer vordeuteronomistischen Bearbeitung* (BWANT, 125), Stuttgart 1989, 1–80; S. Herrmann, *Jeremia: Der Prophet und sein Buch* (EdF, 271), Darmstadt 1990, 146–62.

1.3.2   *The Name 'Book of Consolation'*

The label 'Little Book of Consolation/Trostbüchlein' has first been used by Paul Volz.[14] In using this term the two chapters are classified according to their general content as well as distinguished from Isa. 40–55, the greater Book of Consolation. Generally these two chapters, be it in their original or their final composition, are seen as texts containing elements of hope and consolation. Kessler and Nicholson, however, have challenged the view that Jer. 30–31 contain oracles of hope. They pointed at several elements of doom within the two chapters, which make a classification as text(s) expressing hope unacceptable to them.[15]

1.3.3   *The Coherence of Jer. 30–31*

There exists a long tradition among critical scholars to regard Jer. 30–31 as a coherent whole. I will give voice to two opinions: Paul Volz compared the textual unit with a medieval *tryptichon*: on the left panel we see images of fear and destruction, the right panel is coloured with hope and restoration, while in the middle part God is depicted as caring for the *personae miserae* of Israel and Judah.[16] Reading the text with a form of close reading derived from the New Criticism school, Barbara Bozak arrived at the conclusion that Jer. 30–31 form a coherent whole, but in contrast to Volz, who construes both chapters as authentic Jeremian, she is not interested in the relationship between text and real time prophet.[17]

Many scholars, however, have questioned the coherence of Jer. 30–31. As far as I can see, three features play a role in the various arguments that have lead to a variety of proposals:

– The two side-panels in Volz's *tryptichon*, 'fear' and 'freedom', are often seen as too contradictory to be part of a coherent whole.

---

[14] Volz, *Jeremia*, 247–50.
[15] M. Kessler, 'Jeremiah Chapters 26–45 Reconsidered', *JNES* 27 (1968), 83; E.W. Nicholson, *Preaching to the Exiles*, Oxford 1970, 106.
[16] P. Volz, *Der Prophet Jeremia*, Leipzig ²1928, 287. A comparable view, though less eloquently phrased, is offered by D. Kidner, *The Message of Jeremiah*, Leicester 1987, 102–15.
[17] B.A. Bozak, *Life 'Anew': A Literary-Theological Study of Jer. 30–31* (AnBi, 122), Roma 1991; see also G. Fischer, *Das Trostbüchlein: Text, Komposition und Theologie von Jer 30–31* (SBB, 26), Stuttgart 1993, 81–4; Keown *et al.*, *Jeremiah 26–52*, 82–139.

In line with this observation some parts of Jer. 30–31 are seen as portraying Yʜwʜ as punishing his people, while other parts cast Him in a liberating role.

– In some parts of Jer. 30–31 the oracles seem to be directed toward the former Northern kingdom. Names like 'Jacob' and 'Ephraim' suggest that sections of the two chapters were directed to the inhabitants of this territory or to the remnants of those who were exiled to Assyria after the conquest of Samaria. Other sections clearly refer to the South, as can be inferred from indicators like 'Sion' and 'Judah'.

– A distinction has been made between sections that were written in prose and sections that were written in poetry.

Depending on the weight scholars give to either of these three features, various proposals as to the emergence and literary growth of the two chapters have been made. Already Movers accepted the view that to an original Jeremiac core additions had been made by Deutero-Isaiah.[18] This model has been adapted and refined with two tendencies. Critical scholarship allotted less and less parts of Jer. 30–31 to the original core and more and more layers of addition and redaction were accepted. Duhm, for instance, considered only Jer. 30:12–14; 31:2–6.15–22 as authentic. The other parts were construed by him as exilic and post-exilic additions.[19] Mowinckel considered the whole of the two chapters as non Jeremian, they were part of what he called Source D, in which an original collection Jer. 30:4–31:28 had been incorporated into the growing Book of Jeremiah under addition of the complex introduction Jer. 30:1–3 and the oracle in Jer. 31:29–40.[20] A new lane of research started with Wilhelm Rudolph. In his view the kernel of Jer. 30–31 should be read as prophecies of salvation and return of the Northern Israelite exile, while a later recension applied these prophecies to Judah in exile.[21] The rise of the redaction-historical method and the concept of *pandeuteronomismus* reached the scholarly debate on the Book Jeremiah around 1965 when Siegfried Herrmann proposed that various parts of Jer. 30–31,

[18] C.F. Movers, *De utriusque recensionis vaticiniorum Ieremiae, Graecae Alexandrinae et Hebraicae masorethicae, indole et origine commentatio critica*, Hamburg 1837, 39.

[19] B. Duhm, *Das Buch Jeremia* (KHCAT, 11). Tübingen 1901, xiii.

[20] S. Mowinckel, *Zur Komposition des Buches Jeremia*, Kristiana 1914.

[21] W. Rudolph, *Jeremia* (HAT, 1,12), Tübingen ³1968, 188–91.

such as 30:1–3; 31:31–34, have been added to an original core by a deuteronomistic redactor.[22] His position has been adapted with marginal corrections,[23] but also severely criticised.[24]

Elaborating the ideas of Rudolph and Lohfink,[25] William Holladay has proposed a complex redaction history for Jer. 30–31.[26] The original core is formed by the seven strophes of the Recension to the North stemming from Josianic times.[27] This composition has been reused by Jeremiah just before the fall of Jerusalem in 587 BCE by the addition of three units: Jer. 30:10–11; 16–17 and 31:7–9a. This 'Recension to the South' is then framed by two later additions: Jer. 30:1–3 and 31:27–28.[28] Shortly after the fall of Jerusalem this recension has been expanded by Jeremiah with the passages dealing with 'sour grapes' (Jer. 31:29–30) and with the 'New Covenant' (Jer. 31:31–34).[29] As a final stage at the time of the return from Exile a set of unauthentic material has been added (Jer. 30:8–9; 31:23–25.26.35–37.38–40).[30] Recent years have shown even more complex proposals.[31]

---

[22] S. Herrmann, *Die prophetischen Heilserwartungen im Alten Testament: Ursprung und Gestaltwandel* (BWANT, 85), Stuttgart 1965, 215–22.

[23] E.g., by E.W. Nicholson, *Preaching to the Exiles*, Oxford 1970, esp. 82–6; W. Thiel, *Die deuteronomistische Redaktion von Jeremia 26–45* (WMANT, 52), Neukirchen-Vluyn 1981, 20–8; R.W. Klein, *Israel in Exile: A Theological Interpretation*, Mifflintown 2002, 44–68. Note that Böhmer accepts these additions, but labels them as 'nach-jeremianisch', S. Böhmer, *Heimkehr und neuer Bund: Studien zu Jeremia 30–31* (GTA, 5), Göttingen 1976.

[24] Esp. by H. Weippert, *Die Prosareden des Jeremiabuches* (BZAW, 132), Berlin 1973, 2.201; R.P. Carroll, *From Chaos to Covenant: Uses of Prophecy in the Book of Jeremiah*, London 1981, 198–225; R.P. Carroll, *Jeremiah* (OTL), London 1986, 568–618.

[25] N. Lohfink, 'Der junge Jeremia als Propagandist und Poet: Zum Grundstock von Jer 30–31', in: P.-M. Bogaert (ed.), *Le Livre de Jérémie: Le prophète et son milieu, les oracles et leur transmission* (BETL, 54), Leuven 1981, 351–68; N. Lohfink, 'Die Gotteswortverschachtelung in Jer. 30–31', in: L. Ruppert *et al.* (eds.), *Künder des Wortes* (Fs J. Schreiner), Würzburg 1982, 105–19.

[26] His ideas have been adapted by H. Leene, 'Jeremiah 31,23–26 and the Redaction of the Book of Comfort', *ZAW* 104 (1992), 349–64; K. Seybold, *Der Prophet Jeremia: Leben und Werk* (Kohlhammer-Urban Taschenbücher, 416), Stuttgart 1993, 80–7; B.W. Anderson, *From Creation to New Creation: Old Testament Perspectives* (Overtures to Biblical Theology), Minneapolis 1994, 179–94; J. Ferry, *Illusions et salut dans la prédication prophétique de Jérémie* (BZAW, 269), Berlin 1999, 267–367.

[27] Whether or not from Jeremiah himself, see W.L. Holladay, *Jeremiah 2: A Commentary on the Book of the Prophet Jeremiah Chapters 26–52* (Hermeneia), Minneapolis 1989, 156.

[28] See Holladay, *Jeremiah 2*, 160–63.

[29] Holladay, *Jeremiah 2*, 163–65.

[30] Holladay, *Jeremiah 2*, 165–67.

[31] C. Levin, *Die Verheißung des neuen Bundes in ihrem theologiegeschichtlichen Zusammenhang*

On the other hand the coherence of the two chapters is still defended by various scholars.[32]

1.3.4   *The Authenticity of Jer. 30–31*

Not all scholars who assume Jer. 30–31—or the greatest part of it— as a literary unit, construe these texts to be authentic. Even in the early years of critical scholarship the Jeremiac provenance of Jer. 30–31 has been defended, e.g., by Graf who construed the two chapters as the remains of prophecies from the reign of Jehojakim.[33] Others, e.g., Rudolph Smend Sr. connected the view of the literary coherence of Jer. 30–31 with a late exilic date.[34] Both approaches— the plea for the emergence from the life time of the prophet[35] and the view that the text was composed during the final years of the Babylonian exile[36]—have been defended since.

1.4   *The Outline of this Book*

My remarks on method in interpreting texts as well as the albeit superfacial survey of the scholarly discussion on the Book of Consolation

---

ausgelegt (FRLANT, 137), Göttingen 1985; C. Westermann, *Prophetische Heilsworte im Alten Testament* (FRLANT, 145), Göttingen 1987, 105–15; W. McKane, *Jeremiah II* (ICC), Edinburgh 1996; K. Schmid, *Buchgestalten des Jeremiabuches: Untersuchungen zur Redaktions- und Rezeptionsgeschichte von Jer 30–33 im Kontext des Buches* (WMANT, 72), Neukirchen-Vluyn 1996.

[32] E.g., by Carroll, *From Chaos to Covenant*, 198–225; Carroll, *Jeremiah*, 568–618; Bozak, *Life 'Anew'*; J.W. Mazurel, *De vraag naar de verloren broeder: Terugkeer en herstel in de boeken Jeremia en Ezechiël* (Dissertation University of Amsterdam), Amsterdam 1992; A.J.O. van der Wal, 'Themes from Exodus in Jeremiah 30–31', in: M. Vervenne (ed.), *Studies in the Book of Exodus* (BEThL, 136), Leuven 1996, 559–66.

[33] K.H. Graf, *Der Prophet Jeremia*, Leipzig 1862, 367. Only Jer. 31:35–40 were construed by him as a later addition.

[34] R. Smend, *Lehrbuch der alttestamentlichen Religionsgeschichte*, Freiburg ²1899, 249.

[35] E.g., by Volz, *Prophet Jeremia*, 287; J.A. Thompson, *The Book of Jeremiah* (NICOT), Grand Rapids 1980, 551–85; J.M. Bracke, *The Coherence and Theology of Jeremiah 30–31* (Dissertation Union Theological Seminary), Richmond 1983; Kidner, *Message of Jeremiah*, 102–15; Keown *et al.*, *Jeremiah 26–52*, 83–139; H. Lalleman-de Winkel, *Jeremiah in Prophetic Tradition: An Examination of the Book of Jeremiah in the Light of Israel's Prophetic Traditions* (CBET, 26), Leuven 2000, 148–55; J.M. Bracke, *Jeremiah 30–52 and Lamentations* (WBC), Louisville 2000, 1–42; R.B. Chisholm, *Handbook of the Prophets: Isaiah, Jeremiah, Lamentations, Ezekiel, Daniel, Minor Prophets*, Grand Rapids 2002, 192–97; J. van Ruiten, 'Jeremia', in: J. Fokkelman, W. Weren (eds.), *De Bijbel literair: Opbouw en gedachtegang van de bijbelse geschriften en hun onderlinge relaties*, Zoetermeer 2003, 223–47.

[36] Carroll, *From Chaos to Covenant*, 198–225; Carroll, *Jeremiah*; G. Fischer, *Das Trostbüchlein: Text, Komposition und Theologie von Jer 30–31* (SBB, 26), Stuttgart 1993.

sets the stage for an outline of this monograph. The central question in my discussion of Jer. 30–31 will be whether or not the two chapters can be read as a coherent whole. This implies that I need to explain the idea of 'coherence' as applied and implied in my investigations. I do not use the idea in a strictly literary-critical or a pure poetical sence. I use the idea on the level of concepts or basic ideas. The idea of 'conceptual coherence' is not often used by exegetes.[37] With the idea of conceptual coherence it is expressed that a larger textual unit despite the fact that it contains various literary forms and themes, nevertheless can be seen as focussing on a few central ideas. In other words a literary whole can be seen as a conceptual coherence when the different and sometimes differing parts of that text all refer to the same basic set of ideas.

When testing my assumption that Jer. 30–31 could be based on such a conceptual coherence the following steps need to be made:

– Text and Composition. In § 2 the central question is: which text could be the basis for the interpretation? The question is mainly tackled by an analysis of the differences between MTJer. and LXXJer. My discussion leads to the proposal that—be it with a few exceptions—the MT can be taken as a solid base for interpretation. In § 3 the composition of Jer. 30–31 is discussed. This is done by taking into account the signs and indications for delimitation that are present in ancient manuscripts. Applying, be it partially, the method for composition criticism as elaborated by Korpel and De Moor, I arrive at the conclusion that Jer. 30–31 is composed of ten sub-canto's albeit of uneven length and compositional frame.

– Interpretation of Five Sub-canto's. Therefore, an analysis of the contents of these 10 sub-canto's is needed. In §§ 4–8 I read five of these sub-canto's. I deliberatly choose not the interpret all of them. This book is not a commentary on Jer. 30–31. My main reason for doing so is based on the fact that I take my five analyses

---

[37] See as examples of application: R.P. Knierim, *Text and Concept in Leviticus 1:1–9: A Case in Exegetical Method* (FAT, 2), Tübingen 1992; B. Becking, 'Divine Wrath and the Conceptual Coherence of the Book of Nahum', *SJOT* 9 (1995), 277–96; M.R. Jacobs, *The Conceptual Coherence of the Book of Micah* (JSOT.S, 322), Sheffield 2001; W.W. Lee, *Punishment and Forgiveness in Israel's Migratory Campaign*, Grand Rapids 2003, esp. 47–72.

as proofs that can be checked by other scholars while analysing
the other textual units. In reading these five sub-canto's I apply
the ideas of Barton and Talstra for reading texts, be it that I take
into account comparisons with Ancient Near Eastern material that
can help the reader in understanding the mental framework of
the ancient reader.

– Theological Reading. In the final two chapters I would like to
harvest by bringing together the results of the interpretations.
Theological reading, however, is more than just bringing together
the results of exegesis. A more systematic framework is needed.
In § 9, I will discuss the proposal of Adrie van der Wal who
relates the coherence of Jer. 30–31 to some sort of Exodus theology.[38] In § 10, I will propose a reading of the Book of Consolation
based on a mixture of ideas of Walter Brueggemann[39] and Bernard
Lang[40] that as I hope can be helpfull in better understanding the
character of the conceptual coherence of Jer. 30–31.

---

[38] Van der Wal, 'Themes from Exodus in Jeremiah 30–31'.
[39] W. Brueggemann, *Theology of the Old Testament: Testimony, Dispute, Advocacy*,
Minneapolis 1997.
[40] B. Lang, *Jahwe der biblische Gott: Ein Porträt*, München 2002.

CHAPTER TWO

ABBREVIATION, EXPANSION OR TWO TRADITIONS: THE TEXT OF JEREMIAH 30–31[1]

2.1   *Introduction*

The first step in the exegetical discourse deals with the textual tradition: Which text and in which form should be the basis of the interpretation? With regard to the Book of Jeremiah three major text-critical problems are involved.[2]

(1) The text of the Old Greek version is about 14% shorter than the Masoretic text.[3]
(2) The order of the chapters is different in both versions.
(3) After chapter 29 in LXXJer. another translator seems to have worked on the text.

There now follow a few remarks on these three problems not aiming at a thorough discussion or even a new hypothesis.

  (1) The problem of the minuses or zero-variants in LXXJer. can be viewed from two angles. From the perspective of the Masoretic tradition, the Old Greek produces an abridged version in which, for example, double readings are forestalled or translated away. From

---

[1] The text of this chapter is based on a paper read at the Joint Meeting of the Society for Old Testament Study and the Oud-Testamentische Werkgezelschap, Durham 18 juli 1991. The first publication of this paper, B. Becking, 'Jeremiah's Book of Consolation: A textual Comparison: Notes on the Masoretic Text and the Old Greek Version of Jeremiah xxx–xxxi', *VT* 44 (1994), 145–69, has largely been revised.

[2] I leave aside the question of the reconstruction of the original *Urtext* of LXXJer. The monograph of J. Ziegler, *Beiträge zur Ieremias-Septuaginta* (NAWGPH), Göttingen 1958, is still of great value. A good overview on older research into the textual history of Jeremiah can be found in F.D. Hubmann, 'Bemerkungen zur älteren Diskussion um die Unterschiede zwischen MT und G im Jeremiabuch', in: W. Gross (ed.), *Jeremia und die 'deuteronomistische Bewegung'* (BBB, 98), Weinheim 1995, 263–70.

[3] See the calculations of Y.-J. Min, *The Minuses and Pluses of the LXX Translation of Jeremiah compared with the Masoretic Text: Their Classification and possible Origins.* (Unpublished dissertation Hebrew University), Jerusalem 1977.

the point of view of the Old Greek version—supported by the fragments of 4QJer[b4] and the Codex Wirceburgensis of the *Vetus Latina*[5]—
the MT constitutes an expanded version in which many words and
phrases have been added from parallel and related contexts in
Jeremiah. In the scholarly debate both positions are defended[6] with
a certain tendency towards the 'expansion theory', according to which
the shorter *Vorlage* of LXXJer. contains a text superior to the Masoretic
tradition.[7] This tendency not only thrusts into the background the

---

[4] As has been suggested by, e.g., J.G. Janzen, *Studies in the Text of Jeremiah* (HSM,
6), Cambridge 1973; E. Tov, 'Some Aspects of the textual and literary History of
the Book of Jeremiah', in: P.-M. Bogaert (ed.), *Le Livre de Jérémie: Le prophéte et son
milieu, les oracles et leur transmission* (BEThL, 54), Leuven 1981, 145–67; P.-M. Bogaert,
'De Baruch à Jérémie: Les deux rédactions conservées du livre de Jérémie', in:
Bogaert (ed.), *Le Livre de Jérémie:*, 168–73. See the critical remarks on this view by
G. Fischer, 'Zum Text des Jeremiabuches', *Bibl* 78 (1997), 306–08.
[5] See P.-M. Bogaert, 'Les trois formes de Jérémie (TM, LXX et VL)', in: G.J.
Norton, S. Pisano (eds.), *Tradition of the Text: Studies offered to Dominique Barthélemy in
Celebration of his 70th Birthday* (OBO, 109), Freiburg 1991, 1–17. See, however, the
critical remark by G. Fischer, 'Jeremia 52—ein Schlüssel zum Jeremiabuch', *Bibl*
79 (1998), 342 n. 25, who challenges the view that the 'noch viel kürzere Vetus
Latina dem ursprünglichen Text nahekomme'.
[6] For an outline see S. Soderlund, *The Greek Text of Jeremiah: A revised Hypothesis*
(JSOT.S, 47), Sheffield 1985, 11–13; K. Schmid, *Buchgestalten des Jeremiabuches:
Untersuchungen zur Redaktions- und Rezeptionsgeschichte von Jer 30–33 im Kontext des Buches*
(WMANT, 72), Neukirchen-Vluyn 1996, 15–23.
[7] See the literature mentioned in Soderlund, *Greek Text of Jeremiah*, 183–92, and
C.F. Movers, *De utriusque recensionis vaticiniorum Ieremiae, Graecae Alexandrinae et Hebraicae
masorethicae, indole et origine commentatio critica*, Hamburg 1837; Janzen, *Studies*;
J.A. Thompson, *The Book of Jeremiah* (NICOT), Grand Rapids 1980, 117–20; Tov,
'Some Aspects', 145–67; Bogaert, 'De Baruch à Jérémie', 168–73; N. Lohfink, 'Die
Gotteswortverschachtelung in Jer. 30–31', in: L. Ruppert *et al.* (eds.), *Künder des
Wortes* (FS J. Schreiner), Würzburg 1982, 106; L. Stulman, *The other Text of Jeremiah:
A Reconstruction of the Hebrew Text underlying the Greek Version of the Prose Sections of Jeremiah
with English Translation*, Lanham 1986; J.M. Wiebe, 'The Jeremian Core of the Book
of Consolation and the Redaction of the Poetic Oracles in Jeremiah 30–31', *SBTh*
15 (1987), 137–61; J.G. Janzen, 'A Critique of Sven Soderlund's *The Greek Text of
Jeremiah: A revised Hypothesis*', *BIOSCS* 22 (1989), 28–46; P.-M. Bogaert, 'Urtext, texte
court et relecture: Jérémie xxxiii 14–26 TM et ses préparations', in: J.A. Emerton
(ed.), *Congress Volume. Leuven 1989* (SVT, 43), Leiden 1991, 236–247; Y. Goldman,
*Prophétie et royauté au retour de l'exil: Les origines littéraires de la forme massorétique du livre
de Jérémie* (OBO, 118), Freiburg 1992; E. Tov, *Textual Criticism of the Hebrew Bible*,
Minneapolis, Assen 1992, 319–27; R.F. Person, 'II Kings 24,18–25,30 and Jeremiah
52: A Text-Critical Case Study in the Redaction History of the Deuteronomistic
History', *ZAW* 105 (1993), esp. 176–77; K. Seybold, *Der Prophet Jeremia: Leben und
Werk* (Kohlhammer-Urban Taschenbücher, 416), Stuttgart 1993, 16–18; H.-J. Stipp,
Das masoretische und alexandrinische Sondergut des Jeremiabuches (OBO, 136), Freiburg 1994;
J. Lust, 'The Diverse Text Forms of Jeremiah and History Writing with Jer. 33 as
a Test Case', *JNSL* 20 (1994), 31–48; A. Schenker, 'La rédaction longue du livre

'abbreviation theory', according to which the MT is superior to LXX which is construed as based on an intentionally shortened and reworked text,[8] but also the so-called 'editorial theory'. According to Van Selms, for instance, the differing versions derive from different copies produced by Jeremiah and Baruch during the process of editing

---

de Jérémie doit-elle être datée au temps des premiers Hasmonéens?', *ETL* 70 (1994), 281–93; P.-M. Bogaert, 'Le livre de Jérémie en perspective: Les deux rédactions antiques selon les travaux en cours', *RB* 101 (1994), 363–406; B. Gosse, 'Le rôle de Jérémie 30,24 dans la rédaction du livre de Jérémie', *BiZs* 39 (1995), 92; R.F. Person, *The Kings-Isaiah and Kings-Jeremiah Recensions* (BZAW, 252), Berlin 1997, 96–99; H.-J. Stipp, 'Eschatologisches Schema im Alexandrinischen Jeremiabuch? Strukturprobleme eines komplexen Prophetenbuchs', *JNSL* 23 (1997), 153–179; Y. Goldman, 'Juda et son roi au milieu des nations: la dernière rédaction du livre de Jérémie', in: A.H.W. Curtis, T. Römer (eds.), *The Book of Jeremiah and its Reception* (BEThL, 128), Leuven 1997, 150–82; P. Piovanelli, 'JrB 33,14–26 ou la continuité des instutions à l'époque Maccabéenne, in: Curtis, Römer (eds.), *Book of Jeremiah*, 255–76; P.-M. Bogaert, 'Loi(s) et alliance nouvelle dans les deux formes conservées du livre de Jérémie (Jr. 31,31–37TM; 38,31–37LXX', in C. Focant (ed.), *La loi dans l'un et l'autre Testament* (LD, 168), Paris 1997, 81–92; S.L.G. Weijsinghe, 'Tracing the Shorter Version behind the Short Text (LXX). A new Approach to the Redaction of Jeremiah 34,8–22', *le Muséon* 110 (1997), 293–328; J. Vermeylen, 'L'alliance renouvellée (Jr. 31,31–34). L'histoire littéraire d'un texte célèbre', in: J.-M. Auwers, A. Wénin (eds), *Lectures et relectures de la Bible: Festschrift P.-M. Bogaert* (BETL, 144), Leuven 1999, 57–84; H.-J. Stipp, *Jeremia, der Tempel und die Aristokratie: Die patrizische (schafanidische) Redaktion des Jeremiabuches* (Kleine Arbeiten zum Alten und Neuen Testament, 1), Waltrop 2000, 12–15; G.H. Parke-Taylor, *The Formation of the Book of Jeremiah: Doublets and Recurring Phrases* (SBL MS, 51), Atlanta 2000, esp. 6; H. Rouillard-Bonraisin, 'Ésaïe, Jérémie et la politique des rois de Juda', in: A. Lemaire (ed.), *Prophétes et Rois: Bible et proche orient*, Paris 2001, 209; P.-M. Bogaert, 'Jérémie 17,1–4 TM, oracle contre ou sur Juda propre au texte long, annoncé en 11,7–8.13 TM et en 15,12–14 TM', in: Y. Goldman, C. Uehlinger (eds.), *La double transmission du texte biblique: Études d'histoire du texte offertes en hommage à Adrian Schenker* (OBO, 179), Fribourg 2001, 59–74; L.J. de Regt, 'The Prophet in the Old and the New Edition of Jeremiah: Increased Dramatisation', in: F. Postma *et al.* (eds.), *The New Things: Eschatology in Old Testament Prophecy Festschrift for Henk Leene* (ACEBT Sup, 3), Maastricht 2002, 167–74; D.L. Petersen, *The Prophetic Literature: An Introduction*, Louisville 2002, 99–103.

[8] The abbreviation-theory has recently been defended by B.M. Zlotowitz, *The Septuagint Translation of the Hebrew Terms in Relation to God in the Book of Jeremiah*, New York 1981; Soderlund, *Greek Text of Jeremiah*; B.J. Oosterhoff, *Jeremia vertaald en verklaard: Deel 1 Jeremia 1–10* (COT), Kampen 1990, 64–72; G. Fischer, 'Jer. 25 und die Fremdvölkersprüche: Unterschiede zwischen hebräischem und griechischem Text', *Bibl* 72 (1991), 474–499; A. Rofé, 'The Name YHWH ṢEBAʾOT and the shorter Recension of Jeremiah', in: R. Liwak, S. Wagner (eds.), *Prophetie und geschichtliche Wirklichkeit im Alten Israel* (FS S. Herrmann), Stuttgart 1991, 307–16; G. Fischer, *Das Trostbüchlein: Text, Komposition und Theologie von Jer. 30–31* (SBB, 26), Stuttgart 1993, 1–78; A. van der Kooij, 'Jeremiah 27:5–15: How do MT and LXX relate to each other?', *JNSL* 20 (1994), 59–78; G. Fischer, 'Aufnahme, Wende und Überwindung dtn/r Gedankengutes in Jer. 30f', in: W. Gross (ed.), *Jeremia und die 'deuteronomistische Bewegung'* (BBB, 98), Weinheim 1995, 129; Fischer, 'Zum Text des Jeremiabuches', 305–28; Fischer, 'Jeremia 52', 333–59; B. Renaud, 'L'oracle de la nouvelle alliance:

the final form of the book of Jeremiah.[9] I will not review the pros
and cons of this approach. It should be said, however, that this editorial theory accounts for the second textual problem: the divergence
in order in the composition in both the Old Greek and the Masoretic
traditions.

(2) The oracles against the foreign nations (MTJer. 46–51) can be
found in the Old Greek version after 25:13. Moreover, at some
points the sequence of the oracles against foreign nations in LXX
is different from the sequence in the MT.[10] There is scholarly dis-
cord on the question of which sequence is likely to be original.[11]
Since the adjudication of this issue lies somewhat away from the
purpose of this chapter, it will not be discussed here. More interesting is the question of the order in the general composition of the
book of Jeremiah in the two versions. It can be assumed that the

A propos des divergences entre le texte hébreu (Jr. 31,31–34) et le texte grec (Jr. 38,
31–34)', in: Auwers, Wénin (eds.), *Lectures et relectures de la Bible*, 85–98; C. Hardmeier,
'Wahrhaftigkeit und Fehlorientierung bei Jeremia: Jer. 5,1 und die divinatorische
Expertise Jer. 2–6* im Kontext der zeitgenössischen Kontroverse um die politische
Zukunft Jerusalems', in: C. Maier *et al.* (eds.), *Exegese vor Ort: Festschrift für Peter Welten
zum 65. Geburtstag*, Leipzig 2001, 122–23; J.R. Lundbom, *Jeremiah 1–20* (AB, 21A),
New York 1999, 57–62. The theory is implied in J.W. Mazurel, *De vraag naar de
verloren broeder: Terugkeer en herstel in de boeken Jeremia en Ezechiël* (Dissertation University
of Amsterdam), Amsterdam 1992, 13–168.

[9] A. van Selms, 'Telescoped Discussion as a literary Device in Jeremiah', *VT* 26
(1976), 99–112. See also D.L. Christensen, 'In Quest of the Autograph of the Book
of Jeremiah: a Study of Jeremiah 25 in Relation to Jeremiah 46–51', *JEThS* 33
(1990), 145–53; B. Gosse, 'Le rôle de Jérémie 30,24 dans la rédaction du livre de
Jérémie', *BiZs* 39 (1995), 92–96; Schmid, *Buchgestalten*, 21–23; A. Laato, *History and
Ideology in the Old Testament Prophetic Literature: A Semiotic Approach in the Reconstruction
of the Proclamation of the Historical Prophets* (CB OT, 41), Stockholm 1996, 124–34;
F.H. Polak, 'Twee redacties van het Boek Jeremia uit de Perzische tijd: De Septuaginta
en de Masoretische tekst', *ACEBT* 16 (1997), 32–43, construes the LXX to be the
older version but interprets both texts as the result of redactional processes; B. Gosse,
'The Masoretic Redaction of Jeremiah: An Explanation', *JSOT* 77 (1998), 75–80;
P.R. Davies, *Scribes and Schools: The Canonization of the Hebrew Scriptures* (Library of
Ancient Israel), Louisville 1998, 31; A.G. Shead, *The Open Book and the Sealed Book:
Jeremiah 32 in its Hebrew and Greek Recensions* (JSOT.S, 347), Sheffield 2002.

[10] See the outline in J. Ziegler, *Jeremias, Baruch, Threni, epistula Jeremiae*, Göttingen
1957, 147.

[11] The sequence of MT is considered as original by W.L. Holladay, *Jeremiah 2.
A Commentary on the Book of the Prophet Jeremiah Chapters 26–52* (Hermeneia), Minneapolis
1989, 5; Fischer, 'Zum Text des Jeremiabuches', 319–23; according to Polak, 'Twee
redacties', 32–43, the difference in order reflects a difference in stand towards the
Persian domination. LXXJer. would reflect messianic expectations of the downfall
of the Persian empire while MTJer. seems to encourage acceptance of the Persian
power system.

Vorlage of the LXX already had an order different from MT, which implies that in the post-exilic period, during the process of editing the Jeremian traditions two concepts were followed: A more 'chronological' order in what later became the Proto-Masoretic tradition, now apparent in MT, 2QJer and 4QJer[a.c.e], and a more 'theological' order presented by the Hebrew text underlying the Old Greek version and by 4QJer[b.d].[12] The phrase 'a more theological order' expresses the view that in the sequence in the Old Greek version the relation between the prophecies of doom to the foreign nations and the oracles of salvation for Israel seems to be more elaborated or, as one might say, is more accustomed to the order known from the final redactions of the books of Isaiah and Ezekiel.

(3) In 1902, Thackeray proposed that the Old Greek version of Jeremiah was the work of more than one translator. From LXXJer. 29 on another hand seems to have worked on the translation. Thackeray collected twenty-eight examples of contrasting translations between both sections, which he labelled Jer. a and Jer. b. The most striking is the rendering of כה אמר יהוה, 'thus says YHWH', with τάδε λέγει Κύριος in Jer. α and with οὕτως εἶπεν Κύριος in Jer. β. According to Thackeray the two parts had once circulated independently.[13] Twenty years ago Tov reconsidered this hypothesis. He agrees with Thackeray on the acceptance of two different hands in Jer. α and β giving even more examples. Tov, however, wants to explain this divergent translation not by assuming two translators but by proposing a revision of the translation. Tov assumes that the whole of the Greek translation of Jeremiah underwent a revision. Due to a blending of manuscripts, this revision was transmitted to us in Jer. β alone.[14] A weak point in this hypothesis of Tov is the fact that, even

---

[12] On the fragments of Jeremiah from Qumran see now: E. Tov, 'The Jeremiah Scrolls from Qumran', *RdQ* 14 (1989), 189–206 [2QJer and 4QJer[a.b.d.e]]; E. Tov, '4QJer[c](4Q72)', in: G.J. Norton, S. Pisano (eds.), *Tradition of the Text: Studies offered to Dominique Barthélemy in Celebration of his 70th Birthday* (OBO, 109), Freiburg 1991, 249–276 + Pl. I–VI [4QJer[e]]; E. Tov, 'Three Fragments of Jeremiah from Qumran Cave 4', *RdQ* 15 (1991–1992), 531–41; G.J. Brooke, 'The Book of Jeremiah and its Reception in the Qumran Scrolls', in: Curtis, Römer (eds.), *Book of Jeremiah*, 184–87 (with lit.); E. Tov, '4QJer[c]', in: *Qumran Cave 4: X The Prophets* (DJD, 15), Oxford 1997, 177–202 + Pl. XXX–XXXVI.

[13] H.St.J. Thackeray, 'The Greek Translators of Jeremiah', *JThS* 4 (1902/03), 245–66.

[14] E. Tov, *The Septuagint Translation of Jeremiah and Baruch: A Discussion of an early Revision of the LXX of Jeremiah 29–52 and Baruch 1:1–3:8* (HSM, 8), Missoula 1976; see now Janzen, 'Critique of Sven Soderlund', 18–28.

in the Jeremian fragments from Qumran, no manuscript evidence
for a revision in Jer. α has been found. It is almost certain that the
differences in translation between both parts of the Old Greek version can be explained in another way: i.e. by assuming a continuation of the theological tendency already expressed in the order of
the book of Jeremiah. The character of the Greek translation in Jer.
β underscores and consolidates the theological balance between the
prophecies of doom to the foreign nations and of salvation for Israel.
With this assumption in mind, a comparison of the two version of
the book of Consolation, MTJer. 30–31 and LXXJer. 37–38, can
now be proceeded.

2.2 *A Textual Comparison*

First, it should be noted that many lines and sentences of the Book
of Consolation are rendered in the Old Greek version correctly.
Which implies that the majority of the verses is translated from a
Hebrew *Vorlage* similar to the MT. However, this does not hold for
the whole of the two chapters. It is therefore necessary to review
the different categories of variants between the two versions.

2.2.1 *Zero Variants*

The term 'zero variant' expresses the fact that one version has a
minus over against the other. In the book of Consolation the text
of the Old Greek version is shorter than the Masoretic one.

30:6	[כיולדה]	>
	כל [כל־פנים]	>
30:8	[צבאות]	>
30:10–11		>
30:14	[אותך]	>
30:15		>
30:18	[אהלי]	>
30:19	[הכבדתים ולא יצערו]	>
30:22		>
31:1	[כל]	>
31:8	[ארץ [מארץ צפון]	>
31:14	[נאם יהוה]	>
31:16	[נאם יהוה]	>
31:17	[נאם יהוה]	>
31:18	[ארץ]	>

31:23	[צבאות אלהי ישראל	>
31:27	[בית ישראל	τὸν Ισραηλ
	[בית יהודה	τὸν Ιουδαν
31:28	[לנתש ולנתץ ולהרס ולהאביד	καθαιρεῖν
31:34	[נאם יהוה	>
31:35	[חקת	>
31:37	כה אמר יהוה	>
	[על־כל־אשר עשׂו	>
	[נאם יהוה	>
31:40	[וכל־העמק הפגרים והדשן	>

There are some instances where the Old Greek has a longer text:

37:3	κύριος παντοκράτωρ]	יהוה[15]
37:6	καὶ περὶ φόβου ... σωτηρίαν]	>[16]
38:12	ἐπὶ γῆν σίτου]	על־דנן
38:37	φησὶ κύριος]	>

These zero variants suggest that the Hebrew *Vorlage* of the Old Greek version differed at some points from the Masoretic tradition. In a few instances the zero variants could have been generated by the translation technique. Both in 30:18 and 31:18 the minuses of אהלי viz. ארץ produce a text which is specifically not different in meaning.[17] Some of the other minuses are characteristic for the Hebrew text underlying the LXX:

(a) the shorter form of the divine name in 30:6 and 31:23;[18]
(b) the missing of an equivalent for the concluding prophetic formula נאם יהוה, 'oracle of YHWH', in 31:14, 16, 17, 34, 37[19] and
(c) at some instances the absence of a translation for כל (30:6; 31:1).[20]

---

[15] A great number of Greek manuscripts make clear that the reading κύριος παντοκράτωρ originally was part of the Old Greek version; *pace* Ziegler, *Jeremias*; see P. Piovanelli, 'Le texte de *Jérémie* utilisé par Flavius Josèphe dans le Xe livre des *Antiquités Judaïques*', *Henoch* 14 (1992), 15–16

[16] It seems that LXXJer. has a double-translation here; cf. Ziegler, *Beiträge*, 97.

[17] Stipp, *Sondergut*, 108, suggests that 'the tents of Jacob' is an expansion in MT of 'Jacob' in LXX and that this expansion is provoked by Num. 24:5 and Mal. 2:12.

[18] See Janzen, *Studies*; Soderlund, *Greek Text of Jeremiah*, 213–14; Fischer, 'Zum Text des Jeremiabuches', 321.

[19] See D. Barthélemy, *Critique textuelle de l'Ancien Testament: 2. Isaïe, Jérémie, Lamentations. Rapport final du comité pour l'analyse textuelle de l'Ancien Testament hébreu institué par l'Alliance Biblique Universelle, établi en coopération avec A.R. Hulst, N. Lohfink, W.D. McHardy, H.P. Rüger, J.A. Sanders* (OBO, 50/2), Fribourg 1986, 644–45.

[20] See Janzen, *Studies*, 65–67.

Interesting is the absence in the Old Greek version of the verses
30:10–11 and 30:22. The words of MTJer.30:10–11 appear—with
minor differences—also in MTJer. 46:26–27, where they have a correct rendering in LXXJer. 26:26–27.[21] According to Janzen, MTJer.
46//LXXJer. 26 should be regarded as a more adequate context
for this oracle of salvation. Consequently, the zero variant in LXXJer.
37:10–11 should not be interpreted as an abridged text-form. The
Masoretic tradition then represents an expanded version here.[22] On
the other hand, however, MTJer. 30:10–11 fits well in its context.[23]
Within the context of Jer. 30:5–11, the unit 30:10–11 answers the
question of why YHWH is willing to act for His people.[24] This leads
to the conviction that, although the Hebrew text underlying the Old
Greek translation differs from the Masoretic tradition, no opinion
can be given on the question of which textual tradition is superior
to the other.

   With regard to the absence of MTJer. 30:15 in LXX, the argument of Fischer[25] is convincing that the Old Greek translator left

---

[21] A full discussion of this doublet is given in Parke-Taylor, *Formation of the Book
of Jeremiah*, 119–26.

[22] E.g., Janzen, *Studies*, 94–95; see also Tov, *Septuagint Translation*, 321; C. Levin,
Die Verheißung des neuen Bundes in ihrem theologiegeschichtlichen Zusammenhang ausgelegt
(FRLANT, 137), Göttingen 1985, 191–92; C. Westermann, *Prophetische Heilsworte im
Alten Testament* (FRLANT, 145), Göttingen 1987, 107; Y. Goldman, *Prophétie et roy-
auté au retour de l'exil: Les origines littéraires de la forme massorétique du livre de Jérémie* (OBO,
118), Freiburg 1992, 57; Lust, 'Diverse Text Forms', 33; Stipp, *Sondergut*, 93.133.135;
W. McKane, *Jeremiah II* (ICC), Edinburgh 1996, 762–63; Y. Goldman, 'Juda et
son roi au milieu des nations: la dernière rédaction du livre de Jérémie', in: Curtis,
Römer (eds.), *Book of Jeremiah*, 157.169.175–77; Parke-Taylor, *Formation of the Book
of Jeremiah*, 124.

[23] A. Marx, 'A propos des doublets du livre de Jérémie', in: J.A. Emerton (ed.),
Prophecy: Essays Presented to Georg Fohrer on his Sixty-Fifth Birthday 6 September 1980
(BZAW, 150), Berlin 1980, 109, argues that 30:10–11 was later reapplied in 46:26–27
as a oracle of hope for 'juifs réfugés en Egypte'; J. Ferry, *Illusions et salut dans la
prédication prophétique de Jérémie* (BZAW, 269), Berlin 1999, 300, notes that the words
'sont mieux en situation' in the context of Jer. 30.

[24] This has been argued in Thompson, *Jeremiah*, 557; B. Becking, "I Will Break
His Yoke From Off Your Neck': Remarks on Jeremiah xxx 4–11', in: A.S. van der
Woude (ed.), *New Avenues in the Study of the Old Testament: A collection of Old Testament
Studies published on the Occasion of the fiftieth Anniversary of the Oudtestamentische Werkgezelschap
and the Retirement of Prof. Dr. M.J. Mulder* (OTS, 25), Leiden 1989, 63–76; N. Kilpp,
*Niederreißen und aufbauen: Das Verhältniss von Heilsverheißung und Unheilsverkündigung bei
Jeremia und im Jeremiabuch* (BThS, 13), Neukirchen-Vluyn 1990, 112–13; Fischer,
Trostbüchlein, 59–63; Schmid, *Buchgestalten*, 165; see also the discussion of the textual
unit under consideration below.

[25] Fischer, *Trostbüchlein*, 15.49.54–55; M. Wischnowsky, *Tochter Zion: Aufnahme und
Überwindung der Stadtklage in den Prophetenschichten des Alten Testaments* (WMANT, 89),

away this verse in view of its harmonising tendency, especially in view of the fact that MTJer 30:15 rounds off the diction in Jer. 30:12–13 and in parts of vs. 14.[26] It is interesting to note that Origen and the Lucianic recension translated the last three words of 30:14. They, however, rendered עשׂיתי אלה לך with ἐποιησαν ταυτα σοι, 'have they done this to you'. Although in Jer. 4:18 the phrase לך עשׂו אלה occurs, the rendition in Origen and the Lucianic Recension should be regarded as a minor content variant, since the 'enemies' are presented as the protagonists of the affliction of the uncurable wound and not YHWH.

In Jer. 30:22, the concluding words of the minor unit והיתם לי לעם אנכי אהיה לכם לאלהים, 'You will be a people for me and I will be a god for you', have no parallel in the Old Greek version. According to Janzen this *Bundesformel* ought to be regarded as an expansion in the Masoretic tradition, the phrase having been composed on the basis of elements from parallel and related contexts (Jer. 7:23; 11:4; 14:7; 31:33; cf. 31:1). He then refers to Volz who pointed out that the pronomina of the second person (in לכם and והיתם) do not fit the context in Jer. 30:22, since Israel is addressed by third person singular forms in the foregoing unit.[27] This argument is not convincing, though. It is also possible to assume that either the Greek translator or the Hebrew transmitter of the *Vorlage* abridged the text here since a similar phrase is apparent at MTJer.31:1.[28]

It is interesting to note that Janzen pays no attention to the zero variant in MTJer. 31:40.[29] The Old Greek version has no parallel for וכל־העמק הפגרים והדשׁן, 'and the whole valley, the corpses and the ashes'. These words have no parallel in the book of Jeremiah.

Neukirchen-Vluyn 2001, 159; *pace*, e.g., Wiebe, 'Jeremian Core', 142–45; Stipp, *Sondergut*, 71.

[26] Compare W. Brueggemann, '"The "Uncared For" Now Cared For": A Methodological Consideration', *JBL* 104 (1985), 421–22; B.A. Bozak, *Life 'Anew': A Literary-Theological Study of Jer. 30–31* (Analecta Biblica, 122), Roma 1991, 53–4; Holladay, *Jeremiah 2*, 157.

[27] Janzen, *Studies*, 49; see also McKane, *Jeremiah II*, 778; Stipp, *Sondergut*, 71; this view has been criticized by G.L. Keown *et al.*, *Jeremiah 26–52* (WBC, 27), Dallas 1995, 102.

[28] See also Fischer, *Trostbüchlein*, 55.

[29] E. Tov, 'Some Aspects of the textual and literary History of the Book of Jeremiah', in: Bogaert (ed.), *Le Livre de Jérémie*, 157.165, lists this zero-variant as an example of expansions in poetic sections of Jeremiah. See already Ziegler, *Beiträge*, 104.

Therefore, they cannot be considered as an insertion from a related context. Since the Greek translator appears not to have understood the whole of Jer. 31:40 (see below), it can be assumed that he abridged his *Vorlage* as a result of incomprehensibility.[30]

The plus in LXXJer. 37:6 is interesting. It seems that the Old Greek has transmitted a double reading of מדוע ראיתי כל־נבר ידיו על־חלציו, 'Why do I see every hero with his hands on his loins?'. The first reading—καὶ περὶ φόβου, ἐν ᾧ καθέξουσιν ὀσφὺν καὶ σωτηρίαν, 'and over fear, in which they will grasp loins and salvation'—is, most probably, the result of inner-Greek corruption, since it is quite impossible to relate it linguistically to the Hebrew text.[31] The second reading—printed in brackets in Ziegler's edition—can be interpreted as a later insertion of a revised translation of the MT.[32]

In LXXJer. 38:28 the Old Greek has contracted the four verbs of the standard phrase of the final redactor of the book of Jeremiah 'to uproot, to pull down, to overthrow, to destroy' into one verb: καθαιρεῖν, 'to destroy'. This contraction could have taken place during the transmission of the Hebrew *Vorlage* as well as during the process of translation.[33]

Finally, it should be noted that the plus in MTJer. 31:37 (כה אמר יהוה, 'Thus says YHWH') is balanced by the minus of φησὶ κύριος, 'says the LORD'.

2.2.2 *Linguistic Exegesis*

First, a remark should be made about the Hebraistic character of the Old Greek translation. Stipp has collected various examples of Hebraisms in LXX.[34] These Hebraisms, though revealing for the

---

[30] *Pace* A. van der Kooij, 'Textual Criticism of the Hebrew Bible: Its Aim and Method', in: S.M. Paul *et al.* (eds.), *Emanuel: Studies in hebrew Bble, Septuagint and Dead Sea Scrolls in Honor of Emanuel Tov* (VT.S, 63), Leiden 2003, 738–39, who assumes that the LXX left this line out to adopt the text to second century BCE ideas on purity in which there would be not room for 'bodies and ashes'.

[31] See Stipp, *Sondergut*, 41.

[32] See Janzen, *Studies*, 29; McKane, *Jeremiah II*, 758.

[33] Janzen, *Studies*, 35; Lohfink, 'Gotteswortverschachtelung', 116 n. 17, consider the MT as an expanded version. See S. Böhmer, *Heimkehr und neuer Bund: Studien zu Jeremia 30–31* (GTA, 5), Göttingen 1976, 38–43; S. Herrmann, *Jeremia* (BK, 12,1), Neukirchen-Vluyn 1986, 68–72, and the monograph of Kilpp, *Niederreißen und aufbauen*, esp. 12–19, for an outline of the texts in Jer. containing this series of verbs and their redaction-historical relations.

[34] Stipp, *Sondergut*, 20–27; where he discusses i.a. LXXJer. 37:14, 16; 38:1, 33; See also Fischer, *Trostbüchlein*, 34–36.

translation technique of LXX, are not decisive in the question under consideration, since they only underscore the fact that LXX was translated from a Hebrew text.

The Old Greek version of the book of Consolation contains a few variants which, at first sight, seem to indicate a different *Vorlage*. A closer look at the texts in question reveals that the variants can be explained as a linguistic exegesis of a text similar to the Masoretic tradition.[35]

31:6   קומו ונעלה ציון   Ἀνάστητε καὶ ἀνάβητε εἰς Σιων
        אל־יהוה אלהינו   πρὸς κύριον θεὸν ἡμῶν

        Arise, *let us go* up to Zion,   Arise *and go up* to Zion,
        to YHWH, our God   to the LORD, our God

The Old Greek version construes the Imperfectum cohoratativum following an imperative as an imperative by itself. The reading of the Targum supports MT: נקום וניסק ציון.

31:7   כי כה אמר יהוה   ὅτι οὕτως εἶπε κύριος τῷ Ιακωβ
        רנו ליעקב שמחה   Εὐφράνθητε

        For thus says YHWH: For thus said the LORD to Jacob:
        'Sing aloud to Jacob (with)   'Rejoice!'
            gladness'

In this case, the Greek translator reformulated the structure in the sentence in his *Vorlage*, interpreting 'to Jacob' as an adverbial adjunct in the main clause and not as an element in direct speech. In fact, the Old Greek version can easily be understood by inverting the order of the words רנו and ליעקב.[36]

31:15   מאנה להנחם על־בניה   οὐκ ἤθλε[37] παύσασθαι ἐπι τοῖσ
                                  υἱοῖς αὐτης
        כי איננו   ὅτι οὐκ εἰσιν

        And she would not be   And she would not be
        consoled   consoled
        for her children   for her children,
        There is no one left   because they are no more

---

[35] The examples are numbered following the order of the MT.

[36] See E. Tov, *The Text-critical Use of the Septuagint in Bilical Research* (JBS, 3), Jerusalem 1981, 87.

[37] Thus the Göttinger Septuagint edited by Ziegler; Rahlfs edition reads ἤθελεν.

The Old Greek has restored the congruence between 'her children' and 'they are no more' that seems to be absent in the MT. For a proposal to understand the MT as a correct text, see below § 6.2.2.1.

31:20	הבן יקיר לי אפרים אם ילד שעשעים	υἱός ἀγαπητὸς Εφραιμ ἐμοί παιδίον ἔτρυφῶν
	Is Ephraim my precious son? Is he my darling child?	Ephraim is my beloved son. He is my darling child.

MT has two interrogative clauses that both have a rhetoric function in their context. This function has been construed by the Old Greek translator as factual descriptions, hence the nominal clauses.

31:20	כי־מדי דברי בו	ὅτι ἄνθ᾽ ὧν οἱ λόγοι μου ἐν αὐτῷ
	For every time I speak to him	For when my words were in him

The Greek translator construed the infinitive *dabbᵉrî*, 'I speak', as a noun vocalized *dᵉbbāray*, 'my words', and rendered it with οἱ λόγοι μου, thus constructing a nominal clause.[38] For the sake of comprehensibility he had to translate מדי, 'for every time', with the conjunction ἄνθ᾽ ὧν, 'for'.

31:23	יברכך יהוה נוה־צדק הר הקדש	Εὐλογημενος κύριος ἐπί δίκαιον ὄρος τὸν ἅγιον αὐτου
	May YHWH bless you, righteous habitation, holy hill!	Blessed be the LORD on his righteous and holy hill

The imperfectum iussivum in the MT was construed by the translator as a participium passivum. The omission of the suffix 2.m.s in *yᵉbārekᵉkā* turns over the direction of the wish. The Old Greek version is more theocentric than the Masoretic tradition. As a result of this interpretation of the iussive and of the omission of the suffix the final words of the sentence no longer are looked upon as an apposition to -*kā*, 'you'. An equivalent for 'habitation' is absent in the Old Greek version. By adding the preposition ἐπὶ, the Greek translator shows that he understood the final words of the sentence as

---

[38] Cf. Tov, *Septuagint Translation*, 167. Note that the paraphrase in the Targum is along the same line as the rendition of the LXX: 'For at the time when I put the words of my law upon his heart'.

an adverbial adjunct indicating the place where the LORD dwells. The reading of the MT is supported by the Targum.

31:39   קַוֵה הַמִּדָּה [39]   διαμέτρησις αὐτῆς

       the measuring line   *her* measuring line

Apparently, the Old Greek version construed the final -*h* of *ham-middāh* as a *hē*-mappîq indicating a suffix 3.f.s.

2.2.3 *Instance where the MT Has a Corruption*

30:6–7   לֵירָקוֹן הוֹי   εἰς ἴκτερον ἐγενήθη

       into pallor. Woe   they became pale

The Old Greek version has preserved a better reading and the MT should be improved.[40] The emended text וְנֶהֶפְכוּ כָל־פָּנִים לֵירָקוֹן הִיוּ, 'Why then have all faces changed and did they become pale?', contains a nice exemple of *parallellismus membrorum*. In the Masoretic text *hôy* is rather incomprehensible. It cannot be considered as the introduction to a 'woe-oracle' since the typical elements of that *Gattung* are absent in Jer. 30:7.[41] *Hôy* is not followed by a descriptive nominal clause that would indicate the person who is accused. Furthermore, the accusation (*Anklage*) is missing. Merely the element of announcement (*Ankündigung*) could be found in vs. 7.[42] These remarks suggest a corruption within the Masoretic tradition. Some scholars, nevertheless, argue for the primacy of the masoretic tradition.[43] This argument,

---

[39] Following the reading of 𝔎.

[40] Thus: G. Fohrer, 'Der Israel-Prophet in Jeremia 30–31', in: A. Caqout, M. Delcor (eds.), *Mélanges bibliques et orientaux* (FS H. Cazelles; AOAT 215), Neukirchen-Vluyn 1981, 137; Holladay, *Jeremiah 2*, 150.
The Targum supports the reading of the LXX except for some manuscripts—g, b, o and c—that read וֹרִי.

[41] See on them e.g., C. Westermann, *Grundformen prophetischer Rede*, München 1960, 137–140; D.R. Hillers, '*Hôy* and *Hôy*-Oracles: A Neglected Syntactic Aspect', in: C.L. Meyers, M. O'Connor (eds.), *The Word of the Lord Shall go Forth* (FS D.N. Freedman), Winona Lake 1983, 185–188.

[42] See Becking, 'I will break his yoke from off your neck', 64.67–68 (lit.); Holladay, *Jeremiah 2.*, 150.

[43] E.g., J. Bright, *Jeremiah* (AB, 21), Garden City 1965, 269; C. Hardmeier, *Texttheorie und biblische Exegese* (BETh, 79), München 1978, 192.342.384; Thompson, *Jeremiah*, 554; R.P. Carroll, *Jeremiah* (OTL), London 1986, 574; Bozak, *Life 'Anew'*, 38; Mazurel, *Verloren Broeder*, 35; Keown, Scalise, Smothers, *Jeremiah 26–52*, 91;

however, is not convincing. Some scholars argue that the combination הוי followed by כי occurs frequently in the Book of Jeremiah suggesting that הוי could also refer to a situation of human distress. The outline, given by Adrie van der Wal however, makes clear that both in Jer. 48:1 and in Jer. 50:27 the sequence כי—הוי is interrupted by an indication of the accused.[44]

2.2.4 *Instances where the Old Greek Did Not Understand Its* Vorlage

31:9 אוליכם נחלי מים   αὐλίζων ἐπὶ διώρυγας ὑδάτων

I will let them go by rivers of   sleeping at canals of water
water

Talshir considers the rendition of אוליכם with αὐλίζων as a graphic variant.[45] She compares this variant with the rendition of וילך in MTEzra 10:2 with καὶ αὐλισθεὶς in 1 Esdras 9:2 which is apparently a translation of וילן. A final *nun* can be seen as a graphic variant for a final *kaph*. When in the middle of a word, however, *nun* and *kaph* are not that easily interchangeable. Ziegler[46] and Fischer[47] consider the variant as based on phonetic equivalence. With some imagination one can see that אוליכם was read as αὐλίζων. Ziegler and Fischer, however, fail to notice that this variant is based on a misunderstanding of the Hebrew text. אוליכם is the only form of the Hiph. ipf 1.c.s. of the verb הלך attested in the Hebrew Book of Jeremiah. It can be assumed that the Greek translator was unable to construe the verb form correctly and replaced it by a phonetic equivalent.[48] The rendition of נחלי מים with ἐπὶ διώρυγας ὑδάτων should be interpreted as an example of the Alexandrinian couleur locale of the translator.[49]

A.J.O. van der Wal, "Opdat Jakob weer Gods dienaar kan zijn'. Opbouw en achtergrond van Jeremia 30:5–11', *ACEBT* 15 (1996), 79; McKane, *Jeremiah II*, 758; Ferry, *Illusions et salut*, 273; J.M. Bracke, *Jeremiah 30–52 and Lamentations* (WBC), Louisville 2000, 3.

[44] Van der Wal, 'Opdat Jakob weer Gods dienaar kan zijn', 79; see also Barthélemy, *Critique textuelle*, 681; Ferry, *Illusions et salut*, 273.

[45] Z. Talshir, *I Esdras: From Origin to Translation* (SCS, 47), Atlanta 1999, 120.

[46] Ziegler, *Beiträge*, 32.

[47] Fischer, *Trostbüchlein*, 36.

[48] Elsewhere in the LXX this form is correctly rendered, see Lev. 26:13; Deut. 29:4; Josh. 24:3; 2 Sam. 13:13; Ezek. 32:14; Amos 2:10.

[49] See Stipp, *Sondergut*, 52.

31:21   הַצִּיבִי לָךְ צִיֻּנִים   Στῆσον σεαυτῇ σιονιμ

Set up for yourself *road-markers*   Set up for yourself *sionim*

It is apparent that the Old Greek did not understand the meaning of the Hebrew word he simply transliterated.[50] Later Greek versions did understand the meaning, for instance Aquila: σκοπελα.[51]

31:21   תַּמְרוּרִים   τιμρωριμ

sign-posts

This word too was not understood by the translator. An additional remark, however, is necessary. In Jer. 31:15 the homonym *tamrûrîm*, 'bitter (weeping)', occurs rendered correctly by ὀδυρμοῦ. In 31:21 the Old Greek version transcribed the noun with a vocalization differing from the Masoretic one.[52] It can be assumed that the Hebrew text originally had another vocalization and that the Masoretes assimilated the reading of this incomprehensible hapax legomenon to the vocalization of *tamrûrîm* in 31:15.[53]

31:39   וְנָסַב נֹעָתָה   καὶ περικυκλωθήσεται
                           κύκλῳ ἐξ ἐκλεκτῶν λίθων

and shall then turn around   and it shall be compassed
to Goah   with a circle out of
                              precious stones

The translators did not understand 'Goah' to be a place-name and in doing so misconstrued the parallellism 'Geba'//'Goah'.[54]

31:40   הַשְּׁרֵמוֹת K   ασαρημωθ
         הַשְּׁדֵמוֹת Q

the fields/the terraces

---

[50] See the remarks by Ziegler, *Beiträge*, 85; Fischer, *Trostbüchlein*, 35.

[51] The note in the apparatus criticus of BHS: 𝔊^Mss Σιων, supported by Rahlfs, should be regarded with some scepticism. The reading 'Sion' occurs indeed, but only in manuscripts containing the text-form of the Hexaplaric recension.

[52] Within the Greek tradition, another rendering is known: τιμωριαν, 'help', which was incorrectly considered more original by Rahlfs in his edition of the Septuagint.

[53] On Jer. 31:21 see also Ziegler, *Beiträge*, 85; Fischer, *Trostbüchlein*, 35; Stipp, *Sondergut*, 41–42.

[54] *Pace* Van der Kooij, 'Textual Criticism', 739.

Within the Masoretic tradition, the *qᵉrê* is to be preferred.[55] Nevertheless, the Old Greek version supports the reading of the *kᵉtîb*, which was known by him but apparently unclear to him.[56] Consequently, he transliterated the word.[57]

31:40   על־נחל קדרון   ἕωσ Ναχαλ Κεδρων

<over>[58] the brook Kidron   as far as the Nachal Kidron

The Old Greek version apparently interpreted the noun for 'brook' as part of the name of the brook.

2.2.5 *Secondary Additions in the LXX*

In Jer. 31:22, a text which is difficult to understand,[59] the Old Greek version has a free rendering:

31:22   כי־ברא יהוה הדשה בארץ   ὅτι ἔκτισε κύριος σωτηρίαν εἰς
                                          καταφύτεισιν καινήν,
         נקבה תסובב נבר   ἐν ᾗ σωτηρίᾳ περιελεύσονται
                                          ἄνθρωποι

for YHWH has created   or the LORD has created
                                 salvation
a new thing on earth—   for a new plantation,
a woman surrounds a man   in which salvation man shall
                                 go about

At the level of syntax the Hebrew text is comprehensible, while the grammatical structure of the Greek sentence(s) remain difficult. The

---

[55] See Holladay, *Jeremiah 2*, 155.200; P.J. King, *Jeremiah: An Archaeological Companion*, Louisville 1993, 157–59; Keown, Scalise, Smothers, *Jeremiah 26–52*, 126. For the translation 'fields-of-Mot' see, e.g., M.R. Lehman, 'A New Interpretation of the Term שדמות', *VT* 3 (1953), 361–71; J.S. Croatto, J.A. Soggin, 'Die Bedeutung von שדמות im Alten Testament', *ZAW* 74 (1962), 44–50; N. Wyatt, 'A New Look at Ugaritic *ssdmt*', *JSS* 37 (1992), 153.

[56] See Fischer, 'Zum Text des Jeremiabuches', 316.

[57] See Janzen, *Studies*, 133; Fischer, *Trostbüchlein*, 34–35; Stipp, *Sondergut*, 34–35, and the critical remarks by R.C. Steiner, 'The two Sons of Neriah and the two Editions of Jeremiah in the Light of two *Atbash* Code-Words for Babylon', *VT* 46 (1996), 79 n. 21. On the interpretation that שדמות would refer to 'the fields of Mot', as proposed by Lehman, 'New Interpretation', 361–71; Croatto, Soggin, 'Bedeutung von שדמות', 44–50; Wyatt, 'New Look', 153; McKane, *Jeremiah II*, 833.

[58] With most of the commentaries Hebrew *ʿad* should be corrected to *ʿal*, *ʿad* being a mistake influenced by the following 'as far as'.

[59] See below § 6.4.4.

logical place of ἐν ἧ σωτηρίᾳ is subject of debate. Is this phrase to be connected with the preceding sentence or does it form the beginning of a new sentence? Besides, the meaning of both καταφύτευσιν and περιελεύσονται is unclear. According to Tov the Old Greek rendering is due to inner Greek secondary additions.[60] The consequences on the level of meaning will be discussed below.

2.2.6 *Minor Content Variants*

There are a few instances in the book of Consolation where the differences between the two versions can be explained rather easily by assuming an interchange or transposition of letters. These shifts lead to minor variants in the meaning of the texts.

30:12	אנוש לשברך	Ἀνέστησα σύντριμμα
	your fracture is incurable	I have brought destruction

Apparently the Old Greek has interpreted the noun *'ānûš* as a Qal Ipf 1.c.s. of a verb *נוש or נאש[61] to be compared with the verb נשא, 'to put; to place', as has been suggested by Stipp.[62] In other instances the Old Greek did not understand the meaning of *'ānûš*; in Jer. 17:9, 16 *'nš* was read *'eno(ô)š*, 'human being; man'; in Jer. 15:18 *'ānûš* is rendered guessingly with στερεός, 'hard'. With regard to this observation, the variant better should be explained grammatically than by assuming—with Fischer—that the translator did not understand his *Vorlage* and gave with Ἀνέστησα a sordine equivalent for *'ānûš*.[63] With regard to Jer. 30:12, it must be noted that in construing *ānûš* as a verb-form, the LORD was presented in the Old Greek version as the one who brought to Israel the grief mentioned in the unit Jer. 30:12–17. Thus, LXX is making explicit, what is implicitly implied in the MT.

30:17	כי נדחה לך	ὅτι ἐσπαρμένη ἐκλήθης·
	ציון היא	θήρευμα ὑμῶν ἐστιν,
	דרש אין לה	ὅτι ζητῶν οὐκ ἔστιν αὐτῇ

---

[60] Tov, *Text-critical Use of the Septuagint*, 68.

[61] This verb does not occur in the Old Testament, but is known from an interpretation of Ps. 69:21, see *HALAT* III, 645; see, however, *DCH* V, 648: נוש II, 'to tremble'.

[62] Stipp, *Sondergut*, 31.

[63] Fischer, *Trostbüchlein*, 37.

For they have called you an outcast	For you were called scattered one,
Sion, she is the one	who is your prey,
whom no one looks after.	because no one looks after her.

This is an interesting text. First, it should be noted that the Greek translator correctly renders *qār⁽ᵉ⁾û lāk* with ἐκλήθης interpreting the verb קרא constructed with *lᵉ* as the expression of a passive voice. The Old Greek version has rendered *niddāḥāh*, 'outcast', with ἐσπαρμένη, 'scattered one', which is characteristic for Jer. β.[64] The most interesting difference, however, is the 'misreading' of *ṣiyyôn* for *ṣêdēkem*, 'your prey'. Mazurel and Fischer correctly observed that a 1.c.pl. form ἡμῶν, 'our', given in Ziegler's edition of Jeremiah in the Göttinger Septuagint and also reflected in צידנו, 'our prey', in the Apparatus Criticus of BHS, is not attested in Greek manuscripts.[65] Therefore, all text-critical remarks based on the reading θήρευμα ἡμῶν or צידנו are of no value but for the history of interpretation. In view of the observation of Mazurel and Fischer, it can no longer be assumed that the Old Greek version reflects the original text.[66] Since all other instances in the Book of Jeremiah containing the name of the holy city Sion have correctly been rendered by the Old Greek,[67] the LXX should be regarded as containing a corruption or an adaptation on this point.[68]

The textual version in 4QJerᶜ can also be mentioned here en passant. The Qumranic fragment reads: כי נדחת קראו [. . . . Unfortunately, the text is broken just before *ṣywn hyʾ*. Consequently 4QJerᶜ sheds no light on the problem discussed in the preceding paragraph. But how should the reading *ndḥt* instead of *ndḥh* be interpreted? According to Tov,[69] there is only a small difference between 4QJerᶜ and the

---

[64] See Tov, *Septuagint Translation*, 1976, 74–75.

[65] Mazurel, *Verloren Broeder*, 45; Fischer, *Trostbüchlein*, 49 n. 9

[66] As has been done by, e.g., S. Herrmann, *Die prophetischen Heilserwartungen im Alten Testament: Ursprung und Gestaltwandel* (BWANT, 85), Stuttgart 1965, 219; Böhmer, *Heimkehr*, 63 with n. 321; Fohrer, 'Israel-Prophet', 138; M. Gerlach, 'Zur chronologischen Struktur von Jer. 30,12–17. Reflexionen auf die involvierten grammatischen Ebenen', *BN* 33 (1986), 40 n. 12; Holladay, *Jeremiah 2*, 151; M.A. Sweeney, 'Jeremiah 30–31 and King Josiah's Program of National Restoration and Religious Reform', *ZAW* 108 (1996), 571.578–579; Ferry, *Illusions et salut*, 276.

[67] E.g., Jer. 31:12.

[68] See, e.g., Ferry, *Illusions et salut*, 276.

[69] Tov, '4QJerᶜ(4Q72)', 272.

Masoretic tradition here. *ndḥt* can be vocalized as a noun in the status constructus (*niddaḥat*), as a feminine plural (*niddāḥot*) or as a verb-form (*niddaḥat*). The first possibility give no sense since the word is not followed by a noun in the status absolutus. Interpreting *ndḥt* as a plural noun produces an interesting translation: 'For the outcasts call you: "She is Sion, the one whom no one looks after!"'. The identification of the 'outcasts', however, is problematical. Therefore, the interpretation as a verb should be preferred. The Niphʿal Perfect 2.f.s. *niddaḥat* has to be considered as a descriptive *qāṭal*-form, consequently indicating a circumstantial clause. Thus, 4QJer^c interpreted the sentence: 'For, while you were cast away, they have called you: "She is Sion, the one whom no one looks after!"'. The Targum supplies an interpretative rendition of נדחה: מטלטלתא קרו ליך, 'they have called you the exiled one'.

The suggestion of Martens to replace ציון with צאן, 'sheep', based on the assumption that both MT and LXX are in disorder and that נדחה and דרש can easily be related to sheep[70] is ingeniously fancifull but unprovable.

30:20	ועדתו לפני תכון	καὶ τὰ μαρτύρια αὐτῶν κατὰ πρόσωπόν μου ὀρθωθήσεται
	His congregation will be established before me	*Their witnesses* will stand before me

The Greek translator apparently read a form of *ʿēdût*, 'witness', instead of *ʿēdāh*, 'congregation'. The Old Greek version is supported by the reading in 4QJer^c: ועדותו.

30:23	הנה סערת יהוה חמה יצאה סער מתגורר על ראש רשעים יחול	ὅτι ὀργὴ κυρίου ἐξῆλθε θυμώδης, ἐξῆλθεν ὀργὴ στρεφομένη ἐπ᾽ ἀσεβεῖς ἥξει
	Look, the storm of YHWH wrath is going out, a howling storm. It shall descend on the head of the wicked	Because the wrath of the LORD goes out vehemently. The wrath goes out overthrowing It shall descend on the wicked

---

[70] E.Z. Martens, *Motivations for the Promise of Israel's Restoration to the Land in Jeremiah and Ezekiel* (PhD Dissertation, Claremont Graduate School), Claremont 1972, 148–49.

This verse could have been listed above as an example of linguistic exegesis. There are five differences between the versions:

(1) The interjection *hinnēh* has been interpreted as the conjunction *kî*.
(2) *saʿar*, 'storm; wind', has been rendered by the noun 'wrath' for which it stands metaphorically.
(3) The subject in the sentence *ḥēmāh yāṣᵉʾāh* has been translated as an adverbial adjunct (θυμώδης).
(4) The verb *yāṣāʾ* has been translated twice (ἐξῆλθε and ἐξῆλθεν).
(5) In the closing line the noun *roʾš* is omitted.

One should note that the text Jer. 30:23–24 is also found in Jer. 23:19–20. The Old Greek version has a zero-variant for Jer. 23:20. The Hebrew text of Jer. 23:19 is quite similar to Jer. 30:23 with the exception of *mitgôrēr*. Jer. 23:19 construes *miṯḥôlēl* as an accommodation to the Hebrew verb used in the closing line of the verse. LXXJer. 23:19 has a text deviating both from MTJer. 23:19 and LXXJer. 37:23. This second deviation might have been the result of the revision by Jer. β.

31:2	מצא חן במדבר	Εὗρον θερμὸν ἐν ἐρήμῳ
	עם שרידי חרב	μετὰ ὀλωλότων ἐν μαχαίρᾳ
	A people escaped from the sword found *grace* in the wilderness	I found *heat* in the wilderness after having destructed with a sword

At first sight it seems that the Old Greek probably read *ḥom* instead of *ḥēn* and *ʿim* instead of *ʿam*. The textual problems in this verse, however, are more complex. By implication, it is almost impossible to explain the relation between both versions without accepting textual corruption on either side.[71] Problematic are the shift of *māṣāʾ*, 'he found', to εὗρον, 'I found', and the change of verb in the subordinate clause: *śrd*, 'to escape', is translated with a participle from ὀλλυμι, 'to destroy, ruin, wreck', which seems to be the opposite. This second shift, however, is the root cause of the differences between the versions. The Greek form can be interpreted as a misreading of *śᵉrîdê* on the basis of the well-known confusion of *dālet* and *reš*. The

---

[71] As has been proposed by Holladay, *Jeremiah 2*, 180–81; see also Barthélemy, *Critique textuelle*, 683–84; Mazurel, *Verloren Broeder*, 56; Keown *et al.*, *Jeremiah 26–52*, 106; Ferry, *Illusions et salut*, 276–77.

Old Greek version can be seen as a correct rendering of the Hebrew verb *šdd*, 'to destroy'.

31:4	במחול	μετὰ συναγωγῆς
	in the dance	with the community

The Old Greek probably misread MT for *biqhal*. 4QJer^c supports the MT. The LXX is supported by Targum and Peshitta. The assumption that συναγωγη is a misreading for בקהל[72] can be related to the fact that, within the Book of Jeremiah, the Old Greek consistently renders *mḥl* with συναγωγη.

31:13	במחול ובחרים	ἐν συναγωγῇ νεανίσκων
	in the dance; young men	in the community of young men

The Old Greek seems to have read בקהול ובחרים interpreting the two words as a construct chain. Consequently they disturbed the grammatical order. The Hebrew text should be translated: 'Then, a virgin shall rejoice in the dance; young men and elders together'. When taking *bḥrym* as a part of the first clause, the final words of the line would remain as a, rather short, nominal clause: 'The elders (are) together'. To avoid this, the Old Greek repeated the verb 'to rejoice' with the elders as its subject and changed the number of the first verb into the plural. In other words, there is a kind of a knock-on effect in the translation. Each shift evokes another one. Perhaps it is superfluous to observe here that 4QJer^c supports the Masoretic reading.

31:13	מיגונם	μεγαλυνῶ
	after their sorrow	I shall make them great

The retroversion of μεγαλυνῶ would have been רבתי which is a phonetic double reading of *riwwîtî* the first verb of vs. 14. There seem to be two possible explanations. (1) *mîgônām* should be regarded as a plus in the MT and, at the same time, μεγαλυνῶ as a reduplication in the Old Greek version. (2) The Old Greek did not understand *mîgônām* and gave a free rendition thereby imitating the Hebrew text on the level of sound.[73] There are two arguments against the

---

[72] Thus BHS; Ferry, *Illusions et salut*, 278.
[73] Thus Ziegler, *Beiträge*, 51; Fischer, *Trostbüchlein*, 37.

acceptance of a zero-variant in Jer. 31:13. First, the fact that the
minus in the Old Greek is filled up with another verb and second,
the Masoretic tradition is supported by 4QJer^c.

31:21 שבי אל־עריך אלה	ἀποστράφητι εἰς τὰς πόλεις σου πενθοῦσα
Return to these, your cities	Return to your cities of mourning

Hebrew אלה is redundant, since the suffix 2.f.s. already determines
the cities. The retroversion of the Old Greek text-form would be
אבלה. Therefore both versions can be explained either by assuming
the falling out of the *bēt* in the Masoretic tradition or by proposing
a contextual translation of an incomprehensible Hebrew text, the
theme of 'mourning' being apparent in the textual unit on 'Rachel
weeping for her children'. 4QJer^c supports the MT.

2.2.7   *Content Variants*

In some instances, the divergence between the two versions of Jer. 30–
31 is due to, as can be surmised, intentional interpretative translation.

30:3 ושבתי את־שבות עמי	ἀποστρέφω τὴν ἀποικίαν λαοῦ μου
I shall restore the fortune of my of my people	I shall return the colony of my people

The fate of God's people (שבות) is, as in Jer. 30:18 and 31:19, interpreted as the Babylonian captivity. This captivity is described with
the Greek word ἀποικία. In translating this way the Old Greek made
the implied significance more explicit and meanwhile accustomed the
text to the ears of its hearers who were living in a Hellenistic world
in which various 'colonies' of people not living in their land of origin
are attested. Note that in 31:23 the same Hebrew noun is rendered
with αἰχμαλωσία, 'captivity'.[74]

30:3 וירשוה	καὶ κυριεύσουσιν αὐτῆς
and they shall inherit it	and they shall rule over it

---

[74] See also Fischer, *Trostbüchlein*, 38.

In the introductory section of the book of Consolation the return of God's people to its land is promised. The Masoretic tradition has rendered this promise in words referring to the traditions of the occupation or conquest under Joshua. The Old Greek version moves one step further: after the second occupation the people shall govern over the land. This deepening of the meaning of the text can be explained linguistically by assuming that the Old Greek read a form of the verb רשׁה, 'to rule over; have power over', rather than a form of the verb ירשׁ.[75]

30:8	אשׁבר עלו	συντρίφω ζυγὸν
	מעל צוארך	ἀπὸ τραχήλου αὐτῶν
	ומוסרותיך אנתק	καὶ τοὺς δεσμοὺς αὐτῶν διαρρήξω

I will break his yoke	I will break a yoke
from off your neck	from off their neck
and I will burst your bonds	and I will burst their bonds

In relation to the MT the Old Greek version seems to have changed some pronouns: 'His' has disappeared and 'your' shifted into 'their'. In doing so the Old Greek produced a comprehensible text. In it there is no longer a leap between the words translated here and the final line of 30:8 in regard to the persons indicated by the pronouns. The last line reads: 'they shall no longer serve strangers'. In the Old Greek version the agent indicated by 'they' in this line can easily be equated with the agent twice indicated by 'their' in the earlier lines. In the MT this equation is problematical, since the 'they'-group is addressed with 'you' in 8b and c. In accepting that the direct speech introduced by נאם יהוה, 'oracle of YHWH', ends with the words translated above the shift in indicating persons in the MT can be explained. Consequently, the Old Greek version should be regarded as a later accommodation to the understanding of the reader.[76] The text in the MT is supported by 4QJer[c] and the Vulgate.

---

[75] On this verb, not attested in the Old Testament, but known from Qumranic and Mishnaic Hebrew, see R. Polzin, 'Notes on the Dating of the non-Massoretic Psalms of 11QPs[a]', *HThR* 60 (1967), 469–70.

[76] See Becking, 'I will break his Yoke from off your Neck', 68–69.73–74; Bozak, *Life 'Anew'*, 40–1; A. Laato, *Josiah and David Redivivus: The Historical Josiah and the Messianic Expectations of Exilic and Postexilic Times* (CB OT, 33), Stockholm 1992, 112; Mazurel, *Verloren Broeder*, 38–9; Fischer, *Trostbüchlein*, 48–49; Ferry, *Illusions et salut*, 274.

Pace, e.g., E.W. Nicholson, *Preaching to the Exiles*, Oxford 1970, 88; Thompson, *Book of Jeremiah*, 555; McKane, *Jeremiah II*, 760–61.

30:16	וכל צריך	καὶ πάντες οἱ ἐχθροί σου
	כלם בשבי ילכו	κρέας αὐτῶν πας ἔδονται

and all your enemies together[77] shall go into captivity	and all your enemies shall eat their own flesh in its entirety

Tov correctly discusses this passage as an example of a deviation causing a further deviation.[78] The Old Greek version seems to be a rendering of בסר י(א)כלו, 'they shall (e)at their flesh'. The Old Greek not only misread בשבי for בסר with an interchange of *rēš* and *bêt*, but also ילכו, 'they shall go', for י(א)כלו, 'they shall eat', with metathesis of *kaph* and *lāmed* and the intrusion of the *ʾāleph*. Which misreading was first, is impossible to say. But it is clear that one deviation provoked the other. To quote Tov: 'In the new context, the 'captivity' did not fit the 'eating', or alternatively the 'flesh' did not fit the 'going' and the second word was therefore adapted to suit the context.'[79]

A few remarks should be added. First, it is not clear where the deviations took place. Or, phrased otherwise, is the Old Greek a deviation from the MT or vice versa?[80] The first possibility seems to be the most plausible, since an omission of an *ʾāleph* is easier to understand than an addition. The second remark is related to the fact the the twofold deviation in the Old Greek tradition generates an interesting text on the level of interpretation. The reading in the Old Greek relates both parts of the first line of Jer. 30:16: 'Therefore, all who have eaten you shall be eaten. And all your enemies shall eat their own flesh in its entirety'. The second part of the line indicates the way the adjustment of the devouring will take place. Israel's enemies will not be devoured by others, but by themselves. They will fall by their own sword. The Old Greek version seems to refer to an oracle of salvation in Isa. 49:26: 'I [= the LORD] will make your oppressors eat their own flesh and they shall be drunk with their own blood as with wine.'[81]

---

[77] *Pace* M.J. Dahood, 'The Word-Pair *ʾākal//kālāh* in Jeremiah xxx 16', *VT* 27 (1977), 482; Odashima, *Heilsworte*, 101.

[78] Tov, *Text-critical Use*, 240.

[79] Tov, *Text-critical Use*, 240.

[80] According to Gerlach, 'Zur chronologischen Struktur', 41, the Hebrew text underlying the Old Greek version should be regarded as superior to the MT.

[81] See M. Smith, *The Early History of God: Yahweh and the other Deities in ancient*

31:8	בם עור ופסח	ἐν ἑορτῇ φασεκ
	among them the blind and the lame	on the feast of Pesach

At first sight there seems to be no relation between the two versions. The retroversion of the Old Greek, however, seems to have been במועד פסה.[82] In comparison with an unvocalized MT there are only a few changes. The first two words are contracted. The positions of the *wāw* and the *'ayin* are interchanged and the *reš* is read as a *dālet*. It is not clear, however, which version should be regarded as more original or superior to the other one. The phenomena discussed can be used as argument both for the view that the MT is superior and for the surmise that the Old Greek has a more original text. 4QJer[c] supports the reading of the Masoretic tradition: עור ופסה ב[ם]. Both readings fit their context. In the Masoretic tradition the words form a parallellismus membrorum with the following phrase 'those who are pregnant and those who are giving birth together'.[83] In the Old Greek version the line is interpreted as an adverbial adjunct indicating the time in which the LORD will let his people return to their land: 'on the feast of Pesach'. Consequently, the Old Greek refers in one way or another to the traditions about the liberation from Egypt, thus deepening the meaning of the text.[84]

31:12	ורננו במרום־ציון	καὶ εὐφρανθήσονται ἐν τῷ ὄρει Σιων
	they will sing on the *height* of Sion	they will rejoice on the *mountain* of Sion

The Old Greek version seemingly wants to avoid the mentioning of a height in Sion, since that would indicate that in the new situation there will be a place for such a objectionable entity as a 'height'. Besides, the Old Greek rendering is an accommodation to a more conventional depiction of the Sion.[85]

Israel, San Fransisco 1990, 61–64, for the background of this phrase in the martial imagery of the Canaanite goddess Anat.

[82] Thus E. Tov, 'Did the Septuagint Translators always Understand their Hebrew Text?', in: A. Pietersma, C. Cox (eds.), *De Septuaginta: Studies in Honour of John William Wevers on his sixty-fifth Birthday*, Mississauga 1984, 61–62; McKane, *Jeremiah II*, 790–91; Ferry, *Illusions et salut*, 278.

[83] As has been observed by Keown *et al.*, *Jeremiah 26–52*, 111.

[84] See also Tov, *Text-critical Use*, 238.

[85] See McKane, *Jeremiah II*, 793.

31:12 וְהָיְתָה נַפְשָׁם   καὶ ἔσται ἡ ψυχὴ αὐτῶν
       כְּגַן רָוֶה   ὥσπερ ξύλον ἔγκαρπον

       their soul shall be   their soul shall be
       like a watered garden   like a fruitful tree

The Old Greek here has a free rendering referring to Gen. 1:11
and Ps. 148:9. By this implicit reference the Old Greek brings in the
theological motif of creation thereby underscoring and extending the
same theme already apparent in the preceding lines. Consequently,
the return to Israel has been interpreted by the Old Greek translator as a renewal of creation.

31:19 כִּי אַחֲרֵי שׁוּבִי נִחַמְתִּי   ὅτι ὕστερον αἰχμαλωσίας μου
                                              μετενόησε

       for after my turning away,   for after my captivity,
       I repented   I changed my mind

The 'turning away' of Efraim is rendered as its 'captivity'. This deviation can rather easily be explained by assuming a *Vorlage šibyê* in
stead of *šubî*[86] and not as an exegesis of paraphrase.[87] The Old Greek
version refers to the lines in LXXJer. 38:18 καὶ αἰχμαλωσίαν αὐτοῦ
ἐλεήσω, 'I will comfort me over his captivity', strengthening the inner
cohesion of the book of Consolation.

31:19 סָפַקְתִּי עַל־יָרֵךְ בֹּשְׁתִּי   ἐστέναξα ἐφ᾽ ἡμέρας αἰσχύνης

       I have beaten me on the   I have bewailed the days of
       hips   shame
       I was ashamed

In both versions Ephraim puts into words its sense of shame on its
former deeds. The apparatus criticus of BHS suggests a retroversion
of the Old Greek: *'ānaqtî 'al-y'mê bošet*, assuming that the Old Greek
misread the verb סֿפק for אנק and the noun ימ' instead of ירך. This
linguistic explanation is not convincing in all its details. The proposed interchanges of Hebrew letters are not current and there is
no resemblance of the proposed *Vorlage* with the MT on the level
of phonetics. Another explanation, however, seems not to be at hand.

---

[86] So, among others, Lohfink, 'Gotteswortverschachtelung', 118 n. 27; Holladay,
Jeremiah 2, 153.
[87] *Pace* McKane, *Jeremiah II*, 801.

Perhaps, it might be assumed that the construction ספק על ירך, 'to beat on the hip', was translated idiomatically with a form of the Greek verb στενάζω and that *bоštî* was interpreted as an adverbial adjunct indicating the time which was bewailed by Ephraim.[88] MT is supported by the Peshitta.

On the level of meaning, it should be noted that the Old Greek version makes a clear distinction in time between the *now* in which Ephraim bewails and the time about which it feels ashamed. In doing so a perfect parallel is construed with the words ὀνειδισμὸν ἐκ νεότητός μου, 'the disgrace of my youth', in the closing line of the verse.

31:20	על־כן המו מעי לו	διὰ τοῦτο ἔσπευσα ἐπ᾽ αὐτῷ
	therefore my entrails are moved about him	therefore I exert myself for him

The Old Greek version contains an accommodation. The anthropomorphic depiction of God in the MT—God actually has intestines—is translated away. The rendition of the verb המה with σπεύδω is singular. In Jer. α המה is translated with forms of ἠχω, κυμαίνω and μαιμάσσω. Jer. β translates it adequately with βομβέω in LXXJer. 38:36.[89] For the choice of σπεύδω in LXXJer. 38:20 a linguistic or phonetic explanation is not available.

31:22	כי־ברא יהוה חדשה בארץ	ὅτι ἔκτισε κύριος σωτηρίαν εἰς καταφύτεισιν καινήν,
	נקבה תסובב גבר	ἐν ᾗ σωτηρίᾳ περιελεύσονται ἄνθρωποι
	for YHWH has created a new thing on earth— a woman surrounds a man	for the LORD has created salvation for a new plantation, in which salvation man shall go about

Above, the view of Tov is mentioned that the deviations between the two versions of this verse should be regarded as a result of secondary additions to the LXX. However, these secondary additions have generated a text in which the central ideas of the book of Consolation are put into words. The Greek noun σωτηρία interprets the return from the exile and the new covenant as God's salvation

---

[88] See also Ziegler, *Beiträge*, 31.
[89] See Tov, *Text-critical Use*, 103.

for His people. The verb καταφύτευω resembles the theme of the renewal of creation already expressed in MTJer. 31:12–13 and stressed by LXXJer. 38:12–13.

31:32 וְאָנֹכִי בָּעַלְתִּי   καὶ ἐγὼ ἠμέλησα αὐτῶν

and I was master over them   and I abominated them

Apparently the Old Greek has read *gāʿaltî*[90] instead of *bāʿaltî*. Presumably, the translator had the words of Jer. 14:19 in mind: 'Does your soul abhor the people of Zion?'. The interchange of *gimmel* and *bêt* and the reference to a related context make it possible to characterise the variant as an example of linguistic exegesis.[91] More, however, is to be remarked. The Old Greek interprets this sentence as Yhwh's negative evaluation of the former behavior of His people.[92] In the MT the words are in a quite different mode: despite Israel's breaking of the covenant, Yhwh is still their master. Finally the *Vorlage* of the Old Greek seems to avoid an identification of Yhwh with the verb or the noun בעל. Since such an identification would only be possible in a Hebrew text, it must be assumed that the shift from *bāʿaltî* to *gāʿaltî* already took place during the process of transmission of the Hebrew version underlying the Old Greek and that LXX gives a literal translation of its *Vorlage*. This implies that the view of Fischer that the Old Greek has a less outspoken interpretation of God's reaction to Israel's breaking of the covenant[93] is less probable. This also implies that the proposal of Condamin[94] that *bāʿaltî* is a corruption within the Masoretic tradition from an original *gāʿaltî*, is rather improbable. Note that the Targum also removed the possibility of an identification of Yhwh with Baal, albeit in a more

---

[90] See also J. Høgenhavn, 'Den nye pagts dage: Nogle eksegetiske bemærkinger til Jeremias 31,31–34', in: L. Fatum, M. Müller (eds.), *Tro og Historie: Festkrift til Niels Hyldahl i anledning af 65 års fødselsdagen den 30. december 1995*, København 1996, 136; W. Gross, *Zukunft für Israel: Alttestamentliche Bundeskonzepte und die aktuelle Debatte um den Neuen Bund* (SBS, 176), Stuttgart 1998, 143. I do not agree with the proposal of Bogaert, 'Loi(s) et alliance nouvelle', 85, that the *Vorlage* of LXX read לא דעו אֵל.

[91] See the various categories mentioned in E. Tov, *Textual Criticism of the Hebrew Bible*, Minneapolis 1992, 236–258.

[92] See also Levin, *Verheißung*, 56–57; Bogaert, 'Jérémie 17,1–4 TM', 72; Keown, Scalise, Smothers, *Jeremiah 26–52*, 126.

[93] Fischer, *Trostbüchlein*, 69–70; see also Bogaert, 'Loi(s) et alliance nouvelle', 89; Renaud, 'Oracle de la nouvelle alliance', 93–95.

[94] A. Condamin, *Le livre de Jérémie*, Paris ³1936, 230.

positive sense: וְאָנֹכִי אָתְעִיתִי, 'although I took pleasure in them'. Note that the Old Greek rendition has been adapted in the New Testament.[95]

31:33 וְנָתַתִּי אֶת־תּוֹרָתִי בְּקִרְבָּם	Διδοὺς δώσω νόμους μου εἰς τὴν διάνοιαν αὐτῶν
I shall put my law within them	I certainly shall give my laws in their mind

The Old Greek version has a rather Hebraistic character. The verb נתן, h.l. 'to lay', is rendered in its general meaning 'to give'. This verb is duplicated as to recall the paranomastic construction in Hebrew.[96] Despite its Hebraistic character, LXX is not a literal translation of the Hebrew. This becomes clear from two features:

(1) The Hebrew singular תּוֹרָתִי, 'my law', has been rendered by a plural νόμους μου, 'my laws'. The plural form may have been used in order to link this text with LXXJer. 38:37[97] or with the Decalogue according to its Greek wording.[98]

(2) The Old Greek version has a specified translation of בְּקִרְבָּם, 'in their midst; within them'.[99] The MT can be interpreted in two ways. The phrase can be taken literally 'in their interior' meaning: 'in the heart of their city; among them' as in Jer. 6:1, where the Benjaminites are to flee from the 'midst' of Jerusalem. The words, however, can also be considered as more figurative language referring to the interior intentionality of the people.[100] The Old Greek understood the words in this second meaning as a bodily metaphor for the mind of the people. In doing so the Old Greek version excluded another interpretation.

2.2.8 A Rearranged Unit

Rounding off the textual comparison of both versions of the book of Consolation, I will discuss the unit Jer. 31:35–37. The order of

---

[95] Hebr. 8:9.

[96] See also Stipp, *Sondergut*, esp. 22–23; Høgenhavn, 'Den nye pagts dage', 137; Shead, *The Open Book*, 189.

[97] For another view see Renaud, 'Oracle de la nouvelle alliance', 96.

[98] See Bogaert, 'Loi(s) et alliance nouvelle', 83–84.86.88–90; Vermeylen, 'Alliance renouvellée', 57–58.

[99] See also Bogaert, 'Loi(s) et alliance nouvelle', 86–87.

[100] See H. Weippert, 'Das Wort vom neuen Bund in Jeremia xxxi 31–34', *VT* 29 (1979), 336–351; Holladay, *Jeremiah 2.*, 198.

the verses is different in the Old Greek version. MT has 35–36–37, while the Old Greek has vs. 37 in front of the unit.

2.2.8.1　*The Textual Evidence*

ἐὰν ὑψωθῇ ὁ οὐρανὸς εἰς τὸ μετέωρον, φησὶ κύριος, καὶ ἐὰν ταπεινωθῇ τὸ ἔδαφος τῆς γῆς κάτω, καὶ ἐγω οὐκ ἀποδοκιμῶ τὸ γένος Ισραηλ, φησὶ κύριος, περὶ πάντων ὧν ἐποίησαν.

31:35 כה אמר יהוה
נתן שמש לאור יומם

חקת ירח וכוכבים
לאור לילה
רגע הים ויהמו

יהוה צבאות שמו
31:36 אם־ימשו החקים האלה
מלפני נאם יהוה
גם זרע ישראל ישבתו
מהיות גוי לפני כל הימים

31:37 כה אמר יהוה
אם־ימדו שמים מלמעלה
ויחקרו מוסדי־ארץ למטה
גם־אני אמאס בכל־זרע ישראל
על־כל־אשר עשו נאם יהוה

οὕτως εἶπε κύριος
ὁ δοὺς τὸν ἥλιον εἰς φῶς τῆς ἡμέρας,
σελήνην καὶ ἀστέρας
εἰς θῶς τῆς νυκτός,
καὶ κραυγὴν ἐν θαλάσσῃ,
καὶ ἐβόμβησε τὰ κύματα αὐτῆς,
κύριος παντοκράτωρ ὄνομα αὐτῷ
Ἐὰν παύσωνται οἱ νόμοι οὗτοι
ἀπο προσώπου μου, φησὶ κύριος,
καὶ τὸ γένος Ισραηλ παύσεται
γενέσθαι ἔθνος κατὰ πρόσωπόν μου πάσας τὰς ἡμέρας.

'Even, if the heaven is elevated into the heights, says the LORD, and if the bottom of the earth is lowered downward, then I shall not reject the people of Israel'.

31:35 Thus says YHWH
—he who gives the sun as a light by day, and who adjusts[101] the moon and

Thus says the LORD,
—who gives the sun as a light for the day, the moon and the stars

---

[101] Read *ḥōqēq*, with P. Volz, *Der Prophet Jeremia*, Leipzig ²1928, 283.287; H. Weippert, *Schöpfer des Himmels und der Erde: Ein Beitrag zur Theologie des Jeremiabuches* (SBS, 102), Stuttgart 1981, 38; *pace* Fohrer, 'Israel-Prophet', 147; Levin, *Verheißung*, 199 n. 9; Carroll, *Jeremiah*, 610; Holladay, *Jeremiah 2*, 155.

	the stars as a light for the night, who stirs up the sea, so that its waves roar, YHWH of hosts is his name—:	as a light for the night, who bawls against the sea, so that its waves roar LORD almighty is his name—:
31:36	'If these institutions will totter before my face —oracle of YHWH— then the offspring of Israel too would cease being a nation before my face, during all the days'.	'If these laws will cease before my face —says the LORD— then the offspring of Israel will cease being a nation before my face, during all the days'.
31:37	Thus says YHWH: 'If the heavens above could be measured and the foundations of the earth below could be fathomed, then I would reject the whole of the offspring of Israel, for all that they have done —oracle of YHWH—'	

Two fields of problems should be discussed:

(1) The differing order and
(2) The textual deviations.

2.2.8.2 *The Different Order*

There are at least two ways to explain the difference in order. Both the order in the MT and in the Old Greek version can be regarded as authentic, the other order containing an intentional or accidental removal of one verse.[102] A third possibility is the explanation elaborated by Bogaert. In his view, the order in LXX is more original. The change took place during a process of expansion in order to prepare in the MT the insertion of the quite comparable *plus* Jer. 33:14–26 a text which is absent in LXXJer. and which share some

---

[102] Tov, 'Some Aspects', 152; Y. Goldman, *Prophétie et royauté au retour de l'exil: Les origines littéraires de la forme massorétique du livre de Jérémie* (OBO, 118), Freiburg 1992, 61–62, consider the order in the Old Greek as authentic.

Preference to the Masoretic order is given by W. Rudolph, *Jeremia* (HAT 1/12), Tübingen ³1968, 204: the order in MT is authentic, the Old Greek translator has placed v. 37 in front in view of the similarities between 34b and 37b; Fischer, *Trostbüchlein*, 71–74 (with unclear argument).

traits with MTJer. 31:35–37.[103] Besides, the difference in order can
be explained in still another way. It is possible to assume that two
diverging collections of material related to the prophet Jeremiah have
circulated independently at a time. The question of the superiority
of one version over the other, consequently, is of a literary-critical
and redaction-critical nature.[104] An answer to this question relates to
one's overall view regarding the genesis of the book of Jeremiah.
The two versions of this smaller textual unit should be interpreted
separately.

At the *Formcritical*-level, the two versions have some elements in
common and some which differ. In both versions the unit is build
up in three textual elements, the construction, however, being different.
In the Old Greek version the unit is organized in the model of a
concentric symmetry:

A: Oracle of salvation with a hypothetical subordinate clause
B: Hymnic depiction of the Lord
A': Oracle of salvation with a hypothetical subordinate clause

In this textual unit the hymnic depiction of the Lord as the guarantor of the regularity in the forces of nature functions as the central motivation for the oracle of salvation that the Lord is eventually
the guarantor of the endurance of the people of Israel.

The Hebrew version of the Masoretic tradition has organised
almost the same matter using the style-figure of climax.[105] In this
version the hymnic depiction of Yhwh is the inducement for two
sentences, which are construed in a syntactically parallel way. Jer.
31:36 phrases from the negative that Israel will not cease in its existence as the people of God. In the same way vs. 37 states that Israel
will not be rejected by Yhwh. I interpret 'rejection' (מאס) as a stronger
and more theologically-laden expression of God's abandonment of
the covenant. Consequently, vs. 37 should be regarded as an extended
parallel of vs. 36.

---

[103] Bogaert, '*Urtext*, texte court et relecture', 214–47; Bogaert, 'Loi(s) et alliance
nouvelle', 88–90. Bogaert's views have been adapted by Lust, 'Diverse Text Forms',
42–43, but critised by Fischer, *Trostbüchlein*, 70–74.

[104] Levin, *Verheißung*, 200, seems to explain the different textual order in assuming a 'Fortschreibung' in both versions on different locations.

[105] See H. Weippert, *Schöpfer*, 37–42; L. Wisser, 'La création dans le livre de
Jérémie', in: L. Derousseaux (éd.), *La création dans l'orient ancien* (Lectio Divina, 127),
Paris 1987, 248–49.

Within the composition of the book of Consolation both versions function as an ultimate motivation of the promise of the new covenant. In both versions the firmness of God's creation and the reliability of the laws of nature underscore the trustworthiness of the promises of Yʜᴡʜ. This motivation from creation, however, is arranged in different ways. Besides, there are some textual differences, which will now be discussed.

2.2.8.3   *Textual Differences*

31:35	רגע הים ויהמו	καὶ κραυγὴν ἐν θαλάσσῃ, καὶ ἐβόμβησε τὰ κύματα αὐτῆς,
	who stirs up the sea, so that its waves roar	who bawls against the sea, so that its waves roar

The Old Greek translation can be understood as a result of metathesis: the Hebrew verb רגע, 'to stir', was rendered as the verb נער, 'to bawl',[106] or the other way around. This interpretation supplies a better understanding of the variant reading than Fischer's proposal to assume that the translator did not understand the Hebrew *Vorlage* and gave with κραυγὴν a sordine equivalent for *rogēaʾ*.[107]

| 31:36 | חקים | οἱ νόμοι |

The Hebrew noun חק has a broad semantic spectrum. In its meaning 'statute; ordering; arrangement', it can indicate different kinds of orderings, i.e. of a cultic, of a cultural, of moral nature. In Jer. 31:36 the Old Greek correctly understood the word in its meaning 'ordering of nature'.[108] The Greek noun νόμος too has a broad spectrum of meanings. Already in the writings of Plato the signification 'the law(s) of nature' is attested.[109]

31:36	אמ־ימשו החקים האלה	Ἐὰν παύσωνται οἱ νόμοι οὗτοι
	If these institutions will totter before my face	If these laws will cease before my face

---

[106] I would like to thank Dr John Day, Oxford, who first suggested to me this interpretation.

[107] Fischer, *Trostbüchlein*, 36.

[108] See also Shead, *The Open Book*, 133.

[109] *Pace* Bogaert, 'Loi(s) et alliance nouvelle', 89, who construes οἱ νόμοι in LXXJer. 38:37 as referring to the 'lois régissant Israël dans le cadre de l'Alliance'. Bogaert overlooks the semantic differences between οἱ νόμοι in vs. 33 and 37.

The Hebrew verb in the protasis (יִמַּשׁוּ) has been rendered in the Old Greek version by a form of the verb used in the apodosis (παύσωνται). It better can be assumed that the Greek translator did not understand the exact meaning of the Hebrew verb rather than assuming that the verbs in the *Vorlage* of LXX cannot be reconstructed.[110] In co-ordinating the two verbs the comparison implied in the MT is more elaborated in the Old Greek version.

31:37 אִם־יִמַּדּוּ שָׁמַיִם מִלְמַעְלָה	ἐὰν ὑψωθῇ ὁ οὐρανὸς εἰς τὸ μετέωρον
if the heavens above could be measured	if the heaven is elevated into the heights

This is another example of a deviation in the Old Greek or its *Vorlage* causing further deviations in the translation.[111] Most probably, the starting point is the misreading of the verb-form *yimmaddû*. The Greek ὑψωθῇ suggests a form of the Hebrew verb רום instead of מדד.[112] Consequently, there must have been an interchange of *dāleth* and *rēš* together with a metathesis of *dāleth/rēš* and *mēm: yrmw* in stead of *ymdw*.[113] This deviation caused a reinterpretation of מלמעלה. In the MT this word is an adverbial adjunct indicating the locality of the heavens. The Old Greek translator regarded it, however, as a prepositional construction with the verb רום. Thus 'above' changed into 'into above'. In the Old Greek version the hypothetical subordinate clause contains a remark on the impossibility of the extension of the heavens. This interpretation caused the deviation in the translation of the following clause in the protasis:

31:37 וְיֵחָקְרוּ מוֹסְדֵי־אֶרֶץ לְמָטָּה	καὶ ἐὰν ταπεινωθῇ τὸ ἔδαφος τῆς γῆς κάτω
and the foundations of the earth below could be fathomed	and if the bottom of the earth is lowered downward

---

[110] *Pace* Goldman, *Prophétie et royauté*, 59–61.

[111] See on this Tov, *Text-critical Use*, 237–240.

[112] See also Keown *et al.*, *Jeremiah 26–52*, 126; H.B. Huffmon, 'The Impossible: God's Word of Assurance in Jer. 31:35–37', in: S.L. Cook, S.C. Winter (eds.), *On the Way to Nineveh: Studies in Honor of George M. Landes* (AASOR Books, 4), Atlanta 1998, 173–74.

[113] In MTJer. 31:39 the LXX correctly understood a form of the verb מדד.

In the Old Greek version this clause is rendered parallel to the preceding one. A verbum movendi is chosen to render Hebrew חקר, 'to fathom'. No linguistic explanation on the deviations between the two verses is possible. It should be remarked that in the Old Greek version this clause is a perfect counterpart of the preceding one.

In the apodosis of the verse under consideration a form of linguistic exegesis can be indicated:

| 31:37 | גם־אני אמאס | καὶ ἐγὼ οὐκ ἀποδοκιμῶ |
| | בכל־זרע ישראל | τὸ γένος Ισραηλ |

| | then I shall reject the whole of the offspring of Israel | then I shall *not* reject the offspring of Israel |

At first sight, the two utterances seems to be contradictory, the Hebrew version speaking of the rejection of, the Old Greek about *not rejecting* the people of Israel. This apparent contradiction does not consider the syntactical context in both versions. MTJer. 31:37 is written in the style-figure of an adynaton, which implies the factual non-rejection of Israel in the apodosis. The Old Greek version has made this *not* visible on the surface-level of the text. The ultimate tendency of both clauses is equal.[114]

2.2.8.4 *Preliminary Conclusions*
A few conclusions can be drawn on the textual history of the unit Jer. 31:35–37.

(1) It is impossible to decide which of the different orders is more authentic.

(2) It can be assumed that the sentences in the Hebrew text underlying the Old Greek version did not differ in great extent from the MT. This, however, is not an argument for the superiority of the order in the MT.

(3) The rearrangement of the subject-matter in the textual unit together with some textual deviations do not lead to a text with a divergent meaning. The same motivation for the endurance of the new covenant is only expressed in two differently modelled textual units.

---

[114] See on this procedure Barthélemy, *Critique textuelle*, 619.628; Goldman, *Prophétie et royauté*, 58.119; Fischer, *Trostbüchlein*, 72–73; Fischer, 'Zum Text des Jeremiabuches', 325.

Before finalising the conclusions, it should be noted that the difference in order can be explained in still another way.[115] It is possible to assume that two diverging collections of material related to the prophet Jeremiah have circulated independently at a time and that during the relatively independent transmission processes of these two traditions a rearrangement of the strophes in one of the traditions ocurred:

			MT	LXX
Canticle i	Strophe i.1		31:31	38:31
	Strophe i.2		31:32	38:32
	Strophe i.3		31:33	38:33
	Strophe i.4		31:34	38:34
Canticle ii		Strophe ii.1		38:37
	Strophe ii.1	Strophe ii.2	31:35	38:35
	Strophe ii.2	Strophe ii.3	31:36	38:36
	Strophe ii.3		31:37	

Fig. 1. Division and Order of Strophes in MTJer. 31:31–37 and LXXJer. 38:31–37

2.3 Conclusions

The textual comparison has shown that most of the deviations between the two versions of the Book of Consolation can be explained either as forms of linguistic exegesis or by assuming minor content variants. Even in the explicit content variants no obvious interpretative or theological tendency can be indicated. However, a few remarks should be made.

---

[115] As will be argued in § 3.4.

(1) The Old Greek version shows a stronger reference to elements from the 'history of salvation': creation (31:12, 22) and exodus (31:8).

(2) The Old Greek version and the Hebrew tradition lying behind it seem to avoid blasphemous speech about God: in 31:20 God's 'entrails' are translated away,[116] in 31:32 a confusion of YHWH and Baal is made invisible.

(3) The Old Greek version seems to opt for more internal coherence; see the remarks on 31:19.

All these remarks make the assumption expressed in the introduction—the character of the Greek translation in Jer. β elaborates the theological balance occasioned by the rearrangement of the subject-matter in the Old Greek translation, between doom to the foreign nations and salvation for Israel—less plausible. An intentional sharpening of this balance is not demonstrable in LXXJer. 37–38. This tentative conclusion implies that a new hypothesis on the nature and character of Jer. β cannot be formulated. The translator/revisor problem should be solved in another way.

At the same time, it should be noted that the comparison of the two versions of the Book of Consolation did not suggest any support for the hypothesis that the Old Greek version is a text which was intentionally abridged from its *Vorlage* or that the MT contains an expanded version of a superior text: the Hebrew text underlying the Old Greek. Over and above that it should be remarked that in many instances in the Book of Consolation it is impossible to decide which version is a deviation from the other one. This observation implies that this analysis actually gives unintended support to another hypothesis. No arguments were found against the 'editorial theory'. This is not a verification of the idea that the differing versions derive from different copies produced by the collectors of the Jeremian tradition: Jeremiah, Baruch, or, more probably: their pupils, but only an indication that the textual differences between the Old Greek and

---

[116] Thus taking up the process of decrease of anthropomorphic depiction of the Divine, already at hand within the Old Testament traditions; see M.C.A. Korpel, *A Rift in the Clouds: Ugaritic and Hebrew Descriptions of the Divine* (UBL, 8), Münster 1990, 123–129.626–628. *Pace* Zlotowitz, *Septuagint Translation*.

the Masoretic traditions could probably be solved by redaction-critical investigations in the Book of Jeremiah.

In the next chapters an interpretation of the Book of Consolation will be elaborated. After the text-critical inquiry, I feel free to choose to interpret the Hebrew text as it stands, be it with one or two modifications. This choice is based on the outcome of this chapter that the most plausible way to explain the textual differences between MT and LXX is to assume that there have been two different textual traditions of the Jeremiah material.

CHAPTER THREE

COLA, CANTICLES AND SUBCANTOS:
THE MACROSTRUCTURE OF JEREMIAH 30–31[1]

3.1 *Introduction*

3.1.1 *Preliminary Remark*

At this point in the exegetical discourse, two ways for further investigation can be taken:

(1) A structural-analytical one and
(2) A literary-critical one.

The first road promises that it leads to 'the text itself', to structure and composition. The second road is more of an historical character. It leads from the assumed or reconstructed *Urtext* to the events described or implied in the text and it promises to separate tradition and redaction, i.e. original material from secondary intrusions. In other words: The second approach traces the process of transmission from the assumed or reconstructed words of the prophet Jeremiah up to the text as it is now in *BHS*. Both approaches are often presented as methodical antipoles. It is my conviction that this is not necesarily the case. It would be most important not to confuse or conflate the two different approaches. Therefore, I will first, in this chapter, take the stuctural-analytical road. In the chapters on the interpretation of several textual units within the Book of Consolation I will take into account the literary-critical dimensions of the text. This methodical preference is based on the assumption that an analysis of the text itself will provoke a clear picture of the text that can be interpreted in its original historical and cultural context afterwards. In other words, now follows a text-immanent reading of Jer. 30–31.

---

[1] This chapter is based on my essay B. Becking, 'Petuḥah and Setumah in Jeremiah 30–31', in: M. Korpel, J. Oesch (eds), *Studies in Scriptural Unit Division* (Pericope, 3), Assen 2002, pp. 1–45.

3.1.2 *The Idea of Structure*

Structure is not an attribute of a text, neither is it an idea that exists only in the mind of an individual reader. Structure is a quality applied to the text by a reader as the result of an ongoing process of discussion with the text. This implies:

(1) That a text is a construction of coherent signs;
(2) That remarks concerning the structure of a text have the character of a proposal of an individual reader and
(3) That this proposal should be formulated in such a way that it can be shared or critized by other readers.

A few remarks on these three features will now be made. The purpose of applying a structure to a text is to make possible a sub-dialogue between interpreters.[2]

3.1.3 *The Extent of the Book of Consolation*

The first step to be made is the discussion on the extent of the textual unit under consideration. In my view the Book of Consolation is limited to Jer. 30–31. Others have argued that (part of) Jer. 32 and 33 also were part of this literary sub-unit within the Book of Jeremiah.[3] There are, however, two main arguments against this

---

[2] On the idea of sub-dialogue as depiction of the ongoing discussion between interpreters see A. Wijzenbroek, *De kunst van het begrijpen: Een structuralistisch-hermeneutische analyse van literair proza*, Muiderberg 1987, 40.93.127.

[3] E.g., E.W. Nicholson, *Preaching to the Exiles*, Oxford 1970, 85–90.106; C. Wolff, *Jeremia im Frühjudentum und Urchristentum* (TUGAL, 118), Berlin 1976, 166; J.A. Thompson, *The Book of Jeremiah* (NICOT), Grand Rapids 1980, 551–603; W. Thiel, *Die deuteronomistische Redaktion von Jeremia 26–45* (WMANT, 52), Neukirchen-Vluyn 1981, 20–29; H.D. Potter, 'The New Covenant in Jeremiah xxxi 31–34', *VT* 33 (1983), 347; C. Westermann, *Prophetische Heilsworte im Alten Testament* (FRLANT, 145), Göttingen 1987, 106; D. Kidner, *The Message of Jeremiah*, Leicester 1987, 102–15; K. Schmid, *Buchgestalten des Jeremiabuches: Untersuchungen zur Redaktions- und Rezeptionsgeschichte von Jer 30–33 im Kontext des Buches* (WMANT, 72), Neukirchen-Vluyn 1996; A. Rofé, *Introduction to the Prophetic Literature* (BiSe, 21), Sheffield 1997, 35.42; L. Stulman, *Order amid Chaos: Jeremiah as Symbolic Tapestry* (BiSe, 57), Sheffield 1998, esp. 78; H.B. Huffmon, 'The Impossible: God's Word of Assurance in Jer. 31:35–37', in: S.L. Cook, S.C. Winter (eds.), *On the Way to Nineveh: Studies in Honor of George M. Landes* (AASOR Books, 4), Atlanta 1998, 172; W. Brueggemann, *A Commentary on Jeremiah: Exile and Homecoming*, Grand Rapids 1998, 264–69; L. Stulman, 'The Prose Sermons as hermeneutical Guide to Jeremiah 1–25: The Deconstruction of Judah's Symbolic World', in: A.R.P. Diamond *et al.* (eds.), *Troubling Jeremiah* (JSOT.S, 260), Sheffield

view. First, it can be observed that Jer. 32:1 begins with a prophetic introduction formula that is almost the same as the introduction formula in Jer. 30:1:

30:1	הדבר אשר היה אל־ירמיהו מאת יהוה לאמר	The word which came to Jeremiah from YHWH, saying
32:1	הדבר אשר היה אל־ירמיהו מאת יהוה בשנת העשרית לצדקיהו מלך יהודה	The word which came to Jeremiah from YHWH in the tenth year of Zedekiah, king of Judah

Fig. 2. Analogies between Jer. 30:1 and 32:1

This demarcation would imply that Jer. 30–31 should be regarded as a unit in itself.[4] Second, as Migsch and Applegate have observed,

---

1999, 37; A. Bauer, 'Dressed to be Killed: Jeremiah 4.29–31 as an Example of the Function of Female Imagery in Jeremiah', in: Diamond *et al.* (eds.), *Troubling Jeremiah*, 293–305; E. Otto, *Das Deuteronomium in Pentateuch und Hexateuch* (FAT, 30), Tübingen 2000, 184.249; H. Lalleman-de Winkel, *Jeremiah in Prophetic Tradition: An Examination of the Book of Jeremiah in the Light of Israel's Prophetic Traditions* (CBET, 26), Leuven 2000, 148; J.M. Bracke, *Jeremiah 30–52 and Lamentations* (WBC), Louisville 2000, 1–42 [against his earlier view]; K. Schmid, O.H. Steck, 'Restoration Expectations in the Prophetic Tradition of the Old Testament', in: J.M. Scott (ed.), *Restoration: Old Testament, Jewish and Christian Perspectives* (JSJ Sup, 72), Leiden 2001, 46; J. van Ruiten, 'Jeremia', in: J. Fokkelman, W. Weren (eds.), *De Bijbel literair: Opbouw en gedachtegang van de bijbelse geschriften en hun onderlinge relaties*, Zoetermeer 2003, 224.228.

A.R.P. Diamond, 'Deceiving Hope: the Ironies of Metaphorical Beauty and Ideological Terror in Jeremiah', *SJOT* 17 (2003), 36, leaves the question as to the extent of the Book of Consolation open.

[4] See also S. Herrmann, *Die prophetischen Heilserwartungen im Alten Testament: Ursprung und Gestaltwandel* (BWANT, 85), Stuttgart 1965, 215–16; W. Thiel, *Die deuteronomistische Redaktion von Jeremia 26–45* (WMANT, 52), Neukirchen-Vluyn 1981, 20–28; H. Migsch, *Gottes Wort über das Ende Jerusalems* (ÖBS, 2), Klosterneuburg 1981, 41–42; J.M. Bracke, *The Coherence and Theology of Jeremiah 30–31* (Dissertation Union Theological Seminary), Richmond 1983, 30–36; W.J. Dumbrell, *Covenant and Creation: An Old Testament Covenantal Theology*, Exeter 1984, 170–71; U. Schröter, 'Jeremias Botschaft für das Nordreich. Zu N. Lohfinks Überlegungen zum Grundbestand von Jeremia xxx–xxxi', *VT* 35 (1985), 312–29; F. van Dijk-Hemmes, 'Betekenissen van Jeremia 31:22b', in: B. Becking *et al.* (eds.), *Door het oog van de profeten* (Fs C. van Leeuwen), Utrecht 1989, 31–40; N. Kilpp, *Niederreißen und aufbauen: Das Verhältniss von Heilsverheißung und Unheilsverkündigung bei Jeremia und im Jeremiabuch* (BThS, 13), Neukirchen-Vluyn 1990, 103–5; S. Herrmann, *Jeremia: Der Prophet und sein Buch* (EdF, 271), Darmstadt 1990, 147; G. Fischer, *Das Trostbüchlein: Text, Komposition und Theologie von Jer 30–31* (SBB, 26), Stuttgart 1993, 81–84; G.L. Keown *et al.*, *Jeremiah 26–52* (WBC, 27), Dallas 1995, 85–86; G. Fischer, 'Aufnahme, Wende und Überwindung dtn/r Gedankengutes

there exists a sharp disjunction between the end of Jer. 31 and the
beginning of 32: Jer. 31 concludes with the description of a rebuilt
Jerusalem implying a promise of permanent stability, while Jer. 32
opens with the themes of destruction and doom.[5]

3.2   *Previous Proposals*

Before turning to the textual evidence, I would like to refer to recent
views as to the composition of Jer. 30–31. I will present some proposals concerning the macrostructure of Jer. 30–31 offered by scholars who construe these chapters to be a coherent textual unit. Scholars
who do not construe Jer. 30–31 as a literary unit have sometimes
elaborated thoughts about the composition of the assumed original
text(s). Their views will be displayed too.

3.2.1   *Derek Kidner*

Kidner construes Jer. 30–31 as the first part of the 'Book of Hope'
that he construes as an original prophecy of Jeremiah. After the

---

in Jer. 30f', in: W. Gross (ed.), *Jeremia und die 'deuteronomistische Bewegung'* (BBB, 98),
Weinheim 1995, 129; A.J.O. van der Wal, "Opdat Jakob weer Gods dienaar kan
zijn'. Opbouw en achtergrond van Jeremia 30:5–11', *ACEBT* 15 (1996), 77; M.A.
Sweeney, 'Jeremiah 30–31 and King Josiah's Program of National Restoration and
Religious Reform', *ZAW* 108 (1996), 569.572; A.J.O. van der Wal, 'Themes from
Exodus in Jeremiah 30–31', in: M. Vervenne (ed.), *Studies in the Book of Exodus*
(BEThL, 136), Leuven 1996, 559–60; J. Høgenhavn, 'Den nye pagts dage: Nogle
eksegetiske bemærkinger til Jeremias 31,31–34', in: L. Fatum, M. Müller (eds.), *Tro
og Historie: Festkrift til Niels Hyldahl i anledning af 65 års fødseldagen den 30. december 1995*,
København 1996, 133; J.R. Lundbom, *Jeremiah: A Study in Ancient Hebrew Rhetoric*,
Winona Lake ²1997, 47–52, construes 30–31 as the first redaction that was later
expanded to include chapters 32–33; W. Gross, *Zukunft für Israel: Alttestamentliche
Bundeskonzepte und die aktuelle Debatte um den Neuen Bund* (SBS, 176), Stuttgart 1998,
137; J.R. Lundbom, *Jeremiah 1–20* (AB, 21A), New York 1999, 97–98; E.K. Holt,
Jeremia's Bog Fortolket, København 1999, 120–29; T. Römer, 'Is there a Deuteronomistic
Redaction in the Book of Jeremiah?', in: A. de Pury *et al.* (eds.), *Israel Constructs its
History: Deuteronomistic Historiography in Recent Research* (JSOT.S, 306), Sheffield 2000,
399–421; R. Albertz, *Die Exilszeit 6. Jahrhundert v. Chr.* (Biblische Enzyklopädie, 7),
Stuttgart 2001, 239–42; A.G. Shead, *The Open Book and the Sealed Book: Jeremiah 32
in its Hebrew and Greek Recensions* (JSOT.S, 347), Sheffield 2002, esp. 26–53; R.B.
Chisholm, *Handbook of the Prophets: Isaiah, Jeremiah, Lamentations, Ezekiel, Daniel, Minor
Prophets*, Grand Rapids 2002, 192–97.
  [5] Migsch, *Gottes Wort über das Ende Jerusalems*, 42; J. Applegate, 'Peace, Peace,
when there is no Peace', in: A.H.W. Curtis, T. Römer (eds.), *The Book of Jeremiah
and its Reception* (BEThL, 128), Leuven 1997, 74.

introduction, 30:1–3, labelled by Kidner as 'Good news to write down', the prophecy contains 10 units:[6]

30:4–11	A time of distress
30:12–17	Your guilt is great
30:18–22	Behold, I will restore . . .
30:23–24	Behold, the storm of the LORD
31:1–9	A greater Exodus
31:10–14	Like a watered garden
31:15–26	No more tears
31:27–30	A fresh start
31:31–34	A new covenant
31:35–40	God of the farthest and nearest

Fig. 3. The Composition of Jer. 30–31 According to D. Kidner

3.2.2 *Fokkelien van Dijk-Hemmes*

Elaborating ideas expressed by Phillys Trible,[7] Fokkelien van Dijk-Hemmes made a proposal as to the composition of Jer. 30–31.[8] In her view the two chapters are composed in a twofold tripartite structure:

30:1–4	Prose Introduction	
30:5–11a	31:1–14	Salvation and Return
30:11b–16	31:15–22	Chastisment
30:18–21	31:23–40	Reconstruction

Fig. 4. The Composition of Jer. 30–31 According to
F. van Dijk-Hemmes

3.2.3 *Barbara A. Bozak*

The most elaborated proposal concerning structure and composition of Jer. 30–31 has been given by Barbara A. Bozak.[9] She reads the text with a form of close reading derived from the New Criticism school. She pays attention to three features.

---

[6] Kidner, *Message of Jeremiah*, 102–12.
[7] P. Trible, *God and the Rhetoric of Sexuality*, Philadelphia 1978, 40–50.
[8] Van Dijk-Hemmes, 'Betekenissen van Jeremia 31:22b', 31–32.
[9] B.A. Bozak, *Life 'Anew': A Literary-Theological Study of Jer. 30–31* (Analecta Biblica, 122), Roma 1991. Her proposal is adapted by G. Fischer, *Das Trostbüchlein: Text, Komposition und Theologie von Jer 30–31* (SBB, 26), Stuttgart 1993, 81–84; and by Keown et al., *Jeremiah 26–52*, 82–139, be it that they construe Jer. 31:23–40 to be one unit.

(1) The repetition of the messenger formula כה אמר יהוה (כי), '(for) thus says YHWH', which appears at Jer. 30:2, 5, 12, 18, 31:2, 7, 15, 16, 23, 25, 35, 37.

(2) She observes an alternation in the gender of the implied audience. Some textual units are directed to a masculine persons, others to feminine persons.

(3) Bozak clearly distinguishes between prose and poetry. Her observations can be summarised in the following scheme (*Fig.* 5):

30:1–4	Prose Introduction		
30:5–11	Poem I	– masculine audience	– two stanzas
30:12–17	Poem II	– feminine audience	– two stanzas
30:18–31:1	Poem III	– masculine audience	– two stanzas
31:2–6	Poem IV	– feminine audience	– two stanzas
31:7–14	Poem V	– masculine audience	– two stanzas
31:15–22	Poem VI	– feminine audience	– three stanzas
31:23–34	Prose Conclusion	– Part I	
31:35–40	Prose Conclusion	– Part II	

Fig. 5. The Composition of Jer. 30–31 According to B.A. Bozak

3.2.4 *Adrie van der Wal*

Another proposal has been offered by Adrie van der Wal.[10] He pleaded for a composition in three greater parts of which the middle part is built up, after an introductory formula, in four prophetic units all indicating a change from doom to salvation:

A. 30:1–3	Introduction	
B. 30:4–31:26	Middle Part	
B1	30:4	Introductory formula
B2	30:5–11	Unit 1
B3	30:12–22	Unit 2
B4	30:23–31:14	Unit 3
B5	31:15–25	Unit 4
C. 31:27–40	Concluding part	

Fig. 6. The Composition of Jer. 30–31 According to
A.J.O. van der Wal

---

[10] Van der Wal, 'Opdat Jakob weer Gods dienaar kan zijn'; see also A.J.O. van der Wal, 'Rachels troost: Een geheimzinnig vers in Jeremia', *Interpretatie* 8 (1995),

3.2.5 *Marvin A. Sweeney*

In an interesting essay, Marvin Sweeney combined a redaction-critical approach to Jer. 30–31 with a proposal to describe the composition of the Book of Consolation in its final form.[11] With Lohfink[12] he concludes that the core of Jer. 30–31 should be regarded as a pro-pagandistic pamphlet supporting the reform of Josiah. After the fall of Jerusalem to the Babylonians, this text was reworked into a Book of Consolation regarding the fate of both Judah and Israel. Sweeney pays special attention to the introductory formula (כי) כה אמר יהוה, '(for) thus says Yhwh', which he construes as a structural device. It should be noted that he differentiates between syndetic and asyndetic constructions. In Sweeney's view, Jer. 30–31 consists, next to the introduction 30:1, in eight units:

A.	Jer. 30:2–17
B.	Jer. 30:18–31:1
C.	Jer. 31:2–14
D.	Jer. 31:15
E.	Jer. 31:16–22
F.	Jer. 31:23–34
G.	Jer. 31:35–36
H.	Jer. 31:37–40

Fig. 7: The Composition of Jer. 30–31
According to M.A. Sweeney

Sweeney's proposal is sympathetic to a certain degree. Problematical are:

(1) The uneven length of the various units ranging from one to six-teen verses;

7–10 [december-issue], where he argues for the delimitation of the fourth unit 31:15–25; Van der Wal, 'Themes from Exodus', 559–60.

[11] M.A. Sweeney, 'Jeremiah 30–31 and King Josiah's Program of National Restoration and Religious Reform', *ZAW* 108 (1996), 569–83.

[12] N. Lohfink, 'Der junge Jeremia als Propagandist und Poet: Zum Grundstock von Jer 30–31', in: P.-M. Bogaert (ed.), *Le Livre de Jérémie: Le prophète et son milieu, les oracles et leur transmission* (BETL, 54), Leuven 1981, 351–68; N. Lohfink, 'Die Gotteswortverschachtelung in Jer. 30–31', in: L. Ruppert *et al.* (eds.), *Künder des Wortes* (Fs J. Schreiner), Würzburg 1982, 105–19.

(2) The lack of a grammatical ground for the structural distinction between syndetic and asyndetic constructions of the (כי) כה אמר יהוה-formula and

(3) The assumption that *all* the asyndetic introductory formulas have the same function as for the composition of Jer. 30–31.

3.2.6   *Walter Brueggemann*

According to Walter Brueggemann the Book of Consolation consists in three parts:

(1) A collection of oracles (Jer. 30–31);
(2) A long prose passage that narrates Jeremiah's purchase of a plot of land (Jer. 32) and
(3) Oracles of hope for the restoration of Judah and Jerusalem (Jer. 33)

The oracles expressing comfort for Israel and Judah (30–31) are in his view a composition of thirteen units that follow an introduction:[13]

Jer. 30:1–3	Jer. 31:7–14
Jer. 30:4–11	Jer. 31:15–22
Jer. 30:12–17	Jer. 31:23–26
Jer. 30:18–22	Jer. 31:27–30
Jer. 30:23–24	Jer. 31:31–34
Jer. 31:1	Jer. 31:35–37
Jer. 31:2–6	Jer. 31:38–40

Fig. 8: The Composition of Jer. 30–31 According to
W. Brueggemann

3.2.7   *Joëlle Ferry*

Joëlle Ferry has made an interesting proposal as to the composition of Jer. 30–31.[14] She applies a combination of criteria. In her view 'des setumot et des petuchot . . . donnent une première indication sur

---

[13] Brueggemann, *Commentary on Jeremiah*, 269–300.
[14] J. Ferry, *Illusions et salut dans la prédication prophétique de Jérémie* (BZAW, 269), Berlin 1999, esp. 290–96.

la délimitation des unités des ch. 30–31'.[15] In combining these indications with the compositional force of the introductory formula כה
אמר יהוה and באים הנה ימים and the repetition of various keywords she elaborates the following proposal:

Jer. 30:1–3	Introduction	
Jer. 30:4–31:22	First Part	
Jer. 31:5–11	Unit –	characterised by 'I-You'
Jer. 31:12–17	Unit –	characterised by the theme of the incurable wound
Jer. 30:18–22	Unit –	characterised by the relationship formula
Jer. 30:23–31:1	Unit –	characterised by 'God-people'
Jer. 31:2–6	Unit –	characterised by the theme of the new Exodus
Jer. 31:7–9	Unit –	characterised by 'God-Ephraim'
Jer. 31:10–14	Unit –	characterised by a universalistic tendency
Jer. 31:15–22	Unit –	characterised by the verb שמע
Jer. 31:25–40	Second Part	
		Contains promises and is characterised by the לא־עוד-adverbial construction

Fig. 9. The Composition of Jer. 30–31 According to J. Ferry

Many scholars assume a sometimes complex redaction-historical process tfrom which the text of Jer. 30–31 emerged. Some of them have uttered thoughts on the composition of the original text and/or various stages of the redaction process.

3.2.8 *Georg Fohrer*

Fohrer assumes that the final redactor of the Book of Jeremiah incorporated 12 'sayings' from a proto-deutero-isaianic prophet. He, unfortunately, does not give clues as to the criteria for his demarcations:[16]

---

[15] Ferry, *Illusions et salut*, 290.
[16] G. Fohrer, 'Der Israel-Prophet in Jeremia 30–31', in: A. Caqout, M. Delcor (eds.), *Mélanges bibliques et orientaux* (Fs H. Cazelles; AOAT 215), Neukirchen-Vluyn 1981, 135–48, esp. 136.

Jer. 30:5–7	Jer. 31:10–14
Jer. 30:10–11	Jer. 31:15–17
Jer. 30:16–17	Jer. 31:18–20
Jer. 30:18–21	Jer. 31:21–22
Jer. 31:2–6	Jer. 31:31–34
Jer. 31:7–9	Jer. 31:35–37

Fig. 10. The Composition of Jer. 30–31 According
to G. Fohrer

3.2.9   J.A. Thompson

Thompson, in his commentary on Jeremiah, argues for a relatively
simple redaction history of Jer. 30–31.[17] In his view Jeremian oracles of hope dating from the reign of King Josiah and addressed to
the former Northern Kingdom have been reedited after the fall of
Jerusalem to the Babylonians, applying consolation and hope to the
remnant of Judah. In the final text he detects by looking at the contents of the texts twelve units after an introduction:

i	Jer. 30:1–3	Superscription
ii	Jer. 31:4–11	Jacob's Distress and Deliverance
iii	Jer. 31:12–17	The Healing of Zion's Wounds
iv	Jer. 30:18–22	The Restoration of Jacob
v	Jer. 30:23–31:1	The Divine Judgment: A Fragment
vi	Jer. 31:2–6	Further Promises for Ephraim and Judah
vii	Jer. 31:7–14	Israel's Homecoming
viii	Jer. 31:15–22	The End of Rachel's Mourning
ix	Jer. 31:23–26	The Restoration of Judah
x	Jer. 31:27–30	Two Short Sayings
xi	Jer. 31:31–34	The New Covenant
xii	Jer. 31:35–37	The Inseparable Bond between Yhwh and Israel
xiii	Jer. 31:38–40	The New Jerusalem

Fig. 11. The Composition of Jer. 30–31 According to J.A. Thompson

3.2.10   John M. Wiebe

John Wiebe proposes a quite limited Jeremian core in the Book of
Consolation: The heading לישראל and the redacted units Jer. 30:12–14

---

[17] Thompson, Jeremiah, 551–53.

+ 16–17; 31:2–6 + 9b and 31:15–22. On the way from this kernel to the present final redaction four revisions are assumed. In his view the final redaction—which, however, did not yet include Jer. 30:1–4; 8–9; 38–40—consists of eight paired units:[18]

Jer. 30:5–7 + 10–11	26 Cola
Jer. 30:12–17	26 Cola
Jer. 30:18–22	19 Cola
Jer. 31:2–6	19 Cola
Jer. 31:7–14	39 Cola
Jer. 31:15–22	39 Cola
Jer. 30:23–31:1	13 Cola
Jer. 31:35–37	15 Cola

Fig. 12. The Composition of the Final Redaction
of Jer. 30–31 According to J.M. Wiebe

3.2.11 *William L. Holladay*

Holladay likewise operates with a complex redaction-history of the Book of Consolation.[19] The original core, the pre-exilic 'Recension to the North',[20] would consist of seven strophes that are arranged in a symmetric order as is reflected in the grammatical gender of the implied audience. According to Holladay, this composition has been reused by Jeremiah just before the fall of Jerusalem in 587 BCE by the addition of three units: Jer. 30:10–11; 16–17 and 31:7–9a. This 'Recension to the South' is then framed by two later additions: Jer. 30:1–3 and 31:27–28.[21] Shortly after the fall of Jerusalem this recension has been expanded by Jeremiah with the passages dealing with 'sour grapes' (Jer. 31:29–30) and with the 'New Covenant' (Jer.

---

[18] J.M. Wiebe, 'The Jeremian Core of the Book of Consolation and the Redaction of the Poetic Oracles in Jeremiah 30–31', *SBTh* 15 (1987), 137–61.

[19] Holladay, *Jeremiah 2. A Commentary on the Book of the Prophet Jeremiah Chapters 26–52* (Hermeneia), Minneapolis 1989, 155–67. His view has been adapted by K. Seybold, *Der Prophet Jeremia: Leben und Werk* (Kohlhammer-Urban Taschenbücher, 416), Stuttgart, 1993, 80–87; H. Leene, 'Ezekiel and Jeremiah: Promises of Inner Renewal in Diachronic Perspective', in: J.C. de Moor, H.F. van Rooy (eds.), *Past, Present, Future: The Deuteronomistic History and the Prophets* (OTS, 44), Leiden 2000, 163–64.

[20] Whether or not from Jeremiah himself, see Holladay, *Jeremiah 2*, 156.

[21] See Holladay, *Jeremiah 2*, 160–63.

31:31–34).[22] As a final stage at the time of the return from Exile a
set of unauthentic material has been added (Jer. 30:8–9; 31:23–
25.26.35–37.38–40).[23] None of these later redactions are dicussed by
Holladay in view of their—possible—composition.

Jer. 30:5–7	masculine
Jer. 30:12–15	feminine
Jer. 30:18–21+31:1aβγb	masculine
Jer. 31:2–6+9b	feminine + masculine
Jer. 31:15–17	feminine
Jer. 31:18–20	masculine
Jer. 31:21–22	feminine

Fig. 13: Composition of the Recension to the North
According to W.L. Holladay

3.2.12 *Some Analytic Remarks*

Regarding these proposals some objections have to be made.

(1) It should be noted that a distinction between prose and poetry
in ancient Hebrew texts is not easily made. Recent research has
made clear that a sharp distinction between 'prose' and 'poetry'
can hardly be made for Biblical Hebrew. It would be better to
accept a continuum between both poles.[24] There are, of course,
typical poetical elements detected in Hebrew texts. In the units
classified by Bozak as prose some poetical features occur, however. Meanwhile the poetical parts also contain prose-elements.
Therefore, a more syntactical approach is more appropriate.
Applying the terminology elaborated by Niccacci and Schneider,[25]

---

[22] Holladay, *Jeremiah 2*, 163–65.
[23] Holladay, *Jeremiah 2*, 165–67.
[24] See the remarks of, e.g., J.L. Kugel, *The Idea of Biblical Poetry: Parallellism and its History*, New Haven 1981; F. Landy, 'Poetics and Parallellism: Some Comments on James Kugel's *The Idea of Biblical Poetry*', *JSOT* 28 (1984), 61–87; J.L. Kugel, 'Some Thoughts on Future Research into Biblical Style: Addenda to *The Idea of Biblical Poetry*', *JSOT* 28 (1984), 107–11; W.G.E. Watson, *Classical Hebrew Poetry: A Guide to its techniques* (JSOT.S, 26), Sheffield 1984; W.T. Koopmans, *Joshua 24 as Poetic Narrative* (JSOT.S, 93), Sheffield 1990; M.C.A. Korpel, *The Structure of the Book of Ruth* (Pericope 2), Assen 2001, esp. 3–5.29–30.
[25] A. Niccacci, *The Syntax of the Verb in Classical Hebrew Prose* (JSOT.S, 86), Sheffield 1990; W. Schneider, *Grammatik des biblischen Hebräisch: Ein Lehrbuch*, München [6]1985.

Jer. 30–31 should be considered as a discursive text in which the author addresses himself in a direct way to the reader.

(2) These proposals, sympathetic as they are, do not account for the macro-syntactical indicators in the text. I will come to this point at the end of my paper.

(3) The proposals—except for Ferry—do not account for the ancient and traditional indicators the Petuchot and Setumot.

3.3   *Petuḥa and Setuma in Various Manuscripts*

At first sight there does not seem to be much logic in the distribution of the ancient unit delimiters in Jer. 30–31. The text seems to be divided into units of uneven length:

Codex Leningradensis

--------- ס ---------
30:1–3
--------- פ ---------
30:4–9
--------- ס ---------
30:10–11
--------- ס ---------
30:12–17
--------- ס ---------
30:18–22
--------- ס ---------
30:23–31:1
--------- ס ---------
31:2–6
--------- פ ---------
31:7–9
--------- ס ---------
31:10–14
--------- ס ---------
31:15
--------- ס ---------
31:16–17
--------- ס ---------
31:18–20
--------- ס ---------
31:21–22
--------- ס ---------

31:23–26

--------- ס ---------

31:27–30

--------- ס ---------

31:31–34

--------- ס ---------

31:35–36

--------- ס ---------

31:37

--------- ס ---------

31:38–40

--------- ס ---------

Fig. 14. Setuma and Petuḥah in Codex L

In Codex L twice a ס is added in margine: after 30:8 and after 31:32. These indicators should not be related to the system of *unit delimitation*. They might be construed as references to the system of *haftara*-readings in the Palestinian three year-cycle. The first ס mentioned might be a reference to the reading of Jer. 30:10–18 as the *haftara* of Gen. 31:3–32:3. The second ס might indicate to the reading of Jer. 31:32–39 as the *haftara* of Exod. 34:1–26.[26]

The situation is even more complicated when other ancient manuscripts are taken into consideration. In the next charts I will compare the masoretic division with the divisions from a selection of ancient manuscripts.[27] It should be noted that the signs Setumah and

    [26] See C. Perrot, 'The Reading of the Bible in the Ancient Synagogue', in: M.J. Mulder (ed.), *Mikra: Text, Translation, Reading and Interpretation of the Hebrew Bible in Ancient Judaism and Early Christianity* (CRINT, II.1), Assen 1988, 137–59.
    [27] 4QJer^c: text edited by E. Tov, '4QJer^c (4Q72)', in: G.J. Norton, S. Pisano (eds.), *Tradition of the Text: Studies offered to Dominique Barthélemy in Celebration of his 70th Birthday* (OBO, 109), Freiburg 1991, 249–76 + Pl. I–VI; E. Tov, '4QJer^c', in: *Qumran Cave 4: X The Prophets* (DJD, 15), Oxford 1997, 177–202 + Pl. XXX–XXXVI.
– Aleppo Codex: Edition: *The Book of Jeremiah*, edited by C. Rabin, S. Talmon, E. Tov, Jerusalem 1997; note that a few pages in the Book of Jeremiah are partly torn or missing at all (Jer. 29:9–31:25).
– 7a1: Syriac manuscript; Milan, Ambrosian Library, B.21 Inf.
– Codex R: Codex Reuchlinianus, a Hebrew manuscript from the Ben-Naftali-tradition; edition: A. Sperber, *Codex Reuchlinianus: No. 3 of the Badische Landesbibliothek in Karlsruhe*, Copenhagen 1956.
– Codex P: Codex Petropolitanus, a Hebrew manuscript, a relatively late representant of the Babylonian tradition; edition: H. Strack, *Prophetarum Posteriorum Codex Babylonicus Petropolitanus*, Petropoli 1876.
– 𝔊^A: Codex Graecus Alexandrinus.
– 𝔊^B: Codex Graecus Vaticanus.
– 𝔊^S: Codex Graecus Sinaiticus.

Petuḥah do not occur in these manuscripts: the units are delimited by open space in the line or by some specific signs as in the Syriac tradition. Scholars have proposed to 'convert' the delimiters present into masoretic 'terminology'. With regard to the manuscript 4QJer^c, Tov proposed to interpret open spaces within the line as a Setumah and an open space after the last word of a line up to the end of the line as a Petuḥah.[28] As for the Syriac manuscript 7a1, Jenner argues that 'a single rosette delimits basic units and a pair of rosettes is the demarcation of sections'.[29] Observations by Korpel and de Moor, however, have made clear that a clear distinction between setumah and petuḥah cannot be made in all cases.[30] I therefore will only make a distinction between Petuḥah and Setumah when the text in the manuscript under consideration clearly hints at this distinction.

Codex L:	4QJer^c	Codex A:	7a1:	Codex R:
------ ס ------	[	[	----------------	------ ס ------
30:1–3			30:1–3	30:1–3
------ פ ------			----------------	------ ס ------
	30:?]–7			

30:4–9			30:4–9	30:4–9
------ ס ------			----------------	------ פ ------
30:10–11	30:8–11		30:10–11	30:10–11
------ ס ------	----------------		----------------	------ פ ------
30:12–17	30:12–17		30:12–17	30:12–17
------ ס ------	----------------		----------------	------ פ ------
	30:18–19a			

30:18–22	30:19b–22		30:18–22	30:18–22
------ ס ------	----------------		----------------	--- indent ---
30:23–31:1	30:23–31:1		30:23–31:1	30:23–31:1
------ ס ------	----------------		----------------	------ פ ------

– 𝔊^M: Codex Graecus Marchialianus.
– 𝔊^V: Codex Graecus Venetus (part of the Codex Basiliano-Vaticanus) dating from the eighth or ninth century. The data were kindly supplied to me by Prof. J.C. de Moor.

[28] Tov, '4QJer^c', 181–82; see also Lundbom, *Jeremiah 1–20*, 63.
[29] K.D. Jenner, 'The Unit Delimitations in the Syriac Text of Daniel and its Consequences for the Interpretation', in: M.C.A. Korpel, J. Oesch (eds.), *Delimitation Criticism: A New Tool in Biblical Scholarship* (Pericope, 1), Assen 2000, 123.
[30] M.C.A. Korpel, J.C. de Moor, *The Structure of Classical Hebrew Poetry: Isaiah 40–55* (OTS, 41), Leiden 1998, 1–9.

Figure 15 and 16 (*cont.*)

Codex L:	4QJerᶜ	Codex A:	7a1:	Codex R:
31:2–6	31:2–6			31:2–6
------ פ ------	--------------			------ פ ------
31:7–9	31:7–9		31:2–9	31:7–9
------ ס ------	--------------		--------------	------ ס ------
31:10–14	31:10–14		31:10–14	31:10–14
------ ס ------	--------------		--------------	------ ס ------
31:15	31:15			31:15
------ ס ------	--------------			------ פ ------
31:16–17				
------ ס ------				
31:18–20	31:16–20			31:16–20
------ ס ------	--------------			--- indent ---
31:21–22	31:21–22			31:21–22
------ ס ------	--------------			--- indent ---
	31:23–25			

31:23–26	[	31:?]–26	31:15–26	31:23–26
------ ס ------		--------------	--------------	------ ס ------
				31:27–28
				------ ס ------
31:27–30		31:27–30	31:27–30	31:29–30
------ ס ------		--------------	--------------	------ פ ------
31:31–34		31:31–34		31:31–34
------ ס ------		--------------		------ פ ------
31:35–36		31:35–36	31:31–36	31:35–36
------ ס ------		--------------	--------------	--- indent ---
31:37		31:37	31:37	31:37
------ ס ------		--------------	--------------	--- indent ---
31:38–40		31:38–40	31:38–40	31:38–40
------ ס ------		--------------	--------------	- פ + indent -

Codex P:	𝕲ᴬ	𝕲ᴮ	𝕲ˢ	𝕲ᴹ	𝕲ⱽ
----- פ -----	--------------	--------------	--------------	--------------	--------------
	37:1		37:1		37:1
	--------------		--------------		--------------
30:1–3	37:2–3	37:1–3	37:2–3	37:1–3	37:2–3
----- פ -----	--------------	--------------	--------------	--------------	--------------
	37:4	37:4		37:4	37:4
-	--------------	--------------		--------------	--------------

Figure 15 and 16 (*cont.*)

Codex P:	𝔊^A	𝔊^B	𝔊^S	𝔊^M	𝔊^V
	37:5–6c[31]		37:4–6b[32]		
	--------------		--------------		
		37:5–7	37:6b–7	37:5–7	37:5–7
		--------------	--------------	--------------	--------------
30:4–9		37:8–9	37:8–9	37:8–9	37:8–9
----- פ -----		--------------	--------------	--------------	--------------
30:10–11[33]					
----- פ -----					
	37:6d–9				
	.12–14				

				37:12–15	37:12–15
				--------------	--------------
30:12–17	37:15–17	37:12–17		37:16–17	
----- פ -----	--------------	--------------		--------------	
30:18–22[34]					
----- פ -----					
30:23–31:1	37:18–38:1	37:18–38:1	37:18–38:1		
----- ס -----	--------------	--------------	--------------		
31:2–6	38:2–6			37:16–38:6	
----- ס -----	--------------			--------------	
31:7–9	38:7–9	38:2–9	38:2–9		37:16–38:9
----- פ -----	--------------	--------------	--------------		--------------
31:10–14	38:10–14	38:10–14			38:10–14
----- פ -----	--------------	--------------			--------------
31:15					
----- פ -----					
			38:10–16		

	38:15–17				

	38:18a[35]				

---

[31] Before ἐστράφησαν.

[32] Before διότι ἑώρακα.

[33] LXXJer. 30:10–11 are absent in LXXJer. 37. See B. Becking, 'Jeremiah's Book of Consolation: A Textual Comparison: Notes on the Masoretic Text and the Old Greek Version of Jeremiah xxx–xxxi', *VT* 44 (1994), 149–50.

[34] MTJer. 30:22 is absent in LXXJer. 37. See Becking, 'Jeremiah's Book of Consolation', 149–50.

[35] Before ἐπίστρεψόν.

Figure 15 and 16 (*cont.*)

Codex P:	$\mathfrak{G}^A$	$\mathfrak{G}^B$	$\mathfrak{G}^S$	$\mathfrak{G}^M$	$\mathfrak{G}^V$
31:16–20	38:18b–20	38:15–20	38:17–20		38:15–20
----- פ -----	---------------	---------------	---------------		---------------
	38:21				

31:21–22	38:22		38:21–22	38:7–22	
----- ס -----	---------------		---------------	---------------	
	38:23a–b[36]				

31:23–26	38:23c–26		38:23–26	38:23–26	
----- ס -----	---------------		---------------	---------------	
		38:21–28		38:27–28	
		---------------		---------------	
31:27–30	38:28–30	38:29–30	38:27–30		38:21–30
----- פ -----	---------------	---------------	---------------		---------------
31:31–34		38:31–34			38:31–34
----- פ -----		---------------			---------------
31:35–36		38:37.35–36			
----- פ -----		---------------			
31:37			38:31–37	38:29–37	
----- ס -----			---------------	---------------	
			38:38a–b[37]		

31:38–40	38:31–40	38:38–40	38:38c–40	38:38–40	38:35–40
----- ס -----	---------------	---------------	---------------	---------------	---------------

Fig. 15 and 16. Unit Delimiters in a Selection of Ancient Manuscripts

A survey of the evidence displayed makes clear that there is no complete accordance between the division markers in the various manuscript traditions. Yet it is not a haphazard set of data as can be inferred from the fact that several major delimiters occur in various manuscript traditions. In my view the data can be interpreted as the relics of an ancient delimitation system that was, however, applied differently in various traditions. I will explain this by referring to Jer. 31:31–37, the well-known unit on the promise of a new

---

[36] Before εὐλογημένος.
[37] The ἔκθησις of ἀπο πυργου could, however, be due to the fact that its writer had forgotten the ἀλφα.

covenant-relationship in relation with the utterance of a belief in divine reliability.

In Codex L this unit is divided into three subunits, the division indicated by two clearly visible open spaces between what we call verse 34 and 35 and after verse 36. This division is also present in the Hebrew Codices A, P and R. The Syriac manuscript 7a1 retained the delimitation marker after verse 36, but on the other hand the Syriac manuscript seems to opt for the idea that 31–37 should be read as a coherent unit, since a major delimiter between the verses 34 and 35 is absent.

I would like to recall here the fact that one of the major textual differences between the Hebrew Tradition and the Old Greek version of Jer. 30–31 can be detected in Jer. 31:35–37.[38] Here, the LXX has an order arranged differently. The MT has 35–36–37, while the Old Greek has vs. 37 in front of the unit. There are at least two ways to explain the difference in order. Both the order in the MT and in the Old Greek version can be regarded as authentic, the other order containing an intentional or accidental removal of one verse.[39] A third possibility is the explanation elaborated by Bogaert. In his view, the order in LXX is more original. The change took place during a process of expansion in order to prepare in the MT the insertion of the quite comparable *plus* Jer. 33:14–26 a text which is absent in LXXJer. and which share some traits with MTJer.

---

[38] See, e.g., E. Tov, 'Some Aspects of the textual and literary History of the Book of Jeremiah', in: Bogaert (ed.), *Le Livre de Jérémie*, 145–67; S. Soderlund, *The Greek Text of Jeremiah: A revised Hypothesis* (JSOT.S, 47), Sheffield 1985; L. Stulman, *The other Text of Jeremiah: A Reconstruction of the Hebrew Text underlying the Greek Version of the Prose Sections of Jeremiah with English Translation*, Lanham 1986; Y. Goldman, *Prophétie et royauté au retour de l'exil: Les origines littéraires de la forme massorétique du livre de Jérémie* (OBO, 118), Freiburg 1992; Becking, 'Jeremiah's Book of Consolation', (with lit.); H.-J. Stipp, *Das masoretische und alexandrinische Sondergut des Jeremiabuches* (OBO, 136), Freiburg 1994; Y. Goldman, 'Juda et son roi au milieu des nations: la dernière rédaction du livre de Jérémie', in: Curtis, Römer (eds.), *Book of Jeremiah*, 150–82.

[39] Tov, 'Some Aspects', 152, considers the order in the Old Greek as authentic. Preference to the Masoretic order is given by W. Rudolph, *Jeremia* (HAT, 1,12), Tübingen ³1968, 204: the order in MT is authentic, the Old Greek translator has placed v. 37 in front in view of the similarities between 34b and 37b; Fischer, *Trostbuchlein*, 71–74 (with unclear argument); Huffmon, 'The Impossible', 172–74 (the *Vorlage* of LXX seems to have a superior text, but the sequence in LXX does not give as much sense as that in the MT).

31:35–37.[40] Besides, the difference in order can be explained in still another way. It is possible to assume that two diverging collections of material related to the prophet Jeremiah have circulated independently at a time. The question of the superiority of one version over the other, consequently, is of a literary-critical and redaction-critical nature.[41] An answer to this question relates to one's overall view regarding the genesis of the book of Jeremiah.

From the point of view of Delimitation criticism it must be stated that the textual evidence we now have on our table can be explained by assuming that in different traditions the order of the strophes has been arranged differently. In fact the tradition reflected in $\mathfrak{G}^A$ accounts for three units/strophes in LXXJer. 38:37.35–36. Let my summarise my remarks on Jer. 31:31–37 by rephrasing my observations in another language, that of the structural analysis of Ancient Near Eastern poetry. MTJer. 31:31–37 and LXXJer. 38:35–37 can both be seen as a Subcanto built from two subcantos that each can be divided into two canticles:

Subcanto	Canticles	Strophes	Cola
1	2	3 + 3	19 + 13

Fig. 17. Structural Characterisation of Jer. 31:31–37

The order of the two canticles in the second subcanto has differently been transmitted:

---

[40] P.-M. Bogaert, '*Urtext*, texte court et relecture: Jérémie xxxiii 14–26 TM et ses préparations', in: J.A. Emerton (ed.), *Congress Volume. Leuven 1989* (VT.S, 43), Leiden 1991, 214–47; P.-M. Bogaert, 'Loi(s) et alliance nouvelle dans les deux formes conservées du livre de Jérémie (Jr 31,31–37TM; 38,31–37LXX', in C. Focant (ed.), *La loi dans l'un et l'autre Testament* (LD, 168), Paris 1997, 81–92. Bogaert's views have been adapted by J. Lust, 'The Diverse Text Forms of Jeremiah and History Writing with Jer 33 as a Test Case', *JNSL* 20 (1994), 31–48, 42–43, but criticized by Fischer, *Trostbüchlein*, 70–74.

[41] Levin, *Verheissung*, 200, seems to explain the different textual order in assuming a 'Fortschreibung' in both versions on different locations.

			MT	LXX
Canticle i	Strophe i.1		31:31	38:31
	Strophe i.2		31:32	38:32
	Strophe i.3		31:33	38:33
	Strophe i.4		31:34	38:34
Canticle ii		Strophe ii.1		38:37
	Strophe ii.1	Strophe ii.2	31:35	38:35
	Strophe ii.2	Strophe ii.3	31:36	38:36
	Strophe ii.3		31:37	

Fig. 18. Division and Order of Strophes in MTJer. 31:31–37 and
LXXJer. 38:31–37

Before turning to the general composition of Jer. 30–31, I would
like to return to my second point of criticism against the proposals
of the composition of the text made above. In my view the scholars mentioned there did not account for the macro-syntactical indicators in Jer. 30–31. I willingly leave the path of Delimitation
Criticism, but I will come back to it.

3.4   *Macro Syntactical Indicators*

When describing the composition of Jer. 30–31 attention should be
paid to macro-syntactical indicators in the text. These indicators are
the prophetic formulae with which the various units are introduced.
Marvin Sweeney operates with them, since he takes the prophetic
introduction formulae: 'Thus says YHWH' and 'See the days are
coming' as indicators for his division of the text into 8 subunits,
albeit of different length.[42] He, however, does not apply the two
formula as delimitation markers in a coherent and a consistent
way. For instance, he construes the כה אמר יהוה formula in Jer. 31:16
to be of the same compositional force as the same formula in Jer.
31:15 leading to a division of Jer. 31:15–22 into two separate units:
D. Jer. 31:15 and E. Jer. 31:16–22. In my view the formula in vs.
16 introduces the divine answer to the complaint of Rachel, while

---

[42] Sweeney, 'Jeremiah 30–31 and King Josiah's Program'.

the formula in vs. 15 should be construed as the introduction to the whole unit (vss. 15–22).[43] In my view, Jer. 30–31 is composed out of 10 prophetic units, seven of them introduced with the formula 'Thus says YHWH' and three with the formula 'See, the days are coming':

30:5–11	Prophecy, introduced by: 'Thus says YHWH'
30:12–17	Prophecy, introduced by: 'Thus says YHWH'
30:18–31:1	Prophecy, introduced by: 'Thus says YHWH'
31:2–6	Prophecy, introduced by: 'Thus says YHWH'
31:7–14	Prophecy, introduced by: 'Thus says YHWH'
31:15–22	Prophecy, introduced by: 'Thus says YHWH'
31:23–25	Prophecy, introduced by: 'Thus says YHWH'
31:27–30	Prophecy introduced by: 'See, the days are coming'
31:31–37	Prophecy introduced by: 'See, the days are coming'
31:38–40	Prophecy introduced by: 'See, the days are coming'[44]

Fig. 19. Prophetic Introduction Formulae in Jer. 30–31

It is my thesis that the system of *setumah* and *petuḥah* can be interpreted as the relics of this composition of Jer. 30–31. In other words, it would be my proposal to define the composition of the greater textual unit as a set of 10 Subcantos, introduced by a prophetic introduction:

Introduction	30:1–3		
Subcanto A	30:4–11	30:5	כה אמר יהוה
Subcanto B	30:12–17	30:12	כה אמר יהוה
Subcanto C	30:18–31:1	30:18	כה אמר יהוה
Subcanto D	31:2–6	31:2	כה אמר יהוה
Subcanto E	31:7–14	31:7	כה אמר יהוה
Subcanto F	31:15–22	31:15	כה אמר יהוה
Subcanto G	31:23–26	31:23	כה אמר יהוה
Subcanto H	31:27–30	31:27	הנה ימים באים
Subcanto I	31:31–37	31:31	הנה ימים באים
Subcanto J	31:37–40	31:38	הנה ימים באים*

Fig. 20. Provisional Outline of Subcantos in Jer. 30–31

[43] See B. Becking, ' "A Voice was Heard in Ramah". Remarks on Structure and Meaning of Jr 31,15–17', *BZ* 38 (1994), 229–42.

[44] In MTJer 31:38 only the vowels of the assumed Hebrew word באים have been

Fig. 20 makes clear that there is one major issue to be discussed. In my description of the composition Jer. 30:4 is not included in the introduction, but construed as a part of the first Subcanto. The intriguing remark on the dream-character of Jeremiah's prophecies is presented as the final colon of the seventh Subcanto (31:26). This provokes two questions:

(1) Are these verses part of the composition? and
(2) How are they related to each other?

As observed, Jer. 30:4–31:40 consists of seven Subcantos introduced by the formula *koh 'āmar yhwh*, 'thus says Yhwh', while the final three Subcantos have *hinnēh yāmîm bā'îm*, 'see, the days are coming', as introduction. Both formulas are also attested in the introduction in 30:1–3:

2aA	כֹּה אָמַר יְהוָה	Thus says Yhwh
3aA	כִּי הִנֵּה יָמִים בָּאִים נְאֻם־יְהוָה	For the days are coming

The introduction should be seen as composed of:

- 30:1   containing a *Wortereignisformel*.[45]
- 30:2   contains a summon to the prophet introduced by the formula *koh 'āmar yhwh*.
- 30:3   gives a motivation[46] to the summon in the preceding verse using the *hinnēh yāmîm bā'îm*-formula.

Apart from the observation that the two introductory formulae are present in these three verses, it should be noted that main themes of Jer. 30–31, such as 'exile', 'return', 'relationship with the ancestors' that are attested and sometimes implied in all subcantos, are already present here.[47] This implies that 30:1–3 should be seen as an introduction to the whole poetic structure and 30:4 as the introduction to the first seven subcantos. This view can be reinforced by

---

preserved. The *Qᵉrê* as well as the *versiones antiquae* suggest the reading בָּאִים, a proposal that has been adapted by almost all scholars.

[45] On this 'word-event-formula' see P.K.D. Neumann, 'Das Wort, das geschehen ist . . .: Zum Problem der Wortempfangsterminologie in Jer. i–xxv', *VT* 23 (1973), 171–217; Th. Seidl, 'Die Wortereignisformel in Jeremia', *BZ* 23 (1979), 20–47; Shead, *The Open Book*, 26–53.

[46] And not a summary; *pace* C. Westermann, *Prophetische Heilsworte im Alten Testament* (FRLANT, 145), Göttingen 1987, 106.

[47] As has been noticed, but phrased differently by Keown, Scalise, Smothers, *Jeremiah 26–52*, 87.

a look at 𝕲ᵛ. In this Greek Manuscript from the eighth-ninth century both 37:1 and 4 are written in a different handwriting, indicating that both verses were construed as headings. The contents
and the position of 31:26 are remarkable. Some exegetes even say
that the 'significance of this verse is obscure'.[48] In relating this verse
to Jer. 30:4 its functions as the final part of an envelope wrapping
the subcantos becomes clear. The remark on the awakening of the
prophet then functions as a qualifier. The textual units in Jer. 30–31,
at least up to the seventh subcanto are qualified as the outcome of
dreaming.[49]

These observations lead me to the conclusion that the two verses
just discussed function as some sort of an envelope in which the first
seven subcanto's are wrapped:[50]

– 30:1–3	Introduction
– 30:4–31:26	Seven enveloped Subcanto's
30:4	Introduction
	30:5–31:25 Seven Subcanto's
31:26	Concluding Formula
– 31:27–40	Three Subcanto's

Fig. 21. Summary of the Macrostructure of Jeremiah 30–31

---

[48] Thompson, *Jeremiah*, 577.

[49] On dreams as means of divination, see, e.g., K. van der Toorn, *From her Cradle
to her Grave: The Role of Religion in the Life of the Israelite and the Babylonian Woman* (BiSe,
23), Sheffield 1994, 128–29; J.-M. Husser, *Le songe et la parole: Etude sur le rêve et sa
fonction dans l'ancient Israël* (BZAW, 210), Berlin 1994, 200; F.H. Cryer, *Divination in
Ancient Israel and its Near Eastern Environment* (JSOT.S, 142), Sheffield 1994, 157–59.
263–72; S.A.L. Butler, *Mesopotamian Conceptions of Dreams and Dream Rituals* (AOAT,
258), Münster 1996; B. Pongratz-Leisten, *Herrschaftswissen in Mesopotamien: Formen der
Kommunikation zwischen Gott und König im 2. und 1. Jahrtausend v. Chr* (SAAS, 10),
Helsinki 1999, 96–127; A.M. Kitz, 'Prophecy as Divination', *CBQ* 65 (2003), 22–42.
A comparable feature is present at Zech. 4:2; see, e.g., C.L. Meyers, E.M. Meyers,
Haggai, Zechariah 1–8 (AB, 25B), New York 1987, 229.

[50] I therefore disagree with Ferry, *Illusions et salut*, 291, who connects Jer. 30:5
with 31:22 and takes that verse as the closing line of her first part, as well as with
H. Leene, 'Jeremiah 31,23–26 and the Redaction of the Book of Comfort', *ZAW*
104 (1992), 351, who denies the possibility that 31:26 can be part of an envelope
structure since he does not recognise a corresponding part; Thiel, *Jeremia 26–45*,
who construes Jer. 30:4 and 31:23–26 as the primary framework of Jer. 30–31 and
Jer. 30:1–3 and 31:27ff. as the framework of deuteronomis redactors. See also the
scheme in Leene, 'Ezekiel and Jeremiah', 159.

3.5   *Conclusions*

The analysis of the system of setuma and petuḥa and related unit-delimiters in Jer. 30–31 has revealed that these two chapters can be construed as a coherent Canto that is composed of ten Subcantos. Whether or not this formal composition reflects the literary coherence of these two chapters needs a further investigation of the contents of the ten subcantos. Therefore, I will analyse some of the Subcanto's in the forthcoming chapters. But first, I would like to elaborate the idea that Jer. 30–31 is built up from ten subcantos by an analysis of the poetic features of the text applying the model of Korpel and de Moor.[51]

3.6   *The Composition of Jeremiah 30–31: A Proposal*[52]

md: ס^{L, R}——פ^{L, R}——𝔊^{ABSM}——ṣ -----------------------------------

Intro.i.1 (Jeremiah 30:1)

הַדָּבָר֙ אֲשֶׁ֣ר הָיָ֣ה אֶֽל־יִרְמְיָ֔הוּ	1aA	[5]
מֵאֵ֥ת יְהוָ֖ה לֵאמֹֽר׃	1aB	[1][1]

The word that came to Jeremiah   1aA
   from Y<small>HWH</small>, saying,   1aB

Intro.i.2 (Jeremiah 30:2–3)

כֹּֽה־אָמַ֧ר יְהוָ֛ה אֱלֹהֵ֥י יִשְׂרָאֵ֖ל לֵאמֹ֑ר	2aA	[2]
כְּתָב־לְךָ֗ אֵ֧ת כָּל־הַדְּבָרִ֛ים	2bA	[12]
אֲשֶׁר־דִּבַּ֥רְתִּי אֵלֶ֖יךָ אֶל־סֵֽפֶר׃	2bB	[1]
כִּ֠י הִנֵּ֨ה יָמִ֤ים בָּאִים֙ נְאֻם־יְהוָ֔ה	3aA	[5]
וְשַׁבְתִּ֞י אֶת־שְׁב֣וּת	3aB	[10]
עַמִּ֨י יִשְׂרָאֵ֤ל וִֽיהוּדָה֙ אָמַ֣ר יְהוָ֔ה	3aC	[2]
וַהֲשִׁבֹתִ֕ים אֶל־הָאָ֕רֶץ	3bA	[12]
אֲשֶׁר־נָתַ֥תִּי לַאֲבוֹתָ֖ם וִירֵשֽׁוּהָ׃	3bB	[1]

---

[51] See, e.g., Korpel, De Moor, *Structure of Classical Hebrew Poetry*; M.C.A. Korpel, 'Introduction to the Series Pericope', in: M.C.A. Korpel, J. Oesch (eds.), *Delimitation Criticism: A New Tool in Biblical Scholarship* (Pericope, 1), Assen 2000, 1–50; Idem, *The Structure of the Book of Ruth* (Pericope, 2), Assen 2001. Note that I do not argue with colometric observations as such other than the Masoretic accents in Codex L. It would be an interesting exercise to confront my proposal with the colometric data in ancient manuscripts.

[52] Notes are at the end of this section.

Thus speaks YHWH, the God of Israel:	2aA
'Write you all the words	2aB
that I have spoken to you in a book.	2aC
For the days are coming—oracle of YHWH,	3aA
that I will bring about the restauration	3aB
of my people Israel and Judah, says YHWH,	3aC
and I will cause them to return to the land	3bA
that I gave to their ancestors, and they shall possess it.'	3bB

md: ○ᴿ──₱ᴸ˒ᴾ──𝔊ᴬᴮˢᴹ──ϛ --

Envelope (Jeremiah 30:4)

וְאֵ֖לֶּה הַדְּבָרִ֑ים	4aA	[7]
אֲשֶׁ֨ר דִּבֶּ֧ר יְהֹוָ֛ה אֶל־יִשְׂרָאֵ֖ל וְאֶל־יְהוּדָֽה׃	4aB	[1]

These are the words	4aA
that YHWH spoke concerning Israel and concerning Judah.	4aB

md:──𝔊ᴬᴮᴹ ....

A.i.1   (Jeremiah 30:5)

כִּי־כֹ֣ה אָמַ֣ר יְהֹוָ֔ה	5aA	[5]
ק֥וֹל חֲרָדָ֖ה שָׁמָ֑עְנוּ	5bA	[2]
פַּ֖חַד וְאֵ֥ין שָׁלֽוֹם׃	5bB	[1]

So thus speaks YHWH:	5aA
We hear a cry of anguish.	5bA
There is terror and no peace.	5bB

A.i.2   (Jeremiah 30:6*)

שַׁאֲלוּ־נָ֣א וּרְא֔וּ אִם־יֹלֵ֖ד זָכָ֑ר	6aA	[2]
מַדּוּעַ֩ רָאִ֨יתִי כָל־גֶּ֜בֶר יָדָ֤יו עַל־חֲלָצָיו֙ כַּיּ֣וֹלֵדָ֔ה	6aB	[5]²
וְנֶהֶפְכ֥וּ כָל־פָּנִ֖ים לְיֵרָקֽוֹן׃ [הֹ֖וֹן] הָֽיוּ	6aC	[1/7]³

Ask now and see if a man bears a child.	6aA
Why do I see every young man with his hands on his loins	
like a woman who bears?	6aB
Why have all faces changed and did they become pale?	6cA

A.i.3   (Jeremiah 30:7)

כִּ֥י גָד֛וֹל הַיּ֥וֹם הַה֖וּא	7aA	[8]
מֵאַ֣יִן כָּמֹ֑הוּ	7aB	[2]
וְעֵֽת־צָרָ֥ה הִיא֙ לְיַֽעֲקֹ֔ב	7bA	[5]
וּמִמֶּ֖נָּה יִוָּשֵֽׁעַ׃	7bB	[1]

Because that day is great   7aA
  there is none like it.   7aB
It will become a time of oppression for Jacob.   7bA
  And shall he be saved out of it?   7bB

md: ℚ—𝕲ᴮˢᴹ ....

A.ii.1 (Jeremiah 30:8a–b)

וְהָיָה בַיּוֹם הַהוּא נְאֻם ׀ יְהוָה צְבָאוֹת   8aA   [7]
אֶשְׁבֹּר עֻלּוֹ מֵעַל צַוָּארֶךָ   8bA   [5]
וּמוֹסְרוֹתֶיךָ אֲנַתֵּק   8bB   [2]

'But it will happen on that day —oracle of YʜWʜ of Hosts—,   8aA
that I will break his yoke from off your neck   8bA
  and I will burst your bonds,'   8bB

A.ii.2 (Jeremiah 30:8c–9)

וְלֹא־יַעַבְדוּ־בוֹ עוֹד זָרִים׃   8c/9aA   [1]
וְעָבְדוּ אֵת יְהוָה אֱלֹהֵיהֶם   8c/9aB   [2]
וְאֵת דָּוִד מַלְכָּם   9bA   [5]
אֲשֶׁר אָקִים לָהֶם׃   9bB   [1]

so that they shall no longer serve strangers for it.   8c/9aA
  But they shall serve YʜWʜ their God   8c/9aB
and David their king,   9bA
  whom I will raise up for them.   9bB

md: ᔆᴸ—פᴾ·ᴿ—ᔆ ....

A.iii.1 (Jeremiah 30:10)

וְאַתָּה אַל־תִּירָא עַבְדִּי יַעֲקֹב נְאֻם־יְהוָה   10aA   [10]
וְאַל־תֵּחַת יִשְׂרָאֵל   10aB   [5]
כִּי הִנְנִי מוֹשִׁיעֲךָ מֵרָחוֹק   10bA   [5]
וְאֶת־זַרְעֲךָ מֵאֶרֶץ שִׁבְיָם   10bB   [2]
וְשָׁב יַעֲקֹב   10cA   [12]
וְשָׁקַט וְשַׁאֲנַן   10cB   [8]
וְאֵין מַחֲרִיד׃   10cC   [1]

And you, do not fear my servant Jacob,—oracle of YʜWʜ—,   10aA
  and be not prostrated, Israel.   10aB
Because here I am, who will save you from afar   10bA
  and your offspring from the land of their captivity.   10bB
Jacob will return.   10cA
  He will rest and be safe   10cB
   and nobody shall startle him.   10cC

A.iii.2   (Jeremiah 30:11)

כִּי־אִתְּךָ אֲנִי נְאֻם־יְהוָה	11aA	[8]
לְהוֹשִׁיעֶךָ	11aB	[2]
כִּי אֶעֱשֶׂה כָלָה בְּכָל־הַגּוֹיִם ׀	11bA	[18]
אֲשֶׁר הֲפִצוֹתִיךָ שָּׁם	11bB	[7]
אַךְ אֹתְךָ לֹא־אֶעֱשֶׂה כָלָה	11cA	[5]
וְיִסַּרְתִּיךָ לַמִּשְׁפָּט	11cB	[5]
וְנַקֵּה לֹא אֲנַקֶּךָ׃	11cC	[1]

*For I am with you—oracle of Y*HWH—	11aA
to save you.	11aB
For I will make an end to all the nations,	11bA
amongst whom I scattered you.	11bB
But of you I will not make an end.	11cA
I will chasten you with justice.	11cB
By no means I will leave you unpunished.	11cC

md: ס^L פ^{P.R} ק ɢ^{ABSM} ѕ ....

B.i.1   (Jeremiah 30:12–13)

כִּי כֹה אָמַר יְהוָה	12aA	[8]
אָנוּשׁ לְשִׁבְרֵךְ	12bA	[2]
נַחְלָה מַכָּתֵךְ׃	12bB	[1]
אֵין־דָּן דִּינֵךְ לְמָזוֹר	13aA	[2]
רְפֻאוֹת תְּעָלָה אֵין לָךְ׃	13aB	[1]

*For thus says Y*HWH:	12aA
Incurable is your fracture.	12bA
Unhealable is your wound.	12bB
There is none who procures you justice. For a suppurating wound	13aA
there are medicines but for you there is no healing with new flesh.	13aB

B.i.2   (Jeremiah 30:14)

כָּל־מְאַהֲבַיִךְ שְׁכֵחוּךְ	14aA	[5]
אוֹתָךְ לֹא יִדְרֹשׁוּ	14aB	[2]
כִּי מַכַּת אוֹיֵב הִכִּיתִיךְ	14bA	[10]
מוּסַר אַכְזָרִי	14bB	[5]
עַל רֹב עֲוֹנֵךְ	14cA	[5]
עָצְמוּ חַטֹּאתָיִךְ׃	14cB	[1]

All your lovers have forgotten you.	14aA
They do not ask for you.	14aB
Indeed, with the blow of an enemy I have struck you	14bA
with the chastisement of a ruthless one,	14bB
because of the abundance of your iniquity,	14cA
because your sins are numerous.	14cB

md: 𝔊ᴬ ....

B.ii.1   (Jeremiah 30:15)

מַה־תִּזְעַק עַל־שִׁבְרֵךְ	15aA	[5]
אָנוּשׁ מַכְאֹבֵךְ	15aB	[2]
עַל רֹב עֲוֹנֵךְ	15bA	[7]
עָצְמוּ חַטֹּאתַיִךְ	15bB	[5]
עָשִׂיתִי אֵלֶּה לָךְ׃	15bC	[1]

What do you cry for your fracture?	15aA
Is your pain incurable?	15aB
Because of the abundance of your iniquity,	15bA
because your sins are numerous,	15bB
I have done this to you.	15bC

md: 𝔊ᴹ ....

B.iii.1   (Jeremiah 30:16)

לָכֵן כָּל־אֹכְלַיִךְ יֵאָכֵלוּ	16aA	[5]
וְכָל־צָרַיִךְ כֻּלָּם בַּשְּׁבִי יֵלֵכוּ	16aB	[2]
וְהָיוּ שֹׁאסַיִךְ לִמְשִׁסָּה	16bA	[5]
וְכָל־בֹּזְזַיִךְ אֶתֵּן לָבַז׃	16bB	[1]

All your devourers will be devoured, however.	16aA
All your adversaries shall go into captivity in their entirety.	16aB
Your plunderers shall become plunder.	16bA
All your despoilers I will make spoil.	16bB

B.iii.2   (Jeremiah 30:17)

כִּי אַעֲלֶה אֲרֻכָה לָךְ	17aA	[12]
וּמִמַּכּוֹתַיִךְ אֶרְפָּאֵךְ נְאֻם־יְהוָה	17aB	[2]
כִּי נִדָּחָה קָרְאוּ לָךְ	17bA	[5]
צִיּוֹן הִיא דֹּרֵשׁ אֵין לָהּ׃	17bB	[1]

For I shall let rise healing over you.	17aA
From your wounds I will heal—oracle of Yʜᴡʜ—,	17aB
for they have called you the banished,	17bA
o Sion, the one, no one asks for.	17bB

md: ס ᴸ⸱ ᴿ—פ̄ᴾ—ק̇—𝔊ᴬᴮˢ—ﬤ ....

C.i.1   (Jeremiah 30:18)

כֹּה ׀ אָמַר יְהוָה	18aA	[7]
הִנְנִי־שָׁב שְׁבוּת אָהֳלֵי יַעֲקוֹב	18bA	[5]

וּמִשְׁכְּנֹתָיו אֲרַחֵם   18bB   [2]
וְנִבְנְתָה עִיר עַל־תִּלָּהּ   18cA   [5]
וְאַרְמוֹן עַל־מִשְׁפָּטוֹ יֵשֵׁב׃   18cB   [1]

Thus says YHWH: 18aA
Behold, I will turn again the captivity of Jacob's tents   18bA
   and have compassion on his dwelling-places   18bB
The city shall be rebuilt on its own hill   18cA
   and the palace shall be inhabited after its own manner. 18cC

C.i.2   (Jeremiah 30:19)

וְיָצָא מֵהֶם תּוֹדָה   19aA   [8]
וְקוֹל מְשַׂחֲקִים   19aB   [2]
וְהִרְבִּתִים וְלֹא יִמְעָטוּ   19bA   [5]
וְהִכְבַּדְתִּים וְלֹא יִצְעָרוּ׃ 19bB   [1]

Out of them shall proceed thanksgiving   19aA
   and the voice of those who make merry   19aB
I will multiply them, and they shall not be few   19bA
   I will also glorify them, and they shall not be small. 19bB

C.i.3   (Jeremiah 30:20–21a)

וְהָיוּ בָנָיו כְּקֶדֶם   20aA   [5]
וַעֲדָתוֹ לְפָנַי תִּכּוֹן   20aB   [2]
וּפָקַדְתִּי עַל כָּל־לֹחֲצָיו׃   20bA   [1]
וְהָיָה אַדִּירוֹ מִמֶּנּוּ   21aA   [7]
וּמֹשְׁלוֹ מִקִּרְבּוֹ יֵצֵא   21aB   [5]

Its children shall be as before   20aA
   Its congregation shall be established before me   20aB
I will punish all who oppress him.   20bA
Its noble one shall be of himself   21aA
   Its ruler shall proceed from the midst of him.   21aB

C.i.4   (Jeremiah 30:21b–22)

וְהִקְרַבְתִּיו וְנִגַּשׁ אֵלַי   21bA   [2]
כִּי מִי הוּא־זֶה עָרַב אֶת־לִבּוֹ לָגֶשֶׁת אֵלַי נְאֻם־יְהוָה׃   21bB   [1]
וִהְיִיתֶם לִי לְעָם   22aA   [2]
וְאָנֹכִי אֶהְיֶה לָכֶם לֵאלֹהִים׃   22aB   [1]

I will cause him to draw near and he shall approach to me   21bA
   For who is he who has had boldness to approach to me?—oracle 21bB
of YHWH—.
You shall be my people   22aA
   and I will be your God.   22aB

md: ס^L—פ^{P.R}—ק—ס ....

C.ii.1　(Jeremiah 30:23)

הִנֵּה ׀ ס עָרַת יְהוָֹה	23aA	[7]
חֵמָה יָצְאָ֔ה	23aB	[5]
סַעַר מִתְגּוֹרֵר	23bA	[2]
עַל רֹאשׁ רְשָׁעִים יָחוּל׃	23bB	[1]

Behold, the tempest of YHWH	23aA
wrath has gone forth.	23aB
A sweeping tempest	23bA
shall burst on the head of the wicked.	23bB

C.ii.2　(Jeremiah 30:24)

לֹא יָשׁוּב֙ חֲרוֹן֙ אַף־יְהוָֹה	24aA	[5]
עַד־עֲשֹׂתוֹ֙ וְעַד־הֲקִימוֹ֙ מְזִמּוֹת לִבּוֹ	24aB	[2]
בְּאַחֲרִית הַיָּמִים תִּתְבּוֹנְנוּ בָהּ׃	24aC	[1]

The fierce anger of YHWH shall not return	24aA
until he has executed and accomplished the intents of his heart	24aB
in the latter days you shall understand it.	24aC

C.ii.3　(Jeremiah 31:1)

בָּעֵת הַהִיא֙ נְאֻם־יְהוָֹה֙ אֶהְיֶה֙ לֵאלֹהִים	1aA	[5]
לְכֹל מִשְׁפְּחוֹת יִשְׂרָאֵ֑ל	1aB	[2]
וְהֵמָּה יִהְיוּ־לִי לְעָם׃	1aC	[1]

At that time — oracle of YHWH — will I be the God	1aA
of all the families of Israel	1aB
and they shall be my people.	1aC

md: ס^L—פ^{P.R}—ק—ﬡ^{ABS}—ס ....

D.i.1　(Jeremiah 31:2)

כֹּה אָמַר יְהוָֹה	2aA	[5]
מָצָא חֵן֙ בַּמִּדְבָּ֔ר	2bA	[5]
עַם שְׂרִידֵי חָ֑רֶב	2bB	[2]
הָלוֹךְ לְהַרְגִּיעוֹ יִשְׂרָאֵל׃	2bC	[1]

Thus says YHWH,	2aA
Have found favour in the wilderness	2bA
a people that survived from the sword	2bB
going to its rest Israel.	2bC

D.i.2   (Jeremiah 31:3)

מֵרָחוֹק יְהוָה נִרְאָה לִי	3aA	[2]
וְאַהֲבַת עוֹלָם אֲהַבְתִּיךְ	3bA	[5]
עַל־כֵּן מְשַׁכְתִּיךְ חָסֶד:	3bB	[1]

From afar YHWH *appeared to me.*   3aA
Yes, I have loved you with an everlasting love   3aB
   therefore I drew you with loving kindness.   3aC

D.ii.1   (Jeremiah 31:4–5)

עוֹד אֶבְנֵךְ	4aA	[10]
וְנִבְנֵית בְּתוּלַת יִשְׂרָאֵל	4aB	[2]
עוֹד תַּעְדִּי תֻפַּיִךְ	4bA	[5]
וְיָצָאת בִּמְחוֹל מְשַׂחֲקִים:	4bB	[1]
עוֹד תִּטְּעִי כְרָמִים בְּהָרֵי שֹׁמְרוֹן	5aA	[2]
נָטְעוּ נֹטְעִים וְחִלֵּלוּ:	5aB	[1]

Again will I build you   4aA
  and you shall be built—virgin of Israel   4aB
Again shall you be adorned with your tambourines   4bA
  and shall go forth in the dances of the merrymakers   4bB
Again shall you plant vineyards on the mountains of Samaria   5aA
  the planters shall plant, and shall enjoy the fruit of it. 5aB

D.ii.2   (Jeremiah 31:6)

כִּי יֶשׁ־יוֹם	6aA	[5]
קָרְאוּ נֹצְרִים בְּהַר אֶפְרָיִם	6aB	[2]
קוּמוּ וְנַעֲלֶה צִיּוֹן	6bA	[5]
אֶל־יְהוָה אֱלֹהֵינוּ:	6bB	[1]

For there shall be a day   6aA
  that the watchmen on the hills of Ephraim shall cry   6aB
Arise and let us go up to Zion   6bA
  to YHWH *our God.*   6bB

md: פ^{L.R}—ס^P—𝔊^{AMS} ....

E.i.1   (Jeremiah 31:7)

כִּי־כֹה ׀ אָמַר יְהוָה	7aA	[7]
רָנּוּ לְיַעֲקֹב שִׂמְחָה	7aB	[5]
וְצַהֲלוּ בְּרֹאשׁ הַגּוֹיִם	7aC	[2]
הַשְׁמִיעוּ הַלְלוּ וְאִמְרוּ	7bA	[5]
הוֹשַׁע יְהוָה אֶת־עַמְּךָ	7bB	[5]
אֵת שְׁאֵרִית יִשְׂרָאֵל:	7bC	[1]

For thus says YHWH   7aA
  Sing with gladness for Jacob   7aB

and shout for the chief of the nations   7aC
Proclaim, praise, and say   7bA
    YHWH, save your people,   7bB
        the remnant of Israel.   7bC

E.i.2   (Jeremiah 31:8)

הִנְנִי מֵבִיא אוֹתָם מֵאֶרֶץ צָפוֹן   8aA   [7]
וְקִבַּצְתִּים מִיַּרְכְּתֵי־אָרֶץ   8aB   [3]
בָּם עִוֵּר וּפִסֵּחַ   8bA   [5]
הָרָה וְיֹלֶדֶת יַחְדָּו   8bB   [2]
קָהָל גָּדוֹל יָשׁוּבוּ הֵנָּה׃   8bC   [1]

Behold, I will bring them from the north country   8aA
    and gather them from the uttermost parts of the earth   8aB
with them the blind and the lame,   8bA
    pregnant woman and one giving birth together: 8bB
        a great community shall they return here.   8bC

E.i.3   (Jeremiah 31:9)

בִּבְכִי יָבֹאוּ וּבְתַחֲנוּנִים אוֹבִילֵם   9aA   [3]
אוֹלִיכֵם אֶל־נַחֲלֵי מַיִם   9aB   [5]
בְּדֶרֶךְ יָשָׁר לֹא יִכָּשְׁלוּ בָּהּ   9aC   [2]
כִּי־הָיִיתִי לְיִשְׂרָאֵל לְאָב   9bA   [5]
וְאֶפְרַיִם בְּכֹרִי הוּא׃   9bB   [1]

In weeping they shall come and with consolations I will lead them: 9aA
    I will cause them to walk by rivers of waters   9aB
        in a straight way in which they shall not stumble   9aC
for I am a father to Israel   9bA
    and Ephraim is my firstborn.   9bB

md: Ð^P—ᒐ^L, R—Q—Ꮹ^ABS—ᔑ   ....

E.ii.1   (Jeremiah 31:10–11)

שִׁמְעוּ דְבַר־יְהוָה גּוֹיִם   10aA   [5]
וְהַגִּידוּ בָאִיִּים מִמֶּרְחָק   10aB   [2]
וְאִמְרוּ   10aC   [7]
מְזָרֵה יִשְׂרָאֵל יְקַבְּצֶנּוּ   10bA   [5]
וּשְׁמָרוֹ כְּרֹעֶה עֶדְרוֹ׃   10bB   [1]
כִּי־פָדָה יְהוָה אֶת־יַעֲקֹב   11aA   [2]
וּגְאָלוֹ מִיַּד חָזָק מִמֶּנּוּ׃   11aB   [1]

Hear the word of YHWH, o nations,   10aA
    and recount it on the distant isles   10aB
        and say   10aC
He who scattered Israel will gather him   10bA
    and keep him, as a shepherd does his flock.   10bB

For YHWH *has ransomed Jacob*   11aA
  and redeemed him from a hand too strong for him   11aB

E.ii.2   (Jeremiah 31:12)

וּבָ֙אוּ֙ וְרִנְּנ֣וּ בִמְרוֹם־צִיּ֔וֹן   12aA   [3]
וְנָהֲר֖וּ אֶל־ט֣וּב יְהֹוָ֑ה   12aB   [7]
עַל־דָּגָן֙ וְעַל־תִּירֹ֣שׁ וְעַל־יִצְהָ֔ר   12bA   [5]
וְעַל־בְּנֵי־צֹ֖אן וּבָקָ֑ר   12bB   [2]
וְהָיְתָ֤ה נַפְשָׁם֙ כְּגַ֣ן רָוֶ֔ה   12cA   [5]
וְלֹא־יוֹסִ֥יפוּ לְדַאֲבָ֖ה עֽוֹד׃   12cB   [1]

They shall come and sing on the height of Zion   12aA
  and shall flow to the goodness of YHWH   12aA
to the grain, and to the new wine, and to the oil   12bA
  and to the young of the flock and of the herd   12bB
and their soul shall be as a watered garden   12cA
  and they shall not languish any more   12cB

E.ii.3   (Jeremiah 31:13–14)

אָ֣ז תִּשְׂמַ֤ח בְּתוּלָה֙ בְּמָח֔וֹל   13aA   [5]
וּבַחֻרִ֥ים וּזְקֵנִ֖ים יַחְדָּ֑ו   13aB   [2]
וְהָפַכְתִּ֨י אֶבְלָ֤ם לְשָׂשׂוֹן֙   13bA   [5]
וְנִ֣חַמְתִּ֔ים וְשִׂמַּחְתִּ֖ים מִיגוֹנָֽם׃   13bB   [1]
וְרִוֵּיתִ֛י נֶ֥פֶשׁ הַכֹּהֲנִ֖ים דָּ֑שֶׁן   14aA   [2]
וְעַמִּ֛י אֶת־טוּבִ֥י יִשְׂבָּ֖עוּ נְאֻם־יְהֹוָֽה׃   14aB   [1]

Then the virgin shall rejoice in the dance   13aA
  and the young men and the old together   13aB
For I will turn their mourning into joy,   13bA
  and I will comfort them, and make them rejoice from their sorrow.   13bB
I will satiate the soul of the priests with fatness   14aA
  and my people shall be satisfied with my goodness—oracle of YHWH—   14aB

md: פ^P—ס^{L, R}—𝔔—𝔊^{AB}—𝔖 ....

F.i.1   (Jeremiah 31:15)

כֹּ֣ה ׀ אָמַ֣ר יְהֹוָ֗ה   15aA   [7]
ק֣וֹל בְּרָמָ֤ה נִשְׁמָע֙ נְהִי֙ בְּכִ֣י תַמְרוּרִ֔ים   15aB   [5]
רָחֵ֖ל מְבַכָּ֣ה עַל־בָּנֶ֑יהָ   15aC   [2]
מֵאֲנָ֛ה לְהִנָּחֵ֥ם עַל־בָּנֶ֖יהָ כִּ֥י אֵינֶֽנּוּ׃   15bA   [1]

Thus speaks YHWH: 15aA
  A voice is heard in Ramah lamentation, bitter weeping.   15aB
    Rachel who is crying for her children,   15aC
refuses to be consoled for her children: 'There is no one left!'   15bA

md: ᴾפּ—סˡ· ᴿ—ᵍ&ᴬ—ﬃ ....

F.i.2   (Jeremiah 31:16–17)

כֹּה ׀ אָמַ֣ר יְהֹוָ֗ה	16aA	[7]
מִנְעִ֤י קוֹלֵךְ֙ מִבֶּ֔כִי	16aB	[5]
וְעֵינַ֖יִךְ מִדִּמְעָ֑ה	16aC	[2]
כִּי֩ יֵ֨שׁ שָׂכָ֤ר לִפְעֻלָּתֵךְ֙ נְאֻם־יְהֹוָ֔ה	16bA	[5]
וְשָׁ֖בוּ מֵאֶ֥רֶץ אוֹיֵֽב׃	16bB	[1]
וְיֵשׁ־תִּקְוָ֥ה לְאַחֲרִיתֵ֖ךְ נְאֻם־יְהֹוָ֑ה	17aA	[2]
וְשָׁ֥בוּ בָנִ֖ים לִגְבוּלָֽם׃	17aB	[1]

Thus speaks YHWH:	16aA
Keep your voice from weeping	16aB
and your eyes from tears.	16aC
For there is a reward for your labor—oracle of YHWH—	16bA
since they will return from the land of the enemy.	16bB[4]
There is hope for your future—oracle of YHWH—	17aA
since the children will return to their territory.	17aB

md: סˡ—ᵍ&ᴬ ....

F.ii.1   (Jeremiah 31:18)

שָׁמ֣וֹעַ שָׁמַ֗עְתִּי	18aA	[7]
אֶפְרַ֙יִם֙ מִתְנוֹדֵ֔ד	18aB	[5][5]
יִסַּרְתַּ֙נִי֙ וָֽאִוָּסֵ֔ר	18bA	[5]
כְּעֵ֖גֶל לֹ֣א לֻמָּ֑ד	18bB	[2]
הֲשִׁיבֵ֖נִי וְאָשׁ֔וּבָה	18cA	[5]
כִּ֥י אַתָּ֖ה יְהֹוָ֥ה אֱלֹהָֽי׃	18cB	[1]

I have certainly heared	18aA
Ephraim rocking with sorrow:	18aB
'You have chastised me,	18bA
I have been chastised like an untrained calf.	18bB
Bring me back so I will come back,	18cA
because you are YHWH, my God.'	18cB

F.ii.2   (Jeremiah 31:19)

כִּֽי־אַחֲרֵ֤י שׁוּבִי֙ נִחַ֔מְתִּי	19aA	[5]
וְאַֽחֲרֵי֙ הִוָּ֣דְעִ֔י סָפַ֖קְתִּי עַל־יָרֵ֑ךְ	19aB	[2]
בֹּ֚שְׁתִּי וְגַם־נִכְלַ֔מְתִּי	19bA	[5]
כִּ֥י נָשָׂ֖אתִי חֶרְפַּ֥ת נְעוּרָֽי׃	19bB	[1]

'For after my turning away, I repented	19aA
and after I came to knowledge, I slapped my thigh.	19aB
I was ashamed, even humiliated,	19bA
for I bore the disgrace of my youth.'	19bB

F.ii.3   (Jeremiah 31:20)

הֲבֵן יַקִּיר לִי אֶפְרַיִם	20aA	[7]
אִם יֶלֶד שַׁעֲשֻׁעִים	20aB	[5]
כִּי־מִדֵּי דַבְּרִי בֹּו	20bA	[5]
זָכֹר אֶזְכְּרֶנּוּ עֹוד	20bB	[2]
עַל־כֵּן הָמוּ מֵעַי לֹו	20cA	[5]
רַחֵם אֲרַחֲמֶנּוּ נְאֻם־יְהוָה׃	20cB	[1]

Is Ephraim my precious son,   20aA
my darling child?   20aB
For every time I speak of him,   20bA
I will certainly remember him again.   20bB
Therefore, my entrails are moved about him.   20cA
I will certainly have compassion for him—oracle of YHWH—   20cB

md: פּᴾ—ס ᴸ·ᴿ—ꟼ—𝕲ᴬᴮˢ ....

F.iii.1   (Jeremiah 31:21)

הַצִּיבִי לָךְ צִיֻּנִים	21aA	[7]
שִׂמִי לָךְ תַּמְרוּרִים	21aB	[5]
שִׁתִי לִבֵּךְ לַמְסִלָּה	21bA	[8]
דֶּרֶךְ הָלָכְתִּי	21bB	[2]
שׁוּבִי בְּתוּלַת יִשְׂרָאֵל	21cA	[5]
שֻׁבִי אֶל־עָרַיִךְ אֵלֶּה׃	21cB	[1]

Erect for yourself road-markers.   21aA
Set up for yourself signposts.   21aB
Set your mind on the highway,   21bA
the road that I will go.   21bB
Return, o daughter Israel.   21cA
Return to these your cities!   21cB

d: 𝕲ᴬ ....

F.iii.2   (Jeremiah 31:22)

עַד־מָתַי תִּתְחַמָּקִין	22aA	[5]
הַבַּת הַשֹּׁובֵבָה	22aB	[2]
כִּי־בָרָא יְהוָה חֲדָשָׁה בָּאָרֶץ	22bA	[5]
נְקֵבָה תְּסֹובֵב גָּבֶר׃	22bB	[1]

How long will you turn hither and tither,   22aA
o turning daughter?   22aB
For YHWH will create something new in the land: 22bA
a female encompassing a male.   22bB

md: פᴾ—סᴸ·ᴿ—ᵠ—𝕲ᴬˢᴹ   --

G.i   (Jeremiah 31:23)

כֹּה־אָמַ֞ר יְהוָ֤ה צְבָאוֹת֙ אֱלֹהֵ֣י יִשְׂרָאֵ֔ל	23aA	[5]
ע֣וֹד יֹאמְר֗וּ אֶת־הַדָּבָ֤ר הַזֶּ֔ה	23bA	[7]
בְּאֶ֤רֶץ יְהוּדָה֙ וּבְעָרָ֔יו	23bB	[5]
בְּשׁוּבִ֖י אֶת־שְׁבוּתָ֑ם	23cA	[2][6]
יְבָרֶכְךָ֧ יְהוָ֛ה נְוֵה־צֶ֖דֶק הַ֥ר הַקֹּֽדֶשׁ׃	23cB	[1]

Thus says YHWH of Hosts, the God of Israel	23aA
Yet again shall they use this speech	23bA
in the land of Judah and in the cities of it	23bB
when I shall bring about their captivity	23cA
'May YHWH bless you, habitation of righteousness, mountain of holiness'.	23cB

G.ii   (Jeremiah 31:24–25)

וְיָ֥שְׁבוּ בָ֛הּ יְהוּדָ֥ה וְכָל־עָרָ֖יו יַחְדָּ֑ו	24aA	[2]
אִכָּרִ֕ים וְנָסְע֖וּ בַּעֵֽדֶר׃	24aB	[1]
כִּ֥י הִרְוֵ֖יתִי נֶ֣פֶשׁ עֲיֵפָ֑ה	25aA	[2]
וְכָל־נֶ֥פֶשׁ דָּאֲבָ֖ה מִלֵּֽאתִי׃	25aB	[1]

Judah and all the cities of it shall dwell therein together	24aA
the farmers, and those who roam with the flocks.	24aB
For I will satiate the weary soul	25aA
and every sorrowful soul I will replenish.	25aB

Envelope (Jeremiah 31:26)

עַל־זֹ֖את הֱקִיצֹ֣תִי וָאֶרְאֶ֑ה	26aA	[2]
וּשְׁנָתִ֖י עָֽרְבָה לִּֽי׃	26aB	[1]

Then I awoke and I looked about	26aA
and my sleep was pleasant to me.	26aB

md: סᴸ·ᴬ·ᴾ·ᴿ—𝕲ᴬˢᴹ—Ʂ   --

H.i.1   (Jeremiah 31:27)

הִנֵּ֛ה יָמִ֥ים בָּאִ֖ים נְאֻם־יְהוָ֑ה	27aA	[2]
וְזָרַעְתִּ֗י אֶת־בֵּ֤ית יִשְׂרָאֵל֙ וְאֶת־בֵּ֣ית יְהוּדָ֔ה	27bA	[5]
זֶ֥רַע אָדָ֖ם וְזֶ֥רַע בְּהֵמָֽה׃	27bB	[1]

The days are surely coming—oracle of YHWH—	27aA
when I shall sow the house of Israel and the house of Judah	27bA
with the seed of man and the seed of beasts.	27bB

H.i.2   (Jeremiah 31:28)

וְהָיָה כַּאֲשֶׁר שָׁקַדְתִּי עֲלֵיהֶם	28aA	[7]
לִנְתוֹשׁ וְלִנְתוֹץ וְלַהֲרֹס וּלְהַאֲבִיד וּלְהָרֵעַ	28aB	[2]
כֵּן אֶשְׁקֹד עֲלֵיהֶם לִבְנוֹת וְלִנְטוֹעַ	28bA	[8]
נְאֻם־יְהוָה׃	28bB	[1]

And it will be just as I have watched over them   28aA
    to uproot and to demolish, to overthrow and to destroy and bring   28aB
       evil over them,
so I shall watch over them to build and to plant   28bA
   —*oracle of YHWH*—   28bB

md: ס^R—𝔊^{ABM} ....

H.ii.1   (Jeremiah 31:29)

בַּיָּמִים הָהֵם לֹא־יֹאמְרוּ עוֹד	29aA	[5]
אָבוֹת אָכְלוּ בֹסֶר	29bA	[2]
וְשִׁנֵּי בָנִים תִּקְהֶינָה׃	29bB	[1]

In those days it will no longer be said: 29aA
'The parents have eaten sour fruit,   29bA
    but it is the children's teeth that become numb'.   29bB

H.ii.2   (Jeremiah 31:30)

כִּי אִם־אִישׁ בַּעֲוֹנוֹ יָמוּת	30aA	[2]
כָּל־הָאָדָם הָאֹכֵל הַבֹּסֶר	30aB	[8]
תִּקְהֶינָה שִׁנָּיו׃	30aC	[1]

For everyone shall die for his own injustice.   30aA
    Every person who eats sour fruit,   30aB
      his teeth shall become numb.   30aC

md: פ^P—ס^{L.A.R}—𝔊^{ABS}—ς -

I.i.1   (Jeremiah 31:31)

הִנֵּה יָמִים בָּאִים נְאֻם־יְהוָה	31aA	[2]
וְכָרַתִּי אֶת־בֵּית יִשְׂרָאֵל וְאֶת־בֵּית יְהוּדָה בְּרִית חֲדָשָׁה׃	31bA	[1]

See, the days are coming—oracle of YHWH—   31aA
that I will conclude with the house of Israel
    and with the house of Judah a new covenant,   31bA

I.i.2   (Jeremiah 31:32)

לֹא כַבְּרִית אֲשֶׁר כָּרַתִּי אֶת־אֲבוֹתָם	32aA	[5]
בְּיוֹם הֶחֱזִיקִי בְיָדָם	32aB	[5]

לְהוֹצִיאָ֖ם מֵאֶ֣רֶץ מִצְרָ֑יִם	32aC	[2]
אֲשֶׁר־הֵ֜מָּה הֵפֵ֣רוּ אֶת־בְּרִיתִ֗י	32bA	[7]
וְאָנֹכִ֛י בָּעַ֥לְתִּי בָ֖ם נְאֻם־יְהוָֽה׃	32bB	[1]

not like the covenant that I concluded with their fathers	32aA
on the day that I took them by the hand	32aB
to let them go out of the land of Egypt	32aC
my covenant that they have broken,	32bA
although I have been master over them—oracle of YHWH—.	32bB

I.i.3   (Jeremiah 31:33)

כִּ֣י זֹ֣את הַבְּרִ֗ית אֲשֶׁ֤ר אֶכְרֹת֙ אֶת־בֵּ֣ית יִשְׂרָאֵ֜ל	33aA	[13]
אַחֲרֵ֨י הַיָּמִ֤ים הָהֵם֙ נְאֻם־יְהוָ֔ה	33aB	[5]
נָתַ֤תִּי אֶת־תּֽוֹרָתִי֙ בְּקִרְבָּ֔ם	33bA	[5]
וְעַל־לִבָּ֖ם אֶכְתֲּבֶ֑נָּה	33bB	[2]
וְהָיִ֤יתִי לָהֶם֙ לֵֽאלֹהִ֔ים	33cA	[5]
וְהֵ֖מָּה יִֽהְיוּ־לִ֥י לְעָֽם׃	33cB	[1]

For this is the covenant that I will conclude with the house of Israel	33aA
after these days—oracle of YHWH—:	33aB
'I will lay my law within them	33bA
and on their heart I shall write it.	33bB
In order that I shall be a God to them	33cA
and they shall be to me a people.'	33cB

I.i.4   (Jeremiah 31:34)

וְלֹ֧א יְלַמְּד֣וּ ע֗וֹד אִ֤ישׁ אֶת־רֵעֵ֨הוּ	34aA	[13]
וְאִ֣ישׁ אֶת־אָחִ֗יו לֵאמֹ֔ר	34aB	[5]
דְּע֖וּ אֶת־יְהוָ֑ה	34bA	[2]
כִּֽי־כוּלָּם֩ יֵדְע֨וּ אוֹתִ֜י	34bB	[13]
לְמִקְטַנָּ֤ם וְעַד־גְּדוֹלָם֙ נְאֻם־יְהוָ֔ה	34bC	[5]
כִּ֤י אֶסְלַח֙ לַֽעֲוֺנָ֔ם	34cA	[5]
וּלְחַטָּאתָ֖ם לֹ֥א אֶזְכָּר־עֽוֹד׃	34cB	[1]

Then they shall no longer teach, a man his friend	34aA
and a man his brother:	34aB
'Know YHWH!'	34bA
for they shall all know me	34bB
from the smallest one to the greatest one among them—oracle	34bC
of YHWH—.	
Yes, I will forgive their iniquity	34cA
and remember their sins no longer.	34cB

md: פᴾ—סᴸ·ᴬ·ᴿ—𝔊ᴮ ....

I.ii.1   (Jeremiah 31:35)

כֹּה ׀ אָמַ֣ר יְהֹוָ֗ה	35aA	[7]
נֹתֵ֥ן שֶׁ֙מֶשׁ֙ לְא֣וֹר יוֹמָ֔ם	35bA	[5]
חֻקֹּ֛ת יָרֵ֥חַ וְכוֹכָבִ֖ים לְא֣וֹר לָ֑יְלָה	35bB	[2]
רֹגַ֤ע הַיָּם֙ וַיֶּהֱמ֣וּ גַלָּ֔יו	35cA	[5]
יְהֹוָ֥ה צְבָא֖וֹת שְׁמֽוֹ׃	35cB	[1]

Thus says Yʜᴡʜ	35aA
he who gives the sun as a light by day	35aB
and who adjusts the moon and the stars as a light for the night	35bB
who bawls[7] against the sea so that its waves roar,	35cA
Yʜᴡʜ of hosts is his name.	35cB

I.ii.2   (Jeremiah 31:36)

אִם־יָמֻ֜שׁוּ הַחֻקִּ֤ים הָאֵ֙לֶּה֙ מִלְּפָנַ֔י נְאֻם־יְהֹוָ֑ה	36aA	[2]
גַּם֩ זֶ֨רַע יִשְׂרָאֵ֜ל יִשְׁבְּת֗וּ	36aB	[7]
מִֽהְי֥וֹת גּ֛וֹי לְפָנַ֖י כָּל־הַיָּמִֽים׃	36aC	[1]

If these institutions will totter before my face—oracle of Yʜᴡʜ—	36aA
then the offspring of Israel too would cease	36aB
being a nation before my face during all the days.	36aC

md: פᴾ—סᴸ·ᴬ·ᴿ—𝔊ᴮ—𝔖 ....

I.ii.3   (Jeremiah 31:37)

כֹּה ׀ אָמַ֣ר יְהֹוָ֗ה	37aA	[7]
אִם־יִמַּ֤דּוּ שָׁמַ֙יִם֙ מִלְמַ֔עְלָה	37bA	[5]
וְיֵחָקְר֥וּ מֽוֹסְדֵי־אֶ֖רֶץ לְמָ֑טָּה	37bB	[2]
גַּם־אֲנִ֞י אֶמְאַ֨ס בְּכָל־זֶ֧רַע יִשְׂרָאֵ֛ל	37cA	[12]
עַֽל־כָּל־אֲשֶׁ֥ר עָשׂ֖וּ נְאֻם־יְהֹוָֽה׃	37cB	[1]

Thus says Yʜᴡʜ:	37aA
If the heavens above could be measured	37bA
and the foundations of the earth below could be fathomed,	37bB
then I would reject the whole of the offspring of Israel,	37cA
for all that they have done—oracle of Yʜᴡʜ—.	37cB

md: סᴸ·ᴬ·ᴾ·ᴿ—𝔊ˢᴹ—𝔖 --

J.i.1   (Jeremiah 31:38–39)

הִנֵּ֛ה יָמִ֥ים ... [בָּאִ֖ים] נְאֻם־יְהֹוָ֑ה	38aA	[2]
וְנִבְנְתָ֥ה הָעִ֖יר לַֽיהֹוָ֑ה	38bA	[5][8]
מִמִּגְדַּ֥ל חֲנַנְאֵ֖ל שַׁ֥עַר הַפִּנָּֽה׃	38bB	[1]

וַיָּצָא עוֹד קָו הַמִּדָּה נֶגְדּוֹ   39aA   [5]
עַל גִּבְעַת גָּרֵב   39aB   [2]
וְנָסַב גֹּעָתָה: 39aC   [1]

See, the days are coming,—oracle of YHWH—   38aA
that the city shall be built to YHWH   38bA
 from the tower of Hananel to the gate of the corner.   38bB
The measuring line shall go out further   39aA
 straight onward to the hill Gareb   39aB
  and around to Goah.   39aC

J.i.2   (Jeremiah 31:40)

וְכָל־הָעֵמֶק הַפְּגָרִים ׀ וְהַדֶּשֶׁן   40aAα   [15]
וְכָל־הַשְּׁרֵמוֹת עַד־נַחַל קִדְרוֹן   40aAβ   [13]
עַד־פִּנַּת שַׁעַר הַסּוּסִים מִזְרָחָה   40aAγ   [5]
קֹדֶשׁ לַיהוָה   40aB   [2]
לֹא־יִנָּתֵשׁ וְלֹא־יֵהָרֵס עוֹד   40bA   [8]
לְעוֹלָם: 40bB   [1]

The whole valley of the dead bodies and of the ashes   40aAa
 and all the fields-of-Mot[9] to the brook Kidron   40aAb
  to the corner of the horse gate toward the east   40aAg
  shall be holy to YHWH   40aB
it shall not be plucked up, nor thrown down any more   40bA
 forever.   40bB

md: ס^{L.P}—פ^{A.R}—𝕲^{ABSM}—ס ---

Notes to section 3.6.:

[1] 𝕲^A, 𝕲^S and 𝕲^V have a delimiter after 1aB. In 𝕲^V both 37:1 and 4 are written in a different handwriting, indicating that both verses were construed as headings.

[2] 𝕲^A has a delimiter after 6bB that is not supported by other manuscripts.

[3] The Old Greek version has preserved a better reading and the MT should be improved. See the discussion above in § 2.2.3.

[4] 𝕲^A has a delimiter after verse 16 that is not supported by other manuscripts.

[5] 𝕲^A has a delimiter after 18aB that is not supported by other manuscripts.

[6] 𝕲^A has a delimiter after 18aB that is not supported by other manuscripts.

[7] The reading of LXX should be preferred, see below § 8.3.

[8] 𝕲^S seems to have a delimiter after 38bA; the ἔκθησις of ἀπο πυργου could, however, could be due to the fact that its writer had forgotten the ἀλφα.

[9] Read with Q^ere: הַשְׁדֵמוֹת; see above § 2.2.4.

3.7 *Delimitation of Lines*[53]

LINE: Jeremiah 30:1

הַדָּבָר֙ אֲשֶׁ֣ר הָיָ֣ה אֶֽל־יִרְמְיָ֔הוּ	1aA	[5]
מֵאֵ֥ת יְהוָ֖ה לֵאמֹֽר׃	1aB	[1]

Line parallelism: דבר || אל; || מאת

LINE: Jeremiah 30:2a

כֹּֽה־אָמַ֧ר יְהוָ֛ה אֱלֹהֵ֥י יִשְׂרָאֵ֖ל לֵאמֹ֑ר	2aA	[2]

Line parallelism: None (unicolon)

LINE: Jeremiah 30:2b

כְּתָב־לְךָ֗ אֵ֧ת כָּל־הַדְּבָרִ֛ים	2bA	[12]
אֲשֶׁר־דִּבַּ֥רְתִּי אֵלֶ֖יךָ אֶל־סֵֽפֶר׃	2bB	[1]

Line parallelism: דבר || דבר; כתב || ספר

LINE: Jeremiah 30:3a

כִּ֠י הִנֵּ֨ה יָמִ֤ים בָּאִים֙ נְאֻם־יְהוָ֔ה	3aA	[5]
וְשַׁבְתִּ֞י אֶת־שְׁב֨וּת	3aB	[10]
עַמִּ֧י יִשְׂרָאֵ֛ל וִיהוּדָ֖ה אָמַ֣ר יְהוָ֑ה	3aC	[2]

Line parallelism: נאם יהוה || אמר יהוה

Colon parallelism: יהודה || עמי

LINE: Jeremiah 30:3b

וַהֲשִׁבֹתִ֗ים אֶל־הָאָ֛רֶץ	3bA	[12]
אֲשֶׁר־נָתַ֥תִּי לַאֲבוֹתָ֖ם וִירֵשֽׁוּהָ׃	3bB	[1]

Line parallelism: אבותם || ארץ || ירש; שׁוב Hi. ||

LINE: Jeremiah 30:4

וְאֵ֣לֶּה הַדְּבָרִ֔ים	4aA	[7]
אֲשֶׁ֧ר דִּבֶּ֣ר יְהוָ֛ה אֶל־יִשְׂרָאֵ֖ל וְאֶל־יְהוּדָֽה׃	4aB	[1]

Line parallelism: דבר || דברים

LINE: Jeremiah 30:5a

כִּי־כֹה֙ אָמַ֣ר יְהוָ֔ה	5aA	[5]

---

[53] A greater part of the parallellisms referred to in the sections 3.7–10 have already been observed by other scholars, esp. by Bracke, *Coherence*, 36–62; Bozak, *Life 'Anew'*.

Line parallelism: None (unicolon)

LINE: Jeremiah 30:5b

קוֹל חֲרָדָה שָׁמָעְנוּ	5bA	[2]
פַּחַד וְאֵין שָׁלוֹם:	5bB	[1]

Line parallelism: חרדה ‖ פחד

LINE: Jeremiah 30:6a

שַׁאֲלוּ־נָא וּרְאוּ אִם־יֹלֵד זָכָר	6aA	[2]
מַדּוּעַ רָאִיתִי כָל־גֶּבֶר יָדָיו עַל־חֲלָצָיו כַּיּוֹלֵדָה	6aB	[5]
וְנֶהֶפְכוּ כָל־פָּנִים לְיֵרָקוֹן [הֹוֹן] הֹיוּ	6aC	[1/7]

Colon parallelism: ירקון ‖ פנים; היה + ל ‖ Ni. הפך ;יולדה ‖ ראה ;נבר ‖ שאל
Line parallelism: יד‖פנים
Discussion: the line forms a syntactical unit.

LINE: Jeremiah 30:7a

כִּי נָדוֹל הַיּוֹם הַהוּא	7aA	[8]
מֵאַיִן כָּמֹהוּ	7aB	[2]

Line parallelism: אין כמהו ‖ נדול

LINE: Jeremiah 30:7b

וְעֵת־צָרָה הִיא לְיַעֲקֹב	7bA	[5]
וּמִמֶּנָּה יִוָּשֵׁעַ:	7bB	[1]

Line parallelism: צרה ‖ ישע Ni.

LINE: Jeremiah 30:8a

וְהָיָה בַיּוֹם הַהוּא נְאֻם ׀ יְהוָה צְבָאוֹת	8aA	[7]

Line parallelism: None (unicolon)

LINE: Jeremiah 30:8b

אֶשְׁבֹּר עֻלּוֹ מֵעַל צַוָּארֶךָ	8bA	[5]
וּמוֹסְרוֹתֶיךָ אֲנַתֵּק	8bB	[2]

Line parallelism: מוסרות ‖ על ;נתק Pi. ‖ שבר

LINE: Jeremiah 30:8c–9a

וְלֹא־יַעַבְדוּ־בוֹ עוֹד זָרִים:	8c/9aA	[1]
וְעָבְדוּ אֵת יְהוָה אֱלֹהֵיהֶם	8c/9aB	[2]

Line parallelism: עבד ‖ עבד
Line antithesis: יהוה‖ זרים

LINE: Jeremiah 30:9b

וְאֵת דָּוִד מַלְכָּם	9bA	[5]
אֲשֶׁר אָקִים לָהֶם:	9bB	[1]

Line parallelism: מל ‖ ל + קום

LINE: Jeremiah 30:10a

וְאַתָּה אַל־תִּירָא עַבְדִּי יַעֲקֹב נְאֻם־יְהֹוָה	10aA	[10]
וְאַל־תֵּחַת יִשְׂרָאֵל	10aB	[5]

Line parallelism: אל ‖ אל; ירא ‖ חתת; יעקב ‖ ישראל

LINE: Jeremiah 30:10b

כִּי־הִנְנִי מוֹשִׁיעֲךָ מֵרָחוֹק	10bA	[5]
וְאֶת־זַרְעֲךָ מֵאֶרֶץ שִׁבְיָם	10bB	[2]

Line parallelism: זרעך ‖ Suff. 2.m.s.; מארץ שבים ‖ מרחוק

LINE: Jeremiah 30:10c

וְשָׁב יַעֲקֹב	10cA	[12]
וְשָׁקַט וְשַׁאֲנַן	10cB	[8]
וְאֵין מַחֲרִיד:	10cC	[1]

Line parallelism: שוב ‖ שקט; שאנן ‖ אין מחריד

LINE: Jeremiah 30:11a

כִּי־אִתְּךָ אֲנִי נְאֻם־יְהֹוָה	11aA	[8]
לְהוֹשִׁיעֶךָ	11aB	[2]

Line parallelism: ישע Hi. ‖ את + Suff. 2.m.s.

LINE: Jeremiah 30:11b

כִּי אֶעֱשֶׂה כָלָה בְּכָל־הַגּוֹיִם ׀	11bA	[18]
אֲשֶׁר הֲפִצוֹתִיךָ שָּׁם	11bB	[7]

Line parallelism: עשה כלה ‖ פוץ

LINE: Jeremiah 30:11c

אַךְ אֹתְךָ לֹא־אֶעֱשֶׂה כָלָה	11cA	[5]
וְיִסַּרְתִּיךָ לַמִּשְׁפָּט	11cB	[5]
וְנַקֵּה לֹא אֲנַקֶּךָ:	11cC	[1]

Line parallelism: לֹא עשה כלה ‖ יסר למשפט ‖ לֹא נקה

LINE: Jeremiah 30:12a

כִּי כֹה אָמַר יְהֹוָה	12aA	[8]

Line parallelism: None (unicolon)

LINE: Jeremiah 30:12b

אָנוּשׁ לְשִׁבְרֵךְ	12bA	[2]
נַחְלָה מַכָּתֵךְ:	12bB	[1]

Line parallelism: מכה ‖ שבר ;נחלה ‖ אנוש

LINE: Jeremiah 30:13a

אֵין־דָּן דִּינֵךְ לְמָזוֹר	13aA	[2]
רְפֻאוֹת תְּעָלָה אֵין לָךְ:	13aB	[1]

Line parallelism: אֵין ‖ אֵין; enjambement

Colon parallelism: רפאות ‖ תעלה

LINE: Jeremiah 30:14a

כָּל־מְאַהֲבַיִךְ שְׁכֵחוּךְ	14aA	[5]
אוֹתָךְ לֹא יִדְרֹשׁוּ	14aB	[2]

Line parallelism: דרשׁ ‖ שׁכח

LINE: Jeremiah 30:14b

כִּי מַכַּת אוֹיֵב הִכִּיתִיךְ	14bA	[10]
מוּסַר אַכְזָרִי	14bB	[5]

Line parallelism: אכזרי ‖ אויב ;מוסר ‖ מכה

LINE: Jeremiah 30:14c

עַל רֹב עֲוֹנֵךְ	14cA	[5]
עָצְמוּ חַטֹּאתָיִךְ:	14cB	[1]

Line parallelism: חטאה ‖ עון ;עצם ‖ רב

LINE: Jeremiah 30:15a

מַה־תִּזְעַק עַל־שִׁבְרֵךְ	15aA	[5]
אָנוּשׁ מַכְאֹבֵךְ	15aB	[2]

Line parallelism: מכאב ‖ שבר ;אנוש ‖ זעק

LINE: Jeremiah 30:15b

עַל רֹב עֲוֹנֵךְ	15bA	[7]
עָצְמוּ חַטֹּאתַיִךְ	15bB	[5]
עָשִׂיתִי אֵלֶּה לָךְ:	15bC	[1]

Line parallelism: חטאה ‖ עון ;עצם ‖ רב

LINE: Jeremiah 30:16a

לָכֵן כָּל־אֹכְלַ֙יִךְ֙ יֵאָכֵ֔לוּ	16aA	[5]
וְכָל־צָרַ֛יִךְ כֻּלָּ֥ם בַּשְּׁבִ֖י יֵלֵ֑כוּ	16aB	[2]

Line parallelism: הלך בשבי ‖ אכל ‖ כל־צרדיך ‖ כל־אכליך; syntactical parallelism
Colon parallelism: אכל ‖ אכל

LINE: Jeremiah 30:16b

וְהָי֤וּ שֹׁאסַ֙יִךְ֙ לִמְשִׁסָּ֔ה	16bA	[5]
וְכָל־בֹּזְזַ֖יִךְ אֶתֵּ֥ן לָבַֽז׃	16bB	[1]

Line parallelism: נתן לבז ‖ היה משסה ;בזזים ‖ שאסים
Colon parallelism: בזז ‖ לבז

LINE: Jeremiah 30:17a

כִּ֠י אַעֲלֶ֤ה אֲרֻכָה֙ לָ֔ךְ	17aA	[12]
וּמִמַּכּוֹתַ֥יִךְ אֶרְפָּאֵ֖ךְ נְאֻם־יְהוָ֑ה	17aB	[2]

Line parallelism: רפא ‖ עלה ארכה

LINE: Jeremiah 30:17b

כִּ֤י נִדָּחָה֙ קָ֣רְאוּ לָ֔ךְ	17bA	[5]
צִיּ֣וֹן הִ֔יא דֹּרֵ֖שׁ אֵ֥ין לָֽהּ׃	17bB	[1]

Line parallelism: דרש ‖ קרא; enjambement

LINE: Jeremiah 30:18a

כֹּ֣ה ׀ אָמַ֣ר יְהוָ֗ה	18aA	[7]

Line parallelism: None (unicolon)

LINE: Jeremiah 30:18b

הִנְנִי־שָׁב֙ שְׁבוּת֙ אָהֳלֵ֣י יַעֲק֔וֹב	18bA	[5]
וּמִשְׁכְּנֹתָ֖יו אֲרַחֵ֑ם	18bB	[2]

Line parallelism: משכן ‖ אהל ;רחם ‖ שוב

LINE: Jeremiah 30:18c

וְנִבְנְתָ֥ה עִיר֙ עַל־תִּלָּ֔הּ	18cA	[5]
וְאַרְמ֖וֹן עַל־מִשְׁפָּט֥וֹ יֵשֵֽׁב׃	18cB	[1]

Line parallelism: על ‖ על ;ארמון ‖ עיר ;ישב ‖ בנה

LINE: Jeremiah 30:19a

וְיָצָ֥א מֵהֶ֖ם תּוֹדָ֑ה	19aA	[8]
וְק֖וֹל מְשַׂחֲקִ֑ים	19aB	[2]

Line parallelism: תודה || וקול משחקים

LINE: Jeremiah 30:19b

וְהִרְבִּתִים וְלֹא יִמְעָטוּ	19bA	[5]
וְהִכְבַּדְתִּים וְלֹא יִצְעָרוּ׃	19bB	[1]

Line parallelism: צער || מעט || לֹא || לֹא; כבד Hi. || רבה Hi.; grammatical parallelism

LINE: Jeremiah 30:20a

וְהָיוּ בָנָיו כְּקֶדֶם	20aA	[5]
וַעֲדָתוֹ לְפָנַי תִּכּוֹן	20aB	[2]

Line parallelism: בנים || עדה; כקדם || לפנים

LINE: Jeremiah 30:20b

וּפָקַדְתִּי עַל כָּל־לֹחֲצָיו׃	20bA	[1]

Line parallelism: None (unicolon)

LINE: Jeremiah 30:21a

וְהָיָה אַדִּירוֹ מִמֶּנּוּ	21aA	[7]
וּמֹשְׁלוֹ מִקִּרְבּוֹ יֵצֵא	21aB	[5]

Line parallelism: אדיר || מֹשל; ממנו היה || מקרבו יצא

LINE: Jeremiah 30:21b

וְהִקְרַבְתִּיו וְנִגַּשׁ אֵלָי	21bA	[2]
כִּי מִי הוּא־זֶה עָרַב אֶת־לִבּוֹ לָגֶשֶׁת אֵלַי	21bB	[8]
נְאֻם־יְהוָה׃	21bC	[1]

Line parallelism: קרב || ערב; נגש || נגש; אֵלַי || אֵלָי

LINE: Jeremiah 30:22a

וִהְיִיתֶם לִי לְעָם	22aA	[2]
וְאָנֹכִי אֶהְיֶה לָכֶם לֵאלֹהִים׃	22aB	[1]

Line parallelism: לִי || לכם; עם || אלהים

LINE: Jeremiah 30:23a

הִנֵּה ׀ סַעֲרַת יְהוָה	23aA	[7]
חֵמָה יָצְאָה	23aB	[2]

Line parallelism: סער || חמה

LINE: Jeremiah 30:23b

| | סַ֣עַר מִתְגּוֹרֵ֔ר | 23bA | [2] |
| עַ֖ל רֹ֥אשׁ רְשָׁעִ֖ים יָחֽוּל׃ | 23bB | [1] |

Line parallelism: חול ‖ נור Hitpol.

LINE: Jeremiah 30:24a

לֹ֣א יָשׁ֗וּב חֲרוֹן֙ אַף־יְהוָ֔ה	24aA	[5]
עַד־עֲשֹׂת֤וֹ וְעַד־הֲקִימ֖וֹ מְזִמּ֣וֹת לִבּ֑וֹ	24aB	[2]
בְּאַחֲרִ֥ית הַיָּמִ֖ים תִּתְבּ֥וֹנְנוּ בָֽהּ׃	24aC	[1]

Line parallelism: בין ‖ מזמות לב Hitpol.

LINE: Jeremiah 31:1a

בָּעֵ֤ת הַהִיא֙ נְאֻם־יְהוָ֔ה אֶֽהְיֶה֙ לֵֽאלֹהִ֔ים	1aA	[5]
לְכֹ֖ל מִשְׁפְּח֣וֹת יִשְׂרָאֵ֑ל	1aB	[2]
וְהֵ֖מָּה יִֽהְיוּ־לִ֥י לְעָֽם׃	1aC	[1]

Line parallelism: לי ‖ לכל משפחות ‖ עם; אלהים ‖ היה ‖ היה

LINE: Jeremiah 31:2a

| כֹּ֚ה אָמַ֣ר יְהוָ֔ה | 2aA | [5] |

Line parallelism: None (unicolon)

LINE: Jeremiah 31:2b

מָצָ֥א חֵן֙ בַּמִּדְבָּ֔ר	2bA	[5]
עַ֖ם שְׂרִ֣ידֵי חָ֑רֶב	2bB	[2]
הָל֥וֹךְ לְהַרְגִּיע֖וֹ יִשְׂרָאֵֽל׃	2bC	[1]

Line parallelism: הרב ‖ מדבר; הרגיע ‖ חן

LINE: Jeremiah 31:3a

| מֵרָח֕וֹק יְהוָ֖ה נִרְאָ֣ה לִ֑י | 3aA | [2] |

Line parallelism: none (unicolon)

LINE: Jeremiah 31:3b

| וְאַהֲבַ֤ת עוֹלָם֙ אֲהַבְתִּ֔יךְ | 3bA | [5] |
| עַל־כֵּ֖ן מְשַׁכְתִּ֥יךְ חָֽסֶד׃ | 3bB | [1] |

Line parallelism: חסד ‖ אהב

LINE: Jeremiah 31:4a

| ע֚וֹד אֶבְנֵ֔ךְ | 4aA | [10] |
| וְֽנִבְנֵ֔ית בְּתוּלַ֖ת יִשְׂרָאֵ֑ל | 4aB | [2] |

Line parallelism: בנה ‖ בנה

LINE: Jeremiah 31:4a

$$עוֹד תַּעְדִּי תֻפַּיִךְ\qquad 4bA\qquad [5]$$
$$וְיָצָאת בִּמְחוֹל מְשַׂחֲקִים:\qquad 4bB\qquad [1]$$

Line parallelism:

LINE: Jeremiah 31:5a

$$עוֹד תִּטְּעִי כְרָמִים בְּהָרֵי שֹׁמְרוֹן\qquad 5aA\qquad [2]$$
$$נָטְעוּ נֹטְעִים וְחִלֵּלוּ:\qquad 5aB\qquad [1]$$

Line parallelism: נטה ‖ נטה

LINE: Jeremiah 31:6a

$$כִּי יֶשׁ־יוֹם\qquad 6aA\qquad [5]$$
$$קָרְאוּ נֹצְרִים בְּהַר אֶפְרָיִם\qquad 6aB\qquad [2]$$

Line parallelism:

LINE: Jeremiah 31:6b

$$קוּמוּ וְנַעֲלֶה צִיּוֹן\qquad 6bA\qquad [5]$$
$$אֶל־יְהוָה אֱלֹהֵינוּ:\qquad 6bB\qquad [1]$$

Line parallelism: יהוה ‖ ציון

LINE: Jeremiah 31:7a

$$כִּי־כֹה ׀ אָמַר יְהוָה\qquad 7aA\qquad [7]$$
$$רָנּוּ לְיַעֲקֹב שִׂמְחָה\qquad 7aB\qquad [5]$$
$$וְצַהֲלוּ בְּרֹאשׁ הַגּוֹיִם\qquad 7aC\qquad [2]$$

Line parallelism: ראשׁ הגוים ‖ יעקב; צהל ‖ רנן

LINE: Jeremiah 31:7b

$$הַשְׁמִיעוּ הַלְלוּ וְאִמְרוּ\qquad 7bA\qquad [5]$$
$$הוֹשַׁע יְהוָה אֶת־עַמְּךָ\qquad 7bB\qquad [5]$$
$$אֵת שְׁאֵרִית יִשְׂרָאֵל:\qquad 7bC\qquad [1]$$

Line parallelism: ישׂראל ‖ עם

LINE: Jeremiah 31:8a

$$הִנְנִי מֵבִיא אוֹתָם מֵאֶרֶץ צָפוֹן\qquad 8aA\qquad [7]$$
$$וְקִבַּצְתִּים מִיַּרְכְּתֵי־אָרֶץ\qquad 8aB\qquad [3]$$

Line parallelism: ירכתי־ארץ ‖ ארץ צפון ‖ קבץ Pi.; בוא Hi. ‖ בוא

Line: Jeremiah 31:8b

בָּם עִוֵּר וּפִסֵּחַ	8bA	[5]
הָרָה וְיֹלֶדֶת יַחְדָּו	8bB	[2]
קָהָל גָּדוֹל יָשׁוּבוּ הֵנָּה:	8bC	[1]

Line parallelism: עור ‖ הרה; פסח ‖ ילדת

Line: Jeremiah 31:9a

בִּבְכִי יָבֹאוּ וּבְתַחֲנוּנִים אוֹבִילֵם	9aA	[3]
אוֹלִיכֵם אֶל־נַחֲלֵי מַיִם	9aB	[5]
בְּדֶרֶךְ יָשָׁר לֹא יִכָּשְׁלוּ בָּהּ	9aC	[2]

Line parallelism: הלך ‖ דרך
Colon parallelism: בכה ‖ תחנון; בוא ‖ יבל

Line: Jeremiah 31:9b

כִּי־הָיִיתִי לְיִשְׂרָאֵל לְאָב	9bA	[5]
וְאֶפְרַיִם בְּכֹרִי הוּא:	9bB	[1]

Line parallelism: ישׂראל ‖ אפרים; אב ‖ בכור

Line: Jeremiah 31:10a

שִׁמְעוּ דְבַר־יְהוָה גּוֹיִם	10aA	[5]
וְהַגִּידוּ בָאִיִּים מִמֶּרְחָק	10aB	[2]
וְאִמְרוּ	10aC	[7]

Line parallelism: שׁמע ‖ נגד ‖ אמר; גוים ‖ איים

Line: Jeremiah 31:10b

מְזָרֵה יִשְׂרָאֵל יְקַבְּצֶנּוּ	10bA	[5]
וּשְׁמָרוֹ כְּרֹעֶה עֶדְרוֹ:	10bB	[1]

Line parallelism: קבץ ‖ שׁמר

Line: Jeremiah 31:11a

כִּי־פָדָה יְהוָה אֶת־יַעֲקֹב	11aA	[2]
וּגְאָלוֹ מִיַּד חָזָק מִמֶּנּוּ:	11aB	[1]

Line parallelism: פדה ‖ גאל

Line: Jeremiah 31:12a

וּבָאוּ וְרִנְּנוּ בִמְרוֹם־צִיּוֹן	12aA	[3]
וְנָהֲרוּ אֶל־טוּב יְהוָה	12aB	[7]

Line parallelism: רנן ‖ נהר; ציון ‖ יהוה

Line: Jeremiah 31:12b

עַל־דָּגָן וְעַל־תִּירֹשׁ וְעַל־יִצְהָר	12bA	[5]
וְעַל־בְּנֵי־צֹאן וּבָקָר	12bB	[2]

Line parallelism: על ‖ על
Colon parallelism: בקר ‖ צאן ;יצהר ‖ תירש ‖ דגן

Line: Jeremiah 31:12c

וְהָיְתָה נַפְשָׁם כְּגַן רָוֶה	12cA	[5]
וְלֹא־יוֹסִיפוּ לְדַאֲבָה עוֹד:	12cB	[1]

Line parallelism: None

Line: Jeremiah 31:13a

אָז תִּשְׂמַח בְּתוּלָה בְּמָחוֹל	13aA	[5]
וּבַחֻרִים וּזְקֵנִים יַחְדָּו	13aB	[2]

Line parallelism: בחרים ‖ בתולה
Colon parallelism: במחול ‖ שמח

Line: Jeremiah 31:13b

וְהָפַכְתִּי אֶבְלָם לְשָׂשׂוֹן	13bA	[10]
וְנִחַמְתִּים וְשִׂמַּחְתִּים מִיגוֹנָם:	13bB	[1]

Line parallelism: שמח ‖ ששון ;ינון ‖ אבל
Colon parallelism: שמח ‖ נחם

Line: Jeremiah 31:14a

וְרִוֵּיתִי נֶפֶשׁ הַכֹּהֲנִים דָּשֶׁן	14aA	[2]
וְעַמִּי אֶת־טוּבִי יִשְׂבָּעוּ נְאֻם־יְהוָה:	14aB	[1]

Line parallelism: טוב ‖ דשן ;עם ‖ כהנים ;שבע ‖ רוה

Line: Jeremiah 31:15a

כֹּה ׀ אָמַר יְהֹוָה	15aA	[7]
קוֹל בְּרָמָה נִשְׁמָע נְהִי בְּכִי תַמְרוּרִים	15aB	[5]
רָחֵל מְבַכָּה עַל־בָּנֶיהָ	15aC	[2]

Colon parallelism: תמרורים ‖ בכי ;נהי ‖ שמע ‖ קול

Line: Jeremiah 31:15b

מֵאֲנָה לְהִנָּחֵם עַל־בָּנֶיהָ כִּי אֵינֶנּוּ:	15bA	[1]

Line parallelism: None (unicolon)

LINE: Jeremiah 31:16a

כֹּה ׀ אָמַר יְהוָה	16aA	[7]
מִנְעִי קוֹלֵךְ מִבֶּכִי	16aB	[5]
וְעֵינַיִךְ מִדִּמְעָה	16aC	[2]

Line parallelism: קוֹל ‖ עֵין ;בכה ‖ דמעה

LINE: Jeremiah 31:16b

כִּי יֵשׁ שָׂכָר לִפְעֻלָּתֵךְ נְאֻם־יְהוָה	16bA	[5]
וְשָׁבוּ מֵאֶרֶץ אוֹיֵב׃	16bB	[1]

Line parallelism: None

LINE: Jeremiah 31:17a

וְיֵשׁ־תִּקְוָה לְאַחֲרִיתֵךְ נְאֻם־יְהוָה	17aA	[2]
וְשָׁבוּ בָנִים לִגְבוּלָם׃	17aB	[1]

Line parallelism: None

LINE: Jeremiah 31:18a

שָׁמוֹעַ שָׁמַעְתִּי	18aA	[7]
אֶפְרַיִם מִתְנוֹדֵד	18aB	[5]

Line parallelism: None; there is, however, a strong syntactical connection
Colon parallelism: שמע ‖ שמע

LINE: Jeremiah 31:18b

יִסַּרְתַּנִי וָאִוָּסֵר	18bA	[5]
כְּעֵגֶל לֹא לֻמָּד	18bB	[2]

Line parallelism: None; there is, however, a strong syntactical connection
Colon parallelism: יסר ‖ יסר

LINE: Jeremiah 31:18c

הֲשִׁיבֵנִי וְאָשׁוּבָה	18cA	[5]
כִּי אַתָּה יְהוָה אֱלֹהָי׃	18cB	[1]

Line parallelism: None; there is, however, a strong syntactical connection
Colon parallelism: שוב ‖ שוב

LINE: Jeremiah 31:19a

כִּי־אַחֲרֵי שׁוּבִי נִחַמְתִּי	19aA	[5]
וְאַחֲרֵי הִוָּדְעִי סָפַקְתִּי עַל־יָרֵךְ	19aB	[2]

Line parallelism: ספק על־ירך ‖ נחם ;ידע ‖ שוב ;אחרי ‖ אחרי; grammatical parallelism

Line: Jeremiah 31:19b

בֹּשְׁתִּי וְגַם־נִכְלַמְתִּי	19bA	[5]
כִּי נָשָׂאתִי חֶרְפַּת נְעוּרָי׃	19bB	[1]

Line parallelism: חרפה ‖ בוש
Colon parallelism: כלם ‖ בוש

Line: Jeremiah 31:20a

הֲבֵן יַקִּיר לִי אֶפְרַיִם	20aA	[7]
אִם יֶלֶד שַׁעֲשֻׁעִים	20aB	[5]

Line parallelism: שעשעים ‖ יקיר ;ילד ‖ בן

Line: Jeremiah 31:20b

כִּי־מִדֵּי דַבְּרִי בֹּו	20bA	[5]
זָכֹר אֶזְכְּרֶנּוּ עֹוד	20bB	[2]

Line parallelism: זכר ‖ דבר

Line: Jeremiah 31:20c

עַל־כֵּן הָמוּ מֵעַי לֹו	20cA	[5]
רַחֵם אֲרַחֲמֶנּוּ נְאֻם־יְהוָה׃	20cB	[1]

Line parallelism: רחם ‖ מעים ;רחם ‖ המה
Colon parallelism: רחם ‖ רחם

Line: Jeremiah 31:21a

הַצִּיבִי לָךְ צִיֻּנִים	21aA	[7]
שִׂמִי לָךְ תַּמְרוּרִים	21aB	[5]

Line parallelism: לך ‖ לך ;תמרורים ‖ צינים ;שים ‖ נצב; grammatical parallelism

Line: Jeremiah 31:21b

שִׁתִי לִבֵּךְ לַמְסִלָּה	21bA	[8]
דֶּרֶךְ הָלָכְתִּי	21bB	[2]

Line parallelism: דרך ‖ מסלה ;הלך ‖ שים

Line: Jeremiah 31:21c

שֻׁבִי בְּתוּלַת יִשְׂרָאֵל	21cA	[5]
שֻׁבִי אֶל־עָרַיִךְ אֵלֶּה׃	21cB	[1]

Line parallelism: שוב ‖ שוב ;ישראל ‖ עירים; grammatical parallelism

LINE: Jeremiah 31:22a

עַד־מָתַי֙ תִּתְחַמָּקִ֔ין	22aA	[5]
הַבַּ֖ת הַשּׁוֹבֵבָ֑ה	22aB	[2]

Line parallelism: חמק Hitpal. ‖ שׁוב Polel

LINE: Jeremiah 31:22b

כִּֽי־בָרָ֨א יְהוָ֤ה חֲדָשָׁה֙ בָּאָ֔רֶץ	22bA	[5]
נְקֵבָ֖ה תְּסֹ֥ובֵֽב גָּֽבֶר׃	22bB	[1]

Line parallelism: None

LINE: Jeremiah 31:23a

כֹּֽה־אָמַ֞ר יְהוָ֧ה צְבָאֹות֛ אֱלֹהֵ֥י יִשְׂרָאֵ֖ל	23aA	[5]

Line parallelism: None (unicolon)
Colon parallelism: אלהים ‖ צבאות ‖ יהוה

LINE: Jeremiah 31:23b

עֹ֣וד יֹאמְר֞וּ אֶת־הַדָּבָ֤ר הַזֶּה֙	23bA	[7]
בְּאֶ֤רֶץ יְהוּדָה֙ וּבְעָרָ֔יו	23bB	[5]

Line parallelism: None
Colon parallelism: עירים ‖ ארץ ;דבר ‖אמר‖

LINE: Jeremiah 31:23c

בְּשׁוּבִ֖י אֶת־שְׁבוּתָ֑ם	23cA	[2]
יְבָרֶכְךָ֧ יְהוָ֛ה נְוֵה־צֶ֖דֶק הַ֥ר הַקֹּֽדֶשׁ׃	23cB	[1]

Line parallelism: None
Colon parallelism: קדש ‖ צדק ‖ בר ;שבות ‖ שׁוב

LINE: Jeremiah 31:24a

וְיָ֥שְׁבוּ בָ֛הּ יְהוּדָ֖ה וְכָל־עָרָ֣יו יַחְדָּ֑ו	24aA	[2]
אִכָּרִ֖ים וְנָסְע֥וּ בַּעֵֽדֶר׃	24aB	[1]

Line parallelism: None; grammatical parallelism
Colon parallelism: נסע בעדר ‖ אכרים ;עירים ‖ יהודה

LINE: Jeremiah 31:25a

כִּ֥י הִרְוֵ֖יתִי נֶ֣פֶשׁ עֲיֵפָ֑ה	25aA	[2]
וְכָל־נֶ֥פֶשׁ דָּֽ אֲבָ֖ה מִלֵּֽאתִי׃	25aB	[1]

Line parallelism: דאבה ‖ עיפה ;נפשׁ ‖ נפשׁ ;מלא ‖ רוה

LINE: Jeremiah 31:26a

עַל־זֹאת הֱקִיצֹתִי וָאֶרְאֶה	26aA	[2]
וּשְׁנָתִי עָרְבָה לִּי:	26aB	[1]

Line parallelism: קוץ ‖ שׁנה

LINE: Jeremiah 31:27a

הִנֵּה יָמִים בָּאִים נְאֻם־יְהֹוָה	27aA	[2]

Line parallelism: None (unicolon)

LINE: Jeremiah 31:27b

וְזָרַעְתִּי אֶת־בֵּית יִשְׂרָאֵל וְאֶת־בֵּית יְהוּדָה	27bA	[5]
זֶרַע אָדָם וְזֶרַע בְּהֵמָה:	27bB	[1]

Line parallelism: זרע ‖ זרע
Colon parallelism: בהמה ‖ אדם ;זרע ‖ זרע ;בית יהודה ‖ בית ישׂראל

LINE: Jeremiah 31:28a

וְהָיָה כַּאֲשֶׁר שָׁקַדְתִּי עֲלֵיהֶם	28aA	[7]
לִנְתוֹשׁ וְלִנְתוֹץ וְלַהֲרֹס וּלְהַאֲבִיד וּלְהָרֵעַ	28aB	[2]

Line parallelism: None
Colon parallelism: רעע ‖ הרס ‖ נתץ ‖ נתשׁ

LINE: Jeremiah 31:28b

כֵּן אֶשְׁקֹד עֲלֵיהֶם לִבְנוֹת וְלִנְטוֹעַ	28bA	[8]
נְאֻם־יְהֹוָה:	28bB	[1]

Line parallelism: None
Colon parallelism: נטע ‖ בנה

LINE: Jeremiah 31:29a

בַּיָּמִים הָהֵם לֹא־יֹאמְרוּ עוֹד	29aA	[5]

Line parallelism: None (introductory formula)

LINE: Jeremiah 31:29b

אָבוֹת אָכְלוּ בֹסֶר	29bA	[2]
וְשִׁנֵּי בָנִים תִּקְהֶינָה:	29bB	[1]

Line parallelism: קהה ‖ בסר ;שֵׁן ‖ אכל ;בן ‖ אב

Line: Jeremiah 31:30a

כִּי אִם־אִישׁ בַּעֲוֺנוֹ יָמוּת	30aA	[2]
כָּל־הָאָדָם הָאֹכֵל הַבֹּסֶר	30aB	[8]
תִּקְהֶינָה שִׁנָּיו׃	30aC	[1]

Line parallelism: אִישׁ ‖ אָדָם; עָוֺן ‖ אָכַל; אָכַל ‖ שֵׁן; מוּת ‖ קהה; בֹּסֶר ‖ קהה

Line: Jeremiah 31:31a

הִנֵּה יָמִים בָּאִים נְאֻם־יְהוָה	31aA	[2]

Line parallelism: None (unicolon)

Line: Jeremiah 31:31b

וְכָרַתִּי אֶת־בֵּית יִשְׂרָאֵל וְאֶת־בֵּית יְהוּדָה בְּרִית חֲדָשָׁה׃	31bA	[1]

Line parallelism: None (unicolon)
Colon parallelism: בַּיִת ‖ בָּתִּי; יְהוּדָה ‖ יִשְׂרָאֵל

Line: Jeremiah 31:32a

לֹא כַבְּרִית אֲשֶׁר כָּרַתִּי אֶת־אֲבוֹתָם	32aA	[5]
בְּיוֹם הֶחֱזִיקִי בְיָדָם	32aB	[5]
לְהוֹצִיאָם מֵאֶרֶץ מִצְרָיִם	32aC	[2]

Line parallelism: None

Line: Jeremiah 31:32b

אֲשֶׁר־הֵמָּה הֵפֵרוּ אֶת־בְּרִיתִי	32bA	[7]
וְאָנֹכִי בָּעַלְתִּי בָם נְאֻם־יְהוָה׃	32bB	[1]

Line parallelism: הֵמָּה ‖ אָנֹכִי; הֵפֵר ‖ בַּעַל

Line: Jeremiah 31:33a

כִּי זֹאת הַבְּרִית אֲשֶׁר אֶכְרֹת אֶת־בֵּית יִשְׂרָאֵל	33aA	[13]
אַחֲרֵי הַיָּמִים הָהֵם נְאֻם־יְהוָה	33aB	[5]

Line parallelism: None (introductory formula)

Line: Jeremiah 31:33b

נָתַתִּי אֶת־תּוֹרָתִי בְּקִרְבָּם	33bA	[5]
וְעַל־לִבָּם אֶכְתֲּבֶנָּה	33bB	[2]

Line parallelism: נָתַן ‖ כָּרַת; קֶרֶב ‖ לֵב

Line: Jeremiah 31:33c

וְהָיִיתִי לָהֶם לֵאלֹהִים	33cA	[5]
וְהֵמָּה יִהְיוּ־לִי לְעָם׃	33cB	[1]

Line parallelism: עם ‖ אלהים ;לי ‖ להם ;היה ‖ היה

LINE: Jeremiah 31:34a

וְלֹא יְלַמְּדוּ עוֹד אִישׁ אֶת־רֵעֵהוּ	34aA	[13]
וְאִישׁ אֶת־אָחִיו לֵאמֹר	34aB	[5]

Line parallelism: אח ‖ רע ;איש ‖ איש ;אמר ‖ למד

LINE: Jeremiah 31:34b

דְּעוּ אֶת־יְהוָה	34bA	[2]
כִּי־כוּלָּם יֵדְעוּ אוֹתִי	34bB	[13]
לְמִקְטַנָּם וְעַד־גְּדוֹלָם נְאֻם־יְהוָה	34bC	[5]

Line parallelism: ידע ‖ ידע
Colon parallelism: נדול ‖ קטן

LINE: Jeremiah 31:34c

כִּי אֶסְלַח לַעֲוֺנָם	34cA	[5]
וּלְחַטָּאתָם לֹא אֶזְכָּר־עוֹד:	34cB	[1]

Line parallelism: חטא ‖ עון ;זכר ‖ סלח

LINE: Jeremiah 31:35a

כֹּה ׀ אָמַר יְהוָה	35aA	[7]

Line parallelism: None (unicolon)

LINE: Jeremiah 31:35b

נֹתֵן שֶׁמֶשׁ לְאוֹר יוֹמָם	35bA	[5]
חֻקֹּת יָרֵחַ וְכוֹכָבִים לְאוֹר לָיְלָה	35bB	[2]

Line parallelism: לילה ‖ יום ;אור ‖ אור ;ירח וכוכבים ‖ שמש ;חקק ‖ נתן

LINE: Jeremiah 31:35c

רֹגַע הַיָּם וַיֶּהֱמוּ גַלָּיו	35cA	[5]
יְהוָה צְבָאוֹת שְׁמוֹ:	35cB	[1]

Line parallelism: None
Colon parallelism: ים ‖ גל ;המה ‖ רגע

LINE: Jeremiah 31:36a

אִם־יָמֻשׁוּ הַחֻקִּים הָאֵלֶּה מִלְּפָנַי נְאֻם־יְהוָה	36aA	[2]
גַּם זֶרַע יִשְׂרָאֵל יִשְׁבְּתוּ	36aB	[7]
מִהְיוֹת גּוֹי לְפָנַי כָּל־הַיָּמִים:	36aC	[1]

Line parallelism: לפנים ‖ לפנים ;שבת ‖ מוש

LINE: Jeremiah 31:36a

אִם־יָמֻשׁוּ הַחֻקִּים הָאֵלֶּה מִלְּפָנַי נְאֻם־יְהוָה	36aA	[2]
גַּם זֶרַע יִשְׂרָאֵל יִשְׁבְּתוּ	36aB	[7]
מִהְיוֹת גּוֹי לְפָנַי כָּל־הַיָּמִים׃	36aC	[1]

Line parallelism: לפנים ‖ לפני ;שבת ‖ מוש

LINE: Jeremiah 31:37a

כֹּה ׀ אָמַר יְהוָה	37aA	[7]

Line parallelism: None (unicolon)

LINE: Jeremiah 31:37b

אִם־יִמַּדּוּ שָׁמַיִם מִלְמַעְלָה	37bA	[5]
וְיֵחָקְרוּ מוֹסְדֵי־אֶרֶץ לְמָטָּה	37bB	[2]

Line parallelism: מטה ‖ מעלה ;ארץ ‖ שמים ;חקר ‖ מדד

LINE: Jeremiah 31:37c

גַּם־אֲנִי אֶמְאַס בְּכָל־זֶרַע יִשְׂרָאֵל	37cA	[12]
עַל־כָּל־אֲשֶׁר עָשׂוּ נְאֻם־יְהוָה׃	37cB	[1]

Line parallelism: כל ‖ כל ;עשׂה ‖ מאס

LINE: Jeremiah 31:38a

הִנֵּה יָמִים , , [בָּאִים] נְאֻם־יְהוָה	38aA	[2]

Line parallelism: None (unicolon)

LINE: Jeremiah 31:38b

וְנִבְנְתָה הָעִיר לַיהוָה	38bA	[5]
מִמִּגְדַּל חֲנַנְאֵל שַׁעַר הַפִּנָּה׃	38bB	[1]

Line parallelism: None
Colon parallelism: הפנה ‖ חננאל ;שער ‖ מגדל

LINE: Jeremiah 31:39a

וְיָצָא עוֹד קָוֵה הַמִּדָּה נֶגְדּוֹ	39aA	[5]
עַל גִּבְעַת גָּרֵב	39aB	[2]
וְנָסַב גֹּעָתָה׃	39aC	[1]

Line parallelism: נעתה ‖ נרב ;נסב ‖ יצא

LINE: Jeremiah 31:40a

וְכָל־הָעֵמֶק הַפְּגָרִים ׀ וְהַדֶּשֶׁן	40aAα	[15]
וְכָל־הַשְּׁרֵמוֹת עַד־נַחַל קִדְרוֹן	40aAβ	[13]

עַד־פְּנַת שַׁעַר הַסּוּסִים מִזְרָחָה	40aAγ	[5]
קֹדֶשׁ לַיהוָה	40aB	[2]

Line parallelism: הַשְּׂדֵמוֹת[54] ‖ פנרים

LINE: Jeremiah 31:40b

לֹא־יִנָּתֵשׁ וְלֹא־יֵהָרֵס עוֹד	40aA	[8]
לְעוֹלָם׃	40aB	[1]

Line parallelism: לעולם ‖ לא עוד

3.8 *Delimitation of Strophes*

STROPHE Intro.i.1 (Jeremiah 30:1–2)

הַדָּבָר אֲשֶׁר הָיָה אֶל־יִרְמְיָהוּ	1aA	[5]
מֵאֵת יְהוָה לֵאמֹר׃	1aB	[1]

= Masoretic verse.
Separation ↑ major division markers in the textual tradition.[55]
Separation ↓ division markers especially in the Greek tradition.
Strophe parallelism: דבר‖ אמר Pi.

STROPHE Intro.i.2 (Jeremiah 30:3)

כֹּה אָמַר יְהוָה אֱלֹהֵי יִשְׂרָאֵל לֵאמֹר	2aA	[2]
כְּתָב־לְךָ אֵת כָּל־הַדְּבָרִים	2bA	[12]
אֲשֶׁר־דִּבַּרְתִּי אֵלֶיךָ אֶל־סֵפֶר׃	2bB	[1]
כִּי הִנֵּה יָמִים בָּאִים נְאֻם־יְהוָה	3aA	[5]
וְשַׁבְתִּי אֶת־שְׁבוּת	3aB	[10]
עַמִּי יִשְׂרָאֵל וִיהוּדָה אָמַר יְהוָה	3aC	[2]
וַהֲשִׁבֹתִים אֶל־הָאָרֶץ	3bA	[12]
אֲשֶׁר־נָתַתִּי לַאֲבוֹתָם וִירֵשׁוּהָ׃	3bB	[1]

≠ Masoretic verse.
Separation ↑ division markers especially in the Greek tradition; prophetic introductory formula.
Separation ↓ major division markers in the textual tradition.
Strophe parallelism: אר‍ץ ‖ עם; שוב ‖ שוב; דברים ‖ דבר
Discussion: there exists a thematic coherence between the two lines in the strophe, they both narrate salvation.

---

[54] For פנר meaning 'sacrifice for the dead' see, e.g., J.H. Ebach, '*PGR* = (Toten-)Opfer: Ein Vorschlag zum Verständniss von Ez. 43,7.8', *UF* 3 (1971), 368; on the reading השדמות see above 2.2.4.
[55] See the manuscripts 𝕲ᴬ, 𝕲ˢ and 𝕲ⱽ.

Strophe I Envelope (Jeremiah 30:4)

וְאֵלֶּה הַדְּבָרִים   4aA   [7]

אֲשֶׁר דִּבֶּר יְהֹוָה אֶל־יִשְׂרָאֵל וְאֶל־יְהוּדָה: 4aB   [1]

= Masoretic verse.
Separation ↑ major division markers in the textual tradition.
Separation ↓ major division markers in the textual tradition.
Strophe parallelism: none, the strophe contains only one line that functions
as the introduction to the first seven Sub-Cantos.

Strophe A.i.1   (Jeremiah 30:5)

כִּי־כֹה אָמַר יְהֹוָה   5aA   [5]

קוֹל חֲרָדָה שָׁמָעְנוּ   5bA   [2]

פַּחַד וְאֵין שָׁלוֹם: 5bB   [1]

= Masoretic verse.
Separation ↑ major division markers in the textual tradition; prophetic
introductory formula.
Separation ↓ None
Strophe parallelism: None
Discussion: there is a thematic coherence within the strophe, the terror,
however, is presented differently: the auditive dimension of the first strophe is parallelled by the visionary in the second. The masoretic division
into verses and the fact that 6aB is—just like 6bA–cB—witten in the form
of an interrogative clause could suggest a different division into strofes: A.i.1
30:5 and A.i.2 30:6. There are, however, two arguments in favour of the
division presented here:

(1) The major division marker found in the Greek tradition;
(2) The division presented here leads to a canticle containg three strophes
     with four cola each plus an introductory line.

Strophe A.i.2 (Jeremiah 30:6*)

שַׁאֲלוּ־נָא וּרְאוּ אִם־יֹלֵד זָכָר   6aA   [2]

מַדּוּעַ רָאִיתִי כָל־גֶּבֶר יָדָיו עַל־ חֲלָצָיו כַּיּוֹלֵדָה   6aB   [5]

וְנֶהֶפְכוּ כָל־פָּנִים לְיֵרָקוֹן: [לֹהָו] היו   6aC   [1/7]

≠ Masoretic verse.
Separation ↑ major division marker in the textual tradition; interrogative
pronoun.
Separation ↓ interrogatives.
Strophe parallelism: None, contains one line.
Discussion: the unit is hold together by the fact that it contains two par-
allell interrogatives.

STROPHE A.i.3 (Jeremiah 30:7)

כִּי־גָדוֹל הַיּוֹם הַהוּא	7aA	[8]
מֵאַיִן כָּמֹהוּ	7aB	[2]
וְעֵת־צָרָה הִיא לְיַעֲקֹב	7bA	[5]
וּמִמֶּנָּה יִוָּשֵׁעַ׃	7bB	[1]

≠ Masoretic verse.
Separation ↑ motivating clause.
Separation ↓ major division markers in the textual tradition.
Strophe parallelism: עת ‖ יום ם

STROPHE A.ii.1 (Jeremiah 30:8a–b)

וְהָיָה בַיּוֹם הַהוּא נְאֻם ׀ יְהוָה צְבָאוֹת	8aA	[7]
אֶשְׁבֹּר עֻלּוֹ מֵעַל צַוָּארֶךָ	8bA	[5]
וּמוֹסְרוֹתֶיךָ אֲנַתֵּק	8bB	[2]

≠ Masoretic verse.
Separation ↑ major division marker in the textual tradition.
Separation ↓ none.
Strophe parallelism: None (one line)

STROPHE A.ii.2 (Jeremiah 30:8c-9)

וְלֹא־יַעַבְדוּ־בוֹ עוֹד זָרִים׃	8c/9aA	[1]
וְעָבְדוּ אֵת יְהוָה אֱלֹהֵיהֶם	8c/9aB	[2]
וְאֵת דָּוִד מַלְכָּם	9bA	[5]
אֲשֶׁר אָקִים לָהֶם׃	9bB	[1]

≠ Masoretic verse.
Separation ↑ none.
Separation ↓ major division markers in the textual tradition; independent
pers. pronoun.
Strophe parallelism: דוד ‖ יהוה ‖ מלך; אלהים
Discussion: next to the line antithesis יהוה ‖ זרים, there exists a strophe
antithesis דוד‖ זרים; syntactically the strophe is one unit.

STROPHE A.iii.1 (Jeremiah 30:10)

וְאַתָּה אַל־תִּירָא עַבְדִּי יַעֲקֹב נְאֻם־יְהֹוָה	10aA	[10]
וְאַל־תֵּחַת יִשְׂרָאֵל	10aB	[5]
כִּי הִנְנִי מוֹשִׁיעֲךָ מֵרָחוֹק	10bA	[5]
וְאֶת־זַרְעֲךָ מֵאֶרֶץ שִׁבְיָם	10bB	[2]
וְשָׁב יַעֲקֹב	10cA	[12]
וְשָׁקַט וְשַׁאֲנַן	10cB	[8]
וְאֵין מַחֲרִיד׃	10cC	[1]

= Masoretic verse.
Separation ↑ major division markers in the textual tradition; independent
pers. pronoun.

Separation ↓ independent pers. pronoun.
Strophe parallelism: שׁוּב ‖ שְׁבִי ;חֲרֵד ‖ יְרֵא

Strophe A.iii.2 (Jeremiah 30:11)

כִּי־אִתְּךָ אֲנִי נְאֻם־יְהוָה	11aA	[8]
לְהוֹשִׁיעֶךָ	11aB	[2]
כִּי אֶעֱשֶׂה כָלָה בְּכָל־הַגּוֹיִם ׀	11bA	[18]
אֲשֶׁר הֲפִצוֹתִיךָ שָּׁם	11bB	[7]
אַךְ אֹתְךָ לֹא־אֶעֱשֶׂה כָלָה	11cA	[5]
וְיִסַּרְתִּיךָ לַמִּשְׁפָּט	11cB	[5]
וְנַקֵּה לֹא אֲנַקֶּךָ׃	11cC	[1]

= Masoretic verse.
Separation ↑ independent pers. pronoun.
Separation ↓ major division markers in the textual tradition.
Strophe parallelism: כִּי ‖ כִּי; אֵת (הָיָה) ‖ כלה עשׂה; עשׂה כלה ‖ עשׂה כלה (with objects standing in antithesis, however).

Strophe B.i.1 (Jeremiah 30:12-13)

כִּי כֹה אָמַר יְהוָה	12aA	[8]
אָנוּשׁ לְשִׁבְרֵךְ	12bA	[2]
נַחְלָה מַכָּתֵךְ׃	12bB	[1]
אֵין־דָּן דִּינֵךְ לְמָזוֹר	13aA	[2]
רְפֻאוֹת תְּעָלָה אֵין לָךְ׃	13aB	[1]

≠ Masoretic verse.
Separation ↑ major division markers in the textual tradition, prophetic introductory formula.
Separation ↓ none.
Strophe parallelism: מכה ‖ מזור
Discussion: both lines in the strophe underscore the desperateness of the situation.

Strophe B.i.2 (Jeremiah 30:14)

כָּל־מְאַהֲבַיִךְ שְׁכֵחוּךְ	14aA	[5]
אוֹתָךְ לֹא יִדְרֹשׁוּ	14aB	[2]
כִּי מַכַּת אוֹיֵב הִכִּיתִיךְ	14bA	[10]
מוּסַר אַכְזָרִי	14bB	[5]
עַל רֹב עֲוֹנֵךְ	14cA	[5]
עָצְמוּ חַטֹּאתָיִךְ׃	14cB	[1]

= Masoretic verse.
Separation ↑ none.
Separation ↓ major division marker in the textual tradition, interrogative clause.
Strophe parallelism: אהב ‖ איב

Discussion: the antithetic parallelism between 'lovers' and 'enemy//ruth-less' holds together the first two lines of the strophe, the second line serves as a motivation for the first, the third as a motivation for the second.

STROPHE B.ii.1 (Jeremiah 30:15)

מַה־תִּזְעַק עַל־שִׁבְרֵךְ	15aA	[5]
אָנוּשׁ מַכְאֹבֵךְ	15aB	[2]
עַל רֹב עֲוֹנֵךְ	15bA	[7]
עָצְמוּ חַטֹּאתַיִךְ	15bB	[5]
עָשִׂיתִי אֵלֶּה לָךְ:	15bC	[1]

= Masoretic verse.
Separation ↑ major division marker in the textual tradition, interrogative clause.
Separation ↓ major division marker in the textual tradition, deictic particle.
Strophe parallelism: חטאה ‖ מכאב ‖ עון; ‖ שבר
Discussion: both lines in the strophe underscore the desparateness of the situation.

STROPHE B.iii.1 (Jeremiah 30:16)

לָכֵן כָּל־אֹכְלַיִךְ יֵאָכֵלוּ	16aA	[5]
וְכָל־צָרַיִךְ כֻּלָּם בַּשְּׁבִי יֵלֵכוּ	16aB	[2]
וְהָיוּ שֹׁאסַיִךְ לִמְשִׁסָּה	16bA	[5]
וְכָל־בֹּזְזַיִךְ אֶתֵּן לָבַז:	16bB	[1]

= Masoretic verse.
Separation ↑ major division marker in the textual tradition, deictic particle.
Separation ↓ none.
Strophe parallelism: אכל ;כל ‖ כל ‖ כל ‖ כל ;בזזים ‖ שאסים ‖ צרים ‖ אכלים
Ni. ‖ בשבי הלך ‖ היה למשסה ‖ נתן לבז.

STROPHE B.iii.2 (Jeremiah 30:17)

כִּי אַעֲלֶה אֲרֻכָה לָךְ	17aA	[12]
וּמִמַּכּוֹתַיִךְ אֶרְפָּאֵךְ נְאֻם־יְהוָה	17aB	[2]
כִּי נִדָּחָה קָרְאוּ לָךְ	17bA	[5]
צִיּוֹן הִיא דֹּרֵשׁ אֵין לָהּ:	17bB	[1]

= Masoretic verse.
Separation ↑ none.
Separation ↓ major division markers in the textual tradition.
Strophe parallelism: כי ‖ כי.
Discussion: line 17b functions as a—albeit enigmatic—motivation to line 17a.

STROPHE C.i.1 (Jeremiah 30:18)

כֹּה ׀ אָמַר יְהֹוָה	18aA	[7]
הִנְנִי־שָׁב שְׁבוּת אׇהֳלֵי יַעֲקוֹב	18bA	[5]
וּמִשְׁכְּנֹתָיו אֲרַחֵם	18bB	[2]
וְנִבְנְתָה עִיר עַל־תִּלָּהּ	18cA	[5]
וְאַרְמוֹן עַל־מִשְׁפָּטוֹ יֵשֵׁב׃	18cB	[1]

= Masoretic verse.
Separation ↑ major division markers in the textual tradition, prophetic introductory formula.
Separation ↓ none.
Strophe parallelism: אהלים ‖ עיר; משׁכנות ‖ ארמון.

STROPHE C.i.2 (Jeremiah 30:19)

וְיָצָא מֵהֶם תּוֹדָה	19aA	[8]
וְקוֹל מְשַׂחֲקִים	19aB	[2]
וְהִרְבִּתִים וְלֹא יִמְעָטוּ	19bA	[5]
וְהִכְבַּדְתִּים וְלֹא יִצְעָרוּ׃	19bB	[1]

= Masoretic verse.
Separation ↑ none.
Separation ↓ none.
Strophe parallelism:

STROPHE C.i.3 (Jeremiah 30:20–21a)

וְהָיוּ בָנָיו כְּקֶדֶם	20aA	[5]
וַעֲדָתוֹ לְפָנַי תִּכּוֹן	20aB	[2]
וּפָקַדְתִּי עַל כָּל־לֹחֲצָיו׃	20bA	[1]
וְהָיָה אַדִּירוֹ מִמֶּנּוּ	21aA	[7]
וּמֹשְׁלוֹ מִקִּרְבּוֹ יֵצֵא	21aB	[5]

≠ Masoretic verse.
Separation ↑ none.
Separation ↓ none.
Strophe parallelism:
Discussion: assonance between עדה and אדיר.

STROPHE C.i.4 (Jeremiah 30:21b–22)

וְהִקְרַבְתִּיו וְנִגַּשׁ אֵלָי	21bA	[2]
כִּי מִי הוּא־זֶה עָרַב אֶת־לִבּוֹ לָגֶשֶׁת אֵלַי נְאֻם־יְהֹוָה׃	21bB	[1]
וִהְיִיתֶם לִי לְעָם	22aA	[2]
וְאָנֹכִי אֶהְיֶה לָכֶם לֵאלֹהִים׃	22aB	[1]

≠ Masoretic verse.
Separation ↑ none.
Separation ↓ major division markers in the textual tradition.
Strophe parallelism:

STROPHE C.ii.1 (Jeremiah 30:23)

הִנֵּה ׀ ס עֲרַת יְהוָה	23aA	[7]
חֵמָה יָצְאָה	23aB	[2]
סַעַר מִתְגּוֹרֵר	23bA	[2]
עַל רֹאשׁ רְשָׁעִים יָחוּל:	23bB	[1]

= Masoretic verse.
Separation ↑ major division markers in the textual tradition; deictic particle.
Separation ↓ none.
Strophe parallelism: רשעים ‖ חמה ‖ סער; סערה ‖ סער

STROPHE C.ii.2 (Jeremiah 30:24)

לֹא יָשׁוּב חֲרוֹן אַף־יְהוָה	24aA	[5]
עַד־עֲשֹׂתוֹ וְעַד־הֲקִימוֹ מְזִמּוֹת לִבּוֹ	24aB	[2]
בְּאַחֲרִית הַיָּמִים תִּתְבּוֹנְנוּ בָהּ:	24aC	[1]

= Masoretic verse.
Separation ↑ none.
Separation ↓ none.
Strophe parallelism: None (one line).

STROPHE C.ii.3 (Jeremiah 31:1)

בָּעֵת הַהִיא נְאֻם־יְהוָה אֶהְיֶה לֵאלֹהִים	1aA	[5]
לְכֹל מִשְׁפְּחוֹת יִשְׂרָאֵל	1aB	[2]
וְהֵמָּה יִהְיוּ־לִי לְעָם:	1aC	[1]

= Masoretic verse.
Separation ↑ none.
Separation ↓ major division markers in the textual tradition.
Strophe parallelism: None (one line).

STROPHE D.i.1 (Jeremiah 31:2)

כֹּה אָמַר יְהוָה	2aA	[5]
מָצָא חֵן בַּמִּדְבָּר	2bA	[5]
עַם שְׂרִידֵי חָרֶב	2bB	[2]
הָלוֹךְ לְהַרְגִּיעוֹ יִשְׂרָאֵל:	2bC	[1]

= Masoretic verse.
Separation ↑ major division markers in the textual tradition; prophetic introductory formula.
Separation ↓ none.
Strophe parallellsm: None

STROPHE D.i.2   (Jeremiah 31:3)

מֵרָחוֹק יְהוָה נִרְאָה לִי	3aA	[2]
וְאַהֲבַת עוֹלָם אֲהַבְתִּיךְ	3bA	[5]
עַל־כֵּן מְשַׁכְתִּיךְ חָסֶד׃	3bB	[1]

= Masoretic verse.
Separation ↑ none.
Separation ↓ deictic particle.
Strophe parallellsm: רחוק ǁ עולם.

STROPHE D.ii.1 (Jeremiah 31:4–5)

עוֹד אֶבְנֵךְ	4aA	[5]
וְנִבְנֵית בְּתוּלַת יִשְׂרָאֵל	4aB	[2]
עוֹד תַּעְדִּי תֻפַּיִךְ	4bA	[5]
וְיָצָאת בִּמְחוֹל מְשַׂחֲקִים׃	4bB	[1]
עוֹד תִּטְּעִי כְרָמִים בְּהָרֵי שֹׁמְרוֹן	5aA	[2]
נָטְעוּ נֹטְעִים וְחִלֵּלוּ׃	5aB	[1]

≠ Masoretic verse.
Separation ↑ none.
Separation ↓ deictic particle.
Strophe parallelism: שחק ǁ שמרון; נטע ǁ בנה; עוד ǁ עוד ǁ עוד; ישׂלאל ǁ חלל.
Discussion: I have chosen to construe Jer. 31:4–5 as one strophe. It would
also have been possible to regard 31:5 as a separate strophe containing
three lines:

עוֹד תִּטְּעִי כְרָמִים	5aA	[5]
בְּהָרֵי שֹׁמְרוֹן	5aB	[2]
נָטְעוּ נֹטְעִים וְחִלֵּלוּ׃	5aC	[1]

The presence of the zaqeph [1] as well as the adverb עוֹד, generally the
indicator of a new strophe, would be a good argument in favour of this
view. It should be noted, however, that 4bA also opens with the adverb
עוד. Therefore, I would opt for the interpretation of 31:4–5 as a tripartite
strophe.

STROPHE D.ii.2 (Jeremiah 31:6)

כִּי יֶשׁ־יוֹם	6aA	[5]
קָרְאוּ נֹצְרִים בְּהַר אֶפְרָיִם	6aB	[2]
קוּמוּ וְנַ עֲלֶה צִיּוֹן	6bA	[5]
אֶל־יְהוָה אֱלֹהֵינוּ׃	6bB	[1]

= Masoretic verse.
Separation ↑ none.
Separation ↓ major division markers in the textual tradition.
Strophe parallelism: ציון ǁ הר אפרים.

STROPHE E.i.1 (Jeremiah 31:7)

כִּי־כֹה ׀ אָמַר יְהוָה	7aA	[7]
רָנּוּ לְיַ עֲקֹב שִׂמְחָה	7aB	[5]
וְצַהֲלוּ בְּרֹאשׁ הַגּוֹיִם	7aC	[2]
הַשְׁמִיעוּ הַלְלוּ וְאִמְרוּ	7bA	[5]
הוֹשַׁע יְהוָה אֶת־עַמְּךָ	7bB	[5]
אֵת שְׁאֵרִית יִשְׂרָאֵל:	7bC	[1]

= Masoretic verse.
Separation ↑ major division markers in the textual tradition; prophetic introductory formula.
Separation ↓ deictic particle.
Strophe parallelism: הלל ‖ רנן ‖ ישראל; יעקב ‖ עם; נוים.

STROPHE E.i.2 (Jeremiah 31:8)

הִנְנִי מֵבִיא אוֹתָם מֵאֶרֶץ צָפוֹן	8aA	[7]
וְקִבַּצְתִּים מִיַּרְכְּתֵי־אָרֶץ	8aB	[3]
בָּם עִוֵּר וּפִסֵּחַ	8bA	[5]
הָרָה וְיֹלֶדֶת יַחְדָּו	8bB	[2]
קָהָל גָּדוֹל יָשׁוּבוּ הֵנָּה:	8bC	[1]

= Masoretic verse.
Separation ↑ deictic particle.
Separation ↓ none
Strophe parallelism: שוב ‖ בוא
Discussion: the קהל נדול, 'great community', of returnees is reflected in the geographical (8a) and biological (8b) merisms in the rest of the strofe.

STROPHE E.i.3 (Jeremiah 31:9)

בִּבְכִי יָבֹאוּ וּבְתַחֲנוּנִים אוֹבִילֵם	9aA	[3]
אוֹלִיכֵם אֶל־נַ חֲלֵי מַיִם	9aB	[5]
בְּדֶרֶךְ יָשָׁר לֹא יִכָּשְׁלוּ בָּהּ	9aC	[2]
כִּי־הָיִיתִי לְיִשְׂרָאֵל לְאָב	9bA	[5]
וְאֶפְרַיִם בְּכֹרִי הוּא:	9bB	[1]

= Masoretic verse.
Separation ↑ none.
Separation ↓ major division markers in the textual tradition; prophetic introductory formula.
Strophe parallelism:
Discussion: the 'father-son' relation (9b) mirrors the themes 'consolation' (9a), and 'guided return' (9a).

STROPHE E.ii.1 (Jeremiah 31:10–11)

שִׁמְעוּ דְבַר־יְהוָה גּוֹיִם	10aA	[5]
וְהַגִּידוּ בָאִיִּים מִמֶּרְחָק	10aB	[2]

וְאָמְרוּ   10aC   [7]

מִזָּרֵה יִשְׂרָאֵל יְקַבְּצֶנּוּ   10bA   [5]

וּשְׁמָרוֹ כְּרֹעֶה עֶדְרוֹ:   10bB   [1]

כִּי־פָדָה יְהוָה אֶת־יַעֲקֹב   11aA   [2]

וּגְאָלוֹ מִיַּד חָזָק מִמֶּנּוּ:   11aB   [1]

≠ Masoretic verse.

Separation ↑ major division markers in the textual tradition; prophetic introductory formula.

Separation ↓ none.

Strophe parallelism: יד חזק ‖ מזרה ‖ נאל; פדה ‖ קבץ ‖ יעקב; ‖ ישראל

STROPHE E.ii.3 (Jeremiah 31:13–14)

אָז תִּשְׂמַח בְּתוּלָה בְּמָחוֹל   13aA   [5]

וּבַחֻרִים וּזְקֵנִים יַחְדָּו   13aB   [2]

וְהָפַכְתִּי אֶבְלָם לְשָׂשׂוֹן   13bA   [10]

וְנִחַמְתִּים וְשִׂמַּחְתִּים מִיגוֹנָם: 13bB   [1]

וְרִוֵּיתִי נֶפֶשׁ הַכֹּהֲנִים דָּשֶׁן   14aA   [2]

וְעַמִּי אֶת־טוּבִי יִשְׂבָּעוּ נְאֻם־יְהוָה: 14aB   [1]

≠ Masoretic verse.

Separation ↑ deictic particle.

Separation ↓ major division markers in the textual tradition; prophetic introductory formula.

Strophe parallelism: שׂמח ‖ שׂשׂון ‖ שׂמח

STROPHE F.i.1 (Jeremiah 31:15)

כֹּה ׀ אָמַר יְהוָה   15aA   [7]

קוֹל בְּרָמָה נִשְׁמָע נְהִי בְּכִי תַמְרוּרִים   15aB   [5]

רָחֵל מְבַכָּה עַל־בָּנֶיהָ   15aC   [2]

מֵאֲנָה לְהִנָּחֵם עַל־בָּנֶיהָ כִּי אֵינֶנּוּ:   15bA   [1]

= Masoretic verse.

Separation ↑ major division markers in the textual tradition; prophetic introductory formula.

Separation ↓ major division markers in the textual tradition; prophetic introductory formula.

Strophe parallelism: בניה ‖ על בניה ‖ בכה; נהי בכי תמרורים ‖ רחל ‖ רמה; אנה ‖ בכה; על

STROPHE F.i.2 (Jeremiah 31:16-17)

כֹּה ׀ אָמַר יְהוָה   16aA   [7]

מִנְעִי קוֹלֵךְ מִבֶּכִי   16aB   [5]

וְעֵינַיִךְ מִדִּמְעָה   16aC   [2]

כִּי יֵשׁ שָׂכָר לִפְעֻלָּתֵךְ נְאֻם־יְהוָה   16bA   [5]

וְשָׁבוּ מֵאֶרֶץ אוֹיֵב: 16bB   [1]

וְיֵשׁ־תִּקְוָה לְאַחֲרִיתֵךְ נְאֻם־יְהוָה	17aA	[2]
וְשָׁבוּ בָנִים לִגְבוּלָם:	17aB	[1]

≠ Masoretic verse.

Separation ↑ major division markers in the textual tradition; prophetic introductory formula.

Separation ↓ major division markers in the textual tradition.

Strophe parallelism: שׁכר ‖ תקוה; לפעלתך ‖ לאחריתך; שׁוב ‖ שׁוב; ארץ ‖ נבול; ישׁ ‖ ישׁ

STROPHE F.ii.1 (Jeremiah 31:18)

שָׁמוֹעַ שָׁמַעְתִּי	18aA	[7]
אֶפְרַיִם מִתְנוֹדֵד	18aB	[5]
יִסַּרְתַּנִי וָאִוָּסֵר	18bA	[5]
כְּעֵגֶל לֹא לֻמָּד	18bB	[2]
הֲשִׁיבֵנִי וְאָשׁוּבָה	18cA	[5]
כִּי אַתָּה יְהוָה אֱלֹהָי:	18cB	[1]

= Masoretic verse.

Separation ↑ major division markers in the textual tradition.

Separation ↓ none.

Strophe parallelism: אפרים ‖ יהוה

Discussion: lines 18b and 18c contain the direct speech that is introduced by line 18a.

STROPHE F.ii.2 (Jeremiah 31:19)

כִּי־אַחֲרֵי שׁוּבִי נִחַמְתִּי	19aA	[5]
וְאַחֲרֵי הִוָּדְעִי סָפַקְתִּי עַל־יָרֵךְ	19aB	[2]
בֹּשְׁתִּי וְגַם־נִכְלַמְתִּי	19bA	[5]
כִּי נָשָׂאתִי חֶרְפַּת נְעוּרָי:	19bB	[1]

= Masoretic verse.

Separation ↑ major division markers in the textual tradition.

Separation ↓ none.

Strophe parallelism: אחרי הודעי Ni.; כלם ‖ ספק ירך כי ‖ כי; כי ‖ בשׁתי ‖ שׁובי; חרפת נעורי ‖

STROPHE F.ii.3 (Jeremiah 31:20)

הֲבֵן יַקִּיר לִי אֶפְרַיִם	20aA	[7]
אִם יֶלֶד שַׁעֲשֻׁעִים	20aB	[5]
כִּי־מִדֵּי דַבְּרִי בּוֹ	20bA	[5]
זָכֹר אֶזְכְּרֶנּוּ עוֹד	20bB	[2]
עַל־כֵּן הָמוּ מֵעַי לוֹ	20cA	[5]
רַחֵם אֲרַחֲמֶנּוּ נְאֻם־יְהוָה:	20cB	[1]

= Masoretic verse.

Separation ↑ interrogative clause.

Separation ↓ major division markers in the textual tradition.
Strophe parallelism:

STROPHE F.iii.1 (Jeremiah 31:21)

הַצִּיבִי לָךְ צִיֻּנִים	21aA	[7]
שִׂמִי לָךְ תַּמְרוּרִים	21aB	[5]
שִׁתִי לִבֵּךְ לַמְסִלָּה	21bA	[8]
דֶּרֶךְ הֲלָכְתִּי	21bB	[2]
שׁוּבִי בְּתוּלַת יִשְׂרָאֵל	21cA	[5]
שֻׁבִי אֶל־עָרַיִךְ אֵלֶּה:	21cB	[1]

= Masoretic verse.
Separation ↑ major division markers in the textual tradition.
Separation ↓ minor division marker in the textual tradition.
Strophe parallelism: grammatical parallelism: five imperatives.

STROPHE F.iii.2 (Jeremiah 31:22)

עַד־מָתַי תִּתְחַמָּקִין	22aA	[5]
הַבַּת הַשּׁוֹבֵבָה	22aB	[2]
כִּי־בָרָא יְהוָה חֲדָשָׁה בָּאָרֶץ	22bA	[5]
נְקֵבָה תְּסוֹבֵב גָּבֶר:	22bB	[1]

= Masoretic verse.
Separation ↑ major division marker in the textual tradition; interrogative clause.
Separation ↓ major division markers in the textual tradition.
Strophe parallelism: נקבה ∥ בת
Discussion: the last two cola form the motivation behind the question put in the first two cola.

STROPHE G.i.1 (Jeremiah 31:23)

כֹּה־אָמַר יְהוָה צְבָאוֹת אֱלֹהֵי יִשְׂרָאֵל	23aA	[5]
עוֹד יֹאמְרוּ אֶת־הַדָּבָר הַזֶּה	23bA	[7]
בְּאֶרֶץ יְהוּדָה וּבְעָרָיו	23bB	[5]
בְּשׁוּבִי אֶת־שְׁבוּתָם	23cA	[2]
יְבָרֶכְךָ יְהוָה נְוֵה־צֶדֶק הַר הַקֹּדֶשׁ:	23cB	[1]

= Masoretic verse.
Separation ↑ major division markers in the textual tradition; prophetic introductory formula.
Separation ↓ none.
Strophe parallelism: נוה ∥ ארץ

STROPHE G.i.2 (Jeremiah 31:24–25)

וְיָשְׁבוּ בָהּ יְהוּדָה וְכָל־עָרָיו יַחְדָּו	24aA	[2]
אִכָּרִים וְנָסְעוּ בַּעֵדֶר:	24aB	[1]

כִּי הִרְוֵיתִי נֶפֶשׁ עֲיֵפָה   25aA   [2]

וְכָל־נֶפֶשׁ דָּ אֲבָה מִלֵּאתִי: 25aB   [1]

≠ Masoretic verse.
Separation ↑ none.
Separation ↓ none.
Strophe parallelism:
Discussion: I have chosen to construe 31:24–25 as one strophe, mainly in view of the fact that in doing so a balanced canticle with two strophes of even length are present. On the other side, Jer. 31:23 and 31:24–25 could be construed as two canticles with one strophe each.

STROPHE Envelope (Jeremiah 31:26)

עַל־זֹאת הֱקִיצֹתִי וָאֶרְאֶה   26aA   [2]

וּשְׁנָתִי עָרְבָה לִּי: 26aB   [1]

= Masoretic verse.
Separation ↑ none.
Separation ↓ major division markers in the textual tradition.
Strophe parallelism: None (one line)

STROPHE H.i.1 (Jeremiah 31:27)

הִנֵּה יָמִים בָּאִים נְאֻם־יְהֹוָה   27aA   [2]

וְזָרַעְתִּי אֶת־בֵּית יִשְׂרָאֵל וְאֶת־בֵּית יְהוּדָה   27bA   [5]

זֶרַע אָדָם וְזֶרַע בְּהֵמָה: 27bB   [1]

= Masoretic verse.
Separation ↑ major division markers in the textual tradition; prophetic introductory formula.
Separation ↓ none.
Strophe parallelism:
Discussion: the two lines are linked syntactically.

STROPHE H.i.2 (Jeremiah 31:28)

וְהָיָה כַּאֲשֶׁר שָׁקַדְתִּי עֲלֵיהֶם   28aA   [7]

לִנְתוֹשׁ וְלִנְתוֹץ וְלַהֲרֹס וּלְהַאֲבִיד וּלְהָרֵעַ   28aB   [2]

כֵּן אֶשְׁקֹד עֲלֵיהֶם לִבְנוֹת וְלִנְטוֹעַ   28bA   [8]

נְאֻם־יְהֹוָה: 28bB   [1]

= Masoretic verse.
Separation ↑ none.
Separation ↓ major division markers in the textual tradition.
Strophe parallelism: שקד ‖ שקד
Discussion: the four verbs introduced with ל in colon 28aB stand in antithetic parallelism to the two verbs in colon 28bA.

STROPHE H.ii.1 (Jeremiah 31:29)

בַּיָּמִים הָהֵם לֹא־יֹאמְרוּ עוֹד	29aA	[5]
אָבוֹת אָכְלוּ בֹסֶר	29bA	[2]
וְשִׁנֵּי בָנִים תִּקְהֶינָה:	29bB	[1]

= Masoretic verse.
Separation ↑ major division markers in the textual tradition.
Separation ↓ deictic particle.
Strophe parallelism:
Discussion: line 29b contain the direct speech introduced in line 29a.

STROPHE H.ii.2 (Jeremiah 31:30)

כִּי אִם־אִישׁ בַּעֲוֹנוֹ יָמוּת	30aA	[2]
כָּל־הָאָדָם הָאֹכֵל הַבֹּסֶר	30aB	[8]
תִּקְהֶינָה שִׁנָּיו:	30aC	[1]

= Masoretic verse.
Separation ↑ deictic particle.
Separation ↓ major division markers in the textual tradition.
Strophe parallelism: None (one line)

STROPHE I.i.1 (Jeremiah 31:31)

הִנֵּה יָמִים בָּאִים נְאֻם־יְהוָה	31aA	[2]
וְכָרַתִּי אֶת־בֵּית יִשְׂרָאֵל וְאֶת־בֵּית יְהוּדָה בְּרִית חֲדָשָׁה:	31bA	[1]

= Masoretic verse.
Separation ↑ major division markers in the textual tradition; prophetic
introductory formula.
Separation ↓ antithetic parallelism.
Strophe parallelism: None

STROPHE I.i.2 (Jeremiah 31:32)

לֹא כַבְּרִית אֲשֶׁר כָּרַתִּי אֶת־אֲבוֹתָם	32aA	[5]
בְּיוֹם הֶחֱזִיקִי בְיָדָם	32aB	[5]
לְהוֹצִיאָם מֵאֶרֶץ מִצְרָיִם	32aC	[2]
אֲשֶׁר־הֵמָּה הֵפֵרוּ אֶת־בְּרִיתִי	32bA	[7]
וְאָנֹכִי בָּעַלְתִּי בָם נְאֻם־יְהוָה:	32bB	[1]

= Masoretic verse.
Separation ↑ antithetic parallelism.
Separation ↓ deictic particle.
Strophe parallelism: ברית ‖ כרת ;ברית ‖ כרת

STROPHE I.i.2 (Jeremiah 31:33)

כִּי זֹאת הַבְּרִית אֲשֶׁר אֶכְרֹת אֶת־ בֵּית יִשְׂרָאֵל	33aA	[13]
אַחֲרֵי הַיָּמִים הָהֵם נְאֻם־יְהוָה	33aB	[5]

נָתַתִּי אֶת־תּוֹרָתִי בְּקִרְבָּם	33bA	[5]
וְעַל־לִבָּם אֶכְתֲּבֶנָּה	33bB	[2]
וְהָיִיתִי לָהֶם לֵאלֹהִים	33cA	[5]
וְהֵמָּה יִהְיוּ־לִי לְעָם:	33cB	[1]

= Masoretic verse.
Separation ↑ deictic particle.
Separation ↓ none.
Strophe parallelism:
Discussion: The lines 33b and 33c contain the direct speech that is introduced by line 33a. The עוד . . . לא construction in line 34a clearly marks a new strophe.

STROPHE I.i.3 (Jeremiah 31:34)

וְלֹא יְלַמְּדוּ עוֹד אִישׁ אֶת־רֵעֵהוּ	34aA	[13]
וְאִישׁ אֶת־אָחִיו לֵאמֹר	34aB	[5]
דְּעוּ אֶת־יְהוָה	34bA	[2]
כִּי־כוּלָּם יֵדְעוּ אוֹתִי	34bB	[13]
לְמִקְּטַנָּם וְעַד־גְּדוֹלָם נְאֻם־יְהוָה	34bC	[5]
כִּי אֶסְלַח לַעֲוֺנָם	34cA	[5]
וּלְחַטָּאתָם לֹא אֶזְכָּר־עוֹד:	34cB	[1]

= Masoretic verse.
Separation ↑ עוד . . . לא construction.
Separation ↓ major division markers in the textual tradition; prophetic introductory formula.
Strophe parallelism: לא . . . עוד ‖ לא . . . עוד

STROPHE I.ii.1 (Jeremiah 31:35)

כֹּה ׀ אָמַר יְהוָה	35aA	[7]
נֹתֵן שֶׁמֶשׁ לְאוֹר יוֹמָם	35bA	[5]
חֻקֹּת יָרֵחַ וְכוֹכָבִים לְאוֹר לָיְלָה	35bB	[2]
רֹגַע הַיָּם וַיֶּהֱמוּ גַּלָּיו	35cA	[5]
יְהוָה צְבָאוֹת שְׁמוֹ:	35cB	[1]

= Masoretic verse.
Separation ↑ major division markers in the textual tradition; prophetic introductory formula.
Separation ↓ deictic particle.
Strophe parallelism: צבאות ‖ וכוכבים ;רגע ‖ נתן

STROPHE I.ii.2 (Jeremiah 31:36)

אִם־יָמֻשׁוּ הַחֻקִּים הָאֵלֶּה מִלְּפָנַי נְאֻם־יְהוָה	36aA	[2]
גַּם זֶרַע יִשְׂרָאֵל יִשְׁבְּתוּ	36aB	[7]
מִהְיוֹת גּוֹי לְפָנַי כָּל־הַיָּמִים:	36aC	[1]

= Masoretic verse.
Separation ↑ deictic particle.
Separation ↓ major division markers in the textual tradition; prophetic
introductory formula.
Strophe parallelism: None (one line)

STROPHE I.ii.3 (Jeremiah 31:37)

כֹּה ׀ אָמַ֣ר יְהוָ֗ה	37aA	[7]
אִם־יִמַּ֤דּוּ שָׁמַ֙יִם֙ מִלְמַ֔עְלָה	37bA	[5]
וְיֵחָקְר֥וּ מֽוֹסְדֵי־אֶ֖רֶץ לְמָ֑טָּה	37bB	[2]
גַּם־אֲנִ֞י אֶמְאַ֨ס בְּכָל־זֶ֧רַע יִשְׂרָאֵ֛ל	37cA	[12]
עַל־כָּל־אֲשֶׁ֥ר עָשׂ֖וּ נְאֻם־יְהוָֽה׃	37cB	[1]

= Masoretic verse.
Separation ↑ major division markers in the textual tradition; prophetic
introductory formula.
Separation ↓ major division markers in the textual tradition; prophetic
introductory formula.
Strophe parallelism:

STROPHE J.i.1 (Jeremiah 31:38–39)

הִנֵּ֛ה יָמִ֥ים ⸢בָּאִים֙⸣ נְאֻם־יְהוָ֑ה	38aA	[2]
וְנִבְנְתָ֥ה הָעִ֖יר לַֽיהוָ֑ה	38bA	[5]
מִמִּגְדַּ֥ל חֲנַנְאֵ֖ל שַׁ֥עַר הַפִּנָּֽה׃	38bB	[1]
וְיָצָ֨א ע֜וֹד ⸢קָ֤ו⸣ הַמִּדָּה֙ נֶגְדּ֔וֹ	39aA	[5]
עַ֖ל גִּבְעַ֣ת גָּרֵ֑ב	39aB	[2]
וְנָסַ֖ב גֹּעָֽתָה׃	39aC	[1]

≠ Masoretic verse.
Separation ↑ major division markers in the textual tradition; prophetic
introductory formula.
Separation ↓ none.
Strophe parallelism:

STROPHE J.i.2 (Jeremiah 31:40)

וְכָל־הָעֵ֣מֶק הַפְּגָרִ֣ים ׀ וְהַדֶּ֗שֶׁן	40aAα	[15]
וְכָֽל־הַשְּׁרֵמוֹת֩ עַד־נַ֨חַל קִדְר֜וֹן	40aAβ	[13]
עַד־פִּנַּ֨ת שַׁ֤עַר הַסּוּסִים֙ מִזְרָ֔חָה	40aAγ	[5]
קֹ֖דֶשׁ לַֽיהוָ֑ה	40aB	[2]
לֹֽא־יִנָּתֵ֧שׁ וְֽלֹא־יֵהָרֵ֛ס ע֖וֹד	40bA	[8]
לְעוֹלָֽם׃	40bB	[1]

= Masoretic verse.
Separation ↑ none.
Separation ↓ major division markers in the textual tradition; end of chapter.
Strophe parallelism:

3.9   *Delimitation of Canticles*

CANTICLE A.i (Jeremiah 30:5–7)

Separation ↑ major division markers in the textual tradition; prophetic introductory formula.
Separation ↓ major division markers in the textual tradition.
Canticle parallelism: ילד ‖ נבר; זכר ‖ ראה; ראה ‖ ראה; שמע ‖ ילד (concatenation)
Thematic coherence: yes. The canticle contains the description of the awful terror on a day of oppression as will be outlined below in 4.3.1.

CANTICLE A.ii (Jeremiah 30:8–9)

Separation ↑ major division markers in the textual tradition; thematic discontinuity (the description of the awful terror made place for liberating metaphors).
Separation ↓ major division markers in the textual tradition.
Canticle parallelism: the strophes A.ii.1 and A.ii.2 are linked by an on-running sentence (enjambment).
Thematic coherence: yes. The canticle contains a prophecy of liberation as will be outlined below in 4.3.2.

CANTICLE A.iii (Jeremiah 30:10–11)

Separation ↑ major division markers in the textual tradition; independent personal pronoun.
Separation ↓ major division markers in the textual tradition.
Canticle parallelism: אשר הפצותיך ‖ ארץ שבים ‖ רחוק; ישע ‖ שאנן ‖ ישע; נוים; כי הנני ‖ כי אתך אני (concatenation)
Thematic coherence: yes. The canticle contains an oracle of salvation as will be outlined below in 4.3.3.

CANTICLE B.i (Jeremiah 30:12–14)

Separation ↑ major division marker in the textual tradition; shift from indicative to interrogative clauses
Separation ↓ major division marker in the textual tradition.
Canticle parallelism:
Thematic coherence: yes. The canticle contains the description of punishment deserved by the people using the metaphor of the unhealable wound as will be outlined below in Chapter 5.

CANTICLE B.ii (Jeremiah 30:15)

Separation ↑ major division markers in the textual tradition; prophetic introductory formula; thematic discontinuity (a shift from words for serving to medical metaphors).
Separation ↓ major division marker in the textual tradition.

Canticle parallelism: None (one strophe)
Thematic coherence: yes. The canticle contains a question as to the reason for the emergence of the unhealable wound as will be outlined below
in Chapter 5.

CANTICLE B.iii (Jeremiah 30:16–17)

Separation ↑ major division marker in the textual tradition; thematic dis-
continuity (the wound displayed as incurable turns out to healed by God).
Separation ↓ major division markers in the textual tradition.
Canticle parallelism:
Thematic coherence: yes. Although no canticle parallels can be detected,
the two strophes are linked together (a) by the motivating clause 17aA; on-
running sentence (enjambment); (b) the prophecy of doom for the enemies
(B.iii.1) is conceptually linked with the prophecy of salvation fo the people.
For further details see below Chapter 5.

CANTICLE C.i (Jeremiah 30:18-22)

Separation ↑ major division markers in the textual tradition; prophetic
introductory formula; thematic discontinuity (in contrast to the foregoing
unit the theme has shifted from wound and healing to city and veneration).
Separation ↓ major division marker in the textual tradition.
Canticle parallelism: עדה ‖ קהל
Thematic coherence: yes. The canticle contains a multifacetted oracle of
salvation in which the elements of rebuilding the city and the joy for the
coming nearness to God are pivotal.[56]

CANTICLE C.ii (Jeremiah 30:23–31:1)

Separation ↑ major division markers in the textual tradition; thematic discontinuity (a shift from words for nearness and veneration to metaphors of
anger and tempest).
Separation ↓ major division markers in the textual tradition.

---

[56] See also Herrmann, *Prophetischen Heilserwartungen*, 217; G. André, *Determining the
Destiny: PQD in the Old Testament* (CB.OT, 16), Lund 1980, 63; Thompson, *Book of
Jeremiah*, 560–63; Bracke, *Coherence*, 39–41; W.J. Dumbrell, *Covenant and Creation: An
Old Testament Covenantal Theology*, Exeter 1984, 173; Kidner, *Message of Jeremiah*, 105;
Wiebe, 'Jeremian Core', 148–52; Schröter, 'Jeremias Botschaft für das Nordreich',
313–15; N. Kilpp, *Niederreissen und Aufbauen: Das Verhältnis von Heilsverheissung und
Unheilsverkündigung bei Jeremia und im Jeremiabuch* (BThS, 13), Neukirchen-Vluyn 1990,
128–32; Bozak, *Life 'Anew'*, 59–66; Keown *et al.*, *Jeremiah 26–52*, 102–04; Brueggemann,
Commentary on Jeremiah, 278–79; T. Pola, 'Form and Meaning in Zechariah 3', in:
R. Albertz, B. Becking (eds.), *Yahwism after the Exile: Perspectives on Israelite Religionin
the Persian Era* (STAR, 5), Assen 2003, 164.

Canticle parallelism: הַמָּה ‖ הָרוֹן ‖ אַף (responsion); רֹאשׁ ‖ לֵב (concatenation); עַצְמוֹ הֶטְאָתִיךְ ‖ עַל רֹב עֲוֹנֵךְ ‖ עַל רֹב עֲוֹנֵךְ (responsion); עַצְמוֹ הֶטְאָתִיךְ (responsion)

Thematic coherence: yes. The prophecy of doom for the wicked (23bB) is conceptually linked with the prophecy of salvation fo the people.[57]

CANTICLE D.i (Jeremiah 31:2–3)

Separation ↑ major division markers in the textual tradition; prophetic introductory formula.
Separation ↓ unclear.
Canticle parallelism: חֵן ‖ אָהֵב (concatenation)
Thematic coherence: yes. The canticle displays the love of God for his people in the past.
Discussion: after the introductory formula (2aA) the canticle is built with two lines/strophes both containing three cola.[58]

CANTICLE D.ii (Jeremiah 31:4–6)

Separation ↑ deictic particle; thematic discontinuity (a shift from words for love and grace to metaphors of joy regarding building and planting).
Separation ↓ major division markers in the textual tradition.
Canticle parallelism: אֶפְרַיִם ‖ בְּהָרֵי שֹׁמְרוֹן ‖ צִיּוֹן ‖ בְּתוּלַת יִשְׂרָאֵל (inclusion); בָּהָר (concatenation)
Thematic coherence: yes. The prophecy of restitution of joy (4-5) is conceptually linked with the theme of a forthcoming day of liberation. This link is syntactically marked with the motivating particle כִּי.[59]

CANTICLE E.i (Jeremiah 31:7–9)

Separation ↑ major division markers in the textual tradition; prophetic introductory formula.
Separation ↓ major division markers in the textual tradition.
Canticle parallelism: יִשְׂרָאֵל ‖ יִשְׂרָאֵל (responsion); בְּכִי ‖ שִׂמְחָה (responsion); יַעֲקֹב ‖ אֶפְרַיִם (inclusion)
Thematic coherence: yes. The canticle describes the depth of joy that the

---

[57] See also Thompson, *Book of Jeremiah*, 563–65; Bracke, *Coherence*, 41–42; Bozak, *Life 'Anew'*, 67–70; Keown *et al.*, *Jeremiah 26–52*, 105; Brueggemann, *Commentary on Jeremiah*, 279–82, who, however, construes 31:1 as the introduction to the promises in 31:2ff.

[58] See also J. Unterman, *From Repentance to Redemption: Jeremiah's Thought in Transition* (JSOT.S, 54), Sheffield 1987, 38–53; Bozak, *Life 'Anew'*, 72–76; Keown *et al.*, *Jeremiah 26–52*, 106–10; Brueggemann, *Commentary on Jeremiah*, 282–83.

[59] See also Unterman, *From Repentance to Redemption*, 38–53; Wiebe, 'Jeremian Core'; Kilpp, *Niederreissen und Aufbauen*, 133–43; Bozak, *Life 'Anew'*, 77–80; Keown *et al.*, *Jeremiah 26–52*, 106–10; Brueggemann, *Commentary on Jeremiah*, 282–83.

forthcoming return from afar will bring to the people, especially to the personae miserae amongst them (8b). The canticle roots this salvation into the
fathership of God.[60]

Canticle E.ii (Jeremiah 31:10–14)

Separation ↑ major division markers in the textual tradition; thematic discontinuity (a shift from the concentration on the joyful fate of the personae
miserae in Israel to a summons to the nations).
Separation ↓ major division markers in the textual tradition.
Canticle parallelism: צאן ובקר ‖ עדר (inclusion); את־טובי ‖ אל־טוב יהוה
(responsion)
Thematic coherence: yes. The elements of the canticle are linked conceptually by the theme that the liberated people shall be filled to satiety as a
result of the divine love.[61]

Canticle F.i (Jeremiah 31:15–17)

Separation ↑ major division markers in the textual tradition; prophetic
introductory fromula; thematic discontinuity (a shift from the language of
joy to Rachel's bitter weeping).
Separation ↓ major division markers in the textual tradition.
Canticle parallelism: קול ‖ קול (responsion); בכי ‖ נהי בכי תמרורים (concatenaton); יש ‖ אין (responsion).
Thematic coherence: yes. The two strophes of the canticle are linked conceptually as will be shown in more detail below in 6.2.2.
Discussion: there is assonance between the word איננו, 'There is no one left'
(15cC), and עיניך, 'your eyes' (16aC).

Canticle F.ii (Jeremiah 31:18–20)

Separation ↑ major division markers in the textual tradition; thematic dis-
continuity (a shift from the language of bitter weeping to the image of
Ephraim as an untrained calf).
Separation ↓ major division markers in the textual tradition.
Canticle parallelism: שוב ‖ שוב (concatenaton); אפרים ‖ אפרים (responsion);
שמע ‖ דבר Pi. (concatenaton).
Thematic coherence: yes. The two strophes of the canticle are linked con-
ceptually as will be shown in more detail below in 6.3.

---

[60] See also Bracke, *Coherence*, 45–47; S. Herrmann, *Jeremia: Der Prophet und sein
Buch* (EdF, 271), Darmstadt 1990, 147; Bozak, *Life 'Anew'*, 82–87; Keown *et al.*,
Jeremiah 26–52, 110–16; Brueggemann, *Commentary on Jeremiah*, 284–86.
[61] See also Wiebe, 'Jeremian Core', 148–52; Bracke, *Coherence*, 47–48; Herrmann,
Jeremia: Der Prophet und sein Buch, 147; Bozak, *Life 'Anew'*, 87–91; Keown *et al.*, *Jeremiah
26–52*, 110–16; Brueggemann, *Commentary on Jeremiah*, 284–86; R. Hunziger-Rodewald,
Hirt und Herde: Ein Beitrag zum alttestamentlichen Gottesverständnis (BWANT, 115), Stuttgart
2001, 139–48.

Discussion: Bozak has referred to the repetition of the paranomastic construction רחם ארחם ‖ זכר אזכר ‖ שמע שמעתי that functions as an inclusion for the canticle.

CANTICLE F.iii (Jeremiah 31:21–22)

Separation ↑ major division markers in the textual tradition; thematic discontinuity (a shift from the language of consolation to imperatives).
Separation ↓ major division markers in the textual tradition.
Canticle parallelism:
Thematic coherence: yes. The two strophes of the canticle are linked conceptually as will be shown in more detail below in 6.4.

CANTICLE G.i (Jeremiah 31:23–25)

Separation ↑ major division markers in the textual tradition; prophetic introductory formula; thematic discontinuity (a shift from the language of new creation to the imagery of dwelling).
Separation ↓ shift to the Envelope-element.
Canticle parallelism: יהודה ‖ יהודה (responsion); את־שבותם ‖ עיפה נפש (responsion); בר ‖ רוה ‖ מלא (responsion).
Thematic coherence: yes. The canticle contains an oracle of salvation that promises blessing and satiation to Judah.[62]
Discussion: It can be discussed whether Jer. 31:23–25 should be construed as a subcanto containing one canticle built up from two strophes, or as subcanto containing two canticles having one strophe each.

CANTICLE H.i (Jeremiah 31:27–28)

Separation ↑ major division markers in the textual tradition; prophetic introductory formula; thematic discontinuity (a shift from the language of dwelling to the imagery of sowing).
Separation ↓ major division markers in the textual tradition.
Canticle parallelism: זרע ‖ נטע (concatenation); בית ‖ בנה (concatenation)
Thematic coherence: yes. The canticle contains a thematic coherence as will be argued below in Chapter 7.

CANTICLE H.ii (Jeremiah 31:29–30)

Separation ↑ major division markers in the textual tradition.
Separation ↓ major division markers in the textual tradition.
Canticle parallelism: אכל ‖ אכל (responsion); בסר ‖ בסר (responsion); שנים ‖ שנים (responsion); קהה ‖ קהה (responsion)

---

[62] See also Dumbrell, *Covenant and Creation*, 173; Thompson, *Book of Jeremiah*, 576–77; Bracke, *Coherence*, 55–56; Kidner, *Message of Jeremiah*, 108; Herrmann, *Jeremia: Der Prophet und sein Buch*, 147; Bozak, *Life 'Anew'*, 110–14; Keown *et al.*, *Jeremiah 26–52*, 128; Brueggemann, *Commentary on Jeremiah*, 288–89.

Thematic coherence: yes. The canticle contains a thematic coherence as will be argued below in Chapter 7.

CANTICLE I.i (Jeremiah 31:31–34)

Separation ↑ major division markers in the textual tradition; prophetic introductory formula.
Separation ↓ major division markers in the textual tradition.
Canticle parallelism: יום ‖ בְּרִית; בְּרִית ‖ אֶת־בֵּית יְהוּדָה וְאֶת־בֵּית יִשְׂרָאֵל
בְּרִית ‖ (responsion); אַחֲרֵי הַיָּמִים הָהֵם ‖ יָמִים בָּאִים (responsion); אֶת־בֵּית יִשְׂרָאֵל ‖
עָוֹן ‖ הֵפֵר (responsion); בְּרִית ‖ (concatenation)
Thematic coherence: yes. The canticle contains a thematic coherence as will be argued below in Chapter 8.

CANTICLE I.ii (Jeremiah 31:35–37)

Separation ↑ major division markers in the textual tradition; prophetic introductory formula.
Separation ↓ major division markers in the textual tradition.
Canticle parallelism: שֶׁמֶשׁ ‖ שָׁמַיִם (responsion); מֹסְדֵי אֶרֶץ ‖ יָם (concatenation); חֻקּוֹת ‖ הֵקִים (concatenation); זֶרַע יִשְׂרָאֵל ‖ זֶרַע יִשְׂרָאֵל (responsion); גַּם . . . אִם ‖ אִם . . . גַּם (responsion); שָׁבַת ‖ מָאַס (responsion)
Thematic coherence: yes. The canticle contains a thematic coherence as will be argued below in Chapter 8.

CANTICLE J.i (Jeremiah 31:38–40)

Separation ↑ major division markers in the textual tradition; prophetic introductory formula.
Separation ↓ major division markers in the textual tradition.
Canticle parallelism: לֹא עוֹד ‖ עוֹד (concatenation)
Thematic coherence: yes.[63]

3.10 *Remarks on the Macro-Structure of Jer. 30–31*

The canticles dicussed in the previous section are part of 10 sub-cantos that form together the poetic text Jer. 30-31. The sub-cantos have each a nice compositional structure as will be displayed.

---

[63] See also Dumbrell, *Covenant and Creation*, 173; 583–85; Wiebe, 'Jeremian Core', 152–54; Herrmann, *Jeremia: Der Prophet und sein Buch*, 147; Bozak, *Life 'Anew'*, 126–28; Brueggemann, *Commentary on Jeremiah*, 298-300; Holt, *Jeremia's Bog*, 129; B.P. Robinson, 'Jeremiah's New Covenant: Jer. 31,31–34', *SJOT* 15 (2001), 181–204; T.A. Rudnig, *Heilig und Profan: Redaktionskritische Studien zu Ez. 40–48* (BZAW, 287), Berlin 2000, 107; Schmid, Steck, 'Restoration Expectations', 53.

SUB-CANTO A (Jeremiah 30:5–11)

Distant parallelisms connecting the canticles of Sub-canto A: יֵשׁ
(A.i.3) ‖ יֵשׁ (A.iii.1) ‖ יֵשׁ (A.iii.2); יעקב (A.i.3) ‖ יעקב (A.iii.1); עין
(A.i.3) ‖ עין (A.iii.1)

Canticle	Number of strophes	Theme
A.i	3	The awful terror on a day of oppression; creation turned topsy turvy
A.ii	2	A prophecy of liberation: the yoke of oppression will be broken and the bonds will be burst
A.iii	2	An oracle of salvation: Jacob will return and be safe

SUB-CANTO B (Jeremiah 30:12–17)

Distant parallelisms connecting the canticles of Sub-canto B: עלה
(B.i.1) ‖ עלה (B.iii.2); רפא (B.i.1) ‖ רפא (B.iii.2); דרש (B.i.2) ‖ דרש
(B.iii.2); אנוש (B.i.1) ‖ אנוש (B.ii); שבר (B.i.1) ‖ שבר (B.ii); על רב עונך
(B.i.1) ‖ על רב עונך (B.ii); עצמו חטאתיך (B.i.1) ‖ עצמו חטאתיך (B.ii)
(B.i.2) ‖

Canticle	Number of strophes	Theme
B.i	2	The description of punishment deserved by the people using the metaphor of the unhealable wound
B.ii	1	A question as to the reason of the unhealable wound
B.iii	2	The prophecy of doom for the enemies coincides with the prophecy of salvation of the people

SUB-CANTO C (Jeremiah 30:18–31:1)

Distant parallelisms connecting the canticles of Sub-canto C: הנני
(C.i.1) ‖ הנה (C.ii.1); יעקב (C.i.1) ‖ ישראל (C.ii.3); והייתם לי לעם
(C.i.4) ‖ אהיה (C.i.4) ‖ אנכי לכם לאלהים (C.ii.3); המה יהיו־לי לעם
לאלהים (C.ii.3)

Canticle	Number of strophes	Theme
C.i	4	The promise of Yнwн's caring presence
C.ii	3	The promise of Yнwн's chastising presence

Sub-canto D (Jeremiah 31:2–6)

Distant parallelisms connecting the canticles of Sub-canto D: יִשְׂרָאֵל
(D.i.1) ‖ יִשְׂרָאֵל (D.ii.1)

Canticle	Number of strophes	Theme
D.i	2	The love of God for his people in the past
D.ii	2	The love of God for his people in the future

Sub-canto E (Jeremiah 31:7–14)

Distant parallelisms connecting the canticles of Sub-canto E: שִׂמְחָה
(E.i.1) ‖ שָׂמֵחַ (E.ii.3); עַמְּךָ (E.i.1) ‖ עַמִּי (E.ii.3); יַרְכְּתֵי־אָרֶץ (E.i.2) ‖
אִיִּים מֵרָחֹק (E.ii.1); יִשְׂרָאֵל ... יַעֲקֹב (E.i.1) ‖ יַעֲקֹב ... יִשְׂרָאֵל (E.ii.1);
רִנָּן (E.i.1) ‖ רִנָּן (E.ii.2)

Canticle	Number of strophes	Theme
E.i	3	Return from afar
E.ii	3	Filled to satiety

Sub-canto F (Jeremiah 31:15–22)

Distant parallelisms connecting the canticles of Sub-canto F: שָׁמֵעַ
(F.i.1) ‖ שָׁמֵעַ (F.ii.1); תַּמְרוּרִים (F.i.1) ‖ תַּמְרוּרִים (F.iii.1); נִחַם (F.i.1) ‖
נִחַם (F.ii.1); בָּנִים (F.i.1) ‖ בָּנִים (F.i.2) ‖ בֵּן (F.ii.3) ‖ בְּתוּלַת יִשְׂרָאֵל
(F.iii.1) ‖ בַּת (F.iii.2); שׁוּב (F.i.2 [2x]) ‖ שׁוּב (F.ii.1) ‖ שׁוּב (F.ii.2) ‖
שׁוּב (F.iii.1 [2x]) ‖ שׁוּב (F.iii.2); אֶרֶץ (F.i.1) ‖ אֶרֶץ (F.iii.2)

Canticle	Number of strophes	Theme
F.i	2	Rachel refuses to be consoled
F.ii	3	Ephraim will be consoled
F.iii	2	Summons to return to the country

SUB-CANTO G (Jeremiah 31:23–25)

Distant parallelisms connecting the canticles of Sub-canto G: see above under canticle parallelism.

Canticle	Number of strophes	Theme
G.i	2	Promise of blessing and satiation for Judah

SUB-CANTO H (Jeremiah 31:27–30)

Distant parallelisms connecting the canticles of Sub-canto H: ימים באים (H.i.1) ‖ ימים ההם (H.ii.1); נטע (H.i.2) ‖ בסר (H.ii.1) ‖ בסר (H.ii.2)

Canticle	Number of strophes	Theme
H.i	2	Promise of a shift from destruction to rebuilding and new plantation
H.ii	2	Discontinuity of a proverb that implied the idea of idea of retribution be it in a postponed variant coloured with tragic fatalism

SUB-CANTO I (Jeremiah 31:31–37)

Distant parallelisms connecting the canticles of Sub-canto I: נתן (I.i.2) ‖ נתן (I.ii.1); ישראל (I.i.1) ‖ ישראל (I.i.2) ‖ ישראל (I.ii.3); סלה (I.i.3) ‖ מאס (I.ii.3); עון . . . חטאה (I.i.3) ‖ כל־אשר עשו (I.ii.3)

Discussion: the merism 'from the smallest one to the greatets one' (H.i.3) parallels the merism 'heavens . . . earth below' (H.ii.3)

Canticle	Number of strophes	Theme
I.i	3	Promise of a new and more intimate relationship between God and people
I.ii	3	The reliability of reality stands as a metaphor for the divine reliability

SUB-CANTO J (Jeremiah 31:38–40)

Distant parallelisms connecting the canticles of Sub-canto J: None (contains only one canticle)

Canticle	Number of strophes	Theme
J.i	2	Promise of the reconstruction of the city

This outline shows that the sub-canto's within the composition Jer.
30–31 each have a composition on its own. It is only in the sub-
canto's D and H that a comparable pattern can be detected: both
units have 2 canticles. Before drawing too quick a conclusion on the
basis of this observation, I would like to refer to a series of words
that occur throughout the composition:[64]

- אהב, 'to love', B.i.2; D.i.2 ‖ רחם, 'compassion', F.ii.3
- ארץ, 'land', occurs frequently in Jer. 30—31; see esp. מארץ צפון,
  'from the land of the North' (E.i.2) ‖ מארץ איב, 'from the land
  of the enemy' (F.i.2)[65]
- בכי, 'weeping', E.i.3; F.i.1
- בתולה, 'virgin', D.ii.1; E.ii.3; F.iii.1
- דרך, 'road', E.i.3; F.iii.1 ‖ מסלה, 'highway', F.iii.1, indicating the
  'eschatologische Wunderstrasse'[66]
- הפך, 'to change into', A.i.2; E.ii.3
- זכר, 'man' (A.i.1) ‖ גבר, 'young man' (A.i.2) parallels נקבה, 'female'
  ‖ גבר, 'male' (F.iii.2)[67]
- יום, 'day', occurs throughout the Canto
- ישע, 'to save', A.i.3; A.iii.1; A.iii.2; E.i.1.;[68]
- נטע, 'to plant', in D.ii.1; E.ii.3; H.i.2; see also the imagery in E.ii.2
  and G.ii.
- עיר, 'city', C.i.1; F.iii.1; G.i.1; G.i.2; J.i.1
- ציון, 'Zion', B.ii.2; D.ii.2; E.ii.2; see also the imagery in J.i.
- קהל, 'congregation', C.i.3; E.i.2 ‖ עדה, 'congregation', C.i.3.

---

[64] See also Fischer, *Trostbüchlein*, 115–21.

[65] As has been observed by Unterman, *From Repentance to Redemption*, 49.

[66] Partially *pace* M.P. Zehnder, *Wegmetaphorik im Alten Testament: Eine semantische
Untersuchung der alttestamentlichen und altorientalischen Weg-Lexeme mit besonderer Berücksichtigung
ihrer metaphorischen Verwendung* (BZAW, 268), Berlin 1999, 298–99.304.409.471; see
below 6.4.3.

[67] Lundbom, *Jeremiah*, 47–49; Wiebe, 'The Jeremian Core', 137–38, interpret this
repetition as an inclusio delimiting the original text of Jer. 30:5–31:22. Note, however, that Lundbom interprets 31:22 as 'an ironic statement expressing shock and
surprise at the weakness of Israel's soldiers in defeat'. See below § 6.4.

[68] See Van der Wal, 'Themes from Exodus', 562, and below § 9.2.2.2.

– קוֹל, 'voice', A.i.1; C.i.2; F.i.1; F.i.2.[69]
– רחם, 'compassion', C.i.1; F.ii.3 ‖ the imagery in D.i[70]
– שׁוּב, 'to return', occurs throughout the Canto.[71]

Next to that, three more thematic seams can be detected:

– the people is depicted as Ephraim, Jacob and Israel alternatively,
  often in parallelism to each other.
– the concept of בְּרִית, for reasons of convenience translated with
  'covenant' (I.i), is paralleled by the repeated relationship-formula:
  'You shall be my people and I will be your God'; C.i.4; C.ii.3;
  I.i.2.
– a very remarkable feature of Jeremiah 30—31 is the frequent
  appearance of the adverbial construct לֹא ... עוֹד, 'no longer', to
  be construed as a device of discontinuity in:[72]

  – After their liberation the Israelites shall no longer serve strangers
    (A.ii.2),
  – After their return to Sion, the people shall not languish any
    more (E.ii.2),
  – The traditional saying that implied the idea of retribution be it
    in a postponed variant coloured with tragic fatalism shall no
    longer be uttered (H.ii.1),
  – In the dimensions of the new relationship a person shall no
    longer teach another person to know God (I.i.3),
  – Then their sins will no longer be remembered (I.i.3),
  – Zion shall be thrown down no longer (J.ii).

This device of discontinuity is sided by ·the expression of continuity in the adverb עוֹד, 'again':

  – In D.i.1 a threefold עוֹד promises that Zion shall be rebuilt which
    will be accompanied by the return of joy and new crops;
  – God will remember Ephraim again (F.ii.3)
  – The blessing "May YHWH bless you, habitation of righteousness,
    mountain of holiness" shall again be uttered (G.i.1).

---

[69] See also Schröter, 'Jeremias Botschaft für das Nordreich', 318.
[70] As has been observed by Schröter, 'Jeremias Botschaft für das Nordreich', 313.
[71] See Lalleman-de Winkel, *Jeremiah in Prophetc Tradition*, 150–54.
[72] See also Lundbom, *Jeremiah*, 51.

– When reconstructing the new city the measuring line shall go
  out 'again' (J.i)

Both observations—the variety of compositional forms in the ten sub-
canto's and the unifying devices of words and themes—yield the surmise that Jer. 30–31 is a composition of ten originally independent
poetic units that might have been brought together intentionally.
Whether this composition should be construed as one text or as a
loose arrangement of poetic units, depends on the analysis of the
units and on the answer to the question whether these units are conceptually coherent. Therefore, five sub-canto's will be analysed in
the second part of this book.

CHAPTER FOUR

'I WILL BREAK HIS YOKE FROM OFF YOUR NECK': AN INTERPRETATION OF JEREMIAH 30:5–11[1]

4.1 *Introduction*

The first sub-canto in the Book of Consolation is formed by Jer. 30:5–11. As will be shown, the three canticles in this sub-canto are three, form-critically distinctive parts. The leading question to be discussed is, whether it is necessary to make a literary-critical or redaction-historical division on the basis of this form-critical observation. In recent scholarly publications the literary coherence of Jer. 30:5–11 has been disputed. Briefly summarised, Jer. 30:5–7 is considered to be authentic, stemming from the *Grundstock* of Jer. 30–31. The prose of Jer. 30:8–9, however, is mostly construed as an insertion, while 10–11 is regarded as post-DeuteroIsaianic.[2] Westermann separates

---

[1] This chapter contains a thoroughly reworked version of my paper 'I will break his yoke from off your neck': Remarks on Jeremiah xxx 4–11', in: A.S. van der Woude (ed.), *New Avenues in the Study of the Old Testament: A Collection of Old Testament Studies published on the Occasion of the fiftieth Anniversary of the Oudtestamentische Werkgezelschap and the Retirement of Prof. Dr. M.J. Mulder* (OTS, 25), Leiden 1989, 63–76.

[2] S. Herrmann, *Die prophetischen Heilserwartungen im Alten Testament: Ursprung und Gestaltwandel* (BWANT, 85), Stuttgart 1965, 216–18; E.W. Nicholson, *Preaching to the Exiles*, Oxford 1970, 88–89; S. Böhmer, *Heimkehr und neuer Bund: Studien zu Jeremia 30–31* (GTA, 5), Göttingen 1976, 59–61; I. Riesener, *Der Stamm 'bd im Alten Testament* (BZAW, 149), Berlin 1979, 174, 179–81; J. Lust, '"Gathering and Return" in Jeremiah and Ezekiel', in: P.-M. Bogaert (ed.), *Le Livre de Jérémie: Le prophète et son milieu, les oracles et leur transmission* (BEThL, 54), Leuven 1981, 136; N. Lohfink, 'Der junge Jeremia als Propagandist und Poet. Zum Grundstock von Jer 30–31', in: Bogaert (ed.), *Le Livre de Jérémie*, 351–68.; W. Thiel, *Die deuteronomistische Redaktion von Jeremia 26–45* (WMANT, 52), Neukirchen-Vluyn 1981, 21; N. Lohfink, 'Die Gotteswortverschachtelung in Jer. 30–31', in: L. Ruppert *et al.* (eds), *Künder des Wortes* (Fs J. Schreiner), Würzburg, 1982, 106; C. Levin, *Die Verheißung des neuen Bundes in ihrem theologiegeschichtlichen Zusammenhang ausgelegt* (FRLANT, 137), Göttingen 1985, 178–83; U. Schröter, 'Jeremias Botschaft für das Nordreich. Zu N. Lohfinks Überlegungen zum Grundbestand von Jeremia xxx–xxxi', *VT* 35 (1985), 312; J. Unterman, *From Repentance to Redemption: Jeremiah's Thought in Transition* (JSOT.S, 54), Sheffield 1987, 135–36; A. Laato, *Josiah and David Redivivus: The Historical Josiah and the Messianic Expectations of Exilic and Postexilic Times* (CB.OT, 33), Stockholm 1992, 113; T. Collins, *The Mantle of Elijah: The Redaction Criticism of the Prophetical Books* (BiSe, 20), Sheffield 1993, 119; J. Ferry, *Illusions et salut dans la prédication prophétique de Jérémie* (BZAW,

5–9 from 10–11 (post DtIsa.).[3] Carroll states that an oracle of salvation is often uttered after a lament, stating the individual or communal complaint about present circumstances. In that case, the oracle
of salvation (10–11) would be a fitting response to vv. 5–7. The
description of that terrible day may be regarded as equivalent to a
formal lament. Vs. 8–9 then interrupt the coherence of the textual
unit and must be regarded as a secondary addition to the cycle.[4]
Wiebe assumes that both 5–7 and 8–9 are part of the first, mid-
exilic revision of what he considers to be the Jeremian core, while
10–11 are part of the second, late exilic revision.[5] Odashima considers
5–7 and 10–11 as part of a secondary layer that is post-Jeremian,
but pre-deuteronomistic. 8–9 are, in his view, a deuteronomistic insertion.[6] Holladay takes 5–7 to be part of the 'early recension to the
North'. 10–11 is one of the 'Three extensions by Jrm for the recension to the South', while 8–9 are construed by him as an expan-
sionist gloss.[7] Kilpp considers 5–7 an original Jeremian prophecy of
doom, yet reworked by the author of 5–7.10–11 into a description
of a situation of terror. In his view 8–9 form a later insertion.[8]
Schmid considers 5–7 to be part of the original 'Jacob'-layer. Originally
5–7 was followed by 18–21. The insertion of 8–9 and 10–11 interrupted this sequence.[9] Parke-Taylor assumes that 'The unit 30:10–11

269), Berlin 1999, 293; R. Albertz, *Die Exilszeit 6. Jahrhundert v. Chr.* (Biblische
Enzyklopädie, 7), Stuttgart 2001, 239.

[3] C. Westermann, *Prophetische Heilsworte im Alten Testament* (FRLANT, 145), Göttingen
1987, 106–7; see also W. McKane, *Jeremiah II* (ICC), Edinburgh 1996, 755–63.

[4] R.P. Carroll, *From Chaos to Covenant: Uses of Prophecy in the Book of Jeremiah*, London
1981, 205–06; R.P. Carroll, *Jeremiah* (OTL), London 1986, 579; see also G. Fohrer,
'Der Israel-Prophet in Jeremia 30–31', in: A. Caqout, M. Delcor (eds.), *Mélanges
bibliques et orientaux* (FS H. Cazelles; AOAT 215), Neukirchen-Vluyn, 1981, 137 n. 2,
vv. 8–9 is a 'verheissende Glosse'.

[5] J.M. Wiebe, 'The Jeremian Core of the Book of Consolation and the Redaction
of the Poetic Oracles in Jeremiah 30–31', *Studia Biblica et Theologica* 15 (1987),
137–61.

[6] T. Odashima, *Heilsworte im Jeremiabuch: Untersuchungen zu ihrer vordeuteronomistischen
Bearbeitung* (BWANT 125), Stuttgart 1989, esp. 82–85.103–21.288–95.

[7] W.L. Holladay, *Jeremiah 2. A Commentary on the Book of the Prophet Jeremiah Chapters
26–52* (Hermeneia), Minneapolis 1989, 155–67; see also K. Seybold, *Der Prophet
Jeremia: Leben und Werk* (Kohlhammer-Urban Taschenbücher, 416), Stuttgart 1993,
81–82.

[8] N. Kilpp, *Niederreißen und aufbauen: Das Verhältniss von Heilsverheißung und Unheilsverkündigung bei Jeremia und im Jeremiabuch* (BThS, 13), Neukirchen-Vluyn 1990, 106–20.

[9] K. Schmid, *Buchgestalten des Jeremiabuches: Untersuchungen zur Redaktions- und
Rezeptionsgeschichte von Jer 30–33 im Kontext des Buches* (WMANT, 72), Neukirchen-
Vluyn 1996, 113–19.161–69.

was eventually inserted in Jeremiah 30, on the basis of the catch-words יַעֲקֹב and יְשַׁע in 30:7 . . . as well as in the desire to spell out the promise in 30:7 in greater detail'.[10] He construes 30:8–9 as an inserted prose passage.[11] Ferry argues that 5–7 is authentic and that 8–9 and 10–11 are later postexilic insertions from two different hands.[12] Others plead for literary unity.[13]

The arguments for a literary-critical division differ. Böhmer's view is explicit and in a way exemplaric. He uses a form-critical argument: 5–7 and 10–11 are poetry, 8–9 is prose. Then he tries to underscore this difference by pointing at semantic differences. The expression 'to break the yoke' in vs. 8 is used in a different way than in Jer. 2:20 and 5:5. זרים in Jer. 2:25 and 3:13 refer to 'other gods', while in 30:8 the reference is to 'other nations'. On a theological level he states that the expectation of a new Davidic king, as in 30:9, is not Jeremian. On the basis of these arguments he considers 8–9 to be a later addition.[14]

I will return to this point after having discussed the textual units in Jer. 30:5–11.

---

[10] G.H. Parke-Taylor, *The Formation of the Book of Jeremiah: Doublets and Recurring Phrases* (SBL.MS, 51), Atlanta 2000, 125.

[11] Parke-Taylor, *Formation of the Book of Jeremiah*, 68–71.

[12] Ferry, *Illusions et salut*, 293.297–302.

[13] E.g., J.A. Thompson, *The Book of Jeremiah* (NICOT), Grand Rapids 1980, 554–57; J.M. Bracke, *The Coherence and Theology of Jeremiah 30–31* (Dissertation Union Theological Seminary), Richmond 1983, 36–38; B.A. Bozak, *Life 'Anew': A Literary-Theological Study of Jer. 30–31* (AnBi, 122), Roma 1991, 20–1.33–45; J.W. Mazurel, *De vraag naar de verloren broeder: Terugkeer en herstel in de boeken Jeremia en Ezechiël* (Dissertation University of Amsterdam), Amsterdam 1992, 35–43; G.L. Keown et al., *Jeremiah 26–52* (WBC, 27), Dallas 1995, 90–95; A.J.O. van der Wal, '"Opdat Jakob weer Gods dienaar kan zijn". Opbouw en achtergrond van Jeremia 30:5–11', *ACEBT* 15 (1996), 77–93; W. Brueggemann, *A Commentary on Jeremiah: Exile and Homecoming*, Grand Rapids 1998, 272–75; E.K. Holt, *Jeremia's Bog Fortolket*, København 1999, 120–21; J.M. Bracke, *Jeremiah 30–52 and Lamentations* (WBC), Louisville 2000, 3–5; R.B. Chisholm, *Handbook of the Prophets: Isaiah, Jeremiah, Lamentations, Ezekiel, Daniel, Minor Prophets*, Grand Rapids 2002, 192; A.R.P. Diamond, 'Deceiving Hope: the Ironies of Metaphorical Beauty and Ideological Terror in Jeremiah', *SJOT* 17 (2003), 40.

[14] Böhmer, *Heimkehr*, 59–61.

4.2   *Text and Translation*

4.2.1   *Translation*

A.i.1 (Jeremiah 30:5)

So thus speaks Yₕwₕ:	5aA
We hear a cry of anguish.	5bA
There is terror and no peace.	5bB

A.i.2 (Jeremiah 30:6*)

Ask now and see if a man bears a child.	6aA
Why do I see every young man with his hands on his loins like a	
woman who bears?	6aB
Why have all faces changed and did they become pale?	6bA

A.i.3 (Jeremiah 30:7)

Because that day is great	7aA
there is none like it.	7aB
It will become a time of oppression for Jacob.	7bA
And shall he be saved out of it?	7bB

A.ii.1 (Jeremiah 30:8a–b)

'But it will happen on that day—oracle of Yₕwₕ of Hosts—,	8aA
that I will break his yoke from off your neck	8bA
and I will burst your bonds,'	8bB

A.ii.2 (Jeremiah 30:8c–9)

so that they shall no longer serve strangers for it.	8c/9aA
But they shall serve Yₕwₕ their God	8c/9aB
and David their king,	9bA
whom I will raise up for them.	9bB

A.iii.1 (Jeremiah 30:10)

And you, do not fear my servant Jacob,—oracle of Yₕwₕ—,	10aA
and be not prostrated, Israel.	10aB
Because here I am, who will save you from afar	10bA
and your offspring from the land of their captivity.	10bB
Jacob will return.	10cA
He will rest and be safe	10cB
and nobody shall startle him.	10cC

A.iii.2 (Jeremiah 30:11)

For I am with you—oracle of Yₕwₕ—	11aA
to save you.	11aB

For I will make an end to all the nations,	11bA
amongst whom I scattered you.	11bB
But of you I will not make an end.	11cA
I will chasten you with justice.	11cB
By no means I will leave you unpunished.	11cC

4.2.2   Textual Remarks

5bA   שמענו, 'We hear . . .'; LXX, ἀκούσεσθε, reads a 2 plur. form taking Israel and Judah as subjects. The suggestion that, parallel to
ראיתי, 'I see' (6c), Yhwh is also the subject in 5b and that the
form originally was שמעתי, 'I hear',[15] is interesting, but should not
be adopted.[16] The pluralis majestatis of the MT should be compared with שמענו in the comparable context of Jer. 6:24.[17]

6   The interrogative מדוע, 'Why?', governs the whole of 6aB–C.[18]

7aB   The Masoretic pointing מֵאַיִן suggests a rendition 'whence'[19], a
reading מֵאֵין, 'there is none', suits the context better.[20]

6bC   As has been argued above (2.2.3.) הוי should be altered into הוּ.
The LXX-reading also evidences against an interpretation of הוי
as an interjection drawing attention: 'Ho!', or the like as in Isa.
55:1.[21]

7bB   The sequence adverb-verb with a *yiqtol*-form indicates that the
clause is an interrogative sentence.[22] There is no textual evidence

---

[15] See, e.g., P. Volz, *Der Prophet Jeremia*, Leipzig ²1928, 281; W. Rudolph, *Jeremia*
(HAT, 1,12), Tübingen ³1968, 188–89; Böhmer, *Heimkehr*, 57; *BHS*; Kilpp, *Niederreißen
und aufbauen*, 107.

[16] See also McKane, *Jeremiah II*, 757; Ferry, *Illusions et salut*, 273.

[17] See Odashima, *Heilsworte*, 110–21; Seybold, *Prophet Jeremia*, 81; McKane, *Jeremiah
II* 757; Schmid, *Buchgestalten*, 116–7.

Pace those who interpret 5bc as a quotation of the people addressing God, see
D. Barthélemy, *Critique textuelle de l'Ancien Testament: 2. Isaïe, Jérémie, Lamentations. Rapport
final du comité pour l'analyse textuelle de l'Ancien Testament hébreu institué par l'Alliance Biblique
Universelle, établi en coopération avec A.R. Hulst, N. Lohfink, W.D. McHardy, H.P. Rüger,
J.A. Sanders* (OBO, 50/2), Fribourg 1986, 680; Bozak, *Life 'Anew'*, 35; Mazurel,
Verloren Broeder, 36; Keown *et al.*, *Jeremiah 26–52*, 91; Van der Wal, 'Opdat Jakob
weer Gods dienaar kan zijn', 79.

[18] See e.g. Fohrer, 'Israel-Prophet', 136–37; L.T. Brodie, 'Jacob's Travail (Jer.
30:1–13) and Jacob's Struggle (Gen. 32:22–32)', *JSOT* 19 (1981), 37; Carroll, *Jeremiah*,
573.

[19] Accepted by, e.g., Holladay, *Jeremiah 2*, 150.

[20] With, e.g., C.J. Labuschagne, *The Incomparability of Yahweh in the Old Testament*
(POS, 5), Leiden 1966, 10–11.

[21] *Pace* W.A.M. Beuken, *Jesaja II B* (de Prediking van het Oude Testament),
Nijkerk 1983, 281; Bracke, *Jeremiah 30–52 and Lamentations*, 3; on הוי in Isa. 55:1
see W. Janzen, *Mourning Cry and Woe Oracle* (BZAW, 125), Berlin 1972, 20; M.C.A.
Korpel, 'Metaphors in Isaiah lv', *VT* 46 (1996), 44; M.C.A. Korpel, J.C. de Moor,
The Structure of Classical Hebrew Poetry: Isaiah 40–55 (OTS, 41), Leiden 1998, 606.

[22] W.L. Holladay, 'Style, Irony and Authenticity in Jeremiah', *JBL* 81 (1962),

that would support McKane's proposal to read יֵשׁוּעַ leading to a
translation 'because of it he cries out in pain'.[23]

8aA   צבאות is not rendered in LXXJer; McKane considers it to be a
later addition.[24]

8bB   The Old Greek translation has changed some pronouns: 'His'—
in עלה, 'his yoke'—has disappeared and 'your'—in צַוָּארְךָ, 'your
neck'—has been shifted into 'their' (τραχήλου αὐτῶν). In doing so
the Old Greek produced a comprehensible and more understandable text. As has been made clear above (2.2.7.) and will be
elaborated below (4.3.2.) the textform of the MT is certainly not
meaningless.

8c/9aA   יעבדו is vocalised as a *Qal* in the MT and not as a *Hiph'îl*;[25] the
reading is supported by LXX.

        זרים should be construed as the obhect of יעבדו and not as its
subject.[26]

        The preposition in בו is construed as a *bêt*-pretii.[27]

10–11   On the text-critical problem provoked by the absence of these
two verses in LXXJer. 37, see above (2.2.1.).

4.3   *Composition*

In my view, Jer. 30:5–11 is built up in three canticles[28]

A.i.   30:5–7   Description of the awful terror on the day of op-
                        pression

53–4; J. Lundbom, *Jeremiah: A Study in Ancient Hebrew Rhetoric* (SBL.DS, 18), Missoula
1975, 33; Wiebe, 'Jeremian Core', 146; Holladay, *Jeremiah 2.*, 167; Bozak, *Life 'Anew'*,
39, construe the phrase as an ironic question. In my view the phrase better can
be taken as a question of despair.

    For other views see: Bright, *Jeremiah.*, 297; Böhmer, *Heimkehr*, 57; G. Fohrer,
'Israel-Prophet', 137; Brodie, 'Jacob's Travail', 37; Carroll, *Jeremiah.*, 574; Unterman,
From Repentance to Redemption, 135; Westermann, *Heilsworte*, 106–7; Schmid, *Buchgestalten*,
113–14; Parke-Taylor, *Formation of the Book of Jeremiah*, 68; Ferry, *Illusions et salut*,
298–99.

    Lohfink, 'Junge Jeremia', 354, leaves the question open.

  [23] Construing יֵשׁוּעַ as a form of the verb שׁוע, to cry out', cf. Job 35:9; see
McKane, *Jeremiah II*, 757.

  [24] McKane, *Jeremiah II*, 755.

  [25] *Pace* Carroll, *Jeremiah*, 575.

  [26] *Pace* Bozak, *Life 'Anew'*, 41; Laato, *Josiah and David Redivivus*, 112; Mazurel,
Verloren Broeder, 38; McKane, *Jeremiah II*, 761.

  [27] See P. Joüon, T. Muraoka, *A Grammar of Biblical Hebrew: Volume II: Part three:
Syntax* (SubBi, 14/II), Roma 1991, § 133c; *pace* E. Jenni, *Die hebräischen Präpositionen;
Band 1: Die Präposition Beth*, Stuttgart 1992, 121; Van der Wal, 'Opdat Jakob weer
Gods dienaar kan zijn', 80, who construe it as a *beth instrumenti*.

  [28] Van der Wal, 'Opdat Jakob weer Gods dienaar kan zijn', 77–93, unconvinc-
ingly argues for a division into two units: 5–7 and 8–11.

A.ii. 30:8–9   Prophecy of liberation
A.iii. 30:10–11   Oracle of salvation

These three canticles will now be discussed.

4.3.1 *Awful Terror Jer. 30:5–7*

The first canticle contains descriptive language. From a syntactical point of view the sub-unit is characterized by nominal clauses and by interrogative clauses with an descriptive undertone. After the introductory formula in 5aA, the canticle contains three strophes:

A.i.1 5bA–B   Descriptive statements
A.i.2 6aA–C   Questions about the changed situation
A.i.3 7aA–7bB Answer and a Question about the future

4.3.1.1 *Descriptive Statements*

Strophe A.i.1. describes an awful situation.[29] The language used here suggests that the text refers to a situation provoked by the ruin of a city or a state. The noun חֲרָדָה, 'anguish', is used in Isa. 21:4 and Ezek. 26:16 for human reactions after the destruction of a city. In 1 Sam. 14:5 the noun refers to a cruel fate in the lives of 20 Philistines. The noun פַּחַד, 'terror', is used in Deut. 28:67 to summarise the possible human reactions to the execution of the curses of the covenant. Isaiah uses this noun in two texts related to Jer. 30:5–7. Isa. 2:10 summons the Israelites to hide themselves from the terror on the day of Yhwh. Isa. 2:19, 21 shows that the people answered this prophetic summons. In the context of a prophecy of doom, Isa. 24:17–20 pictures the judgement in terms of creation becoming chaos anew. This judgement leads to terror (Isa. 24:17, 18). The author of a prophecy against Moab took over the phraseology of Isa. 24:17–18 in Jer. 48:43–44.

The contrast in the clause 'There is terror and no peace' underscores the suggestion yielded by the use of the nouns חֲרָדָה and פַּחַד that a reversal is referred to. The 'cry of anguish' contrasts joyful sounds. In Jer. 7:34 a comparable reversal is prophesied:

---

[29] As has been noted by many scholars; see especially the remarks by Bracke, *Coherence*, 36; Bozak, *Life 'Anew'*, 34–5; Ferry, *Illusions et salut*, 297–98.

> I will make to cease from the cities of Judah and from the streets of
> Jerusalem the sound of the joy and the sound of gladness, the voice
> of the bridegroom and the voice of the bride.[30]

The motif 'reversal of joyful sounds into lamentation' is present in
a curse from the Aramaic treaty between Matiel of Arpad and
Barga'yah of Ktk:

> Nor may the sound of the lyre be heard in Arpad; but among its peo-
> ple (let there rather be) the din of *affliction* and the *noi[se of cry]ing* and
> lamentation.[31]

The Hebrew noun שלום has a broad spectre of meaning: 'peace;
wellfare; wholeness; unbrokenness; salvation'.[32] In the present context the absence of שלום refers to the absence of both material and
spiritual prosperity. Since the presence of שלום was understood, in
ancient Israel, as a gift of Yhwh, its absence was suffered as desolation.[33] One should keep in mind that for a text that has the intention to console by preaching restoration and return, as the introduction
to Jer. 30–31 suggests, it is rather startling to open with a description of despair and distress.[34] This observation underscores the view
that the sorrowful situation depicted in Jer. 30:5bA–B is the outcome of an important change and should not be construed as a fore-
ward-looking prophecy of doom.[35]

4.3.1.2 *Questions about the Changed Situation*

The second strophe is composed from an introductory formula—
'Ask now and see'—followed by four questions. Each of these questions contain an anomaly or an element of reversal.[36] Normally, men

---

[30] See also Jer. 16:9; 25:10.

[31] Sefire I = KAI 222 A:29–30; see C.H.W. Brekelmans, 'Sfire I A 29–30', *VT*
13 (1963), 225–28; D.R. Hillers, *Treaty-Curses and the Old Testament Prophets* (BibOr,
16), Roma 1964, 57–58; A. Lemaire, J.-M. Durand, *Les inscriptions araméennes de Sfiré
et l'Assyrie de Shamshi-Ilu* (HEO, 20), Genève 1984, 133. Bozak, *Life 'Anew'*, 37, interprets this theme as a 'typical treaty-curse of the ANE' without evidence.

[32] See recently F.J. Stendebach, 'שָׁלוֹם *šālôm*', in: *TWAT* VIII (1994), 12–46; with
literature.

[33] See J.P. Sisson, 'Jeremiah and the Jerusalem Conception of Peace', *JBL* 105
(1986), 429–42.

[34] As has been noted by Bozak, *Life 'Anew'*, 34; Ferry, *Illusions et salut*, 297–98.

[35] *Pace* Holladay, *Jeremiah 2.*, 167.171–73; Odashima, *Heilsworte*, 103–21; Kilpp,
Niederreißen und aufbauen, 107–11.

[36] As has also been indicated by Bozak, *Life 'Anew'*, 36–8; see also D.F. Sawyer,
'Gender-Play and Sacred Text: A Scene from Jeremiah', *JSOT* 83 (1999), 104.

do not bear children (6aA). This theme is taken over in the second question. In 6aB the image from reality that women lay their hands on their loins in order to comfort themselves when in labour, is used to depict the vulnerability of young men in despair and by implication serves as an image for suffering brought to the people by a military assault or the like.[37] The two colons in the final line of the strophe both describe a shift by using verbs of change: הפך Ni. and היה ל. All four question imply the theme of 'fear and anger'. In the mode of questions they assess the situation described as a world turned topsy-turvy.

The motif of reversal occurs also in some ancient Near Eastern texts, especially in 'prophetic' texts as will be shown below. The phrasing 'if a man bears' has, to my knowledge, no closer parallel than the epitheton for Ishtar in a bilingual Old Babylonian/Sumerian song to Inanna:

> Is it within your (power), Ishtar, to change men into women and women into men?[38]

A comparable theme is present in an ancient Sumerian hymn to Inanna:

> May she (= Inanna/Ishtar) turn the right side into the left side
>   Dress him in the dress of a woman
> Place the speech of a woman in his mouth
>   And give him a spindle and a hair-clip.[39]

---

[37] See also A. Bauer, 'Dressed to be Killed: Jeremiah 4.29–31 as an Example of the Function of Female Imagery in Jeremiah', in: A.R.P. Diamond et al. (eds), *Troubling Jeremiah* (JSOT.S, 260), Sheffield 1999, 304; M. Wischnowsky, *Tochter Zion: Aufnahme und Überwindung der Stadtklage in den Prophetenschichten des Alten Testaments* (WMANT, 89), Neukirchen-Vluyn 2001, 254; J.A. Wagenaar, *Judgement and Salvation: The Composition and Redaction of Micah 2–5* (VT.S, 85), Leiden 2001, 152, 173.

[38] Text: P. Haupt, *Akkadische und Sumerische Keilschrifttexte* (AB, 1), Leipzig (1881–)1882, 130:47–48; see D.R. Hillers, *Treaty-Curses and the Old Testament Prophets* (BibOr, 16), Roma 1964, 66–68.

[39] UM 29–16–229 ii 4f; edited by A.W. Sjöberg, 'in—nin šà—gur₄—ra. A Hymn to the Goddess Inanna by the en-Priestess Enḫeduana', *ZA* 65 (1975), 224. In the phrase 'to change the right side into the left side' the words 'left' and 'right' should be construed as euphemism for 'male' and 'female'. It should be noted that Inanna/Ishtar basically was an androgynous deity in which the differences of the sexes were overcome. 'Spindle' and 'hair-clip' were symbols by which new born girls in Mesopotamia were dedicated to their roles in life; cf. K. van der Toorn, *From her Cradle to her Grave: The Role of Religion in the Life of the Israelite and the Babylonian Woman* (BiSe, 23), Sheffield 1994; 16–23.

From ancient Alalakh a text is known that regulates the gift by Abba-ilu, king of Yamhad, of the city of Alalakh to his brother king Yarim-Lim. Abba-ilu gave this city apparently in exchange of the city of Irridi that Yarim-Lim had destroyed as an answer to Irridi's revolt against Abba-ilu.[40] The stipulations in this regulation are unclear since the inscriptions is damaged in that section. The inscription, however, ends with a series of curses common to the Ancient Near Eastern treaties and loyalty-oaths. One of these curses reads as follows:

> May Ishtar impress femaleness into his maleness.[41]

The theme of young men changing into women is attested in a curse in the Neo-Assyrian treaty of Ashur-Nerari V with Mati'-ilu, king of Arpad:

> *šum-mu* [P]KI.MIN *ina a-de-e an-nu-ti šá* [P]*aš-šur*-ERIM.(GABA) MAN KUR-*aš-šur iḫ-ti-ṭi* [P]KI.MIN *lu* MÍ.*ḫ-rim-tú* LÚ*.ERIM.[MEŠ-*šú*] *lu* MÍ.MEŠ GIM MÍ.*ḫa-rim-tú ina re-bit* URU-*šú-n*[*u nid-n*]*u* . . .

> If Mati'-ilu sins against this treaty with Ashur-nerari, king of Assyria, may Mati'-ilu become a prostitute, his soldiers women, may they receive [*a gift*] in the square of their cities like any prostitute . . .[42]

In this Neo-Assyrian curse the theme is applied differently, however. In the treaty, Mati'-ilu and his soldiers are threatened that gender-roles will change as a result of breaking the treaty: Instead of the active, masculine role they will be brought in the position of the passive, female role.[43]

   The motif of reversal occurs in the following texts:

– Akkadian literary predictive text.[44] In text A the time of a 'bad prince' is described i.a. by the following words:

---

[40] For the historical context see J.D. Hawkins, 'Irrite', in: *RLA* 5, 171; see also below § 8.4.1.2.

[41] D.J. Wiseman, *The Alalakh Tablets*, London 1953, Text 1:19; *COS* 2, 329; see also N. Naʿaman, 'The Ishtar Temple at Alalakh', *JNES* 30 (1980), 209–14.

[42] *SAA* 2, 2 v:8–10. A similar curse does not occur in other Neo-Assyrian treaties and loyalty-oathes.

[43] See H.U. Steymans, *Deuteronomium 28 und die adê zur Thronfolgeregelung Asarhaddons: Segen und Fluch im Alten Orient und in Israel* (OBO, 145), Freiburg 1995; M. Nissinen, *Homoeroticism in the Biblical World: A Historical Perspective*, Minneapolis 1998, 19–36, esp. 26–7.

[44] M. de Jong Ellis, 'Observations on Mesopotamian Oracles and Prophetic Texts: Literary and Historiographic Considerations', *JCS* 41 (1989), 140–57, correctly

ii   The sanctuaries of the great Gods will be confused.
      The defeat of Akkad will be decreed
      There will be confusion, disorder and unfortunate events in
      the lands
      The nobility will lose prestige (GAL(*rubû*)*tu* TUR(*iṣeḫḫer*)-*ma*).
      Another man who is unknown, will arise (MAN(*šanûm*)-*ma šá*
      šùm-šú là MU(*nabû*) DU₆.DU(*ellâ*)-*ma*).
      As a king he will seize the throne and will put death to his
      officials (*kīma* LUGAL(*šarri*) AŠ.TE(*kussâ*) DIB^*bat*(*iṣabbat*)-*ma*)

Rev ii   [The rich man] will extend his hand to the poor man ([x x
          x]*a-na mār* UKÚ(*labni*) ŠÚ(*qāt*)-*su* TAR^*aus*(*itarraš*)^45

The last remark refers to the element of reversal when a rich man
has to beg for money at a poor man.

– Akkadian literary predictive text:

LÚ.NÍG.NU.TUKU^*meš i-šal-lim mār*
LÚ.NÍG.TUKU^*m*[*eš i-lap-pi-nu*   ]

Paupers will become rich,
the rich [will become paupers].^46

In this text a twofold reversal of the stratigraphy of the society is
referred to.

– Esarhaddon Babylonian Inscription
   In his apologetic 'Babylonian Inscription'^47 Esarhaddon writes that
the sins of his predecessor caused the anger of the lord of the gods,
Marduk. The then unchained 'bad powers' thereupon started to dis-

---

classifies these texts formerly labelled as 'proto-apocalyptic Akkadian prophecies',
or 'Royal fictional autobiography' (T. Longman, *Fictional Akkadian Autobiography: A
Generic and Comparative Study*, Winona Lake 1991), as 'literary predictive texts'; see
also B. Pongratz-Leisten, *Herrschaftswissen in Mesopotamien: Formen der Kommunikation
zwischen Gott und König im 2. und 1. Jahrtausend v. Chr* (SAAS, 10), Helsinki 1999,
52–53; D.I. Block, *The Gods of the Nations: Studies in Ancient Near Eastern National
Theology*, Grand Rapids ²2000, 120–34.
   ^45 Text: KAR 421; ed. A.K. Grayson, W.G. Lambert, 'Akkadian Prophecies',
JCS 18 (1964), 12–16; Longman, *Fictional Akkadian Autobiography*, 152–63.240–42.
   ^46 Text: k. 7127+//:10; edited by Grayson, Lambert, 'Akkadian Prophecies',
16–19; revisions on the basis of a parallel text in R.D. Biggs, 'More Babylonian
Prophecies', *Iraq* 29 (1967), 120:10, where the 'event' is seen as the outcome of a
missaaru-act promulgated by the god Anu.
   ^47 R. Borger, *Die Inschriften Asarhaddons Königs von Assyrien* (AfO Beiheft, 9), Osnabrück
²1967, § 11; on this inscription see M. Cogan, 'Omens and Ideology in the Babylonian
Inscription of Esarhaddon', in: H. Tadmor, M. Weinfeld (eds.), *History, Historiography
and Interpretation*, Jerusalem 1983, 76–87.

rupt the symmetry of the universe.[48] One of the results of this disruption was that even the temple and the capital turned into chaos:

É-sag-gíl u K(Á.DINGIR.)RA^ki *na-mu-ta il-li-ku-ma e-mu-ú qí-šub-bé-eš*

Esagila and Ba[byl]on became wasteland and were like the open
country.[49]

– Ashurbanipal's Coronation Hymn

At the occasion of the coronation of the neo-Assyrian king a hymn
was composed using traditonal material and metaphors that functioned as a programmatic statement for kingship.[50] Aftre the singing
of the hymn, the king has to pronounce a blessing before Shamash.
One of the lines in this blessing is composed in a way comparable
to the stipulations in the loyalty oaths that Esarhaddon had concluded with his vassals shortly before his death.[51] The line reads:

He who speaks with the king disloyally or treasonably, if he is a notable,
he will die a violent death; if he is a rich man he will become poor.[52]

Here, the theme of reversal is presented as an outcome of individual wrongdoing.

– The Marduk Prophecy/Autobiography ii:5–6

In this fictional autobiography of the god Marduk[53] the disastress
situation in Babylon after the deity had abandoned his country is
decribed in strong language. One of the images used is:

Aristocrats stretch out their hands to beg to the commoner.[54]

---

[48] Esarh. Bab. A-G, Episode 6; Borger, *Asarhaddon*, 14. I disagree with Cogan,
'Omens and Ideology', 78–80, who renders Á.MEŠ ḪUL-*tim* with 'bad omens'.
[49] Esarh. Bab. A-G, Episode 7 Fassung b:9–11; Borger, *Asarhaddon*, 14.
[50] *SAA* 3, 11; on this text and its relations to Psalm 72 see also M. Arneth,
"Möge *Šamaš* dich in das Hirtenambt über die vier Weltgegenden einsetzen'. Der
'Krönungshymnus Assurbanipals' (SAA III,11) und die Solarisierung des neuassyrischen
Königtums', *ZAR* 5 (1999), 28–53; M. Arneth, '*Sonne der Gerchtigkeit*'. *Studien zur
Solarisierung der Jahwe-Religion im Lichte von Psalm 72* (BZAR, 1), Wiesbaden 2000.
[51] See D.J. Wiseman, *The Vassal-Treaties of Esarhaddon*, London 1958; K. Watanabe,
Die adê-Vereidigung anlässlich der Thronfolgeregelung Asarhaddons (BaghM Beiheft, 3), Berlin
1987; S. Parpola, K. Watanabe, *Neo-Assyrian Treaties and Loyalty Oaths* (SAA, II),
Helsinki 1988; Steymans, *Deuteronomium 28*.
[52] *SAA* 3, 11: Rev. 9–10.
[53] See Longman, *Fictional Akkadian Autobiography*, 132–42.
[54] R. Borger, 'Gott Marduk und Gott-König Šulgi als Propheten: Zwei propheti-

– Balaam Inscription from Deïr ʿAllah

Hackett rightly observed that in the report on the vision of the seer Balaam in a plaster-inscription found in Deïr ʿAllah, a series of reversals are presented as the possible outcome of a disaster prepared by the goddess Shagar. The reversal imagery is presented by the Shadayin-deities who try to persuade the goddess Shagar to desist from this disaster:[55]

Truly, the swallow is challenging the eagle,	כי.ססענר.חר(8)פת.נשר.
the nestlings of the vulture the ostrich;	וקנרחמן.יענה.
terro[r is seizing] the young of the falcon (?)	ח]ת.אחות.[.בני.נא/חץ.
and distress the fledging of the heron,	וצרה.אפרחי.אנפה.
the mother dove preys on the father dove	דרר.נשרת(9)יון־.
and . . . [ ] the Egyptian plover.	וצפר. [xxxxxx] יץ.
The crook [produces É] instead of ewes,	מטה.באשר.רחלן. [xxxxxx] x.
while the rod yields hares.	ייבל.חטר.ארנבן.
[Slaves] are eating with the free;	אכלו(10)יחד.הפש]ן.עבדן.
[slave-]girls (?) are eating [bread] and drinking wine.	[והב]רת.אכל[ו.לה]ם.שתיו.חמר.
Hyenas heed admonition	וקבען.שמעו.מוסר.
fox-cubs [ ]	נרי.ש(11)על [ ]
[and the fool (?)] mocks the wise.	[ ] לדזכמן.יקחך.
The soothsayer is preparing myrrh-oil	ועניה.רקחת.מר.
and the priestess is sprinkling [ ]	וכהנה(12) [?] נזית.א [ ]
[ ] for him who is wearing a loin-cloth of horn.	לנשא.אזר.קרן.[ ][56]

---

sche Texte', *BiOr* 28 (1971), 8.16; Longman, *Fictional Akkadian Autobiography*, 234. See also below § 6.4.3.

[55] J.A. Hackett, 'Some Observations on the Balaam Traditions from Deir 'Alla', *BA* 49 (1986), 217. See also: H. Weippert, 'Der Beitrag ausserbiblischer Prophetentexte zum Verständnis der Prosareden des Jeremiabuches', in: Bogaert (ed.), *Le Livre de Jérémie*, 89–90; M. Dijkstra, 'Is Balaam also among the Prophets?', *JBL* 114 (1995), 53–54 (with litt.); A. Schüle, *Israels Sohn—Jahwes Prophet: Ein Versuch zur Verhältnis von kanonischer Theologie und Religionsgeschichte anhand der Bileam-Perikope (Num 22–24)*, (ATM, 17), Münster 2001, 242–47; M. Nissinen, 'Prophets and the Divine Council', in: U. Hübner, E.A. Knauf (eds), *Kein Land für sich Allein: Studien zum Kulturkontakt in Kanaan, Israel/Palästina und Ebirnâri für Manfred Weippert zum 65. Geburtstag* (OBO, 186), Freiburg 2002, 8–9.

[56] Text: J. Hoftijzer, G. van der Kooij, *Aramaic Texts from Deir ʿAllah* (DMOA, 19), Leiden 1976, 174.180. Here the interpretation of Dijkstra, 'Balaam', 48, is followed. For a different reading see M. Nissinen, *Prophets and Prophecy in the Ancient Near East*, with contributions by C.L. Seow and R.K. Ritner edited by P. Machinist, (SBL.WAW, 12), Atlanta 2003, 207–12 [with lit.].

– In the Egyptian Admonitions of Ipuwer:
In this text from the First Intermediate Period, that resembles the Akkadian Literary Predictive texts, the imagery language of a world topsy-turvy as indication of a 'bad time' is present at several instances, for example:

> Behold, he who had no property is (now) a possessor of wealth.
>   The magnates sing his praise.
> Behold, the poor of the land have become rich.
>   The possessor of property has become one who has nothing . . .
> Behold, he whose hair had fallen out and lacked oil,
>   has become a possessor of jars and sweet myrrh.[57]

Contrary to the examples from the ancient Near east, the motif of reversal is phrased in Jer. 30:6 in the form of a question. Elsewhere in the Old Testament, the theme of the 'reversed universe' is formulated in the form of a question as well: Amos 6:12; Jer. 2:32; 8:4; 18:14.[58]

4.3.1.3 *Answer and Question: An Incomparable Day*

Strophe A.i.3. can be contrued as the answer to the questions put in the canticle sofar. This strophe has *not* the *form* of a Woe-oracle. As pointed out above the Old Greek supports the view that the Masoretic *hôy* is a misreading of *hāyû*. Moreover, the elements characteristic for a Woe-oracle are absent in Jer. 30:7.[59] *Hôy* is not followed by a descriptive nominal clause. The accusation (*Anklage*) is missing. Merely the element of announcement (*Ankündigung*) could be seen in vs. 7.

Levin has argued that 30:7 would be a later addition interpreting the theme of 5–6 in terms of a 'Day of YHWH'-theology.[60] With Schmid[61] I am of the opinion that this theme does not disturb the context.

The answer given in A.i.3. to the questions in the foregoing verses

---

[57] Admonitions of Ipuwer 8:1–4; see N. Shupak, 'The Admonoitions of an Egyptian Sage: the Admonitions of Ipuwer', in: *COS* I, 96.
[58] See H. Weippert, 'Beitrag ausserbiblischer Prophetentexte', 89 n. 34.
[59] See, e.g., C. Westermann, *Grundformen prophetischer Rede*, München 1960, 136–40; Janzen, *Mourning Cry*, 81–83; C. Hardmeier, *Texttheorie und biblische Exegese* (BETh, 79), München 1978, 106.
[60] Levin, *Verheißung*, 179.
[61] Schmid, *Buchgestalten*, 118–19.

can be summarized as follows. The forthcoming day of transformation is incomparable in history.[62] The expression '*ēt ṣārā*, 'a time of oppression', is sometimes related to the concept of the 'day of YHWH'.[63] This concept, however, is not used in the Book of Jeremiah when speaking to Judah or Israel. In the Book of Nahum the term *yôm ṣārā*, 'day of oppression', is used for the day when YHWH will enter the history of mankind to be a shelter for some, but a revenger for others.[64] In my opinion the 'day' of Jer. 30:7 is comparable to the 'day' in Nah. 1:7: It does not refer to the end of time but indicates a forthcoming major shift.[65]

Finally, the strophe A.i.3. consists of a question of despair. The tranformations are that great that no hope for salvation remains. In interpreting this verse as a question and not as an affirmation a presumed tension within the unit is solved. The verse is not an 'unerwartete Heilszusage', but stresses the gloomy future for Jacob.[66]

4.3.2   *Prophecy of Liberation Jeremiah 30:8–9*

4.3.2.1   *Composition*
The central canticle of Jer. 30:5–11 consists of two sub-units:

A.ii.1   Direct Speech
A.ii.2   Indirected Speech

Both strophes are focalised by the prophetic author of the text. A first and superficial reading of the text suggests a disorder on the pronominal level in verse 8. As regards the actants referred to, there

---

[62] See Labuschagne, *Incomparability*, 10–11.15.78.

[63] See Böhmer, *Heimkehr*, 57; Carroll, *Jeremiah*, 575; Lohfink, 'Junge Jeremia', 359–60.

[64] Nah. 1:7; see J.P.J. Olivier, 'The Concept Day in Nahum and Habakkuk', in: A.H. van Zijl (ed.), *Biblical Essays* (OTWP, 12), Potchefstroom 1969, 71–74; B. Becking, 'Divine Wrath and the Conceptual Coherence of the Book of Nahum', *SJOT* 9 (1995), 281–85; K. Spronk, *Nahum* (HCOT), Kampen 1997, 46–48; J.M. O'Brien, *Nahum* (Readings), Sheffield 2002, 50; Chisholm, *Handbook of the Prophets*, 429–30.

[65] See also my remarks in B. Becking, 'Expectations about the End of Time in the Hebrew Bible: Do They Exist?', in: C. Rowland, J. Barton (eds), *Apocalyptic in History and Tradition* (JSP.S, 43), London 2002, 44–59.

[66] *Pace* Böhmer, *Heimkehr*, 57–58; Thompson, *The Book of Jeremiah* 554–56; Bracke, *Coherence*, 36–37; Brueggemann, *Commentary on Jeremiah*, 273; but see Seybold, *Prophet Jeremia*, 82. Westermann, *Heilsworte*, 106–07, removes the tension by taking 7d as the introduction to 8–9.

seems to be a leap between A.ii.1 and A.ii.2. The first line of A.ii.2 reads: 'they shall no longer serve strangers'. In the Old Greek version the agent indicated by 'they' in 8c/9aA can easily be equated with the agent twice indicated by 'their' in the strophe A.i.1 In the MT this equation is problematical, since the 'they'-group is addressed with 'you' in 8bA–B. In accepting that the direct speech introduced by נאם יהוה, 'oracle of YHWH', ends with 8bB the shift in number and person in the pronouns and pronominal suffixes in the MT can be explained.[67] Besides YHWH there are two actants in Jer. 30:8–9: the 'oppressed' (a) and the 'oppressor' (b). Within 8–9 they are indicated as follows:

(a)	A	8bA	suffix 2.m.s.	צוארך
		8bB	suffix 2.m.s.	מוסרותיך
	B	8c/9aA	verb 3.m.p.	יעבדו
		8c/9aB	verb 3.m.p.	ועבדו
		8c/9aB	suffix 3.m.p.	אלהיהם
		9bA	suffix 3.m.p.	מלכם
		9bB	suffix 3.m.p.	להם
(b)	A	8bA	suffix 3.m.s.	עלו
	B	8c/9aA	nomen subject 3.m.p.	זרים

Fig. 22. The Actants (a) and (b) in Jer. 30:8–9

After the direct speech of YHWH the prophetic author describes its effect. In the direct speech the oppressed (a) is addressed in the 2.m.s and the oppressor (b) is referred to with 3.m.s. forms. In the prophetic speech (a) is indicated with 3.m.p. forms.

Both the divine speech and the prophetic sermon describe a transformation that will be labelled as Trans II. This Trans II indicates a threefold change in the relationship between (a) and (b):

1. The yoke of oppression will be broken.
2. The bonds of oppression will be burst.

---

[67] This view—already presented in Becking, 'I Will Brek His Yoke From Off Your Neck', 73—differs only slightly from the proposal of Bozak, *Life 'Anew'*, 40–1, who interprets 30:8a-d as YHWH speaking to 'Jacob' an 8e–9 as a reflection on the results of such a deed, either by God or by the prophet.

3. The object of (a)'s serving will change from זרים (8c/9aA) to YHWH (8c/9aB) and his representative: An earthly king from the house of David.

By this transformation the character of serving will change too. In 8bA–B the relationship between (a) and (b) is that of a vassal and an overlord.[68] In the forthcoming situation עבד indicates the renewed cultic and moral serving of YHWH.[69] The adverbial construction לא עוד underscores that this Trans II will never recur again.[70] The protagonist of this Trans II is YHWH. By breaking the yoke and bursting the bonds YHWH causes the change in the relationship between (a) and (b). The way this unit is related to Jer. 30:5–7 and 10–11 will be discussed below (4.3.4.).

4.3.2.2. *A Note on the Yoke-Imagery*

The imagery used in Jer. 30:8–9 is adopted from the agricultural sphere. על, 'yoke', and מוסר, 'bond', refer to the harshness that cows suffered when ploughing.[71] In ancient Near Eastern texts this imagery is used to indicate the subordinate position in vassal-relationships, both in religious and political concepts.[72] It denotes the oppressing character of human responsibility in religion to a divine or human overlord. The phrases 'to break the yoke' and 'to burst the bonds' with a human subject express rebellion against god or king.

The expression שבר על, 'to break the yoke', is attested in Jer. 2:20 and 5:5. The expression has a parallel in a Neo-Assyrian fragment from the Epic of Atraḥasis:

---

[68] See Brodie, 'Jacob's Travail', 391; Riesener, *Stamm 'bd*, 143.149.174.

[69] As in Isa. 14:1–23 and Ezek. 34:27.

[70] See, e.g., M. Fishbane, *Biblical Interpretation in Ancient Israel*, Oxford 1985, 374 n. 141, and below § 7.2.6.

[71] See, e.g., D. Bourguet, *Des métaphores de Jérémie* (EB, 9), Paris 1987, 420–24; P.J. King, *Jeremiah: An Archaeological Companion*, Louisville 1993, 159–62; A. Ruwe, U. Weise, 'Das Joch Assurs und *jhwhs* Joch. Ein Realienbegriff und seine Metaphorisierung in neuassyrischen und alttestamentlichen Texten', *ZAR* 8 (2002), 274–307.

[72] See for instance Ashurbanipal's hymn to the Ishtars of Nineveh and Arbela, k. 1290 = *SAA* 3, 3:r4–6: 'Not [with] my [own strength], not with the strength of my bow, but with the power [. . . and] strength of my goddesses, I made the lands disobedient to me submit to the yoke of Ashur (*ana ni-ir* ᵈ*aš-šur*)'. The imagery is absent in the Neo-Assyrian treaties and loyalty oaths, however.

See the remarks in K.G. Friebel, *Jeremiah's and Ezekiel's Sign-Acts* (JSOT.S, 283), Sheffield 1999, 140–47; Ruwe, Weise, 'Joch Assurs', 282–90.

²   ...] X *i ni-iš-bi-ir ni-ra*   ...]. let us break his yoke!⁷³

Although the fragment is broken and its relationship to the Old Babylonian Atr. I is not clear, it is evident that the expression *šebēru nira*, 'to break the yoke', refers to the rebellion of the Igigi against the Anunnaki.[74] An analogous expression occurs twice in building inscriptions of the Neo-Babylonian king Nabopolassar:

> The Assyrian who had ruled the nations from days of old and had oppressed the people of the country with his heavy yoke, I, the weak one, the powerless one, who trusts the Lord of Lords,[75] with the mighty strength of Nabû and Marduk I removed their[76] feet from the land of Akkad[77] and smashed their yoke to the ground (*ni-ir-šú-nu ú-šá-ad-di*)[78]

The expression 'smashing of the yoke' is a clear image for the liberation form an oppressing vassal-relationship.

The expression נתק מוסרות, 'to burst the bonds', indicates rebellion in Jer. 2:20; 5:5 and Ps. 2:3.[79]

---

[73] K. 10082 = CT 46, 7:2, see W.G. Lambert, A.R. Millard, *Atra-Ḫasis: The Babylonian Story of the Flood*, Oxford 1969, 44. This fragment J has no parallel in the Old Babylonian version of the epic.

[74] H. Schmoldt, 'Art. עֹל', *ThWAT* VI, k. 79, incorrectly pointed to an Assyrian expression for 'breaking the yoke', see Becking, 'I Will Break His Yoke', 75–6.

[75] An epitheton for Marduk.

[76] = The Assyrians.

[77] = Babylon.

[78] Nabopolassar 4 (ed. S. Langdon, *Die neubabylonischen Königsinschriften* [VAB, 4], Leipzig 1912, 66–69):18–21; a comparable expression can be found in F.N.J. Al-Rawi, 'Nabopolassar's Restoration Work on the Wall *Imgur Enlil* at Babylon', *Iraq* 47 (185), 1–13 ii:35–40; see also *COS* II, 2.121.

[79] In view of the composition of the Psalm, see O. Loretz, 'Eine kolometrische Analyse von Pslam 2', in: O. Loretz (ed.), *Beiträge zur Psalmenforschung: Psalm 2 und 22* (FzB, 60), Würzburg, 1988, 9–26; B. Becking, "Wie Töpfe Sollst Du Sie Zerschmeissen'. Mesopotamische Parallelen zu Psalm 2,9b', *ZAW* 102 (1990), 59–60, I disagree with D.J.A. Clines, 'Psalm 2 and the MLF (Moabite Liberation Front)', in: M.D. Carroll *e.a.* (eds.), *The Bible in Human Society: Essays in Honour of John Rogerson* (JSOT.S, 200), Sheffield 1995, 158–85 = D.J.A. Clines, *Interested Parties: The Ideology of Writers and Readers of the Hebrew Bible* (JSOT.S, 205), Sheffield 1995, 244–75; see also P. Kalluveettil, *Declaration and Covenant: A Comprehensive Review of Covenant Formulae from the Old Testament and the Ancient Near East* (AnBi, 88), Roma 1982, 55; E. Otto, 'Politische Theologie in den Königspsalmen zwischen Ägypten und Assyrien. Die Herrschaftslegitimation in den Psalmen 2 und 18 in ihren altorientalischen Kontexten', in: E. Otto, E. Zenger (eds), *'Mein Sohn bist du' (Ps. 2,7): Studien zu den Königspsalmen*, (SBS, 192), Stuttgart 2002, 49; who construes the 'we' as a reference to enemies of Israel, probably the Moabites and not as a reference to Israelites looking for a way of self liberation. Lundbom, *Jeremiah 1–20*, 276, construes the expression in Ps. 2:3 as a reference to rebellion against YHWH.

Both expressions also occur with God as subject indicating divine liberation of the people of Israel (or Judah). No parallels from ancient Near Eastern texts have been found sofar. The greater part of the occurences are to be found in the speech of Hananjah, Jeremiah's prophetic counterpart, Jer. 28:2, 4, 11, 14. Further, the expressions are found in the prophecies of salvation in Nah. 1:13, directed towards the Israelites in their Assyrian exile:

> I will break his yoke (מוֹטֵהוּ) which is upon you,
> I will break your bonds.

Here, as in Jer. 30:8, the 'breaking of the yoke' does not refer to an act of human rebellion, but to divine deliverance.[80] The same motif is found in Ps. 107:14. Since there are striking parallels between the prophecy of Nahum and Jer. 30–31,[81] I will not exclude the possibility that the author of Jer. 30:8 adopted the expression and the theological concept lying behind it from the Book of Nahum.[82] The expressions with God as subject are to be seen as indications of the belief in the powerful rule of YHWH on behalf of his people. In Jer. 30:8 they underscore that Trans II is to be seen as a forthcoming deed of liberation by YHWH on behalf of his people.

I will conclude this section with a remark on Jer. 28. The fact that the expressions occur four times in the speech of Hananjah might give rise to the idea that they are the expression of too optimistic a theology. There is one fact that distinguishes Jer. 30:8 from Jer. 28. The author of Jer. 30:5-11 has given the expression a place in his composition after Trans I. Another difference between Jer. 28 and 30:8 is that Hananjah sees the 'breaking of the yoke' as an easy escape from the threat, while Jer. 30:8 construes the 'breaking of the yoke' as a metafor indicating YHWH's final answer after the ruination of his people. Hananjah is only speaking about a hopeful future leaving open the theological question as to the cause of the threat.

---

[80] See also Thompson, *Book of Jeremiah*, 556–57; C. Hardmeier, 'Wahrhaftigkeit und Fehlorientierung bei Jeremia: Jer. 5,1 und die divinatorische Expertise Jer. 2–6* im Kontext der zeitgenössischen Kontroverse um die politische Zukunft Jerusalems', in: C. Maier *et al.* (eds), *Exegese vor Ort: Festschrift für Peter Welten zum 65. Geburtstag*, Leipzig 2001, 129n.5; Chisholm, *Handbook of the Prophets*, 430–31.

[81] See, e.g., Van der Wal, 'Opdat Jakob weer Gods dienaar kan zijn', esp. 89–91.

[82] See also Carroll, *Jeremiah*, 576; Spronk, *Nahum*, 73; O'Brien, *Nahum*, 55–56; *pace* Schmid, *Buchgestalten*, 161–64; Ruwe, Weise, 'Joch Assurs', 306.

The author of Jer. 30:5–11, however, states that even after Trans II Jacob will not be left unpunished by Yhwh.[83]

4.3.3   *Oracle of Salvation Jer. 30:10–11*

4.3.3.1   *Composition*

The third canticle is formed by Jer. 30:10–11 which has the structure of an oracle of salvation. I will not discuss this *Gattung* in its enterity or treat the question whether or not we should speak about a *priestly* oracle of salvation.[84] Jer. 30:10–11 contains the traditional elements of an oracle of salvation as is shown in Fig. 23.

Elements:	Clauses:
1. Introduction	
Botenformel	(—)
address	10aA–B
2. Assurance of Salvation	
including summons 'do not fear'	10aA–B
3. Divine self-introduction	10bA; 11aA
4. Announcement of Salvation	
a. in nominal clauses	10bA–cC
b. in verbal clauses	
5. Outcome	
on behalf of the supplicant	11cA–C
as regards the enemy	11bA–B
6. Final Goal	11aB

Fig. 23. Structural Elements in the Oracle of Salvation Jer. 30:10–11

---

[83] Jer. 30:11. See also Bracke, *Jeremiah 30–52 and Lamentations*, 4–5.
[84] See, e.g., J. Begrich, 'Die Priesterliche Heilsorakel', *ZAW* 52 (1934), 81–92; J. Begrich, *Gesammelte Studien zum Alten Testament* (ThB, 21), München 1964, 217–31; C. Westermann, 'Das Heilswort bei Deuterojasaja', *EvTh* 24 (1964), 355–73; A.M. Schoors, *I Am God Your Saviour* (VT.S, 24), Leiden 1973, 32–46; Böhmer, *Heimkehr*, 55–6. 60–1; M. Weippert, 'De herkomst van het heilsorakel voor Isra'l bij Deuterojesaja', *NedTT* 36 (1982), 1–11; E.W. Conrad, 'The "Fear Not" Oracles in Second Isaiah', *VT* 34 (1984), 129–52; E.W. Conrad, *Fear Not Warrior: A Study of the 'al tira' Pericopes in the Hebrew Scriptures* (BJS, 75), Chico 1985; M. Weippert, 'Aspekte israelitischer Prophetie', 312–14; R.G. Kratz, *Kyros im Deuterojesajabuch: Redaktionsgeschichtliche Untersuchungen zu Entstehung und Theologie von Jes 40–55* (FAT, 1), Tübingen 1991, 44; M. Weippert, '«Ich bin Jahwe»—«Ich bin Ištar von Arbela»: Deuterojesaja im Lichte der neuassyrischen Prophetie', in: B. Huwyler *et al.* (eds), *Prophetie und Psalmen: Festschrift fuer Klaus Seybold zum 65. Geburtstag* (AOAT, 280), Münster 2001, 31–59.

The text of Jer. 30:10–11 shows some parallels with DeuteroIsaiah at the level of words and phrases:[85]

אל־תירא	Do not fear!	Isa. 40:9; 41:10, 13, 14; 43:1, 5; 44:2; 51:7; 54:4
עבדי יעקב	My servant Jacob	Isa. 41:9; 44:1, 2, 21; 45:4; 54:1, 2; 55:4[86]
אל־תחת	Be not prostrated!	Isa. 51:7
שב יעקב	Jacob will return	cf. Isa. 51:11: 'The redeemed by YHWH will return'.

On the basis of these parallels the authenticity of Jer. 30:10–11 has been questioned. Many scholars think that DtIsa is prior to Jer. 30–31 in its final form.[87] The affinities with DeuteroIsaiah occur, however, for the greater part in the framework of the oracle. On the other hand, as Kilpp, Schmid and Parke-Taylor[88] have shown, Jer. 30:10–11 contains some characteristic language that is absent from DtIsa: The expressions: ישע מן, 'to save from'; שבי ארץ, 'the land of captivity'; שקט, 'to rest'; שא, 'to save', and אין מחריד, 'nobody shall startle him', do not occur in Isa. 40–55. Moreover, Jer. 30:10–11 has some affinities with pre-exilic and early exilic texts. For instance, the expression כלה עשה, 'to make an end to', occurs in Jer. 4:27; 5:10, 18; Nah. 1:8, 9; Ezek. 11:13 and is not attested in DtIsa.

4.3.3.2 Affinities with Neo-Assyrian Prophecies

Moreover, Jer. 30:10–11 shares some formal elements with the Neo-Assyrian prohecies for Esarhaddon and Assurbanipal dating from the midst of the eighth century BCE.[89] The assurance of salvation (element

---

[85] See also Thompson, *Book of Jeremiah*, 557; Kilpp, *Niederreißen und aufbauen*, 117; Laato, *Josiah and David Redivivus*, 113; Collins, *Mantle of Elijah*, 119; Schmid, *Buchgestalten*, 166; W. Brueggemann, *Theology of the Old Testament: Testimony, Dispute, Advocacy*, Minneapolis 1997, 123–24 n. 17; Ferry, *Illusions et salut*, 300–02.

[86] See also Isa. 47:20: 'YHWH has released his servant Jacob'.

[87] See, e.g., Lust, 'Gathering and Return', 131–2; Böhmer, *Heimkehr*, 60–1; Westermann, *Heilsworte*, 107; H. Leene, 'Jeremiah 31,23–26 and the Redaction of the Book of Comfort', *ZAW* 104 (1992), 359; McKane, *Jeremiah II*, 762–63; Albertz, *Exilszeit*, 239. Note, however, the criticism to this view in P.T. Willey, *Remember the Former Things: The Recollection of Previous Texts in Second Isaiah* (SBL DS, 1616), Atlanta 1997, 274.

[88] Kilpp, *Niederreißen und aufbauen*, 116–17; Schmid, *Buchgestalten*, 166; Parke-Taylor, *Formation of the Book of Jeremiah*, 119–26.

[89] Recent edition by S. Parpola, *Assyrian Prophecies* (SAA, 9), Helsinki 1997; Parpola offers an abundant outlook on the relevant literature in his introduction; add now

2 in Fig. 23) has a parallel in the exhortation *lā tapallaḥ* that frequently occurs in these texts as introduction to the assurance of
divine help, support and protection.[90] Next to that the expression is
attested in texts reporting profane communication. In these texts the
supreme authority, a king or a leader, encourages his (or her) people in times of trouble.[91] The expression also occurs in the Aramaic
inscription of Zakkur king of Hamath and Luash: אל תזחל, 'Do not
fear!'.[92] In this text the expression introduces the divine answer to a
'Gebet um Abwendung der Not'.[93] Baalshamen promises the king
divine help. Mention should be made of a comparable formula in
royal Ugaritic letters. These letters contain elements of reassurance

---

Pongratz-Leisten, *Herrschaftswissen in Mesopotamien*, 47–95; K. van der Toorn,
'Mesopotamian Prophecy between Immanence and Transcedence: A Comparison
of Old Babylonian and Neo-Assyrian Prophecy', in: M. Nissinen (ed.), *Prophecy in
its Ancient Near Eastern Context: Mesopotamian, Biblical, and Arabian Perspectives* (SBL
Symposium Series, 13), Atlanta 2000, 71–87; M. Nissinen, 'The Socioreligious Role
of the Neo-Assyrian Prophets', in: Nissinen (ed.), *Prophecy in its Ancient Near Eastern
Context*, 89–114; Weippert, '«Ich bin Jahwe»'; P. Villard, 'Les prophètes à l'époque
Néo-Assyrienne', in: A. Lemaire (ed.), *Prophètes et Rois: Bible et proche orient*, Paris 2001,
55–84.

[90] See M. Weippert, 'Assyrische Prophetien der Zeit Asarhaddons und Assurbanipals',
in: F.M. Fales (ed.), *Assyrian Royal Inscriptions: New Horizons in Literary, Ideological and
Historical Analysis* (OAC, 17), Roma 1981, 71–115, esp. Tabelle 3 und 4: 'Besch-
wichtigungsformel'; Kalluveettil, *Declaration and Covenant*, 126–27; M. Weippert, 'Aspekte
israelitischer Prophetie im Lichte verwandter Erscheinungen des Alten Orients', in:
G. Mauer, U. Magen (eds.), *Ad bene et feliciter seminandum: Festgabe für Karlheinz Deller
zum 21. Februar 1987* (AOAT, 220), Neukirchen-Vluyn 1988, 311–12; M. Nissinen,
'Die Relevanz der neuassyrischen Prophetie für die alttestamentliche Forschung', in:
M. Dietrich, O. Loretz (eds.), *Mesopotamica—Ugaritica—Biblica: Festschrift für Kurt Bergerhof
zur Vollendung seines 70. Lebensjahr am 7. Mai 1992* (AOAT, 238), Neukirchen-Vluyn
1993, 247–48; Parpola, *Assyrian Prophecies*, lxiv–lxvii; Weippert, '«Ich bin Jahwe»',
37–42; M. Nissinen, 'Fear Not: A Study on an Ancient Near Eastern Phrase', in:
M.A. Sweeney, E. Ben Zvi (eds), *The Changing Face of Form Criticism for the Twenty-
First Century*, Grand Rapids 2003, 122–61.

[91] As has been outlined by Nissinen, 'Fear Not'.

[92] *KAI* 202 A:13; see, e.g., J.F. Ross, 'Prophecy in Hamath, Israel, and Mari',
HThR 63 (1970), 1–28; Weippert, '«Ich bin Jahwe»', 85; A. Lemaire, 'Prophètes et
rois dans les inscriptions ouest-sémitiques (ixᵉ–viᵉ siècle av. J.-C.)', in: Lemaire (ed.),
Prophètes et Rois, 93–96; Nissinen, 'Fear Not', 152–54; 203–07; H. Niehr, *Baʿalšamem:
Studien zur Herkunft, Geschichte und Rezeptiongeschichte eines phönizischen Gottes* (OLA, 123),
Leuven 2003, 89–96.

[93] See H.-J. Zobel, 'Das Gebet um Abwendung der Not und seine Erhörung in
den Klageliedern des Alten Testaments und in der Inschrift des Königs Zakir von
Hamath', *VT* 21 (1971), 91–99; a connection with the concept of the 'Holy War',
as assumed by Ross, 'Prophecy in Hamath, Israel, and Mari', 8–9, is far from
certain.

for the queen of Ugarit in complex and threatening situations.[94] The first letter is clearly an example of divination:

umy	My mother
tdˁ.ky.ˁrbt	may know that I entered
l pn.špš	before the countenance of the Sun
w pn.špš.nr	and the countenance of the Sun shone
by.mid.w um	upon me boisterously and my mother
tšmḫ.mad!	may highly rejoice herself
w al.tdḥln	and do not be afraid
ˁtn.ḫrd.ank	At present I have a body-guard
ˁmny.šlm	With me everything
kll	is well
w mnm	Is everything
šlm.ˁm	well with
umy	my mother?[95]

The second Ugaritic letter shows no trace of divination and should be classified as an example of prophane discourse. It nevertheless reassures the queen in times of trouble:

w.hm.ḫt	Now if[96] the Hittites has started
ˁl.w.likt	a campaign, I would have send a message
ˁmk.w.hm	to you. When they do not start
l.ˁl.w.lakm	a campaign, I shall surely
ilak.w.at	send a message and you
umy.al.tdḥ.ʔl!	my mother, do not be afraid
w.ap.mhkm	and, also, do not take whatever
b.lbk.al.	worries into your heart!
tšt[97]	

---

[94] On the historical background of this correspondence see E. Lipiński, 'Aḫat-Milki, reine d'Ugarit et la guerre du Mukiš', *OLP* 12 (1981), 79–115. J.-L. Cunchillos, 'The Ugaritic Letters', in: W.G.E. Watson, N. Wyatt (eds), *Handbook of Ugaritic Studies* (HdO, I,39), Leiden 1999, 359–74, gives an introduction into the epistolography in the Ugaritic language.

[95] *KTU* 2.16:6–18. In line 12 two alternative readings have been proposed, *trḥln* (S.W. Ahl, *Epistolary Texts from Ugarit: Structural and Lexical Correspondences in Epistels in Akkadian and Ugaritic* [Brandeis University PhD, 1973], 416; Lipiński, 'Aḫat-Milki', 97–99) and *twḥln* (D. Pardee, 'Further Studies in Ugaritic Epistolography', *AfO* 31 [1984], 220) in stead of *tdḥln*. Both readings, however, do not deviate much in meaning.

[96] See J.C. de Moor, 'Ugaritic *hm*—never 'Behold'', *UF* 1 (1969), 201–02; Ahl, *Epistolary Texts*, 429.

[97] *KTU* 2.30:16–24; see Lipiński, 'Aḫat-Milki', 93–96; B. Sommer, 'New Light on the Composition of Jeremiah', *CBQ* 61 (1999), 655. Pardee, 'Further Studies', 225, reads *tdḥṣ*, 'do not be agitated', in stead of *tdḥ.ʔl*.

A closer look at the Neo-Assyrian prophecies reveal an interesting aspect. At some, not all, instances the expression *lā tapallaḥ* introduces a forthcoming major shift in the circumstances of the addressee. I will give two examples from prophecies related to Esarhaddon:

– Prophecy of Ahat-Abisha

> *a-na-ku* ^d*be-let-arba-ìl a-na* AMA-LUGAL *ki-i ta-ḫu-ri-ni-ni ma-ša* ZAG *ša šu-me-li ina su-ni-ki ta-sak-ni ma-a ia-ú ṣi-it-*ŠÀ*-bi-ia* EDIN *tu-sar-pi-di ú-ma-a* LUGAL *la tapa-laḥ* LUGAL-*tú ik-ku-u da-na-nu ik-ku-u-ma*

> I am the Lady of Arbela! To the king's mother: Because you implored me, saying: 'You have placed the ones at the (king's) right and left side in your lap, but made my own offspring roam the steppe'. Now fear not, king! The kingdom is yours, yours is the power![98]

As Nissinen has shown, this prophecy should be related to the temporary exile of Esarhaddon who when already assigned crown-prince had to flee for his brothers to an unknown place in the West.[99] The phrase 'You have placed the ones at the (king's) right and left side in your lap' refers to the favoured position of the brothers in the palace of Sennacherib. This situation is bewailed by Naqi'a, Esarhaddon's mother who asked for an oracle.[100] The expression 'to roam in the steppe'[101] is to be taken as a reference to Esarhaddon's exile.[102] The expression *lā tapallaḥ* introduces a forthcoming transformation: Despite his present bitter fate Esarhaddon will ascend the Assyrian throne. The same transformation is present in the second prophecy to be discussed here.

– Prophecy of Issar-la-Tashiyat:

> *a-na-ku* ^d15 *ša* ^{uru}*arba-ìl na-ka-ru-te-ka ú-ka-a-ṣa a-da-na-ka* [[x]] *a-na-ku* ^d15 *ša* ^{uru}*arba-ìl ina pa-na-tu-u-ka ina ku-tal-li-ka a-la-ku la ta-pa-laḥ at-ta ina* ŠÀ-*bi mu-gi a-na-ku ina* ŠÀ-*bi u₈ u-a a-ta-ab-bi ú-šab*

---

[98] *SAA* 9, 1.8 v:12–23; see Nissinen, 'Fear Not', 148–52; Nissinen, *Prophets and Prophecy*, 109.

[99] Nissinen, 'Die Relevanz der neuassyrischen Prophetie', 231; M. Nissinen, *References to Prophecy in Neo-Assyrian Sources* (SAAS, 7), Helsinki 1998, 14–34; see also Villard, 'Prophéties à l'époque Néo-Assyrienne', 67–68.

[100] See Pongratz-Leisten, *Herrschaftswissen in Mesopotamien*, 76.

[101] Cf. Epic of Gilgamesh ix: 2–5.

[102] H. Zimmern, 'Gilgameš-Omina und Gilgameš-Orakel', *ZA* 24 (1910), 170–71, already pointed to an allusion to an episode in Gilg. ix 2–5 where Gilgameš is weeping for the fate of Enkidu and 'roaming the steppe'; see also Nissinen, *References*, 22.

I am Ishtar of Arbela! I will flay your enemies and give them to you. I am Ishtar of Arbela! I will go before you and behind you. Fear not! You were paralysed, but in the midst of woe I will rise and sit down (beside you).[103]

Here the transformation is to be characterised as a shift from 'woe' to 'kingship'. A comparable pattern can be seen in other Neo-Assyrian prophecies.[104] It should be noted that a comparable movement can also be observed in the Neo-Assyrian 'Dialogue between Assurbanipal and Nabû'. In this text *la ta-pa-lah* introduces a promise of deliverance from a situation in which the Assyrian king is surrounded by people who 'wish him ill'.[105]

It should be noted that the *lā tapallah*-formula not only appears in Neo-Assyrian prophetic texts, but also in Neo-Assyrian letters. I will give a few examples:[106]

– Letter by Tiglath-pileser III

    la ta-pa-làh-ma n[i]-qut-ti la ta-raš-šu

    Do not fear and you need have no anxiety![107]

This passage stems from a letter that was written by a king of Assyria, probably Tiglath-pileser III, to Amurru-shum-ishkum, a Chaldean chieftain who was responsible for the security of the land. This most probably means that Amurru-shum-ishkum in his capacity of an Asyrian vassal was defending the border of the empire. Amurru-shum-ishkum had reported to be afraid for Mishar-apla-nashir, another chieftain, but apparently not an Assyrian vassal. The royal letter contains various elements of an oracle of salvation. Especially the elements 4. Announcement of Salvation and 5. Outcome on behalf of

---

[103] *SAA* 9, 1.1 i 18'–27'; see Nissinen, *References*, 25; Nissinen, 'Fear Not', 148–52; Nissinen, *Prophets and Prophecy*, 102–03.

[104] *SAA* 9, 2.2 1:16'–19'; 2.5 iii:19'–20', 29'–33'.

[105] K. 1285 = *SAA* 3, 13:24; cf. Nissinen, *References to Prophecy*, 150–53; Pongratz-Leisten, *Herrschaftswissen in Mesopotamien*, 75.

[106] See also the letters ND 2695 = H.W.F. Saggs, *The Nimrud Letters, 1952* (CTN, 5), Oxford 2001, 18–19:21; ND 2779 = Saggs, *Nimrud Letters*, 66–67:21'; ND 2403 = Saggs, *Nimrud Letters*, 74–75 A:8'; CT 53, 62 = *SAA* 15, 104:r.17'; CT 53, 362 = *SAA* 15, 306:5'; ABL 954 = *SAA* 10, 171:14; ABL 865 = *SAA* 17, 146:r.6, and the texts listed by Nissinen, 'Fear Not', 133–48.

[107] ND 2435 = Saggs, *Nimrud Letters*, 80–82:8–9.

the supplicant (see Fig. 23) are present in the form of forthcoming
military aid by the Assyrian king. In this letter the passage quoted
functions as an assurance of 'salvation', salvation here taking the
form of a military victory.

– Letter of Nabû-reḫtu-uṣur

> *la ta-pa-làḫ* ^dEN ^dPA ^dNIN.LÌL [*is-sa-ka*] *iz-za-zu*

> Do not fear! Bel, Nabu and Mulissu are standing [with you]![108]

The context of this passage is the rebellion of a certain Sasî from
Haran against Esarhaddon around 670 BCE.[109] From the evidence
available, it becomes clear that a 'slave girl' had uttered a prophecy
claiming it to be the word of Nusku. This prophecy was very
unfavourable for Esarhaddon. Nabû-reḫtu-uṣur seems to take the
prophecy of this 'slave girl' quite serious, but nevertheless counters
it with a vision given to him by the deity Mulissu. In this—and
other letters—Nabû-reḫtu-uṣur summarises his view which has a pro-
Esarhaddon tendency.[110] The passage quoted is not part of this summary, but appears in the section in which Nabû-reḫtu-uṣur addresses
himself directly to the king advising him to safe his life by interro-
gating and killing the rebellious persons. The king can do this without fear, since the gods are on his side. It is interesting to see that
Nabû-reḫtu-uṣur adopted the prophetic style in his message to the
king.[111]

– *Ludlul bēl nēmeqi*

The famous wisdom text from the Kassite period, also known as
'The Poem of the Righteous Sufferer',[112] contains a passage in which
the 'I'-character is reporting four dreams. In the report on the third
dream the revelation of a goddess is related. Her appearance antic-
ipates the fourth and final dream that forecasts the end of the dis-

---

[108] *SAA* 16, 60:r.14'; see also Nissinen, *References to Prophecy*, 111–14; Nissinen,
Prophets and Prophecy, 172–74.
[109] See Nissinen, *References to Prophecy*, 107–53, for details.
[110] *SAA* 16, 60:10–r.14; see also *SAA* 16, 59; 61:10–s.2.
[111] See also Nissinen, *References to Prophecy*, 152–53.
[112] See most recently K. van der Toorn, 'Theodicy in Akkadian Literature', in:
A. Laato, J.C. de Moor (eds), *Theodicy in the World of the Bible*, Leiden 2003, 76–81.

tress of the sufferer. The speech of the goddess in the third dream is introduced as follows:

'Fear not (*la ta-pal-laḫ*)', she said, 'I will . . . '[113]

As in the Neo-Assyrian prophecies, the formula introduces a forth-coming transformation.

The element 'outcome for the enemy' (5. in Fig. 23.) occurs in the Neo-Assyrian prophecies as well, although a formal parallel to Jer. 30:11bA, 'For I will make an end to all the nations', cannot be found. The closest parallel is:

ḫa-an-ga-ru ak-ku ina šu.2–*ia* lú.kúr.meš-*ka*

With an angry dagger in my hand I will finish off your enemies[114]

These parallels indicate that the *Gattung* of the oracle of salvation was already known in pre-exilic times and that Jer. 30:10–11 need not to be dependent on DeuteroIsaiah.[115] When indicating formal affinities with the Neo-Assyrian prophecies and related texts I do not imply that these texts as such were known to the author of Jer. 30–31, but that the concept of prophets announcing forthcoming transformations was known.[116]

4.3.3.3 *Legal Language*

The author of Jer. 30:10–11 has dressed this concept with language that is full of affinities with Israels legal traditions.[117]

The element '"announcement of salvation" contains the phrase

---

[113] W.G. Lambert, *Babylonian Wisdom Literature*, Oxford 1960, reprint Winona Lake, 1996, 48–51.345, Tabl. III:29–38; B.R. Foster, 'The Poem of the Righteous Sufferer', in: *COS* I, 490; Nissinen, 'Fear Not', 145–46.

[114] *SAA* 9, 1.6 iv:7–9; see M. Weippert, 'Assyrische Prophetien', 84–87 (with lit.); Parpola, *Assyrian Prophecies*, 8; Nissinen, *References*, 24; Nissinen, *Prophets and Prophecy*, 106–08.

[115] See also Thompson, *Jeremiah*, 557; Holladay, *Jeremiah 2.*, 173; Van der Wal, 'Opdat Jakob weer Gods dienaar kan zijn', 87–91.

[116] See, e.g., Weippert, 'Aspekte israelitischer Prophetie'; Sommer, 'New Light', 655.

[117] This depiction is to be preferred above the idea that the text would reflect an Exodus theology as has been advocated by Y. Goldman, *Prophétie et royauté au retour de l'exil: Les origines littéraires de la forme massorétique du livre de Jérémie* (OBO, 118), Freiburg 1992, 46; Idem, 'Juda et son roi au milieu des nations: la dernière rédac-tion du livre de Jérémie', in: A.H.W. Curtis, T. Römer (eds.), *The Book of Jeremiah and its Reception* (BEThL, 128), Leuven 1997, 157; see also below § 9.

ואין מחריד, 'nobody will startle him'. In Deut. 28:26 the phrase occurs
as underscoring the bitterness of the curse: Nobody will startle the
birds of heaven and the animals of the earth when devouring the
dead body of the cursed person who had transgressed the stipulations
of the covenant.[118] In Lev. 26:6 the phrase occurs in the prosperity
formula of the 'covenant' between YHWH and his people: To the
faithful an undisturbed peace is promised. The same concept is present in the prophetic traditions of Israel where the phrase ואין מחריד
stresses the promise for the beatific future of the people.[119]

The element 'outcome on behalf of the supplicant' contains the
phrase ונקה לא אנקך, 'I will by no means leave you unpunished'.[120]
The paranomastic construction is only attested in two additions to
the old communal confession 'Merciful and gracious is YHWH . . .' in
Exod. 34:7 and Num. 14:18 and in the theological introduction to
the Book of Nahum.[121] The function of the expression in the verses
quoted combined with the fact that the *verbum finitum* construction of
נקה Pi. occurs in both versions of the Decalogue, Exod. 20:7; Deut.
5:11, suggests that the expression in Jer. 30:11 might be related to
the concept of a communal relationship between YHWH and Israel.
Spronk observed an important theological theme both in Nah. 1:3
and Jer. 30:11: The forthcoming fall of Babylon should not keep
Israel from looking at its own sins.[122] This interpretation also implies
that there is no need to construe Jer. 30:11cB–C as a prophecy of
doom.[123] This final clause characterises 10–11 as a conditional prophecy
of salvation. The condition, however, need not be contented before,
but is presented as indicating the limits of a new relationship between
YHWH and Israel.[124]

---

[118] On Deut 28:26 see Steymans, *Deuteronomium 28*, 275–76.

[119] See Isa. 17:2; Jer. 7:33; Mic. 4:4; Nah. 2:2.

[120] I am not convinced by the remarks of Westermann, *Heilsworte*, 107, that Jer.
30:11g would be secondary to the context.

[121] Nah. 1:3; for affinities of the Book of Nahum with legal language, see B. Becking,
'A Judge in History: Notes on Nahum 3,7 and Esarhaddon's Succession Treaty
§ 47: 452', *ZAR* 1 (1995), 111–16.

[122] Spronk, *Nahum*, 37; see also Brueggemann, *Theology of the Old Testament*, 269–72.
Holladay, *Jeremiah 2.*, 174, interprets this clause as affirming the continuity of YHWH's
law-giving character for Israel.

[123] *Pace* Van der Wal, 'Opdat Jakob weer Gods dienaar kan zijn', 86.

[124] See also Bozak, *Life 'Anew'*, 44.

4.4 *Literary and Conceptual Unity of Jeremiah 30:5–11*

As noted in 4.1. the literary unity of Jer. 30:5–11 has been disputed. In 4.3. I have argued that there are no compelling grounds to regard the canticle A.iii (10–11) as a later addition. I agree with the remarks made by Carroll regarding the relationship between the canticle A.i (5–7) and A.iii (10–11).[125] I will, however, go one step further in arguing that canticle A.ii is not necessarily an insertion.

First, I would like to make a remark on the method of form-criticism. On the basis of ancient Near Eastern material—the Neo-Assyrian oracles and the Balaam inscription—Helga Weippert has shown that the variation of prose and poetry should not lead by necessity to a literary critical division of a given prophetic text.[126] I do not intend that form-critical distinctions never give cause to literary-critical divisions. It is my opinion, however, that when other arguments or observations regarding a particular text point in the same direction, one ought not to make a stand against assuming different traditions, sources or redactions. My problem is whether there are enough additional arguments that lead to a literary-critical or redaction-historical division in Jer. 30:5–11. I fail to see them.

Second, Bozak has shown that 8–9 better can be categorised as heightened prose or near poetry.[127] Therefore, the second canticle cannot be construed as a narrative intrusion in a discursive text.

Third, Böhmer's semantic arguments in favour of a literary critical division[128] are not convincing. For instance, he assumes a differentiation in the use of the phrase 'to break the yoke'. In Jer. 2:20 and 5:5 the expression שבר על is used with a human and in Jer. 30:8 with a divine subject. That observation does not necessarily lead to the assumption of a different hand.

Fourth, I would like to ask for the conceptual coherence in Jer. 30:5–11. In my view the canticle A.i (5–7) gives an answer to two questions. These verses characterise the oppression that is presumed in the second canticle. Furthermore, the canticle 5–7 describes how the oppression came into being, i.e. through a transformation to

---

[125] Carroll, *Jeremiah*, 579; see also Kilpp, *Niederreißen und aufbauen*. 118–20.

[126] H. Weippert, 'Beitrag ausserbiblischer Prophetentexte', 83–104; see also her *Die Prosareden des Jeremiabuches* (BZAW, 132), Berlin 1973.

[127] Bozak, *Life 'Anew'*, 40; her argument is underscored by my poetical analysis in the previous chapter.

[128] See Böhmer, *Heimkehr*, 59–61.

anguish and terror (Trans I).[129] In the unit 5–7 the question about
the protagonist of Tran I is left open. In my opinion, the canticle
A.ii (8–9) gives an answer to this question. the actant (b) can be held
responsible for it, leaving open the question whether or not this (b)
was acting as instrument on behalf of Yhwh.

The canticle A.iii (10–11) answers the question why Yhwh is willing to act on behalf of Israel in this way. The three motifs in Trans
II as attested in 8–9 are elaborated on in 10–11:

1. 'The yoke of oppression will be broken'. This theme is continued in the announcement of salvation 10bA-B: 'Because here I
   am, who will save you from afar and you affspring from the land
   of their captivity'.
2. 'The bonds of oppression will be burst'. This theme is continued
   in the element 'Outcome on behalf of the supplicant', 11bA–B:
   'For I will make an end to all the nations, amongst whom I scattered you'.
3. The object of (a)'s serving will change from זרים (8c/9aA) to
   Yhwh (8c/9aB) and his representative: An earthly king from the
   house of David. Although a reference to a 'new David' is absent
   in 10–11, the presence of the expression 'By no means I will
   leave you unpunished' can be taken as an indication for a renewed
   relationship of loyalty between Yhwh and Israel.

Finally, I would like to make the following observation. On the man-
ifestation level of the text a shift is visible with regard to the position of the people Jacob/Israel. In the first canticle (5–7) the situation
is one of anguish and despair. In the third canticle (10–11) there is
a perpective that the terror will change into salvation, the fear into
freedom. Carroll already noticed this connection between the two
canticles.[130] This shift is parallelled by Trans II described in the second canticle (8–9). The conceptual coherence of Jer. 30:5–11 can
be formulated as follows: Yhwh will bring his oppressed and anguished
people to a new situation of salvation by breaking the yoke and the
bonds of the oppressor. This conceptual coherence pleads for the
literary unity of Sub-Canto A.

---

[129] I disagree with Labuschagne, *Incomparability*, 11, who construes 7aB as referring to a day on which Yhwh will execute judgement and save.
[130] Carroll, *From Chaos to Covenant*, 205–06; Carroll, *Jeremiah*, 579; see also Keown,
Scalise, Smothers, *Jeremiah 26–52*, 91–92.

CHAPTER FIVE

DIVINE CHANGEABILITY:
AN INTERPRETATION OF JEREMIAH 30:12–17[1]

5.1 *Introduction*

The next sub-canto to be discussed is Jer. 30:12–17. The interpretation is based on the assumption that the text can be read and
understood as a literary unit and that a literary-critical or a redaction-
historical intervention is not necessary. This assumption needs, however, clarification.

5.2 *Text and Translation*

5.2.1 *Translation*

B.i.1 (Jeremiah 30:12–13)

For thus says YHWH:	12aA
Incurable is your fracture.	12bA
Unhealable is your wound.	12bB
There is none who procures you justice. For a suppurating wound	13aA
there are medicines but for you there is no healing with new flesh.	13aB

B.i.2 (Jeremiah 30:14)

All your lovers have forgotten you.	14aA
They do not ask for you.	14aB
Indeed, with the blow of an enemy I have struck you	14bA
with the chastisement of a ruthless one,	14bB
because of the abundance of your iniquity,	14cA
because your sins are numerous.	14cB

B.ii.1 (Jeremiah 30:15)

What do you cry for your fracture?	15aA
Is your pain incurable?	15aB

---

[1] This chapter contains a revised version of my essay 'The Times They Are a
Changing: An Interpretation of Jeremiah 30, 12–17', *SJOT* 12 (1998), 3–25.

Because of the abundance of your iniquity, 15bA
  because your sins are numerous, 15bB
    I have done this to you. 15bC

B.iii.1 (Jeremiah 30:16)

All your devourers will be devoured, however. 16aA
  All your adversaries shall go into captivity in their entirety. 16aB
Your plunderers shall become plunder. 16bA
  All your despoilers I will make spoil. 16bB

B.iii.2 (Jeremiah 30:17)

For I shall let rise healing over you. 17aA
  From your wounds I will heal—oracle of YHWH—, 17aB
for they have called you the banished, 17bA
  o Sion, the one, no one asks for'. 17bB

5.2.2 *Textual Remarks*

12bA The Old Greek has interpreted the noun '*ānûš* as a Qal Ipf
l.c.s. of a verb *נוש* / נאש / נשא,[2] 'to put; to place'.[3] In doing
so, LXX is making explicit, what is implied in the MT.

The particle *lᵉ* in לשברך is unusual. It has been interpreted
as the incomplete remnant of a complete word. Rudolph suggested an original לך שברך, 'incurable for you is your fracture'.[4] Volz supposed it to be an abbreviation for ישראל.[5]
Nötscher originally thought of an abbreviation of לפני,[6] but
later correctly construed *lᵉ* as an emphatic *lamed*.[7]

---

[2] This verb does not occur in the Old Testament, but is known from an interpretation of Ps. 69:21, see *HALAT* III, 645.

[3] H.-J. Stipp, *Das masoretische und alexandrinische Sondergut des Jeremiabuches* (OBO,
136), Freiburg 1994, 31.

[4] W. Rudolph, *Jeremia* (HAT, 1.13), Tübingen ³1968, 190; see also C. Levin, *Die
Verheißung des neuen Bundes in ihrem theologiegeschichtlichen Zusammenhang ausgelegt* (FRLANT,
137), Göttingen 1985, 181; W.L. Holladay, *Jeremiah 2. A Commentary on the Book of
the Prophet Jeremiah Chapters 26–52* (Hermeneia), Minneapolis 1989, 151.

[5] P. Volz, *Studien zum Text des Buches Jeremia*, Leipzig 1920, 123–24.

[6] F. Nötscher, *Das Buch Jeremias* (HS, VIII,2), Bonn 1934, 222.

[7] F. Nötscher, 'Zum emphatischen Lamed', *VT* 3 (1953), 380; see also J. Bright,
Jeremiah (AncB, 21), Garden City 1965, 279; *HALAT*³, 485; J.A. Thompson, *The Book
of Jeremiah* (NICOT), Grand Rapids 1980, 557; M. Gerlach, 'Zur chronologischen
Struktur von Jer 30,12–17. Reflexionen auf die involvierten grammatischen Ebenen',
BN 33 (1986), 41; R.P. Carroll, *Jeremiah* (OTL), London 1986, 580; B.A. Bozak,
Life 'Anew': A Literary-Theological Study of Jer. 30–31 (AnBi, 122), Roma 1991, 48;
G.L. Keown *et al.*, *Jeremiah 26–52* (WBC, 27), Dallas 1995, 95–96; J. Ferry, *Illusions
et salut dans la prédication prophétique de Jérémie* (BZAW, 269), Berlin 1999, 274–75.

13aA–B   When the Masoretic accents are interpreted as indicators
          of clause boundaries, then the line would contain two
          rather senseless clauses, although some scholars construe
          them as understandable.[8] Instead of removing the words
          דן דינך as a gloss,[9] or emending the consonantal text[10] it
          is better to divide the verse syntactically into three clauses:
          13a' (אֵין דָּן), with 13b' (דִּינֵךְ) as a subordinate clause, 13c'
          (לִמְזוֹר רְפֻאוֹת) and 13d' (תְּעָלָה אֵין לָךְ), as has been proposed
          by Carroll.[11] The Masoretic accents then should be con-
          strued as an indication that these threes clauses form a
          unit hold together by enjambment.

13aA–B   Contrary to Carroll,[12] I do not construe the clause רְפֻאוֹת
          לִמְזוֹר as negatively formulated.

13aB   תְּעָלָה II is attested here and in Jer. 46:11. The noun is
          etymologically related to the verb עלה (*HALAT* III, 1628),
          but should be distinguished from תְּעָלָה I, 'channel; tun-
          nel',[13] and signifies 'skin that twitches over a healing wound',
          or the like.[14]

---

[8] E.g., Thompson, *Book of Jeremiah*, 558; B.A. Bozak, *Life 'Anew'*, 49—she is fol-
lowing an idea of Y. Avishur, 'Pairs of Synonymous Words in the Construct State
(and in Appositional Hendiadys) in Biblical Hebrew', *Semitics* 2 (1971), 70 n. 22—
G. Fischer, *Das Trostbüchlein: Text, Komposition und Theologie von Jer 30–31* (SBB, 26),
Stuttgart 1993, 14; Keown *et al.*, *Jeremiah 26–52*, 95–96; W. McKane, *Jeremiah II*
(ICC), Edinburgh 1996, 763.767–68; Ferry, *Illusions et salut*, 275.

[9] As has been proposed by e.g. P. Volz, *Der Prophet Jeremia*, Leipzig ²1928, 281;
Bright, *Jeremiah*, 271; N. Lohfink, 'Der junge Jeremia als Propagandist und Poet: Zum
Grundstock von Jer 30–31', in: P.-M. Bogaert (ed.), *Le Livre de Jérémie: Le prophéte et
son milieu, ses oracles et leur transmission* (BEThL, 54), Leuven 1981, 354; Levin, *Verheissung*,
181; Gerlach, 'Zur chronologischen Struktur', 41; K. Seybold, *Der Prophet Jeremia:
Leben und Werk* (Kohlhammer-Urban Taschenbücher, 416), Stuttgart 1993, 82; J.R.
Lundbom, *Jeremiah: A Study in Ancient Hebrew Rhetoric*, Winona Lake ²1997, 79.

[10] See Rudolph, *Jeremia*, 190, who—without any argument—reads *rikukîm*, a form
attested in the comparable but not equal context of Isa. 1:6.

[11] Carroll, *Jeremiah*, 580; see also J. Unterman, *From Repentance to Redemption:
Jeremiah's Thought in Transition* (JSOT.S, 54), Sheffield 1987, 134; J.M. Bracke, *Jeremiah
30–52 and Lamentations* (WBC), Louisville 2000, 6; M. Wischnowsky, *Tochter Zion:
Aufnahme und Überwindung der Stadtklage in den Prophetenschichten des Alten Testaments*
(WMANT, 89), Neukirchen-Vluyn 2001, 160. Already H.A. Brongers, 'Der Rache-
und Fluchpsalmen im Alten Testament', in: P.A.H. de Boer (ed.), *Studies on Psalms*
(OTS, 12), Leiden 1963, 40, proposed to divide this verse into three clauses. His
translation, however, is problematic.

[12] Carroll, *Jeremiah*, 580.

[13] See S. Norin, 'The Age of the Siloam Inscription and Hezekiah's Tunnel', *VT*
48 (1998), 43.

[14] See also Keown *et al.*, *Jeremiah 26–52*, 96; Ferry, *Illusions et salut*, 275: 'cicatri-
sation'.

Although 13c' (למזור רפאות) and 13d' (תעלה אין לך) are asyndetically related, the contents seem to suppose a contradiction.

14bA כי has been construed as an explaining particle.

15   This verse is absent in the Old Greek version. The argument of Fischer that the Old Greek translator left away this verse in view of its harmonizing tendency, is convincing.[15]

16aA The Old Greek version seems to be a rendering of (א)יכלו בסר, 'they shall (e)at their flesh', which should be regarded as a deviation of the MT.

16aA For the interpretation of לכן, see below § 5.4.2.

16bB Following the suggestion of Gerlach that the expression לבו נתן has a causative force.[16]

17   For the textual criticism of this verse see above § 2.2.6.

5.2.3. *Syntactical Analysis*

From a syntactical point of view, Jer. 30:12–17 is a complex text, which now will be described. In terms of the syntactical model elaborated by Schneider[17] and Niccacci[18] the unit is to be considered as a discursive text with an embedded direct speech (12b–17e). The direct speech is indicated by a frame. The clauses in the textual unit are to be classified as follows:

12aA forms a prophetic formula.

12bA	a descriptive nominal clause with a participle.
12bB	a descriptive nominal clause with a participle.
13a'	a negatively formulated descriptive nominal clause.
13b'	a subordinated clause dependent from 13a.
13c'	a descriptive nominal clause.
13d'	a negatively formulated descriptive nominal clause.

---

[15] Fischer, *Trostbüchlein*, 15.49.54–55; Wischnowsky, *Tochter Zion*, 159; *pace*, e.g., J.M. Wiebe, 'The Jeremian Core of the Book of Consolation and the Redaction of the Poetic Oracles in Jeremiah 30–31', *Studia Biblica et Theologica* 15 (1987), 142–45; Stipp, *Sondergut*, 71.

[16] Gerlach, 'Zur chronologischen Struktur', 42.

[17] W. Schneider, *Grammatik des biblischen Hebräisch: Ein Lehrbuch*, München ⁶1985.

[18] A. Niccacci, *The Syntax of the Verb in Classical Hebrew Prose* (JSOT.S, 86), Sheffield 1990.

14aA	a verbal clause (*qāṭal*) describing a former act.
14aB	an asyndetically related verbal clause (*yiqtol*) describing a former act.
14bA–B	a verbal clause (*qāṭal*) describing a former act. This clause is not suboridnated to 14aA–B, but gives, by way of explanation, background information to the acts described in 14aA–B. As such 14bA–B can be seen as a second level discursive text.
14cA	a subordinated motivating nominal clause dependent from 14bA–B.
14cB	a subordinated motivating nominal clause with a stative *qāṭal*-form dependent from 14bA–B.
15aA	an interrogative clause containing a descriptive *yiqtol*-form
15aB	an interrogative nominal clause.
15bA	a subordinated motivating nominal clause dependent from 15bC.
15bB	a subordinated motivating nominal clause with a stative *qāṭal*-form dependent from 15bC.
15bC	a verbal clause (*qāṭal*) describing a former act.
16aA	a verbal (*yiqtol*) clause.[19]
16aB	a verbal (*yiqtol*) clause forming the *consecutio* of 16aA.
16bA	a verbal (*qāṭal*) clause forming the *consecutio* of 16aB. The shift from a *yiqtol*-form (16aA–B) to a *qāṭal*-form in 16bA is due to inversion related to the verb-fom has in 16bA.
16bB	a verbal (*yiqtol*) clause forming the *consecutio* of 16bA.
17aA	a subordinated motivating verbal clause dependent from 16.
17aB	a subordinated verbal clause forming the *consecutio* of 17aA. The element *nᵉʾum yhwh*, 'oracle of YHWH', functions as an underscoring of the forthcoming events described in the textual unit.
17bA	a subordinated motivating verbal clause dependent from 17aA–B.
17bB	a nominal clause standing in apposition to 17bA.

This analysis underscores the observation that Jer. 30:12–17 is built up in two parts: The first two canticles B.i and B.ii have a descriptive and explanatory character. The descriptive clauses in 30:12–14aB present the portrayal of a situation that has been reached. The verbal clauses in 14cA–15bC are explaining this situation.[20] while the third canticle (B.iii) refers to (forthcoming) acts.

---

[19] In discursive texts, the *yiqtol*-form is the main tense. Its place in the clause is not restricted to the first position; see on this Schneider, *Grammatik*, § 48.3.

[20] See also Bozak, *Life 'Anew'*, 52.

5.3 *Literary Unity or Complex Composition?*

The question is whether these verses should be considered as a unit or that a literary- or redaction-critical subdivision is necessary.

5.3.1 *Critical Positions: Duhm, Volz and Holladay*

5.3.1.1 *Duhm and Volz: Literary-Critical Division*
The position of Duhm[21] is classical and much adopted.[22] He interprets vss. 16 and 17 as later additions who were clumsily added. This view is only argued with the remark that 12–15 signifies the punishment deserved by Israel, while 16–17 are offering consolation. Later, Volz has formulated three arguments for this view:[23]

(1) The image of God is different in the two parts of the text. In 12–15 God is depicted as inimical; in 16–17 the love of God is referred to.
(2) Both parts are written in a different *metrum*.
(3) *lākēn* (16a) is preferably used by glossators.

Since no evidence for (3) is given and since meter is a very unspecific literary-critical argument, only the difference in divine image could be a clear indicator.

5.3.1.2 *Holladay: A Redaction-Historical Approach*
Holladay[24] agrees with Volz as regards the difference in divine image. He, moreover, construes Jer. 30:12–15 as a poetically well-structured rhetorical and thematic unit. He does not, however, agree with the position of Duhm and Volz. Building on previous research by Böhmer

---

[21] B. Duhm, *Das Buch Jeremia* (KHCAT, 11), Tübingen 1901, 240–41.

[22] E.g., by S. Böhmer, *Heimkehr und neuer Bund: Studien zu Jeremia 30–31* (GTA, 5), Göttingen 1976, 63; D.A. Knight, 'Jeremiah and the Dimensions of the Moral Life', in: J.L. Crenshaw, S. Sandmel (eds.), *The Divine Helmsman: Studies on God's Control of Human Events Presented to Lou H. Silberman*, New York 1980, 96; R.P. Carroll, *From Chaos to Covenant: Uses of Prophecy in the Book of Jeremiah*, London 1981, 207; Levin, *Verheissung*, 180; Carroll, *Jeremiah*, 582; C. Westermann, *Prophetische Heilsworte im Alten Testament* (FRLANT, 145), Göttingen 1987, 108.117.157; N. Kilpp, *Niederreissen und Aufbauen: Das Verhältnis von Heilsverheissung und Unheilsverkündigung bei Jeremia und im Jeremiabuch* (BThS, 13), Neukirchen-Vluyn 1990, 120.126.

[23] Volz, *Prophet Jeremia*, 274.

[24] Holladay, *Jeremiah 2*, 155–71; see also Seybold, *Der Prophet Jeremia*, 82.

and Lohfink,[25] he elaborates a redaction-historical model for Jer. 30–31. Holladay has observed resemblances and similarities in style and vocabulary between Jer. 30:16–17 on the one hand and authentic material in the Book of Jeremiah on the other. He considers the reversal of the action with the use of the same verb as it occurs three times in verse 16 characteristic for the style of Jeremiah (cf. Jer. 11:18; 17:14; 20:7; 22:22). The idiom for the growth of healthy flesh on a wound is also attested at Jer. 8:22. Further, Jer. 30:16–17 is to be construed as a textual unit that forms a counter-balance to Jer. 5:17, where it is announced that the enemy from the North will devour everything that comes before him. In short, Jer. 30:16–17 cannot be from a different hand, other than Jeremiah. This forces him to the view that Jer. 30:16–17 are Jeremian but from a later stage in the prophet's career. In his view, Jer. 30:12–15 were part of the original cycle of seven poems from the prophet's early years. Jer. 30:16–17 should be considered as a integral part of the 'Recension to the South' with which Jeremiah would have offered hope and consolation to the inhabitants of Jerusalem in the threatening years just before the final fall of that city. Both in the literary-critical (e.g. Duhm and Volz) and in the redaction-historical (esp. Holladay) approach the inconsistency in divine image is an important argument.

5.3.2   *Arguing for Literary Unity*

A few interpretations of the textual unit which try to overcome this inconsistency will now be discussed. It should be noted beforehand that although Siegfried Herrmann too treats Jer. 30:12–17 as a coherent whole, he nevertheless denies its authenticity in that way that he considers it as a prophecy that originally was directed to a single suffering person.[26]

5.3.2.1   *Five Arguments for Coherence*

Unterman only shortly discusses Jer. 30:12–17, which he considers to be a literary unit. He observes that both parts of the textual unit

---

[25] Böhmer, *Heimkehr*, 11–20; Lohfink, 'Junge Jeremia', 352–53; see also U. Schröter, 'Jeremias Botschaft für das Nordreich. Zu N. Lohfinks Überlegungen zum Grundbestand von Jeremia xxx–xxxi', *VT* 35 (1985), 327–29.

[26] S. Herrmann, *Die prophetischen Heilserwartungen im Alten Testament: Ursprung und Gestaltwandel* (BWANT, 85), Stuttgart 1965, 218–19.

contain language with a Jeremian undertone. Furthermore, he stresses
that 16–17 repeat the thoughts of Jer. 30:10–11. As regards the
interpretation of לכן, he remarks that this particle here functions in
lending emphasis by directing attention to what will follow.[27]

Thompson argues for the coherence of 30:12–17. He renders לכן
with 'Yet', taking it as an indication of a change within the textual
unit that parallels a change in God: After having used Nebudkadrezzar
as a punishing rod, Yhwh will now punish the Chaldaean king.[28]

Bracke argued for the coherence of Jer. 30:12–17 mainly based
on the observation of the repetition of words within the sub-canto.[29]

Bozak construes the textual unit as built up in two stanzas each with
an own scopus. The coherence between the two parts is argued by:

(1) a specific interpretation of לכן in 16a: Bozak interprets the particle לכן as having adversative force meaning 'but; however' and
(2) by the repetition of the words רפא, 'to heal', 13b and 17b; עלה,
'to go up', 13b and 17b, and דרש, 'to seek', 14b and 17e.

The inconsistency in the depiction of the divine is not discussed by
her.[30]

Mazurel observes some tension between the two parts of the textual unit under consideration. He nevertheless interprets Jer. 30:12–17
as a coherent unit. This is, however, not based on a poetical, linguistic or exegetical argument but on theological intuitions on the
character of Yhwh as liberator of the humbled and the oppressed.[31]

These interpretations, based on the method of close reading, form
too small a basis to be convincing with regard to the coherence of
Jer. 30:12–17.

---

[27] Unterman, *From Repentance to Redemption*, 137–38.
[28] Thompson, *Book of Jeremiah*, 557–60. He refers to Isa. 27:9–11 where an analogous idea is expressed in relation with the Assyrians.
[29] J.M. Bracke, *The Coherence and Theology of Jeremiah 30–31* (Dissertation Union
Theological Seminary), Richmond 1983, 38–39; Bracke, *Jeremiah 30–52 and Lamentations*,
6–8.
[30] Bozak, *Life 'Anew'*, 46–57.
[31] J.W. Mazurel, *De vraag naar de verloren broeder: Terugkeer en herstel in de boeken Jeremia
en Ezechiël* (Dissertation University of Amsterdam), Amsterdam 1992, 44–49; see also
McKane, *Jeremiah II*, 764–70.

5.3.2.2 *Divine Changeability: Brueggemann*

Brueggemann[32] starts his inquiry into Jer. 30:12–17 with some remarks on the level of word-repetition. These observations lead him to the conclusion that the unifying theme in the textual unit under consideration can be phrased as follows: 'What the nations will not do, Yahweh is willing to do.'[33] The *not*-healing and the *not*-asking by 'all your lovers' in vss. 12–15 stands opposite to the healing and asking by Yʜᴡʜ in vs. 17. This view is attractive, but is not solidly based as will be shown. Brueggemann refers to three words that are repeated within the textual unit under consideration: עלה, רפא and מַכַּת.

- The noun מַכָּה, 'fracture', occurs in the descriptive vs. 12bB and in the announcement in 17aB. 12bB is not decisive as to the question by whom the wound was inflicted. The immediately following clauses do not make clear that the 'enemies' were the subject of the inflictment as has been made clear by Carroll.[34] At the most, they can be seen as synergetic instruments for this act. In 17aB Yʜᴡʜ is seen as subject to the healing of the wound.
- The root רפא is recognisable in the noun רְפָאוֹת, 'medicines' (13c'), and in the verb-form אֶרְפָּאֵךְ, 'I will heal you' (17aB). Here too, it must be said that although Yʜᴡʜ is apparently the subject of the act of healing in 17aB, the 'enemies' cannot be characterized as the subject of the non-healing in 13c'.
- A repetition of the root עלה, 'to go up', is not present in Jer. 30:12–17. The noun תְּעָלָה II (Jer. 30:13; 46:11†) translated above as 'healing with new flesh' (13d) is etymologically related with the verb עלה (*HALAT* III, 1628). The noun signifies 'skin that twitches over a healing wound', or the like. At the most this noun is

[32] W. Brueggemann, "The 'Uncared For' Now Cared For': A Methodological Consideration', *JBL* 104 (1985), 419–28; see also W. Brueggemann, *Theology of the Old Testament: Testimony, Dispute, Advocacy*, Minneapolis 1997, esp. 262.277–78.440–44; W. Brueggemann, *A Commentary on Jeremiah: Exile and Homecoming*, Grand Rapids 1998, 275–78; much of his ideas has been adapted by Wiebe, 'Jeremian Core', 142–45 (who considers vs. 15 as a redactional inclusion); Keown *et al., Jeremiah 26–52*, 96–101; K. Schmid, *Buchgestalten des Jeremiabuches: Untersuchungen zur Redaktions- und Rezeptionsgeschichte von Jer. 30–33 im Kontext des Buches* (WMANT, 72), Neukirchen-Vluyn 1996, esp. 143–52, who considers Jer. 30:12–17 (a) to be part of the original core of Jer. *30 and (b) to be composed from language that is present throughout the Book of Jeremiah; Wischnowsky, *Tochter Zion*, 158–64.
[33] Brueggemann, 'Uncared for', 423.
[34] Carroll, *Jeremiah*, 582.

assonant with the verb-form in 17aA: 'I shall let rise healing over you'. Brueggemann's observation that the verb in 17aA 'corresponds to the same verb in v. 13 used negatively, 'None of the nations comes up to you",[35] is definitely not based on the MT or the LXX of Jer. 30:12–17.

These remarks imply that Brueggemann's view: 'What the nations will not do, Yahweh is willing to do', is not based on the text of Jer. 30:12–17.

Next, he correctly observes that the text of Jer. 30:12–17 expresses a change in the divine image.[36] The text does not represent two textual layers with each a view of God, a punishing and a healing one, but supplies its readers a model of God in which change is possible: first he punishes but later he heals. This change is, according to Brueggemann, not the outcome of an arbitrary high-handedness, but based in divine grace. In order to ground this view in grammar, he construes לכן (16aA) as a kataphoric (forward-pointing) element and not as anaphoric (backward-pointing) as in the traditional rendering with 'For . . .'.[37] According to Brueggemann, לכן (16aA) refers to 17bA–B. He interprets these clauses as containing direct speech which ought to be translated in plusquamperfectum: 'since they had called you 'the banished', 'Sion the one who no one asks for''. The fact that this 'they', according to Brueggemann: 'the nations', assess and thus exclude Israel in this way, is a ground for YHWH to redeem and heal his people. Brueggemann's view is intriguing and attractive. An important point is, whether or not לכן (16aA) can be construed as a kataphoric particle.

5.3.2.3 Past, Present and Future: Gerlach

Gerlach[38] is not arguing for the literary integrity of Jer. 30:12–17 as a whole. Yet I refer here to her contribution since she is opening an important lane for understanding the unit as a whole. She starts her investigation with a literary-critical analysis. Here she argues that the clauses 13a.b.14e.15a.b.c.d.e.17d.e[39] should be considered later

---

[35] Brueggemann, 'Uncared for', 423.
[36] Brueggemann, 'Uncared for', 424–26.
[37] Brueggemann, 'Uncared for', 422.
[38] Gerlach, 'Zur chronologischen Struktur', 34–52.
[39] Gerlach's terminology.

additions. Next, she remarks that although there is some internal inconsistency between *12–15 and *16–17, this does not necessarily have to lead to a literary critical division of Jer. *30:12–17 into two independent units. According to her לכן (16aA), translated with 'indeed; verily', has the function of a hinge connecting the two parts of the textual unit. She assumes that the author deliberately laid a bow of tension in the text.[40] This is clarified by her with an analysis of the text-internal chronology. It might seem odd, at first sight, to pursue a chronological analysis in a discursive text, since such an analysis seems to be more appropriate for a narrative text. Gerlach, however, makes clear that in the center of the text there is the 'now' axis referring to the time of the uttering of the oracle. Some clauses are referring backward in time for instance in 12bA–B where it is implicitly assumed that 'fracture' and 'wound', observable in the 'now', are caused by events in the 'past'. The author of Jer. 30:12–17 also refers forward, be it in two different ways. (1) In vs. 13 the absence of medicines assume that a way to healing and thus to the future is closed. (2) Vss. 16 and 17 describe events in the 'future'— 'They will be devoured; they shall go into captivity; I shall let rise healing over you'—that as such and meanwhile refer back to the elements of 'past' and 'now'. In short: those who in the 'past' caused the fracture and the wound, or were instrumental in doing so, will be destroyed in the 'future'. In my opinion, Gerlach is making an important point concerning the overall interpretation of Jer. *30,12–17.[41] I see no reasons why her observations concerning what she assumes to be the original core of the text cannot be applied to the present form of the text. The clauses 13a.b.14e.15a.b.c.d.e.17d.e, considered by her as secondary additions, do not contain elements that stands contrary to her overall interpretation.

5.3.2.4 *Preliminary Conclusion*

Although there remain some unsolved problems, the interpretation of לכן (16aA) for instance, the arguments favouring literary unity are more convincing than the arguments pleading for a complex genesis of the textual units.

---

[40] Gerlach, 'Zur chronologischen Struktur', 38–40.
[41] Gerlach, 'Zur chronologischen Struktur', 45–50.

5.4   *The Conceptual Coherence of Jer. 30:12–17*

On the basis of the views in this discussion, a preliminary hypothesis concerning the conceptual coherence of Jer. 30:12–17 will be
elaborated. With the idea 'conceptual coherence of a textual unit'
the following is meant: The parts of a text can, in spite of their
differences in form or *Gattung* and despite some inconsistency on the
level of a first and superficial reading, be interpreted as the expression of one coherent model, be it one idea or be it a coherent set
of ideas. My view regarding the coherence of Jer. 30:12–17 is based:

(1) On the observations by Holladay that 12–15 as well as 16–17
    contain authentic Jeremian phraseology and
(2) The fact that the text-internal chronology is lucid. I assume that
    the textual unit is the expression of a model of God in which
    He is seen as a God who changes: YHWH is seen as the one who
    in the 'past' has struck Sion/Judah/Jerusalem with an incurable
    fracture, but who will heal that wound in the 'future'.

This might sound vague and wanting for clarification. Therefore, I
will make my point more explicit by:

– Discussing some extra-biblical material (5.4.1.);
– Discussing the linguistic status of לכן in 16aA (5.4.2.) and
– Analysing the relations between the actors in the two parts of the
  unit (5.4.3.).

5.4.1   *Motif and Model: Incurable Fracture and Divine Force Majeure*

5.4.1.1   *Hillers' Hypothesis*
Hillers[42] has referred to parallels of the motif of the incurable fracture
with curses occurring in Neo-Assyrian vassal-treaties and loyalty-
oaths. These parallels yielded him to the conclusion that this motif
is related to covenant-theology and that by implication the textual
unit Jer. 30:12–17 should be interpreted as the description of a situation caused by the execution of a curse. This is an attractive and
interesting view. There are, however, three problems:

---

[42] D.R. Hillers, *Treaty-Curses and the Old Testament Prophets* (BibOr, 16), Roma 1964,
64–66; the idea has been taken over by Bozak, *Life 'Anew'*, 53; see also K. Baltzer,
Das Bundesformular (WMANT, 4), Neukirchen-Vluyn ²1964, 65.

(1) Hillers is not dealing with the Mesopotamian material in a systematic way.

(2) He surmises that the motif only occurs in Mesopotamian texts that stand in the framework of treaty-curses.

(3) He does not convincingly argue that when a motif occurs in two texts and one of these texts can be classified as belonging to a well-defined *Gattung*, the other text thus should belong to the same *Gattung*.

5.4.1.2   *Some Mesopotamian Texts*

At first sight, Hillers seems to be correct. There are passages in the Neo-Assyrian vassal-treaties and loyalty-oaths in which 'illness' is interpreted or better: presented as the outcome of a divine curse being a reaction to a disloyalty of the vassal.

– The Anum-curse in Esarhaddon's Succession Treaty:

> *Anum šar ilāni ina muršu tānīḫu di'u diliptu*
> *nissatu lā ṭūb šēri ali napḫar*
> *bītākīkunu lišaznin*

> May Anu, king of the gods, let malaria,[43] exhaustion, malaria, sleeplessness, worries and ill health rain upon all your houses[44]

Two remarks should be made with regard to this text. First, Steymans has rightly observed that within the Mesopotamian curse tradition Anu is not specifically related with the motif of 'illness', but with a variety of curse-motifs such as 'the breaking of the royal scepter', 'destruction of life' and 'bringing in a dead end street'.[45] Second, although various diseases are mentioned in this curse, none of them is presented as uncurable.

---

[43] *di'u* most probably does not denote 'illness' in general but 'malaria', see *CAD* D, 165; J.C. Greenfield, A. Shafer, 'Notes on the Curse Formulae of the Tell Fekherye Inscription', *RB* 92 (1985), 57–58.

[44] D.J. Wiseman, *The Vassal-Treaties of Esarhaddon*, London 1958, § 38A; K. Watanabe, *Die adê-Vereidigung anlässlich der Thronfolgeregelung Asarhaddons* (BaghM Beiheft, 3), Berlin 1987, 111.162–163.191; S. Parpola, K. Watanabe, *Neo-Assyrian Treaties and Loyalty Oaths* (SAA, II), Helsinki 1988, 6:418–A-C; H.U. Steymans, *Deuteronomium 28 und die adê zur Thronfolgeregelung Asarhaddons* (OBO, 145), Freiburg 1995, 72–78.

[45] Steymans, *Deuteronomium 28*, 76–77.

– General curse in Esarhaddon's Succession Treaty:

> *kī nakrakunu upattaḫūkanūni*
> *dišpu šamnu zinzaru'u dām erēni*
> *ana šakān pitḫīkunu liḫliq*

> When your enemy pierces you, may there be no honey, oil, ginger or
> cedar-resin available to place on your wound.[46]

This regards a clausule from the more general closing stipulations
in the succession treaty. Here the effectivity of injuries caused by an
enemy is contrasted by the ineffectivity of healing methods. Both are
presented as the possible outcome of disloyalty of the vassal.

– The Gula-curse in Esarhaddon's Succession Treaty:
    In the Gula-curse in the same textual corpus, with a parallel in
the treaty of Esarhaddon with Baal, king of Tyre, a comparable dis-
comfort will befall the disloyal vassal:

> *Gula azugallatu rabītu murṣu tānēḫu [ina libbīkunu (?)]*
> *simmu lazzu ina zumrīkunu liškun [dāmu u šarku]*
> *kīma mê ru[m/nkā]*

> May Gula, the great physician, put sickness and weariness [in your
> hearts] and an unhealing wound in your body. Bathe in [blood and
> pus] as if in water![47]

This curse presents an incurable wound as the possible outcome of
breaking the treaty by disloyalty of the vassal. It should be remarked,
however, that this Gula-curse represents a traditional theme in
Mesopotamian texts by which the healing-goddess Gula, 'the great
physician', is invoked.[48] The theme is attested not only in the two
texts mentioned, but also in sixteen boundary-stone inscriptions, the
so-called *kudurrus*, in a royal inscription of Ashurbanipal[49] and in a

[46] Esarhaddon's Succession Treaty *SAA* 2,6 § 99 = 643–645; see Wiseman, *Vassal Treaties*, § 99; Watanabe, *Adê-Vereidigung*, 139–40.174–75.208.
[47] Esarhaddon's Succession Treaty *SAA* 2,6 § 52 = 461–63; see Wiseman, *Vassal Treaties*, § 52; Watanabe, *Adê-Vereidigung*, 35–40.116.164–65; Steymans, *Deuteronomium 28*, 81–82.
    Treaty of Esarhaddon with Baal, king of Tyre *SAA* 2,5 iv:3–4; see R. Borger, *Die Inschriften Asarhaddons Königs von Assyrien* (AfO Beiheft, 9), Osnabrück ²1967, § 69.
[48] See the outline in Watanabe, *Adê-Vereidigung*, 35–40.
[49] Prism edited by E. Nassouhi, 'Prisme d'Assurbânipal daté de sa trentième année, provenant du temple de Gula à Babylone', *Archiv für Keilschriftforschung* 2 (1924/25), 101 viii 8'–11'.

temple-dedication inscription from the reign of Ashurbanipal.[50] The last text mentioned relates the donation by a certain Mannu-de'iq of his son Nabu-maqtu-šabti to the temple of Ninurta in Kalah. Any person to make a divorce between Ninurta and the boy will befall, through Gula, a never healing sore which cannot be undone. This short outline makes clear that treaty-context is not the original *Sitz im Leben* of the Gula-curse. This curse with its motif of the unhealing wound could be part of varying literary contexts.

– Codex Hammurabi Rev. XXVIII:50–65

The Old Babylonian Law Code of king Hammurabi closes with a long series of curses addressed to those who will not keep the laws. The main deities of the Babylonian pantheon, Anu, Enlil, Ninlil, Ea, Shamash etc. are invoked to execute these curses when necessary. The contents of these curses are related to a disbalancing of the order in daily life: loss of power, famine, illness etc. These curses are apparently not related to treaty-relationship. The motif of the incurable fracture is present in the Ninkarrak-curse:

> . . . *mur-ṣa-am kab-tam* À.sìG(*asakkam*) *le-em-nam sí-im-ma-am mar-ṣa-am ša la i-pa-aš-še-ḫu* . . .

> Ninkarrak, the daughter of Anu who speaks good things for me in Ekur, may let appear in his body a heavy illness, an evil disease-demon, a sore wound, that does not heal, of whom no physician knows the character, that cannot be brought to rest by bandages, that cannot be torn away like a lethal bite, until his life ends.[51]

– Esarhaddon Zendjirli-stele

> *ù šá-a-šú 5–šú ina uṣ-ṣi* ᵍⁱˢ*šil-ta-ḫi mi-ḫiṣ la nab-la-ṭi am-ḫa-su-ma*

The context in translation:

> [Under the troops of] Taharqa, king of Egypt and Cush, object of the curse of their main god, I made a slaughter from Ishhupri up to his residence Memphis, a strip of land of a fifteen days walk, daily without ceasure. Himself I delivered an uncurable wound with the point of my arrow. His residence Memphis, I besieged and conquered within half a day with the help of undermining, breaches and ladders. . . .[52]

---

[50] *ADD* 641 = *SAA* 12, 93:16–18.
[51] See M.E.J. Richardson, *Hammurabi's Laws: Text, Translation and Glossary* (the Biblical Seminar, 73), Sheffield 2000, 132–35.
[52] Borger, *Inschriften Esarhaddons*, § 63, p. 99: Rev. 40–41.

This stela depicts the exploits of Esarhaddon that are presented as the execution of the orders of the kings (e.g. Rev. 30–37). The expression *mi-ḫiṣ la nab-la-ṭi*, 'an uncurable wound', is to be seen as a realistic depiction of the injury to Tarhaqa: the Egyptian king was wounded severily. At another level of communication, the expression contains a metaphor. The hyperbolic character of this and other sayings in the inscription under consideration underscore the divinely legitimated power of the Assyrian king.

– Bilingual inscription from Tell Fekherye.

On a statue from Northern Mesopotamia an inscription in Assyrian as well as in Aramaic is engraved indicating that the image represents the local ruler Hadad-yithi from Sikan. Both inscriptions run parallel, but some deviations are observable. At the end of the text, curses are mentioned that will be executed against any person who will remove the name of this king from the temple of Hadad in Sikan. The threatening mainly consists in so-called futility curses. The sections ends in the following words:

di-'u šib-ṭu
di-<li->ip-te TA(*issu*) KUR(*māti-*)*šú la* KUD.MEŠ(*ipparrasū*)

And may malaria, temptation and sleeplessness not be removed from his country![53]

ומותן : שבט : זי : נירגל : אל : ינתזר מן : מתה

And may the pest, the temptation of Nergal, never end in his country![54]

The motif of the 'uncurable wound' as such is not present in this inscription. The text is mentioned here, since the theme of the 'unremovable illness' is quite comparable. The bilingual inscription from Tell Fekherye is not related to a treaty, a loyalty-oath or a vassal relationship. The curses in the text have a threatening function.

---

[53] Edited by A. Abou-Assaf *et al.*, *La statue de Tell Fekherye et son inscription bilingue assyro-araméenne* (Editions Recherche sur les civilations Cahier, 10), Paris 1982, 14:37–38; cf. Greenfield, Shafer, 'Notes on the Curse Formulae', 57–59; Steymans, *Deuteronomium 28*, 159.

[54] Edited by Abou-Assaf *et al.*, *Statue de Tell Fekherye*, 24:23; cf. P.-E. Dion, 'La bilingue de Tell Fekherye: Le roi de Gozan et son dieu; La phraséologie', in: A. Caquot, S. Légasse, M. Tardieu (eds.), *Mélanges bibliques et orientaux en l'honneur de M. Mathias Delcor* (AOAT, 215), Neukirchen-Vluyn 1985, 145–47; Greenfield, Shafer, 'Notes on the Curse Formulae', 57–59; Steymans, *Deuteronomium 28*, 159.

5.4.1.3   *Old Testament Texts*

In the Old Testament, the motif of the incurable wound is attested at Deut. 28:27.35; Jer. 8:22; 10:19; 14:17.19; 15:18; 30:12–13.15; 46:11; 51:8–9; Micah 1:9; Nah. 3:19. All these texts can and have been interpreted as allusions to a covenant theology. I will not discuss here all these texts in order to decide on the question whether or not a text is related to the model of the covenant.[55] Two texts will be referred to. In Deut. 28:27.35 the 'incurable illness' is presented as the outcome of a curse that will befall those who do not keep the stipulations of the covenant.[56] The Book of Nahum presents the forthcoming fate of Nineveh in language that is full of allusions to the Mesopotamian terminology of treaty and loyalty oath.[57] Although these two texts are clearly related to the theme covenant/treaty, that does not mean that all others should, by implication, be read in the framework of a covenant-theology.

5.4.1.4   *Preliminary Conclusion*

The infliction of an incurable wound by a deity, or instrumentally by a human being, is a motif that has been used in the ancient Near East at different times and in various literary contexts that, however, all relate to 'limit experiences' that evoked new metaphors or radicalized existing ones.[58] The motif is, in my view, an expression of the model of divine *force majeure* that is exercised or will be exercised in specific situations. Within the texts discussed or referred to, it is a human being, or a people, who is punished with an incurable wound for crossing a border that should not have been crossed. This border had been marked by law, taboo, custom or the like and was part of the social code. The deity, as guarantor of the social order, is seen as empowered with forces to restore the order. Within this model a vassal-relationship or a covenant-concept can function, but not necessarily. Both treaty and covenant can be seen as written

---

[55] For this discussion see the recent commentaries on the textual units mentioned.

[56] See, e.g., Steymans, *Deuteronomium 28*, 240–41.268–69.276–77.

[57] See e.g. K.J. Cathcart, 'Treaty Curses and the Book of Nahum', *CBQ* 34 (1973), 179–87; B. Becking, 'Divine Wrath and the Conceptual Coherence of the Book of Nahum', *SJOT* 9 (1995), esp. 291–93; B. Becking, 'A Judge in History: Notes on Nahum 3,7 and Esarhaddon's Succession Treaty § 47:452', *ZAR* 1 (1995), 111–16; K. Spronk, *Nahum* (HCOT), Kampen 1997, esp. 12–13.

[58] See on this P. Ricoeur, 'Biblical Hermeneutics', *Semeia* 4 (1975), 107–45; Brueggemann, *Theology of the Old Testament*, 262.

expressions of the social code and the divine guarantee. In other
words, Hillers is presenting a restricted interpretation of the material.
Unless other indicators are found, the divine imagery in Jer. 30:12–17
does not have to be related with the concept of covenant. The motif
of the 'incurable fracture' and the 'unhealing wound' can be seen
as related to the concept of divine *force majeure*.

5.4.2   *The Linguistics of* lākēn

A key-role in the interpretation of Jer. 30:12–17 is played by the
question how to construe the particle לכן (16aA). In the literary-
critical and the redaction-historical approaches לכן is construed as
an indicator for literary-critical division.[59] In the interpretation of
Brueggemann לכן plays an important role, since he supposes an
anaphoric and not a kataphoric character.[60] Bozak presents the view
that לכן should be interpreted adversatively.[61] Others are still opting
for a meaning 'therefore'.[62] Keown, Scalise and Smothers translate
לכן with 'Therefore . . .', but observe that the word 'typically signals
the beginning of a judgment announcement following an indictment'.
Here, however, לכן introduces judgment on the enemies, which is,
by implication, a prophecy of salvation for Zion. In other words,
they interpret the problem in terms of rhetorical strategy.[63] Ferry's
reading וכל instead of לכן, nevertheless assumes an adversative meaning.[64] In short, there is a problem.

The Hebrew word לכן is a composite adverb constructed from
the preposition *lᵉ* and the pronominal particle *kēn*. A distinction has
to be made between the 'ordinary' preposition *lᵉ*, with a wide variance
of meaning, and the emphatic *lᵉ* II.[65] Constructed with the ordinary
preposition *lᵉ*, לכן has a general meaning 'therefore; for; hence' and

---

[59] E.g., Duhm, Volz, Holladay, see above § 5.3.1.

[60] Brueggemann, 'Uncared for', 422; see also A.G. Shead, *The Open Book and the Sealed Book: Jeremiah 32 in its Hebrew and Greek Recensions* (JSOT.S, 347), Sheffield 2002, 204.

[61] Bozak, *Life 'Anew'*, 54; see also Fischer, *Trostbüchlein*, 14.29; McKane, *Jeremiah II*, 769.

[62] E.g., G. André, *Determining the Destiny*: PQD *in the Old Testament* (CB.OT, 16), Lund 1980, 63; M.A. Sweeney, 'Jeremiah 30–31 and King Josiah's Program of National Restoration and Religious Reform', *ZAW* 108 (1996), 574; *DCH* 5, 547; Bracke, *Jeremiah 30–52 and Lamentations*, 6–7.

[63] Keown *et al.*, *Jeremiah 26–52*, 97.

[64] Ferry, *Illusions et salut*, 275–76.

[65] *HALAT* III, 485.

could be used in a causal clause. Constructed with the emphatic *lᵉ*,
לכן can have a variety of meanings such as 'indeed; however; thus'.[66]
This implies that an adversative translation of לכן in Jer. 30:16aA
has a ground in grammar. This observation has three implications:

(1) There is no need to change the MT at this point.[67]
(2) A literary-critical or redaction-historical subdivision of the texts
    into two parts or layers is not necessary.
(3) The adversative character of לכן underscores the change in God
    referred to above.

5.4.3 *Relations between the Actors*

In the textual unit Jer. 30:12–17, two main actors are portrayed: (A)
Yнwн, (B) the 'you'-character. The portrait of these two actors as
supplied to us by the narrator and through its perspective will now
be given in detail.

A Yнwн

'Then':
– Struck the 'you' with the blow of an enemy (14bA)

'Now'
– is speaking to 'you'

'Later'
– will make spoil of the plunderers of 'you' (16bB)
– shall let rise healing over 'you' (17aA)
– shall heal the wounds of 'you' (17aB)[68]

---

[66] See e.g. the following texts: 1 Sam. 28:2; Jer. 2:33; Micah 2:5. A comparable
feature in Aramaic is known from a papyrus from Elephantine *AP* 37 = *TADAE*
A4.2:8. See also: I. Eitan, 'Hebrew and Semitic Particles—Continued. Comparative
Studies in Semitic Philology', *AJSL* 45 (1928–29), 200; *HALAT* III, 504; B. Jongeling,
'*Lākēn* dans l'Ancient Testament', *Remembering all the Way . . .* (OTS, 21), Leiden 1981,
190–200; J.A. Wagenaar, *Judgement and Salvation: The Composition and Redaction of Micah
2–5* (VT.S, 85), Leiden 2001, 73.
   For an analysis of the rhetorical devices of לכן, see W.E. March, '*Laken*: Its
Functions and Meanings', in: J.J. Jackson, M. Kessler (eds.), *Rhetorical Criticism*,
Pittsburgh 1974, 256–84
[67] Various corrections have been proposed: Rudolph, *Jeremia*, 192, reads וכל, in
order to soften the transition from 12–15 to 16–17; Holladay, *Jeremiah 2*, 151, assumes
a misreading of an original לכי, to be construed as an archaic form of לך: 'For you'.
[68] When the clauses in 16a.b.c. are construed as containing *passivum divinum*-forms,
see Bozak, *Life 'Anew'*, 54, then this list has to be enlarged with:

B 'You'

'Then'
- have been struck by the blow of an enemy (14bA)
- sinned against Yнwн (14cA–B; 15bA–B)

'Now'
- are suffering from an incurable fracture (12bA–B; 13c'.d')
- have been abandonned by lovers and others (14aA–B)
- are crying for their pain (15aA–B)
- has not been asked for (17bB)

'Later'
- shall be liberated from devourers, adversaries and plunderers (16aA–B)
- shall be healed by Yнwн (17aA–B)

From this outline a few points become clear. The 'you'-character is related to Yнwн, but also to two groups of people:

(1) A group referred to as 'lovers; (possible) helpers; (possible) procurers'; and
(2) A group of 'devourers, adversaries and plunderers'.

The first group can be classified as failing helpers. This becomes clear from the clauses 13aA; 14aA–B. The second group can be seen as instrumental in the punishment by Yнwн. As noted above, the textual unit does not say that this second group inflicted the incurable wound. Yнwн is portrayed as the protagonist of the inimical blow (14bA). The wording of 14bA and the statements of reversal in vs. 16 suggest that this second group can be seen as helpers in the punishment. The textual unit as such does not hint at the identity of these two groups, although scholars generally accept that מאהבים, 'lovers' (14aA), refers to Judah's political and unreliable allies.[69] Böhmer observed that the referent of the noun is unclear:

- shall devour the devourers of 'you' (16a);
- shall bring into captivity the adversaries of 'you' (16b);
- shall plunder the plunderers of 'you' (16c).

[69] See, e.g., Volz, *Prophet Jeremia*, 286; Bright, *Jeremiah*, 279; J.A. Thompson, 'Israel's 'Lovers'', *VT* 27 (1977), 480–81; Thompson, *Book of Jeremiah*, 559; Carroll, *From Chaos to Covenant*, 207; Brueggemann, 'Uncared for', 421; Ferry, *Illusions et salut*, 313; X.H.T. Pham, *Mourning in the Ancient Near East and the Hebrew Bible* (JSOT.S,

It could refer to 'leaders of the nation', 'foreign gods' as well as to 'foreign allies'.[70] Bozak correctly remarks that the textual unit stresses the fact that the 'you'-character is abandoned and not the identity of the 'lovers'.[71]

The relation between YHWH and the 'you'-character has been portrayed differently. In a first phase the relation is charaterised by the sins and the iniquity of the 'you'-character. This inimical stand against YHWH has provoked his punishment resulting in the situation of suffering from an incurable wound. In the future, however, YHWH will change his attitude toward the 'you'-character and heals this wound. This change is motivated by referring to the derogatory remarks of the oppressing group. It is the situation of forsakenness that causes YHWH's change.[72] This change is not superficial for YHWH. As Brueggemann remarked: 'The healing costs the healer a great deal'.[73] The promise of coming healing is not restricted by terms or conditions. The textual unit does not refer to a divine requirement of a changing attitude of the 'you'-character.

The identity of the 'you'-character is hinted at at the end of the unit where it is stated that she has been called Sion. This implies that Judah and Jerusalem or referred to.[74] It is not clear whether Judah and Jerusalem in their entirety are meant or only a special group within the people. Bozak correctly observed that the 'you' character cannot be identified with Sion 'as a geographical locus or the dwelling place of YHWH, but rather as a symbol of the community'.[75] It are human beings that are referred to who had to live in a situation of brokenness and sickness.[76] Since the identity of the two groups mentioned above remains unclear, it is not possible to decide from the text which point in the history of Judah and Jerusalem is supposeed by the textual unit.

---

302), Sheffield 1999, 47.89–91; Bracke, *Jeremiah 30–52 and Lamentations*, 6–8; Wischnowsky, *Tochter Zion*, 161–62; R.B. Chisholm, *Handbook of the Prophets: Isaiah, Jeremiah, Lamentations, Ezekiel, Daniel, Minor Prophets*, Grand Rapids 2002, 192.

[70] Böhmer, *Heimkehr*, 63.
[71] Bozak, *Life 'Anew'*, 51.
[72] See, e.g., Bozak, *Life 'Anew'*, 56.
[73] Brueggemann, *Theology of the Old Testament*, 253–54.
[74] See, e.g., Thompson, *Book of Jeremiah*, 559; Carroll, *Jeremiah*, 582.
[75] Bozak, *Life 'Anew'*, 57.
[76] Thus: McKane, *Jeremiah II*, 770.

Jeremiah 30:12–17 is to be construed as a literary unit, a sub-canto that can be subdivided into three canticles:

B.i   30:12–14 has a general perspective on the past stressing guild, divine punishment and human sorrow.
B.ii   30:15 has a general perspective on the present stressing in interrogative clauses the pain to which the guild of the people has brought it.
B.iii 16–17 has a more future related view and pictures the promise of hope and salvation.

The contrasting elements in the three canticles should not be construed as devices for a literary-critical division of the unit, but refer to the concept of divine changeablity and shifts in time.

5.5 *Divine Changeability and Shifts in Time*

Jeremiah 30:12–17 is a text about changes. Comparable to 30:5–11, two transformations are implied:

– Transformation I looks back to the past and can be described as the sum of all those events that lead to the situation of a people bitterly wounded and inconsolably hurt.
– Transformation II looks forward and can be described as the process hoped for that will make an end to this situation.

It should be noted that this interpretation differs from the one presented by Bozak who only reckons with the second transformation.[77] Furthermore, it should be noted that the shift from Transformation I to Transformation II expresses the change in God from 'punishment' to 'loving turn'. Both positions can be interpreted as based in divine force majeure and not so much as a divine paradox.[78]

Is it possible to relate this text-internal chronology to a text-external chronology? Before answering this question a few remarks must be made:

---

[77] Bozak, *Life 'Anew'*, esp. 57.
[78] D. Kidner, *The Message of Jeremiah*, Leicester 1987, 104–05; Chisholm, *Handbook of the Prophets*, 192.

(1) Since these two transformations are also implied in other units of Jer. 30–31, it might be assumed that at least in the final redaction of the Book of Consolation the same set of historical shifts are referred to.

(2) The wording of these two transformations in Jer. 30:12–17 only vaguely refer to historical events. 30:16aB and bA contain the most explicit references to historical events: 'captivity' and 'plunder'. Within the framework of Jer. 30–31 it is most likely to assume that the capture of Jerusalem by the Babylonians and the exile of parts of the population is refered to.[79] Therefore, only a preliminary answer to the question can be given.

Most probably the motif of the 'incurable wound' is a metaphor for the destruction of Jerusalem by the Babylonians. In using this imagery the author interprets the event by relating it to a belief-system in which God is seen as a divine *force majeure* punishing his people when a border has been crossed.[80] The border that had been crossed here is indicated by the idea of 'sin' and 'iniquity'. The motif of the 'healing of the wound' expresses hope for the future. The shift in the textual unit can be interpreted by relating it to a symbol-system in which Yhwh is seen as a divine being that is able to change the vector of his power. This change of vector is also hinted at by the use of *ius tallionis*-like forms in vs. 16.[81] Jer. 30:12–17 can therefore be read as a text that on the one side helps people to cope the reality of doom and sorrow they met, while on the other hand it promises hope in times that are a changing.

---

[79] Thus, e.g., Carroll, *Jeremiah*, 582; Westermann, *Prophetische Heilsworte*, 108.

For the historical context see, e.g., G.W. Ahlström, *The History of Ancient Palestine from the Paleolithic Period to Alexander's Conquest* (JSOT.S, 146), Sheffield 1993, 784–811; H.M. Barstad, *The Myth of the empty Land*, Oslo 1996; B. Becking, 'Ezra's Reenactment of the Exile', in: L.L. Grabbe (ed.), *Leading Captivity Captive*, (ESHM, 2 = JSOT.S, 278), Sheffield 1998, 42–46. For the view that the idea of 'Exile' is not based on historical events, but should be seen as a mythic construction see Th.L. Thompson, *The Bible in History: How Writers Create a Past*, London 1999, esp. 217–25; for a more balanced view see J.G. McConville, 'Faces of Exile in Old Testament Historiography', in: J. Barton, D.J. Reimer (eds.), *After the Exile: Essays in Honour of Rex Mason*, Macon 1996, 27–44.

[80] On the concept of divine power between omnipotence and impotence in the Hebrew Bible see: W. Dietrich, C. Link, *Die dunklen Seiten Gottes: Band 2 Allmacht und Ohnmacht*, Neukirchen-Vluyn 2000.

[81] See also Wischnowsky, *Tochter Zion*, 161–64.

CHAPTER SIX

BETWEEN ANGER AND HARMONY:
AN INTERPRETATION OF JEREMIAH 31:15–22

6.1 *Introduction*

The sixth sub-canto introduced by כה אמר יהוה consists of three canticles:

Canticle	Verses	Theme
F.i	31:15–17	Rachel refuses to be consoled
F.ii	31:18–20	Ephraim will be consoled
F.iii	31:21–22	summons to return to the country

In this chapter the sub-canto and its three canticles will be discussed in their interrelationship. It should be noted that some take Jer. 31:15–22 as one coherent unit.[1] Holladay construes the three textual units as parts of the Early Recension to the North, but does

---

[1] E.g. Ph. Trible, *God and the Rhetoric of Sexuality*, Philadelphia 1978, 40; J.A. Thompson, *The Book of Jeremiah* (NICOT), Grand Rapids 1980, 572–76; J.M. Bracke, *The Coherence and Theology of Jeremiah 30–31* (Dissertation Union Theological Seminary), Richmond 1983, 48–53; J. Unterman, *From Repentance to Redemption: Jeremiah's Thought in Transition* (JSOT.S, 54), Sheffield 1987, 38–51; B.A. Bozak, *Life 'Anew': A Literary-Theological Study of Jer. 30–31* (AnBi, 122), Roma 1991; G.L. Keown *et al.*, *Jeremiah 26–52* (WBC, 27), Dallas 1995, 116–24; W. Brueggemann, *A Commentary on Jeremiah: Exile and Homecoming*, Grand Rapids 1998, 286–88; E.K. Holt, *Jeremia's Bog Fortolket*, København 1999, 124–25, even proposes the same three canticles; J.M. Bracke, *Jeremiah 30–52 and Lamentations* (WBC), Louisville 2000, 17–20; R.W. Klein, *Israel in Exile: A Theological Interpretation*, Mifflintown 2002, 47; C. Ritter, *Rachels Klage im antiken Judentum und frühen Christentum: Eine auslegungsgeschichtliche Studie* (AGAJU, 52), Leiden 2003, 38–52; A.R.P. Diamond, 'Deceiving Hope: the Ironies of Metaphorical Beauty and Ideological Terror in Jeremiah', *SJOT* 17 (2003), 42.
K.G. Friebel, *Jeremiah's and Ezekiel's Sign-Acts* (JSOT.S, 283), Sheffield 1999, 344–45, construes 31:15–20 to be a unit.
S. Herrmann, *Die prophetischen Heilserwartungen im Alten Testament: Ursprung und Gestaltwandel* (BWANT, 85), Stuttgart 1965, 217, construes 15–22 to be from the same redactional layer but does not see any connection between the various parts of the textual unit.

not relate them thematically.[2] Some scholars, however, consider 15–17 and 18–20 to be independent units, both authentic Jeremian, while 21–22 contain a later addition from an author writing under the influence of Trito-Isaiah.[3] I would like to construe Jer. 31:15–22 as a conceptual coherence. Arguments for this view will now follow.

6.2 A Voice Was Heared in Ramah[4]

6.2.1 The Quotation in Matthew

6.2.1.1 Introduction

The author of the nativity narrative in the Gospel according to Matthew is quoting the text of the Old Testament on different occasions.[5] These quotations are presumably to be related to the theological

---

[2] W.L. Holladay, *Jeremiah 2: A Commentary on the Book of the Prophet Jeremiah Chapters 26–52* (Hermeneia), Minneapolis 1989, 156–59.186–95; see also H. Leene, 'Jeremiah 31,23–26 and the Redaction of the Book of Comfort', *ZAW* 104 (1992), 349–64; K. Seybold, *Der Prophet Jeremia: Leben und Werk* (Kohlhammer-Urban Taschenbücher, 416), Stuttgart, 1993, 85–87; H. Leene, 'Ezekiel and Jeremiah: Promises of Inner Renewal in Diachronic Perspective', in: J.C. de Moor, H.F. van Rooy (eds.), *Past, Present, Future: The Deuteronomistic History and the Prophets* (OTS, 44), Leiden 2000, 157–64, who points to a series of interrelations between 31:21–22 and 23–26.

[3] T.M. Raitt, 'The Prophetic Summons to Repentence', *ZAW* 83 (1971), 33–35; S. Böhmer, *Heimkehr und neuer Bund* (GTA, 5), Göttingen 1976, 51–52.70–71; R.P. Carroll, *From Chaos to Covenant: Uses of Prophecy in the Book of Jeremiah*, London 1981, 211; R. Albertz, 'Jeremia 2 und die Frühzeitverkündigung Jeremias', *ZAW* 94 (1982), 20–27; T. Odashima, *Heilsworte im Jeremiabuch* (BWANT, 125), Stuttgart 1989, 89.288; N. Kilpp, *Niederreissen und Aufbauen: Das Verhältnis von Heilsverheissung und Unheilsverkündigung bei Jeremia und im Jeremiabuch* (BThS, 13), Neukirchen-Vluyn 1990, 146–64; R. Albertz, *Die Exilszeit 6. Jahrhundert v. Chr.* (Biblische Enzyklopädie, 7), Stuttgart 2001, 241.

[4] § 6.2. is based on my essay "A Voice was Heard in Ramah'. Remarks on Structure and Meaning of Jr 31,15–17', *BZ* 38 (1994), 229–42.

[5] Mt. 1:23 = Isa. 7:14; Mt. 2:6 = Micah 5:1; Mt. 2:15 = Hos. 11:1; Mt. 2:18 = Jer. 31:15. For a full discussion of these quotations see: E. Nellessen, *Das Kind und seine Mutter. Struktur und Verkündigung des 2. Kapitels im Matthäusevangelium* (SBS, 39), Stuttgart 1969, 35–49; W. Rothfuchs, *Die Erfüllungszitate des Matthäus-Evangeliums* (BWANT, 58), Stuttgart 1969; C. Wolff, *Jeremia im Frühjudentum und Urchristentum* (TUGAL, 118), Berlin 1976, 157–66; G.M. Soares Prabhu, *The Formula Quotations in the Infancy Narratives of Matthew* (AnBi, 63), Roma 1976; R.E. Brown, *The Birth of the Messiah: A Commentary on the Infancy Narratives in Matthew and Luke*, Garden City 1979, 96–107.184–88.219–25; E.E. Ellis, 'Biblical Interpretation in the New Testament Church', in: M.J. Mulder (ed.), *Mikra: Text, Translation, Reading and Interpretation of the Hebrew Bible in Ancient Judaism and Early Christianity* (CRINT, II.1), Assen 1988, 704; M. Oberwies, 'Beobachtungen zum AT-Gebrauch in der Matthäischen Kindheitsgeschichte', *NTS* 35 (1989), 131–49; M. Knowles, *Jeremiah in Matthew's Gospel: The*

concept of Matthew's composition. The final redactor wanted to write the story of Jesus within the framework of the paradigm of the history of Israel.[6]

In Mt. 2:18 a prophecy from the Book of Jeremiah is quoted:[7]

Φωνὴ ἐν Ῥαμὰ ἠκούσθη	A voice was heard in Ramah,
κλαυθμὸς καὶ ὀδυρμὸς πολύς	weeping and loud mourning
Ῥαχὴλ κλαίουσα τὰ τέκνα αὐτῆς	Rachel crying for her children;
καὶ οὐκ ἤθελεν παρακληθῆναι	and she would not be consoled,
ὅτι οὐκ εἰσιν	because they are no more.

Regarding this quotation three questions can be raised:

(1) What is the nature of the quotation?
(2) What is the meaning of the text quoted in its original context?
(3) How does the quotation function within the context of Mt. 2?

In the next sections these questions are discussed in the order mentioned.

6.2.1.2   *A Textual Comparison of Mt. 2:18 with Jer. 31:15*

I will defend the thesis that in Mt. 2:18 the Masoretic text of Jer. 31:15 is quoted according to a non-LXX translation.[8] As is well

---

Rejected-Prophet Motif in Matthaean Redaction (JSNT.S, 68), Sheffield 1993; J. Miler, *Les citations d'accomplissement dans l'évangile de Matthieu: Quand Dieu se rend présent en toute humanité* (AnBi, 140), Roma 1999; W. Carter, 'Evoking Isaiah: Matthean Soteriology and an Intertextual Reading of Isaiah 7–9 and Matthew 1:23 and 4:15–16', *JBL* 119 (2000), 503–20; S. Moyise, *The Old Testament in the New: An Introduction*, London 2001, esp. 34–44.

[6] A review of the research into the themes of Matthew can be found in, e.g.: G. Stanton, 'The Origin and Purpose of Matthew's Gospel: Matthean Scholarship from 1945 to 1980', in: W. Hase (ed.), *Aufstieg und Niedergang der römischen Welt*, II, 25/3, Berlin 1985, 1889–1951; A. Dermience, 'Rédaction et théologie dans le premier évangile', *RTL* 16 (1985), 47–64; L. Goppelt, *Theologie des Neuen Testaments* (UTB, 850), Göttingen ³1978, 548–51; J.D. Kingsbury, *Matthew as Story*, Philadelphia 1986; D.B. Howell, *Matthew's Inclusive Story: A Study in the Narrative Rhetoric of the First Gospel* (JSNT.S, 42), Sheffield 1990.

[7] See Ritter, *Rachels Klage*, 113–26.

[8] See also Soares Prabhu, *Formula Quotations*, 253–61; G. Fischer, 'Zum Text des Jeremiabuches', *Bibl* 78 (1997), 314; *pace* M.J.J. Menken, 'The Quotation from Jeremiah 31(38).15 in Matthew 2.18: A Study of Matthew's Scriptural Text', in: S. Moyise (ed.), *The Old Testament in the New Testament: Essays in Honour of J.L. North* (JSNT.S, 189), Sheffield 2000, 106–25, who argues for the view that the quotation is from a revised LXX. On pp. 108–09, Menken displays an enumeration of various views and their defenders; Ritter, *Rachels Klage*, 113–26. As will be shown, Mt. 2 has too many features in common with the (proto-)Masoretic traditions that the

known, the Old Greek translation of the Book of Jeremiah diverges from the Masoretic traditon.[9] Therefore, Mt. 2:18 will be compared both with MTJer. and LXXJer. The Old Greek rendition of MTJer. 31:5 is to be found in LXXJer. 38:15. Since there exist various deviations within the tradition of Greek translations of Jeremiah, they will also be taken into account.[10]

(a) 'A voice was heared in Ramah'

Mt. 2	Φωνὴ ἐν 'Ραμὰ ἠκούσθη
LXX B	Φωνὴ ἐν 'Ραμὰ ἠκούσθη
α'	ἐν ὑψλῃ
MT	קול ברמה נשמע

Just like LXX B, Mt. 2:18 construes רמה to be the name of a city: Ramah. LXX S and A (ἐν τῇ ὑψηλῇ), Aquila (ἐν ὑθηλῃ) and the Targum (ברום) interpret רמה as a noun meaning 'height', to be construed as an indication for 'heaven'.[11] This interpretation tallies with the grammar of Biblical Hebrew. In the Hebrew Bible the nomen locale Ramah[12] is written in each case[13] with the article: הרמה, hārāmāh. The reason why the Masoretes vocalized in Jer. 31:15 bᵉrāmā is not clear. In view of the textual evidence in LXX S and A, Aquila and the Targum, the Masoretic punctuation reflects an ancient tradition. However, with BHS and most of the modern commentaries, the reading bārāmā, 'in Ramah', has the preference.[14] Besides, it

---

text could be seen as a paraphase of the LXX, *pace* D.S. New, *Old Testament Quotations in the Synoptic Gospels, and the Two-Document Hypothesis* (SCSt, 37), Atlanta 1993, 113.

[9] See above § 2.

[10] Justin Martyr, *Dial.* 78:8, also quotes Jer. 31:15, in the exact wording of Matthew, however.

[11] See Hebr. 1:3; E. Lohmeyer, *Das Evangelium des Matthéus*, Göttingen ⁴1967, 28–29; Menken, 'Quotation from Jeremiah 31(18).15', 113; Ritter, *Rachels Klage*, 65–68.

[12] Next to Ramah in Benjamin, at least four other localities with this name are mentioned; see *HALAT* III, 1157; P.M. Arnold, 'Ramah', *ABD* V, 613–14.

[13] The other exception being Neh. 11:33.

[14] See, e.g., Thompson, *Book of Jeremiah*, 572; Bracke, *Coherence*, 48; R.P. Carroll, *Jeremiah* (OTL), London 1986, 595; Keown *et al.*, *Jeremiah 26–52*, 116–17; Knowles, *Jeremiah in Matthew's Gospel*, 36.45; W. McKane, *Jeremiah II* (ICC), Edinburgh 1996, 796–97; Menken, 'Quotation from Jeremiah 31(18).15', 113–14; Ritter, *Rachels Klage*, 38–39.

Otherwise: M. Tsevat, 'Studies in the Book of Samuel. II. Interpretation of I Sam. 10:2. Saul at Rachel's Tomb', *HUCA* 33 (1962), 108; Holladay, *Jeremiah 2*, 153.187; J.W. Mazurel, *De vraag naar de verloren broeder: Terugkeer en herstel in de boeken*

should be noted that in Jer. 31:9 *mārôm* is used for 'high place; height'. Menken supposes that the translation of the Hebrew Niphal participle נשמע by the Greek Aorist passive indicative is a trace of the LXX.[15] The basis for this assumption is, however, rather small.

(b) 'weeping and loud mourning'

Mt 2	κλαυθμὸς[16] καὶ ὀδυρμὸς πολύς
LXX B	θρήνου καὶ κλαυθμοῦ καὶ ὀδυρμοῦ
a'	μελος κλαυθμου πικραμμων
MT	נהי בכי תמרורים

The text of the MT has three nouns. The last two are bound together in a construct chain. The Old Greek version reads three co-ordinated nomina: 'threnody, weeping and wailing'.[17] By his rendering of the text, the author of Mt. 2:18 shows that he has seen the grammatical pattern in MTJer. 31:15. Aquila and Symmachus even go one step further by interpreting the three nouns as a hendiatris in their translation: μελος κλαυθμου πικραμμων, 'a bitter weeping lamentation'.[18] It is a remarkable fact that Mt. 2:18 has the words of MTJer. 31:15 in an inverted order:[19]

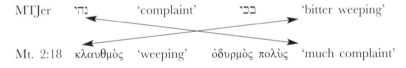

MTJer	נהי	'complaint'	בכי	'bitter weeping'
Mt. 2:18	κλαυθμὸς	'weeping'	ὀδυρμὸς πολὺς	'much complaint'

Jeremia en Ezechiël (Dissertation University of Amsterdam), Amsterdam 1992, 71–73; J.W. Mazurel, 'Citaten uit het Boek Jeremia in het Nieuwe Testament', *ACEBT* 16 (1997), 19, who construe ברמה as meaning 'on a height'.

[15] Menken, 'Quotation from Jeremiah 31(18).15', 113.

[16] Some NT manuscripts read θρηνος και before κλαυθμος, apparently an adaptation to the text of the LXX, see, e.g., R.H. Gundry, *The Use of the Old Testament in St. Matthew's Gospel with Special Reference to the Messianic Hope* (NT.S, 18), Leiden 1967, 95; Rothfuchs, *Erfüllungszitate*, 63; M. Quesnel, 'Les citationsde Jérémie dans l'évangile selon saint Matthieu', *EstBib* 47 (1989), 516 n. 7; Menken, 'Quotation from Jeremiah 31(38).15', 106.

[17] See also Ritter, *Rachels Klage*, 60.

[18] See also Menken, 'Quotation from Jeremiah 31(18).15', 114.

[19] As has been indicated by C.C. Torrey, *Documents of the Primitive Church*, New York 1941, 51; see also Soares Prabhu, *Formula Quotations*, 253.

For this stylistic pattern see: P.C. Beentjes, 'Inverted Quotations in the Bible: A neglected Pattern', *Bib* 63 (1982), 506–523; P.C. Beentjes, 'Discovering a New Path of Intertextuality: Inverted Quotations and their Dynamics', in: L.J. de Regt *et al.* (eds.), *Literary Structure and Rhetorical Strategies in the Hebrew Bible*, Assen 1996, 31–50.

This inverted order is absent in LXXJer. Therefore I do not agree with Menken that Mat. 2:18 shows elements of dependence on the LXX.[20]

(c) 'Rachel crying for her children'

Mt. 2	Ῥαχὴλ κλαίουσα τὰ τέκνα αὐτῆς
LXX B	Ῥαχηλ ἀποκλαιομένη
MT	רחל מבכה על־בניה

The MT reads here as well as in the next clause: 'on her children'. Mt. 2:18 does not render the *'al-bānêhā* in the second clause. Within the Greek textual tradition the τὰ τέκνα αὐτῆς of Mt. 2:18c is on first view somewhat unexpected. The Old Greek translation has here a clause without an object, thus leaving *'al-bānêhā* seemingly untranslated. In the next clause *'al-bānêhā* is rendered with τοῖς υἱοῖς αὐτης. Consequently, we are confronted with a deflection in Mt. 2:18 from the Old Greek tradition translating the first *'al-bānêhā* and not the second meanwhile choosing another Greek word, τεκνον instead of υἱος.[21] Does an explanation for this deflection exists? I would like to make the following observations:

(1) In his depiction of the massacre of the Innocents the author of Matthew tells about πάντας τοὺς παῖδας, 'all the children'.[22]

(2) The Hebrew noun *bēn*, 'son', the plural *bānîm* generally having the common meaning 'children', is rendered by Matthew in quotations of the Old Testament with τεκνον 'child'.[23]

(3) In the Matthean language there is not such a great difference in meaning between τεκνον and υἱος.[24]

---

[20] Menken, 'Quotation from Jeremiah 31(18).15', 114; see also Miler, *Les citations d'accomplissement*, 57–59.

[21] The later manuscripts LXX 534 and 613 read τα τεκνα αυτης, according to J. Ziegler, *Jeremias, Baruch, Threni, epistula Jeremiae*, Göttingen 1957, 358, this is a christian adaptation to the text of Mt. 2:18.

[22] See, also, Knowles, *Jeremiah in Matthew's Gospel*, 37.

[23] See Mt. 22:24 = Deut. 25:5.

[24] See Soares Prabhu, *Formula Quotations*, 254–55, who refers to the Matthean versian of the Parable of the Prodigal Son, where τεκνον is used instead of υἱος from the Lucan *Vorlage*; compare Mt. 21:28 with Luc. 15:11; Miler, *Les citations d'accomplissement*, 58.

From this point of view the deflection of Mt. 2:18 is less surprising. Most probably, it is an indication that Matthew is presenting a contextual translation of MTJer.

(d) 'and she would not be consoled'

Mt. 2	καὶ οὐκ ἤθελεν	παρακληθῆναι
LXX B	οὐκ ἤθελε[25]	παύσασθαι ἐπι τοῖσ υἱοῖς αὐτης
α'		παρακληθηναι
MT	מאנה להנחם על־בניה	

The verb ἐθέλω with an adverb of negation is a good rendition of the Hebrew verb מאן Pi, 'to refuse; not to will'. Hebrew נחם Pi, 'to be consoled; to take consolation in' is translated inadequately by LXX B with παύσασθαι, 'to stop; to strike'. Just like Aquila and LXX A, Mt. 2:18 reads παρακληθῆναι, 'to be consoled', which is a more literal rendering of MTJer.

(e) 'because they are no more'

Mt. 2:18	ὅτι οὐκ εἰσιν
LXX B	ὅτι οὐκ εἰσιν
MT	כי איננו

Both LXX and Matthew have interpreted the singular of the MT (suffix 3.m.s. in איננו) with a plural form (εἰσιν) while changing the direct speech of JerMT into a motivating clause (see below).

In conclusion: The text of the quotation in Mt. 2:18 could be regarded as a correct rendering of the Hebrew text of Jeremiah more than of the Old Greek version.[26] The text in Matthew shows some relations with the translation of Aquila.[27]

6.2.1.3 Jeremiah 31:15 in Context

Mt. 2:18 is a quotation of MTJer. 31:15. The question can be raised whether this quotation is correct not only textually but also regarding the meaning of the passage referred to. Before this question can be answered the meaning of Jer. 31:15 should be explored within its context.

---

[25] Thus the Göttinger Septuagint edited by Ziegler; Rahlfs edition reads ἤθελεν.
[26] See, e.g., Miler, *Citations d'accomplissement*, 58.
[27] See also Nellessen, *Kind*, 42–43; Brown, *Birth*, 221–23.

The immediate context of Jer. 31:15 is the subcanto Jer. 31:15–22 and within that unit the canticle F.i (Jer. 31:15–17), as can be inferred from the poetical analysis in Chapter 3. It has been proposed to relate Jer. 31:15–17 with 31:2–9.[28] This view, however, yields two problems: (1) The tradition-historical position of Jer. 31:10–14 is problematical; (2) It does not account for the composition as displayed above in Chapter 3. Within Jer. 31:15–22 I would regard vss. 15–17 as the first canticle.[29]

6.2.2   *The Literary Structure of Jeremiah 31:15–17*

6.2.2.1   *Text and Translation*
Before making some remarks on the structure of this unit, the text will be translated:

F.i.1   (Jeremiah 31:15)

Thus speaks YHWH:	15aA
A voice is heard in Ramah lamentation, bitter weeping.	15aB
Rachel who is crying for her children,	15aC
refuses to be consoled for her children: 'There is no one left!'	15bA

F.i.2   (Jeremiah 31:16–17)

Thus speaks YHWH:	16aA
Keep your voice from weeping	16aB
and your eyes from tears.	16aC
For there is a reward for your labour—oracle of YHWH—	16bA
since they will return from the land of the enemy.	16bB
There is hope for your future—oracle of YHWH—	17aA
since the children will return to their territory.	17aB

Notes on the translation:
15aB   'In Ramah'. As stated above, the reason why the Masoretes vocalised in Jer. 31:15 *bᵉrāmā* is not clear. It should be noted that two different concepts are at stake. MT concentrates on the place on earth where the loud weeping was heard. The other versions indicate that Rachel's weeping was heard in heaven; i.e. it was not unnoticed by God. Although I will defend the view that *bārāmā* should be read and

[28] See J. Unterman, *From Repentance to Redemption: Jeremiah's Thought in Transition* (JSOT.S, 54), Sheffield 1987, 38–53.
[29] See also B. Lindars, "Rachel weeping for her children'—Jeremiah 31:15–22', *JSOT* 12 (1979), 52–53.

that the nomen locale refers to Ramah as a transit-camp mentioned in Jer. 40:1, there might be a possibility to give meaning to the reading *bᵉrāmā*. Haettner Blomquist has analysed the meaning of *gab* and *bᵉrāmā* in Ezek. 16:24, 31.[30] She arrives at the conclusion that these nouns refer to cultic installations at the open space near the city gates to be translated with 'platform' and 'pedestal'. As for Jer. 31:15, this might imply a translation: 'A voice was heared from a pedestal' suggesting that Rachel is crying bitterly to God in some sort of shrine near the city gate. The use of the verb שׁמע might underscore the interpretation that Rachel is praying here.

15aC   נחם Ni here has the meaning 'to be consoled'.[31]

15bA   'There is no one left'. At first sight there seems to be no congruence between the plural pronominal suffix, 'her sons', and the singular, 'there is no one left'.[32] Scholars have proposed to restore the concord here either by assuming an original בנה, 'her son',[33] or by assuming an original אינם, 'they are no longer'.[34] This disconcord can, however, easily be explained by assuming, with Trible, that the phrase 'There is no one left' contains the wording of the complaint of Rachel in direct speech.[35] Therefore, there seems to be no reason to change the text.[36]

16bB   The words נאם יהוה are lacking in the Old Greek translation, probably a redactional addition.[37]

---

[30] T. Haettner Blomquist, *Gates and Gods: Cults in the City Gates of Iron Age Palestine. An Investigation of the Archaeological and Biblical Sources* (CB.OT, 46), Stockholm 1999, 174–81.

[31] See J. Jeremias, *Die Reue Gottes: Aspekte alttestamentlicher Gottesvorstellung* (BiSt, 65), Neukirchen-Vluyn 1975, 15.

[32] Knowles, *Jeremiah in Matthew's Gospel*, 38, assesses the singular of the MT as incomprehensible.

[33] Torrey, *Documents*, 51; Holladay, *Jeremiah 2*, 153.

[34] E.g., Thompson, *Book of Jeremiah*, 572; Unterman, *From Repentance to Redemption*, 40; Seybold, *Prophet Jeremia*, 85; Keown *et al.*, *Jeremiah 26–52*, 117; McKane, *Jeremiah II*, 796–97; X.H.T. Pham, *Mourning in the Ancient Near East and the Hebrew Bible* (JSOT.S, 302), Sheffield 1999, 22; J. Ferry, *Illusions et salut dans la prédication prophétique de Jérémie* (BZAW, 269), Berlin 1999, 279; Bracke, *Jeremiah 30–52 and Lamentations*, 17.

[35] Ph. Trible, *God and the Rhetoric of Sexuality*, Philadelphia 1978, 40; see also Holladay, *Jeremiah 2*, 153.187–88; Ritter, *Rachels Klage*, 38. For כי as introduction of the direct speech see: *HALAT* III, 449, sv כי II,7; A. Schoors, 'The particle כי', *OTS* 21 (1981), 258 (lit.).

[36] *Pace*: R. Weiss, 'On Ligatures in the Hebrew Bible (נ = מ)', *JBL* 82 (1963), 191; G. Fohrer, 'Der Israel-Prophet in Jeremia 30–31', in: A. Caqout, M. Delcor (eds), *Mélanges bibliques et orientaux* (Fs H. Cazelles; AOAT 215), Neukirchen-Vluyn 1981, 143, who propose to read *'ênām* with a suffix 3.m.pl.

[37] See D. Barthelémy, *Critique textuelle de l'Ancien Testament. 2. Isaïe, Jérémie, Lamentations. Rapport final du comité pour l'analyse textuelle de l'Ancien Testament hébreu institué par l'Alliance Biblique Universelle, établi en coopération avec A.R. Hulst, N. Lohfink, W.D. Mchardy, H.P. Rüger, J.A. Sanders* (OBO, 50/2), Fribourg 1986, 644–45; Holladay, *Jeremiah 2*, 153; Seybold, *Prophet Jeremia*, 85; J.M. Wiebe, 'The Jeremian Core of the Book of

17aA   'Your future'. אחריתך also can have the meaning: 'your posterity;
       your progeny'.[38] For two reasons the translation 'future', however,
       has the preference:[39]

       – the nominal clause 17aA contains a general expression for salvation;
       – the term is parallel to other indications of time in Jer. 30–31 who
         point out the moment in which will be a turn in the destiny of
         Gods people.
17aB   See 16bB.

6.2.2.2 *The Composition of Jer. 31:15–17*

The coherence and the composition of this section are disputed.
Wiebe assumes that an original pre-exilic text has been expanded
with 15bA' and the phrase נאם יהוה in 16bB.[40] Seybold takes
15bA'.16aA and the phrases נאם יהוה in 16bB and 17aB for late
additions.[41] Without any argument Westermann[42] reads the verses in
the order: 16aA–C.17aA.16bA–B.17aB. Levin considers 31,15abα' to
be part of the oldest textual layer in the Book of Jeremiah. A first
'Fortschreibung' added 16a.21–22a. Still later the text was extended
with 16b and 17. Without any specific argument Levin states that
the cohesion of the text in all its stages is self-evident.[43] In a way
comparable is the redaction-critical proposal of Kilpp. He assumes
31:15.16aA–C to be authentic from the beginning of Jeremiah's

---

Consolation and the Redaction of the Poetic Oracles in Jeremiah 30–31', *Studia
Biblica et Theologica* 15 (1987), 139–40; McKane, *Jeremiah II*, 796.

[38] See among others Keown *et al.*, *Jeremiah 26–52*, 116–17; B.W. Anderson, *From
Creation to New Creation: Old Testament Perspectives* (Overtures to Biblical Theology),
Minneapolis 1994, 187.191; Fohrer, 'Israel-Prophet', 143; Kilpp, *Niederreißen und auf-
bauen*, 149; McKane, *Jeremiah II*, 796.98; Ritter, *Rachels Klage*, 38.

[39] See amongst others: Trible, *God and the rhetoric*, 41; Thompson, *Book of Jeremiah*,
572; U. Schröter, 'Jeremias Botschaft für das Nordreich. Zu N. Lohfinks Überlegungen zum Grundbestand von Jeremia xxx–xxxi', *VT* 35 (1985), 321; Unterman,
Repentance, 40; Carroll, *Jeremiah*, 595.599; Holladay, *Jeremiah 2*, 153.188; Mazurel,
Verloren broeder, 71; Seybold, *Prophet Jeremia*, 85; Bracke, *Jeremiah 30–52 and Lamentations*,
17. G.F. Hasel, "Remnant' as a meaning of *'Aḥ°rît*', in: L.T. Geraty, L.G. Herr
(eds.), *The Archaeology of Jordan and other Studies*, Berrien Springs 1986, 543, leaves the
question undecided.

[40] Wiebe, 'Jeremian Core', 139–40.

[41] Seybold, *Prophet Jeremia*, 85.

[42] C. Westermann, *Prophetische Heilsworte im Alten Testament* (FRLANT, 145), Göttingen
1987, 109–10.

[43] C. Levin, *Die Verheißung des neuen Bundes* (FRLANT, 137), Göttingen 1985, 186–
87—Levin's indication for the fragments of the text are used; see also M. Nissinen,
*Prophetie, Redaktion und Fortschreibung im Hoseabuch: Studien zum Werdegang eines Prophetenbuches
im Lichte von Hos 4 und 11* (AOAT, 231), Neukirchen-Vluyn 1991, 330–32.

prophetic career. 31:16bA.17aA are from a post-Jeremian yet pre-
Deuteronomistic hand, while 31:16bB.17aB and the two adjuncts
נאם יהוה are additions from *a* redactor.[44]

Trible[45] and Anderson[46] paid attention to the structure of Jer.
31:15–17. Their remarks, however, are of a much too global character. Therefore, I will indicate how, in my opinion, the section is
structured. After the *Botenformel* כה אמר יהוה, the canticle exists in
two strophes:[47]

(a) the depiction of Rachel's lament and
(b) the answer of YHWH by a prophetic oracle. Both parts are moti-
    vated by כי-clauses;

as will be elucidated in the following scheme:

(a)	15aB–C	depiction
	15bA	motivated by the description of Rachel's complaint
(b)	16aB–C	prophetical appeal
	16bA–17aB	with a double motivation.[48]

The stucture of the unit becomes more evident, when the character of the verbal forms are considered:

(a)	15aB	nominal clause
	15aB	descriptive *qāṭal*-form
	15aC	participle (in subordinate clause)
	15bA	descriptive *qāṭal*-form
	15bA	nominal clause
(b)	16aA	descriptive *qāṭal*-form
	16aB	imperative
	16aC	imperative
	16bA	motivating nominal clause
	16bB	perfectum propheticum
	17aA	motivating nominal clause
	17aB	perfectum propheticum[49]

---

[44] Kilpp, *Niederreißen und aufbauen*, 146–52. The weakest point in Kilpp's view is
the untenable designation of his second redactional stage. In all recent theories on
the development of the Deuteronomistic movement prae-dtr material is dated in
times before king Josiah (Cross-school) or before the Babylonian Exile (Smend
school). By no means these periods can be classified as 'post-Jeremian'.
[45] Trible, *God and the rhetoric*, 50.
[46] Anderson, *New Creation*, 185–88.
[47] See also Ritter, *Rachels Klage*, 43.
[48] The *wāw* in ויש takes up the motivating function of כי.
[49] See also Trible, *God and the rhetoric*, 41.

In this structure a double shift is expressed. One shift is visible on the level of grammar too. The depiction of the woman who inconsolably weeps for her children, changes into the prophetic appeal to stop complaining. Concurrent to this there is a shift in the sentences introduced with כִּי:[50]

<blockquote>
(a) 15bA   'There is no one left!' The exclamation by Rachel underscores the weeping character of this part of the textual unit.

(b) 16bA/17aA   The motivating clauses in the second part start in a descriptive way. I.e. they are nominal clauses speaking in general terms on 'salvation'. In the end, however, they finish both with verbal sentences in perfectum propheticum. These clauses give concrete form to the salvation announced. In these sentences the shift indicated by the textual unit, is underscored and given concrete form to by way of the prepositional constructions used:

      16bB   שׁוּב מִן—'to return from the land of the enemy'

      17aB   שׁוּב ל—'to return to their territory'
</blockquote>

This shift is even strengthened by a contrast on the level of vocabulary. Over against the negation אַיִן (15) stands twice the affirming particle יֵשׁ (16 and 17).[51]

In the canticle Jer. 31:15–17 a twofold transformation is indicated. First, it refers to an event as a result of which the children of Rachel disappeared to a hostile country. This event is the root of Rachel's weeping. Secondly, a future transformation is announced: The children will return to their own land. From the context in Jer. 30–31 it becomes clear that אֶרֶץ אוֹיֵב refers to Babylonia.[52] This event, although yet still to come, is now already the cause for an appeal to Rachel to stop complaining.

The division of Jer. 31:15–17 into two strophes is underscored by an observation of Anderson in the sphere of metre. Verse 15 is written in the rythme of a complaint. The verses 16 and 17 on the other hand are dominated by a metre of 3+3 in formulating the consoling

---

[50] As has already been observed by Schröter, 'Jeremias Botschaft für das Nordreich', 323; Mazurel, *Verloren broeder*, 73–74.

[51] See Schröter, 'Jeremias Botschaft', 320; Holladay, *Jeremiah 2*, 188.

[52] See A.J.O. van der Wal, 'Themes from Exodus in Jeremiah 30–31', in: M. Vervenne (ed.), *Studies in the Book of Exodus* (BEThL, 136), Leuven 1996, 561.

words of God.[53] The analysis of the structure of Jer. 31:15–17 makes
the literary-critical proposal of Holladay[54] that the last colon of 16
should be reinserted after vs 17, less plausible. This reinsertion bursts
the composition of the section.

6.2.2.3 Does Jer. 31:15–17 Refer to a Tradition on the Matriarch Rachel?

In the preceding paragraph some remarks have been made on Jer.
31:15–17 at the level of a text-immanent analysis. Now a referential
question is put. Do both transformations refer to reality anyhow?
And to what kind of reality: Past, contemporaneous or future? In
the unit two elements occur which on first view refer towards elements outside the text: Rachel and Ramah. They will now be
reviewed.

Outside the Book of Genesis the personal name Rachel only occurs
in the proverb-like blessing of the coming marriage of Boaz and
Ruth (Ruth 4:11)[55] and in 1 Sam. 10:2. In this last text the grave
of Rachel near Zelzah in the tribal area of Benjamin is mentioned.
It refers to a tradition on the burial-place of Rachel which is also
apparent in Gen. 35:16–20. In Gen. 35: however, the grave of Rachel
is localized in the vicinity of Bethlehem in Judah.[56] The expression
בני רחל, 'children/sons of Rachel', occurs only in the lists Gen. 35:24
and 46:19.22. It did not became a fixed formula indicating Israel or
part(s) of the people of God. In the Book of Genesis Rachel's complaint over the loss of her children is nowhere narrated. A reference
to Gen. 35:16–20 is less significant in this connection, although that
textual unit relates anguish and agony. However, these human feeling in Gen. 35 are connected to the dying mother and not to the
death of her children.[57]

---

[53] Anderson, New Creation, 187.

[54] Holladay, Jeremiah 2, 153.188.

[55] See, e.g., K. van der Toorn, From her Cradle to her Grave: The Role of Religion in the Life of the Israelite and the Babylonian Woman (BiSe, 23), Sheffield 1994, 70; K. Nielsen, Ruth (OTL), London 1997, 91–92; M.C.A. Korpel, The Structure of the Book of Ruth (Pericope, 2), Assen 2001, 186.210–11; Ritter, Rachels Klage, 35–38.

[56] See also Gen. 48:7. A. van Selms, Jeremia II (POT), Nijkerk 1974, 74, assumes a transposition towards the South of this tradition. In his view the data from 1 Sam are more authentic. See also thee commentaries on Genesis.

[57] On Gen. 35:16–20 see, amongst others, A. de Pury, Promesse divine et légende cultuelle dans le cycle de Jacob, Paris 1975, 559–62; C. Westermann, Genesis (BKAT, I/2), Neukirchen-Vluyn 1981, 665 (lit.). 675–76; Ritter, Rachels Klage, 27–29.

In my opinion, the name of the city Ramah is not mentioned in Jer. 31 because of a possible identification: 'grave of Rachel' = Zelzah = 'vicinity of Ramah' as various scholars suggest.[58] Neither is Rachel here cast in the role of a dead archmother that can be venerated.[59] The reference is on another level. Both Ramah and Rachel do not refer to a tradition on the matriarch but to an event which was contemporary to Jeremiah (or: to the author of Jer. 30–31). From Jer. 40:1 it becomes apparent that Ramah had been the 'transit-camp' from which the exiles from Judah were deported to Babylonia.[60] Although Jer. 40:1 most probably belongs to a relatively late redaction,[61] it is therefore not excluded that the contents of the report rests on a historically trustworthy tradition and that Jer. 31:15 is referring to this event.[62]

That implies that Jer. 31:15–17 most probably refers to the deportees brought to Babylonia after the fall of Jerusalem in 587 BCE and not to the fate of the progeny of those inhabitants of the former

---

[58] Van Selms, *Jeremia II*, 74; see also Westermann, *Genesis*, 676; Thompson, *Book of Jeremiah*, 573; Fohrer, 'Israel-Prophet', 143; Seybold, *Prophet Jeremia*, 85; Menken, 'Quotation from Jeremiah 31(38).15', 111; Bracke, *Jeremiah 30–52 and Lamentations*, 18; J.A. Wagenaar, *Judgement and Salvation: The Composition and Redaction of Micah 2–5* (VT.S, 85), Leiden 2001, 165; P.W. van der Horst, *Die Prophetengräber im antiken Judentum* (Franz Delitzsch Vorlesung, 10), Münster 2001, 10; P.W. van der Horst, *Japheth in the Tents of Shem: Studies on Jewish Hellenism in Antiquity* (CBETh, 32), Leuven 2002, 124; A. Graupner, *Der Elohist: Gegenwart und Wirksamkeit des transzendenten Gottes in der Geschichte* (WMANT, 97), Neukirchen-Vluyn 2002, 301–02.

[59] *Pace* A. Brenner, 'On 'Jeremiah' and the Poetics of (Prophetic?) Pornography', in: A. Brenner, F. van Dijk-Hemmes (eds.), *On Gendering Texts: Female and Male Voices in the Hebrew Bible* (BIS, 1), Leiden 1993, 187.

[60] As has first been suggested by TargJer; see also Lindars, 'Rachel Weeping', 52–53; P.M. Arnold, 'Ramah', in: *ABD* V, 614; Keown *et al.*, *Jeremiah 26–52*, 119.235; Menken, 'Quotation from Jeremiah 31(38).15', 110; R.B. Chisholm, *Handbook of the Prophets: Isaiah, Jeremiah, Lamentations, Ezekiel, Daniel, Minor Prophets*, Grand Rapids 2002, 193–94.

[61] K.-F. Pohlmann, *Studien zum Jeremiabuch: Ein Beitrag zur Frage nach der Entstehung des Jeremiabuches* (FRLANT, 118), Göttingen 1978, 104–05.213; H. Migsch, *Gottes Wort über das Ende Jerusalems* (ÖBS, 2), Klosterneuburg 1981, 210–11; Albertz, *Die Exilszeit*, 250–55. The arguments of Holladay, *Jeremiah 2*, 280–87, for an earlier date of the redaction of the traditions in Jer. 37–44 are not at first sight convincing. The weighing of his arguments, however, goes far beyond the scope of the present chapter. The same holds for the view of W. Thiel, *Die deuteronomistische Redaktion von Jeremia 26–45* (WMANT, 52), Neukirchen Vluyn 1981, 52–61; C.R. Seitz, *Theology in Conflict; Reactions to the Exile in the Book of Jeremiah* (BZAW, 176), Berlin 1989, 236–79, that the information on Ramah is a part of a 'scribal chronicle', whose contents rests on traditions rooting in early exilic periods.

[62] As is alraedy suggested by the Targum.

Northern Kingdom exiled by Shalmanasser V and Sargon II.[63] I
therefore agree with Carroll[64] that the weeping of Rachel in Ramah
is a prophetical-poetical rendering of the mourning for the Babylonian
exile. Rachel here does not indicate the matriarch. There is also no
reason to think about spiritualistic phenomena[65] or about a personifi-
cation of the mind of the people.[66] The name of Rachel is written
here in figurative language. Just like the name of Jacob in Jer. 30–31
she stands for the actual people of God: Israel.[67] Within the semantic field of mourning on the exile it is comprehensible that the author
of Jer. 30–31 used Rachel as a character. Her weeping is an expression of empathic emotions for her children.[68]

---

[63] *Pace* P. Volz, *Der Prophet Jeremia*, Leipzig ²1928, xxxviii.284; see also S. Böhmer,
Heimkehr und neuer Bund: Studien zu Jeremia 30–31 (GTA, 5), Göttingen, 1976, 52;
Thompson, *Book of Jeremiah*, 573; N. Lohfink, 'Die Gotteswortverschachtelung in Jer.
30–31', in: L. Ruppert *et al.* (eds.), *Künder des Wortes* (Fs J. Schreiner), Würzburg
1982, 109; Albertz, 'Jeremia 2'; Seybold, *Prophet Jeremia*, 85; Wiebe, 'Jeremian Core',
140–42; Holladay, *Jeremiah 2*, 188–89 (in the original layer of the text directed to
the exiles from Samaria. 'But obviously the words become even more appropriate
in the recension to the south, for those who find themselves exiled in Babylon');
Seitz, *Theology in Conflict*, 28; Kilpp, *Niederreißen und aufbauen*, 151–52; Mazurel, *Verloren
broeder*; R. Albertz, *Religionsgeschichte Israels in alttestamentlicher Zeit 1*, (ATD ER, 8/1),
Göttingen 1992, 316; Bracke, *Jeremiah 30–52 and Lamentations*, 20; Albertz, *Die Exilszeit*,
241.
   On the fate of the Israelite deportees in the Assyrian Empire, see B. Becking,
The Fall of Samaria: An historical and archeological Study (SHANE, 2), Leiden 1992,
61–94; with some additions in K.L. Younger, 'The Deportations of the Israelites',
JBL 117 (1999), 201–27; B. Oded, 'The Settlements of the Israelite and Judean
Exilesin Mesopotamia in the 8th–6th Centuries BCE', in: G. Galil, M. Weinfeld
(eds), *Studies in historical Geography and Biblical Historiography Presented to Zecharia Kallai*
(SVT, 81), Leiden 2000, 91–103; B. Becking, 'West Semites at Tell Šēḫ Ḥamad:
Evidence for the Israelite Exile?', in: U. Hübner, E.A. Knauf (eds.), *Kein Land für
sich Allein: Studien zum Kulturkontakt in Kanaan, Israel/Palästina und Ebirnâri für Manfred
Weippert zum 65. Geburtstag* (OBO, 186), Freiburg 2002, 153–66.
[64] Carroll, *Jeremiah*, 598; see Van der Toorn, *Cradle*, 140.
[65] *Pace* Van Selms, *Jeremia II*, 74; see Trible, *God and the rhetoric*, 40.
[66] So, in vague wordings, Van der Toorn, *Cradle*, 140.
[67] H.-J. Zobel, 'ja'aqo(ô)b', in: *ThWAT* III, 771–73; Westermann, *Heilsworte*, 110;
Schröter, 'Jeremias Botschaft', 319; Th. Römer, *Israels Väter: Untersuchungen zur
Väterthematik im Deuteronomium und in der deuteronomistischen Tradition* (OBO, 99), Freiburg
1988, 484.
[68] The conclusion that men, contrary to women, are unable to weep or even to
show emotions, is not implied. In the Old Testament the verb בכה, 'weep', has as
subject Jacob (Gen. 29:11), David (2 Sam. 1:12; 3:32; 12:21–22; 15:30) and Jeremiah
(Jer. 8:23).

6.2.2.4 *The Shifts in Jeremiah 31:15–17*

From the analysis in the preceding paragraph it becomes clear that Jer. 31:15–17 refers to events (a) in the very beginning of the Babylonian Exile and (b) to forthcoming events that can be labelled as its ending. Both transformations can be related to history:

> Transformation I: The carrying away in exile in 587 BCE[69]
> Transformation II: The promise of return

Elsewhere in Jer. 30–31 YHWH is confessed to be the *protagonist* of both transformations.[70] This implies that the author of Jer. 30–31 interpreted the downfall of Jerusalem to be more than an event occasioned merely by a conjunction of military, economic and political means of power. In his view these powers were instruments in the hand of God.

This view is wanting in Jer. 31:15–17. That is, however, not a remarkable fact. In Jer. 31:15 the emphasis is laid on the weeping expression of Rachel's sorrow. The question of guilt is silenced here as well as in some other lines of the Book of Consolation. Both the wanting and the silencing can be explained, I think. They happen when the themes of 'mourning' and 'sorrow' are on the fore, for example in Jer. 31:13. In the whole of the Book of Consolation the theological concepts of guilt and punishment are not lacking. Within the textual organization in Jer. 30–31 they sometimes are concealed.

Of great importance is the hope expressed by the fact that YHWH should be seen as the *protagonist* of the second, yet coming, transformation too. This hope is the most dominant theme in the Book of Consolation.[71] It expresses the belief that the power of YHWH was not subdued with the conquest and the destruction of Jerusalem and the carrying of in exile of the Judaean population. Somehow, YHWH retained the power to deliver his people, Rachel's children and to bring them back to their former territory. In the 'now' of the author of Jer. 30–31 this hope seems to be sufficient to appeal in 'Rachel' this sorrowful people to stop complaining.[72]

---

[69] Although a reference to the exile of 598 BCE too can not be excluded.
[70] E.g., in canticle H.i (31:27–28); see below Chapter 7.
[71] See Carroll, *Jeremiah*, 599; Bozak, *Life 'Anew'*; Fischer, *Trostbüchlein*.
[72] See also Pham, *Mourning*, 33; Ritter, *Rachels Klage*, 38–52.

6.2.3   A Conceptual Comparison between Jer. 31:15–17 and Mt. 2:18

From his commentary on the depiction of the massacre of the Innocents it becomes clear that the author of the Nativity narrative in Matthew interprets this infanticide as the *fulfillment* of Jer. 31:15.[73] This implies an interpretation of Jer. 31:15 as forecasting prophecy. In fine, the quotation of Jer. 31:15 in Mt. 2:18 rests on some kind of *interpretation* of the Jeremian text.

Jer. 31:15 in itself is a descriptive text. It describes the complaint of the carrying away into captivity. The author of the narrative on the birth of Jesus in Matthew interprets this description as an annunciation, as the prophetic preview of an event in his own time: The massacre of the Innocents and the sorrow it brings forth.[74] Likewise he interprets Jeremiah as a prophet forecasting the inimicity of (some of) the Jewish leaders against Jesus.[75]

Matthew, however, does not give an inaccurate or an improper interpretation of Jer. 31:15.[76] This statement needs demonstration. This is supplied by a look at the broader literary context in Mt. 2. This context is formed, in first instance, by the redactional unit Mt. 2:13–23. The view that this text is a compositional unit can be made clear by a reference to a twofold repetition of a motive-sentence:

A	Mt 2:13	ἐγερθεὶς παράλαβε κτλ	Imp
		'Get up, take the child etc.'	
	2:14	ὁ δὲ ἐγερθεὶς παρέλαβεν κτλ	Ind
		'He got up, took the child etc.'	
B	Mt 2:20	ἐγερθεὶς παράλαβε κτλ	Imp
		'Get up, take the child etc.'	
	2:21	ὁ δὲ ἐγερθεὶς παρέλαβεν κτλ	Ind
		'He got up, took the child etc.'	

---

[73] See J.J. O'Rourke, 'The Fulfillment Texts in Matthew', *CBQ* 24 (1962), 394–403; Rothfuchs, *Erfüllungszitate*, 27–56; Soares Prabhu, *Formula Quotations*, 18–106; D. Kidner, *The Message of Jeremiah*, Leicester 1987, 108–09; Knowles, *Jeremiah in Matthew's Gospel*, 34–35; Miler, *Citations d'accomplissement*.

[74] See also Mazurel, 'Citaten', 130.

[75] Compare Mt. 27:9; M.J.J. Menken, 'The references to Jeremiah in the Gospel according to Matthew', *ETL* 40 (1984), 5–24 (lit.); R.A. Greer, 'The christian Bible and its Interpretation', in: J.L. Kugel, R.A. Greer (eds), *Early Biblical Interpretation* (LEC, 3), Philadelphia 1986, 126–76; Knowles, *Jeremiah in Matthew's Gospel*, 52–81.

[76] *Pace*, e.g., G. Stanton, *A Gospel for a New People: Studies in Matthew*, Edinburgh 1992, 361; Moyise, *Old Testament in the New*, 42–43.

In all four texts the form of the verb παραλαμβανω is succeeded by an object: τὸ παιδίον καὶ τὴν ματέρα αὐτοῦ, 'the child and its mother'. The series of imperatives in A are succeeded by 'and flee to Egypt' and in B by 'and travel to the land of Israel'. These sentences form the backbone of the story in Mt. 2:13–23. From the repetition of words and idiom the cohesion of the section becomes apparent.[77]

This repetition, however, uncovers another compositional element in the text. Mt. 2:13–23 describes, just like Jer. 31:15–17, a twofold transformation:

> Transformation I: Massacre of the Innocents and flight to Egypt
> Transformation II: Death of Herod and return to Israel.

On this level of interpretation there is some parallelism between the texts in Jeremiah and Matthew. In both the exiliation from the land is undone by the (coming) return to the land.

Jer. 31:15 is quoted in Mt. 2 within the description of the first Transformation. Looked away from the fact that Matthew interprets the massacre of the Innocents as a *fulfillment* of the Jeremian prophecy, the quotation in its context is striking. The author of the Matthean nativity narrative relates the mourning on the massacre with the complaint on Israel's exile. Thereby, he gives a dimension of historical depth to his depiction of the awful event.[78]

A quotation from Jeremiah is wanting in the description of the second Transformation in Mt. 2,[79] except for the assumption that

---

[77] Compare the commentaries on Matthew; Nellessen, *Kind*, 33–35; Brown, *Birth*, 202–30; Kingsbury, *Matthew as Story*, 47–48; Howell, *Matthew's Inclusive Story*, 120–21; Miler, *Citations d'accomplissement*, 45–78.

[78] See Brown, *Birth*, 118; Menken, 'Quotation from Jeremiah 31(38).15', 110. Pace Nellessen, *Kind*, 46: 'Das Jeremia-Zitat ist . . . obskur'.

[79] Mt. 2:23 seems to give a fullfilment-citation of Judg. 13:5. This, however, is only related to the place within Israel to which Joseph with the child and its mother should return. See also Rothfuchs, *Erfüllungszitate*, 65–67; Soares Prabhu, *Formula Quotations*, 193–215. Ellis, 'Biblical Interpretation', 704; Moyise, *Old Testament in the New*, 43, suggest that the quotation in Math. 2:23 is based on a Messianic word-play on the root נצר.

J.L. Sheler, *Is the Bible True? How Modern Debates and Discoveries Affirm the Essence of the Scripture*, New York 1999, 154–55, assumes incorrectly that in 4QSam[a] the words [ונת]תיהו נזיר עד עולם, 'and I will make him a Nazir forever', were added to 'that he [= Samuel] may appear in the presence of YHWH and remain there forever' (1 Sam. 1:22), see E.C. Ulrich, *The Qumran Text of Samuel and Josephus* (HSM, 19), Chico 1978, 165–66. This reading is not attested elsewhere in the versiones antiquae, but might be at the background of Jos., *Ant.* V:347, where נזיר is changed

an author in quoting the opening words of a textual unit refers to the whole of it. In regard to Mt. 2 this assumption, if it is correct, would signify that the return from the Egyptian exile of Jesus was not a mere incident, but a characteristic of God's intercourse with his people. On a theological level the coming salvation for the children of Rachel is comparable to the salvation for Joseph with the Child and its mother. The quotation of Hos. 11 in Mt. 2:15 and the thereby evoked Exodus-pattern strengthens this supposition.[80]

6.2.4 *Conclusion*

The analysis of the texts have produced answers to the questions put in § 6.2.1.1. In quoting 'a voice was heard in Ramah' from the Hebrew text of the Book of Consolation the author of the Matthean nativity narrative underscored the theological *pointe* of his story on the flight to Egypt and the return of Joseph with the Child and its mother: God's power is greater than the power of sorrow-bringing forces. In quoting Jer. 31:15 in this context the author shows that he understood the meaning of Jer. 31:15 as well as the twofold transformation expressed in it. In applying this motif to the life of Jesus, the author shows his ability to actualize and contemporize the ancient text.[81]

---

into προφητην, however. In Sheler's view Matthew might be quoting from a version of Samuel that has the same wordings as the Qumran tradition.

The most convincing proposal, however, has been made by M.J.J. Menken, 'The Sources of the Old Testament Quotation in Matthew 2:23', *JBL* 120 (2001), 451–68, who construes Ναζωραῖος as a reference to ναζιραῖος, 'sanctified', which is the rendition of LXX[A] of the Hebrew noun נזיר in Judg. 13:5. 7, thus linking the new born Jesus to Samson. By replacing ἔσται by κληθήσεται—a hint to Isa. 7:14—the author of the Nativity Narrative in Math. indicated that the words from the Book of Judges were construed as forecasting the identity of Jesus.

[80] On the quotation of Hos. 11:1 see now Miler, *Les citations d'accomplissement*, 47–55; M.J.J. Menken, 'The Greek Translation of Hosea 11:1 in Matthew 2:15: Matthean or Pre-Matthean?', *Filologia Neotestamentaria* 12 (1999), 79–88; B. Fuss, *'Dies ist die Zeit von der geschrieben ist . . .': Die expliziten Zitate aus dem Buch Hosea in den Handschriften von Qumran und im Neuen Testament* (NTA, 37), Münster 2000, 193–210.

[81] See also F.C. Holmgren, *The Old Testament and the Significance of Jesus: Embracing Change—Maintaining Christian Identity*, Grand Rapids 1999, esp. 46–47.

6.3   *Human Repentance and Divine Compassion*

6.3.1   *Text and Translation of Jer. 31:18–20*

F.ii.1   (Jeremiah 31:18)

I have certainly heared	18aA
Ephraim rocking with sorrow:	18aB
'You have chastised me,	18bA
I have been chastised like an untrained calf.	18bB
Bring me back so I will come back,	18cA
because you are YHWH, my God.'	18cB

F.ii.2   (Jeremiah 31:19)

'For after my turning away, I repented	19aA
and after I came to knowledge, I slapped my thigh.	19aB
I was ashamed, even humiliated,	19bA
for I bore the disgrace of my youth.'	19bB

F.ii.3   (Jeremiah 31:20)

Is Ephraim my precious son,	20aA
my darling child?	20aB
For every time I speak of him,	20bA
I will certainly remember him again.	20bB
Therefore, my entrails are moved about him.	20cA
I will certainly have compassion for him—oracle of YHWH—	20cB

Notes on the translation:

18bB   עגל לא למד, the Pu'al of the verb למד has, here, the significance: 'to instruct for its proper purpose'.[82]

18cB   ואשובה should be construed as a cohortative in a dependent clause of purpose.[83]

19aA   There is no need to emend with LXX שבי, 'my captivity'[84] since the MT makes good sense.[85]

---

[82] See, e.g., T. Willi, *Juda—Jehud—Israel: Studien zum Selbstverständniss des Judentums in persischer Zeit* (FAT, 12), Tübingen 1995, 96; *DCH* V, 550.

[83] With Keown, Scalise, Smothers, *Jeremiah 26–52*, 117; *pace* M. Weinfeld, *Deuteronomy and the Deuteronomic School*, Oxford 1972, 41.

[84] W. Rudolph, *Jeremia* (HAT, 1,12), Tübingen ³1968 178; Holladay, *Jeremiah 2*, 153.

[85] See above § 2.2.7 and Keown, Scalise, Smothers, *Jeremiah 26–52*, 117.

19bA–B   On the deviating rendition in the Old Greek version see above § 2.2.7. There seems, however, to be no reason to change the MT.[86]

20aA–B   The interrogative clauses should be construed as rhetorical questions rendered in LXX with indicatives; see above § 2.2.2.

20aB   'my darling child'. Wildberger proposed to translate ילד שעשעים with 'Sohn an dem der Vater sich ergötzt'.[87] For a criticism of this translation, see below.

20bA   On the deviations in LXX see above § 2.2.2.
           The idiomatic expression Pi. דבר + ב should be rendered with '(my) speaking of him'.[88]

20cA   ל is to be construed as indicating a dativus commodi, indicating for whom or to whose advantage something is done.[89]

6.3.2   *Compositional and Stylistic Observations*

Jer. 31:18–20 is generally seen as a coherent sub-unit.[90] This scholarly consensus is underscored by the poetical analysis of this canticle in Chapter 3. It should be noted that the majority of the clauses have a 1.c.s. subject. The pronominal forms, however, do not refer to one and the same person throughout the sub-unit. As far as I can see, two actants are involved:

(A) In 18aA the 'I' hears Ephraim's sorrowfull complaint.
In vs. 20 the 'I' depicts Ephraim as a beloved child and object of compassion.

(B) In 18bA–cB and in vs. 19 the 'I' states that he has suffered from chastisment, but now will convert and repent. Furthermore, the 'I' states that his basic trust is in 'YHWH, my God'.

The following identifications are the most meaningful ones:

      (A) = YHWH;
      (B) = Ephraim.

---

[86] See also Ferry, *Illusions et salut*, 279–80.

[87] H. Wildberger, *Jesaja 1–12* (BKAT, X/1), Neukirchen-Vluyn 1972, 172; see also *HAL*, 1495.

[88] Cf., e.g., *DCH* II, 392; Holladay, *Jeremiah 2*, 154; Keown *et al.*, *Jeremiah 26–52*, 117.

[89] See P. Joüon, T. Muraoka, *A Grammar of Biblical Hebrew: Volume II: Part three: Syntax* (SubBi, 14/II), Roma 1991, § 133d.

[90] Even by Kilpp, *Niederreißen und aufbauen*, 157–64.

These identifications yield the following composition of the canticle:

F.ii.1   18aA–B   Yhwh hears Ephraim's complaint
         18bA–B   + Ephraim's complaint of sorrow in an embedded
                  direct speech
F.ii.2   19   Ephraim's statement of fundamental change in an
                  embedded direct speech
F.ii.3   20   Yhwh's compassionate reaction.[91]

The contents of these three strophes will be discussed in the next section.

6.3.3   *YHWH Hears Ephraim's Complaint*

The introduction to the strophe does not need much clarification.[92] A few remarks will be made, though. The paranomastic construction with the verb שׁמע has emphatic force: It stresses the character of the divine hearing. The Hebrew verb נוד has as its basic meaning 'to be tossed hither and thither'.[93] In Jer. 48:27 the verb means 'to wag (the head)'. In Jer. 31:18 the act of shaking or rocking signifies what it refers to: lamenting or grieving. With Yhwh Ephraim's complaint does not remain unnoticed, just as Rachel's cry was not unheared.

6.3.4   *Ephraim's Complaint and Change*

Contrary to the introduction of the strophe, this complaint is not easy to interpret. Bozak has correctly observed various forms of polysemy in these lines: It is, for instance, not clear whether the clauses refer to the past, the present or the future and whether the verb שׁוב has the same significance throughout the complaint.[94]

It would be important to read these lines from the point of view of the relation between the two main actants in the unit, Yhwh and Ephraim. Within the range of possible relations there are two poles: A broken relation and a healed relation. Or, to say the same differently: distance and closeness. Some of the clauses in the complaint refer

---

[91] See also Anderson, *New Creation*, 188; Bracke, *Jeremiah 30–52 and Lamentations*, 19.
[92] See, e.g., Kilpp, *Niederreißen und aufbauen*, 156–57.
[93] See also Holladay, *Jeremiah 2*, 189; Kilpp, *Niederreißen und aufbauen*, 157; Bozak, *Life 'Anew'*, 96.
[94] Bozak, *Life 'Anew'*, 96–100; Bracke, *Jeremiah 30–52 and Lamentations*, 19.

to a distant or broken relation, for instance 19aA 'for after my turning away', other clauses reflect closeness, 18cB 'because you are
YHWH, my God' for example. In trying to classify the various clauses
over these two categories, it is immddiately obvious that these clauses
not only describe but also assess.

As Pham has noted the expression סִפַקְתִּי עַל־יָרֵךְ, 'I slapped my
thigh', refers to an element in a mourning rite.[95] This observation,
connected with the remarks given above, gives in mind the following interpretation. The 'I'-character = Ephraïm has experienced a
double process of change:

– First they changed from a position of 'closeness' to a position of
  'distance';
– Second they moved form 'not-understanding' to 'understanding'
  of the fabric of this change.

Both changes will be explained. The first movement is not very
explicitely referred to in the textual unit under consideration. Nevertheless and especially within the context of Jer. 31:15–22, the text
can be read a referring to the deportation of the 'children of Rachel'.

The mourning over this changed situation brought Ephraim understanding as to its sinfull role in the process.[96] This shift to understanding is indicated at the level of words too: In 18bB Ephraim
compares itself to a עֵגֶל לֹא לֻמָּד, 'an untrained/unknowing calf'. In
19bA it is assumed that Ephraim הִוָּדְעִי, 'I came to knowledge'. The
shift to a broken relationship is understood and assessed as the outcome of YHWH's chastisement (18bA). The verb יסר denotes 'punishment; warning; discipline'. In using this verb Ephraim is said to
construe the first movement mentioned above as an act of divine
punishment. This chastisement is assessed as provoked by Ephraim's
חֶרְפַּת נְעוּרָי, 'the disgrace of my youth'.[97] In other words, the second

---

[95] Pham, *Mourning*, 27; see also Ezek. 21:17 and Friebel, *Jeremiah's and Ezekiel's Sign-Acts*, 298.
[96] Kidner, *Message of Jeremiah*, 108; Holladay, *Jeremiah 2*, 189–91; Bozak, *Life 'Anew'*, 96–98; Mazurel, *Verloren broeder*, 75–78; T. Trapp, 'Jeremiah: The other Sides of the Story', in: F. Crüsemann et al. (eds.), *Was ist der Mensch? Beiträge zur Anthropologie des Alten Testaments Hans Walter Wolff zum 80. Geburtstag*, München 1992, 235; Kilpp, *Niederreißen und aufbauen*, 158; Bracke, *Jeremiah 30–52 and Lamentations*, 18; Klein, *Israel in Exile*, 47.
[97] Holladay, *Jeremiah 2*, 191, incorrectly states that in Isa. 54:4 the same expression can be found in a context of forgiveness. I do not disagree on the interpretation

movement is an act of human repentance that lead to the acceptance that it were Ephraim's guilt and sins that provoked the divine punishment.

This insight is the basis to their plea. They ask Yhwh to abandon the 'distance' and to restore a situation of 'closeness'. In doing so they refer to the relationship formula 'I will be your God and you will be my people'.[98] The divine attribute of being there for Israel is a ground for hope.

The two movements related in this section can be connected to the two Transformations detected elsewhere in the Book of Consolation. The 'I'-character = Ephraim mourns over Trans. I, accepts its own role als a guilty party, but nevertheless hopes for a forthcoming Trans. II. I disagree with Carroll, that Ephraim's repentance is a necessary condition for Yhwh's salvation implying that this unit should be regarded as an addition bringing in a different theology.[99] In my view the acceptance of its guilty role by Ephraim is ony connected to Trans. I and not presented as a precondition for Trans. II.

6.3.5   *YHWH'S Compassionate Reaction*

In Jer. 31:20 the divine view on Ephraim repenting is presented. In the depiction of God, language of closeness and compassion is used.[100] Four elements need to be discussed.

6.3.5.1   *Like a Loving Father*
In the divine speech Ephraim is assessed as a בֵּן יַקִּיר, 'a precious son', and a יֶלֶד שַׁעֲשֻׁעִים, 'a darling child'. The expression בֵּן יַקִּיר, 'a precious son', is unique in the Hebrew Bible. In the texts from Qumran two comparable expressions occur. In 4QJub[h] ii:13, in a

---

of the context of Isa. 54:4. In this text, however, the expressions בֹּשֶׁת עֲלוּמַיִךְ, 'shame of your youth' and חֶרְפַּת אַלְמְנוּתַיִךְ, 'humiliation of your widowhood', stand in parallellism; see Korpel, De Moor, *Structure of Classical Hebrew Poetry*; J. Blenkinsopp, *Isaiah 40–55* (AB, 19A), New York 2002, 362–63.

[98] Within the Book of Consolation, this formula is also referred to at Jer. 30:22; 31:1. 33; see R. Rendtorff, *Die 'Bundesformel': Eine exegetisch-theologische Untersuchung* (SBS, 110), Stuttgart 1995.

[99] Carroll, *Jeremiah*, 599–600; see also J. Siebert, *The Construction of Shame in the Old Testament: The Prophetic Contribution* (JSOT.S, 346), London 2002, 123.

[100] See Bozak, *Life 'Anew'*, 99–100; J. Kegler, 'Beobachtungen zur Körpererfahrungen in der hebräischen Bibel', in: Crüsemann *et al.* (eds.), *Was ist der Mensch?*, 32; Klein, *Israel in Exile*, 47; Diamond, 'Deceiving Hope', 42.

long speech to Rebecca, Isaac calls Jacob ב]נִי התמים והי[ן]קר, '[my perfect and pre]cious son'.[101] 4QapLam[a] i 2:13 is an incomplete hymn that laments over a loss. The change that yielded the lament is indicated by expressions like 'those who wore purple' and 'the precious daughters of Zion'.[102] The adjective יקר, 'precious', is not attested elsewhere in the Hebrew of the Old Testament. In Ezra 4:10, Aramaic, the enigmatic Osnappar[103] is presented as רבא ויקירא, 'great and illustrous'. In the Aramaic sayings of Aḥiqar in a section that might be construed as a relic of an ancient Aramaic hymn in praise of wisdom, Wisdom is seen as יקיר, 'precious to the gods'.[104] The Hebrew adjective is derived from a verb יקר that is used to denote persons and items that are rare and of great value.[105] Denoting Ephraim as a 'precious son' implies that Ephraim is an almost unique character for God who values it as a parent who cares for its child.[106]

In 20aB Ephraim is depicted as ילד שעשעים, 'my darling child'. שעשעים should be construed as a plural of amplification indicating the speciality of the divine love for Ephraim. The noun is derived from a verb II שעע, 'to take delight in; amuse oneself with'. In the metaphorical language of Isa. 5:7 the people of Judah are compared with נטע שעשועיו, 'the plant of his delight'. This means that the 'vine-yard of Judah' originally was seen as the object of divine fondling

---

[101] This line might contain an allusion to Jer. 31:20. Note that this depiction of Jacob is absent in the Ethiopic version of Jubilees (35:17).

[102] The original היקרים, 'precious', has been erased in favour of הרכות, 'tender'. On this text see H. Pabst, 'Eine Sammlung von Klagen in den Qumranfunden (4Q179)', in: M. Delcor (ed.), *Qumrân: Sa piété, sa théologie et son milieu*, Paris 1978, 137–49.

[103] The name is generally construed as a confusion of Ashurbanipal, king of Assyria; See, e.g., J. Blenkinsopp, *Ezra-Nehemiah* (OTL), London 1988, 113; A.K. Grayson, 'Osnappar', in: *ABD* 5 (1992), 50. This identification, however, is not without problems, both philological and historical; see, e.g., H.G.M. Williamson, *Ezra, Nehemiah* (WBC,16), Waco 1985, 55. Osnappar is *not* presented as a king in Ezra 4:10. He might as well has been an Assyrian, Babylonian or Persian high officer responsible for deportations.

[104] Aḥiqar *TADAE* C.1.1 vi 1 = 79; see also J.M. Lindenberger, *The Aramaic Proverbs of Aḥiqar*, Baltimore 1983, 68–70; I. Kottsieper, *Die Sprache der Aḥiqarsprüche* (BZAW, 194), Berlin 1990, 12.20; J. Day, 'Foreign Semitic Influence on the Wisdom of Israel; and its Appropriation in the Book of Proverbs', in: J. Day *et al.* (eds), *Wisdom in Ancient Israel: Essays in Honour of J.A. Emerton*, Cambridge 1995, 68–70; B. Lang, 'Wisdom', *DDD*², 900.

[105] See, e.g., 1 Sam. 26:21; Psalm 72:14; Zech. 11:13; 1 Sam. 12:30 (precious stone).

[106] See also Weinfeld, *Deuteronomy*, 368–69; Carroll, *Jeremiah*, 600; Holladay, *Jeremiah 2*, 191.

and caressing.[107] In Prov. 8:30 the wise is seen as God's special child, almost with the notion of being a divine pet. Psalm 119 sings out the joy a person can encounter when taking delight in the 'law and its institutions'.[108] These observations lead to the conclusion that the expression ילד שעשעים, 'my darling child', in Jer. 31:20 implies a intimate relationship between God and Ephraim, to be compared with the relationship implied in a parent fondling its child.[109]

6.3.5.2   *Divine Remembrance*

Holladay has presented an ingenous interpretation of Jer. 31:20bA–B. In his view both clauses stand in a *parallellismus membrorum* which implies that both clauses have about the same meaning: 'outward speaking' and inward remembering'.[110] He, however, fails to see that 20bA should be construed as a subordinate clause. The sub-unit can be paraphrased as: 'everytime I speak about Ephraim (be it positive or negative), I certainly remember him'.

The Hebrew verb זכר refers to inward mental acts such as 'remembering' or 'paying attention to' that are generally accompanied by appropriate external acts. God's remembrance of his covenant, for instance, results in delivering his people (Exod. 2:24).[111] In the context of Jer. 31:20 the paranomastic construction with זכר refers to a divine sentiment that most probably will have an effect in a deed of deliverance.

6.3.5.3   *From the Bottom of His Soul*

Trible has argued that Jer. 31:20cA–B would contain female imagery for God.[112] This is most probably true for 20cB, but I doubt whether

---

[107] See M.C.A. Korpel, 'The Literay Genre of the Song of the Vineyard (Isa. 5:1–7)', in: W. van der Meer, J.C. de Moor (eds), *The Structural Analysis of Biblical and Canaanite Poetry* (JSOT.S, 74), Sheffield 1988, 140; *pace* Wildberger, *Jesaja 1–12*, 172.

[108] Psalm 119:24. 77. 92. 143. 174.

[109] See, e.g., Carroll, *Jeremiah*, 600; Holladay, *Jeremiah 2*, 191; Bozak, *Life 'Anew'*, 99; Kegler, 'Beobachtungen zur Körpererfahrungen', 32; Keown *et al.*, *Jeremiah 26–52*, 120.

[110] Holladay, *Jeremiah 2*, 191–92.

[111] On the verb זכר, see the various dictionaries and P.A.H. de Boer, *Gedenken und Gedächtniss in der Welt des Alten Testaments*, Stuttgart 1962; W. Schottroff, *'Gedenken' im alten Orient und im Alten Testament: Die Wurzel* zākar *im semitischen Sprachkreis* (WMANT, 15), Neukirchen-Vluyn 1964.

[112] Trible, *God and the rhetoric*, 44–45.

it is true for 20cA. The Hebrew noun מֵעִים having the general meaning of 'innermost parts', is sometimes used in parallel with בֶּטֶן,
'womb'. This does, however, not imply that the two words are syn-
onyms. From a semantic point of view, the following remarks should
be made. The plurale tantum מֵעִים is used in three variant ways. In
a literal use, מֵעִים refer to one's 'internal organs, the bowels, the
stomach'. Ezekiel is summoned to eat the scroll shown to him by
God and digest it in his 'belly' and 'bowels'.[113] In a more figurative
use, מֵעִים can refer to the reproductive organs, both male and female.
Quite unspecifically, the bowles are seen as the seat of the sexual
apparatus.[114] In a metaphorical use, מֵעִים denote the seat of emotions.
The noun is used only for 'positive' emotions such as compassion
and affection. In Isa. 63:15 the anonymous prophet cries out for
divine help based on compassion. In Song of Songs 5:4 the bride
uses מֵעִים to express the affection felt for her lover.

The verb הָמָה, having a broad spectre of meaning, is difficult to
translate uniformly. The following translations occur 'to cry aloud;
to mourn; to rage; to roar; to sound; to make noise or tumult; to
be clamorous, disquieted, loud, moved, troubled or in an uproar; to
be in turmoil'. It is a strong word, emphasizing unrest, commotion,
strong feeling, or noise.[115] In the context of Jer. 31:20cA the verb
expresses a strong empatic emotion in favour of Ephraim. In sum,
this clause expresses a basic and strong divine emotion in favour of
Ephraim.

6.3.5.4 *Like a Caring Mother*
In the final clause of the strophe, God is depicted as having moth-
erly compassion with the divine womb trembling for Ephraim.[116] The
Hebrew verb translated with 'to show compassion' is related to the

---

[113] Ezek. 3:3.
[114] See Gen. 15:4; 25:23; Ruth 1:11; 2 Sam. 16:11; 17:12; 2 Chron. 32:21; Isa
48:19.
[115] See *DCH* 2, 565–66.
[116] See, e.g., Kegler, 'Beobachtungen zur Körpererfahrungen', 32; G. Fischer,
Das Trostbüchlein: Text, Komposition und Theologie von Jer. 30–31 (SBB, 26), Stuttgart
1993, 274–78; Holladay, *Jeremiah 2*, 54.191–92; Keown *et al.*, *Jeremiah 26–52*, 120–21;
Brueggemann, *Theology*, 258–59.298–303; A. Bauer, 'Dressed to be Killed: Jeremiah
4.29–31 as an Example of the Function of Female Imagery in Jeremiah', in: A.R.P.
Diamond *et al.* (eds.), *Troubling Jeremiah* (JSOT.S, 260), Sheffield 1999, 301; B. Lang,
Jahwe der biblische Gott: Ein Porträt, München 2002, 161–67; Ritter, *Rachels Klage*, 46.

noun רחם, 'womb'. In this clause female imagery for God is used.[117] I will not enter into a discussion whether or not this imagery is a relic of the veneration of a female divine being in the religion of Ancient Israel or evidence for the absorbtion by Yhwh of functions of Asherah or the Queen of Heaven. I will only make the observation that the love of Yhwh for Ephraim is to be compared with the care of a mother for a baby unborn.

6.3.5.5   *Conclusion: Compassion in Context*

Jer. 31:20 should be understood within its context. The concept of God presented here should not be seen as the general design of the Israelite divine being. The clauses do not contain an enumeration of divine attributes that are valid always and everywhere. They denote a potentiality in Yhwh that functions as the ground for his acting in favour of Ephraim in this context. This potentiality is yielded by the willingness of the people to change their attitude, or better stated, to accept their chastisment in an act of repentance. On that basis God is willing to change his attitude.[118] Read this way, the three strophes in the canticle F.ii form a conceptual coherence.[119]

---

[117] Trible, *God and the rhetoric*, 44–45; S. McFague, *Metaphorical Theology: Models of God in Religious Language*, London 1983, 164–68; E. Jacob, 'Traits féminins dans la figure du dieu d'Israel', in: A. Caquot *et al.* (eds.), *Mélanges bibliques et orientaux en l'honneur de M. Mathias Delcor* (AOAT, 215), Neukirchen-Vluyn 1985, 226–27; Carroll, *Jeremiah*, 600–01; M.S. Smith, *The Early History of God: Yahweh and the other Deities in Ancient Israel*, San Fransisco 1990, 98; K.A. Deurloo, 'Key Words in the Hebrew Bible', in: J.W. Dyk *et al.* (eds.), *The Rediscovery of the Hebrew Bible* (ACEBT Supl. 1), Maastricht 1999, 24–25; B. Becking, 'Only One God: On possible Implications for Biblical Theology', in B. Becking *et al.* (eds.), *Only One God? Monotheism in Ancient Israel and the Veneration of the Goddess Asherah* (BiSe, 77), Sheffield 2001, 201.
Critical to this interpretation: Thompson, *Book of Jeremiah*, 575; M.C.A. Korpel, *A Rift in the Clouds: Ugaritic and Hebrew Descriptions of the Divine* (UBL, 8), Münster 1990, 29–31.165–70; U. Winter, *Frau und Göttin: Exegetische und ikonographische Studien zum weiblichen Gottesbild im Alten Testament und in dessen Umwelt* (OBO, 53), Freiburg 1983, 531–35.
[118] *Pace* Kilpp, *Niederreißen und aufbauen*, 161, who assumes that the divine mercy predates the human repentance. I agree with Carroll, *From Chaos to Covenant*, 211; Seybold, *Prophet Jeremia*, 86; Chisholm, *Handbook of the Prophets*, 194.
[119] Anderson, *New Creation*, 188–89.

6.4 *The Woman Shall Encompass the Man*

6.4.1 *Text and Translation*

The third canticle in Jer. 31:15–22 reads as follows:

F.iii.1 (Jeremiah 31:21)

Erect for yourself road-markers.	21aA
Set up for yourself signposts.	21aB
Set your mind on the highway,	21bA
the road that I will go.	21bB
Return, o daughter Israel.	21cA
Return to these your cities!	21cB

F.iii.2 (Jeremiah 31:22)

How long will you turn hither and tither,	22aA
o turning daughter?	22aB
For YHWH will create something new in the land:	22bA
a female encompassing a male.	22bB

Notes to the translation:

21aA צִיֻּנִים, the LXX did not understand this Hebrew noun, see above § 2.4.4.

21aB תַמְרוּרִים, the LXX did not understand this Hebrew noun, see above § 2.4.4.

21bA Tidwell argued that מְסִלָּה could have but one meaning throughout the Hebrew Bible: a 'via sacra' or 'approach road' ascending from the base of the mound to the sanctuary on top of the hill.[120] This specific connotation might fit a few instances,[121] but certainly not all attestations of the noun.[122]

21bB Arguments for the rendition 'I go' can be found below in § 6.4.3.

21cB Holladay's proposal to read בְּעֻלָה, 'with mastery', instead of אֵלֶּה, 'these', is not based on readings n the ancient versions.[123]

22bB The vocalisation of נְקֵבָה by Bruno[124] as *nēqubāh* or *nᵉqabbāh*, construing it as a noun derived from the root קבב, 'to curse', and lead-

---

[120] N.L. Tidwell, 'No Highway! The Outline of a Semantic Description of *mᵉsillâ*', *VT* 45 (1995), 251–69.

[121] E.g., 1 Kings 3:4.

[122] See M.P. Zehnder, *Wegmetaphorik im Alten Testament: Eine semantische Untersuchung der alttestamentlichen und altorientalischen Weg-Lexeme mit besonderer Berücksichtigung ihrer metaphorischen Verwendung* (BZAW, 268), Berlin 1999; *DCH* 5, 365–66.

[123] Holladay, *Jeremiah 2*, 154.

[124] A. Bruno, *Jeremia: Eine rhytmische Untersuchung*, Stockholm 1954, 266; adapted by Leene, 'Jeremiah 31,23–26', 354–55; Leene, 'Ezekiel and Jeremiah', 158. This view has been criticised by McKane, *Jeremiah II*, 807.

ing to a translation 'the cursed will surround the man' is not based on textual evidence.

The canticle contains two strophes that will be discussed in the next sections.

6.4.2. *Imperatives to Return*

From a syntactical point of view, it should be noted that the first strophe is one great summon to return. Five out of six clauses have the form of a feminine singular imperative. The sixth clause contains a qualifier depicting the character of the road to go. The imagery of the strophe is easily understood. The first line in the strophe contains two imperatives that are related to the marking of the road. The noun צִיֻּנִים, 'road-markers', is also attested in Ezek. 39:15. The noun תַּמְרוּרִים is a *hapax*. The noun is a homonym of תַמְרוּרִים in 15bB, but has a quite different meaning in 21aB.[125] תַמְרוּרִים in 21aB is derived from a root תמר and not from a root מרר as in 15bB.[126] The second line in this strophe that asks for an orientation, will be discussed in the next section. The third line is a clear invitation to the people, here indicated as 'daughter Israel', to return to her cities.

6.4.3. *Kᵉtîb-Qᵉrê and the Return of the Divine Glory*

An important exegetical crux is found in 21bB. As in several other instances in MTJer.,[127] K represents a Perf 1.c.s., here הלכתי, while Q proposes to read a Perf. 2.f.s., הלכת h.l. On the basis of this observation a vast majority of scholars suggests to render 21bB 'the road that you will go/that you went'.[128] This reading seems to fit the context. The clause would then indicate either the road that Israel/Judah

---

[125] Thus, e.g., Trible, *God and the Rhetoric*, 46; Mazurel, *Verloren broeder*, 80.
[126] See Rudolph, *Jeremia*, 196.
[127] E.g., Jer. 2:20, 33; 3:4, 5; 46:11.
[128] *BHS*; A. van Selms, *Jeremia II* (POT), Nijkerk 1974, 76; Trible, *God and the Rhetoric*, 46; Thompson, *Book of Jeremiah*, 572.575; Unterman, *From Repentance to Redemption*, 40; Carroll, *Jeremiah*, 601; Bozak, *Life 'Anew'*, 101; Holladay, *Jeremiah 2*, 154; Mazurel, *Verloren broeder*, 78; Keown, Scalise, Smothers, *Jeremiah 26–52*, 118; Anderson, *New Creation*, 189; Leene, 'Jeremiah 31,23–26', 353; Fischer, *Trostbüchlein*, 22; Seybold, *Prophet Jeremia*, 86; McKane, *Jeremiah II*, 804–05; Ferry, *Illusions et salut*, 270; Bracke, *Jeremiah 30–52 and Lamentations*, 17; Zehnder, *Wegmetaphorik*, 299; Ritter, *Rachels Klage*, 42.

had taken to go into exile or the road on which they will return to Zion. Those who construe the clause as a past tense would interpret 21bB as a reference to Transformation I, others—construing it as a future tense—as a reference to Transformation II. There are, however, a few observations to be made, that might favour the K as the original and meaningfull reading. The *versiones antiquae* seem to be in favour of Q. The LXX ὁδὸν ἣν ἐπορεύθης, 'the road on which you walk', is in support of the Q, as does the Vulgate: in viam directam in qua ambulasti. The Targum has a paraphrasing rendition, 'For thus have you gone into exile to a road afar off', that seems to support the Q. There is, however, one important other voice. Although the text in 4QJer^c XXIII:11 is broken, the signs הׁלׁכתׁי clearly support the reading of K.

This brings me to the following question: What significance can be applied to this clause when the reading of K is taken for authentic? In this connection, attention should be paid to a feature that has been detected by Cogan. He collected about a dozen instances in Neo-Assyrian royal inscriptions where mention is made of the return of divine images of subjugated people that had been deported to Assyria in earlier days.[129] I will refer to one example here:

> Hazail, King of Arabia, came with his rich gifts before me in Nineveh, my royal city. He kissed my feet and besought me to retrun his gods. I had pity on him and, so, Ataršamain, Daya, Nuḫaya, Ruldayau, Abirillu, Atarquruma, the gods of the Arabs, I refurbished. I inscribed the strength of Ashur, my lord, and my name upon them and gave them back.[130]

Very interesting is a passage in the Marduk Prophecy/Autobiography. After the deity had abandoned his country, he stayed in Elam, while disaster possessed Babylon. After he had fulfilled his days and years:

> Then I carried myself back to Babylon and to the Ekursagil.[131]

The reading of the *K^tīb* is favoured by A.J.O. van der Wal, 'Rachels troost: Een geheimzinnig vers in Jeremia', *Interpretatie* 8 (1995), 7–10 [december-issue]; Tidwell, 'No Highway!', 264; Van der Wal, 'Themes from Exodus', 563.

[129] M. Cogan, *Imperialism and Religion: Assyria, Judah and Israel in the eighth and seventh Centuries BCE* (SBL MS, 19), Missoula 1974, 14–19, 35–39.

[130] Text: R. Borger, *Die Inschriften Asarhaddons Königs von Assyrien* (AfO Beiheft, 9), Osnabrück ²1967, § 27ep. 14:6–16; see also Cogan, *Imperialism*, 35.

[131] Text edited by: R. Borger, 'Gott Marduk und Gott-König Šulgi als Propheten: Zwei prophetische Texte', *BiOr* 28 (1971), 8.16: ii:14–17; see also T. Longman,

After the return of the deity a happy and peaceful period is to begin in Babylon. The ideological fabric of this text resembles the ideas that are present in Jer. 30–31: divine abandonment leads to distress and misery, the return will lead to peace and prosperity.

In this connection a remark has to be made about the Cyrus Cylinder.[132] I will not deal here with the question whether this text refers to a generally liberal Persian policy as to the return of divine images to deported people, among whom the Yehudites of Persian period Jerusalem,[133] or to Persian propaganda based on the return of divine images on a very local scale.[134] The text reflects that still in the Persian period divine images were returned to their town of origin.

In the Hebrew Bible we find a few reflections of this Ancient Near Eastern pattern, albeit that this pattern is converted to the aniconic concept of Ancient Israel. I will refer to a few texts. in Nahum 2:3 we read:

> For the LORD shall return with the pride of Jacob
>   which is the pride of Israel.

With van der Woude, I construe the verb form שָׁב to be *intransitive*. This implies that the generally accepted translation 'For the LORD shall restore the pride of Jacob'[135] should be abandoned and that Nah. 2:3 should be interpreted as the expression of the hope that YHWH shall return with his people from exile.[136] In a context which

Fictional Akkadian Autobiography: A Generic and Comparative Study, Winona Lake 1991, 234.

[132] See the recent editions by P.-R. Berger, 'Der Kyros-Zylinder mit dem Zusatzfragment BIN II Nr. 32 und die akkadische Personennamen im Danielbuch', *ZA* 64 (1975), 192–234; H. Schaudig, *Die Inschriften Nabonids von Babylon und Kyros' des Grossen* (AOAT, 256), Münster 2001, 550–56; and the translations in P. Lecoq, *Les inscriptions de la Perse achéménide*, Paris 1997, 181–85; *COS* II, 314–16.

[133] For this point of view see e.g. E.J. Bickermann, *Studies in Jewish and Christian History* I, Leiden 1976, 72–108; P.R. Ackroyd, *Exile and Restoration: A Study on Hebrew Thought in the Sixth Century BC*, London 1968, 140–41; J.P. Weinberg, *The Citizen-Temple Community* (JSOT.S, 151), Sheffield 1992, 40.

[134] A. Kuhrt, 'The Cyrus Cylinder and Achaemenid Imperial Policy', *JSOT* 25 (1983), 83–97; Albertz, *Exilszeit*, 98–102.

[135] See, e.g. K. Spronk, *Nahum* (HCOT), Kampen 1997, 86–87; M.H. Floyd, *Minor Prophets: Part 2* (FOTL, 22), Grand Rapids 2000, 55–56; J.M. O'Brien, *Nahum* (Readings), Sheffield 2002, 59.92.

[136] See A.S. van der Woude, 'The Book of Nahum: A Letter Written in Exile', in: A.S. van der Woude (ed.), *Instruction and Interpretation: Studies in Hebrew Language, Palestinian Archaeology and Biblical Exegesis* (OTS, 20), Leiden 1977, 117–19.

is quite comparable to Nah. 2:1–3,[137] the anonymous prophet Deutero Isaiah proclaims:

> With their own eyes they shall see with delight
> how the LORD returns to Sion.[138]

Within DtIsa, this return is connected to the idea of an 'eschatolo-gische Wanderstrasse', a road on which God and people will return from the Exile through the wilderness to Zion.[139] A comparable theme is present in Ezek. 43:1–11, where the return of the כבוד יהוה, 'the Glory of the LORD', is related,[140] in Zech. 1:16; 8:3[141] and in Mal. 3:1. Finally, the context in the canticle Psalm 80:13–16 makes clear that the clause 'O LORD of Hosts, return anew', should be construed as a wish that יהוה will return from Exile to the devastated walls of Jerusalem. All these parallels and analogies affirm my conviction that the כ in Jer. 31:21bB can be taken for authentic and should be interpreted as an indication that יהוה—albeit not a divine image, but his glory or his presence—shall return with the children of Rachel to Jerusalem. This interpretation also implies, that the line 21b should be seen as yet another example of the 'eschatologische Wunderstrasse'. With this idea the hope, that is especially present in DtIsa, is expressed that the people of Israel shall take a road back from the exile through the wilderness to Zion/Jerusalem.[142]

---

[137] See van der Woude, 'Book of Nahum', 119–20.

[138] Isa. 52:8; see, e.g., R. Melugin, 'Isaiah 52:7–10', *Int* 36 (1982), 176–81; Korpel, De Moor, *Structure of Classical Hebrew Poetry*, 495; R. Oosting, 'Returning (to) Zion: Isaiah 52:8 in Light of Verbal Valency Patterns', in: F. Postma *et al.* (eds), *The New Things: Eschatology in Old Testament Prophecy Festschrift for Henk Leene* (ACEBT Sup, 3), Maastricht 2002, 159–66; Blenkinsopp, *Isaiah 40–55*, 342.

[139] Isa. 40:3; 42:16; 43:19; 49:9.11; Isa 57:14; see, e.g, H.M. Barstad, *A Way in the Wilderness* (JSS Monograph, 12), Worcester 1989; Zehnder, *Wegmetaphorik*, 298–99.463–73; W.H. Schmidt, *Zukunftsgewissheit und Gegenwartskritik: Studien zur Eigenart der Prophetie* (2., erweiterte Auflage; BThS, 51), Neukirchen-Vluyn 2002, 89.

[140] See, next to the commentaries on Ezekiel, T.N.D. Mettinger, *The Dethronement of Sabaoth: Studies in the Shem and Kabod Theologies* (CB.OT, 18), Lund 1982, 102–03; T.A. Rudnig, *Heilig und Profan: Redaktionskritische Studien zu Ez. 40–48* (BZAW, 287), Berlin 2000; D.I. Block, *The Gods of the Nations: Studies in Ancient Near Eastern National Theology*, Grand Rapids [2]2000, 145–46.

[141] Floyd, *Minor Prophets: Part 2*, 351.429–30.

[142] Isa. 40:3; 42:16; 43:19; 49:9.11; Isa. 57:14; see, e.g., Barstad, *A Way in the Wilderness*; Zehnder, *Wegmetaphorik*, 298–99.463–73; K. Schmid, O.H. Steck, 'Restoration Expectations in the Prophetic Tradition of the Old Testament', in: J.M. Scott (ed.), *Restoration: Old Testament, Jewish and Christian Perspectives* (JSJ Sup, 72), Leiden 2001, 53–54.

6.4.4   *An Enigmatic Motivation*

Jer. 31:22 is enigmatic, especially the second part of the strophe.[143] 21a expresses the hope that YHWH will create something new on earth. The identity of this new thing—a female encompassing a male—is not clear at first sight. Various interpretations have been proposed, some of them will be presented here.

– To the ancient translators already the colon was unclear. The LXX offers a free rendition:

> ὅτι ἔκτισε κύριος σωτηρίαν εἰς καταφύτεισιν καινήν, ἐν ᾗ σωτηρίᾳ περιελεύσονται ἤνθρωποι

> for the LORD has created salvation for a new plantation, in which salvation man shall go about,

in which, however, the central ideas of the book of Consolation are put into words. The Greek word σωτηρία interprets the return from the exile and the new covenant as God's salvation for His people. The verb καταφύτευω resembles the theme of the renewal of creation already expressed in MTJer. 31:12–13 and stressed by LXXJer. 38:12–13.

The rendition of the Targum contains a messianic interpretation:

> עמא בית ישראל יתנהון לאוריתא

> the people, the house of Israel, shall pursue the law

The 'woman' is identified by the Targum with the 'daughter of Zion' and interpreted as the 'people of Israel' that seeks for a *man*. 'Return' is interpreted by the Targum as a 'return to the Thorah'. As Vermes has shown, the missing link in this rendition is the idea that 'Israel's conversion to the Law will follow from her adherence to the Teacher, the *Man*, i.e. the Messiah, at the time of the new Creation'.[144]

– In the first centuries of Christianity, a 'messianic' interpretation was favoured. The colon was read as a reference to Mary who as the female *par example* encompassed the still unborn God incarnate.

---

[143] See the remarks by Carroll, *Jeremiah*, 602.605, who admits that he is unable to apply meaning to this line.

[144] G. Vermes, *Scripture and Tradition in Judaism: Haggadic Studies* (SPB, 4), Leiden 1961, 58–60.

The idea was first fully expressed by Jerome but quickly adopted in the Latin Church.[145] This position is still defended by evangelical scholars.[146]

- In critical scholarship the text was construed as either corrupt[147] or a late addition.[148] Some scholars are unable to apply meaning to this text.[149] Diamond, unfortunately, did not find time 'to wrestle with this interpretative crux'.[150] Others propose views that border on the fanciful. Jacob assumes that the prophet here is giving a literal quotation from an existing proverb or lovesong.[151] Dumbrell reads this colon as a prophecy that 'inrooted human tendencies will be reversed'.[152] Gruber construes the verb סבב as referring to the 'phenomenon circumambulation of the bridegroom, bride or bridal couple'. In his view the 'new thing' on earth will be that even on the ruins of Jerussalem wedding will take place and that bridal couples will circumambulate in joy.[153] Lundbom who construes the repetition of זכר, 'man' (A.i.1) | | גבר, 'young man' (A.i.2) parallels נקבה, 'female' | | גבר, 'male' (F.iii.2) as an inclusio delimiting the original text of Jer. 30:5–31:22, interprets 31:22 as 'an ironic statement expressing shock and surprise at the weakness of

---

[145] 'Audi, quod numquam cognoveras! Novam rem creavit Dominus super terram: absque viri semine, absque ullo coitu atque conceptu femina circumdabit virum gremio uteri sui', Jerome, MPL 24, 880.

[146] E.g., Kidner, *Message of Jeremiah*, 109.

[147] E.g. by B. Duhm, *Das Buch Jeremia* (KHCAT, 11) Tübingen 1901, 251; Volz, *Prophet Jeremia*, 283; Rudolph, *Jeremia*, 198; C. Schedl, '"Femina circumdabit virum" oder "via salutis". Textkritische Untersuchungen zu Jer 31,22', *ZKTh* 83 (1961), 431–42; Leene, 'Ezekiel and Jeremiah', 157–58.

[148] Volz, *Prophet Jeremia*, 283.

[149] E.g., Carroll, *From Chaos to Covenant*, 211–13; Carroll, *Jeremiah*, 602. 605; Kilpp, *Niederreißen und aufbauen*, 154–55; Fischer, *Trostbüchlein*, 112; B.P. Robinson, 'Jeremiah's New Covenant: Jer. 31,31–34', *SJOT* 15 (2001), 189–91; Ritter, *Rachels Klage*, 46–47; Chisholm, *Handbook of the Prophets*, 194.

[150] Diamond, 'Deceiving Hope', 42.

[151] E. Jacob, 'Féminisme ou Messianisme? A propos de Jérémie 31,22', in: H. Donner *et al.* (eds.), *Beiträge zur alttestamentliche Theologie: Festschrift für Walter Zimmerli zum 70. Geburtstag*, Göttingen 1977, 179–84; see also Thompson, *Book of Jeremiah*, 575–76; Bozak, *Life 'Anew'*, 104–05; Seybold, *Prophet Jeremia*, 87; McKane, *Jeremiah II*, 806–07.

[152] W.J. Dumbrell, *Covenant and Creation: An Old Testament Covenantal Theology*, Exeter 1984, 175.

[153] M.I. Gruber, 'Ten Dance-Derived Expressions in the Hebrew Bible', *Bibl* 62 (1981), 328–46; the idea had already been proposed by Van Selms, *Jeremia II*, 76–77; see also Unterman, *From Repentance to Redemption*, 49–51; Mazurel, *Verloren broeder*, 81–82.

Israel's soldiers in defeat'.[154] Keown *et al.* interpret the line as an indication that Virgin Israel will return to the LORD.[155]

– Interesting interpretations have been proposed from a gender specific perspective. Trible interprets the clause as an indication that the female part of the Israelite divine was recreated by the end of the exile.[156] Van Dijk-Hemmes, who reads Jer. 30–31 as an expression of a forthcoming reversal of reality, construes 22bB as indicating an even more radical reversal of social and gender roles: 'the woman shall caringly surround the man/warrior'.[157] Brenner writes: 'Can it be that a female gets around a male (that is, will cause a male so much distress)? This last sentence [= 31:22bB] subverts and deconstructs all the female metaphors in this chapter [= Jer. 31]. It exposes the female images as the product of male concern with legitimate, properly allocated gender roles; and that concern is (unwittingly?) transferred into religious discourse'.[158] Bauer expresses as her view that here the female imagery explodes and that the theological movement from exile to eschatology is mirrored here.[159] The clause under consideration is interpreted by Sawyer as an indication that on the Great Day of YHWH the universe will change that vehemently that even gender roles are changed.[160] Her interpretation concurs with my remarks on Jer. 30:6. I, however, will opt for a different interpretation.

I would like to elaborate the view of Adrie van der Wal on Jer. 31:22bB which is not widely known, most probably because it was published in a relatively unknown Dutch popular journal.[161] Van der Wal opens his argument by referring to a scene in Neo-Assyrian

---

[154] J.R. Lundbom, *Jeremiah: A Study in Ancient Hebrew Rhetoric*, Winona Lake ²1997, 47–49; see also J.R. Lundbom, *Jeremiah 1–20* (AB, 21A), New York 1999, 98.

[155] Keown *et al.*, *Jeremiah 26–52*, 122–23.

[156] Trible, *God and the Rhetoric*, 47–53; see also W.L. Holladay, 'Jer. xxxi 22b reconsidered: 'The woman encompasses the man'', *VT* 16 (1966), 236–39; Holladay, *Jeremiah 2*, 195; Anderson, *New Creation*, 190–94.

[157] F. van Dijk-Hemmes, 'Betekenissen van Jeremia 31:22b', in: B. Becking *et al.* (eds.), *Door het oog van de profeten* (FS C. van Leeuwen), Utrecht 1989, 31–40, esp. 40; see also Leene, 'Jeremiah 31,23–26', 355.

[158] Brenner, 'On 'Jeremiah' and the Poetics of (Prophetic?) Pornography', 187; it should be noted that her view is not based on exegetical argument.

[159] Bauer, 'Dressed to be Killed', 302.

[160] D.F. Sawyer, 'Gender-Play and Sacred Text: A Scene from Jeremiah', *JSOT* 83 (1999), 104–10.

[161] Van der Wal, 'Rachels troost'.

reliefs where women and men are separated before deportation.[162] He assumes that a comparable separation took place when the Babylonians deported the inhabitants of Judah and Jerusalem. He then suggests that the language in Jer. 31:22bB refers to the reunion of male and female deportees at the end of the exile. A strong point in his proposal is the direct connection of the expression in 22bB with the foregoing clauses that relate about a forthcoming return from exile.

A few remarks should be made, however.

– The separation of men and women is only known from a few Assyrian reliefs.
– The written evidence on the Assyrian deportations suggests that— especially in relation to deportations to rural areas—families as a whole were deported.[163]
– Separation might have taken place when recruiting deportees for the Assyrian army.
– The Babylonians seem to have executed a more human system of deportation than the Assyrians. Babylonian sources mention the existence of cities in Southern Mesopotamia that are named after cities and regions from Syria-Palestine: Ashkelon, Gaza, Neirab, Qedar, the 'city of Judah' and Tyre.[164] These cities should be construed as the main dwelling place of deported groups. In the light of this evidence it can be assumed that the deported Judaeans lived familywise in Babylon and that a separation of male and female deportees has not been the general rule.
– The interpretation that the language in Jer. 31:22bB refers to the *reunion* of male and female deportees at the end of the exile, does not account for the semantics of the Hebrew verb סבב. The Po'lel of this verb has as its basic meaning 'to surround; to encompass'.[165]

---

[162] E.g., Shalmanassar III Conquest of Hamath, *ANEP*, No. 365; Sennacherib Conquest of Lakish, *ANEP*, No. 372.373; D. Ussishkin, *The Conquest of Lachish by Sennacherib*, Segment V.

[163] See B. Oded, *Mass-deportations and deportees in the Neo-Assyrian Empire*, Wiesbaden 1979, 22–25

[164] See now D. Vanderhooft, 'New Evidence Pertaining to the Transition from Neo-Babylonian to Achaemenid Administration in Palestine', in: R. Albertz, B. Becking (eds.), *Yahwism after the Exile: Perspectives on Israelite Religion in the Persian Era* (STAR, 5), Assen 2003, 224–25.

[165] E.g., Holladay, 'Jer. xxxi 22b reconsidered', 236–39; *HAL*, 698; Holladay, *Jeremiah 2*, 195.

These remarks together with the conviction that Jer. 31:22bB is written in poetic, evaluative language and not in a narrative, observing
style, bring me to the following proposal. The Hebrew verb סבב
refers to a welcoming gesture. Israel is seen as a female that will
encompass her children that unexpectedly returned from exile. I do
agree with Wiebe who contrues the noun גבר as a reference to
Rachel's exiled son(s) mentioned in the first canticle of the Sub-
Canto[166] as well as with Ferry who connects נקבה with Rachel sym-
bolizing hopeless Israel.[167] 'Encompassing the male' is a symbolic
gesture of unexpected joy. This symbol has a perennial significance
since it is inmediately clear to all those who are waiting for their
children to return from the bitter battlefields.[168]

This implies that I construe Jer. 31:22bB as a sign of hope: in
days to come mothers in Israel will stretch their arms around their
children. This view stands contrary to those scholars who see in the
imagery language of this colon 'an ironic statement expressing shock
and surprise at the weakness of Israel's soldiers in defeat'.[169] The
colon should be seen as an element of Transformation II: the return
to Jerusalem.

6.5   The Conceptual Coherence of Jer. 31:15–22

In the introductory section to this Chapter, different views as to the
unity and coherence—or the lack of it—of Jer. 31:15–22 have been
displayed.[170] My observations and analyses have convinced me that
the Sub-Canto Jer. 31:15–22 is coherent, both poetically and conceptually. The three Canticles form a *Ringkomposition*. F.i and F.iii
are standing in antithesis. The grief that is implied in the first Canticle
is replaced by the joy of Rachel encompassing her children who
returned from exile.[171] The deportation that is implied in the first

---

[166] Wiebe, 'Jeremian Core', 139; see also Odashima, *Heilsworte*, 129–38; Anderson,
New Creation, 190–94; *pace* Bracke, *Jeremiah 30–52 and Lamentations*, 19–20, who construes גבר as a reference to children that will be born after the return to the land.
[167] Ferry, *Illusions et salut*, 332–33.
[168] See also J. Kozol, *Rachel and her Children: Homeless Families in America*, New York
1988; Brueggemann, *Commentary on Jeremiah*, 288.
[169] Lundbom, *Jeremiah: A Study in Ancient Hebrew Rhetoric*, 47–49.
[170] See above § 6.1.
[171] See also Wiebe, 'Jeremian Core', 139; Ritter, *Rachels Klage*, 38–52.

Canticle is mirrored by the summons to return (F.iii.1). Pivotal to this change is the concept of God in the second Canticle. His paternal love—with maternal traits—for Ephraim reacting to the repentance of the people is effective for the change from Transformation I to Transformation II.

CHAPTER SEVEN

SOUR FRUIT AND BLUNT TEETH: THE METAPHORICAL MEANING OF THE *MĀŠĀL* IN JEREMIAH 31:29[1]

7.1   *Introduction*

One of the important discussions in modern theology is the debate about individuality over collectivism. Phrased otherwise: Is there a personal responsibility for my deeds and doings (and for the things I am not doing?) or can I interpret myself only as a part of the group I belong to. Can faith be construed as the most individual interpretation of the reality as a person's individual way of coping with everything that is going on or has someone to stick to the denominational tradition he or she is part of? In the Book of Consolation a canticle consisting of two strophes deals in a way with this problem: Jer. 31:29–30.

7.2   *Tragic Fatalism versus Personal Responsibility*

7.2.1   *Jeremiah 31:29–30: Text and Translation*

H.ii.1   (Jeremiah 31:29)

In those days it will no longer be said:	29aA
'The parents have eaten sour fruit,	29bA
but it is the children's teeth that become numb'.	29bB

H.ii.2   (Jeremiah 31:30)

For everyone shall die for his own injustice.	30aA
Every person who eats sour fruit,	30aB
his teeth shall become numb.	30aC

---

[1] This chapter is based on B. Becking, 'Sour Fruit and Blunt Teeth: The Metaphorical Meaning of the *māšāl* in Jeremiah 31:29', *SJOT* 17 (2003), 7–21.

The Targum Jonathan to the prophets did render these lines as:

> The fathers have sinned, but the children are punished.

In this rendition, the metaphorical language has been taken away. Instead of the beautiful language present in the MT we are now confronted with more direct and even theological language that reflects an interpretation of the metaphors. The images of 'sour fruit' and 'blunt teeth' have been replaced by religious symbols: 'sin' and 'punishment'. Is this an adequate rendition of the imagery language in Jer. 31:29–30?

I will start my way to an answer by looking at some philological problems in the text of Jer. 31:29–30.

– *boser* has been rendered by me with 'sour fruit' instead of the more traditional 'sour grapes'.[2] The noun occurs only five times in the entire Hebrew Bible (Isa. 18:5; Jer. 31:29.30; Ezek. 18:2 and Job 15:33). Comparable to the semantic situation in cognate Semitic languages, the noun does not refer to a special kind of fruit, 'grapes' for instance, but denotes the fact that the fruit is not yet ripe.[3] In Modern Arabic a *busr* can refer to a 'date' which is not yet ripe.

– The verb *qhh* occurs in the Hebrew Bible except Jer. 31 and its counterpart Ezek. 18:2 only in Qoh. 10:10: 'When a blunt axe is

---

[2] *bosēr* has been rendered with 'sour grapes' in the majority of the translations from LXX onward and in recent scholarship by, e.g., J.A. Thompson, *The Book of Jeremiah* (NICOT), Grand Rapids 1980; R.P. Carroll, *Jeremiah* (OTL), London 1986, 607; W.L. Holladay, *Jeremiah 2. A Commentary on the Book of the Prophet Jeremiah Chapters 26–52* (Hermeneia), Minneapolis 1989, 154; J.W. Mazurel, *De vraag naar de verloren broeder: Terugkeer en herstel in de boeken Jeremia en Ezechiël* (Dissertation University of Amsterdam), Amsterdam 1992, 88; T. Trapp, 'Jeremiah: The other Sides of the Story', in: F. Crüsemann *et al.* (eds.), *Was ist der Mensch? Beiträge zur Anthropologie des Alten Testaments Hans Walter Wolff zum 80. Geburtstag*, München 1992, 231; G.L. Keown *et al.*, *Jeremiah 26–52* (WBC, 27), Dallas 1995, 125; *DCH* 2, 234; W. McKane, *Jeremiah II* (ICC), Edinburgh 1996, 812; J. Ferry, *Illusions et salut dans la prédication prophétique de Jérémie* (BZAW, 269), Berlin 1999, 273.
   N. Kilpp, 'Eine frühe Interpretation der Katastrophe von 587', *ZAW* 97 (1985), 215–16, opts for an interpretation of בסר as early grapes as a delicacy.
[3] Thus: *HAL*, 135; H. Leene, 'Unripe Fruit and Dull Teeth (Jer. 31,29; Ez. 18,2)', in: E. Talstra (ed.), *Narrative and Comment: Contributions to Discourse Grammar and Biblical Hebrew presented to Wolfgang Schneider*, Amsterdam 1995, 83; J.F. Mol, *Collectieve en individuele verantwoordelijkheid: Een beschrijving van corporate personality naar Ezechiël 18 en 20* (Diss. Universiteit Utrecht), Nijega 2002, 22. See also Hebrew in 11QTemple 21:7 and late Persian Period Aramaic, Frahang i Pahlavik 5:6. Note that LXX translated with ὄμφαξ, a noun denoting the grape that was not yet ripe.

not whetted, you have to exert your strength extremely'. An axe becomes blunt or numb when the iron is used repeatedly. Then it is on its way to become rather useless. A comparable thing should be said about the teeth. Sour fruit, as I have been informed, contains an acid that affects the enamel of the teeth and by that they become blunt and numb and by implication rather useless. This implies that the rendition of the Vulgate *obstipuerunt*, 'become numb', is quite adequate.[4]

– I have construed the *waw*-copulativum in 29bB as an indication of contrast: 'but'.[5] According to the Hebrew grammar, there is another possibility that has been used by most of the translations from LXX onward up to the recent Italian translation: 'e i denti dei figli si sono allegati' taking the *waw*-copulativum as an indication for coordination or finality.[6] There is much in favour of such an interpretation since it has a firm ground in grammar. After 29bA it is expected, however, that the teeth of the parents would become numb, since they are the ones who had eaten sour fruit. That is, however, not the case. On the contrary it is the teeth of the offspring that became blunt. This observation can only be seen as an argument in favor of a translation that stresses the contrast.

7.2.2 *Saying as a Parable*

The saying in Jer. 31:29bA–B also occurs at Ezek. 18:2.[7] There the clause is explicitly depicted as a *māšāl*, a wisdom saying based on a collective interpretation of the reality.[8] The proverb sounds like a

---

[4] See also Holladay, *Jeremiah 2*, 197; Keown *et al.*, *Jeremiah 26–52*, 126; Leene, 'Unripe Fruit', 83; G.H. Matties, *Ezekiel 18 and the Rhetoric of Moral Discourse* (SBL.DS, 126), Atlanta 1990, 27; *pace*, e.g., Carroll, *Jeremiah*, 607.

[5] See, e.g., P. Joüon, T. Muraoka, *A Grammar of Biblical Hebrew* (SubBi, 14), Roma 1991, § 172.

[6] See Joüon, Muraoka, *Grammar*, § 168.

[7] On Ezek. 18, see, e.g., H.G. May, 'Individual Responsibility and Retribution', *HUCA* 32 (1961), 107–20; Kilpp, 'Frühe Interpretation'; P. Joyce, *Divine Initiative and Human Response in Ezekiel* (JSOT.S, 51), Sheffield 1989; Leene, 'Unripe Fruit'; Matties, *Ezekiel 18*; J.E. Lapsley, *Can these Bones Live? The Problem of the Moral Self in the Book of Ezekiel* (BZAW, 301), Berlin 2000, esp. 74–77; Mol, *Collectieve en individuele verantwoordelijkheid*; C. Houtman, 'Theodicy in the Pentateuch', in: A. Laato, J.C. de Moor (eds.), *Theodicy in the World of the Bible*, Leiden 2003, 176–78.

[8] On the character of a *māšāl*, see mosty recently K. Schöpflin, 'מָשָׁל—ein eigentümlicher Begriff der Hebräischen Literatur', *BZ* 46 (2002), 1–24.

traditional tribal saying.[9] The phrasing of Ezek. 18:2 can give rise
to the view, that we are dealing with a generally accepted proverb.
However, the other traces of the proverb are absent and buried in
history. The Book of Proverbs does not contain a comparable adage.
Extra-biblical parallels have not been found yet. The proverb or a
cognate is absent in the Wisdom Literature from Mesopotamia and
Egypt. This does not mean that the idea expressed in the Biblical
proverb is absent in texts from the ancient Near East as will be
shown below.

What is a *māšāl*? I just gave a superficial definition: a wisdom saying based on a collective interpretation of reality. By means of recognizable images a pattern in the reality is depicted and summarized.
A *māšāl* is the phrasing of curdled experience and its reflection. To
say it in more recent terminology: a *māšāl* is a metaphorical way of
speaking. This form of a wisdom saying is a conclusion deduced
from experienced life and simultaneously it is part of a moral code.
A piece of the mechanics of society is clarified in a model and simultaneously the model implies a way of living within the framework
of the society that produced the proverb. In other words a *māšāl*
contains a description that at the same time functions as a pre-
scription. Let me give an example. In Dutch there is a saying: 'de
appel valt niet ver van de boom': badly translated as 'The apple
does not fall far from the tree'. This saying is based on observations, in traditionally patterned parts of the society still observable,
that often children act comparable to their parents, or have jobs
comparable to that of their parents, or have roles in village life, in
church life that have been played by their parents too. I do not
think that this saying is far from truth. It is based on curdled experience. Of course, you can say, and most probably should say that
the social sciences can give an explanation of the phenomenon
involved: parents are cast in role models, children have a preference
for mimetic conduct etc... But that is not the point to be made
here. My point is, that the same saying has a prescriptive element
as well. Apples are supposed not to fall too far from the tree. It
warns the next generation to behave in a certain way. Its implicit

---

[9] As suggested by W. Brueggemann, *Theology of the Old Testament: Testimony, Dispute,
Advocacy*, Minneapolis 1997, 686; see also T. Polk, 'Paradigms, Parables, and *Mešālîm*:
On Reading the *Māšāl* in Scripture', *CBQ* 45 (1983), 564–83; K.-M. Beyse, in:
ThWAT IX, 64–67; Joyce, *Divine Initiative*, 42; Matties, *Ezekiel 18*, 79–86; Mol,
Collectieve en individuele verantwoordelijkheid, 75.

statement: 'Don't your dare to fall too far away from your roots!' has been a yoke for many.

Regarding the saying in Jer. 31:29 it should be noted that the text wants to communicate something: meaning. This meaning is provoked by the associations that elements of the imagery language provoke in the hearer's mind. It is the hearer who determines the meaning. When his (or: her) determination coincides with the speaker's intention, the communication is successful. The intention of a speaker can only be conjectured or guessed at. Contrary to nowadays forms of communications, authors of biblical texts cannot be consulted as to their original intentions. This, rather fundamental, observation does not imply that any interpretation possible is also significant; i.e. is adequate toward the text.[10] As Wittgenstein has shown, I as a reader am bound by the rules of language games.[11] Associations in the hearer's mind are not 100% free. They are bound by fundamental rules of communication.

One of the rules of communication by language is that for a successful communication, the metaphors in a saying and the elements in imagery language are related to so-called 'root-metaphors' that are rooted in daily life as experienced by the users of the imagery language.[12] There are, in any language, metaphors who like an umbrella protect other metaphors. An example: In imagery language a mountain can be compared with a human being: 'I am standing at the foot of a mountain'. In Hebrew the root-metaphor 'a mountain is a man' can shelter other metaphors and imagery language like: 'the head of a mountain', indicating the uppermost parts of it.

The two images from the saying in Jer. 31:29 are related to two different root-metaphors. 'Sour fruit' falls under the tree 'You are what you eat' otherwise called 'upbuilding by nutrition'. 'Numb teeth' fall in the field of 'demolition and ruination' or 'the way of all flesh'.

---

[10] There exists a wealth of literature on this topic; see basically: W. Iser, *The Act of Reading: A Theory of Aesthetic Response*, London 1978.

[11] L. Wittgenstein, *Philosophical Investigations*, G.E.M. Anscombe, R. Rhees (eds.), transl. G.E.M. Anscombe, Oxford 1953, esp. §§ I.7 and I.23.

[12] See on this concept G. Lakoff, M. Johnson, *Metaphors We Live By*, Chicago 1980; D. Bourguet, *Des métaphores de Jérémie* (EB, 9), Paris 1987, 10–102; M.C.A. Korpel, *A Rift in the Clouds: Ugaritic and Hebrew Descriptions of the Divine* (UBL, 8), Münster 1990, 58–87; M. Klingbeil, *Yahweh Fighting from Heaven: God as Warrior and as God of Heaven in the Hebrew Psalter and Ancient Near Eastern Iconography* (OBO, 169), Fribourg 1999, 9–37; F.E. Deist, *The Material Culture of the Bible: An Introduction* (BiSe, 70), Sheffield 2000.

A second rule with metaphors is, that in their use they, one way
or another, are contrary to common reality.[13] There is something in
them, which is impossible, at least in normal reality. Both clauses
'The parents have eaten sour fruit' and 'the children's teeth have
become numb' can both, viewed apart from each other, be construed as descriptions of events that take place in physical reality.
Their combination, however, cannot.[14] From the point of view of
biology, it is impossible that my children or grandchildren will have
a demolition on their teeth because of my eating of unripe food.
What will happen is that my stomach will be hurt. Their blunt teeth
should be seen as the outcome of bad brushing or the like.[15]

In relating images from two different fields, from two different
root-metaphors, our saying goes against the rules of reality. And that
is an indication that s/he is using the images as metaphors. Traditional
exegesis is stating a question on this point: 'What does the author
mean with this images?' Such a question is nowadays obsolete and
should be changed into: which associations does his conflation provoke and are they adequate?

7.2.3 *Associations Aiming at an Interpretation*

Now I would like to offer my associations aiming at an interpretation. 'To eat sour fruit' refers to some sort of conduct a person
should avoid. The bodily organism is fed with stuff that is not good
for life, though they are attractive to take and eat. I have been
informed that the eating of sour fruit is still liked by Arab bedouins.[16]

'Numb teeth' form a clear image, they picture demolition and
ruination. The shift over one or more generations—not the eaters
themselves but their (grand)children will get blunt teeth—suggests
that the idea of an organism should be construed here in a collective sense. The body fed by the sour fruit, is not a person's body
but refers to the community. The community is disturbed and threatened in its continuance by unjust acts.

Taking everything together, it must be said that our saying is
expressing two albeit interrelated theological concepts:

---

[13] See, e.g., Klingbeil, *Yahweh Fighting from Heaven*, 13–14.
[14] See, e.g., Keown *et al.*, *Jeremiah 26–52*, 130.
[15] In writing these lines I am fully aware of the fact that I am making a transposition, by assuming that my experience would match daily life in Ancient Israel.
[16] Knud Jeppesen, Tantur, in a private communication.

(1) The idea of retribution be it in a postponed variant.[17]
(2) Tragic fatalism.[18]

The concept of retribution implies that the acts of a person are never without outcome: bad acts are punished with ruination and good acts are rewarded with blessings. With 'postponed retribution' I refer to the fact that the judgment or the reward is not received by the person who acted but by her/his offspring. In ancient Israel God is seen as the executing power in the mechanics of retribution. The idea of retribution is in fact an element in the traditional common theology of the Ancient Near East. When retribution is seen as a mechanical and harmless institution then oddities are provoked, as is discussed in the Book of Job.[19]

Tragic fatalism is only looking at the position of the offspring. Their fate is construed by themselves as destined by the acts of a former generation and their position is tragic when they hide themselves behind their fate saying: it is not my fault, I can blame my ancestors. They provoked my ruination by their deeds and doings. Or, as Weinfeld puts it, 'We may infer then that the contemporaries of Jeremiah and Ezekiel were aware of the sinful character of the preceding generation but believed themselves to be innocent'.[20]

7.2.4 *Mesopotamian Expressions of the Idea of Postponed Retribution*

As noted above, no cognate of the *māšāl* is attested in contemporaneous extra-biblical literature. Divine retribution was generally construed as a mechanism by which the sinner was confronted with his or her wrongdoings by a (divine) act of punishment.[21] This does not

---

[17] See, e.g., May, 'Individual Responsibility and Retribution'; Thompson, *Book of Jeremiah*, 577–79; R.P. Carroll, *From Chaos to Covenant: Uses of Prophecy in the Book of Jeremiah*, London 1981, 213–14; Trapp, 'Jeremiah: The other Sides of the Story', 233–34.

[18] See, e.g., McKane, *Jeremiah II*, 815.

[19] See, e.g., T.N.D. Mettinger, *In Search of God: The Meaning and Message of the Everlasting Names*, Philadelphia 1988, 175–200; K.-J. Illman, 'Theodicy in Job', in: Laato, De Moor (eds.), *Theodicy in the World of the Bible*, 304–33.

[20] M. Weinfeld, *Deuteronomy and the Deuteronomic School*, Oxford 1972, 30; see also D.A. Knight, 'Jeremiah and the Dimensions of the Moral Life', in: J.L. Crenshaw, S. Sandmel (eds.), *The Divine Helsman: Studies on God's Control of Human Events Presented to Lou H. Silberman*, New York 1980, 97.

[21] See recently K. van der Toorn, 'Theodicy in Akkadian Literature', in: Laato, De Moor (eds.), *Theodicy in the World of the Bible*, 59–63.

imply that the idea of postponed retribution too is absent. Marten Stol has asked attention for two Mesopotamian texts that might shed light on this idea.[22] Šurpu III, a defensive ritual against all sorts of demons and disasters, contains an incantation where Asalluḫi, the exorcist among the Gods, is prayed to undo ([*ú*]-*pa-áš-šar*]

> The sin of father and mother,
> the sin of (his fath[ers's father or] (his) mother's mother,
> the sin of broth[er or sis]ter,
> the sin of frie[nd] or [companion],
> the sin of fa[mily] or in-la[ws],
> the sin of late offspring or sucklings,
> [the s]in of dead or living, the si[n of wronged ma]n or wronged woman,
> [the s]in he knows and (the sin) he does not know.[23]

In a dingir.šà.dib.ba-incantation a catalogue comparable to the one from Šurpu III, is introduced as follows:

> My god, great one, who grants life,
> who gives judgments, whose command is not altered,
> . . . you, my god, I have stood before you,
>   I have sought you my god, [I have bowed] beneath you.
> Accept my prayers, release my bond.
> Relax my bones, tear out the . . . of my evil, drive away my trouble.
> Drive out from my body illness from known and unknown iniquity:
> the sin of my father (etc).[24]

Both texts imply the idea that a human being can be inflicted by the sins of persons that surround him or her, be it on the temporal axis, the ancestors, be it on the spatial axis, friends and companion. The texts thus express the idea that a person can suffer from the effect of sins of other but related persons. This is, of course, not an exact parallel to the idea in the Hebrew Bible, but the concept of postponed retribution is implied.

---

[22] M. Stol, *Birth in Babylonia and the Bible: Its Mediterranean Setting* (Cuneiform Monographs, 14), Groningen 2000, 168.
[23] E. Reiner, *Šurpu: A Collection of Sumerian and Akkadian Incantations* (AfO Beiheft, 11), Graz 1958, 24; Šurpu III:176–83.
[24] W.G. Lambert, 'dingir.šà.dib.ba-Incantations', *JNES* 33 (1974), 280:109–20. For a proposal as to the Sitz-im-Leben of these incantations, see K. van der Toorn, *Sin and Sanction in Israel and Mesopotamia: A Comparative Study* (SSN, 22), Assen 1985, 121–24.

7.2.5 *Structure of the Saying*

On the level of the structure of the canticle, two observations should be made. The text depicts *two* shifts. First, by the formula in 29aA— In those days it will no longer be said—it is announced that a change will take place: an existing proverb (29bA–B) will be declared as no longer valuable and will be changed into a new saying. This discontinuity is grammatically marked by the adverbial construction *lo' 'ôd*, 'no longer' (see below) as well as by the adversative, contrasting sense carried by the particle construction *kī . . . 'im*.[25] Next, it can be observed that the assumed traditional *māšāl* is thus phrased that the verb-forms are in the plural: The fathers have eaten (*'ōkᵉlû*) and the teeth of the children (*šᵉnê bānīm*) will become blunt. In the new saying that will replace the traditional proverb, plural-forms are changed into singular forms (*hā'ōkēl; šinnâw*). In other words: the shift from collectivity into individuality is grammatically marked.[26]

These observations on the level of linguistics can be reformulated in more theological language. Two shifts are depicted. The first shift can be described as follows: The (grand)children can no longer hide themselves and apologise for their fate by pointing at the guilt of their ancestors. The second shift can be described as follows: the responsibility is no longer in the hands of the collective community. The individual Judaean can longer hide behind the guilt of the forbears but has to take up a personal responsibility. The definitive character of this change is expressed in the adverbial construct *lo' 'ôd*, 'no longer'.

7.2.6 עוד לא, *'No Longer/Never Again': A Device for Discontinuity?*

Fishbane has assumed that the adverbial construction עוד לא, 'no longer/never again', refers to an irreversal discontinuity.[27] In the Book of Jeremiah the construct is attested some 25 times, five of them within the Book of Consolation (Jer. 30–31).[28] Two texts in the Book of Jeremiah are very specific:

[25] 30aA; see B.A. Bozak, *Life 'Anew': A Literary-Theological Study of Jer. 30–31* (AnBi, 122), Roma 1991, 117.

[26] See also Bozak, *Life 'Anew'*, 117.

[27] M. Fishbane, *Biblical Interpretation in Ancient Israel*, Oxford 1985, 374 n. 141.

[28] See Jer. 2:31; 3:16, 17; 7:32; 11:19; 16:14; 19:6, 11; 20:9; 22:10, 11, 12; 23:4, 7, 36; 30:8; 31:12, 29, 34, 40; 34:10; 42:18; 44:22; 50:39; 51:44.

Jer. 3:16–17

> ... in those days, says Yʜwʜ, they shall no longer say:
>   'The ark of the covenant of Yʜwʜ'
> It shall not come to mind, or be remembered, or missed, it shall not
> be made again.
> At that time Jerusalem shall be called:
>   'The throne of Yʜwʜ'

This prophecy reflects a forthcoming shift. The *indirect* presence of
Yʜwʜ in the Ark of the Covenant,[29] shall be changed into a *direct*
relationship of Yʜwʜ with his people.[30]

Jer. 23:7–8

> Therefore, the days are coming says Yʜwʜ,
>   when men shall no longer say,
> 'As Yʜwʜ lives who brought up
>   the people of Israel out of the land of Egypt',
> but,
> 'As Yʜwʜ lives who brought up and led
>   the descendants of the house of Israel out of the north country
>   and out of all countries where He had driven them'

The faith in the God of the Exodus has been pivotal for Ancient
Israel. Nevertheless, the textual unit foresees a shift in which this
clear symbol will be changed into a new one based on a new his-
toric 'event'.[31]

   This pattern of a fundamental shift is also implied in the passages
in the Book of Consolation that contain the *loʾ ʿôd*-formula.

— After their liberation the Israelites shall no longer serve strangers
  (A.ii.2).[32]
— After their return to Sion, the people shall not languish any more
  (E.ii.2):

---

[29] On the ark as aniconic symbol for the Israelite divine see basically T.N.D.
Mettinger, *The Dethronement of Sabaoth: Studies in the Shem and Kabod Theologies* (CB.OT,
18), Lund 1982, 19–24; on the concept of 'mediation' or 'embodied testimony', see
Brueggemann, *Theology of the Old Testament*, 567–704.

[30] See, e.g., W.L. Holladay, *Jeremiah 1. A Commentary on the Book of the Prophet
Jeremiah Chapters 1–25* (Hermeneia), Minneapolis 1986, 120–21; B.J. Oosterhoff,
Jeremia vertaald en verklaard: Deel 1 Jeremia 1–10 (COT), Kampen 1990, 153–54; J.R.
Lundbom, *Jeremiah 1–20* (AB, 21A), New York 1999, 312–16; D.L. Petersen, *The
Prophetic Literature: An Introduction*, Louisville 2002, 123–24.

[31] See also Holladay, *Jeremiah 1*, 621–23.

[32] See above § 4.3.2.1.

They shall come and sing on the height of Zion	12aA
and shall flow to the goodness of Yhwh	12aA
to the grain, and to the new wine, and to the oil	12bA
and to the young of the flock and of the herd	12bB
and their soul shall be as a watered garden	12cA
and they shall not languish anymore (loʾ ʿôd)	12cB

- The traditional saying that implied the idea of retribution be it in a postponed variant coloured with tragic fatalism shall no longer be uttered (H.ii.1).
- In the dimensions of the new relationship a person shall no longer teach another person to know God (I.i.3),
- Then their sins will no longer be remembered (I.i.3).[33]
- Zion shall be thrown down no longer (J.ii):

The whole valley of the dead bodies and of the ashes	40aAα
and all the fields-of-Mot[34] to the brook Kidron	40aAβ
to the corner of the horse gate toward the east	40aAγ
shall be holy to Yhwh	40aB
it shall not be plucked up, nor thrown down any more	40bA
forever.	40bB

This device is discontinuity is sided by the expression of continuity in the adverb עוד, 'again':

- In D.i.1 a threefold עוד promises that Zion shall be rebuilt which will be accompanied by the return of joy and new crops.
- God will remember Ephraim again (F.ii.3).
- The blessing 'May Yhwh bless you, habitation of righteousness, mountain of holiness' shall again be uttered (G.i.1).
- When reconstructing the new city the measuring line shall go out 'again' (J.i).

From these texts it can be deduced that the לא עוד-formula underscores the fundamental shift in the relationship between Yhwh and the people of Israel: an end will be made to their languish and their servitude, the sins of the past no longer stand between the people and Yhwh and the forthcoming relationship will have a direct character. In sum, Fishbane is correct in assuming that this formula is a device of discontinuity.[35]

---

[33] See below § 8.
[34] Read with *Qʿre*: השדמות; see above § 2.2.4.
[35] See also M. Weinfeld, 'Jeremiah and the Spiritual Metamorphosis of Israel',

7.3   The Context of the Saying

7.3.1   In the Book of Consolation

Jeremiah—or at least the author of the Book of Consolation—takes
the concepts expressed by the proverb in Jer. 31:29bA–B as no longer
valid. This becomes clear from the immediate context, Jer. 31:29aA:
'In those days it will no longer be said'. Verse 30 phrases the alternative: each person is responsible for her or his own deeds as we
just have explored. Whence this shift? What features have provoked
the invaluability of the saying? The smaller textual unit, the canticle
Jer. 31:29–30, does not supply us with a hint to an answer. This
implies that we have to consider the unit of which this canticle is
part of: the subcanto Jer. 31:27–30, which is the eighth subcanto
within the greater textual unit of the Book of Consolation.[36] This
subcanto is built up in two canticles, each containing two strophes.
The words concerning the end of the validity of the assumed traditional proverb have as their context an announcement for the future:

H.i.1   (Jeremiah 31:27)

The days are surely coming—oracle of YHWH—	27aA
when I shall sow the house of Israel and the house of Judah	27bA
with the seed of man and the seed of beasts.	27bB

H.i.2   (Jeremiah 31:28)

And it will be just as I have watched over them	28aA
to uproot and to demolish, to overthrow and to destroy and bring	
evil over them,	28aB
so I shall watch over them to build and to plant	28bA
—oracle of YHWH—	28bB

Especially in the second strophe of the first canticle (verse 28) the
twofold transformation is visible. The exile will be undone and Israel
will be brought back to the promised land.[37] In other words there
seems to be an immediate literary context. There is a problem, how-

---

ZAW 88 (1976), 17–19.26–39; Bozak, *Life 'Anew'*, 117.151–54; G. Fischer, *Das Trostbüchlein: Text, Komposition und Theologie von Jer 30–31* (SBB, 26), Stuttgart 1993, 247; Keown *et al.*, *Jeremiah 26–52*, 127.

[36] *Pace* Leene, 'Unripe Fruit', 84–88, who—on the basis of a text-linguistic argument—considers Jer. 31:27–34 as the immediate context.

[37] Brueggemann, *Theology of the Old Testament*, 278, correctly argues that rebuilding

ever. Many scholars, though not all, consider Jer. 31:29–30 to be a
later addition to Jer. 31:27–28.[38] An important argument is the interpretation of Jer. 31:29–30 as a summary of Ezek. 18. There is an
observable relation between both texts. An observable relation as
such is not a decisive argument, however, since the question can be
raised: is A a summary of B or is B an extended version of A? This
is a problem on the level of 'the chicken and the egg'. More important, however, are the following arguments in favour of a literary-
critical divisions between the two canticles:

(1) There is no Stichwort connection between verse 28 and 29;
(2) The wording 'to die for your own injustice' is not characteristic
    for the Book of Jeremiah. The phrase occurs, however, a few
    times in the Book of Ezekiel (3:18, 19)
(3) In the following textual unit—the one on the new covenant (Jer.
    31:31–34)—Israel is construed as a collective that would be a
    more natural continuation of the 'communal language' of H.i.

These arguments seem to be convincing, but deserve a closer look.

(1) There is indeed no Stichwort connection between the verses 28
    and 29. No significant word from the first section is repeated in
    the second. A methodological warning is at its place, however.
    The presence of a Stichwort connection generally hints at literary
    coherency between two textual units. But that does not imply

---

and replanting, i.e. a restoration after a loss, is implied; see also Bozak, *Life 'Anew'*,
114–16.
   [38] See alraedy P. Volz, *Der Prophet Jeremia übersetzt und erklüart* (KAT, 10), Leipzig
1922, 274–98; and in more recent scholarship, e.g., S. Herrmann, *Die prophetischen
Heilserwartungen im Alten Testament: Ursprung und Gestaltwandel* (BWANT, 85), Stuttgart
1965, 166–67; E.W. Nicholson, *Preaching to the Exiles*, Oxford 1970, 85; G. Fohrer,
'Der Israel-Prophet in Jeremia 30–31', in: A. Caqout, M. Delcor (eds.), *Mélanges
bibliques et orientaux* (FS H. Cazelles; AOAT, 215), Neukirchen-Vluyn 1981, 135–48;
W. Thiel, *Die deuteronomistische Redaktion von Jeremia 26–45* (WMANT, 52; Neukirchen-
Vluyn 1981, 20–28; C. Levin, *Die Verheißung des neuen Bundes in ihrem theologiegeschichtlichen
Zusammenhang ausgelegt* (FRLANT, 137), Göttingen 1985; C. Westermann, *Prophetische
Heilsworte im Alten Testament* (FRLANT, 145), Göttingen 1987, 112; Carroll, *Jeremiah*,
608–09; Joyce, *Divine Initiative*, 139–40; J.M. Wiebe, 'The Jeremian Core of the Book
of Consolation and the Redaction of the Poetic Oracles in Jeremiah 30–31', *Studia
Biblica et Theologica* 15 (1987), 137–61; Holladay, *Jeremiah 2*, 163–64.197; K. Seybold,
Der Prophet Jeremia: Leben und Werk (Kohlhammer-Urban Taschenbücher, 416), Stuttgart
1993, 80–87; Ferry, *Illusions et salut*, 335–36; G.H. Parke-Taylor, *The Formation of the
Book of Jeremiah: Doublets and Recurring Phrases* (SBL.MS, 51), Atlanta 2000, 215–16;
R.W. Klein, *Israel in Exile: A Theological Interpretation*, Mifflintown 2002, 60.

that the absence of such word-repetitions is a criterion by which
literary-critical divisions should be made. For that would be a
very rigid criterion. Moreover, in the analysis of the composition
of Jer. 30–31 the following distant parallelisms connecting the
canticles of Sub-canto H: באים ימים (H.i.1) || ימים ההם (H.ii.1);
נטע (H.i.2) || בסר (H.ii.1) || בסר (H.ii.2) have been observed.[39]
This implies that a word repetition can be detected. Verse 27
opens with: 'See, the days are coming . . .'. In verse 29 the word
days is repeated: 'In those days . . .'. Next to that, it should be
noted that in both canticles metaphorical language is used. In
the first canticle the imagery language contains metaphors that
are part of two root-metaphors: 'building' and 'agriculture'. These
metaphors are beautifully paralleled by the images from the field
of 'nutrition' and 'demolition' in the second canticle.[40] These
observations hint at the fact that the coherence between the two
canticles might be found on a more conceptual level. Verses
27–28 depict a future change in God's behavior toward Israel:
'uprooting' will be replaced by 'building'. His punishment will
be changed into grace. Verses 29–30 describe a wanted shift in
the belief system of the Israelites: The concept of 'postponed retribution' will be changed into the idea of 'personal responsibility'. The ideas implied can easily be brought together in the
concept that the forthcoming shift in God's attitude toward Israel
will be paralleled by a shift in the responsibility of the individual Israelite.[41]

(2) The phrase 'to die for one's own injustice' actually does not occur
in the Book of Jeremiah. This absence, however, might be related
to the themes in and the literary forms of that book.

(3) The new 'covenant' (Jer. 31:31–34) is indeed to be concluded
with the *people* of Israel and Judah. It is, however, too simple to
say, that this new covenant by implication has a collective character. I would like to stress what is characteristically new in this

---

[39] See above § 3.10; Mazurel, *Verloren broeder*, 89.
[40] See Mazurel, *Verloren broeder*, 90.
[41] See also Thompson, *Book of Jeremiah*, 577–79; Keown *et al.*, *Jeremiah 26–52*,
129–130; W. Brueggemann, *A Commentary on Jeremiah: Exile and Homecoming*, Grand
Rapids 1998, 289–91; Bozak, *Life 'Anew'*, 114–17. Note that K. Schmid, *Buchgestalten
des Jeremiabuches: Untersuchungen zur Redaktions- und Rezeptionsgeschichte von Jer. 30–33 im
Kontext des Buches* (WMANT, 72), Neukirchen-Vluyn 1996, esp. 66–85, construes Jer.
30:1–3; 31:27–30 and 31:31–34 to be part of one redactional layer.

new 'covenant'. In my opinion it is the fact that the text of this covenant is no longer inscribed on stone tables, but in the inner parts, the hearts of the Israelites: the shift in imagery is from 'outer' to 'inner'.[42]

In sum, I am not convinced by the arguments in favour of the view that Jer. 31:29–30 are a later insertion in the text.[43] That implies, that these clauses should be read within the framework of the Book of Consolation.

I would like to make a few observations. In Jer. 31:27–30 the reader is referred to a coming period. In this period, in which a second transformation will take place, the proverb containing the idea of postponed retribution will no longer be valid. Thus: our words are saying something about the order in the community to come.

7.3.2 *Historical Context*

In his magnificent *Theology of the Old Testament*, Walter Brueggemann wrote: 'The critique of the proverb in Jeremiah and Ezekiel, however, indicates that the exile has undermined the truth of the long-trusted proverb'.[44] The assessment of this statement relates to one's view on the historical context of Jeremiah 30–31. It is not my purpose to display dull facts. Besides, I assume them to be generally known.[45] In 587/6 BCE the city of Jerusalem was sacked by the Babylonians under Nebukadnezzar II. The walls of the city were torn down and the temple on Mount Sion was laid waste. In other words: traces of ruination and demolition were present. Greater parts of the population, especially the administrative elite and craftspeople, were deported into the Babylonian exile. In 539 BCE, Cyrus the King of Persia defeats the Babylonians in a battle near Ophis on the banks of the Tigris river. For details see Herodot. After the battle he, Cyrus, was able to conquer the city of Babylon. After the Persians had established power in the Ancient Near East, a complex historical

---

[42] See B. Becking, 'Text-internal and Text-external Chronology in Jeremiah 31:31–34', *SEÅ* 61 (1996), 33–51; and below § 8.

[43] See also Bozak, *Life 'Anew'*, 114–17.

[44] Brueggemann, *Theology of the Old Testament*, 686. See also Mol, *Collectieve en individuele verantwoordelijkheid*, 217–64.

[45] Very informative is R. Albertz, *Die Exilszeit 6. Jahrhundert v. Chr.* (Biblische Enzyklopädie, 7), Stuttgart 2001.

process known to us as the return from exile could start. Such facts
form the outside of the case. Formerly, scholars thought that history
was nothing more than the reconstruction of a coherent set of facts:
mainly about kings, battles and intrigues and generally not about
the life of ordinary people. Nowadays, however, historians are more
and more willing to look at the construction of ancient societies and
its changes and the role belief systems play in the construction and
in the changes. The shift in the historiography of Second World
War can supply, I think, a good comparison. Up to about 1970 the
history writing of that period was mainly concerned with dates and
figures. The reconstructions had a heroic undertone: RAF pilots
telling how many bombs they left over Germany for liberation. But
nowadays the reports are no longer heroic. They narrate about ordinary people and how they survived. And how the face of God
changed after Auschwitz.

Back to the historical context of Jeremiah. Before the exile, Yahwism
was more or less the official religion of the state in Judah. Although
there has been pluriformity, as the recent discoveries in the area of
the history of religion have shown, eventually almost everyone in
Judah would construe him/herself as a Yahwist. The fall of Jerusalem
and the complex process of exile and return provoked a radical shift.
During the exile and especially in the Persian period Yahwism has
been the religion of a tolerated minority in the empire. This religion was a means for a group of Israelites to make their own identity recognizable in the midst of a culture that was principally
multi-religious. Believe in YHWH was no longer an automatism since
there were real alternatives.

Jer. 31:29–30 is a word on the threshold looking beyond the
threshold. The stress on personal responsibility should be interpreted
against this historical background. After the threshold of the exile
much will be changed. A new belief system is needed, as is reflected
in the words on the new covenant. It would be incorrect to label
that mentality as individualism or the expression of a 'me-alone-
movement'.[46] After the exile, there has not been a 'me-alone-move-
ment' in ancient Israel. A period started in which a personal choice

---

[46] See also Joyce, *Divine Initiative*, 35–60; Brueggemann, *Commentary*, 291; K. Schmid,
'Kollektivschuld? Der Gedanke übergreifender Schuldzusämmenhänge im Alten
Testament und im Alten Orient', *ZAR* 5 (1999), 192–222.

for YHWH was one of the most important symbols of the believe system that helped Israelites to cope with their newly structured reality.

7.4   *The Interpretation of the New Saying*

In the beginning of this chapter, the question was raised whether
the rendition of the saying in Targum Jonathan to the Prophets 'The
fathers have sinned, but the children are punished' could be considered adequate. In my view the interpretation is adequate, but in
translating away the imagery language, the Targumists lost a great
deal of the depth and the wealth of the original phrasing.

CHAPTER EIGHT

COVENANT AND CREATION:
AN INTERPRETATION OF JEREMIAH 31:31–37[1]

8.1 *Introduction*

The structural analysis in § 3 has shown that the sub-canto Jer.
31:31–37 consists in two canticles:

Canticle	Textual Unit	Theme
I.i	31:31–34	Promise of a new and more intimate relationship between God and people
I.ii	31:35–37	The reliability of reality stands as a metaphor for the divine reliability

In recent scholarship these two canticles have been treated either as
separate units or as parts of a greater literary whole.[2] In my view
they should be construed as in a way belonging together.[3] In this

---

[1] This chapter is partly based on B. Becking, 'Text-internal and Text-external
Chronology in Jeremiah 31:31–34', *SEÅ* 61 (1996), 33–51.
[2] See the survey in § 3.2. and D.R. Hillers, *Covenant: The History of a Biblical Idea*,
Baltimore 1969, 167–68; W. Thiel, *Die deuteronomistische Redaktion von Jeremia 26–45*
(WMANT, 52), Neukirchen-Vluyn 1981, 24–28, assumes that 31–34 is part of the
Dtr redaction of the Book of Jeremiah, while 35–37 is a post-Dtr supplement; R.P.
Carroll, *Jeremiah* (OTL), London 1986, 615–16, considers 35–37 to be a late addi-
tion; J.M. Wiebe, 'The Jeremian Core of the Book of Consolation and the Redaction
of the Poetic Oracles in Jeremiah 30–31', *SBTh* 15 (1987), 152–54; W. Gross,
'Erneuter oder neuer Bund? Wortlaut und Aussageintention in Jer. 31,31–34', in:
F. Avemarie, H. Lichtenberger (eds), *Bund und Tora: Zur theologischen Begriffsgeschichte in
alttestamentlicher, frühjüdischer und christlicher Tradition*, Tübingen 1996, 41–66; W. Gross,
Zukunft für Israel: Alttestamentliche Bundeskonzepte und die aktuelle Debatte um den Neuen Bund
(SBS, 176), Stuttgart 1998, 138.
[3] See also W.J. Dumbrell, *Covenant and Creation: An Old Testament Covenantal Theology*,
Exeter 1984, 172–85; J. Høgenhavn, 'Den nye pagts dage: Nogle eksegetiske
bemærkinger til Jeremias 31,31–34', in: L. Fatum, M. Müller (eds), *Tro og Historie:
Festkrift til Niels Hyldahl i anledning af 65 års fødselsdagen den 30. december 1995*, København
1996, 133.

chapter both canticles will be discussed separately. The question on their conceptual interrelationship will be discussed after that.

From the first century CE onward Jer. 31:31–34, the passage on the New Covenant, has been applied to Jesus and seen as a prophetic prediction of events in his life, death and resurrection.[4] This chapter does not aim at a full description of the *Wirkungsgeschichte* of Jer. 31:31–34. On the contrary, this textual unit will be read here within its supposed original context. The idea of context is used here in a multidimensional sense: Literary, historical and social contexts are meant. The problem, however, in some exegetical studies is, that these different kinds of contexts are conflated when it comes to arguing. Therefore, I would first like to read the text in its immediate literary context[5] and then look for connections with historical data outside the world evoked by the text. As a final step, the question will be posed whether this analysis hints at an interpretation: How did this text help people in that historical context to cope the reality they met with?

8.2   *The Text of Jeremiah 31:31–34*

A translation of the Masoretic version of Jer. 31:31–34 will be given. I am aware of the diversity of the textual tradition and of the fact

---

[4] See e.g. the chalice-word in Luke 22:20; 1 Cor. 11:25; the unit on discipleship (2 Cor. 3:6–14) and the reflections on the heavenly priesthood of Jesus in Hebrews 8:1–13; Hillers, *Covenant*, 186; C. Wolff, *Jeremia im Frühjudentum und Urchristentum* (TUGAL, 118), Berlin 1976, 142–47; Dumbrell, *Covenant and Creation*, 182–84; R.P. Carroll, *From Chaos to Covenant: Uses of Prophecy in the Book of Jeremiah*, London 1981, 215–23; E.E. Ellis, 'Biblical Interpretation in the New Testament Church', in: M.J. Mulder (ed.), *Mikra: Text, Translation, Reading and Interpretation of the Hebrew Bible in Ancient Judaism and Early Christianity* (CRINT, II.1), Assen 1988, 691–725; J.R. Lundbom, 'New Covenant', *ABD* IV, 1088–94; Gross, *Zukunft für Israel*, 153–68; F.C. Holmgren, *The Old Testament and the Significance of Jesus: Embracing Change—Maintaining Christian Identity*, Grand Rapids 1999, 96–104; T.W. Berkley, *From a Broken Covenant to Circumcision of the Heart: Pauline Intertextual Exegesis in Romans 2:17–29* (SBL DS, 175), Atlanta 2000, esp. 170–77; D.E. Gowan, *Eschatology in the Old Testament*, Edinburgh ²2000, 78–81; P.J. Gräbe, *Der neue Bund in der frühchristlichen Literatur unter Berücksichtigung der alttestamentlich-jüdischen Voraussetzungen* (FzB, 96), Würzburg 2001.
On allusions to Jer. 31:31–34 in the Gospel according to Matthew, see Wolff, *Jeremia*, 131–37; M. Knowles, *Jeremiah in Matthew's Gospel: The Rejected-Prophet Motif in Matthaean Redaction* (JSNT.S, 68), Sheffield 1993, 207–17.
[5] The so-called 'co-text'; for a definition of this idea see A. Goldberg, 'Zitat und Citem', *Frankfurter Judaistische Beiträge* 6 (1978), 23–26, esp. 24.

that the Old Greek translation offers a much shorter text in a different order.[6]

8.2.1   *Translation*

I.i.1   (Jeremiah 31:31)

See, the days are coming—oracle of YHWH—	31aA
that I will conclude with the house of Israel	
and with the house of Judah a new covenant,	31bA

I.i.2   (Jeremiah 31:32)

not like the covenant that I concluded with their fathers	32aA
on the day that I took them by the hand	32aB
to let them go out of the land of Egypt	32aC
my covenant that they have broken,	32bA
although I have been master over them—oracle of YHWH—.	32bB

I.i.3   (Jeremiah 31:33)

For this is the covenant that I will conclude with the house of Israel	33aA
after these days—oracle of YHWH—:	33aB
'I will lay my law within them	33bA
and on their heart I shall write it	33bB
that I shall be a God to them	33cA
and they shall be to me a people.'	33cB

I.i.3   (Jeremiah 31:34)

Then they shall no longer teach, a man his friend	34aA
and a man his brother:	34aB
'Know YHWH!'	34bA
for they shall all know me	34bB
from the smallest one to the greatest one among them	
—oracle of YHWH—	34bC
Yes, I will forgive their iniquity	34cA
and remember their sins no longer.	34cB

---

[6] See most recently: A. Schenker, 'Der nie aufgehobene Bund: Exegetische Beobachtungen zu Jer 31,31–34', in: E. Zenger (ed.), *Der Neue Bund im Alten* (QD, 146), Freiburg 1993, 85–112; H.-J. Stipp, *Das masoretische und alexandrinische Sondergut des Jeremiabuches* (OBO, 136), Freiburg 1994; R.C. Steiner, 'The two Sons of Neriah and the two Editions of Jeremiah in the Light of two *Atbash* Code-Words for Babylon', *VT* 46 (1996), 74–84. See also above § 2.

8.2.2   *Textual remarks*

The aim of this section is to discuss some differences between the MT and the Old Greek version as well as to clarify the translation.

31bA   Many scholars are in accord with *BHS* to construe the words 'and with the house of Judah' as a late insertion.[7] There is, however, no textual basis for this view.[8]

32aB   Jenni interprets the construction יום + Infinitive + Pronominal Suffix as a reference to a past event.[9]

32bA   The repeated noun has a retrospective function.[10]

32bA–B   Both pronouns, המה and אנכי, are as such superfluous elements, since they are used as subject to finite verbs. This implies that they have an emphatic force.[11] The *wāw* introducing 32f suggests that both clauses are in antithesis.[12]

32bB   For an evaluation of the Old Greek καὶ ἐγὼ ἠμέλησα αὐτῶν, 'and I abominated them', as a rendition of בעלתי בם, see above § 2.2.7.

---

[7] See, e.g., P. Volz, *Der Prophet Jeremia*, Leipzig ²1928, 283–84; Rudolph, *Jeremia*, 170; J. Vermeylen, 'L'alliance renouvellée (Jr 31,31–34). L'histoire littéraire d'un texte célèbre', in: J.-M. Auwers, A. Wénin (eds), *Lectures et relectures de la Bible: Festschrift P.-M. Bogaert* (BETL, 144), Leuven 1999, 59–63; J.A. Soggin, *Israel in the Biblical Period: Institutions, Festivals, Ceremonies, Rituals*, Edinburgh 2001, 62.

[8] See thus Dumbrell, *Covenant and Creation*, 176; J.A. Thompsom, *The Book of Jeremiah* (NICOT), Grand Rapids 1980, 579; Carroll, *Jeremiah*, 610; C. Levin, *Die Verheissung des neuen Bundes in ihrem theologiegeschtlichen Zusammenhang ausgelegt* (FRLANT 137), Göttingen 1985, 27 note 15; W.L. Holladay, *Jeremiah 2: A Commentary on the Book of the Prophet Jeremiah Chapters 26–52* (Hermeneia), Minneapolis 1989, 154; J.W. Mazurel, *De vraag naar de verloren broeder: Terugkeer en herstel in de boeken Jeremia en Ezechiël* (Dissertation University of Amsterdam), Amsterdam 1992, 91; G.L. Keown et al., *Jeremiah 26–52* (WBC, 27), Dallas 1995, 126; W. McKane, *Jeremiah II* (ICC), Edinburgh 1996, 817; G.J. Nieto, 'El quiebre de estrutura propuesto por Jeremias 31,31–34', *EstBib* 58 (2000), 499; E. Otto, *Die Tora des Mose: Die Geschichte der literarischen Vermittlung von Recht, Religion und Politik durch die Mosegestalt* (Berichte aus den Sitzungen der Joachim Jungius-Gesellschaft der Wissenschaften, 19/2), Hamburg 2001, 56; R.B. Chisholm, *Handbook of the Prophets: Isaiah, Jeremiah, Lamentations, Ezekiel, Daniel, Minor Prophets*, Grand Rapids 2002, 195; R.W. Klein, *Israel in Exile: A Theological Interpretation*, Mifflintown 2002, 64.

[9] E. Jenni, *Die hebräischen Präpositionen; Band 1: Die Präposition Beth*, Stuttgart 1992, 306.

[10] See P. Joüon, T. Muraoka, *A Grammar of Biblical Hebrew* (SubBi 14/I & II), Roma 1991, § 158h.

[11] See T. Muraoka, *Emphatic Words and Structures in Biblical Hebrew*, Jerusalem 1985, 48.

[12] See Thompson, *Book of Jeremiah*, 579; B.A. Bozak, *Life 'Anew': A Literary-Theological Study of Jer. 30–31* (AnBi, 122), Roma 1991, 119; J. Krašovec, 'Vergebung und neuer Bund nach Jer. 31,31–34', *ZAW* 105 (1993), 433 n. 13.

I prefer the translation 'I was their master'[13] over the translation 'I was their husband',[14] since the language of marriage
is absent in Jer. 31:31–34. Dietrich and Link propose to construe this clause as God's reaction to Israel's transgression:
'worauf ich mich als Herr erweissen musste'. They, however,
fail to argue this proposal grammatically.[15]

33aA   The translation of Krašovec 'Nein, das ist der Bund . . .' has
       taken the emphatic character of כי into account.[16]

33bA   LXX reads Διδοὺς δώσω νόμους μου εἰς τὴν διάνοιαν αὐτῶν,
       'I certainly shall give my laws in their mind'. Two remarks
       will be made on this variant.

       – The Old Greek version has a rather Hebraistic character.
         The verb *nātan*, h.l. 'to lay', is rendered in its general mean-
         ing 'to give'. This verb is duplicated as to recall the para-
         nomastic construction in Hebrew.[17]

       – Tita has argued that the form נתתי should be construed as
         a past tense: 'Ich hatte meine Tora in ihre Mitte gegeben,

---

[13] See also Vulgate: et ego dominatus super eorum and Aquila ἐκυρίευσα. With,
e.g., Thompson, *Book of Jeremiah*, 579; McKane, *Jeremiah II*, 819; J. Ferry, *Illusions
et salut dans la prédication prophétique de Jérémie* (BZAW, 269), Berlin 1999, 271.281;
Nieto, 'El quiebre de estrutura', 503–04; Otto, *Tora des Mose*, 56.

[14] As proposed by, e.g., J.J.P. Valeton, 'Das Wort ברית bei den Propheten und
in den Ketubim. Resultat', *ZAW* 13 (1893), 249; Dumbrell, *Covenant and Creation*,
177; Hillers, *Covenant*, 167; D. Kidner, *The Message of Jeremiah*, Leicester 1987, 110;
Keown *et al.*, *Jeremiah 26–52*, 125; J. Krašovec, *Reward, Punishment, and Forgiveness:
The Thinking and Beliefs of Ancient Israel in the Light of Greek and Modern Views* (VT.S,
78), Leiden 1999, 453; S. Seock-Tae, '"I Will be Your God and You Will be My
People': The Origin and Background of the Covenant Formula', in: R. Chazzan
et al. (eds.), *Ki Baruch Hu: Ancient Near Eastern, Biblical and Judaic Studies in Honor
of Baruch A. Levine*, Winona Lake 1999, 358; J.E. Lapsley, *Can these Bones Live?
The Problem of the Moral Self in the Book of Ezekiel* (BZAW, 301), Berlin 2000, 61;
H. Lalleman-de Winkel, *Jeremiah in Prophetic Tradition: An Examination of the Book of
Jeremiah in the Light of Israel's Prophetic Traditions* (CBET, 26), Leuven 2000, 198; J.M.
Bracke, *Jeremiah 30–52 and Lamentations* (WBC), Louisville 2000, 21–22; B.P. Robinson,
'Jeremiah's New Covenant: Jer. 31,31–34', *SJOT* 15 (2001), 192; J. Siebert, *The
Construction of Shame in the Old Testament: The Prophetic Contribution* (JSOT.S, 346),
London 2002, 140.

[15] W. Dietrich, C. Link, *Die dunklen Seiten Gottes: Band 2 Allmacht und Ohnmacht*,
Neukirchen-Vluyn 2000, 180.

[16] J. Krašovec, 'Vergebung und neuer Bund', 431; see also *DCH* 4, 387; Gross,
'Erneuter oder neuer Bund?', 42; Gross, *Zukunft für Israel*, 135.138; Otto, *Tora des
Mose*, 65.

[17] See also Stipp, *Sondergut*, esp. 22–23; Gross, 'Erneuter oder neuer Bund?'; Gross,
Zukunft für Israel, 137.

aber in ihr Herz werde ich sie (künftig) schreiben'.[18]
Although I agree with Tita that the reading of the MT,
נתתי, should be preferred to the reading ונתתי[19] which is
only supported by a few Hebrew manuscripts, I disagree
with his translation. Tita does not consider the parallelism between 33bA and 33bB and he overlooks the
fact that the asyndetical *qāṭal*-form נתתי functions as the
introduction of the divine direct speech.

- The Old Greek version has an aggravated translation of
bᵉqirbām 'in their midst; within them'. The MT can be
interpreted in two ways. The phrase can be taken literally 'in their interior' meaning 'in the heart of their
city; among them' as in Jer. 6:1, where the Benjaminites
are to flee from the 'midst' of Jerusalem. The words,
however, can also be considered as more figurative language referring to the interior intentionality of the people.[20] The Old Greek understood the words in this second
meaning as a bodily metaphor for the mind of the people. In doing so the Old Greek version excluded another
interpretation.

   תורה is inadequately rendered with 'law'. The Hebrew noun
   has a broad spectre of meaning with in its center: 'instruction of the (divinely initiated) social code'.[21]

33cA–B   εἶναι εἴς, 'to be in', in the Old Greek version is a Hebraism,
         since it is a literal translation of Hebrew היה ל, 'to become'.[22]

34bA   The Old Greek has a singular, while the imperative in the
         MT is in plural. The singular in the LXX might have
         been influenced by the singular pronouns in the immedi-
         ate context[23] or should be construed as the indication of
         a collective.

---

[18] H. Tita, "Ich hatte meine Tora in ihre Mitte gegeben': Das Gewicht einer
nicht berücksichtigte Perfektform in Jer. xxxi 33', *VT* 52 (2002), 551–56.

[19] *Pace*, e.g., Rudolph, *Jeremia*, 202; Holladay, *Jeremiah 2*, 154; Schmid, *Buchgestalten*,
79; McKane, *Jeremiah II*, 820; Gross, *Zukunft für Israel*, 136.

[20] See H. Weippert, 'Das Wort vom neuen Bund in Jeremia xxxi 31–34', *VT* 29
(1979), 336–51; Holladay, *Jeremiah 2*, 198.

[21] See T. Willi, *Juda—Jehud—Israel: Studien zum Selbstverständniss des Judentums in
persischer Zeit* (FAT, 12), Tübingen 1995, 91–101.

[22] See on this Stipp, *Sondergut*, 23.

[23] Thus Fischer, *Trostbüchlein*, 52.

34bC The Old Greek version has a zero-variant for 'oracle of YHWH'
      as in 31:14.16.17.34.37. This variant can either be due to
      the fact that a later redactor of the Hebrew text added this
      formula to strengthen the divine legitimation of the words
      uttered or is the outcome of an abbreviation of the text in
      view of the *Botenformel* that is present a few clauses further
      on.[24]

34cA כי should be construed as an emphatic particle. The clause
      indicates the parallel outcome of the new relationship and
      not a divine motivation for entering into a new relationship.[25]
      The *l* in *laʿăwonām* is to be construed as indicating the object.[26]

34cB Probably based on the line parallellism, Hillers renders חטאתם
      with a singular 'their sin'.[27]

8.2.3 *Syntactical Analysis*

There are several ways to describe the composition of a literary unit.
On the one side, attention can be paid to the occurrence of frequently repeated words and phrases. On the other hand a semiotic
reading can be applied to the text. Every structural approach, I
think, has to start with an analysis of the syntax of the unit under
consideration.

From a syntactical point of view, Jer. 31:31–34 is a complex text,
which now will be described. In terms of the syntactical model of
Schneider[28] and Niccacci[29] the unit is to be considered as a discursive
text in which the author addresses himself in a direct way to the
reader. The clauses in the textual unit are to be classified as follows:

- 31aA forms a prophetic formula.
- 31bA is a consecutive *weqāṭal*-form indicating what will happen
        in the 'days to come': the concluding of a new covenant.[30]

---

[24] See Fischer, *Trostbüchlein*, 57–58; B. Renaud, 'L'oracle de la nouvelle alliance:
A propos des divergences entre le texte hébreu (Jr 31,31–34) et le texte grec (Jr
38,31–34)', in: Auwers, Wénin (eds), *Lectures et relectures*, 96–97.
[25] *Pace* Krašovec, *Reward, Punishment, and Forgiveness*, 457; Gross, 'Erneuter oder
neuer Bund?', 42; Gross, *Zukunft für Israel*, 140.
[26] Cf. Joüon, Muraoka, *Grammar*, § 125k.
[27] Hillers, *Covenant*, 167.
[28] W. Schneider, *Grammatik des biblischen Hebräisch: Ein Lehrbuch*, München ⁶1985.
[29] A. Niccacci, *The Syntax of the Verb in Classical Hebrew Prose* (JSOT.S, 86), Sheffield
1990.
[30] Thus Joüon, Muraoka, *Grammar*, § 119n.

— 32aA[1]   contains a nominal clause and functions as an apposition to the noun בְרִית in 31bA. Two composite subordinated clauses are dependent from 32aA[1]: 32aA[2]–aB–C and 32bA–B. The second אֲשֶׁר (32bA) is asyndetically related to the first (32aA[2]).[31]

— 32bB   contains a nominal clause with a stativic verb-form that functions as a circumstantial clause to 32bA.[32]

— 33aA   is a nominal clause that stands in apposition to the noun בְרִית in 31bA and forms a contrast with 32aA.

— 33aB   is a subordinate clause dependent from 33aA.

— 33bA–cB   contains embedded direct speech introduced by 33a–b, which is suggested by the asyndetical use of the *qātal*-form נָתַתִּי.[33]

— 34aA   although 34aA.ff. can be interpreted as the continuation of the direct speech in 33bA–cB, I prefer a classification as consecution of 31bA. The putting in first position of the adverb לֹא has provoked an inversion resulting in a *yiqtol*-form instead of a *wᵉqātal*-form that would be the expected consecution after the *wᵉqātal* in 31bA. This implies that the central syntactical order is as follows: God will conclude a covenant and the people shall no longer teach each other. 34aA functions as the introduction of direct speech (34aB) that as an object clause indicates the contents of what no longer shall be taught.

— 34aB   direct speech.

— 34bB   is a clause introduced by כִּי motivating 34bA.

— 34cA–B   is the continuation of the consecution introduced with an emphatic כִּי.

—   the fourfold יְהוָה נְאֻם, 'oracle of YHWH' functions as an underscoring of the forthcoming events described in the textual units.

---

[31] See the discussion in Gross, 'Erneuter oder neuer Bund?', 48–50; Gross, *Zukunft für Israel*, 135–36.

[32] I disagree with Levin, *Verheissung*, 57–58, who construes the verbform in 32bB as a perfectum propheticum. In doing so he undervalues the syntactical structure of 31:31–34 and pays too much attention to a parallel in the different context of Jer. 3:14.

[33] *Pace* Tita, "Ich hatte meine Tora in ihre Mitte gegeben".

This analysis makes clear that Jer. 31:31–34 can be construed as containing one complex sentence built up from several clauses which relate to each other. The central line of the syntactical composition is as follows: God will conclude a covenant (31bA), the people shall no longer teach each other (34aA–B) and He will forgive their sins. Verses 32 and 33 stand in parenthesis. There are no elements, clauses or word-groups within this composition that are in disorder.[34] Therefore, a literary-critical division is not suggested by the textual unit itself.

This observation does not imply that a textual unit which is syntactically well ordered could not be the final result of a process of redaction(s). Proposals to make literary-critical divisions in the text of Jer. 31:31–34 have a rather arbitrary character. The suggestion of Levin that an original early exilic oracle of hope 31:31a.34abα[1] was twice emended—first by 31b–32.33b.34ba²βγ and second by 33a with 30b as a gloss—is ingenious but rests mostly on the acceptance of the existence of a kind of formular for the description of an oracle of hope of which Jer. 31:31a.34abα[1] would be one of the few examples.[35] Levin does not consider the possibility that 31:31–34 could be an example of an extended form of this formular.

Besides, it should be noted that some literary-critical or redaction-historical proposals to construe the textual unit under consideration as multi-layered are based upon the supposition that the text, in its final form, is influenced by Deuteronomy and the Deuteronomistic school.[36]

---

[34] The assessment by Levin, *Verheissung*, 27, that 31:32 contains 'Flickwerk' is not based on a linguistic argument, see also Høgenhavn, 'Den nye pagts dage', 134.

[35] Levin, *Verheissung*.

[36] E.g., B. Duhm, *Das Buch Jeremia* (KHCAT, 11) Tübingen 1901, 255.258—although he does not use the qualifier 'Dtr'—; S. Herrmann, *Die prophetischen Heilserwartungen im Alten Testament: Ursprung und Gestaltwandel* (BWANT, 85), Stuttgart 1965, 179–85; Thiel, *Jer. 26–45*, 23–28; Th. Römer, 'Les "anciens" pères (Jér 11,10) et la "nouvelle" alliance (Jér 31,31)', *BN* 59 (1991), 25; McKane, *Jeremiah II*, 823–26; Vermeylen, 'L'alliance renouvellée', 57–84; C. Hardmeier, 'König Joschija in der Klimax des DtrG (2 Reg 22 f.) und das vordtr Dokument einer Kultreform am Residenzort (23,4–15*)', in: R. Lux (ed.), *Erzählte Geschichte: Beiträge zur narrativen Kultur im alten Israel* (BThS, 40), Neukirchen-Vluyn 2000, 95.132; T. Römer, A. de Pury, 'Deuteronomistic Historiography (DH): History of Research and Debated Issues', in: A. de Pury *et al.* (eds.), *Israel Constructs its History: Deuteronomistic Historiography in Recent Research* (JSOT.S, 306), Sheffield 2000, 77–79; T. Römer, 'Is there a Deuteronomistic Redaction in the Book of Jeremiah?', in: De Pury *et al.* (eds.), *Israel Constructs its History*, 409–10; R. Albertz, *Die Exilszeit 6. Jahrhundert v. Chr.* (Biblische Enzyklopädie, 7), Stuttgart 2001, 259, assumes 31:31–34 to be part of the third

This view has been challenged. Westermann observed that a 'new (or renewed) covenant' does not fit in the dtr. idea of a fundamental covenant.[37] Brettler proposed, rather convincingly, that Jer. 31:31–34 is not influenced by Deuteronomy, but that Deut. 30:1–10, which is not typically Deuteronomic, has been influenced by the Jeremiah-tradition.[38] Others argued that although some dtr-language is observable in Jer. 31:31–34 the contents of this unit stands contrary to some basic principles of the deuteromomic school.[39] Leene is of the opinion that Jer. 31:31–34 is a late addition written under the influence of Ezek. 36:26–27[40] while others construe the unit, or its kernel, to be authentic Jeremianic.[41]

The arguments brought to the fore above as well as in § 3 though not decisive when it comes to dating the canticle, nevertheless point at its conceptual coherence.

8.2.4 *Stylistic Remarks*

In her monograph, Bozak has made various observations on stylistic features within Jer. 31:31–34.[42] In § 3 various parallellisms within

---

deuteronomistic edition of the Book of Jeremiah; Soggin, *Israel in the Biblical Period*, 62–63; Klein, *Israel in Exile*, 64–66.

[37] C. Westermann, *Prophetische Heilsworte im Alten Testament* (FRLANT, 145), Göttingen 1987, 113.

[38] M. Brettler, 'Predestination in Deuteronomy 30.1–10', in: L.S. Schearing, S.L. McKenzie (eds), *Those Elusive Deuteronomists: The Phenomenon of Pan-Deuteronomism* (JSOT.S, 268), Sheffield 1999, 171–88.

[39] K. Schmid, *Buchgestalten des Jeremiabuches: Untersuchungen zur Redaktions- und Rezeptionsgeschichte von Jer. 30–33 im Kontext des Buches* (WMANT, 72), Neukirchen-Vluyn 1996, 32–33.65–88.346–49; G. Fischer, 'Aufnahme, Wende und Überwindung dtn/r Gedankengutes in Jer. 30f', in: W. Gross (ed.), *Jeremia und die 'deuteronomistische Bewegung'* (BBB, 98), Weinheim 1995, 129–39; Gross, *Zukunft für Israel*, 144–46; E. Otto, *Das Deuteronomium in Pentateuch und Hexateuch* (FAT, 30), Tübingen 2000, 172; E. Otto, 'Deuteronomium und Pentateuch: Aspekte der gegenwärtige Debatte', *ZAR* 6 (2000), 226–28; Otto, *Tora des Mose*, 56–57.

[40] H. Leene, 'Ezekiel and Jeremiah: Promises of Inner Renewal in Diachronic Perspective', in: J.C. de Moor, H.F. van Rooy (eds), *Past, Present, Future: The Deuteronomistic History and the Prophets* (OTS, 44), Leiden 2000, 150–75.

[41] Thompson, *Book of Jeremiah*, 579–81; H.D. Potter, 'The New Covenant in Jeremiah xxxi 31–34', *VT* 33 (1983), 347–57; Mazurel, *Verloren broeder*, 91–98; W. Brueggemann, *A Commentary on Jeremiah: Exile and Homecoming*, Grand Rapids 1998, 291–95; Ferry, *Illusions et salut*, 340–43; Nieto, 'El quiebre de estrutura'; Lalleman-de Winkel, *Jeremiah in Prophetic Tradition*, 196–201; Robinson, 'Jeremiah's New Covenant'; W.H. Schmidt, *Zukunftsgewissheit und Gegenwartskritik: Studien zur Eigenart der Prophetie* (2., erweiterte Auflage; BThS, 51), Neukirchen-Vluyn 2002, 89–91; Chisholm, *Handbook of the Prophets*, 195.

[42] See Bozak, *Life 'Anew'*, 117–23.

this canticle have been noticed. Here, I would like to make some remarks on contrasts within the textual unit:[43]

– the 'new covenant' stands contrary to the old one (32aA);[44]
– the breaking of the 'covenant' by the people of Israel (32bA) is contrasted by God's liberation in the time of the Exodus out of Egypt at one side (32aA–C) and by God being master on the other side (32bB);
– it should be noted that 32bA and 32bB have a parallel construction:[45]

	Pronoun	Verb	Object
32bA	*hēmāh*	*hēpērû*	*'et-bᵉrîtî*
	'They	have broken	the covenant'
32bB	*wᵉʾānokî*	*bāʿaltî*	*bām*
	'I	am master	over them';[46]

– the 'knowing of God' shall no longer be taught (34aA.cB). The construction לא עוד, 'no longer', is attested several times in the Book of Jeremiah and especially in the Book of Consolation as a device for discontinuity.[47]

All these contrasts can be related to a text-internal chronology. Within the textual unit a difference is made between 'then', 'now' and 'later'. In view of the performative character of prophetic speech, which classifies the textual unit as a text that wants to convince its hearers, it would be a surprise when these ideas, 'then', 'now' and 'later', would only refer to a text-internal chronology. Therefore, after discussing the text-internal chronology, an attempt will be made to relate 'then', 'now' and 'later' with features outside the text.

---

[43] This antithetic pattern has been hinted at by Krašovec, 'Vergebung und neuer Bund', 431; Krašovec, *Reward, Punishment, and Forgiveness*, 452, who, however, did not elaborate the idea.

[44] *Pace* Holmgren, *Old Testament and the Significance of Jesus*, 75–95, who argues that the 'new covenant' should be construed as a 'renewed covenant' and that the expression 'not like the covenant' should be interpreted as an ironic feature. Holmgren fails to see the elements of discontinuity in this passage.

[45] See also Renaud, 'Oracle de la nouvelle alliance', 92.

[46] Römer, 'Anciens pères', 26, observed a intertextual relation with Jer. 11:13 where mention is made of לקטר לבעל, 'to offer to Baal', and interprets Jer. 31:32 as follows: 'Israël a servi le Baal en oubliant que son "vrai Baal" c'est Yhwh'.

[47] See above § 7.7.

8.2.5 *Text-internal Chronology*

Monica Gerlach has published an analysis of what she depicts as the 'chronologische Stuktur' of Jer. 30:12–17.[48] That textual unit too contains elements of temporal differentiation. Jer. 30:12–17 refers to the 'past' when an incurable wound was caused. On the other hand, the text points at the 'future' when the wound will be healed. Both references are uttered in the 'now' of the speaker/writer. Moreover, the elements 'then' and 'later' are interrelated, especially in 30:16. In that verse it is said about a group of enemies that although it 'then' brought the injury, will 'later' be devoured and devastated.[49]

	'Then'		'Now'		'Later'
31aA			→		+
31aB					+
32aA¹	+				←
32aA²	+				
32aB	+				
32aC	+				
32bA	→	+	←		
32bB	→	+	←		
33aA			→		+
33aB					+
33bA					+
33bB					+
33cA					+
33cB					+
34aA			→		+
34aB					+
34bA					+
34bB					+
34bC					+
34cA	(+)	(+)	(+)	←	+
34cB	(+)	(+)	(+)	←	+

Fig. 24. Text-internal Chronology in Jeremiah 31:31–34

[48] M. Gerlach, 'Zur chronologischen Struktur von Jer 30, 12–17. Reflexion auf die involvierten grammatischen Ebenen', *BN* 32 (1986), 34–52.

[49] Here a comparable ideology is present as in the Book of Nahum, where the Assyrians are treated in the same way, see B. Becking, 'Divine Wrath and the conceptual Coherence of the Book of Nahum', *SJOT* 9 (1995), 277–96.

A '+' signifies that the act described or the situation depicted in a clause is to be situated in one of the three temporal levels. An arrow, ← or →, implies that the clause also refers to an act or a situation on another temporal level or that the act in one of the three stages will have an implication for the other stages. In 32bA and 32bB the indication '→ + ←' refers to the fact that the disobedience of the people and also the rule of Yhwh extended in the period from 'then' up to 'now'. This also implies that I disagree with Helga Weippert and Thomas Römer on this point. In their view, verse 32 refers only to the period between the Exodus out of Egypt and the Arrival in Canaan.[50] The 'period of the Judges' as well as the 'period of the Monarchy/ies' is also involved in verse 32, I think.[51] In 34cA–B the symbol (+) refers to acts assessed as 'iniquity' and 'sin' which took place in the period from 'then' up to 'now' which will be abrogated 'later'.

Within this temporarily three staged textual unit two main actors are portrayed 'Yhwh' and 'the people'. 'Yhwh' is construed as a singular actor, remaining the same 'person' throughout the internal chronology. 'The people' are seen as a plural or collective character, since more than one person is referred to. Besides, in reading the textual unit, an identification has been made. The persons who are 'now' teaching each other to know God are identified with their ancestors. The portrait of these two actors as supplied to us by the narrator and through its perspective will now be given in detail.

Yhwh:

'Then':

– concluded a covenant (32aA)
– took the people by the hand (32aB)
– let them go out of Egypt (32aB)
– was master over them (32bB)

---

[50] H. Weippert, 'Das Wort vom neuen Bund', 337; T. Römer, *Israels Väter: Untersuchungen zur Väterthematik im Deuteronomium und in der deuteronomistischen Tradition* (OBO, 99), Frieburg 1988, 430–33; Römer, 'Anciens pères', 27. See also the remarks by Schenker, 'Nie aufgehobene Bund', 109–12.

[51] See also Valeton, 'Das Wort בְּרִית', 251–52; Gross, *Zukunft für Israel*, 141–43.

'Now'

— promises a new covenant (31bA)
— is master over them (32bB)

'Later'

— will conclude a new covenant (31bA)
— will lay his law within them (33bA)
— will write the covenant on their heart (33bB)
— will be a god for the people (33cA)
— will forgive their iniquity (34cA)
— will no longer remember the sin of the people (34cB)

The People:

'Then':

— stood in a covenantal relationship with Y<small>HWH</small> (32aA)
— broke the covenantal relationship (32bA)
— sinned against Y<small>HWH</small> (34cA–B)

'Now'

— still break the covenantal relationship (32bA)
— teach each other to know Y<small>HWH</small> (34bA)

'Later'

— shall be a people for Y<small>HWH</small> (33cB)
— shall no longer teach each other to know Y<small>HWH</small> (34aA–bB)
— will all know Y<small>HWH</small> (33bB)

On a more conceptual level a few observations can be made now. In Jeremiah 30–31 two Transformations are implied. The first Transformation looks back to the past and can be depicted as the sum of changes that led to or were part of the exiliation out of the promised land. The second Transformation looks forward and can be depicted as the process hoped for that will have the return to the promised land as its outcome.

In Jer. 31:31–34 both Transformations are theologically qualified. As in some other units of the Jeremian Book of Consolation Trans. I is related with the theme 'guilt'. Words from this semantic field are used in 32bA (פרר I, 'to break'); 34cA (עון, 'iniquity') and 34cB (חטאה, 'sin'). Unlike the other textual units in Jer. 30–31, here the

theme of 'guilt' is related to the idea of an age-old ברית-relationship
between Yʜwʜ and the people.

There is a discussion among scholars on the provenance of the
concept ברית. Some see it as a very ancient notion, supposed to be
already attested in the period of Exodus and Sinai.[52] Others—mainly
following Julius Wellhausen[53]—see it as a late seventh century BCE
metaphor for the relationship between God and people.[54] Next to
that there is a tendency to construe the idea of ברית as a seventh
century BCE Judahite reflex of the Neo-Assyrian treaty and loyalty
oath imagery that supplied the language to coin the age old relationship between Yʜwʜ and his people.[55] Mark S. Smith seems to
argue that the idea of covenant was developped in the Davidic
period.[56] It needs to be noted that this scholarly discussion takes
place on the level of the historical reconstruction of events and ideas.
For the author of Jer. 30–31 as well as for its primary audience it
seems clear that ברית is a very ancient notion and that it refers either
to Yʜwʜ's covenant with the patriarchs or to the relationship established at Sinai.

Trans II is seen in other textual units as a divine exploit on behalf
of the people. As a new element—'new' in contradiction to the other
textual units in Jer. 30–31—the relationship between Yʜwʜ and the

---

[52] E.g. G. Mendenhall, *Law and Covenant in Israel and the Ancient Near East*, Pittsburgh 1955; see also Dumbrell, *Covenant and Creation;* J. Swetnam, 'Why was Jeremiah's New Covenant New', in: J.A. Emerton (ed.), *Studies on Prophecy* (VT.S, 26), Leiden 1974, 111–15; J.C. de Moor, *The Rise of Yahwism: The Roots of Israelite Monotheism Second Edition* (BEThL, 94), Leuven 1997, 208–70; Lalleman-de Winkel, *Jeremiah in Prophetic Tradition*, 165–208; D.I. Block, *The Gods of the Nations: Studies in Ancient Near Eastern National Theology*, Grand Rapids ²2000, 75–91; Bracke, *Jeremiah 30–52 and Lamentations*, 22.

[53] J. Wellhausen, *Geschichte Israels* I, Berlin 1878.

[54] On this discussion see E.W. Nicholson, 'Covenant in a Century of Study since Wellhausen', in: A.S. van der Woude (ed.), *Crises and Perspectives* (OTS, 24), Leiden 1986, 54–69.

[55] See e.g. R. Frankena, 'The Vassal-Treaties of Esarhaddon and the Dating of Deuteronomy', *OTS* 14 (1965), 122–54; M. Nissinen, 'Die Relevanz der neuassyrischen Prophetie für die alttestamentliche Forschung', in: M. Dietrich, O. Loretz (eds.), *Mesopotamica—Ugaritica—Biblica: Festschrift für Kurt Bergerhof zur Vollendung seines 70. Lebensjahr am 7. Mai 1992* (AOAT, 238), Neukirchen-Vluyn 1993, 217–58; H.U. Steymans, *Deuteronomium 28 und die adê zur Thronfolgeregelung Asarhaddons: Segen und Fluch im Alten Orient und in Israel* (OBO, 145), Freiburg 1995; E. Otto, 'Die Ursprünge der Bundestheologie im Alten Testament und im Alten Orient', *ZAR* 4 (1998), 1–84; Otto, *Tora des Mose*, 65–66; Soggin, *Israel in the Biblical Period*, esp. 11–33.

[56] M.S. Smith, *The Early History of God: Yahweh and the other Deities in Ancient Israel*, San Fransisco 1990, 147–52.

people which is expected to be established in the 'later'-period, is described in using the concept of a new relationship between God and people.[57] This new ברית-relationship is partly contrary to the 'old' ברית-relationship. The main difference is an increased heartiness. The ברית-relationship will no longer be something external to the person, but will be internalised in the center of her/his personality.[58]

A few scholars add something to this common interpretation:

(1) Swetnam argues that the metaphor 'heart' should also be taken literally and interprets Jer. 31:33 as an early example of the later *phylacteries*.[59]

(2) Helga Weippert assumes—based on a minute comparison with other units in Jeremiah—that Jer. 31:31–34 expects a *Neuschöpfung* of the person to be prepared for partnership in the new ברית-relationship.[60] This view, however, is not based on the immediate context within the Book of Consolation that does not hint at a change in the physical or psychological nature of humankind. Even the textual unit Jer. 31:35–37 where the idea of creation is directly referred to does not speak of a new creation at all.

(3) Potter assumes that a main character of the new relationship differs from the old one in this respect that the new ברית has a more democratic character: it was open to anyone without priestly mediation.[61]

---

[57] On the 'relationship formula' in Jer. 31:33 see R. Rendtorff, *Die 'Bundesformel': Eine exegetisch-theologische Untersuchung* (SBS, 110), Stuttgart 1995; Seock-Tae, 'I Will be Your God and You Will be My People'.

[58] See also the remarks by Hillers, *Covenant*, 168; Kidner, *Message of Jeremiah*, 109; Thompson, *Book of Jeremiah*, 581; Fischer, *Trostbüchlein*, 256–65; Høgenhavn, 'Den nye pagts dage', 138; Krašovec, *Reward, Punishment, and Forgiveness*, 455; Gross, *Zukunft für Israel*, 145–46; Brueggemann, *Commentary on Jeremiah*, 293; Schmid, *Buchgestalten*, 68–69; Robinson, 'Jeremiah's New Covenant', 194–98; Lapsley, *Can these Bones Live?*, 62; Albertz, *Exilszeit*, 259; Soggin, *Israel in the Biblical Period*, 63; Chisholm, *Handbook of the Prophets*, 195; Klein, *Israel in Exile*, 64; A.R.P. Diamond, 'Deceiving Hope: the Ironies of Metaphorical Beauty and Ideological Terror in Jeremiah', *SJOT* 17 (2003), 43.

[59] Swetnam, 'Why was Jeremiah's New Covenant New'.

[60] Weippert, 'Das Wort vom neuen Bund', esp. 347; H. Weippert, *Schöpfer des Himmels und der Erde: Ein Beitrag zur Theologie des Jeremiabuches* (SBS, 102), Stuttgart 1981, 55–57. See also M. Greenberg, *Studies in the Bible and Jewish Thought*, Philadelphia 1995, 19; Gowan, *Eschatology in the Old Testament*, 76: '. . . a change in the mind and will of the people'.

[61] Potter, 'New Covenant in Jeremiah xxxi 31–34'.

Furthermore, it should be observed, with Levin, that 'new' is an adjective related to ברית and not to humankind in Jer. 31:33. Moreover, a semantic analysis shows that Hebrew חדש, 'new', has the connotation of 'renewed' rather than 'totally new'.[62] This implies that despite the discontinuity, there are also elements of continuity in the relationship between YHWH and Israel. Finally, 31:34cA–B says that as an outcome of or within the framework of the new ברית-relationship iniquity will be forgiven and sins will be remembered no longer. In my view these two clauses express the newness of the new ברית-relationship: Contrary to the earlier ברית-relationship it contains the idea of remission of sin.[63]

It should be noted that YHWH is seen as taking the initiative of Trans II. This initiative, however, does not exclude human responsibility.[64]

Is it possible to relate these two Transformations with historical events? In other words: does the text-internal chronology refer to a text-external chronology? Before answering this question a remark must be made on the problem of dating biblical texts.

8.2.6   On Dating Texts[65]

Dating Biblical texts is no easy task since no generally-accepted procedures for dating texts exist. Generally the lock-and-key method is applied. An exemplary application of this method can be found in Hardmeier's monograph on 2 Kgs. 18–20.[66] The text—either in its original or in its final form—is to be considered as a key. The reconstructed history of the time in which a narrative is written or in

---

[62] See Dumbrell, *Covenant and Creation*, 175; Levin, *Verheissung*, 138–41; Holmgren, *Old Testament and the Significance of Jesus*, 75–95.

[63] Valeton, 'Das Wort ברית', 252. Levin, *Verheissung*, 133–35, assumes that the concept of God as the one who forgives is not attested in pre-exilic texts and traditions. Thiel, *Jeremia 26–45*, 26; Krašovec, 'Vergebung und neuer Bund', 437, consider the remission of sins as a preparing moment, and not as the outcome of the new ברית-relationship.

[64] As has been made clear by Holmgren, *Old Testament and the Significance of Jesus*, 75–95; *pace* Dumbrell, *Covenant and Creation*, 175.

[65] See also the remarks in B. Becking, 'Nehemiah 9 and the Problematic Concept of Context (*Sitz im Leben*)', in: M.A. Sweeney, E. Ben Zvi (eds.), *The Changing Face of Form Criticism for the Twenty-First Century*, Grand Rapids 2003, 253–65.

[66] Chr. Hardmeier, *Prophetie im Streit vor dem Untergang Judas: Erzählkommunikative Studien zur Entstehungssituation der Jesaja und Jeremiaerzählungen in II Reg 18–20 und Jer 37–40* (BZAW, 187), Berlin 1990.

which it received its final composition is to be seen as a lock in which the key can be turned. Meaning and significance can be read from what happens when the key is turned in the lock. For instance, Hardmeier construes the original narrative in 2 Kgs. 18–20 to be the 'Erzählung von der Assyrische Bedrohung und der Befreiung Jerusalems'.[67] Reading this ABBJ as a literary composition, the following picture arises: The fact that apparently two Assyrian campaigns against Judah/Jerusalem are mentioned is not provoked by historical data regarding two campaigns nor by the assumption that two sources depicting the same event have been conflated in the final narrative, but should be resolved on a narrotological level. The narrator has build in an element of complication: After Hezekiah's payment of tribute an Assyrian withdrawal is expected but does not take place immediately. The significance of this complication becomes clear when the key is turned in the lock. Hardmeier argues that the final years before the fall of Jerusalem to the Babylonians should be seen as the historical context of the ABBJ-narrative. On the level of historical reconstruction it should be noted that a temporary withdrawal of the Babylonian forces in 588 BCE was provoked by a march of Egyptian troops to relieve the beleaguered Judahite capital.

A few remarks to this lock-and-key method should be made. First, there is the possible pitfall of circular reasoning, especially when the key has been smoothed literary-critically, since in that process historical arguments play their role. Second, there will always be another lock that fits the key. The Maccabaean age, for instance, could provide an historical context for the ABBJ-narrative as well. This implies that also on a secondary occasion the rereading of the text could provoke a significant meaning. Third, our knowledge of historical processes in Ancient Israel is limited. Looked away from the Old Testament, which in itself is not a primary historical source, the evidence looks like a jigsaw puzzle with too much pieces gone. All these remarks imply that the procedure of dating Biblical texts will remain a tentative exercise. In sum: Dating texts is more a hermeneutical than a historical act.

---

[67] 'Narrative on the Assyrian Threat and on the Deliverance of Jerusalem'.

8.2.7   *The Text-external Chronology of Jer. 31:31–34*

These remarks also imply that it is not an easy task to date Jer. 31:31–34 or the whole of the Book of Consolation. Various attempts have been made. Some think of an original Jeremian kernel from the early career of the prophet with a final editing during or after the exile.[68] Others opt for an early exilic date, shortly after the fall of Jerusalem.[69] A third, though not homogeneous, group of scholars date the two chapters in the late exilic[70] or even post-exilic periods.[71] At this point I will not make a choice between these options.

To make a bridge from the text-internal to the text-external chronology it is important to refer to three features in the text:

1. In the 'later' stage there will be a personal relation between YHWH and the individuals of his people. People will personally, with their innermost parts, be involved in the new ברית-relationship.[72]
2. God will be knowable to all. As in Jer. 3:16 and 23:7–8 the external symbols for divine presence, the ark and the deliverance out of Egypt, will be replaced by a new internal symbol.
3. Their sins will be forgiven i.e. the relationship will start with a clean slate.

---

[68] E.g. H. Weippert, *Die Prosareden des Jeremiabuches* (BZAW, 132), Berlin 1973, 2.201; Böhmer, *Heimkehr*, 47–88; J. Lust, "Gathering and return' in Jeremiah and Ezekiel', in: P.-M. Bogaert (ed.), *Le livre de Jérémie* (BETL, 54) Leuven 1981, 119–42; N. Lohfink, 'Der junge Jeremia als Propagandist und Poet', in: Bogaert (ed.), *Le livre de Jérémie*, 351–68; N. Kilpp, *Niederreißen und aufbauen: Das Verhältniss von Heilsverheißung und Unheilsverkündigung bei Jeremia und im Jeremiabuch* (BThS, 13), Neukirchen-Vluyn 1990, 99–176; Holladay, *Jeremiah 2*, 155–71; Robinson, 'Jeremiah's New Covenant'.

[69] B. Lindars, 'Rachel weeping for her Children', *JSOT* 12 (1979), 47–62. Thiel, *Jeremia 26–45*, 21, seems to date the deuteronomistic redaction of earlier material in this period.

[70] G. Fohrer, 'Der Israel-Prophet in Jeremia 30–31', in: A. Caqout, M. Delcor (eds.), *Mélanges bibliques et orientaux* (FS H. Cazelles; AOAT, 212), Neukirchen-Vluyn 1981, 148, interprets the author of Jer. 30–31 as an anonymous proto-eschatological, although not yet Deutero-Isaianic prophet. Like B.W. Anderson, 'The Lord has created something new', *CBQ* 40 (1979), 463–78, Fohrer dates this prophet in exilic times.

[71] Carroll, *Jeremiah*, 569; R.P. Carroll, 'Intertextuality and the Book of Jeremiah: Animadversiones on Text and Theory', in: J.C. Exum, D.J.A. Clines (eds.), *The New Literary Criticism and the Hebrew Bible* (JSOT.S, 143), Sheffield 1993, 55–78; Fischer, *Trostbüchlein*, esp. 270.

[72] See also L. Stulman, *Order amid Chaos: Jeremiah as Symbolic Tapestry* (BiSe, 57), Sheffield 1998, 81–82.

All these three features suppose the 'then', 'now', 'later' scheme.

Therefore I would like to interpret Jer. 31:31–34 as words on a threshold in history looking at both sides of this threshold. The text looks back and forward in time in an evaluative manner. It assesses the conduct of the people with the words 'iniquity' and 'sin'. The view of the future is not related to mere events, but contains the expectation of a (re)new(ed) relationship with the divine.

8.2.8 *New Hope*

Within the existential uncertainty of the early post-exilic period, 'covenant' and 'law' will function as symbols of hope. They are no longer construed as external, objective features, but will be seen as subjective elements of personal faith. This personal faith will also imply individual responsibility.[73] This hopeful faith is not seen as based on individual or untrustworthy experience. Since the textual unit on the new ברית-relationship is followed by a unit depicting divine reliability, it should be noted that YHWH will stand as a guarantor for the new relationship. This is, in my view, the significance of the fact that the relationship-formula will be the text written on 'their heart' (33bA–B). This formula expresses the faithful expectation that even after the exile YHWH will not leave his people.

In relation to this a remark must be made to the theme of iniquity and sin. The author of Jer. 31:31–34 takes over or is influenced by the deuteronomistic view that the fall of both Samaria and Jerusalem is due to the cumulation of sin and misconduct of the people of Israel. He, however, does not take the events in 723 and 587 BCE as the end of the relationship between YHWH and his people. The renewal and deepening of this relationship after the exile will only be possible when sins are forgiven. Like the author of Isa. 40, the return from the exile is seen as related with the abrogation of iniquity.

8.3 *The Reliability of Reality*

The structural analysis in § 3 has shown that Jer. 31:31–37 consists in two canticles. This implies that Jer. 31:31–34, the canticle on the

---

[73] See Jer. 31:29–30 and Ezek. 18 with § 7 above.

(re)new(ed) ברית-relationship should be read in connection with
31:35–37 and not as a separated unit standing on its own.[74] Before
making remarks on the conseptual connections between the two canticles, the second canticle in the Sub-Canto needs to be analysed.

8.3.1 Jeremiah 31:35–37: Translation and Textual Remarks

I.ii.1   (Jeremiah 31:35)

Thus says YHWH	35aA
he who gives the sun as a light by day	35aB
and who adjusts the moon and the stars as a light for the night	35bB
who bawls against the sea so that its waves roar,	35cA
YHWH of hosts is his name.	35cB

I.ii.2   (Jeremiah 31:36)

If these institutions will totter before my face—oracle of YHWH—	36aA
then the offspring of Israel too would cease	36aB
being a nation before my face during all the days.	36aC

I.ii.3   (Jeremiah 31:37)

Thus says YHWH:	37aA
If the heavens above could be measured	37bA
and the foundations of the earth below could be fathomed,	37bB
then I would reject the whole of the offspring of Israel,	37cA
for all that they have done—oracle of YHWH—.	37cB

Textual Remarks:
    The Old Greek rendition of this canticle differs from the Masoretic
textform as has been discussed above in § 2.2.8.

35bB   Read *ḥoqēq*.[75] The Old Greek rendition has left out this word,
        probably assuming dittography with החקים in 36aA. There is
        no need, however, to omit חקק in 35bB,[76] to read is as חקת

---

[74] *Pace*, e.g., Wiebe, 'Jeremian Core', 152–54, who construes 35–37 to be 'an out
of place doxology'.
[75] With Volz, *Der Prophet Jeremia*, 283.287; Weippert, *Schöpfer des Himmels und der
Erde*, 38; *pace* Fohrer, 'Israel-Prophet', 147; Levin, *Verheissung*, 199 n. 9; Carroll,
Jeremiah, 1986, 610; Holladay, *Jeremiah 2*, 155; Keown *et al.*, *Jeremiah 26–52*, 125–26.
[76] *Pace* Thompson, *Book of Jeremiah*, 582; McKane, *Jeremiah II*, 828–29; H.B.
Huffmon, 'The Impossible: God's Word of Assurance in Jer. 31:35–37', in: S.L.
Cook, S.C. Winter (eds.), *On the Way to Nineveh: Studies in Honor of George M. Landes*

and construe it as a noun that like שמש in 35bA is the object of נתן[77] or to maintain MT.[78]

35cA LXX reads καὶ κραυγὴν ἐν θαλάσσῃ, 'who bawls up the sea'. Most probably the *Vorlage* of the LXX read נער instaed of רגע. Although most scholars follow MT,[79] the reading of the LXX should be preferred as supplying a more understandable text.[80]

37aA The words כה אמר יהוה are sometimes construed as super-fluous.[81]

8.3.2.　*Conservatio Creationis*[82]

In Jer. 31:35–37 the concept of creation is construed as a *creatio continua*. Creation is not seen as a set of events and divine acts at the beginning of time and history, but as the sovereign governance of God over the cosmos.[83] This can be inferred from the verbforms that are used in 31:35. The three participles נתן; חקק* and נער* indicate that the strophe under consideration is written in a hymnic-describing style. This implies that the verbs do not describe acts in the past[84] but are referring to continuous divine acts. The author of

---

(AASOR Books, 4), Atlanta 1998, 173; X.H.T. Pham, *Mourning in the Ancient Near East and the Hebrew Bible* (JSOT.S, 302), Sheffield 1999, 179.

[77] D. Barthélemy, *Critique textuelle de l'Ancien Testament: 2. Isaïe, Jérémie, Lamentations. Rapport final du comité pour l'analyse textuelle de l'Ancien Testament hébreu institué par l'Alliance Biblique Universelle, établi en coopération avec A.R. Hulst, N. Lohfink, W.D. McHardy, H.P. Rüger, J.A. Sanders* (OBO, 50/2), Fribourg 1986, 689–90; Robinson, 'Jeremiah's New Covenant', 201.

[78] Bozak, *Life 'Anew'*, 124; Ferry, *Illusions et salut*, 281–82.

[79] E.g., Thompson, *Book of Jeremiah*, 582; Weippert, *Schöpfer des Himmels*, 38; Carroll, *Jeremiah*, 615; Holladay, *Jeremiah 2*, 155; McKane, *Jeremiah II*, 828; Huffmon, 'The Impossible', 173; Bozak, *Life 'Anew'*, 124; Keown *et al.*, *Jeremiah 26–52*, 125; P.T. Willey, *Remember the Former Things: The Recollection of Previous Texts in Second Isaiah* (SBL.DS, 1616), Atlanta 1997, 137–41; Ferry, *Illusions et salut*, 272.

[80] See F. Stolz, 'Sea', *DDD²*, 740.

[81] E.g. by Weippert, *Schöpfer des Himmels*, 38.

[82] The use of this dogmatic concept, or beter conflation of two ideas 'creatio continua' and 'conservatio mundi', does not imply that I would prefer to adapt the concept underlying this Strophe in Jeremiah to some sort of dogmatic scheme; see for the terminology H. Heppe, *Die Dogmatik der evangelisch-reformierten Kirche*, Neukirchen 1958, 199–223; Locus De Providentia .

[83] See, e.g., Weippert, *Schöpfer des Himmels*; L. Wisser, 'La création dans le livre de Jérémie', in: L. Derousseaux (ed.), *La création dans l'orient ancien* (LD, 127), Paris 1987, 241–60; Carroll, *Jeremiah*, 615–16; W. Brueggemann, *Theology of the Old Testament: Testimony, Dispute, Advocacy*, Minneapolis 1997, 145–64.

[84] *Pace* McKane, *Jeremiah II*, 829; Pham, *Mourning*, 179.

this canticle does not construe reality as disenchanted, but as a meaningful whole in which God is a divine actor.

8.3.3   *Time and Space: Divine Construction and Threatened Reality*

Within the canticle I.ii two spheres or dimensions are of great importance that can be labelled as time and space. The sun, the moon and the stars in 35bA–B should be seen as indicative for the everlasting cycle of time, the ongoing interchange between daylight and nighttime. The *merism* in 37bA–B: 'heavens' and 'foundations' is indicative for the construction of the immense universe and for the stable position of the earth.[85]

Yet the cosmos is threatened from two sides:

1. By the inimical powers of the sea (35cA);
2. By human wrongdoings (37cB).

Jer 31:35cA should be construed as an allusion to the divine battle against the 'sea'.[86] The rebuking of the inimical powers of the sea is a wellknown theme in Canaanite mythology as well as in the Hebrew Bible.[87] One of the main themes in the Ugaritic Baal Epic is the complex controversy between the deities Baal and Yam. In this controversy Yam represents the powers of chaos that are defeated by Baal. In the Hebrew Bible reflexes of this mythological pattern are present. At six instances God rebukes the 'waters': Ps. 18:16 = 2 Sam. 22:16; Ps. 104:7; 106:9; Isa. 50:2; Nah. 1:4. This last text supplies an interesting parallel:

> He is rebuking the sea and it dries up
> He makes dry all the rivers.[88]

These and other texts make clear that the 'sea' in Jer. 31:35 should be interpreted as an inimical power that threatens the cosmic order.[89]

---

[85] See Weippert, *Schöpfer des Himmels*, 40–41.

[86] Thus Willey, *Remember the Former Things*, 137–41; Stolz, 'Sea'.

[87] See basically J. Day, *God's Conflict with the Dragon and the Sea*, Cambridge 1985.

[88] See B. Becking, 'Divine Wrath', 282–85; K. Spronk, *Nahum* (HCOT), Kampen 1997, 39–40.

[89] This also implies that I not agree with J.A. Motyer, *The Prophecy of Isaiah*, Downers Grove 1993, 412, note 1, who proposed that a well-known creation hymn was quoted, other parts of which can be found in Isa. 51:15; Amos 4:13; 5:8; 9:5–6; see also Pham, *Mourning*, 179.

On the basis of this proposal a canticle parallellism: נַעַר יָם* ||
כָּל־אֲשֶׁר עָשׂוּ (responsion) can be assumed. From the context it becomes
clear that the 'they' in 'all they have done' has the 'offspring of
Israel' as its antecedent. It is intriguing that it is unclear what exactly
they have done. I would porpose—on the basis of a distant parallellism that connects the canticles of Sub-canto I: עָוֹן ... חַטָּאה (I.i.3)
|| כָּל־אֲשֶׁר עָשׂוּ (I.ii.3)[90]—that the 'deeds' allude to sins and wrong-
doings of the Israelites. 'Sin' has the power to afflict and distort the
cosmic order.[91] In other words Jer. 31:35–37 portrays the divine
order as threatened both by inimical forces of nature and human
misconduct.

8.3.4   *Adynata*

When discussing the textual differences between MT and LXX (§ 2.8.),
I have noticed that in the Hebrew version of the Masoretic tradition almost the same material as in the LXX is organised climacti-
cally. In this version the hymnic depiction of YHWH (vs. 35) is the
inducement for two sentences, which are construed in a syntactically
parallel way. Jer 31:36 phrases negatively that Israel will not cease
to exist as the people of God. In the same way v. 37 states that
Israel will not be rejected by YHWH. I interpret מאס, 'rejection', as
a stronger and more theologically charged expression of God's aban-
doning of the relationship. Consequently, v. 37 should be regarded
as an extended parallel of v. 36.

Both strophes—vs. 36 and 37—have the same syntactical construction. Both have the form of an irrealis: אִם ... גַּם, 'if . . . . then'.[92] In
the protasis of both strophes, however, an adynaton is to be detected:

If these institutions will totter before my face—oracle of YHWH—	36aA
If the heavens above could be measured	37bA
and the foundations of the earth below could be fathomed,	37bB

---

[90] See above § 3.10. and Unterman, *From Repentance to Redemption*, 95.

[91] A recent systematic conceptual analysis of the Biblical idea of sin can be found
in R. Knierim, *The Task of Old Testament Theology: Method and Cases*, Grand Rapids
1995, 424–52.

[92] See also Holladay, *Jeremiah 2*, 170–71; Bozak, *Life 'Anew'*, 125; Joüon, Muraoka,
Grammar, §§ 167–68; C.H.W. van der Merwe, 'Pragmatics and the Translation Value
of *gam*', *JfS* 4 (1992), 181–99; W.H. Rose, *Zemah and Zerubbabel: Messianic Expectations
in the Early Postexilic Period* (JSOT.S, 304), Sheffield 2000, 244–47.

From a rhetorical point of view, it should be noticed that these lines express impossibilities. It is unthinkable that the heavens ever were to be measured or that the foundations of the earth ever could be fathomed. Both acts are beyond human reach. They belong to the realm of the impossible. By implication the situations alluded in the protases—the cessation of the relationship and the rejection of the people—will never happen.[93]

8.3.5   *The Reliability of Reality*

These observations are leading to a conclusion. In Jer. 31:35–37 a specific kind of creation theology is expressed. The text stresses the reliability of reality as it can be experienced in the stability of the cycles of sun and moon and in the immutability of the stars. This experienced reliability functions as a metaphor for divine reliability.[94] In this canticle the hymnic depiction of YHWH as the guarantor of the regularity of the forces of nature functions as the central motivation for the implied oracle of salvation: YHWH guarantees the endurance of the people of Israel which cannot be threatened by forces of nature or human wrongdoings.

8.4   *Covenant and Cosmos—Reliability and Relationship—the Conceptual Coherence of Jer. 31:31–37*

In my view, Jer. 31:31–37 should be interpreted as a unit. This implies that the theme of divine reliability should be seen as conceptually related to the promise of a new relationship. How should this connection be construed? I would like to offer a proposal by making a detour around the Ancient Nears Eastern concept of treaty, covenant and/or loyalty oath. A variety of texts is known in which

---

[93] See also A. van Selms, *Jeremia II* (POT), Nijkerk 1974, 82–83; Thompson, *Book of Jeremiah*, 582; Carroll, *From Chaos to Covenant*, 214; Holladay, *Jeremiah 2*, 199; Wiebe, 'Jeremian Core', 152–54; Bozak, *Life 'Anew'*, 125–26; Fischer, 'Aufnahme', 131–32; McKane, *Jeremiah II*, 829–31; Huffmon, 'The Impossible', 174–82; Keown et al., *Jeremiah 26–52*, 136–37; Brueggemann, *Commentary on Jeremiah*, 298; Chisholm, *Handbook of the Prophets*, 195–96.

[94] See Weippert, *Schöpfer des Himmels*, 37–42; H.-P. Stähli, *Solare Elemente im Jahweglauben des Alten Testaments* (OBO, 66), Freiburg 1985, 17–18; Ferry, *Illusions et salut*, 344–45; Bracke, *Jeremiah 30–52 and Lamentations*, 24–25; Chisholm, *Handbook of the Prophets*, 195–96; Diamond, 'Deceiving Hope', 43.

stipulations can be found that regulate the relationship between two or more parties. Some of these texts have a symmetrical character. They are parity-treaties concluded between kingdoms or people of equal strength and status. The majority of these texts, however, regulate asymmetric relations mosty between a superior power and a vassal, or—as in the case of the Hebrew Bible—between a superior divine being and his people.

8.4.1   *History as the Ground of Being*

8.4.1.1   *Hittite Treaties*
Excavations in Anatolia and Ugarit have unearthed 21 Hittite treaties, written in Hittite or Akkadian and sometimes bilingual.[95] The documents date from the second millennium BCE. These treaties regulate the relations between the Hittite overlord and his vassal. A typical element in these treaties is the 'historical introduction'. Before the stipulations of the treaty are given the Hittite overlord refers to the past. The contents of this element 'historical introduction', however, changes from text to text, since it is not a reference to the past in general terms, but a description of the history of the relationship of the Hitite overlord with the vassal under consideration. The 'historical introduction' relates how in the past the Great King had favoured the vassal or spared the severe punishment the subordinate had deserved. In other words this section displays the mercy that the Hittite overlord had shown as the basis for the treaty and its stipulations.[96] This mercy of the Hittite king is the basis for the stipulations of the treaty.

8.4.1.2   *Alalakh Pacts*
In the Northern Syrian city of Atchana, ancient Alalakh, three second millennium BCE texts of interest for the matter under consider-

---

[95] The texts are easily accesible for the non specialist via G. Beckman, *Hittite Diplomatic Texts: Second Edition* (SBL WAWS, 7), Atlanta 1999.

[96] See D.J. McCarthy, *Treaty and Covenant: A Study in Form in the Ancient Oriental Documents and in the Old Testament* (AnBi, 21), Roma 1963, 28–50; K. Baltzer, *Das Bundesformular* (WMANT, 4), Neukirchen-Vluyn ²1964, 19–28; Hillers, *Covenant*, 25–45; M. Weinfeld, *Deuteronomy and the Deuteronomic School*, Oxford 1972, 69–75; H. Cancik, *Grundzüge der hethitischen und alttestamentlichen Geschichtsschreibung* (ADPV), Wiesbaden 1976, 26–27.147–51; Beckman, *Hittite Diplomatic Texts*, 3.

ation were excavated. Two of them are parity treaties,[97] one is a
clear vassal-treaty regulating the relationship between Abba-ilu of
Yamhad and his overlord Yarim-Lim of Alalakh. After an introductory part, probably indicating the boundaries of Yarim-Lim's territory, the formal treaty is preceded by a historical introduction. Here
the rebellion of a certain Zitraddu of Irridi against Abba-ilu is narrated. Yarim-lim destroyed the city of Irridi and as a reward for
that Abba-ilu handed over the city of Alalakh to his brother king
Yarim-Lim.[98] The display of power in the past functions as a warning towards Abba-ilu not to break the treaty and its stipulations.[99]

8.4.1.3   *Neo-Assyrian Treaties and Loyalty Oaths*
In the Neo-assyrian texts the structural element 'historical introduction' is still present, but not as prominent as in the Hittite treaties.
It is only in two out of the fourteen inscriptions yet known that such
an introduction is present. In Esarhaddon's Succession Treaty the
element is reduced to the following line:

> all those over whom Esarhaddon, king of Assyria, exercises kingship
> and lordship.[100]

In the Treaty that Ashurbanipal concluded with the Arab Qedar
tribe after liberating them from their former king and oppressor
Yauta', the historical introduction is quite clear:

> [*Considering* th]at Yauta' (your) male[factor] handed all [Arab]s over to
> destruction [through] the iron sword and put you to the sword, [and
> that Ashur]banipal, king of Assyria, your lord, put oil on you and
> turned his friendly face towards you[101]

---

[97] Edited by D.J. Wiseman, *The Alalakh Tablets*, London 1953, Texts 2 and 3;
see also R. Hess, in: *COS* 2, 329–32 (with lit.).
    [98] D.J. Wiseman, 'Abban and Alalahh', *JCS* 12 (1958), 124–29:19–39; see also
P. Kalluveettil, *Declaration and Covenant: A Comprehensive Review of Covenant Formulae from
the Old Testament and the Ancient Near East* (AnBi, 88), Roma 1982, 179, and above
§ 4.3.1.2.
    [99] McCarthy, *Treaty and Covenant*, 51–61.
    [100] D.J. Wiseman, *The Vassal-Treaties of Esarhaddon*, London 1958, § 1:6–7;
K. Watanabe, *Die adê-Vereidigung anlässlich der Thronfolgeregelung Asarhaddons* (BaghM
Beiheft, 3), Berlin 1987, 57.144–45.177; S. Parpola, K. Watanabe, *Neo-Assyrian
Treaties and Loyalty Oaths* (SAA, 2), Helsinki 1988, 6:6–7.
    [101] *SAA* 2, 10:4'–11'.

This merciful act of liberation then is the basis for the treaty. The decrease of the element in the Neo-Assyrian texts might be due to the fact that their being merciful masters of the empire was self-evident for the Assyrian kings.[102]

8.4.1.4 *The Aramaic Treaty from Sfire*

The wellknown treaty between Barga'yah and Matiel from Sfire[103] does not contain the element 'historical introduction' as a basis for the relationship between the two kings and their descendants.

8.4.1.5 *Hebrew Bible*

In the Hebrew Bible the Decalogue is introduced by a preambule that has a historical character:

> I am YHWH, your God
> who brought you out of the land of Egypt
> out of the house of bondage.[104]

With this introduction, the stipulations for proper conduct are set in a theological framework: The liberation out of Egypt by YHWH functions as the basis of the law-giving. This pattern is observable in oher collections of regulations in the Hebrew Bible.[105] In the canticle on the new ברית-relationship (I.i) an echo of this pattern is still present in the phrase 'not like the covenant that I concluded with their fathers on the day that I took them by the hand to let them go out of the land of Egypt' (Jer. 31:32aA–B).

8.4.2 *Creation as the Ground of Being*

Covenant and creation have too often been seen as separate domains in (Biblical) theology.[106] Nevertheless, when reading the two Canticles

---

[102] McCarthy, *Treaty and Covenant*, 68–79; Weinfeld, *Deuteronomy*, 68–69; Parpola, Watanabe, *Neo-Assyrian Treaties and Loyalty Oaths*, xxxviii.

[103] Sefire I, II, III = KAI 222 A, B and C; see: McCarthy, *Treaty and Covenant*, 62–67; A. Lemaire, J.-M. Durand, *Les inscriptions araméennes de Sfiré et l'Assyrie de Shamshi-Ilu* (HEO, 20), Genève 1984.

[104] Exod. 20:2; Deut. 5:6.

[105] E.g., Exod. 34:6; Lev. 19:2; Deut. 1–3. See also Weinfeld, *Deuteronomy*, 65–74; Nieto, 'El quiebre de estrutura', 497–99; B. Lang, *Jahwe der biblische Gott: Ein Porträt*, München 2002, 56–58.

[106] See T.N.D. Mettinger, *In Search of God: The Meaning and Message of the Everlasting Names*, Philadelphia 1988, 170–74; P.D. Miller, 'Creation and Covenant', in: S.J. Kraftchick *et al.* (eds.), *Biblical Theology: Problems and Prospects*, Nashville 1995, 155–68.

I.i and I.ii together as one coherent whole, the symbol system of Sub-Canto I can be formulated as follows: the idea of creation has taken over the function of the 'historical introduction' known from a variety of Ancient Near Eastern texts. The reliability of reality as met with in time and space, stands as a metaphor for the reliabilty of God's promise.[107] The theme of God as creator functions as an ultimate motivation for the promise of the new covenant. In both versions, though phrased differently in LXX and MT, the firmness of God's creation and the reliability of the laws of nature together underscore the trustworthiness of the promises of YHWH for a renewed and deepened relationship.

---

[107] See also Valeton, 'Das Wort ברית', 251; Holladay, *Jeremiah 2*, 199; Huffmon, 'The Impossible', 176–77; Robinson, 'Jeremiah's New Covenant', 201–03.

CHAPTER NINE

IS THE CONCEPTUAL COHERENCE OF JEREMIAH 30–31 BASED ON AN 'EXODUS-THEOLOGY'?

9.1 *The Conceptual Coherence of Jer. 30–31: A Few Remarks*

9.1.1 *Twofold Transformation*

The exegetical analysis of five Sub-Canto's has yielded the view that Jeremiah 30–31 is a text about changes. In all Sub-Canto's a twofold Transformation is visible. Transformation I looks back to the past and can be described as the sum of all those events that lead to the situation of a people bitterly wounded and inconsolably hurt, living in exile and anger. Transformation II looks forward and can be described as the process hoped for that will make an end to this situation.[1] It should be noted that this interpretation differs from the one presented by, e.g., Barbara Bozak who only reckons with the second transformation[2] as well as from the interpretation of Derek Kidner who does not construe these two transformations as different events: '. . . liberation . . . its other face is judgment . . . and the people to be liberated need saving from themselves . . .'.[3] In Sub-Canto B, for example, Transformation I is indicated by the imagery of the incurable wound and with a phrase like 'with the blow of an enemy I have struck you' (30:14bA). In sum: It is an expression of divine abandonment.[4] Transformation II is referred to with phrases like 'All your devourers will be devoured, however.' (16aA) and 'For I shall let rise healing over you' (17aA).

---

[1] See also J.M. Bracke, *The Coherence and Theology of Jeremiah 30–31* (Dissertation Union Theological Seminary), Richmond 1983, who, however, does not use the concept of Transformation.

[2] B.A. Bozak, *Life 'Anew': A Literary-Theological Study of Jer. 30–31* (AnBi, 122), Roma 1991; see also G. Fischer, *Das Trostbüchlein: Text, Komposition und Theologie von Jer 30–31* (SBB, 26), Stuttgart 1993, 246–52; G.L. Keown *et al.*, *Jeremiah 26–52* (WBC, 27), Dallas 1995, 82–139.

[3] D. Kidner, *The Message of Jeremiah*, Leicester 1987, 104.

[4] D.I. Block, *The Gods of the Nations: Studies in Ancient Near Eastern National Theology* (Second edition), Grand Rapids 2000, 135–42.

Here, a remark on the general interpretation of the Book of Consolation must be made. Kessler and Nicholson have challenged the view that Jer. 30–31 contain oracles of hope which seem to be communis opinio among scholars. They pointed at several elements of doom within the two chapters, which make a classification as text(s) expressing hope unacceptable for them.[5] These elements of doom, however, are not to be categorized as prophecies of doom, but should be construed as related either to the description of Trans I or the fate of Israel's enemies in the 'events' of Trans II.

All Sub-Canto's reflect the following view on history: History shows a pattern of interchange between 'good times' and 'bad times'. All units imply the idea that there is an alternation in time from periods of prosperity to times of trouble and from situations of sorrow to a period of peace. Fear and freedom follow each other. This view can be depicted as proto-apocalyptic. In later apocalyptic literature history is related in a schematic way. The past is presented in periods. I would like to classify the world view in Jer. 30–31 as *proto*-apocalyptic since the concept of periodizing in its extreme form is not yet present. Besides, the role of the divine being is stressed in Jeremiah. I would add that a comparable world view is attested in Mesopotamian texts that are roughly contemporaneous with Jer. In the so-called Akkadian literary predictive texts the same pattern of interchange between 'good times' and 'bad times' is detectable.[6]

9.1.2 *Sin and Sorrow: The First Transformation*

I will now take a closer look at the theological fabric of both Transformations. In Trans I the ideas of sin and of sorrow play an important role. In some Sub-Canto's the stress is on sin and iniquity. In others the sorrow and anger are stressed. I will give two examples. The idea of sin, for instance, is present in Canticle B.i and B.ii.: The uncurable wound is set on Israel:

[5] M. Kessler, 'Jeremiah Chapters 26–45 Reconsidered', *JNES* 27 (1968), 83; E.W. Nicholson, *Preaching to the Exiles*, Oxford 1970, 106.

[6] See also M. Weippert, 'Aspekte israelitischer Prophetie im Lichte verwandter Erscheinungen des Alten Orients', in: G. Mauer, U. Magen (eds.), *Ad bene et feliciter seminandum: Festgabe für Karlheinz Deller zum 21. Februar 1987* (AOAT, 220), Neukirchen-Vluyn 1988, 291–93.

because of the abundance of your iniquity,   14cA
    because your sins are numerous.   14cB

In view of Canticle I.i. (Jer. 31:31–34), where the theme of 'guilt'
is related to the idea of an age-old *bᵉrît*-relationship between YHWH
and the people, the idea of sin in Jer. 30–31 might be related to
the idea of תורה as regulation of the experienced relationship. From
Jer. 30–31 as such it is not clear what exactly is meant by 'sin' and
'iniquity'.

    Other Sub-Canto's stress 'sorrow' and 'anger' in relation to Trans
I. In Jer. 31:15–17 the carrying away into exile is portrayed with
the image of Rachel unconsolably weeping for her children. In
Strophe F.i.1. (Jer. 31:15) the emphasis is laid on the weeping expression of Rachel's sorrow. The question of guilt is silenced here as
well as in some other lines of the Book of Consolation. Both the
wanting and the silencing can be explained, I think. They happen
when the themes of 'mourning' and 'sorrow' are on the fore, for
example in Strophe E.ii.3 (31:13). In the whole of the Book of
Consolation the theological ideas of guilt and punishment are not
lacking. Within the textual organization in Jer. 30–31 they sometimes are concealed.

    The shift from 'living in the land' to 'living in exile' is provoked
by sin and leads to sorrow. YHWH is confessed to be the *protagonist*
of this transformation. This implies that the author of Jer. 30–31
interpreted the downfall of Jerusalem to be more than an event occasioned merely by a conjunction of military, economic and political
means of power. In this view these powers were instruments in the
hand of God. This implies that God is seen as a background power
steering history.

9.1.3   *Return and New Relationship*

With the second Transformation, the author of Jer. 30–31 expresses
hope for the future. Features of Trans II are the end of sorrow and
the return from exile. Most important, however, is the establishment
of a new relationship as is stressed in Canticle I.i. (31:31–34).

    Jer. 30–31 is a text on the threshold of the Exile looking beyond
the threshold. For the coming Persian period in which Yahwism no
longer is a national religion, a new belief-system and therefore a new
relationship is needed. This new relationship between YHWH will be
more intimate and of a personal character. In the immense Persian

empire where religions other than Yahwism were present, a personal
choice, a personal relationship and personal responsibility are central
ideas in the renewed form of Yahwism. Yhwh is confessed as estab-
lishing this new relationship. Next to that He

– will lay his law within them (33bA)
– will write the ברית on their heart (33bB)
– will be a god for the people (33cA)
– will forgive their iniquity (34cA)
– will no longer remember the sin of the people (34cB).

These elements have their counterparts in the other units in Jer.
30–31. In relation to Trans II Yhwh is thus confessed as a passionate divinity looking for community with humankind and willing
to forgive iniquities.

9.1.4   Divine Changeability

Taking Jer. 30–31 as a rhetorical whole, a conceptual problem has
to be resolved. How can God be an inimical and also a loving God?
Phrased this way, this is an incorrect question, however. Within Jer.
30–31 God stands inimical toward his people in texts and units that
reflect Trans I, while He is depicted as loving and caring in texts
and units that refer to Trans II. This implies that God is not *at the
same time* inimical and loving. Foundational to the image of God in
the Hebrew Bible is that God is seen as a person-like being. Though
he is not a human being, the god-talk in the Hebrew Bible is in
person-like imagery. Another feature of the image of God in the
Hebrew Bible is that he is seen as a divine being that reacts to
human acts and that responds to human utterings of despair and
anger.

The underlying image of God in Jer. 30–31 is that of divine
changeability. Yhwh is changeable and changing in relation to human
history. He is confessed as passionate and powerful.[7]

---

[7] See above § 5 and W. Brueggemann, *Theology of the Old Testament: Testimony,
Dispute, Advocacy*, Minneapolis 1997, 171.307–313.

9.2   *Exodus-Theology?*

9.2.1   *Van der Wal's Thesis*

Recently, Van der Wal has uttered the view that the author of Jer. 30–31 made use of Exodus-traditions to formulate his message of hope.[8] In his view the audience of Jer. 30–31, which are construed by him as reflexes of prophetic sermons, is a group of people living in post destruction Jerusalem waiting for their transit to Babylonia. The mental situation of this group can be concluded from the Book of Lamentations. The prophet comforts this group by retelling its religious traditions stressing the Exodus as a liberating event and a model for forthcoming salvation. To support this claim Van der Wal discusses the explicit and the implicit references to the Exodus in Jer. 30–31.

9.2.1.1   *Explicit references to the Exodus*

Explicit references to the Exodus are, according to Van der Wal, to be found at the following instances:[9]

(1) Jer. 31:32, where it is said that God took the fathers by their hand and led them from Egypt (יצא Hiph. + מן). In Jer. 31:32 the adverbial adjunct מארץ refers to the Exodus from Egypt; in Jer. 31:16 the same term refers to the forthcoming return from Babylon.

(2) Jer. 31:9, where it is said that God will take the people in the future and lead them among flowing brooks, a reference to the stories of, e.g., Mara and Elim in Exod. 15 and 17.

(3) Jer. 31:2, which refers to the wandering in the desert (במדבר, see also Exod. 14:11; 15:22; 16:32; 19:2 and Jer. 2:2).

(4) Jer. 31:32, where it is said that God made a covenant with the fathers of Israel at the time of the Exodus.

(5) Jer. 30:3, which refers to the gift of the land.

---

[8] A.J.O. van der Wal, 'Themes from Exodus in Jeremiah 30–31', in: M. Vervenne (ed.), *Studies in the Book of Exodus* (BEThL, 136), Leuven 1996, 559–66; see also Fischer, *Trostbüchlein*, 220–21; B.W. Anderson, *From Creation to New Creation: Old Testament Perspectives* (Overtures to Biblical Theology), Minneapolis 1994, 193; F.C. Holmgren, *The Old Testament and the Significance of Jesus: Embracing Change—Maintaining Christian Identity*, Grand Rapids 1999, 76.

[9] Van der Wal, 'Themes from Exodus', 560–61.

9.2.1.2 *Implicit References to the Exodus*

Implicit references to the Exodus are found by Van der Wal at the level of words and phrases. He lists about ten words or wordgroups that occur in the Book of Exodus and also in Jer. 30–31. I will give two examples: In the Book of Exodus the forced labor of the Hebrews in Egypt is depicted as עבדה, 'servitude' (Exod. 1:14; 2:23; 5:9, 11; 6:6, 9), while in Jer. 30:8, in a description the people will be delivered from the verb עבד, 'to serve', is used. In Exod. 2:25; 3:7, 9; 4:31 it is said of God that He sees (ראה) the need of the people. In Jer. 30:6 Van der Wal construes God as the subject of the phrase 'Why then do I see (ראיתי) every young man with his hands on his loins like a woman who bears?'.

Another implicit reference to the Exodus is what he calls the 'covenant-formula': 'I will be your God and you shall be my people' (Exod. 6:7; 29:45; Jer. 30:22; 31:1, 33).[10]

9.2.1.3 *Conclusion*

From these implicit and explicit references Van der Wal concludes that there is a significant number of associations between Exodus and Jer. 30–31. The two texts have many themes in common. The theological fabric of Jer. 30–31 is formulated by him as follows: 'He [= the author of Jer. 30–31] predicts deliverance from Babylon and depicts that deliverance as a new Exodus'.[11] Next to that both texts share their idea on God: He will live in a relationship with his people, yet at a distance. Nevertheless, Van der Wal notes three, important, differences:[12]

– Jer. 30–31 reflects a forthcoming shift: The תורה will no longer be written on stone, but on human hearts (this elucidates the almost complete absence of tabernacle traditions in Jer. 30–31);
– Jer. 30–31 reflects a theological shift: God's anger will no longer 'visit' the fourth generation (Exod. 20:5; 34:7), Everybody will be responsible for his or her own deeds and doings (Jer. 31:29–30);
– God will not even think of Israel's sins (Jer. 31:34); this idea is absent in the Book of Exodus.

---

[10] Van der Wal, 'Themes from Exodus', 561–65.
[11] Van der Wal, 'Themes from Exodus', 565.
[12] Van der Wal, 'Themes from Exodus', 566.

At first sight the evidence for his view seems impressive. Nevertheless, some criticism is at stake.

9.2.2   *Analysis of Van der Wal's Position*

9.2.2.1   *Unclear Concept*

My evaluation of Van der Wal's proposal starts with an observation. He does not supply the reader a clear definition of 'Exodus'. Sometimes the idea is taken as the act of liberation out of Egypt and the traditions on that supposed event. Sometimes he refers to the Book of Exodus in its actual wording. This lack of clarity is of course confusing especially within the method applied by him. *Traditionsgeschichte*, as I understand the method, distinguishes in the material in the present Book of Exodus various motifs and traditions. The Exodus complex with 'slavery' and 'crossing of the sea of reeds' as parts is only one of them. In a traditio-historical discourse a distinction should be made between 'Concluding of the Covenant at Sinai' and 'Wandering in the desert' as traditions separate from the Exodus motif. Van der Wal's unargued merger of some sort of intertextual canonical approach with *Traditionsgeschichte* brings him on a slippery slope as for method. To phrase the same criticism differently: He is making a presupposition that first should have been proved: Did the Book of Exodus with its combination of traditions, Slavery-Crossing-Sinai-Desert, already exist in the time of the composition of Jer. 30–31? And did people consider this greater complex as one theological theme?

At this point two directions can be followed:

(1) I could take over his assumptions and accept any reference in Jer. 30–31 to the Book of Exodus as theologically relevant, or
(2) I could criticise his position by only accepting references to the Exodus as event.

The second position is more sound from a methodological point of view. The first position is dangerous in that way that it might lead to a nonspecific theological understanding of Jer. 30–31, since the Book of Exodus in its present form is already a theological compendium containing various 'belief systems' or 'theologies'. Therefore, I will confine the idea of Exodus to the references to the (supposed) event.

9.2.2.2 *Semantic Slippery Slope*

My criticism will be made more explicit when returning to the explicit and implicit references to the Exodus mentioned above. Of the five explicit references only the first one is related to the Exodus as an (assumed) event. The other four relate to the desert-traditions (2 and 3), to the Sinai-complex (4) and to the tradition on the conquest of the land (5). When it comes to the implicit references the statistics are more favourable to the position of Van der Wal, although there are other problems. Seven out of eleven references refer explicitly to the Exodus as event. The other four instances mentioned could be classified as examples of the general language of salvation: גאל, 'to redeem', פדה, 'to liberate', פקד, 'to visit' and ישע, 'to save'. These verbs indeed occur both in the Book of Exodus and in Jer. 30–31. The semantics of these verbs, however, is of too general a character. They occur in various contexts in the Hebrew Bible. Construing them as references to the Exodus is an act of confining the significance of this language of salvation. In doing so, Van der Wal is setting bounds to the wide range of acts of salvation of God of which the Hebrew Bible gives testimony. I will illustrate my argument with two examples:

(1) The verb ישע, 'to save', occurs four times in Jer. 30–31:

And shall he be saved out of it?	30:7bB
Because here I am, who will save you from afar	30:10bA
* and your offspring from the land of their captivity.*	30:10bB
For I am with you—oracle of YHWH—	30:11aA
* to save you.*	30:11aB
YHWH, save your people,	31:7cB
* the remnant of Israel.*	31:7cC

It is only in 30:10bA–B that a connection to Exodus theology, i.e. the return from captivity as a second Exodus, might be made. Van der Wal is correct in stating that the verb ישע, 'to save', is used in the Hebrew Bible to refer to the Exodus. His reference to Exod. 14:30 is a case in point. In DtIsa. the return from the exile is sometimes depicted using the verb ישע, 'to save'.[13] Nevertheless, the verbal

---

[13] E.g., Isa. 43:12; 45:17, 22.

clause יהוה ישׁע/אל, 'God saves', refers not only to the act of bringing his people out of Egypt. In the Psalms the verb is used for the deliverance out of the hands of inimical forces, for healing a of sick person etc.[14]

(2) The verb פקד, 'to visit', is attested only once in Jer. 30–31:

> I will punish all who oppress him.   30:20bA

It should be noted that in Jer. 30:20bA the verb פקד has a negative connotation. It is the expression of forthcoming divine punishment for Israel's enemy. In this connection, Van der Wal refers to three texts from the Book of Exodus: Exod. 3:16; 4:31 and 13:19.[15] In these texts the verb has a positive connotation, however, as becomes clear from Exod. 3:16:

> I have always been deeply concerned about you
>   and what has been done to you in Egypt.

I cannot construe this expression of divine love as a parallel to Jer. 30:20. Besides, the verb פקד has a complex semantic spectre.[16] It occurs in a variety of contexts in the Hebrew Bible and should better be related to God's arguments for an act than be confined to only one act.

In other words: What is happening in Van der Wal's argument is a theological overinterpretation of some verbs[17] that cannot serve as a proper argument for his thesis.

9.2.2.3 'Covenant'-Formula

As an implicit reference to the Exodus, Van der Wal refers to the so-called Covenant-formula: 'I will be your God and you shall be my people' (Exod. 6:7; 29:45; Jer. 30:22; 31:1.33). This formula

---

[14] See J.F.A. Sawyer, *Hebrew Words for Salvation: New Methods of Defining Hebrew Words for Salvation* (Studies in Biblical Theology, II/24), London 1972; Bracke, *Coherence*, 77–78; T.N.D. Mettinger, *In Search of God: The Meaning and Message of the Everlasting Names*, Philadelphia 1988, 166–67.

[15] Van der Wal, 'Themes from Exodus', 562.

[16] See G. André, *Determining the Destiny: PQD in the Old Testament* (CB.OT, 16), Lund 1980.

[17] See also the remark by D. Bourguet, *Des métaphores de Jérémie* (EB, 9), Paris 1987, 104–203, who makes clear that the verb עלה should not be interpreted as a reference to the Exodus at all instances.

occurs, in its various wordings, some 40 times in the Hebrew Bible. In my view the threefold occurrence of this formula in Jer. 30–31 cannot be taken as an argument in favor of the idea that the Jeremiac Book of Consolation is composed on an Exodus theology.

(1) A quick look at the statistics show that the formula is attested most frequently in the Books of Deuteronomy and Jeremiah (both 9 occurrences).[18]

(2) When classified as a covenant-formula, this clause would in a tradition-historical discourse refer to Sinai-traditions and not to Exodus-traditions.

(3) I disagree with the classification 'covenant-formula'[19] although I know that it is often labelled as such. My problem has more to do with the idea of a 'Covenant' than with the formula under consideration. The formula as such does not refer explicitly to a ברית-concept. It would be more adequate to depict the formula as a 'relationship-formula', since that is what the words express: YHWH offers a relationship or defines a relationship. The formula occurs in the Hebrew Bible in non-covenant contexts. Moreover, it should be noted that ברית, whether correctly rendered with 'covenant' or not, is only a late metaphor for the relationship experienced with God by the Israelites during the ages. In sum: Israelites have experienced a relationship with the divine being throughout their existence. They have coined this experience in a variety of language among whom the 'relationship-formula'.[20] From the late Neo-Assyrian times onward when Israel was confronted with the Assyrian concepts of *ādê* and 'treaty' they reformulated their experience in ברית-terminology.[21] This implies that the 'relationship formula' does not necessarily have to refer to Covenant as a Concept and that it cannot be taken as a reference to Exodus.

---

[18] See esp. R. Rendtorff, *Die 'Bundesformel': Eine exegetisch-theologische Untersuchung* (SBS, 110), Stuttgart 1995.

[19] *Pace* R. Smend, *Die Bundesformel* (Theol. Stud., 68), Zürich 1963.

[20] Brueggemann, *Theology of the Old Testament*, 171.297, interprets the formula as expressing YHWH's solidarity.

[21] See e.g. R. Frankena, 'The Vassal-Treaties of Esarhaddon and the Dating of Deuteronomy', *OTS* 14 (1965), 122–54; M. Nissinen, 'Die Relevanz der neuassyrischen Prophetie für die alttestamentliche Forschung', in: M. Dietrich, O. Loretz (eds), *Mesopotamica—Ugaritica—Biblica: Festchrift für Kurt Bergerhof zur Vollendung seines 70. Lebensjahr am 7. Mai 1992* (AOAT, 238), Neukirchen-Vluyn 1993, 217–258; H.U.

9.2.2.4 *Jeremiah 31:32: History or Theology?*
Finally I would like to discuss the remaining explicit reference to the Exodus in Strophe I.i.2. (31:32):

not like the covenant that I concluded with their fathers	32aA
on the day that I took them by the hand	32aB
to let them go out of the land of Egypt	32aC

I agree that 32aC is a reference to the Exodus out of Egypt. I would like to discuss the nature of this reference, though. Within the literary context of this line the following observation needs to be made. Canticle I.i. (31:31–34) reflects a forthcoming change. This can be inferred for instance from the wording in vs. 34 where twice the לא עוד, 'no longer', formula is attested that suggests discontinuity. A comparable discontinuity is present in 31–32: Yhwh will conclude a new ברית, which is unlike the ברית concluded in the period of the Exodus. This implies that there is at least a discontinuity in the Exodus theology at Jer. 31:32. This observation brings me to the conclusion that the reference to the Exodus in Jer. 31:32aC is of a *historical* nature and not so much of a theological character. In other words: The theme of the Exodus is not presented here as a major thread in the Yahwistic belief-system but as the indication of the period in which once a ברית was concluded.[22]

9.2.3 *Conclusion*

These observations and remarks bring me to the conclusion that Van der Wal's proposal to take the Exodus as a basic element in the theology of Jer. 30–31 is not very convincing since it is based on weak arguments. I hope to have made clear that the concept of a passionate and changeable God is more fundamental for a theological understanding of Jer. 30–31 than the idea of the Exodus. Therefore, I will elaborate this idea in the next and final chapter.

Steymans, *Deuteronomium 28 und die adê zur Thronfolgeregelung Asarhaddons: Segen und Fluch im Alten Orient und in Israel* (OBO, 145), Freiburg 1995; E. Otto, 'Die Ursprünge der Bundestheologie im Alten Testament und im Alten Orient', *ZAR* 4 (1998), 1–84; Otto, *Tora des Mose*, 65–66; Soggin, *Israel in the Biblical Period*, esp. 11–33.
[22] With most other scholars esp. Keown, Scalise, Smothers, *Jeremiah 26–52*, 130–34.

CHAPTER TEN

OVERWHELMING WISDOM, DIVINE BATTLE AND NEW LIFE: THE SYMBOL SYSTEM OF JEREMIAH 30–31

10.1 *Reading a Text Theologically*

Jeremiah 30–31 is not a theological treatise, but a poetic composition. This observation, however, does not imply that it would be impossible to read this poetic composition from a theological perspective. This position will not meet much opposition, I assume. The intriguing question, however, is *how* a poetic text is read theologically. I will not enter here in the multifacetted and complex hermeneutical discussion on the relation between exegesis and systematic theology. A few remarks will be made, however.[1] Systematic theology has the inclination to think from a given system to the texts. Biblical theology wants to argue the other way around. In other words, Biblical theology is often presented as an attempt to use the Biblical material no longer as illustration for a theological point of view already chosen, but as the real building-stones of a theology. This, however, is a slippery ground to tread upon.[2] The interpreter, and by implication the Biblical theologian, is not a tabula rasa. Her or his theological position plays implicitly or explicitly a steering role while reading and interpreting texts. Therefore, it is pitfall to assume that the theology of a certain text can easily be harvested by reading the text.

The Hebrew Bible is not written as a systematic theology. The collection of books contains, among other things, stories, hymns, prophecies, instructions for the cult, but not a systematically elaborated view on God and the divine attributes. This does not imply that the Bible is an obsolete source for theology. In all the various

---

[1] See also B. Becking, 'Only One God: On possible Implications for Biblical Theology', in B. Becking *et al.* (eds.), *Only One God? Monotheism in Ancient Israel and the Veneration of the Goddess Asherah* (BiSe, 77), Sheffield 2001, 189–201; E.S. Gerstenberger, *Theologies in the Old Testament*, London 2002.

[2] See, e.g., J. Barr, *The Concept of Biblical Theology: An Old Testament Perspective*, London 1999.

textual forms a certain view on God is implied: The stories on David imply a God who in a subtle way directs the course of the events. The prophecies in the Book of Jeremiah refer to a God who from his wounded love is threatening his beloved people with doom. Various Psalms are related to the idea of the inconceivable nearness of God. The instructions for the cult can be seen as a sign that God is looking for reconciliation. It is the task of Biblical theology to map out the implied images and concepts of God while in constant crosstalk with the given texts. To say the same differently: Biblical theology is in search of the implied belief-system. The concept of a 'symbol-system' refers to a coherent set of religious views shared by members of a society or a religious community.

It is, therefore, a good aim for reading Biblical texts theologically to see the enterprise as the search for the symbol-system(s) of the authors of the texts and/or of the communities in which these texts were transmitted and in which they functioned. An extra problem that emerges during this search is that there is not one single belief-system in the Hebrew Bible, but various symbol-systems. Dependant of time, place and social position of the author or power status of the community various views on God are implied. Some texts, for instance, stress the idea of divine creation, while in other texts this idea is absent. An incidental point on the agenda of Biblical theology is the ongoing attempt to look for the conceptual coherence behind and between the various witnesses in the Hebrew Bible. Some have tried to find this coherence in and around a certain theme, such as the covenant, the election of Israel, the idea of faith-community or the Name of God. All these attempts have two things in common. They all present an interesting and sometimes intriguing description of Israel's faith and they all have material on the table that does not fit the central theme.[3]

I would like to map the theology of Jer. 30–31 while using some basic views of Walter Brueggemann.[4] I agree with his basic insight that the Hebrew Bible should be read as a text witnessing YHWH and that this testimony is multidimensional. In his analysis of this testimony Brueggemann distinguishes between Israel's core-testimony

---

[3] See Barr, *Concept of Biblical Theology*.
[4] W. Brueggemann, *Theology of the Old Testament: Testimony, Dispute, Advocacy*, Minneapolis 1997.

and Israel's counter-testimony. In other words next to the 'main-stream' utterance of Israel's faith, there exists within the Hebrew Bible the awareness of divine hiddenness, ambiguity and negativity. When summarizing Israel's core-testimony, Brueggemann presents a classification of testimonial utterances into two groups: Metaphors of governance and metaphors of sustenance. In other words: Yhwh is portrayed in images that testify his sovereignty and in images that testify his solidarity, his rule and his care.[5] It is perhaps superfluous to make two remarks:

(1) the language of this God-talk is of a metaphorical character;
(2) Brueggemann is aware of the holiness of God that implies that God even when depicted in metaphors from daily life, always transcends human reality.

Elaborating ideas of Georges Dumézil, Bernhard Lang has sketched a portrait of Yhwh in three dimensions.[6] Pivotal to Lang's view is the following: God is giving three gifts to his people: wisdom, victory and harmonious life. The gift of wisdom implies divine wisdom and lawgiving, the gift of victory implies that Yhwh battles against Israel's military and mythological enemies, the gift of life presupposes that Yhwh is a shepherd over the animals, that he is a personal God and his blessings in daily life.

At first sight the general concepts of Brueggemann and Lang do not seem to coincide. Brueggemann's testimony has two dimensions, while Lang operates with a tripartite scheme. Brueggemann basically construes the Hebrew Bible as a testimony that eventually seeks to convince its readers, while Lang is doing theology in a more descriptive way. Brueggemann considers the testimony of the Hebrew Bible as in critical discussion with or even countering the 'common theology of the Ancient Near East', while Lang construes the Hebrew Bible as a reflection of an Ancient Near Eastern symbol system. Nevertheless, both approaches can be seen as complimentary as expressed in the following scheme:

---

[5] Brueggemann, *Theology of the Old Testament*, 229–66. Brueggemann's concept of 'sovereignity' can be equalled to the ideas of C.J. Labuschagne, *The Incomparability of Yahweh in the Old Testament* (POS, 5), Leiden 1966.
[6] B. Lang, *Jahwe der biblische Gott: Ein Porträt*, München 2002.

	Wisdom	Victory	Life
Sovereignty	Cosmic Law	Cosmic Battle	The Secret of Life
Solidarity	Law to Live with	Kingship	Personal Deity Harvest Animal Life

Fig. 25. A Theological Matrix for Interpreting Jer. 30–31

It should be noted that this scheme cannot easily be applied to Jer. 30–31, since it should be connected to the twofold transformation expressed in all ten Sub-Canto's. It makes a difference, when a notion of God is to be connected to Trans. I or to Trans. II, to 'fear' or to 'freedom'.

10.2   *Overwhelming Wisdom*

At first sight, there are no specific themes in Jer. 30–31 that refer to the realm of divine wisdom. Yhwh is not presented as a wise deity in the texts under consideration. Nevertheless, 'law' should be construed as the expression of divine wisdom. In his capacity of law-giver Yhwh imprints his wisdom in cosmos, creation and community.[7]

10.2.1   *Cosmic Law*

It can, of course, be argued that the theme of cosmic law is implied in all ten Sub-Canto's of Jer. 30–31, which is, however, not a very specific remark. The theme of cosmic law is explicitly present in Canticle I.ii. As has been argued above (§ 8.3.), the reliability of creation is seen as a reference to Yhwh and functions as a motivation for the reliability of his promises. In view of the two Transformations that are fundamental as to the fabric of Jer. 30–31 and the change in Yhwh, it should be noted that although in I.ii. the cosmic wisdom is related to Trans. II, the theme can be seen as a transit from Trans. I to Trans. II. In other words: From a human perspective Trans. I can be perceived as a sign of divine absence, but from the perspective of divine wisdom Yhwh 'will never reject the whole of Israel'.

---

[7] See Lang, *Jahwe*, 50–64; Gerstenberger, *Theologies*, 234–42.

10.2.2 *Law to Live With*

The theme of lawgiving is explicitly present in Canticle I.i, where it is said that in days to come Yʜᴡʜ will lay his law within them. The character of תורה is not made explicit here, except for the fact that it will be a written text. The Hebrew noun has a variety of meanings: 'direction; (divine) instruction; law; teaching; code'.[8] In the context of Canticle I.i. תורה should be construed as a set of values and norms that is seen as given by God and regulating the relationship. The gift of the more intimate תורה is a typical feature of Trans. II.

Throughout Jer. 30–31 תורה is referred to, be it in a very specific mode. One of the characteristics of Trans. I is the assessment of the conduct of the Israelites through the ages as trespassing and wrongdoing.

– In Canticles B.i. and B.ii. it is said that the 'incurable wound' has been inflicted upon Israel because of their sins and iniquity.
– In the first Strophe of Canticle F.ii. Ephraim repents and thus accepts that its sorrow was provoked by trespassing the boundaries set by God.
– In Canticle H.ii. the theme of wrongdoing is phrased in metaphorical language (see § 7).
– In the second and in the fourth strophe of Canticle I.i. Israel is explicitly:

> *my covenant that they have broken,*   31:32bA

and implicitly:

> *Yes, I will forgive their iniquity*   31:34cA
> *and remember their sins no longer.*   31:34cB

accused of having trespassed the divine code in the past.
– As has been argued above (§ 8.3.3) the phrase

> *for all that they have done—oracle of Yʜᴡʜ—.*   31:37cB

---

[8] See, e.g., F. Garcia López, 'תורה', in *ThWAT* 8 (1995), 597–635; T. Willi, *Juda—Jehud—Israel: Studien zum Selbstverständniss des Judentums in persischer Zeit* (FAT, 12), Tübingen 1995, 91–117; E. Otto, *Die Tora des Mose: Die Geschichte der literarischen Vermittlung von Recht, Religion und Politik durch die Mosegestalt* (Berichte aus den Sitzungen der Joachim Jungius-Gesellschaft der Wissenschaften, 19/2), Hamburg 2001.

in Canticle I.ii. should be interpreted as an indication that the 'deeds' allude to sins and wrongdoings of the Israelites.

It should be noted that this reference to תורה in connection with Trans. I is very implicit, since the תורה is nowhere indicated as the object of sin and trespassing. Nevertheless, it can be assumed that the renewal of the תורה functions as an intermediary between the two Transformations.

10.3 *Divine Battle*

In Jer. 30–31, Yʜwʜ is depicted as Israel's master (31:32). Although he is not explicitly cast in the role of a divine warrior, traits of the concept are present.

10.3.1 *Cosmic Battle*

Above (§ 8.3.3), I have argued that in the Canticle I.ii the LXX-reading in 31:35cA is to be preferred:

who bawls against the sea so that its waves roar   31:35cA

By implication, this line should be construed as an allusion to the divine battle against the 'sea'. The idea of the cosmic battle expresses the idea that Yʜwʜ is defending the cosmic order against all threats by inimical powers that are represented by mythical animals like the dragon or by enchanted forces of nature. The idea of cosmic battle reveals the idea that—despite a miserable life and the experience of all kinds of threats—those who trust in Yʜwʜ will find a safe place on earth.[9] It should be noted that in Jer. 30–31 no traits are present of the apocalyptic view of the final victory over the draconic powers. In Jer. 31:35cA Yʜwʜ only rebukes the sea, he is not presented as defeating them.[10] In Canticle I.ii, God is 'named' יהוה צבאות, 'Yʜwʜ of Hosts'. As Mettinger has made clear, this epitheton refers to the enthroned God who reigns and determines the destiny

---

[9] See, e.g., M. Klingbeil, *Yahweh Fighting from Heaven: God as Warrior and as God of Heaven in the Hebrew Psalter and Ancient Near Eastern Iconography* (OBO, 169), Fribourg 1999; Lang, *Jahwe*, 73–85.

[10] See also B. Becking, 'Expectations about the End of Time in the Hebrew Bible: Do They Exist?', in: C. Rowland, J. Barton (eds), *Apocalyptic in History and Tradition* (JSP Sup, 43), London 2002, 44–59.

of the world.[11] It should be noted that this epitheton is used throughout Jer. 30–31.[12]

10.3.2   *God's Royal and Loyal Power*[13]

Yhwh is not depicted as 'king' in Jer. 30–31. Nevertheless, various
elements of divine rule and power in the earthly realm are present.
The two-sidedness of this image is clearly present in the following
colon:

> *He who scattered Israel will gather him*   30:10bA

Here, both Transformations are assessed as divine deeds of power
and kingship.

10.3.2.1   *Divine Power and Transformation I*
Elements of God's power are connected to the first Transformation,
in fact the historical event of the ruination of Jerusalem by the
Babylonians is assessed as Yhwh's act. This is, for instance, expressed
in Canticle B.i. The incurable wound is inflicted upon Israel by an
act of divine violence:

> *Indeed, with the blow of an enemy I have struck you*   30:14bA
>   *with the chastisement of a ruthless one,*   30:14bB

The other side of kingship is servantship.

10.3.2.2   *Divine Power and Transformation II*
The forthcoming change too is seen as an act of Yhwh's power. In
Canticle A.ii. the 'breaking of the yoke and the bursting of the bonds'
are seen as Yhwh's forthcoming act. This act is connected with the
reinstallment of a Davidide as king over Israel:

> *and David their king,*   30:9bA
>   *whom I will raise up for them.*   30:9bB

---

[11] T.N.D. Mettinger, *In Search of God: The Meaning and Message of the Everlasting
Names*, Philadelphia 1988, 123–57; see also Bozak, *Life 'Anew'*, 124; G.L. Keown
et al., *Jeremiah 26–52* (WBC, 27), Dallas 1995, 136.
[12] At A.ii.1; G.i.
[13] For a balanced view on divine power in the Hebrew Bible see: W. Dietrich,
C. Link, *Die dunklen Seiten Gottes: Band 2 Allmacht und Ohnmacht*, Neukirchen-Vluyn
2000.

The rule of the new Davidide is not connected with Messianic ideas.[14] He is cast in the role of the *Heilszeitherrscher* as expected in Mesopotamian texts on the shift from 'bad times' to 'good times'.[15] A comparable theme is present in Canticle C.i:

Its noble one shall be of himself	30:21aA
Its ruler shall proceed from the midst of him	30:21aB

The pronoun 'its' twice refers to the city whose rebuilding and repopulation are promised in the foregoing strophes.

In the 'Oracle of Salvation' (A.iii; see above § 4.3.3) the element 'outcome as regards the enemy' is phrased in language that implies divine power:

For I will make an end to all the nations,	30:11bA
amongst whom I scattered you.	30:11bB

The unexpected healing of the incurable wound in Canticle B.iii. is connected with a powerful act of God against Israel's enemies:

All your devourers will be devoured, however.	30:16aA
All your adversaries shall go into captivity in their entirety.	30:16aB
Your plunderers shall become plunder.	30:16bA
All your despoilers I will make spoil.	30:16bB

In other Sub-Canto's the theme of 'return' is clearly present, but never connected with the idea of divine power as such.

The other side of kingship is servantship. The Trans. II implies a discontinuity of Israel serving 'strangers' and a new start as accepting YHWH as their master:

---

[14] *Pace*, e.g., G. von Rad, *Theologie des Alten Testaments. Band II: Die Theologie der prophetischen Überlieferungen Israels*, München ⁵1968, 226–28; A. van Selms, *Jeremia II* (POT), Nijkerk 1974, 65; D. Kidner, *The Message of Jeremiah*, Leicester 1987, 90.104; J.W. Mazurel, *De vraag naar de verloren broeder: Terugkeer en herstel in de boeken Jeremia en Ezechiël* (Dissertation University of Amsterdam), Amsterdam 1992, 172–77; D.E. Aune, E. Stewart, 'From the Idealized Past to the Imaginary Future: Eschatological Restoration in Jewish Apocalyptic Literature', in: J.M. Scott (ed.), *Restoration: Old Testament, Jewish and Christian Perspectives* (JSJ Sup, 72), Leiden 2001, 154; and see R.P. Carroll, *Jeremiah* (OTL), London 1986, 576–77; W. McKane, *Jeremiah II* (ICC), Edinburgh 1996, 761; D.E. Gowan, *Eschatology in the Old Testament*, Edinburgh ²2000, 34–37; K. Schmid, O.H. Steck, 'Restoration Expectations in the Prophetic Tradition of the Old Testament', in: Scott (ed.), *Restoration*, 54; R.B. Chisholm, *Handbook of the Prophets: Isaiah, Jeremiah, Lamentations, Ezekiel, Daniel, Minor Prophets*, Grand Rapids 2002, 192.

[15] See P. Höffken, 'Heilszeitherrschererwartung im Babylonischen Raum', *WdO* 9 (1977–78), 57–71.

> *so that they shall no longer serve strangers for it.*   30:8c/9aA
> *But they shall serve Yhwh their God*   30:8c/9aB

In my view, the promise of the rebuilding of the city and the palace should be construed as a sub-theme of kingship, since to rebuilt a city can be seen as a strong symbol of divine rule. This promise is present in the following canticles: C.i.;[16] D.ii; G.i; G.ii. and J.i.[17]

10.4   *New Life*

One of the basic themes of Jer. 30–31 seems to be the hope for a new life after the return to Sion. This theme is present in its various dimensions.

10.4.1   *The Secret of Life*

Within the Hebrew Bible the 'secret of life' is typically expressed in the divine blessing.[18] In Jer. 30–31 the verb ברך, 'to bless', is attested only once. In 31:23cB the verbform expresses the wish that Yhwh will bless the habitation of those who will return from captivity. Within Sub-Canto G the phrase is paralleled by the promise: 'every sorrowful soul I will replenish' (31:25aB), indicating that this blessing will lead to satiation and the end of sorrow.[19]

Again, I would like to refer to Canticle I.ii. In this textual unit, the 'gift of life' is not present as such, but the testimony of the reliability of God's creation implies that this creation and its governance forms the necessary precondition for human life.

Daniel Block has argued that one of the specifics of the religion of Ancient Israel is to be found herein that the 'deity-people'-relationship has priority over the 'deity-territory'-relationship.[20] This implies that

---

[16] With, e.g., Keown *et al.*, *Jeremiah 26–52*, 103–04. T. Pola, 'Form and Meaning in Zechariah 3', in: R. Albertz, B. Becking (eds), *Yahwism after the Exile: Perspectives on Israelite Religion in the Persian Era* (STAR, 5), Assen 2003, 164, even construes Jer. 30:18–21 to be 'messianic'.

[17] Keown *et al.*, *Jeremiah 26–52*, 137–39; T.A. Rudnig, *Heilig und Profan: Redaktionskritische Studien zu Ez. 40–48* (BZAW, 287), Berlin 2000, 107.

[18] See C. Westermann, *Theologie des Alten Testaments in Grundzügen* (GAT EB, 6), Göttingen 1978, 72–101; C.W. Mitchell, *The Meaning of brk 'to bless' in the Old Testament* (SBL DS, 95), Atlanta 1987; Dietrich, Link, *Dunklen Seiten Gottes: Band 2*, 223–32.

[19] See, e.g., Bozak, *Life 'Anew'*, 110–14.

[20] D.I. Block, *The Gods of the Nations: Studies in Ancient Near Eastern National Theology*, Grand Rapids ²2000.

the land is seen as a divine gift that is the basis of the possibility of living. My reading of the Sub-Canto's in Jer. 30–31 does not falsify this view.

10.4.2   Daily Life

10.4.2.1   Personal Deity

The concept of a 'personal deity' and the related personal piety can be seen as a feature of the answer to questions provoked by the engagement of unsolicited personal and collective uncertainty.[21] At first sight the main image of Yhwh is that of the God of the people as a whole. This image is underscored by the language of Jer. 30–31. 'Israel' is presented in plural and collective forms as in the following examples:

D.i.1	*Have found favour in the wilderness*	31:2bA
	a people that survived from the sword	31:2bB
	going to its rest Israel.	31:2bC

E.i.2	*Behold, I will bring them from the north country*	31:8aA
	and gather them from the uttermost parts of the earth	31:8aB
	with them the blind and the lame,	31:8bA
	pregnant woman and one giving birth together:	31:8bB
	a great community shall they return here.	31:8bC

The image is also implied in the concept of ברית and the relationship-formula: 'You shall be my people and I will be your God' (C.i.4; C.ii.3; I.i.2).

Nevertheless, the concept of a personal God is not absent from Jer. 30–31. A personal relationship with God is implied as can be deducted from the Canticle on the discontinuity of the traditional saying about postponed retribution and tragic fatalism (H.ii; see above § 7). Next to that, it should be noted that Yhwh is depicted as personally involved with Israel's fate. This becomes clear from the metaphorical language of divine love and compassion. In canticle D.i. God's love is proclaimed:

Yes, I have loved you with an everlasting love	31:3aB
therefore I drew you with loving kindness.	31:3aC

---

[21] See, e.g., R. Albertz, *Persönliche Frommigkeit und offizielle Religion*, Stuttgart 1978; K. van der Toorn, *Family Religion in Babylonia, Syria and Israel* (SHCANE, 7), Leiden 1996, 119–47; Lang, *Jahwe*, 141–42.

In canticle E.1. the deepest motif for God to have his people return to Israel is phrased:

> *In weeping they shall come and with consolations I will lead them*   31:9aA

In the same canticle YHWH's paternal love is proclaimed:

> *for I am a father to Israel*   31:9bA
> *and Ephraim is my firstborn.*   31:9bB

Above (§ 6.5) it has been argued that the shift from 'anger' to 'harmony' in Sub-Canto F. is caused by the compassion of YHWH who can act as a loving father and a caring mother.

10.4.2.2 *Harvest*

Food is a precondition of life. The acres laying waste can be seen as a characteristic of Trans. I, while the abundance of food harvested without being startled is a feature of the world to come after Trans. II.[22]

The abundance of nature and nurture in the new relationship is expressed on several instances. In canticle D.ii. it is said:[23]

> *Again shall you plant vineyards on the mountains of Samaria*   31:5aA
> *the planters shall plant, and shall enjoy the fruit of it.*   31:5aB

In canticle E.ii. the wealth to come will be a ground for gladness:[24]

> *They shall come and sing on the height of Zion*   31:12aA
> *and shall flow to the goodness of YHWH*   31:12aA
> *to the grain, and to the new wine, and to the oil*   31:12bA
> *and to the young of the flock and of the herd*   31:12bB
> *and their soul shall be as a watered garden*   31:12cA
> *and they shall not languish any more*   31:12cB

In this unit the new harvest is a clear symbol of the shift that will take place. The theme recurs against the end of the canticle:

> *I will satiate the soul of the priests with fatness*   31:14aA
> *and my people shall be satisfied with my goodness*
> *—oracle of YHWH—*   31:14aB

---

[22] For the material background of this metaphoric language see F.E. Deist, *The Material Culture of the Bible: An Introduction* (BiSe, 70), Sheffield 2000, 151–56.

[23] See R.W. Klein, *Israel in Exile: A Theological Interpretation*, Mifflintown 2002, 47.

[24] Schmid, Steck, 'Restoration Expectations', 55.

As far as I can see, the theme of the desolation of nature is not present in Jer. 30–31, except for canticle H.i. where it is immediately connected with the theme of reflourishing:[25]

And it will be just as I have watched over them	31:28aA
to uproot and to demolish, to overthrow and to destroy	
and bring evil over them,	31:28aB
so I shall watch over them to build and to plant	31:28bA
—oracle of YHWH—	31:28bB

In these lines the theme of divine changeability is connected with the image of YHWH as a God empowered to supply the gift of life. This implies that the shift from Trans. I to Trans. II is related with a change within God self. The shift from desolation to restoration is also clearly expressed in canticle B.iii:

Your plunderers shall become plunder.	30:16bA
All your despoilers I will make spoil.	30:16bB

All these observations can be summarised as follows:

(a) The abundance of nature and nurture is a symbolic sign for the peaceful future;
(b) God is construed as the main character to bring this gift to Israel.

10.4.2.3. *Animal Life*

As far as I can see, no animals are mentioned in Jer. 30–31.[26] Yet the theme of YHWH as 'master of the animals'[27] is not absent in this poetic composition, albeit in metaphorical language only. In canticle E.ii. the image of YHWH as a shepherd is connected to the shift from Trans. I to Trans. II:[28]

He who scattered Israel will gather him	31:10bA
and keep him, as a shepherd does his flock.	31:10bB
For YHWH has ransomed Jacob	31:11aA
and redeemed him from a hand too strong for him	31:11aB

---

[25] See H. Weippert, *Die Prosareden des Jeremiabuches* (BZAW, 132), Berlin 1973, 199–202; J. Unterman, *From Repentance to Redemption: Jeremiah's Thought in Transition* (JSOT.S, 54), Sheffield 1987, 96; Carroll, *Jeremiah*, 608; Deist, *Material Culture of the Bible*, 156; J. Siebert, *The Construction of Shame in the Old Testament: The Prophetic Contribution* (JSOT.S, 346), London 2002, 125–26.

[26] With the exception of the 'untrained calf' that in F.ii. stands for the people.

[27] Lang, *Jahwe*, 100–36.

[28] See Block, *Gods of the Nations*, 59–61; R. Hunziger-Rodewald, *Hirt und Herde:*

The verb זרה, 'to scatter', stands in antithesis with the verb קבץ, 'to gather', that as such stand in parallelism to the verbs פדה, 'to ransom', || גאל, 'to redeem'. The shift from זרה, 'to scatter', to קבץ, 'to gather', reflects the change within Yhwh 'from anger to harmony'. The image of Yhwh as a shepherd is the expression of his caring love for his flock. Like elsewhere in the Hebrew Bible, Yhwh is incomparable as a helper.[29] Above (§ 3.9) a canticle-parallelism within E.ii. has been noticed: עדר || צאן ובקר (responsion). It cannot easily be decided whether צאן ובקר, 'flock and herd' (31:12bB), should be construed as a flock guided by a human or a divine shepherd. In view of the line-parallelism with 12bA, where 'grain, wine and oil' are seen as divine gifts, I tend to the view that 12bB should be interpreted as an indication of forthcoming agricultural wealth, not only in the realm of vegetables and fruit, but also in the animal kingdom. A comparable remark should be made about a line in canticle G.ii. where representatives of both realms of the agricultural life—farmers and shepherds—are seen as part of the new community (Jer. 31:24).

10.5 *The Conceptual Coherence of Jeremiah 30–31*

The outline above (§ 10.4) makes clear that Jer. 30–31 is thematically a complex text. Various motifs and themes are present in the composition. It is not an easy task to reduce this variety to one or two dimensions, especially since the main theme of the poetical composition is not mentioned in the outline: 'Restoration and Return'. Before I will make some remarks on the connection between the tripartite theology and the theme 'Restoration and Return', I would like to explore this theme.

10.5.1 *Restoration and Return*

In the introduction to the poetical composition the theme is mentioned in a beautiful strophe parallelism: 'I will bring about the restoration of my people || and I will cause them to return to the land' (Intro.i.2 Jer. 30:3). This text and its position within the composition suggests

---

Ein Beitrag zum alttestamentlichen Gottesverständnis (BWANT, 115), Stuttgart 2001, 139–48; Deist, *Material Culture of the Bible*, 162–65.

[29] See Labuschagne, *Incomparability*, 86–87.

that the theme 'Restoration and Return' is the main focus of Jer. 30–31. Next to that, it should be remarked that the verb שוב occurs throughout the composition although in a variety of connotations.[30] At various instances the theme as such is present without the use of the verb שוב. Within the composition the theme is connected to a variety of others themes as becomes clear from the following scheme:

Sub-Canto	שוב	Connotation	Connected Theme
A	+	Return of Jacob	Breaking the yoke of the oppressor
B			Healing of the incurable wound
C	+		
	+	YHWH turns Jacob's fate YHWH's anger shall not return	The people will be as numerous as before under a new leader
D			Promise of rest and divine love
E	הפך	YHWH turns their fate	Gathering of the remnant
F	+	Return of Rachel's children	
	+	Return of Rachel's children	Rachel's anger turns into harmony
	+	Prayer for return	
	+	Acknowledgment of sin	
	+	Summons to return	
	+	Depiction of sinful behaviour	
G	+	YHWH turns their fate	Promise of blessing and fertility
H			End of decay and destruction
I			Promise of new relationship
J			Securely structured new city

Fig. 27. Interconnections of the Theme Restoration and Return

The theme 'Restoration and Return' can be seen as a summary of Trans. II, that always presupposes Trans. I. It is the expression of the promise that 'There is hope for your future' (Jer. 31:16). The situation of 'Fear' as experienced will turn into a situation of 'Freedom'.

---

[30] H. Lalleman-de Winkel, *Jeremiah in Prophetic Tradition: An Examination of the Book of Jeremiah in the Light of Israel's Prophetic Traditions* (CBET, 26), Leuven 2000, 150–54.

10.5.2 *Relation between Theme and Tripartite Theology*

The *ensemble* of the poetic composition Jer. 30–31 could cause the idea that YHWH is acting in a haphazard or highhearted way. Sometimes YHWH is punishing Israel, and sometimes YHWH is consoling Israel, sometimes a wound is inflicted, sometimes a wound is healed. Is YHWH a paradox? Above (§ 5) I have argued that these two sides should not be smoothed along the lines of a literary-critical or redaction-historical discourse, but can be construed as referring to the concept of divine changeability. My conclusion regarding the conceptual coherence of Sub-Canto B can be generalized to the whole of Jer. 30–31.

Trans. I is a multidimensional metaphor for the destruction of Jerusalem by the Babylonians. The author assesses the event by relating it to a belief-system in which God is seen as a divine *force majeure* punishing his people when a border has been crossed. The shift from Trans. I to Trans. II can be interpreted by relating it to a symbol-system in which YHWH is seen as a divine being that is able to change the vector of his power. Trans. II can be seen as another expression of divine *force majeure*. This *force majeure* should, however, be rephrased in terms of the tripartite gift of wisdom, victory and life. I will not repeat my observations made in § 10.2–4, but summarise them as follows. YHWH's overwhelming wisdom, his divine rule and Him being the secret of life embody a set of possibilities that can be triggered by the real life events of the people of Israel. Both Transformations are located in this set of possibilities. The ruination is YHWH's answer to the cumulative wrongdoings of Israel, the return is triggered by his ongoing compassion for Israel's fate.

In other words: the shifts in YHWH are not the expressions of a haphazard or highheartedly acting God, but hint at a divine being that is moved by the acts of his people and therefore acts in history. Jer. 30–31 can therefore be read as a text that on the one side helps people to cope the reality of doom and sorrow they met, while on the other hand it promises hope in times that are a changing. As Stulman phrased it: 'Israel is promised salvation and deliverance *from* the throe of exile and its death sentence'.[31]

---

[31] L. Stulman, *Order amid Chaos: Jeremiah as Symbolic Tapestry* (BiSe, 57), Sheffield 1998, 79.

10.5.3   *Text in Context (Short)*

10.5.3.1   *Redaction History?*
At the end of § 3 I surmised—based on the variety of compositional forms in the ten sub-canto's as well as on the unifying devices of words and themes—that Jer. 30–31 is a composition of ten originally independent poetic units that might have been brought together intentionally. The analysis of five sub-canto's as well as my observations on the conceptual coherence of the poetic composition as a whole underscore this surmise.

When it comes to the question of the emergence of these ten subcanto's, I would like to state that I do not see any necessity for the assumption of a redaction-historical process. I do not exclude the possibility of textual growth, but the present form of Jer. 30–31 and its poetic and conceptual coherence make a reconstruction of this process almost impossible and the ingenious but complex proposals of, e.g., Levin, Holladay, McKane and Schmid less probable.

In view of the variety of compositional forms in the ten subcanto's, I assume that they have been uttered at a variety of circumstances, but in view of the poetic and conceptual coherence, I assume that they were willingly collected by one person who added them to the existing *corpus* of Jeremian texts. In my view the author of Jer. 30–31 has not been 'the historical Jeremiah', but an anonymous prophet from his school who lived and preached in the second part of the Babylonian Exile, as will be elucidated by the next section.

10.5.3.2   *Historical Context*
In the retrospective view, the author of Jer. 30–31 interprets the fall of Jerusalem to the Babylonians as the outcome of disobedient conduct of the people of Judah. The downfall of Jerusalem is seen as more than an event occasioned merely by a conjunction of military, economic and political means of power. These powers were seen as instruments in the hand of God. At some instances in the Book of Consolation the theological ideas of guilt and punishment are related to this Transformation I.[32] At other instances the emphasis is laid

---

[32] E.g., at Jer. 30:11, 14.

on the sorrowful experience that the fall of Jerusalem must have been for many in Jerusalem and Judah.[33]

Before making some remarks on the prospective view in Jer. 31:31–34, I would like to refer to a fundamental change in the religion in Israel evoked by the exile and the return to Yehud. Yahwism was almost the state-religion in Judah before the exile. Although there was a plurality of forms of worship and ideas of the divine, the reverence of YHWH, with or without a consort, was more or less self-evident for an inhabitant of Judah or Jerusalem. The fall of Jerusalem provoked a fundamental change. In the period of the exile and even more during the Persian empire, Yahwism was turned into the tolerated religion of a minority within the empire. Their religion was an important feature for a group of Judahites to establish a recognizable religious identity within a society that was as such multi-religious. After the exile, belief in YHWH was no longer self-evident but rested on a personal choice, since there were many religious alternatives.

On a text-external level, the *yāmîm bā'îm*, 'the days to come', refer to this fundamentally changed situation within the boundaries of history, however.[34] 'To refer' in the last sentence is not meant in the sense of 'to predict' or 'to prophesy', interpreting the author of Jer. 30–31 as a person who could forecast future events. On the other hand, it is not necessary to assume that this author lived in the Persian period, implying that he is assessing the changed situation. It could also be possible that this author lived during the exile and based his text on a personal interpretation of trends in history. More important than the search for an exact historical anchor, is the observation that the author is offering elements of hope that can help people who had to live in the changed situation in Yehud, in constructing their new religious identity.[35]

---

[33] For instance at Jer. 31:15; see B.A. Bozak, *Life 'Anew'*, 136–138; B. Becking, "A Voice was Heard in Ramah'. Remarks on Structure and Meaning of Jr 31,15–17', *BZ* 38 (1994), 229–42.

[34] See the remarks by C. Levin, *Verheissung*, 22–31; B.A. Bozak, *Life 'Anew'*, 29; Krašovec, *Reward, Punishment, and Forgiveness*, 453–54.

[35] See also Krašovec, *Reward, Punishment, and Forgiveness*, 458–62.

10.5.4 *The Distortion of the Economy of Guilt*[36]

The symbol system of Ancient Israel generally was, as that of many other Ancient Near Eastern cultures looking for a balance between 'sin' and 'sanction'. 'Sin' was seen as a violation of the divine or cosmic order and the sinner or the wrongdoing community had to 'pay' in order to restore order. This 'payment' could take various forms, such as, e.g., acceptance of punishment, bringing offerings to the temple, a pilgrimage. The order was restored when the sanction or the payment was equal to the disruption.[37] This idea has been taken over in Protestant orthodoxy.[38]

When it comes to the interpretation of the two Transformations implied in Jer. 30–31, it should be noticed that Trans. I suits the traditional economy of guilt. The examples listed above in § 10.2.2. make clear that in line with the deuteronomistic theology, the fall of Jerusalem and the exilation to Babylon were assessed as YHWH's final answer to the cumulation of sins and wrongdoings. By its fate, Israel payed for its iniquity. In canticle F.ii the acceptance of its guilty role even lead to repentance.[39]

Trans. II, however, distorts the traditional economy of guilt. When Trans. II is referred to, the language of balance is absent. In Canticle B.iii, YHWH promises healing, but He does not ask Israel a payment in return. The same pattern can be observed with other promises in Jer. 30–31 (e.g., in C.i.;[40] C.ii; D.ii; E.i; E.ii; G.i; H.i; J). The absence of the language of balance should be connected with the presence of the language of love and compassion. C.ii, for instance,

---

[36] The title of this subsection has been adopted from Connie Palmen's novel *Geheel de Uwe* (Totally Yours), in which the life and death of an exuberant living male person is depicted from the perspective of five different women, in the range from whore to madonna, all of whom were one way or another related to him. One of them had written an essay entitled 'De economie van de schuld (The Economy of Debt)', in which human feelings of shortcoming are analysed using monetary metaphors.

[37] See, e.g., K. van der Toorn, *Sin and Sanction in Israel and Mesopotamia: A Comparative Study* (SSN, 22), Assen 1985; R. Knierim, *The Task of Old Testament Theology: Method and Cases*, Grand Rapids 1995, 424–52; Siebert, *Construction of Shame*.

[38] See H. Heppe, *Die Dogmatik der evangelisch-reformierten Kirche*, Neukirchen 1958, 224–323.

[39] See T. Trapp, 'Jeremiah: The other Sides of the Story', in: F. Crüsemann et al. (eds), *Was ist der Mensch? Beiträge zur Anthropologie des Alten Testaments Hans Walter Wolff zum 80. Geburtstag*, München 1992, 235.

[40] See, e.g., G. André, *Determining the Destiny: PQD in the Old Testament* (CB.OT, 16), Lund 1980, 63–64.

refers to the 'intents of his heart' that will cause the forthcoming change. The same language can be observed in D.i; F.ii. In Canticle I.i, it is part of the new relationship, that iniquity will be forgiven. There will no longer be the need to pay for Israel's sins. The shift from fear to freedom coincides with the distortion of the economy of guilt and forms the basis of YHWH's promises. This distortion is, in my view, the fundamental characteristic of the dissonant voice of hope in Jer. 30–31 and contains another reference to Israel's *meta-narrative* of limitless divine generosity.[41]

The promises in Jer. 30–31 can be summarized in the words: 'There is hope for your future' (Jer. 31:16). In the historical context in which a fundamental change will take place (or already has taken place) the ten sub-canto's offer concrete words of divine hope on the most elementary level of life: A land to live in, a fertile soil and no oppressors. This divine promise of a renewed relationship will certainly have helped people to cope the reality they met with. In the end the poetical composition summons to leave their fear behind by daring to live in freedom and to follow the divine, but dissonant voice of hope.[42]

---

[41] See H.G. May, 'Individual Responsibility and Retribution', *HUCA* 32 (1961), 107–20; J.M. Bracke, *The Coherence and Theology of Jeremiah 30–31* (Dissertation Union Theological Seminary), Richmond 1983, 91–93; Bozak, *Life 'Anew'*, 148–51; G. Fischer, *Das Trostbüchlein: Text, Komposition und Theologie von Jer. 30–31* (SBB, 26), Stuttgart 1993, 271–78; Keown *et al.*, *Jeremiah 26–52*, 130–35; Brueggemann, *Theology of the Old Testament*, 552–64; J. Ferry, *Illusions et salut dans la prédication prophétique de Jérémie* (BZAW, 269), Berlin 1999, 336; J.M. Bracke, *Jeremiah 30–52 and Lamentations* (WBC), Louisville 2000, 7; W.H. Schmidt, *Zukunftsgewissheit und Gegenwartskritik: Studien zur Eigenart der Prophetie* (2., erweiterte Auflage; BThS, 51), Neukirchen-Vluyn 2002, 89–90; R.W. Klein, *Israel in Exile: A Theological Interpretation*, Mifflintown 2002, 64–66; Gerstenberger, *Theologies*, 244–45; Siebert, *Construction of Shame*, 140.

[42] See Stulman, *Order amid Chaos*, 13.

BIBLIOGRAPHY

Abou-Assaf, A., P. Bordreuil, A.R. Millard, *La statue de Tell Fekherye et son inscription bilingue assyro-araméenne* (Editions Recherche sur les civilations Cahier, 10), Paris 1982

Ackroyd, P.R., *Exile and Restoration: A Study on Hebrew Thought in the Sixth Century BC*, London 1968

Ahl, S.W., *Epistolary Texts from Ugarit: Structural and Lexical Correspondences in Epistles in Akkadian and Ugaritic* (Brandeis University PhD), 1973

Ahlström, G.W., *The History of Ancient Palestine from the Paleolithic Period to Alexander's Conquest* (JSOT.S, 146), Sheffield 1993

Albertz, R., *Persönliche Frommigkeit und offizielle Religion*, Stuttgart 1978

———, 'Jeremia 2 und die Frühzeitsverkündigung Jeremias', *ZAW* 94 (1982), 20–27

———, *Religionsgeschichte Israels in alttestamentlicher Zeit 1*, (ATD ER, 8/1), Göttingen 1992

———, *Die Exilszeit 6. Jahrhundert v. Chr.* (Biblische Enzyklopädie, 7), Stuttgart 2001

Al-Rawi, F.N.J., 'Nabopolassar's Restoration Work on the Wall *Imgur Enlil* at Babylon', *Iraq* 47 (1985), 1–13 + Pl. 1

Anderson, B.W., 'The LORD has created something new'—A stylistic study of Jer. 31:15–22', *CBQ* 44 (1978), 463–78

———, *From Creation to New Creation: Old Testament Perspectives* (Overtures to Biblical Theology), Minneapolis 1994, 179–94

André, G., *Determining the Destiny: PQD in the Old Testament* (CB.OT, 16), Lund 1980

Applegate, J., 'Peace, Peace, when there is no Peace', in: A.H.W. Curtis, T. Römer (eds.), *The Book of Jeremiah and its Reception* (BEThL, 128), Leuven 1997, 51–90

Arneth, M., '"Möge Šamaš dich in das Hirtenambt über die vier Weltgegenden einsetzen" Der 'Krönungshymnus Assurbanipals' (SAA III,11) und die Solarisierung des neuassyrischen Königtums', *ZAR* 5 (1999), 28–53

———, *'Sonne der Gerchtigkeit'. Studien zur Solarisierung der Jahwe-Religion im Lichte von Psalm 72* (BZAR, 1), Wiesbaden 2000

Aune, D.E., E. Stewart, 'From the Idealized Past to the Imaginary Future: Eschatological Restoration in Jewish Apocalyptic Literature', in: J.M. Scott (ed.), *Restoration: Old Testament, Jewish and Christian Perspectives* (JSJ Sup, 72), Leiden 2001, 147–77

Avishur, Y., 'Pairs of Synonymous Words in the Construct State (and in Appositional Hendiadys) in Biblical Hebrew', *Semitics* 2 (1971), 17–81

Baltzer, K., *Das Bundesformular* (WMANT, 4), Neukirchen-Vluyn ²1964

Barr, J.L., *The Concept of Biblical Theology: An Old Testament Perspective*, London 1999

Barstad, H.M., *A Way in the Wilderness* (JSS Monograph, 12), Worcester 1989

———, *The Myth of the empty Land*, Oslo 1996

Barthélemy, D., *Critique textuelle de l'Ancien Testament: 2. Isaïe, Jérémie, Lamentations. Rapport final du comité pour l'analyse textuelle de l'Ancien Testament hébreu institué par l'Alliance Biblique Universelle, établi en coopération avec A.R. Hulst, N. Lohfink, W.D. McHardy, H.P. Rüger, J.A. Sanders* (OBO, 50/2), Fribourg 1986

Barton, J., *Reading the Old Testament: Method in Biblical Study*, London ²1996

Bauer, A., 'Dressed to be Killed: Jeremiah 4.29–31 as an Example of the Function of Female Imagery in Jeremiah', in: A.R.P. Diamond *et al.* (eds.), *Troubling Jeremiah* (JSOT.S, 260), Sheffield 1999, 293–305

Becking, B., "I Will Break his Yoke from off Your Neck': Remarks on Jeremiah xxx 4–11', in: A.S. van der Woude (ed.), *New Avenues in the Study of the Old*

Testament: A Collection of Old Testament Studies published on the Occasion of the fiftieth Anniversary of the Oudtestamentische Werkgezelschap and the Retirement of Prof. Dr. M.J. Mulder (OTS, 25), Leiden 1989, 63–76

———, "Wie Töpfe Sollst Du Sie Zerschmeissen'. Mesopotamische Parallelen zu Psalm 2,9b', *ZAW* 102 (1990), 59–79

———, *The Fall of Samaria: An historical and archeological Study* (SHANE, 2), Leiden 1992

———, "A Voice was heard in Ramah". Remarks on Structure and Meaning of Jr 31,15–17', *BZ* 38 (1994), 229–42

———, 'Jeremiah's Book of Consolation: A textual Comparison: Notes on the Masoretic Text and the Old Greek Version of Jeremiah xxx–xxxi', *VT* 44 (1994), 145–69

———, 'Divine Wrath and the conceptual Coherence of the Book of Nahum', *SJOT* 9 (1995), 277–96

———, 'A Judge in History: Notes on Nahum 3,7 and Esarhaddon's Succession Treaty § 47: 452', *ZAR* 1 (1995), 111–16

———, 'Text-internal and Text-external Chronology in Jeremiah 31:31–34', *SEÅ* 61 (1996), 33–51

———, 'Ezra's Reenactment of the Exile', in: L.L. Grabbe (ed.), *Leading Captivity Captive* (ESHM, 2 = JSOT.S, 278), Sheffield 1998, 40–61

———, 'The Times They Are a Changing: An Interpretation of Jeremiah 30, 12–17', *SJOT* 12 (1998), 3–25

———, 'Only One God: On possible Implications for Biblical Theology', in B. Becking *et al.* (eds.), *Only One God? Monotheism in Ancient Israel and the Veneration of the Goddess Asherah* (BiSe, 77), Sheffield 2001, 189–201

———, 'Petuḥah and Setumah in Jeremiah 30–31', in: M.C.A. Korpel, J. Oesch (eds.), *Studies in Scriptural Unit Division* (Pericope, 3), Assen 2002, 1–45

———, 'West Semites at Tell Šēḫ Ḥamad: Evidence for the Israelite Exile?', in: U. Hübner, E.A. Knauf (eds.), *Kein Land für sich Allein: Studien zum Kulturkontakt in Kanaan, Israel/Palästina und Ebirnâri für Manfred Weippert zum 65. Geburtstag* (OBO, 186), Freiburg 2002, 153–66

———, 'Expectations about the End of Time in the Hebrew Bible: Do They Exist?', in: C. Rowland, J. Barton (eds.), *Apocalyptic in History and Tradition* (JSP Sup, 43), London 2002, 44–59

———, 'Sour Fruit and Blunt Teeth: The Metaphorical Meaning of the *māšāl* in Jeremiah 31:29', *SJOT* 17 (2003), 7–21

———, 'Nehemiah 9 and the Problematic Concept of Context (*Sitz im Leben*)', in: M.A. Sweeney, E. Ben Zvi (eds.), *The Changing Face of Form Criticism for the Twenty-First Century*, Grand Rapids 2003, 253–65

Beckman, G., *Hittite Diplomatic Texts: Second Edition* (SBL WAWS, 7), Atlanta 1999

Beentjes, P.C., 'Inverted Quotations in the Bible: A neglected Pattern', *Bib* 63 (1982), 506–23

———, 'Discovering a New Path of Intertextuality: Inverted Quotations and their Dynamics', in: L.J. de Regt *et al.* (eds.), *Literary Structure and Rhetorical Strategies in the Hebrew Bible*, Assen 1996, 31–50

Begrich, J, 'Die Priesterliche Heilsorakel', *ZAW* 52 (1934), 81–92

———, *Gesammelte Studien zum Alten Testament* (ThB, 21), München 1964

Berger, P.-R., 'Der Kyros-Zylinder mit dem Zusatzfragment BIN II Nr. 32 und die akkadische Personennamen im Danielbuch', *ZA* 64 (1975), 192–234

Berkley, T.W., *From a Broken Covenant to Circumcision of the Heart: Pauline Intertextual Exegesis in Romans 2:17–29* (SBL.DS, 175), Atlanta 2000

Beuken, W.A.M., *Jesaja II B* (de Prediking van het Oude Testament), Nijkerk 1983

Bickermann, E.J., *Studies in Jewish and Christian History* I, Leiden 1976

Biddle, M., 'The literary Frame surrounding Jeremiah 30,1–33,26', *ZAW* 100 (1988) 409–413

Biggs, R.D., 'More Babylonian Prophecies', *Iraq* 29 (1967), 117–32

Blenkinsopp, J., *Isaiah 40–55* (AB, 19A), New York 2002

——, *Ezra-Nehemiah* (OTL), London 1988

Block, D.I., *The Gods of the Nations: Studies in Ancient Near Eastern National Theology*, Grand Rapids ²2000

Boer, P.A.H. de, *Gedenken und Gedächtniss in der Welt des Alten Testaments*, Stuttgart 1962

Bogaert, P.-M., 'De Baruch à Jérémie: Les deux rédactions conservées du livre de Jérémie', in: P.-M. Bogaert (ed.), *Le Livre de Jérémie: Le prophète et son milieu, les oracles et leur transmission* (BEThL, 54), Leuven 1981, 168–73

——, '*Urtext*, texte court et relecture: Jérémie xxxiii 14–26 TM et ses préparations', in: J.A. Emerton (ed.), *Congress Volume. Leuven 1989* (SVT,43), Leiden 1991, 236–47

——, 'Les trois formes de Jérémie (TM, LXX et VL)', in: G.J. Norton, S. Pisano (eds.), *Tradition of the Text: Studies offered to Dominique Barthélemy in Celebration of his 70th Birthday* (OBO, 109), Freiburg 1991, 1–17

——, 'Le livre de Jérémie en perspective: Les deux rédactions antiques selon les travaux en cours', *RB* 101 (1994), 363–406

——, 'Loi(s) et alliance nouvelle dans les deux formes conservées du livre de Jérémie (Jr 31,31–37TM; 38,31–37LXX', in: C. Focant (ed.), *La loi dans l'un et l'autre Testament* (LD, 168), Paris 1997, 81–92

——, 'Jérémie 17,1–4 TM, oracle contre ou sur Juda propre au texte long, annoncé en 11,7–8.13 TM et en 15,12–14 TM', in: Y. Goldman, C. Uehlinger (eds.), *La double transmission du texte biblique: Études d'histoire du texte offertes en hommage à Adrian Schenker* (OBO, 179), Fribourg 2001, 59–74

Böhmer, S., *Heimkehr und neuer Bund: Studien zu Jeremia 30–31* (GTA, 5), Göttingen 1976

Borger, R., *Die Inschriften Asarhaddons Königs von Assyrien* (AfO Beiheft, 9), Osnabrück ²1967

——, 'Gott Marduk und Gott-König Šulgi als Propheten: Zwei prophetische Texte', *BiOr* 28 (1971), 3–24

Bourguet, D., *Des métaphores de Jérémie* (EB, 9), Paris 1987

Bozak, B.A., *Life 'Anew': A Literary-Theological Study of Jer. 30–31* (AnBi, 122), Roma 1991

Bracke, J.M., *The Coherence and Theology of Jeremiah 30–31* (Dissertation Union Theological Seminary), Richmond 1983

——, *Jeremiah 30–52 and Lamentations* (WBC), Louisville 2000

Brekelmans, C.H.W., 'Sfire I A 29–30', *VT* 13 (1963), 225–28

Brenner, A., 'On 'Jeremiah' and the Poetics of (Prophetic?) Pornography', in: A. Brenner, F. van Dijk-Hemmes (eds.), *On Gendering Texts: Female and Male Voices in the Hebrew Bible* (BIS, 1), Leiden 1993, 178–93

Brett, M.G., *Biblical Critisism in Crisis? The Impact of the Canonical Approach on Old Testament Studies*, Cambridge 1991

Brettler, M., 'Predestination in Deuteronomy 30.1–10', in: L.S. Schearing, S.L. McKenzie (eds.), *Those Elusive Deuteronomists: The Phenomenon of Pan-Deuteronomism* (JSOT.S, 268), Sheffield 1999, 171–88

Bright, J., *Jeremiah* (AncB, 21), Garden City 1965

Brodie, L.T., 'Jacob's Travail (Jer. 30:1–13) and Jacob's Struggle (Gen. 32:22–32)', *JSOT* 19 (1981), 31–60

Brongers, H.A., 'Der Rache- und Fluchpsalmen im Alten Testament', in: P.A.H. de Boer (ed.), *Studies on Psalms* (OTS, 12) Leiden 1963, 21–42

Brooke, G.J., 'The Book of Jeremiah and its Reception in the Qumran Scrolls', in: A.H.W. Curtis, T. Römer (eds.), *The Book of Jeremiah and its Reception* (BEThL, 128), Leuven 1997, 151–82

Brown, R.E., *The Birth of the Messiah: A Commentary on the Infancy Narratives in Matthew and Luke*, Garden City 1979

Brueggemann, W., "The 'Uncared For' Now Cared For': A Methodological Consideration', *JBL* 104 (1985), 419–28

————, *Theology of the Old Testament: Testimony, Dispute, Advocacy*, Minneapolis, 1997

————, *A Commentary on Jeremiah: Exile and Homecoming*, Grand Rapids 1998

Bruno, A., *Jeremia: Eine rhytmische Untersuchung*, Stockholm 1954

Butler, S.A.L., *Mesopotamian Conceptions of Dreams and Dream Rituals* (AOAT, 258), Münster 1996

Cancik, H., *Grundzüge der hethitischen und alttestamentlichen Geschichtsschreibung* (ADPV), Wiesbaden 1976

Carroll, R.P., *From Chaos to Covenant: Uses of Prophecy in the Book of Jeremiah*, London 1981

————, *Jeremiah* (OTL), London 1986

————, 'Intertextuality and the Book of Jeremiah: Animadversiones on Text and Theory', in: J.C. Exum, D.J.A. Clines (eds.), *The New Literary Criticism and the Hebrew Bible* (JSOT.S, 143), Sheffield 1993, 55–78

Carter, W., 'Evoking Isaiah: Matthean Soteriology and an Intertextual Reading of Isaiah 7–9 and Matthew 1:23 and 4:15–16', *JBL* 119 (2000), 503–20

Cathcart, K.J., 'Treaty Curses and the Book of Nahum', *CBQ* 34 (1973), 179–87

Childs, B.S., *Biblical Theology in Crisis*, London 1970

Chisholm, R.B., *Handbook of the Prophets: Isaiah, Jeremiah, Lamentations, Ezekiel, Daniel, Minor Prophets*, Grand Rapids 2002

Christensen, D.L., 'In Quest of the Autograph of the Book of Jeremiah: A Study of Jeremiah 25 in Relation to Jeremiah 46–51', *JEThS* 33 (1990), 145–53

Clines, D.J.A., 'Psalm 2 and the MLF (Moabite Liberation Front)', in: M.D. Carroll et al. (eds.), *The Bible in Human Society: Essays in Honour of John Rogerson* (JSOT.S, 200), Sheffield 1995, 158–85

————, *Interested Parties: The Ideology of Writers and Readers of the Hebrew Bible* (JSOT.S, 205), Sheffield 1995

Cogan, M., *Imperialism and Religion: Assyria, Judah and Israel in the eighth and seventh Centuries BCE* (SBL MS, 19), Missoula 1974

————, 'Omens and Ideology in the Babylonian Inscription of Esarhaddon', in: H. Tadmor, M. Weinfeld (eds.), *History, Historiography and Interpretation*, Jerusalem 1983, 76–87

Collins, T., *The Mantle of Elijah: The Redaction Criticism of the Prophetical Books* (BiSe, 20), Sheffield 1993

Condamin, A., *Le livre de Jérémie*, Paris ³1936

Conrad, E.W., 'The 'Fear Not' Oracles in Second Isaiah', *VT* 34 (1984), 129–52

————, *Fear Not Warrior: A Study of the 'al tira' Pericopes in the Hebrew Scriptures* (BJS, 75), Chico 1985

Croatto, J.S., J.A. Soggin, 'Die Bedeutung von שדמות im Alten Testament', *ZAW* 74 (1962), 44–50

Cunchillos, J.-L., 'The Ugaritic Letters', in: W.G.E. Watson, N. Wyatt (eds.), *Handbook of Ugaritic Studies* (HdO, I,39), Leiden 1999, 359–74

Dahood, M.J., 'The Word-Pair *ʾākal//kālāh* in Jeremiah xxx 16', *VT* 27 (1977), 482

Davies, P.R., *Scribes and Schools: The Canonization of the Hebrew Scriptures* (Library of Ancient Israel), Louisville 1998

Day, J., *God's Conflict with the Dragon and the Sea*, Cambridge 1985

————, 'Foreign Semitic Influence on the Wisdom of Israel; and its Appropriation in the Book of Proverbs', in: J. Day et al. (eds.), *Wisdom in Ancient Israel: Essays in Honour of J.A. Emerton*, Cambridge 1995, 55–70

Deist, F.E., *The Material Culture of the Bible: An Introduction* (BiSe, 70), Sheffield 2000

Dermience, A., 'Rédaction et théologie dans le premier évangile', *RTL* 16 (1985), 47–64

Deurloo, K.A., 'Key Words in the Hebrew Bible', in: J.W. Dyk et al. (eds.), *The Rediscovery of the Hebrew Bible* (ACEBT Supl. 1), Maastricht 1999, 15–25

Diamond, A.R.P., 'Deceiving Hope: the Ironies of Metaphorical Beauty and Ideological Terror in Jeremiah', *SJOT* 17 (2003), 34–48

Dietrich, W., C. Link, *Die dunklen Seiten Gottes: Band 2 Allmacht und Ohnmacht*, Neukirchen-Vluyn 2000

Dion, P.-E., 'La bilingue de Tell Fekherye: Le roi de Gozan et son dieu; La phraséologie', in: A. Caquot *et al.* (eds.), *Mélanges bibliques et orientaux en l'honneur de M. Mathias Delcor* (AOAT, 215), Neukirchen-Vluyn 1985, 139–47

Dijk-Hemmes, F. van, 'Betekenissen van Jeremia 31:22b', in: B. Becking *et al.* (eds.), *Door het oog van de profeten* (FS C. van Leeuwen), Utrecht 1989, 31–40

Dijkstra, M., 'Is Balaam also among the Prophets?', *JBL* 114 (1995), 43–64

Duhm, B., *Das Buch Jeremia* (KHCAT, 11) Tübingen 1901

Dumbrell, W.J., *Covenant and Creation: An Old Testament Covenantal Theology*, Exeter 1984

Ebach, J.H., '*PGR* = (Toten-)Opfer: Ein Vorschlag zum Verständniss von Ez. 43,7.8', *UF* 3 (1971), 365–68

Eco, U., *The Role of the Reader: Explorations in the Semiotics of Texts*, Bloomington 1979

Eitan, I., 'Hebrew and Semitic Particles—Continued. Comparative Studies in Semitic Philology', *AJSL* 45 (1928–29), 197–211

Ellis, E.E., 'Biblical Interpretation in the New Testament Church', in: M.J. Mulder (ed.), *Mikra: Text, Translation, Reading and Interpretation of the Hebrew Bible in Ancient Judaism and Early Christianity* (CRINT, II.1), Assen 1988, 691–725

Ferry, J., *Illusions et salut dans la prédication prophétique de Jérémie* (BZAW, 269), Berlin 1999

Fischer, G., 'Jer. 25 und die Fremdvölkersprüche: Unterschiede zwischen hebräischem und griechischem Text', *Bibl* 72 (1991), 474–99

———, *Das Trostbüchlein: Text, Komposition und Theologie von Jer. 30–31* (SBB, 26), Stuttgart 1993

———, 'Aufnahme, Wende und Überwindung dtn/r Gedankengutes in Jer. 30f', in: W. Gross (ed.), *Jeremia und die 'deuteronomistische Bewegung'* (BBB, 98), Weinheim 1995, 129–39

———, 'Zum Text des Jeremiabuches', *Bibl* 78 (1997), 305–28

———, 'Jeremia 52—ein Schlüssel zum Jeremiabuch', *Bibl* 79 (1998), 333–59

Fishbane, M., *Biblical Interpretation in Ancient Israel*, Oxford 1985

Floyd, M.H., *Minor Prophets: Part 2* (FOTL, 22), Grand Rapids 2000

Fohrer, G., 'Der Israel-Prophet in Jeremia 30–31', in: A. Caqout, M. Delcor (eds.), *Mélanges bibliques et orientaux* (FS H. Cazelles; AOAT 215), Neukirchen-Vluyn 1981, 135–48

Frankena, R., 'The Vassal-Treaties of Esarhaddon and the Dating of Deuteronomy', *OTS* 14 (1965), 122–54

Friebel, K.G., *Jeremiah's and Ezekiel's Sign-Acts* (JSOTSup, 283), Sheffield 1999

Fuss, B., '*Dies ist die Zeit von der geschrieben ist . . .': Die expliziten Zitate aus dem Buch Hosea in den Handschriften von Qumran und im Neuen Testament* (NTA, 37), Münster 2000

Gerlach, M., 'Zur chronologischen Struktur von Jer. 30,12–17. Reflexionen auf die involvierten grammatischen Ebenen', *BN* 33 (1986), 34–52

Gerstenberger, E.S., *Theologies in the Old Testament*, London 2002

Goldberg, A., 'Zitat und Citem', *Frankfurter Judaistische Beiträge* 6 (1978), 23–26

Goldman, Y., *Prophétie et royauté au retour de l'exil: Les origines littéraires de la forme massorétique du livre de Jérémie* (OBO, 118), Freiburg 1992

———, 'Juda et son roi au milieu des nations: la dernière rédaction du livre de Jérémie', in: A.H.W. Curtis, T. Römer (eds.), *The Book of Jeremiah and its Reception* (BEThL, 128), Leuven 1997, 150–82

Goppelt, L., *Theologie des Neuen Testaments* (UTB, 850), Göttingen ³1978

Gosse, B., 'Le rôle de Jérémie 30,24 dans la rédaction du livre de Jérémie', *BZ* 39 (1995), 92–96

————, 'The Masoretic Redaction of Jeremiah: An Explanation', *JSOT* 77 (1998), 75–80

Gowan, D.E., *Eschatology in the Old Testament*, Edinburgh ²2000

Graf, K.H., *Der Prophet Jeremia*, Leipzig 1862

Gräbe, P.J., *Der neue Bund in der frühchristlichen Literatur unter Berücksichtigung der alttestamentlich-jüdischen Voraussetzungen* (FzB, 96), Würzburg 2001

Graupner, A., *Der Elohist: Gegenwart und Wirksamkeit des transzendenten Gottes in der Geschichte* (WMANT, 97), Neukirchen-Vluyn 2002

Grayson, A.K., W.G. Lambert, 'Akkadian Prophecies', *JCS* 18 (1964), 7–30

Greenberg, M., *Studies in the Bible and Jewish Thought*, Philadelphia 1995

Greenfield, J.C., A. Shafer, 'Notes on the Curse Formulae of the Tell Fekherye Inscription', *RB* 92 (1985), 47–59

Greer, R.A., 'The christian Bible and its Interpretation', in: J.L. Kugel, R.A. Greer (eds.), *Early Biblical Interpretation* (LEC, 3), Philadelphia 1986, 126–76

Gross, W., 'Erneuter oder neuer Bund? Wortlaut und Aussageintention in Jer. 31,31–34', in: F. Avemarie, H. Lichtenberger (eds.), *Bund und Tora: Zur theologischen Begriffsgeschichte in alttestamentlicher, frühjüdischer und christlicher Tradition*, Tübingen 1996, 41–66

————, *Zukunft für Israel: Alttestamentliche Bundeskonzepte und die aktuelle Debatte um den Neuen Bund* (SBS, 176), Stuttgart 1998

Gruber, M.I., 'Ten Dance-Derived Expressions in the Hebrew Bible', *Bibl* 62 (1981), 328–46

Gundry, R.H., *The Use of the Old Testament in St. Matthew's Gospel with Special Reference to the Messianic Hope* (NT.S, 18), Leiden 1967

Hackett, J.A., 'Some Observations on the Balaam Traditions from Deir 'Alla', *BA* 49 (1986), 216–22

Haettner Blomquist, T., *Gates and Gods: Cults in the City Gates of Iron Age Palestine. An Investigation of the Archaeological and Biblical Sources* (CB.OT, 46), Stockholm 1999

Hardmeier, C., *Texttheorie und biblische Exegese* (BETh, 79), München 1978

————, *Prophetie im Streit vor dem Untergang Judas: Erzählkommunikative Studien zur Entstehungssituation der Jesaja und Jeremiaerzählungen in II Reg 18–20 und Jer. 37–40* (BZAW, 187), Berlin 1990

————, 'König Joschija in der Klimax des DtrG (2 Reg 22 f.) und das vordtr Dokument einer Kultreform am Residenzort (23,4–15*)', in: R. Lux (ed.), *Erzählte Geschichte: Beiträge zur narrativen Kultur im alten Israel* (BThS, 40), Neukirchen-Vluyn 2000, 81–145

————, 'Wahrhaftigkeit und Fehlorientierung bei Jeremia: Jer. 5,1 und die divinatorische Expertise Jer. 2–6* im Kontext der zeitgenössischen Kontroverse um die politische Zukunft Jerusalems', in: C. Maier *et al.* (eds.), *Exegese vor Ort: Festschrift für Peter Welten zum 65. Geburtstag*, Leipzig 2001, 121–43

Hasel, G.F., '"Remnant" as a meaning of *'Aḥªrît*', in: L.T. Geraty, L.G. Herr (eds.), *The Archaeology of Jordan and other Studies*, Berrien Springs 1986, 321–42

Haupt, P., *Akkadische und Sumerische Keilschrifttexte* (AB, 1), Leipzig (1881–)1882

Heppe, H., *Die Dogmatik der evangelisch-reformierten Kirche*, Neukirchen 1958

Herrmann, S., *Die prophetischen Heilserwartungen im Alten Testament: Ursprung und Gestaltwandel* (BWANT, 85), Stuttgart 1965

————, *Jeremia* (BK, 12,1), Neukirchen-Vluyn 1986

————, *Jeremia: Der Prophet und sein Buch* (EdF, 271), Darmstadt 1990

Hillers, D.R., *Treaty-Curses and the Old Testament Prophets* (BibOr, 16), Roma 1964

————, *Covenant: The History of a Biblical Idea*, Baltimore 1969

————, '*Hôy* and *Hôy*-Oracles: A Neglected Syntactic Aspect', in: C.L. Meyers, M. O'Connor (eds.), *The Word of the Lord Shall go Forth* (FS D.N. Freedman), Winona Lake 1983, 185–88

Höffken, P. 'Heilszeitherrscherwartung im Babylonischen Raum', *WdO* 9 (1977–78), 57–71

Hoftijzer, J., G. van der Kooij, *Aramaic Texts from Deir 'Allah* (DMOA, 19), Leiden 1976

Holladay, W.L., 'Style, Irony and Authenticity in Jeremiah', *JBL* 81 (1962), 44–54

———, 'Jer. xxxi 22b reconsidered: 'The woman encompasses the man'', *VT* 16 (1966), 236–39

———, *Jeremiah 1. A Commentary on the Book of the Prophet Jeremiah Chapters 1–25* (Hermeneia), Minneapolis 1986

———, *Jeremiah 2. A Commentary on the Book of the Prophet Jeremiah Chapters 26–52* (Hermeneia), Minneapolis 1989

Holmgren, F.C., *The Old Testament and the Significance of Jesus: Embracing Change— Maintaining Christian Identity*, Grand Rapids 1999

Holt, E.K., *Jeremia's Bog Fortolket*, København 1999

Horst, P.W. van der, *Die Prophetengräber im antiken Judentum* (Franz Delitzsch Vorlesung, 10), Münster 2001

———, *Japheth in the Tents of Shem: Studies on Jewish Hellenism in Antiquity* (CBETh, 32), Leuven 2002

Houtman, C., 'Theodicy in the Pentateuch', in: A. Laato, J.C. de Moor (eds.), *Theodicy in the World of the Bible*, Leiden 2003, 151–82

Howell, D.B., *Matthew's Inclusive Story: A Study in the Narrative Rhetoric of the First Gospel* (JSNT.S, 42), Sheffield 1990

Høgenhavn, J., 'Den nye pagts dage: Nogle eksegetiske bemærkinger til Jeremias 31,31–34', in: L. Fatum, M. Müller (eds.), *Tro og Historie: Festskrift til Niels Hyldahl i anledning af 65 års fødseldagen den 30. december 1995*, København 1996, 132–41

Hubmann, F.D., 'Bemerkungen zur älteren Diskussion um die Unterschiede zwischen MT und G im Jeremiabuch', in: W. Gross (ed.), *Jeremia und die 'deuteronomistische Bewegung'* (BBB, 98), Weinheim 1995, 263–70

Huffmon, H.B., 'The Impossible: God's Word of Assurance in Jer. 31:35–37', in: S.L. Cook, S.C. Winter (eds.), *On the Way to Nineveh: Studies in Honor of George M. Landes* (AASOR Books, 4), Atlanta 1998, 172–86

Hunziger-Rodewald, R., *Hirt und Herde: Ein Beitrag zum alttestamentlichen Gottesverständnis* (BWANT, 115), Stuttgart 2001

Husser, J.-M., *Le songe et la parole: Etude sur le rêve et sa fonction dans l'ancient Israël* (BZAW, 210), Berlin 1994

Illman, K.-J., 'Theodicy in Job', in: A. Laato, J.C. de Moor (eds.), *Theodicy in the World of the Bible*, Leiden 2003, 304–33

Iser, W., *The Act of Reading: A Theory of Aesthetic Response*, London 1978

Jacob, E., 'Féminisme ou Messianisme? A propos de Jérémie 31,22' in: H. Donner et al. (eds.), *Beiträge zur alttestamentliche Theologie: Festschrift für Walter Zimmerli zum 70. Geburtstag*, Göttingen 1977, 179–84

———, 'Traits féminins dans la figure du dieu d'Israel', in: A. Caquot et al. (eds.), *Mélanges bibliques et orientaux en l'honneur de M. Mathias Delcor* (AOAT, 215), Neukirchen-Vluyn 1985, 221–30

Jacobs, M.R., *The Conceptual Coherence of the Book of Micah* (JSOT.S, 322), Sheffield 2001

Janzen, J.G., *Studies in the Text of Jeremiah* (HSM, 6), Cambridge 1973

———, 'A Critique of Sven Soderlund's *The Greek Text of Jeremiah: A revised Hypothesis*', *BIOSCS* 22 (1989), 16–47

Janzen, W., *Mourning Cry and Woe Oracle* (BZAW, 125), Berlin 1972

Jenner, K.D., 'The Unit Delimitations in the Syriac Text of Daniel and its Consequences for the Interpretation', in: M.C.A. Korpel, J. Oesch (eds.), *Delimitation Criticism: A New Tool in Biblical Scholarship* (Pericope, 1), Assen 2000, 105–129

Jenni, E., *Die hebräischen Präpositionen; Band 1: Die Präposition Beth*, Stuttgart 1992

Jeremias, J., *Die Reue Gottes: Aspekte alttestamentlicher Gottesvorstellung* (BiSt, 65), Neukirchen-Vluyn 1975

Jongeling, B., '*Lākēn* dans l'Ancient Testament', *Remembering all the Way . . .* (OTS, 21), Leiden 1981, 190–200

Jong Ellis, M. de, 'Observations on Mesopotamian Oracles and Prophetic Texts: Literary and Historiographic Considerations', *JCS* 41 (1989), 127–86

Joüon, P., T. Muraoka, *A Grammar of Biblical Hebrew: Volume II: Part three: Syntax* (SubBi, 14/II), Roma 1991

Joyce, P., *Divine Initiative and Human Response in Ezekiel* (JSOT.S, 51), Sheffield 1989

Kalluveettil, P., *Declaration and Covenant: A Comprehensive Review of Covenant Formulae from the Old Testament and the Ancient Near East* (AnBi, 88), Roma 1982

Kegler, J., 'Beobachtungen zur Körpererfahrungen in der hebräischen Bibel', in: F. Crüsemann *et al.* (eds.), *Was ist der Mensch? Beiträge zur Anthropologie des Alten Testaments Hans Walter Wolff zum 80. Geburtstag*, München 1992, 28–41

Keown, G.L., P.J. Scalise, T.G. Smothers, *Jeremiah 26–52* (WBC, 27), Dallas 1995

Kessler, M., 'Jeremiah Chapters 26–45 Reconsidered', *JNES* 27 (1968), 81–88

Kidner, D., *The Message of Jeremiah*, Leicester 1987

Kilpp, N., 'Eine frühe Interpretation der Katastrophe von 587', *ZAW* 97 (1985), 210–20

——, *Niederreißen und aufbauen: Das Verhältniss von Heilsverheißung und Unheils-verkündigung bei Jeremia und im Jeremiabuch* (BThS, 13), Neukirchen-Vluyn 1990

King, P.J., *Jeremiah: An Archaeological Companion*, Louisville,1993

Kingsbury, J.D., *Matthew as Story*, Philadelphia 1986

Kitz, A.M., 'Prophecy as Divination', *CBQ* 65 (2003), 22–42

Klein, R.W., *Israel in Exile: A Theological Interpretation*, Mifflintown 2002, 44–68

Klingbeil, M., *Yahweh Fighting from Heaven: God as Warrior and as God of Heaven in the Hebrew Psalter and Ancient Near Eastern Iconography* (OBO, 169), Fribourg 1999

Knierim, R.P., *Text and Concept in Leviticus 1:1–9: A Case in Exegetical Method* (FAT, 2), Tübingen 1992

——, *The Task of Old Testament Theology: Method and Cases*, Grand Rapids 1995

Knight, D.A., 'Jeremiah and the Dimensions of the Moral Life', in: J.L. Crenshaw, S. Sandmel (eds.), *The Divine Helmsman: Studies on God's Control of Human Events Presented to Lou H. Silberman*, New York 1980, 87–105

Knowles, M., *Jeremiah in Matthew's Gospel: The Rejected-Prophet Motif in Matthaean Redaction* (JSNT.S, 68), Sheffield 1993

Kooij, A. van der, 'Jeremiah 27:5–15: How do MT and LXX relate to each other?', *JNSL* 20 (1994), 59–78

——, 'Textual Criticism of the Hebrew Bible: Its Aim and Method', in: S.M. Paul *et al.* (eds.), *Emanuel: Studies in Hebrew Bible, Septuagint and Dead Sea Scrolls in Honor of Emanuel Tov* (VT.S, 63), Leiden 2003, 729–39

Koopmans, W.T., *Joshua 24 as Poetic Narrative* (JSOT.S, 93), Sheffield 1990

Korpel, M.C.A., 'The Literary Genre of the Song of the Vineyard (Isa. 5:1–7)', in: W. van der Meer, J.C. de Moor (eds.), *The Structural Analysis of Biblical and Canaanite Poetry* (JSOT.S, 74), Sheffield 1988, 119–55

——, *A Rift in the Clouds: Ugaritic and Hebrew Descriptions of the Divine* (UBL, 8), Münster 1990

——, 'Metaphors in Isaiah lv', *VT* 46 (1996), 43–55

——, 'Introduction to the Series Pericope', in: M.C.A. Korpel, J. Oesch (eds.), *Delimitation Criticism: A New Tool in Biblical Scholarship* (Pericope, 1), Assen 2000, 1–50

——, *The Structure of the Book of Ruth* (Pericope, 2), Assen 2001

Korpel, M.C.A., J.C. de Moor, *The Structure of Classical Hebrew Poetry: Isaiah 40–55* (OTS, 41), Leiden 1998

Kottsieper, I., *Die Sprache der Ahiqarsprüche* (BZAW, 194), Berlin 1990

Kozol, J., *Rachel and her Children: Homeless Families in America*, New York 1988

Krašovec, J., 'Vergebung und neuer Bund nach Jer. 31,31–34', *ZAW* 105 (1993), 428–44

——, *Reward, Punishment, and Forgiveness: The Thinking and Beliefs of Ancient Israel in the Light of Greek and Modern Views* (VT.S, 78), Leiden 1999

Kratz, R.G., *Kyros im Deuterojesajabuch: Redaktionsgeschichtliche Untersuchungen zu Entstehung und Theologie von Jes 40–55* (FAT, 1). Tübingen 1991

Kuhrt, A., 'The Cyrus Cylinder and Achaemenid Imperial Policy', *JSOT* 25 (1983), 83–97

Kugel, J.L., *The Idea of Biblical Poetry: Parallellism and its History*, New Haven 1981

———, 'Some Thoughts on Future Research into Biblical Style: Addenda to *The Idea of Biblical Poetry*', *JSOT* 28 (1984), 107–17

Laato, A., *Josiah and David Redivivus: The Historical Josiah and the Messianic Expectations of Exilic and Postexilic Times* (CB.OT, 33), Stockholm 1992

———, *History and Ideology in the Old Testament Prophetic Literature: A Semiotic Approach in the Reconstruction of the Proclamation of the Historical Prophets* (CB.OT, 41), Stockholm 1996

Labuschagne, C.J., *The Incomparability of Yahweh in the Old Testament* (POS, 5), Leiden 1966

Lakoff, G., M. Johnson, *Metaphors We Live By*, Chicago 1980

Lalleman-de Winkel, H., *Jeremiah in Prophetic Tradition: An Examination of the Book of Jeremiah in the Light of Israel's Prophetic Traditions* (CBET, 26), Leuven 2000

Lambert, W.G., *Babylonian Wisdom Literature*, Oxford 1960, reprint Winona Lake 1996

———, 'dingir.šà.dib.ba-Incantations', *JNES* 33 (1974), 267–322

Lambert, W.G., A.R. Millard, *Atra-Ḫasis: The Babylonian Story of the Flood*, Oxford 1969

Landy, F., 'Poetics and Parallellism: Some Comments on James Kugel's *The Idea of Biblical Poetry*', *JSOT* 28 (1984), 61–87

Lang, B., *Jahwe der biblische Gott: Ein Porträt*, München, 2002

Langdon, S., *Die neubabylonischen Königsinschriften* (VAB, 4), Leipzig 1912

Lapsley, J.E., *Can these Bones Live? The Problem of the Moral Self in the Book of Ezekiel* (BZAW, 301), Berlin 2000

Lecoq, P., *Les inscriptions de la Perse achéménide*, Paris 1997

Lee, W.W., *Punishment and Forgiveness in Israel's Migratory Campaign*, Grand Rapids 2003

Leene, H., 'Jeremiah 31,23–26 and the Redaction of the Book of Comfort', *ZAW* 104 (1992), 349–64

———, 'Unripe Fruit and Dull Teeth (Jer. 31,29; Ez. 18,2)', in: E. Talstra (ed.), *Narrative and Comment: Contributions to Discourse Grammar and Biblical Hebrew presented to Wolfgang Schneider*, Amsterdam 1995, 82–98

———, 'Ezekiel and Jeremiah: Promises of Inner Renewal in Diachronic Perspective' in: J.C. de Moor, H.F. van Rooy (eds.), *Past, Present, Future: The Deuteronomistic History and the Prophets* (OTS, 44), Leiden 2000, 150–75

Lehman, M.R., 'A New Interpretation of the Term שדמות', *VT* 3 (1953), 361–71

Lemaire, A., 'Prophètes et rois dans les inscriptions ouest-sémitiques (ixᵉ–viᵉ siècle av. J.-C.)', in: A. Lemaire (ed.), *Prophètes et Rois: Bible et proche orient*, Paris 2001, 85–115

Lemaire, A., J.-M. Durand, *Les inscriptions araméennes de Sfiré et l'Assyrie de Shamshi-Ilu* (HEO, 20), Genève 1984

Levin, C., *Die Verheißung des neuen Bundes in ihrem theologiegeschichtlichen Zusammenhang ausgelegt* (FRLANT, 137), Göttingen 1985

Lindars, B., '"Rachel weeping for her Children"—Jeremiah 31, 15–22', *JSOT* 12 (1979), 47–62

Lindenberger, J.M., *The Aramaic Proverbs of Ahiqar*, Baltimore 1983

Lipiński, E., 'Aḫat-Milki, reine d'Ugarit et la guerre du Mukiš', *OLP* 12 (1981), 79–115

Liwak, R., *Der Prophet und die Geschichte: Eine literar-historische Untersuchung zum Jeremiabuch* (BWANT, 121), Stuttgart 1987

Lohfink, N., 'Der junge Jeremia als Propagandist und Poet: Zum Grundstock von Jer. 30–31', in: P.-M. Bogaert (ed.), *Le Livre de Jérémie: Le prophète et son milieu, les oracles et leur transmission* (BEThL, 54), Leuven 1981, 351–68

———, 'Die Gottesswortverschachtelung in Jer. 30–31', in: L. Ruppert, P. Weimar, E. Zenger (eds.), *Künder des Wortes* (FS J. Schreiner), Würzburg 1982, 105–19

Lohmeyer, E., *Das Evangelium des Matthäus*, Göttingen ⁴1967

Longman, T., *Fictional Akkadian Autobiography A Generic and Comparative Study*, Winona Lake 1991

Loretz, O., 'Eine kolometrische Analyse von Psalm 2', in: O. Loretz (ed.), *Beiträge zur Psalmenforschung: Psalm 2 und 22* (FzB, 60), Würzburg 1988, 9–26

Lundbom, J.R., *Jeremiah: A Study in Ancient Hebrew Rhetoric* (SBL.DS, 18), Missoula 1975

———, *Jeremiah: A Study in Ancient Hebrew Rhetoric*, second edition, Winona Lake 1997

———, *Jeremiah 1–20* (AB, 21A), New York 1999

Lust, J., "Gathering and Return' in Jeremiah and Ezekiel', in: P.-M. Bogaert (ed.), *Le Livre de Jérémie: Le prophète et son milieu, les oracles et leur transmission* (BEThL, 54), Leuven 1981, 119–42

———, 'The Diverse Text Forms of Jeremiah and History Writing with Jer. 33 as a Test Case', *JNSL* 20 (1994), 31–48

March, W.E., '*Laken*: Its Functions and Meanings', in: J.J. Jackson, M. Kessler (eds.), *Rhetorical Criticism*, Pittsburgh 1974, 256–84

Martens, E.Z., *Motivations for the Promise of Israel's Restoration to the Land in Jeremiah and Ezekiel* (PhD Dissertation, Claremont Graduate School), Claremont 1972

Marx, A., 'A propos des doublets du livre de Jérémie', in: J.A. Emerton (ed.), *Prophecy: Essays Presented to Georg Fohrer on his Sixty-Fifth Birthday 6 September 1980* (BZAW, 150), Berlin 1980, 106–20

Matties, G.H., *Ezekiel 18 and the Rhetoric of Moral Discourse* (SBL.DS, 126), Atlanta 1990

May, H.G., 'Individual Responsibility and Retribution', *HUCA* 32 (1961), 107–20

Mazurel, J.W., *De vraag naar de verloren broeder: Terugkeer en herstel in de boeken Jeremia en Ezechiël* (Dissertation University of Amsterdam), Amsterdam 1992

———, 'Citaten uit het Boek Jeremia in het Nieuwe Testament', *ACEBT* 16 (1997), 126–39

McCarthy, D.J., *Treaty and Covenant: A Study in Form in the Ancient Oriental Documents and in the Old Testament* (AnBi, 21), Roma 1963

McConville, J.G., 'Faces of Exile in Old Testament Historiography', in: J. Barton, D.J. Reimer (eds.), *After the Exile: Essays in Honour of Rex Mason*, Macon 1996, 27–44

McFague, S., *Metaphorical Theology: Models of God in Religious Language*, London 1983

McKane, W., *Jeremiah II* (ICC), Edinburgh 1996

McKnight, E.V., *Post-Modern Use of the Bible: The Emergence of Reader-Oriented Criticism*, Nashville 1988

Melugin, R., 'Isaiah 52:7–10', *Int* 36 (1982), 176–81

Mendenhall, G., *Law and Covenant in Israel and the Ancient Near East*, Pittsburgh 1955

Menken, M.J.J., 'The references to Jeremiah in the Gospel according to Matthew', *ETL* 40 (1984), 5–24

———, 'The Greek Translation of Hosea 11:1 in Matthew 2:15: Matthean or Pre-Matthean?', *Filologia Neotestamentaria* 12 (1999), 79–88

———, 'The Quotation from Jeremiah 31(38).15 in Matthew 2.18: A Study of Matthew's Scriptural Text', in: S. Moyise (ed.), *The Old Testament in the New Testament: Essays in Honour of J.L. North* (JSNT.S, 189), Sheffield 2000, 106–25

———, 'The Sources of the Old Testament Quotation in Matthew 2:23', *JBL* 120 (2001), 451–68

Merwe, C.H.W. van der, 'Pragmatics and the Translation Value of *gam*', *JfS* 4 (1992), 181–99

Mettinger, T.N.D., *The Dethronement of Sabaoth: Studies in the Shem and Kabod Theologies* (CB.OT, 18), Lund 1982

———, *In Search of God: The Meaning and Message of the Everlasting Names*, Philadelphia 1988

Meyers, C.L., E.M. Meyers, *Haggai, Zechariah 1–8* (AB, 25B), New York 1987

Migsch, H., *Gottes Wort über das Ende Jerusalems* (ÖBS, 2), Klosterneuburg 1981

Miler, J., *Les citations d'accomplissement dans l'évangile de Matthieu: Quand Dieu se rend présent en toute humanité* (AnBi, 140), Roma 1999

Miller, P.D., 'Creation and Covenant', in: S.J. Kraftchick *et al.* (eds.), *Biblical Theology: Problems and Prospects*, Nashville 1995, 155–68

Min, Y.-J., *The Minuses and Pluses of the LXX Translation of Jeremiah compared with the Masoretic Text: Their Classification and possible Origins* (Unpublished Dissertation Hebrew University), Jerusalem 1977

Mitchell, C.W., *The Meaning of brk 'to bless' in the Old Testament* (SBL.DS, 95), Atlanta 1987

Mol, J.F., *Collectieve en individuele verantwoordelijkheid: Een beschrijving van corporate personality naar Ezechiël 18 en 20*, (Diss. Universiteit Utrecht), Nijega 2002

Moor, J.C. de, 'Ugaritic *hm*—never 'Behold'', *UF* 1 (1969), 201–02

———, *The Rise of Yahwism: The Roots of Israelite Monotheism Second Edition* (BEThL, 94), Leuven 1997

Motyer, J.A., *The Prophecy of Isaiah*, Downers Grove 1993

Movers, C.F., *De utriusque recensionis vaticiniorum Ieremiae, Graecae Alexandrinae et Hebraicae masorethicae, indole et origine commentatio critica*, Hamburg 1837

Mowinckel, S., *Zur Komposition des Buches Jeremia*, Kristiana 1914

Moyise, S., *The Old Testament in the New: An Introduction*, London 2001

Muraoka, T., *Emphatic Words and Structures in Biblical Hebrew*, Jerusalem 1985

Na'aman, N., 'The Ishtar Temple at Alalakh', *JNES* 30 (1980), 209–14

Nassouhi, E., 'Prisme d'Assurbânipal daté de sa trentième année, provenant du temple de Gula à Babylone', *Archiv für Keilschriftforschung* 2 (1924/25), 97–106

Nellessen, E., *Das Kind und seine Mutter. Struktur und Verkündigung des 2. Kapitels im Matthäusevangelium* (SBS, 39), Stuttgart 1969

Neumann, P.K.D., 'Das Wort, das geschehen ist: Zum Problem der Wortempfangsterminologie in Jer. i–xxv', *VT* 23 (1973), 171–217

New, D.S., *Old Testament Quotations in the Synoptic Gospels, and the Two-Document Hypothesis* (SBL SCS, 37), Atlanta 1993

Niccacci, A., *The Syntax of the Verb in Classical Hebrew Prose* (JSOT.S, 86), Sheffield 1990

Nicholson, E.W., *Preaching to the Exiles*, Oxford 1970

———, 'Covenant in a Century of Study since Wellhausen', in: A.S. van der Woude (ed.), *Crises and Perspectives* (OTS, 24), Leiden 1986, 54–69

Niehr, H., *Ba'alšamem: Studien zur Herkunft, Geschichte und Rezeptiongeschichte eines phönizischen Gottes* (OLA, 123), Leuven 2003

Nielsen, K., *Ruth* (OTL), London 1997

Nieto, G.J., 'El quiebre de estrutura propuesto por Jeremias 31,31–34', *EstBib* 58 (2000), 495–512

Nissinen, M., 'Die Relevanz der neuassyrischen Prophetie für die alttestamentliche Forschung', in: M. Dietrich, O. Loretz (eds.), *Mesopotamica—Ugaritica—Biblica: Festschrift für Kurt Bergerhof zur Vollendung seines 70. Lebensjahr am 7. Mai 1992* (AOAT, 238), Neukirchen-Vluyn 1993, 217–58

———, *Prophetie, Redaktion und Fortschreibung im Hoseabuch: Studien zum Werdegang eines Prophetenbuches im Lichte von Hos 4 und 11* (AOAT, 231), Neukirchen-Vluyn 1991

———, *References to Prophecy in Neo-Assyrian Sources* (SAAS, 7), Helsinki 1998

———, *Homoeroticism in the Biblical World: A Historical Perspective*, Minneapolis 1998

————, 'The Socioreligious Role of the Neo-Assyrian Prophets', in: M. Nissinen (ed.), *Prophecy in its Ancient Near Eastern Context: Mesopotamian, Biblical, and Arabian Perspectives* (SBL Symposium Series, 13), Atlanta 2000, 89–114

————, 'Prophets and the Divine Council', in: U. Hübner, E.A. Knauf (eds.), *Kein Land für sich Allein: Studien zum Kulturkontakt in Kanaan, Israel/Palästina und Ebirnâri für Manfred Weippert zum 65. Geburtstag* (OBO, 186), Freiburg 2002, 4–19

————, 'Fear Not: A Study on an Ancient Near Eastern Phrase', in: M.A. Sweeney, E. Ben Zvi (eds.), *The Changing Face of Form Criticism for the Twenty-First Century*, Grand Rapids 2003, 122–61

————, *Prophets and Prophecy in the Ancient Near East*, with contributions by C.L. Seow and R.K. Ritner edited by P. Machinist, (SBL.WAW, 12), Atlanta 2003

Norin, S., 'The Age of the Siloam Inscription and Hezekiah's Tunnel', *VT* 48 (1998), 137–48

Nötscher, F., *Das Buch Jeremias* (HS, VIII,2), Bonn 1934

————, 'Zum emphatischen Lamed', *VT* 3 (1953), 372–80

Oberwies, M., 'Beobachtungen zum AT-Gebrauch in der Matthäischen Kindheits- geschichte', *NTS* 35 (1989), 131–49

O'Brien, J.M., *Nahum* (Readings), Sheffield 2002

Odashima, T., *Heilsworte im Jeremiabuch: Untersuchungen zu ihrer vordeuteronomistischen Bearbeitung* (BWANT, 125), Stuttgart 1989

Oded, B., *Mass-deportations and deportees in the Neo-Assyrian Empire*, Wiesbaden 1979

————, 'The Settlements of the Israelite and Judean Exiles in Mesopotamia in the 8th–6th Centuries BCE', in: G. Galil, M. Weinfeld (eds.), *Studies in historical Geography and Biblical Historiography Presented to Zecharia Kallai* (VT.S, 81), Leiden 2000, 91–103

Olivier, J.P.J., 'The Concept Day in Nahum and Habakkuk', in: A.H. van Zijl (ed.), *Biblical Essays* (OTWP, 12), Potchefstroom 1969, 71–74

Oosterhoff, B.J., *Jeremia vertaald en verklaard: Deel 1 Jeremia 1–10* (COT), Kampen 1990

Oosting, R., 'Returning (to) Zion: Isaiah 52:8 in Light of Verbal Valency Patterns', in: F. Postma *et al.* (eds.), *The New Things: Eschatology in Old Testament Prophecy Festschrift for Henk Leene* (ACEBT Sup, 3), Maastricht 2002, 159–66

O'Rourke, J.J., 'The Fulfillment Texts in Matthew', *CBQ* 24 (1962), 394–403

Otto, E., 'Die Ursprünge der Bundestheologie im Alten Testament und im Alten Orient', *ZAR* 4 (1998), 1–84

————, *Das Deuteronomium in Pentateuch und Hexateuch* (FAT, 30), Tübingen 2000

————, 'Deuteronomium und Pentateuch: Aspekte der gegenwärtige Debatte', *ZAR* 6 (2000), 222–84

————, *Die Tora des Mose: Die Geschichte der literarischen Vermittlung von Recht, Religion und Politik durch die Mosegestalt* (Berichte aus den Sitzungen der Joachim Jungius- Gesellschaft der Wissenschaften, 19/2), Hamburg 2001

————, 'Politische Theologie in den Königspsalmen zwischen Ägypten und Assyrien. Die Herrschaftslegitimation in den Psalmen 2 und 18 in ihren altorientalischen Kontexten', in: E. Otto, E. Zenger (eds.), *'Mein Sohn bist du' (Ps. 2,7): Studien zu den Königspsalmen*, (SBS, 192), Stuttgart 2002, 33–65

Pabst, H., 'Eine Sammlung von Klagen in den Qumranfunden (4Q179)', in: M. Delcor (ed.), *Qumrân: Sa piété, sa théologie et son milieu*, Paris 1978, 137–49.

Palmen, C., *Geheel de Uwe*, Amsterdam 2002

Pardee, D., 'Further Studies in Ugaritic Epistolography', *AfO* 31 (1984), 213–30

Parke-Taylor, G.H., *The Formation of the Book of Jeremiah: Doublets and Recurring Phrases* (SBL.MS, 51), Atlanta 2000

Parpola, S, *Assyrian Prophecies* (SAA, 9), Helsinki 1997

Parpola, S., K. Watanabe, *Neo-Assyrian Treaties and Loyalty Oaths* (SAA, 2), Helsinki 1988

Perrot, C., 'The Reading of the Bible in the Ancient Synagogue', in: M.J. Mulder (ed.), *Mikra: Text, Translation, Reading and Interpretation of the Hebrew Bible in Ancient Judaism and Early Christianity* (CRINT, II.1), Assen 1988, 137–59

Person, R.F., 'II Kings 24,18–25,30 and Jeremiah 52: A Text-Critical Case Study in the Redaction History of the Deuteronomistic History', *ZAW* 105 (1993), 174–205

————, *The Kings-Isaiah and Kings-Jeremiah Recensions* (BZAW, 252), Berlin 1997

Petersen, D.L., *The Prophetic Literature: An Introduction*, Louisville 2002

Pham, X.H.T., *Mourning in the Ancient Near East and the Hebrew Bible* (JSOT.S, 302), Sheffield 1999

Piovanelli, P., 'Le texte de *Jérémie* utilisé par Flavius Josèphe dans le X^c livre des *Antiquités Judaïques*', *Henoch* 14 (1992), 11–36

————, 'JrB 33,14–26 ou la continuité des instutions à l'époque Maccabéenne', in: A.H.W. Curtis, T. Römer (eds.), *The Book of Jeremiah and its Reception* (BEThL, 128), Leuven, 1997, 255–76

Pohlmann, K.-F., *Studien zum Jeremiabuch: Ein Beitrag zur Frage nach der Entstehung des Jeremiabuches* (FRLANT, 118), Göttingen 1978

Pola, T., 'Form and Meaning in Zechariah 3', in: R. Albertz, B. Becking (eds.), *Yahwism after the Exile: Perspectives on Israelite Religionin the Persian Era* (STAR, 5), Assen 2003, 156–67

Polak, F.H., 'Twee redacties van het Boek Jeremia uit de Perzische tijd: De Septuaginta en de Masoretische tekst', *ACEBT* 16 (1997), 32–43

Polk, T., 'Paradigms, Parables, and *Mešālîm*: On Reading the *Māšāl* in Scripture', *CBQ* 45 (1983), 564–83

Polzin, R., 'Notes on the Dating of the non-Massoretic Psalms of 11QPs^a', *HThR* 60 (1967), 468–76

Pongratz-Leisten, B., *Herrschaftswissen in Mesopotamien: Formen der Kommunikation zwischen Gott und König im 2. und 1. Jahrtausend v.Chr* (SAAS, 10), Helsinki 1999

Potter, H.D., 'The New Covenant in Jeremiah xxxi 31–34', *VT* 33 (1983), 347–57

Pury, A. de, *Promesse divine et légende cultuelle dans le cycle de Jacob*, Paris 1975

Quesnel, M., 'Les citations de Jérémie dans l'évangile selon Saint Matthieu', *EstBib* 47 (1989), 513–27

Rad, G. von, *Theologie des Alten Testaments. Band II: Die Theologie der prophetischen Überlieferungen Israels*, München ^{5}1968.

Raitt, T.M., 'The Prophetic Summons to Repentence', *ZAW* 83 (1971), 30–49

Regt, L.J. de, 'The Prophet in the Old and the New Edition of Jeremiah: Increased Dramatisation', in: F. Postma *et al.* (eds.), *The New Things: Eschatology in Old Testament Prophecy Festschrift for Henk Leene* (ACEBT Sup, 3), Maastricht 2002, 167–74

Reiner, E., *Šurpu: A Collection of Sumerian and Akkadian Incantations* (AfO Beiheft, 11), Graz 1958

Renaud, B., 'L'oracle de la nouvelle alliance: A propos des divergences entre le texte hébreu (Jr 31,31–34) et le texte grec (Jr 38,31–34)', in: J.-M. Auwers, A. Wénin (eds.), *Lectures et relectures de la Bible: Festschrift P.-M. Bogaert* (BETL, 144), Leuven 1999, 85–98

Rendtorff, R., *Die 'Bundesformel': Eine exegetisch-theologische Untersuchung* (SBS, 110), Stuttgart 1995

Richardson, M.E.J., *Hammurabi's Laws: Text, Translation and Glossary* (BiSe, 73), Sheffield 2000

Ricoeur, P., 'Biblical Hermeneutics', *Semeia* 4 (1975), 107–45

Riesener, I., *Der Stamm 'bd im Alten Testament* (BZAW, 149), Berlin 1979

Ritter, C., *Rachels Klage im antiken Judentum und frühen Christentum: Eine auslegungsgeschichtliche Studie* (AGAJU, 52), Leiden 2003

Robinson, B.P., 'Jeremiah's New Covenant: Jer. 31,31–34', *SJOT* 15 (2001), 181–204

Rofé, A., 'The Name YHWH ṢEBA'OT and the shorter Recension of Jeremiah', in: R. Liwak, S. Wagner (eds.), *Prophetie und geschichtliche Wirklichkeit im Alten Israel* (FS S. Herrmann), Stuttgart u.a., 1991 307–16

———, *Introduction to the Prophetic Literature* (BiSe, 21), Sheffield 1997

Römer, Th., *Israels Väter: Untersuchungen zur Väterthematik im Deuteronomium und in der deuteronomistischen Tradition* (OBO, 99), Frieburg 1988

———, 'Les 'anciens' pères (Jér. 11,10) et la 'nouvelle' alliance (Jér. 31,31)', *BN* 59 (1991), 23–27

———, 'Is there a Deuteronomistic Redaction in the Book of Jeremiah?', in: A. de Pury *et al.* (eds.), *Israel Constructs its History: Deuteronomistic Historiography in Recent Research* (JSOT.S, 306), Sheffield 2000, 399–421

Römer, T., A. de Pury, 'Deuteronomistic Historiography (DH): History of Research and Debated Issues', in: A. de Pury *et al.* (eds.), *Israel Constructs its History: Deuteronomistic Historiography in Recent Research* (JSOT.S, 306), Sheffield 2000, 24–141

Rose, W.H., *Zemah and Zerubbabel: Messianic Expectations in the Early Postexilic Period* (JSOT.S, 304), Sheffield 2000

Ross, J.F., 'Prophecy in Hamath, Israel, and Mari', *HThR* 63 (1970), 1–28

Rothfuchs, W., *Die Erfüllungszitate des Matthäus-Evangeliums* (BWANT, 58), Stuttgart 1969

Rouillard-Bonraisin, H., 'Ésaïe, Jérémie et la politique des rois de Juda', in: A. Lemaire (ed.), *Prophètes et Rois: Bible et proche orient*, Paris 2001, 177–224

Rudnig, T.A., *Heilig und Profan: Redaktionskritische Studien zu Ez. 40–48* (BZAW, 287), Berlin 2000

Rudolph, W., *Jeremia* (HAT, 1,12), Tübingen ³1968

Ruiten, J. van, 'Jeremia', in: J. Fokkelman, W. Weren (eds.), *De Bijbel literair: Opbouw en gedachtegang van de bijbelse geschriften en hun onderlinge relaties*, Zoetermeer 2003, 223–47

Ruwe, A., U. Weise, 'Das Joch Assurs und *jhwhs* Joch. Ein Realienbegriff und seine Metaphorisierung in neuassyrischen und alttestamentlichen Texten', *ZAR* 8 (2002), 274–307

Saggs, H.W.F., *The Nimrud Letters, 1952* (CTN, 5), Oxford 2001

Sawyer, D.F., 'Gender-Play and Sacred Text: A Scene from Jeremiah', *JSOT* 83 (1999), 99–111

Sawyer, J.F.A., *Hebrew Words for Salvation: New Methods of Defining Hebrew Words for Salvation* (SBT, II/24), London 1972

Schaudig, H., *Die Inschriften Nabonids von Babylon und Kyros' des Grossen* (AOAT, 256), Münster 2001

Schedl, C., '"Femina circumdabit virum" oder 'via salutis'. Textkritische Untersuchungen zu Jer. 31,22', *ZKTh* 83 (1961), 431–42

Schenker, A., 'Der nie aufgehobene Bund: Exegetische Beobachtungen zu Jer. 31,31–34', in: E. Zenger (ed.), *Der Neue Bund im Alten* (QD, 146), Freiburg 1993, 85–112

———, 'La rédaction longue du livre de Jérémie doit-elle être datée au temps des premiers Hasmonéens?', *ETL* 70 (1994), 281–93

Schmid, K., *Buchgestalten des Jeremiabuches: Untersuchungen zur Redaktions- und Rezeptionsgeschichte von Jer. 30–33 im Kontext des Buches* (WMANT, 72), Neukirchen-Vluyn 1996

———, 'Kollektivschuld? Der Gedanke übergreifender Schuldzusammenhänge im Alten Testament und im Alten Orient', *ZAR* 5 (1999), 192–222

Schmid, K., O.H. Steck, 'Restoration Expectations in the Prophetic Tradition of the Old Testament', in: J.M. Scott (ed.), *Restoration: Old Testament, Jewish and Christian Perspectives* (JSJ Sup, 72), Leiden 2001, 41–81

Schmidt, W.H., *Zukunftsgewissheit und Gegenwartskritik: Studien zur Eigenart der Prophetie* (2., erweiterte Auflage; BThS, 51), Neukirchen-Vluyn 2002

Schneider, W., *Grammatik des biblischen Hebräisch: Ein Lehrbuch*, München [6]1985

Schöpflin, K., 'מָשָׁל—ein eigentümlicher Begriff der Hebräischen Literatur', *BiZs* 46 (2002), 1–24

Schoors, A.M., *I Am God Your Saviour* (VT.S, 24), Leiden 1973

Schottroff, W., *'Gedenken' im alten Orient und im Alten Testament: Die Wurzel zaakar im semitischen Sprachkreis* (WMANT, 15), Neukirchen-Vluyn 1964

Schröter, U., 'Jeremias Botschaft für das Nordreich. Zu N. Lohfinks Überlegungen zum Grundbestand von Jeremia xxx–xxxi', *VT* 35 (1985), 312–29

Schüle, A., *Israels Sohn—Jahwes Prophet: Ein Versuch zur Verhältnis von kanonischer Theologie und Religionsgeschichte anhand der Bileam-Perikope (Num 22–24)* (ATM, 17), Münster 2001

Seidl, Th., 'Die Wortereignisformel in Jeremia. Beobachtungen zu den Formen der Redeeröffnung in Jeremia, im Anschluss an Jer. 27,1.2', *BZ* 23 (1979), 20–47

Seitz, C.R., *Theology in Conflict; Reactions to the Exile in the Book of Jeremiah* (BZAW, 176), Berlin 1989

Selms, A. van, *Jeremia II* (POT), Nijkerk 1974

———, 'Telescoped Discussion as a literary Device in Jeremiah', *VT* 26 (1976), 99–112

Seock-Tae, S., "I Will be Your God and You Will be My People': The Origin and Background of the Covenant Formula', in: R. Chazzan *et al.* (eds.), *Ki Baruch Hu: Ancient Near Eastern, Biblical and Judaic Studies in Honor of Baruch A. Levine*, Winona Lake 1999, 355–72

Seybold, K., *Der Prophet Jeremia: Leben und Werk* (Kohlhammer-Urban Taschenbücher, 416), Stuttgart 1993

Shead, A.G., *The Open Book and the Sealed Book: Jeremiah 32 in its Hebrew and Greek Recensions* (JSOT.S., 347), Sheffield 2002

Sheler, J.L., *Is the Bible True? How Modern Debates and Discoveries Affirm the Essence of the Scripture*, New York 1999

Shupak, N., 'The Admonitions of an Egyptian Sage: the Admonitions of Ipuwer', in: *COS* I, 93–98

Siebert, J., *The Construction of Shame in the Old Testament: The Prophetic Contribution* (JSOT.S., 346), London 2002

Sisson, J.P., 'Jeremiah and the Jerusalem Conception of Peace', *JBL* 105 (1986), 429–42

Sjöberg, A.W., 'i n—n i n š à—g u r₄—r a. A Hymn to the Goddess Inanna by the e n -Priestess Enḫeduana', *ZA* 65 (1975), 161–253

Smend, R. (Sr.), *Lehrbuch der alttestamentlichen Religionsgeschichte*, Freiburg [2]1899

Smend, R., *Die Bundesformel* (ThSt, 68), Zürich 1963

Smith, M.S., *The Early History of God: Yahweh and the other Deities in Ancient Israel*, San Fransisco 1990

Soares Prabhu, G.M., *The Formula Quotations in the Infancy Narratives of Matthew* (AnBi, 63), Roma 1976

Soderlund, S., *The Greek Text of Jeremiah: A revised Hypothesis* (JSOT.S, 47), Sheffield 1985

Soggin, J.A., *Israel in the Biblical Period: Institutions, Festivals, Ceremonies, Rituals*, Edinburgh 2001

Sommer, B., 'New Light on the Composition of Jeremiah', *CBQ* 61 (1999), 646–66

Sperber, A., *Codex Reuchlinianus: No. 3 of the Badische Landesbibliothek in Karlsruhe*, Copenhagen 1956

Spronk, K., *Nahum* (HCOT), Kampen 1997

Stähli, H.-P., *Solare Elemente im Jahweglauben des Alten Testaments* (OBO, 66), Freiburg 1985

Stanton, G., 'The Origin and Purpose of Matthew's Gospel: Matthean Scholarship from 1945 to 1980', in: W. Hase (ed.), *Aufstieg und Niedergang der römischen Welt*, II, 25/3, Berlin 1985, 1889–951

————, *A Gospel for a New People: Studies in Matthew*, Edinburgh 1992

Steiner, R.C., 'The two Sons of Neriah and the two Editions of Jeremiah in the Light of two *Atbash* Code-Words for Babylon', *VT* 46 (1996), 74–84

Steymans, H.U., *Deuteronomium 28 und die adê zur Thronfolgeregelung Asarhaddons: Segen und Fluch im Alten Orient und in Israel* (OBO, 145), Freiburg 1995

Stipp, H.-J., *Das masoretische und alexandrinische Sondergut des Jeremiabuches* (OBO, 136), Freiburg 1994

————, 'Eschatologisches Schema im Alexandrinischen Jeremiabuch? Strukturprobleme eines komplexen Prophetenbuchs', *JNSL* 23 (1997), 153–79

————, *Jeremia, der Tempel und die Aristokratie: Die patrizische (schafanidische) Redaktion des Jeremiabuches* (Kleine Arbeiten zum Alten und Neuen Testament, 1), Waltrop 2000

Stol, M., *Birth in Babylonia and the Bible: Its Mediterranean Setting* (Cuneiform Monographs, 14), Groningen 2000

Strack, H., *Prophetarum Posteriorum Codex Babylonicus Petropolitanus*, Petropol 1876

Stulman, L., *The other Text of Jeremiah: A Reconstruction of the Hebrew Text underlying the Greek Version of the Prose Sections of Jeremiah with English Translation*, Lanham, London 1986

————, *Order amid Chaos: Jeremiah as Symbolic Tapestry* (BiSe, 57), Sheffield 1998

————, 'The Prose Sermons as Hermeneutical Guide to Jeremiah 1–25: The Deconstruction of Judah's Symbolic World', in: A.R.P. Diamond *et al.* (eds.), *Troubling Jeremiah* (JSOT.S, 260), Sheffield 1999, 34–63

Sweeney, M.A., 'Jeremiah 30–31 and King Josiah's Program of National Restoration and Religious Reform', *ZAW* 108 (1996), 569–83

Swetnam, J., 'Why was Jeremiah's New Covenant New', in: J.A. Emerton (ed.), *Studies on Prophecy* (VT.S, 26), Leiden 1974, 111–15

Talshir, Z., *I Esdras: From Origin to Translation* (SCS, 47), Atlanta 1999

Talstra, E., *Oude en nieuwe lezers: Een inleiding in de methoden van uitleg van het Oude Testament*, Kampen 2002

Thackeray, H.St.J., 'The Greek Translators of Jeremiah', *JThS* 4 (1902/03), 245–66

Thiel, W., *Die deuteronomistische Redaktion von Jeremia 26–45* (WMANT, 52), Neukirchen-Vluyn 1981

Thompson, J.A., 'Israel's 'Lovers'', *VT* 27 (1977), 475–81

————, *The Book of Jeremiah* (NICOT), Grand Rapids 1980

Thompson, Th.L., *The Bible in History: How Writers Create a Past*, London 1999

Tidwell, N.L., 'No Highway! The Outline of a Semantic Description of *mᵉsillâ*', *VT* 45 (1995), 251–69

Tita, H., '"Ich hatte meine Tora in ihre Mitte gegeben": Das Gewicht einer nicht berücksichtigte Perfektform in Jer. xxxi 33', *VT* 52 (2002), 551–56

Toorn, K. van der, *Sin and Sanction in Israel and Mesopotamia: A Comparative Study* (SSN, 22), Assen 1985

————, *From her Cradle to her Grave: The Role of Religion in the Life of the Israelite and the Babylonian Woman* (BiSe, 23), Sheffield 1994

————, *Family Religion in Babylonia, Syria and Israel* (SHCANE, 7), Leiden 1996

————, 'Mesopotamian Prophecy between Immanence and Transcedence: A Comparison of Old Babylonian and Neo-Assyrian Prophecy', in: M. Nissinen (ed.), *Prophecy in its Ancient Near Eastern Context: Mesopotamian, Biblical, and Arabian Perspectives* (SBL Symposium Series, 13), Atlanta 2000, 71–87

————, 'Theodicy in Akkadian Literature', in: A. Laato, J.C. de Moor (eds.), *Theodicy in the World of the Bible*, Leiden 2003, 57–89

Torrey, C.C., *Documents of the Primitive Church*, New York 1941

Tov, E., *The Septuagint Translation of Jeremiah and Baruch: A Discussion of an early Revision of the LXX of Jeremiah 29–52 and Baruch 1:1–3:8* (HSM, 8), Missoula, 1976

————, 'Some Aspects of the textual and literary History of the Book of Jeremiah', in: P.-M. Bogaert (ed.), *Le Livre de Jérémie: Le prophète et son milieu, les oracles et leur transmission* (BEThL, 54), Leuven 1981, 145–67

———, *The Text-critical Use of the Septuagint in Bilical Research* (JBS, 3), Jerusalem 1981

———, 'Did the Septuagint Translators always Understand their Hebrew Text?', in: A. Pietersma, C. Cox (eds.), *De Septuaginta: Studies in Honour of John William Wevers on his sixty fifth Birthday*, Mississauga 1984, 53–70

———, 'The Jeremiah Scrolls from Qumran', *RdQ* 14 (1989), 189–206

———, '4QJer^C(4Q72)', in: G.J. Norton, S. Pisano (eds.), *Tradition of the Text: Studies offered to Dominique Barthélemy in Celebration of his 70th Birthday* (OBO, 109), Freiburg 1991, 249–76 + Pl. I–VI

———, 'Three Fragments of Jeremiah from Qumran Cave 4', *RdQ* 15 (1991–1992), 531–41

———, *Textual Criticism of the Hebrew Bible*, Minneapolis 1992

———, '4QJer^C', in: *Qumran Cave 4: X The Prophets* (DJD, 15), Oxford 1997, 177–202 + Pl XXX–XXXVI

Trapp, T., 'Jeremiah: The other Sides of the Story', in: F. Crüsemann *et al.* (eds..), *Was ist der Mensch? Beiträge zur Anthropologie des Alten Testaments Hans Walter Wolff zum 80. Geburtstag*, München 1992, 228–42

Trible, P., *God and the Rhetoric of Sexuality*, Philadelphia 1978

Tsevat, M., 'Studies in the Book of Samuel. II. Interpretation of I Sam. 10:2. Saul at Rachel's Tomb', *HUCA* 33 (1962), 107–18

Ulrich, E.C., *The Qumran Text of Samuel and Josephus* (HSM, 19), Chico 1978

Unterman, J., *From Repentance to Redemption: Jeremiah's Thought in Transition* (JSOT.S, 54), Sheffield 1987

Valeton, J.J.P., 'Das Wort ברית bei den Propheten und in den Ketubim. Resultat', *ZAW* 13 (1893), 245–79

Vanderhooft, D., 'New Evidence Pertaining to the Transition from Neo-Babylonian to Achaemenid Administration in Palestine', in: R. Albertz, B. Becking (eds.), *Yahwism after the Exile: Perspectives on Israelite Religion in the Persian Era* (STAR, 5), Assen 2003, 219–35

Vermes, G., *Scripture and Tradition in Judaism: Haggadic Studies* (SPB, 4), Leiden 1961

Vermeylen, J., 'L'alliance renouvellée (Jr 31,31–34). L'histoire littéraire d'un texte célèbre', in: J.-M. Auwers, A. Wénin (eds.), *Lectures et relectures de la Bible: Festschrift P.-M. Bogaert* (BETL, 144), Leuven 1999, 57–84

Villard, P., 'Les prophéties à l'époque Néo-Assyrienne', in: A. Lemaire (ed.), *Prophètes et Rois: Bible et proche orient*, Paris 2001, 55–84

Volz, P., *Studien zum Text des Buches Jeremia*, Leipzig 1920

———, *Der Prophet Jeremia*, Leipzig ²1928

Wagenaar, J.A., *Judgement and Salvation: The Composition and Redaction of Micah 2–5* (VT.S, 85), Leiden 2001

Wal, A.J.O. van der, 'Rachels troost: Een geheimzinnig vers in Jeremia', *Interpretatie* 8 (1995), 7–10 [december-issue]

———, "Opdat Jakob weer Gods dienaar kan zijn'. Opbouw en achtergrond van Jeremia 30:5–11', *ACEBT* 15 (1996), 77–93.139–43

———, 'Themes from Exodus in Jeremiah 30–31', in: M. Vervenne (ed.), *Studies in the Book of Exodus* (BEThL, 136), Leuven 1996, 559–66

Walters, P., *The Text of the Septuagint: Its Corruptions and their Emendations*, Cambridge, 1973

Watanabe, K., *Die adê-Vereidigung anlässlich der Thronfolgeregelung Asarhaddons* (BaghM Beiheft, 3), Berlin 1987

Watson, W.G.E., *Classical Hebrew Poetry: A Guide to its techniques* (JSOT.S, 26), Sheffield 1984

Weinberg, J.P., *The Citizen-Temple Community* (JSOTS, 151) Sheffield 1992

Weinfeld, M., *Deuteronomy and the Deuteronomic School*, Oxford 1972
———, 'Jeremiah and the Spiritual Metamorphosis of Israel', *ZAW* 88 (1976), 17–39
Weippert, H., *Die Prosareden des Jeremiabuches* (BZAW, 132), Berlin 1973
———, 'Das Wort vom neuen Bund in Jeremia xxxi 31–34', *VT* 29 (1979), 336–51
———, 'Der Beitrag ausserbiblischer Prophetentexte zum Verständnis der Prosareden des Jeremiabuches', in: P.-M. Bogaert (ed.), *Le Livre de Jérémie: Le prophète et son milieu, les oracles et leur transmission* (BEThL, 54), Leuven 1981, 83–104
———, *Schöpfer des Himmels und der Erde: Ein Beitrag zur Theologie des Jeremiabuches* (SBS, 102), Stuttgart 1981
Weippert, M., 'De herkomst van het heilsorakel voor Israël bij Deuterojesaja', *NedTT* 36 (1982), 1–11
———, 'Assyrische Prophetien der Zeit Asarhaddons und Assurbanipals', in: F.M. Fales (ed.), *Assyrian Royal Inscriptions: New Horizons in Literary, Ideological and Historical Analysis* (OAC, 17), Roma 1981, 71–115
———, 'Aspekte israelitischer Prophetie im Lichte verwandter Erscheinungen des Alten Orients', in: G. Mauer, U. Magen (eds.), *Ad bene et feliciter seminandum: Festgabe für Karlheinz Deller zum 21. Februar 1987* (AOAT, 220), Neukirchen-Vluyn 1988, 287–319
———, '«Ich bin Jahwe»—«Ich bin Ištar von Arbela»: Deuterojesaja im Lichte der neuassyrischen Prophetie', in: B. Huwyler *et al.* (eds.), *Prophetie und Psalmen: Festschrift fuer Klaus Seybold zum 65. Geburtstag* (AOAT, 280), Münster 2001, 31–59
Weiss, R., 'On Ligatures in the Hebrew Bible (נ = מ)', *JBL* 82 (1963), 188–94
Weijsinghe, S.L.G., 'Tracing the Shorter Version behind the Short Text (LXX). A New Approach to the Redaction of Jeremiah 34,8–22', *le Muséon* 110 (1997), 293–328
Wellhausen, J., *Geschichte Israels* I, Berlin 1878
Westermann, C., *Grundformen prophetischer Rede*, München 1960
———, 'Das Heilswort bei Deuterojasaja', *EvTh* 24 (1964), 355–73
———, *Theologie des Alten Testaments in Grundzügen* (GAT EB, 6), Göttingen 1978
———, *Genesis* (BKAT, I/2), Neukirchen-Vluyn 1981
———, *Prophetische Heilsworte im Alten Testament* (FRLANT, 145), Göttingen 1987
Wiebe, J.M., 'The Jeremian Core of the Book of Consolation and the Redaction of the Poetic Oracles in Jeremiah 30–31', *SBTh* 15 (1987), 137–61
Wildberger, H., *Jesaja 1–12* (BKAT, X/1), Neukirchen-Vluyn 1972
Willey, P.T., *Remember the Former Things: The Recollection of Previous Texts in Second Isaiah* (SBL DS, 1616), Atlanta 1997
Willi, T., *Juda—Jehud—Israel: Studien zum Selbstverständniss des Judentums in persischer Zeit* (FAT, 12), Tübingen 1995
Williamson, H.G.M., *Ezra, Nehemiah* (WBC,16), Waco 1985
Winter, U., *Frau und Göttin: Exegetische und ikonographische Studien zum weiblichen Gottesbild im Alten Testament und in dessen Umwelt* (OBO, 53), Freiburg 1983
Wischnowsky, M., *Tochter Zion: Aufnahme und Überwindung der Stadtklage in den Prophetenschichten des Alten Testaments* (WMANT, 89), Neukirchen-Vluyn 2001
Wiseman, D.J., *The Alalakh Tablets*, London 1953
———, 'Abban and Alalahh', *JCS* 12 (1958), 124–29
———, *The Vassal-Treaties of Esarhaddon*, London 1958
Wisser, L., 'La création dans le livre de Jérémie', in: L. Derousseaux (éd.), *La création dans l'orient ancien* (LD, 127), Paris 1987, 241–60
Wittgenstein, L., *Philosophical Investigations*, G.E.M. Anscombe, R. Rhees (eds.), transl. G.E.M. Anscombe, Oxford 1953
Wolff, C., *Jeremia im Frühjudentum und Urchristentum* (TUGAL, 118), Berlin 1976
Woude, A.S. van der, 'The Book of Nahum: A Letter Written in Exile', in: A.S. van der Woude (ed.), *Instruction and Interpretation: Studies in Hebrew Language, Palestinian Archaeology and Biblical Exegesis* (OTS, 20), Leiden 1977, 108–26

Wyatt, N., 'A New Look at Ugaritic *šdmt*', *JSS* 37 (1992), 149–53

Wijzenbroek, A., *De kunst van het begrijpen: Een structuralistisch-hermeneutische analyse van literair proza*, Muiderberg 1987

Younger, K.L., 'The Deportations of the Israelites', *JBL* 117 (1999), 201–27

Zehnder, M.P., *Wegmetaphorik im Alten Testament: Eine semantische Untersuchung der alttestamentlichen und altorientalischen Weg-Lexeme mit besonderer Berücksichtigung ihrer metaphorischen Verwendung* (BZAW, 268), Berlin 1999

Ziegler, J., *Jeremias, Baruch, Threni, epistula Jeremiae*, Göttingen 1957

———, *Beiträge zur Ieremias-Septuaginta* (NAWG.PH), Göttingen 1958

Zimmern, H., 'Gilgameš-Omina und Gilgameš-Orakel', *ZA* 24 (1910), 166–71

Zlotowitz, B.M., *The Septuagint Translation of the Hebrew Terms in Relation to God in the Book of Jeremiah*, New York 1981

Zobel, H.-J., 'Das Gebet um Abwendung der Not und seine Erhörung in den Klageliedern des Alten Testaments und in der Inschrift des Königs Zakir von Hamath', *VT* 21 (1971), 91–99

INDEX OF AUTHORS

INDEX OF TEXTUAL REFERENCES

Hebrew Bible

Qumran

Targum

New Testament

Mesopotamian Texts

Egyptian Texts

Ugaritic Texts

Westsemitic Inscriptions

OUDTESTAMENTISCHE STUDIËN

OLD TESTAMENT STUDIES

Edited by Johannes C. de Moor

15. *The Priestly Code and Seven Other Studies.* 1969. ISBN 90 04 03099 9
17. *The Witness of Tradition.* Papers Read at the Joint British-Dutch Old Testament Conference Held at Woudschoten (Holland), September 1970. 1972. ISBN 90 04 03343 2
18. Labuschagne, C.J., C. van Leeuwen, M.J. Mulder, H.A. Brongers, B. Jongeling, L. Dequeker, P.A.H. de Boer. *Syntax and meaning.* Studies in Hebrew Syntax and Biblical Exegesis. 1973. ISBN 90 04 03785 3
19. *Language and Meaning.* Studies in Hebrew Language and Biblical Exegesis. Papers Read at the Joint British-Dutch Old Testament Conference Held at London, 1973. 1974. ISBN 90 04 03943 0
20. *Instruction and Interpretation.* Studies in Hebrew Language, Palestinian Archaeology and Biblical Exegesis. Papers Read at the Joint British-Dutch Old Testament Conference Held at Louvain, 1976. 1977. ISBN 90 04 05433 2
21. Albrektson, B. et al. *Remembering All the Way...* A Collection of Old Testament Studies Published on the Occasion of the Fortieth Anniversary of the Oudtestamentisch Werkgezelschap in Nederland. 1981. ISBN 90 04 06305 6
22. Wilde, A. de (ed.). *Das Buch Hiob.* Eingeleitet, übersetzt und erläutert. 1981. ISBN 90 04 06372 2
23. *Prophets, worship and theodicy.* Studies in Prophetism, Biblical Theology and Structural and Rhetorical Analysis, and the Place of Music in Worship. Papers Read at the Joint British-Dutch Old Testament Conference Held at Woudschoten, 1982. 1984. ISBN 90 04 07035 4
24. *Crises and Perspectives.* Studies in Ancient Near Eastern Polytheism, Biblical Theology, Palestinian Archaeology and Intertestamental Literature. Papers Read at the Joint British-Dutch Old Testament Conference Held at Cambridge, U.K., 1985. 1986. ISBN 90 04 07873 8
25. Woude, A.S. van der (ed.). *New Avenues in the Study of the Old Testament.* A Collection of Old Testament Studies Published on the Occasion of the Fiftieth Anniversary of the Oudtestamentisch Werkgezelschap and the Retirement of Prof. Dr. M.J. Mulder. 1989. ISBN 90 04 09125 4
26. Woude, A.S. van der (ed.). *In Quest of the Past.* Studies in Israelite Religion, Literature and Prophetism. Papers Read at the Joint British-Dutch Old Testament Conference, Held at Elspeet, 1988. 1990. ISBN 90 04 09192 0
27. Boer, P.A.H. de & C. van Duin. *Selected Studies in Old Testament Exegesis.* 1991. ISBN 90 04 09342 7
28. Smelik, K.A.D. *Converting the Past.* Studies in Ancient Israelite and Moabite Historiography. 1992. ISBN 90 04 09480 6
29. Dirksen, P.B. and A. van der Kooij (eds.). *Abraham Kuenen (1828-1891). His Major Contributions to the Study of the Old Testament.* A Collection of Old Testament Studies Published on the Occasion of the Centenary of Abraham Kuenen's Death (10 December 1991). 1993. ISBN 90 04 09732 5
30. Houtman, C. *Der Himmel im Alten Testament.* Israels Weltbild und Weltanschauung. 1993. ISBN 90 04 09690 6
31. Peels, H.G.L. *The Vengeance of God.* The Meaning of the Root NQM and the Function of the NQM-Texts in the Context of Divine Revelation in the Old Testament. 1995. ISBN 90 04 10164 0

32. Lugt, P. van der. *Rhetorical Criticism and the Poetry of the Book of Job*. 1995.
    ISBN 90 04 10326

33. Eynikel, E. *The Reform of King Josiah and the Composition of the Deuteronomistic History*. 1996.
    ISBN 90 04 10266 3

34. Moor, J.C. de (ed.). *Synchronic or Diachronic?* A Debate on Method in Old Testament
    Exegesis 1995. ISBN 90 04 10342 2

35. Tigchelaar, E.J.C. *Prophets of Old and The Day of the End*. Zechariah, the Book of Watchers
    and Apocalyptic. 1995. ISBN 90 04 10356 2

36. Smelik, W.F. *The Targum of Judges*. 1995. ISBN 90 04 10365 1

37. Sanders, P. *The Provenance of Deuteronomy 32*. 1996. ISBN 90 04 10648 0

38. Keulen, P.S.F. van. *Manasseh through the Eyes of the Deuteronomists*. The Manasseh Account
    (2 Kings 21:1-18) and the Final Chapters of the Deuteronomistic History. 1996.
    ISBN 90 04 10666 9

39. Hoop, R. de. *Genesis 49 in its Literary and Historical Context*. 1998. ISBN 90 04 10913 7

40. Moor, J.C. de (ed.). *Intertextuality in Ugarit and Israel*. Papers Read at The Tenth Joint
    Meeting of The Society for Old Testament Study and Het Oudtestamentisch
    Werkgezelschap in Nederland en België Held at Oxford, 1997. 1998.
    ISBN 90 04 11154 9

41. Korpel, M.C.A. and J.C. de Moor. *The Structure of Classical Hebrew Poetry: Isaiah 40-55*. 1998.
    ISBN 90 04 11261 8

42. Becking, B. and M.C.A. Korpel (eds.). *The Crisis of Israelite Religion*. Transformation of
    Religious Tradition in Exilic and Post-Exilic Times. 1999. ISBN 90 04 11496 3

43. Bosman, H.J., H. van Grol, *et al.* (eds.). *Studies in Isaiah 24-27*. The Isaiah Workshop (De
    Jesaja Werkplaats). 2000. ISBN 90 04 11269 3

44. Moor, J.C. de & H.F. van Rooy (eds.) *Past, Present, Future*. The Deuteronomistic History
    and the Prophets. 2000. ISBN 90 04 11871 3

45. Moor, J.C. de (ed.) *The Elusive Prophet*. The Prophet as a Historical Person, Literary
    Character and Anonymous Artist. 2001. ISBN 90 04 12160 9

46. Kwakkel, G. *According to my Righteousness*. Upright Behaviour as Grounds for Deliver-
    ance in Psalms 7, 17, 18, 26 and 44. 2002. ISBN 90 04 12507 8

47. Paas, S. *Creation and Judgement*. Creation Texts in Some Eighth Century Prophets. 2003.
    ISBN 90 04 12966 9

48. Venema, G.J. *Reading Scripture in the Old Testament*. Deuteronomy 9-10; 31 – 2 Kings
    22-23 – Jeremiah 36 – Nehemia 8. 2003. ISBN 90 04 13751 3

49. Marsman, H.J. *Women in Ugarit and Israel*. Their Social and Religious Position in the
    Context of the Ancient Near East. 2003. ISBN 90 04 11732 6

50. Becking, B. and J.C. de Moor (eds.) *Utensils in the Hebrew Bible*. ‏ילל‎. 2005.
    ISBN 90 04 14305 X *(in preparation)*

51. Becking, B. *Between Fear and Freedom*. Essays on the Interpretation of Jeremiah 30-31.
    2004. ISBN 90 04 14118 9